ISBN 978-0-332-68127-6
PIBN 10987510

COMMENTARIA
IN ARISTOTELEM
GRAECA

EDITA CONSILIO ET AUCTORITATE

ACADEMIAE LITTERARUM REGIAE BORUSSICAE

VOLUMINIS III

PARS I ALEXANDRI IN LIBRUM DE SENSU

BEROLINI

TYPIS ET IMPENSIS GEORGII REIMERI

MCMI

ALEXANDRI
IN LIBRUM
DE SENSU
COMMENTARIUM

CONSILIO ET AUCTORITATE

ACADEMIAE LITTERARUM REGIAE BORUSSICAE

EDIDIT

PAULUS WENDLAND

BEROLINI
TYPIS ET IMPENSIS GEORGII REIMERI
MCMI

COMMENTARIA
IN ARISTOTELEM
GRAECA

EDITA CONSILIO ET AUCTORITATE

ACADEMIAE LITTERARUM REGIAE BORUSSICAE

VOLUMINIS III

PARS I ALEXANDRI IN LIBRUM DE SENSU

BEROLINI
TYPIS ET IMPENSIS GEORGII REIMERI
MCMI

ALEXANDRI IN LIBRUM DE SENSU COMMENTARIUM

CONSILIO ET AUCTORITATE

ACADEMIAE LITTERARUM REGIAE BORUSSICAE

EDIDIT

PAULUS WENDLAND

BEROLINI
TYPIS ET IMPENSIS GEORGII REIMERI
MCMI

PRAEFATIO

Commentarium in Aristotelis librum Περὶ αἰσθήσεως καὶ αἰσθητῶν inter postrema Alexandri Aphrodisiensis scripta numerandum esse videtur. nam cum ipse nusquam hoc opus commemorat[1]), tum in hoc commentario clare commentarium suum Περὶ ψυχῆς (commentarium enim, non libellum Περὶ ψυχῆς significari puto) et quaestionem quandam servatam in collectione, cui inscribebatur Περὶ ψυχῆς B (p. 127, 28 ss. Br.), commemorat; cf. adnotata ad p. 167, 21 (89, 24). 31, 29. etiam commentaria in Physica et in libros De caelo et De meteoris prius scripta esse verisimile est, cum interdum doctrinam in tractandis his libris comparatam nobis agnoscere videamur[2]); sed res difficilis diiudicatu est, cum Alexander Commentaria in libros Aristotelicos sua priusquam ederet, non semel in scholis explicavisse videatur. ne posteriorum quidem scriptorum quisquam praeter anonymum, quem infra edam (Additamentum IV), hoc commentarium commemorat.

Tamen codicum non exiguus numerus praesto est. de quibus iam in ephemeride, cui inscribitur *Jenaer Litteraturzeitung* 1876 p. 534b ss., Hermannus Usener, Thuroti editionis censuram agens, acutissime et verissime iudicavit — quod praeceptoris dilectissimi iudicium eo magis admiror, quia

---

[1]) Errare qui aliter iudicent (Zeller, *Philos. der Griechen* III 1 p. 790) iam Thurot (p. 395) vidit. in libro enim Περὶ ψυχῆς p. 53,26 Br. ἐπὶ πλέον δὲ εἴρηται περὶ τούτων ἐν τῷ Περὶ αἰσθητῶν τε καὶ αἰσθήσεως Aristotelicum librum, non suum commentarium respicere videtur. et quod in fine Quaest. I 2 legitur testimonium ἄμεινον τέτακται τοῦτο τὸ πρόβλημα ἐν τῷ ἐπιγραφομένῳ Λέξεών τινῶν ἐκ τοῦ Περὶ αἰσθήσεως καὶ αἰσθητοῦ ἐξήγησις καὶ ἐπιδρομή, sive ad hoc commentarium sive, ut rectius Bruns p. IX iudicasse videtur, ad collectionem quandam deperditam selectorum locorum interpretationes ἀπὸ φωνῆς Ἀλεξάνδρου continentem pertinet, certe non ab Alexandro, sed ab eo qui Quaestiones in ordinem redegit profectum est.

[2]) cf. Indicem locorum Aristotelicorum et adnotationes ad p. 18,13. 28,2. 68,9. 72,1. 29. 75,27. 78,19. 79,14. 80,11. 86,21. 105,18. 122,23. 134,8. 148,13.

tum accurata collatione optimorum codicum carebat[1] —, postea in schedis, quas mihi tradidit, iudicium suum pluribus exemplis explicavit et confirmavit. quo factum est, ut, cum ego in Useneri locum succedens commentarium edendum suscipiebam, maiorem et difficiliorem operis partem iam confectam invenirem. relinquebatur enim, ut viri clarissimi, qui rectissime et quae ratio inter codices intercederet et quibus potissimum testibus in textu constituendo utendum esset docuit, vestigiis insisterem eiusque rationes ad singulos locos adhiberem.

Primae codicum classi, quam α nomino, hi codices adnumerandi sunt:

V VATICANUS GRAECUS 1028 bomb. saec. XIV/V continet praeter alia[2]) nostrum commentarium a duobus librariis aequalibus scriptum, quorum unus fol. 341^r—389^v, 395^r—402^v, alter fol. 390^r—394^v, 404^r—410^v exaravit. prior 46 versibus, alter 39 fere paginas implevit. litterae sunt pallidae et angustae, partim madore corruptae, sed etiam nunc ita perspicuae, ut de verbis traditis nulla dubitatio sit; spatia reliquit librarius, ubi archetypi verba legi non poterant. in fine inde a p. 168, 12 desunt fere tres paginae. contulit codicem a. 1883/84 Ferdinandus Duemmler, cuius immaturam mortem ploramus, eundemque iam antea ad Aldinam contulerat A. Mau[3]).

A VENETUS MARCIANUS graecus 230 chart. saec. XIV continet praeter Philoponi commentaria in Physica, Meteorologica, libros De gen. et corr. commentarium nostrum (cf. Zanetti catal. p. 118, Vitelli l. c. p. XV et *Comm.* XIV 2 p. IX; Heinze, *Comm.* V 3 p. VIII)[4]). contulit cum Aldina usque ad p. 87 Chr. Belger, professor Berolinensis, librum alterum B. Niese, professor Marpurgensis.

N Cum hoc artissima familiaritate coniuncta est prior pars (p. 1—82, 26 nostrae editionis, de posteriore v. p. XI) codicis OXONIENSIS COLLEGII NOVI 232 chart. saec. XV, qui praeter Michaelis Ephesii scholia exhibet fol. 1—74 Alexandri librum. contulit M. Mowat Oxoniensis in usum Thuroti, qui

---

[1]) Cum multa egregie emendaverit Usenerus, interdum ne eas quidem eius coniecturas omittere volui, quibus nunc fortasse optimorum codicum lectiones tunc ignotas praeposuisset. iuvat enim observare, quanto acumine etiam eis locis, quibus verba genuina recuperari non poterant, sententiam sua divinatione occupaverit.

[2]) cf. Vitelli, *Comment.* vol. XVI p. XV et *Iamblichi Protrept. ed. Pistelli* p. VII. fuerunt, qui Vaticanum, cum „antiquiorem compendiosae et intricatae scripturae speciem“ referat, saec. XIII tribuerent; sed posterioris aetatis eum esse inde efficitur, quod Iamblichi Protrepticus e Laur. 86,3 saec. XIV descriptus est. — Vitelli l. c. p. XV in discernendis manibus diversorum librariorum paulum a Duemmlero discedere videtur.

[3]) Testium nomina posui, ubi in discrepantia collationum uter erravisset dubitari poterat.

[4]) Eiusdem mentionem desidero in *Comm.* XIV 1 p. VII. VIII.

prioris libri collationem in appendice p. 368—379 posuit, alterius in ipso apparatu adhibuit, lectiones lemmatum Aristotelicorum p. 380. 381 adnotavit. quam arte AN (in priore parte) cohaereant, cum consensus lectionum docet tum inde apparet, quod easdem habent lacunas et eisdem locis spatia libera reliquerunt. ceterum numerus omissarum litterarum, quem adnotavi, in solum N cadit, cum collatio codicis A, quae mihi praesto erat, de litterarum numero, quem spatium capere videatur, fere taceat.

Quartus huic classi accedit, quamquam aliquantum ad alterum ordinem β vergit, Parisinus graecus 1921[1]) chart. saec. XIV. primam autem eius codicis partem dico. nam ter ibi Alexandri commentarium apparet, ut infra docebo. scilicet ex pluribus codicibus Usenero teste compositus est. fundamentum enim quasi codicis, cui post alia addita sunt, efficiunt Aristotelis scripta zoologica (= Bekkeri *m*) et Parva naturalia cum Michaelis commentariis fol. 10—257 (cf. Indicem librorum fol. 66 servatum). praemissae sunt reliquiae nostri commentarii fol. 1—9. incipit fol. 1ʳa verbis ὁ καπνός. ἡ δὲ γῆ (= p. 46,12 editionis nostrae), fol. 4ᵛ primus liber finitur. fol. 5ʳ textus Aristotelicus incipit a verbis καὶ πράσινον καὶ κυανοῦν (= p. 442ᵃ24). in eodem folio rubro atramento scriptum invenitur ἀρχὴ τοῦ β'· περὶ ὀσμῶν. iam abhinc scholia ex Alexandro excerpta pallidiore atramento textui Aristotelico ascripta sunt (incipiunt a titulo rubro atramento scripto ἀλεξάνδρου ἀφροδισιέως εἰς τὸ περὶ αἰσθήσεως καὶ αἰσθητῶν β'), alia manus aequalis aliud genus scholiorum atriore atramento scriptorum adiecit. Alexandri textum partim descripsit, partim contulit A. Brinkmann professor Regiomontanus (fol. 8. 9 H. Winnefeld). De archetypo haec observat Usener: „*Alexander Περὶ αἰσθήσεως ist aus einer ganz ungewöhnlich, entweder durch Feuer oder durch Wasser von aussen her zerstörten Hs. abgeschrieben und wimmelt daher von fenestrae, die immer nach bestimmtem Zwischenraum wiederkehren und dann immer zahlreich hintereinander sich zeigen. Dass in den als Scholien dem II. Buch beigeschriebenen Stücken aus Alex. die gleiche Erscheinung der Lücken sich wiederholt, macht den Zusammenhang von B. I und II, d. h. den Ursprung der Scholien aus der gleichen Quelle, der der vorhergehende Text des Alex. B. I entsprungen ist, sehr wahrscheinlich*“. — specimen collationis praebet Additamentum I, de posteriore codicis parte v. p. IX spp.

Margini exemplaris editionis Aldinae, quod Parisiis in bibliotheca M
nationali servatur (R 109. 1), adiectae sunt notae a viro docto saec. XVII:

---

[1]) cf. *Comm.* V 3 p. VII, *Comm.* XXIII 1 p. VII: Diels, *Doxographi* p. 114. 497: Θεοφράστου Περὶ πυρός ed. Gercke p. 23.

quae notae postea in postremis versuum litteris neglegentia bibliopegae margines desecantis damnum acceperunt. descripsit eas olim numero desectarum litterarum adnotato in Academiae usum A. Brandis, adhibuit etiam Thurot in edendo Alexandro[1]). plerasque lectiones vir doctus hausit ex codice classis α. quem perisse vel nondum inventum esse aegre ferendum est. M enim modo congruit atque id saepissime cum AN (p. 3, 7. 19, 12. 24,7. 37,1. 20. 21. 38,1. 48,7. 49, 5. 57, 2. 69, 14. 75, 19. 78, 24. 82, 14. 84,20[2]). 86,1.20. 88,9. 90,12. 91,21. 93,2. 97,24. 99,12. 100,3, MN conspirant 18,8. 41,16. 78,5), modo cum T (de quo infra agam, v. p. 11,23. 25,10. 40, 22. 59, 12. 60, 16. 82, 9. 83, 5. 88, 3. 90, 10. 95, 9. 96, 23), interdum cum V (16, 1. 37, 19. 65, 15. 85, 23. 90, 6), cum TV (22, 14. 24, 4. 58, 9. 97,19), cum TAN (22,9. 23. 91,23). unde apparet codicem M ad familiam α pertinere, a nostris autem ordinis α codicibus diversum esse[3]). accedit quod proprias habet lectiones ab omnibus nostris codicibus discrepantes, quarum nonnullas solius M auctoritate nisi in textum recepimus: v. p. 6, 9. 17,23. 19,1. 26,16. 28,12. 29,21[4]). 32, 24. 34, 8. 16. 39, 29. 42, 6. 46, 1. 55,13. 59,14. 61,3. 64,7. 71, 25. 94, 2. 95, 3. 97, 9. 99, 7. 27. et quamquam vir ille doctus ipse testatur nonnulla quae profert se coniectura invenisse (v. ad p. 9,5. 56,20. 66,13. 106,24) et ipse non pauca eius libidini tribuere malim[5]) (v. e. gr. adnot. meas p. 35,24. 26. 43,14. etiam p. 106,8. 126, 23 et Thurot p. 390. 391), tamen nulla dubitatio est, quin pleraque quae modo attuli codicis deperditi testimonio nitantur. quem non ea quam nunc poscimus diligentia collatum esse magnopere dolendum est.

T Ut codicis M, ita etiam versionis latinae usus suas difficultates habet. quam invenit Thurot in Parisino latino 14714 saec. XIV et sub Alexandri textu accurate edidit. eam Thurot saec. XIII ortam esse censet et Guilelmi de Moerbeka versionibus similem esse recte iudicavit (p. 386). translator enim elegantiae sermonis minime studens, barbariam foedissimam non reformidans id unum egit, ut fidissime textum Alexandri repraesentaret, etiam lacunas vel voces evanidas libri graeci spatio relicto significaret,

---

[1]) v. Usener l. c. p. 534 b ss. equidem curavi, ut, ubi aliquid ex M enotatum erat, adesse hunc testem siglo M posito monerem. quod siglum ubicumque deest, scito virum doctum nihil e codice suo notasse. litterarum desectarum numerum non adnotavi, ubicumque congruit cum codicibus eiusdem classis.

[2]) Abhinc solus A in censum venit. — ceterum exempla sumo e p. 1—100.

[3]) Etiam illa spes fefellit M fortasse esse Parisinum 1921. quod secus esse docuit comparatio cum Brinkmanni apographo instituta.

[4]) 32,22 codicem M secutum esse me paenitet.

[5]) Ideo interdum voces, quas solas M testatur, uncis angulatis inclusi, ne codicis lectiones statuamus, quae coniecturae viri docti esse possunt.

corruptos locos verbo tenus fere redderet; nisi quod in verbis collocandis interdum paulo liberius versatus est. etiam potentialis graeci proprietatem ita servare studuit, ut futurum poneret, ἄν voce „*utique*“ redderet. „*que* ... *et*“ interdum particularum τε ... καί vicem gerunt. ne articulum quidem coniunctum cum infinitivo vel cum praepositionibus (εἰς τὴν περὶ αἴσθησιν θεωρίαν) neglegere voluit latinis pronominibus, quamquam non constanter, usus [1]). qua interpretandi ratione Alexandri editoribus summopere profuit. tamen consentaneum est de nonnullis discrepantiis lectionum hunc testem interrogari non posse; velut γίνεσθαι et γενέσθαι, ἐδήλου et ἐδήλωσε, ἵνα εὕρῃ et ἵνα εὕροι, ὁρίζει et ὁρίζεται, μιγνύμενος et μεμιγμένος, ἐπεί et ἐπειδή, ὑπό et ἀπό, οὔτε et οὐδέ non distinxit, numerum singularem verbi post pluralem neutrius generis ponere non ausus est, articulum et particulam τε fere non curavit. omnino codicem T, ubicumque lacuna non significata tamen testem non protuli, scito graeci sermonis proprietates non ita expressisse, ut quo loco inter discrepantes testes ponendus sit decernere liceat. item saepe dubium relinquendum est, utrum interpres corruptum exemplar graecum habuerit an in legendo vel in singulis litteris vel discernendis vocabulis a vero aberraverit an causa erroris quaerenda sit in uno potius codice latino interpretis verba corrupta tradente. quae dubitatio maxime in lacunas cadit.

Quod codices VA Parisinum 1921 MT ad eandem familiam α pertinere dixi, ea re nisus sum, quod omnes non pauca vitia fere leviora praebent, quibus altera classis β caret. de singulorum autem codicum pretio numeratis eis locis, quibus unus horum testium solus genuinam lectionem praebet, ita iudicandum videtur, ut M [2])T sincerissimi testes sint, V, qui saepe cum T solo veram lectionem tradidit, parvo intervallo sequatur, paulo minoris pretii sint AN; qui quamquam artiore quodam vinculo cum M conexi sunt, archetypum MAN tradunt magis corruptum et mutilatum a librario neglegentius archetypum illud repraesentante.

Transeo ad alteram codicum classem β, ut in singulis verbis interdum accuratiorem, ita multo gravioribus et vitiis inquinatam et lacunis mutilatam. in hunc ordinem primum refero codicem in Aldina expressum. alii duo a eiusdem familiae testes a Thuroto adhibiti sunt:

Parisinus 1921 (= Thuroti B), quem iam p. VII commemoravi. idem enim codex, qui primis foliis Alexandri commentarium vel excerpta ex eo

[1]) cf. Thuroti observationes p. 385 ss.

[2]) Excipio in hoc iudicio errores et coniecturas quasdam temerarias viri docti, quas agnoscere mihi videor. cf. p. VIII.

continet, fol. 142r—145v priorem partem Aristotelici libri Περὶ αἰσθήσεων καὶ αἰσθητῶν cum scholiis marginalibus exhibet, quae teste Brandisio ex Alexandro excerpta sunt (cf. Thurot[1]) p. 382. 383), denique fol. 146r—169v tertium tradit Alexandri commentarium. hanc autem solam Parisini partem Thurot adhibuit, cum infelici casu initium codicis, quippe quod in catalogo Michaeli Ephesio tribueretur, neglegeret.

Parisinus 1882 membr. saec. XV (= Thuroti C), Aldinae codici vel similior quam Thuroti B; praeter Alexandrum Michaelis in Parva naturalia commentaria exhibet. — horum testium *a* BC primum tantum ita adhibui, ut propria vitia Aldinae, praecipue typothetae manifestos errores omitterem exceptis eis locis, quibus ceterorum codicum lectiones vel correctiones in M obviae notandae erant. quae cum ita sint, quae ex *a* attuli, fere classis β codicum imaginem fidelem repraesentant. ad eandem classem praeter codices BC a Thuroto excussos pertinent hi libri, de quibus Additamentum II conferendum est:

1. Vaticanus gr. 271 chart. saec. XV (XVI, ut alii censent). continet Alex. et Michaelem.

2. Parisinus Suppl. graeci 340 chart. saec. XVI, „nullius pretii“, fortasse e Paris. 1882 descriptus; certe eadem continet.

3. Bodleianus misc. 235 chart. saec. XVI, cf. *Suppl.* I 2 p. VII.

4. Estensis Mutinensis 207 (III G 3) saec. XVI[2]), cf. *Comm.* X p. X.

5. Estensis Mutinensis 210 (III G 6) chart. saec. XVI, cf. *Suppl. Arist.* II 2 p. XX.

6. Estensis Mutinensis 180 (III F 2) chart. saec. XV.

7. Ambrosianus D 111. inf. chart. saec. XV ante Alex. continet anonymi scholia in Physica[3]).

8. Monacensis 151 membr. saec. XV.

9. Monacensis 91 chart. saec. XVI. de utroque Monacensi rettulit Usener *Jen. Litteraturzeitung* p. 535b (cf. Rh. M. XXII p. 590).

Iam transeo ad eos classis β codices, qui non totum commentarium Alexandri, sed eius partem exhibent. ac fuit quidem olim exemplum bomb. saec. XIII, quod in duas tum partes discerptum est; quarum partium sola posterior (inde a quaternione Y fol. 177r) nobis servata est in

Parisino 1925, in quo praemissa sunt Michaelis scholia in scripta zoologica et Parva naturalia. manus saec. XVI in superiore margine

[1]) Idem Theodori Metochitae scholia in Arist. De sensu in Paris. 1935 saec. xiv fol. 277—294 legi monet.

[2]) De tribus Mutinensibus v. *Studi Italiani di filol. class.* IV p. 507. 508. 496.

[3]) Ambrosianum Aldinae exemplar J. 4 correcturas ex A sumptas in margine habet.

fol. 177ᵃ adnotavit: ἀλεξάνδρου τοῦ ἀφροδισιέως ἐξήγησις . . . περὶ αἰσθήσεως καὶ αἰσθητῶν ἀριστοτέλους ἧς ἡ ἀρχὴ λείπει. incipit enim P in medio textu a verbis δείξει. δοκεῖ γὰρ αὐτῷ (= p. 77,10). hunc codicem classi β adnumerandum esse inde apparet, quod multa vitia cum α (Thuroti BC) communia habet; sed interdum a classe β discedens cum melioribus codicibus consentit. itaque hunc optimum classis β testem in edendo Alexandro adhibendum esse censuimus. cum pulvisculo autem eum a. 1884 Bonnae Usenerus excussit. idem demonstravit a P pendere hos codices:

Parisinus 1924 chart. saec. XVI, continet ante Alex. scholia Michaelis in l. I—IV de partibus animalium. incipit fol. 63 ab eisdem verbis δείξει. δοκεῖ γὰρ αὐτῷ atque P et adhibitus est in Thuroti apparatu siglo D notatus.

Oxoniensis N, quem p. VI tractavi, ex duobus diversis codicibus descriptus est. priorem librarius usque ad p. 82, 26 secutus est, abhinc ex alio fonte hausit. quod vel hinc concludi potest, quod usque ad illum locum plane cum A consentit, tum omnino ab eo discedit, simul autem cum P (a quo discrepat p. 77, 10—82, 26) ita congruere incipit, ut eum a P pendere certissimum sit. qua de re ut ipsi qui legunt indicare possint, a p. 82, 26—84, 10 N adhibere perrexi, postea eum abieci. nunc addo acutissime Usenerum multis locis observasse multa vitia codicum DN explicari ex scribendi ratione librarii P facile interdum erroribus obnoxia [1]. ceterum verisimile est librarium N nihil novisse nisi partem adhuc nobis servatam codicis P.

Deinde etiam prioris partis nunc deperditae codicis P vestigium superesse vidit Usener. codex enim Parisinus 1873 chart. saec. XVI in verbis ὡς προιὼν δείξει desinit, i. e. ibi finem facit, ubi P exorditur. ita autem eius textus corruptus est, ut verisimile sit complures testes inter P et Par. 1873 intercedere [2]. cf. Additamentum III.

---

[1]) Paucas Useneri observationes hic delibo: 90,15 P ὅλως ita scripsit, ut lineola parum inflexa, qua ως indicatur, pro obliqua ον significante haberi possit, et habet ὅλον N. — 91,4 ἄλας P ita scripsit, ut facile ἄλοις legi potuerit (ἄλλοις N). — 91,20 πρὸς ὃ νῦν solus P in fenestra VI litt. om., om. etiam N in spatio IV litt., spatio nullo relicto D. — 95,19 αὐτὰς man. rec. saec. XV in P corr. in αὐτὰ, N αὐτὰ τὰς. — 100,11 proclivi errore qui codicem P sequebatur pro πνεύμονα legere poterat πνεῦμα (N), πνεύματι (D), item 101,23 τῷ (N) pro τῇ, 103,1 ἐκείνειν (N) pro ἐκείναις. — 104,14 fenestras, quarum sola causa est chartae difficultas in P, servaverunt ND. — 110,26 πᾶν errore librarii P deletum om. ND. — 114,3 ἂν errore scriptum P ita in ἐν correxit, ut prior littera dispici possit, ἂν ND. — 114,14 ἐπιχείρησαν̃ P, ut ν propter scabritiem chartae non satis dilucidum sit, ἐπιχειρήσατο N. — 118,6 φθείροιτο propter tineae foramen legi poterat φέροιτο (D). — 126,8 οἷόν̃ olim P, sed ον laesa charta deletum est, οἱ cum spatio ND. — 128,21 ὑπὸ macula oppressum est, om. D. — cf. adnot. ad p. 108,27. 115,26.

[2]) Continet etiam Alex. in Analyt. priora. eius mentionem desidero *Comm.* II 1 praef.

V. Rose (cf. Bandini *Cat. codd. Laur.* III p. 246) adnotavit in Laurentiano Florentino 85, 1 saec. XIV, qui Oceanus dicitur, post Michaelem εἰς τὸ περὶ γήρως fol. 694r alterum Alexandri librum incipere, cui inscribitur τοῦ αὐτοῦ εἰς τὸ περὶ ὀσμῆς ἀριστοτέλους, in fine mutilum, cum fol. 700 exordiatur Alexandri comm. in Metaphysica[1]). haud scio an etiam haec codicis pars ex P derivata sit, quippe in quo solo hic alterius libri titulus exstet.

Quotquot enumeravi classis α et β codices, omnes ab uno archetypo pendere gravissimarum corruptelarum et lacunarum communio docet. neque enim ea est textus integritas, quam in tanta testium copia facile expectaveris. eclectica autem ratione ita utendum erat, ut sensu et iudicio ad singulos locos adhibito modo ordo α modo β praeferretur singulique familiae α codices examinarentur, classis α, quippe quae integriorem et pleniorem communis archetypi memoriam traderet, paribus momentis pluris aestimanda esset. res orthographicas, ν paragogicum, vocales servatas vel elisas, οὕτω vel οὕτως scriptum a V pendere scito. coniectura et divinatione ad emendandum textum non raro utendum erat, et saepe scriptoris sensum, non verba ipsa recuperare licebat. non pauca aliis corrigenda me reliquisse scio; quamquam audacis videtur sperare inventum iri qui huic libro emendando studeant ea aetate, qua vix inveniantur talia qui legant.

Pauca de Arabum studiis ut indagarem mihi contigit. de scripto Aristotelico Fihrist haec profert[2]): „*Abschnitt über die Schrift von der Wahrnehmung und dem Wahrnehmbaren, das sind zwei Bücher; es ist davon keine Uebersetzung bekannt, auf die man sich verlassen könnte, wird auch keine erwähnt; was erwähnt wird, ist nur, dass einiges wenige et Ṭaberî nach Abû Bischr Mattâ ibn Jûnus angemerkt hat*“. neque hoc Alexandri scriptum, cum alia enumeret, p. 23. 24 commemorat. contra Ger. Cremonensis († 1187) versionem ex arabico textu factam commemorat Jourdain[3]).

Restat, ut de editionibus paua moneam.

Aldinum exemplar titulum habet ΣΙΜΠΛΙΚΙΟΥ ΥΠΟΜΝΗΜΑΤΑ ΕΙΣ ΤΑ Γ̄ ΒΙΒΛΙΑ ΤΟΥ ΑΡΙΣΤΟΤΕΛΟΥΣ ΠΕΡΙ ΨΥΧΗΣ. ΑΛΕΞΑΝΔΡΟΥ ΑΦΡΟΔΙΣΙΕΩΣ ΥΠΟΜΝΗΜΑΤΑ ΕΙΣ ΤΟ ΠΕΡΙ ΑΙΣΘΗΣΕΩΣ ΚΑΙ ΑΙΣΘΗΤΟΥ. ΜΙΧΑΗΛΟΥ ΤΟΥ ΕΦΕΣΙΟΥ ΣΧΟΛΙΑ . . . MDXXVII. — fol. 2 sequitur epistula Francisci Asulani

1) Eius mentionem desidero *Comm.* I praef.

2) A. Müller, *Die griech. Philosophen in der arabischen Ueberlieferung*, Halle 1873 p. 20.

3) *Recherches critiques sur l'age et l'origine des Traductions latines d'Aristote*, Paris 1843 p. 123, cf. Wenrich, *De auctorum graecorum versionibus et comm. syriacis, arabicis, armeniacis persicisque*, Lipsiae 1842 p. 276, Assemani *Bibl. Orient.* II 315.

ad Alexandrum Campegium Bononiae episcopum, fol. 3 Clementis Papae VII venia data die XXII. Aug. MDXXVI.

Codicis deterioris (v. p. IX) vitia typothetae erroribus aucta sunt. lemmata Aristotelica[1]) ex vulgaribus editionibus ita ampliata et interpolata sunt, ut in eis huius testimonium neglegere maluerim eis locis perpaucis exceptis, quibus suspicio erat consensum codicis A cum Aldina fortasse errore collatoris explicari:

Magnopere de Alexandro meruit[2]) Carolus Thurot editione inserta volumini, cui titulus est

> *Notices et Extraits des manuscripts de la bibliothèque nationale et autres bibliothèques tome XXV, IIe partie.* Paris, Imprimerie nationale 1875.

MT adhibitis potissimum textui opitulatus est, multa bene emendavit interdum codicum VA genuinas lectiones coniectura occupans, graecum exemplar T saepe optime restituit. sed infeliciter accidit quod plenus testis classis α ei non aderat. et ut de teste M non satis accurate legentes docuit, ita nimia audacia saepe ad mutandum textum graecum versionem latinam adhibuit. de eius memoria cum accurate referret, liberius ipse in textu latino mutando versatus est; quod nunc apparet, cum videmus ea vitia codicibus VA cum T saepe communia esse, quibus editor versionem latinam liberare volebat. denique lemmata, nisi quod de TN rettulit (v. p. VII), neglexit.

Alexandri liber quantum valeat ad textum Aristotelicum genuinum restituendum in hoc volumine saepe adnotavi, alibi accuratius exponam.

Berolini mense Iunio a. 1901.

Paulus Wendland.

---

1) Ea olim in archetypo ampliora extabant, v. e. gr. adn. p. 131,12. 137,26.
2) v. Usener l. c.

ADDITAMENTVM I

(ad p. VII)

Parisinus 1921 inde a p. 46,12 his locis a meo textu differt: 56,13 αὐτὴ || δι' ἃ εἰκότως (om. καὶ) || 15 αὐτῇ εἰ .... τεμε ..... ἄλλο ἀντιφράττουσα αὐτὸ || 17 γεῶδ(ες) ..... πν'' || δίοπτος] δὲ || 20 δῆλον || 21 μαλακὰ || 47,1 δέχονται || 2 ἀντιφράζον || 6 ἂν om. || 7 post ὁμοίως add. δὴ || 8 οἰκειότατα || 15 οὕτω || ἐστι om. || 16 αὐτοῖς τὸ corr. ex αὐτό τὸ || τοῦ τοιούτου || 17 τούτου οἷς || τὸ om. || 20 ἡ om. || 21 εἶναι om. || 23 ταυτὸν γὰρ || σωμάτων || 48,2 ἡ om. || οὕτω || 4 πέρας ὃ ταυτὸ μὲν ἔσται τῷ || 6 διαφανῆ || 7 τὰ δὲ] καὶ || 8 οὐ] ὃν || 18 τὸ om. || 20 σώματος || 49,1 πέρας οἰκεῖόν τι || 5. 6 πέρας ...... ρισμένον δὲ τοῦ ῥητοῖς στερεοῖς σώμασι διαφανῆ || 6. 7 τοῦτο ως κατ .... ματα ἦν || 9 τ .... προσβιβάζει || 10. 11 πέρας .... τοῦτο || 12. 13 παραθέμενος δὲ] κατὰ || 14. 15 τὸ χρῶμα καὶ τὸ τοῦ σώματος πέρας καὶ ὡς || 16 εἴ γε om. || διεστός || 18 ⟨ ⟩ om. || ἀνάγκης] ἃ || 20 εἰ] τὸ || 28 γὰρ om.

p. 88,4 δὴ || 5 τῷ ὑγρῷ τὸ ξηρὸν || 9 γὰρ εἶπε περὶ (= a) || 13—18 ἐποίει—οὔτε γὰρ om. in spatio $3^1/_2$ versum || 89,5. 6 ἀλλογενῆ .... [1]) ἄλλω γένει || 8 ὕδατι .... ὑπὸ || 10 τοῦτο .... δέχεται || 11 μὴν δ ...... τὰς || 13 ἀποπ. ...... πῶς || 14 ἔγχυμον om. || 16 posuit ut a || 18 ἑαυτῷ || 24 τινας om. || 27 γεῦσιν (= a) || 90,8 τισι τοῖς πλείστοις δὲ διὰ (= a) || 9 ἐν] σὺν || 10 ἃ om. || ὀσφρᾶσθαι (= a) || 17 τὸ om. (= a) || 91,17 eadem add. atque a || ὄν (ὂν a).

ADDITAMENTVM II

(ad p. X)

Paris. 1921 = B Thuroti. ceteros codices 1. 2. 3. 4. 6. 8. 9 significavi numeris, quos p. X posui.

p. 1,1 ἀφροδισιέως om. praeter B || ὑπόμνημα om. B || 2 post αἰσθητῶν add. ἀριστοτέλους B || 5 τίσιν] τῆς Ba: τίνι *1 2 3 4 6 8 9* | ἑκάστων (sed ἑκάστω B) || αἷς || 6 τὸν λόγον om. || 8 post μὲν add. γάρ *3* || 10 χρήσιμος || τὴν] τὸν *2* || 14 δὲ] τε || 15 τὸ] τῷ a *1 3 4 8 9* || 16 μὴ] μὲν *3* || 2,1 καθαυτὸ *2* || 4 αἰσθητῶν (sed αἰσθήσεων αἰσθητῶν *3*) || 5 αἰσθητηρίου || 7 λέγη a *3 6*: om. *2* || ἀκόλουθον[2]) || 8 ὅτι om. || ἡ] ἢ τε || 10 ἐμψύχων (quod om. *2*) || 11 αὐτῷ a *4 6* || τὸν (praeter B?) 12 εὔλογον || 17 ἐνεργείας om. || τε om. || ἢ om. || 20. 21 τῆς αἰσθητικῆς om. || 22 αἰσθητῶν add. || 24 ὧν a *1 6* || 3,2 καὶ—αὐτῆς om. *2 4 8 9* || 4 λόγος *2* || 5 prius καὶ om. || tert. τῶν om. || 6 καὶ add. praeter B || 7. 8 διὰ—σώματος om.

ADDITAMENTUM III

(ad p. XI)

Parisinus 1873 ab Aldina (= a) his locis discedit: p. 3,9 om. καὶ || 12 οἷόν τε γὰρ ἐχόμενα || 16 prius καὶ om. || 19 ἔχοντα τὰ ζῷα || 24 πραγματείαν || 4,3 ἀλλ' cum TVAN || δὲ om. || 4. 5 ἀντὶ τοῦ om. || 8,17—20 caret repetitione || 19 μὲν] δὲ καὶ || 24 δὲ cum VANT || 27 τῶν cum V || 9,7 ἐν μὲν πᾶσιν || 12 καὶ ληπτικὴ om. || 23 γευστικοῦ cum V || 10,1 ἀναφέρει || 8 ὡς τὸ γένος ἡ διαφορὰ

videtur igitur hic codex eodem modo ad classem α vergere atque P, qua re confirmatur Useneri de eius origine coniectura.

---

[1]) hanc fenestram ut alias nonnullas supplevit in margine.

[2]) hic desinit collatio codicis 3. fortasse praeter Monacenses (8. 9) solus 2 ubique collatus est.

ADDITAMENTUM IV

ANECDOTON HIEROSOLYMITANUM

R. Reitzenstein professor Argentoratensis, qua est humanitate, mihi permisit, ut anecdotum ederem, quod invenit in codice Hierosolymitano Patr. 106 fol. 7 (saeculi XIII exeuntis)[1]. catalogi librorum, qui tum legebantur et commendatione digni videbantur, sola posterior pars tradita est, qua enumerantur libri ad rhetoricam, medicinam, theologiam spectantes, denique Aristotelica commentaria et scripta. in hac autem postrema parte ipse auctor tabulae videtur diversa genera scriptorum Aristotelis enumerasse, unicuique generi addidisse commentariorum catalogum, quae commendanda videbantur. qui ab huius tabulae auctore pendet[2] caput logica scripta complectens integrum posuit, c. II satis habuit commentatores nominare scriptorum Aristotelicorum catalogo omisso, denique c. III partem catalogi omissi referens scripta zoologica et Parva naturalia enumerat. artissime autem hoc anecdotum cohaeret cum catalogo, quem Fihrist exhibet. is enim c. I eodem ordine praebet, nisi quod. 7. 8 ῥητορικά et ποιητικά addit, c. II haud absimili ordine exhibet scripta Aristotelica: 1—5. 17 (tum addit ποιητικά). — 6 om. — 7. 8. 10. 9. 11. 12. — pro 13. 14 habet *„Abschnitt über die Schrift vom Thiere, dies sind neunzehn Bücher"*. — 15. — 16 et 18 om., habet eorum loco tres alios titulos. Arabs de commentariis multo uberiora profert, contra textus graecus praeter Psellum, Ephesium, Eustratium habet II 2 Ammonium, II 3. 4 Philoponum, II 7. 8 Simplicium, II 11 Philoponum, II 12 Alexandrum, quos Fihrist omisit. — de eis solis commentariis aliquid adnotare videbatur, quae aut perierunt aut in editione Academiae nullum locum habebunt. adnotationum ad c. I partem Maximiliano Wallies debeo.

. . . . . Σιμοκάτου, ὁ Βασιλάκης, ὁ Ψελλός, ὅστις ἐστὶν ἀναγκαῖος. εἶτα τοὺς παλαιτέρους καὶ δεινοτέρους, τὸν Λουκιανόν, τὰς μελέτας τοῦ Λιβανίου καὶ τὰ προγυμνάσματα αὐτοῦ καὶ λόγους πανηγυρικοὺς εἰς τὸν Ἰουλιανὸν τὸν παραβάτην· τὸν Ἱμέριον, τὸν Χορίκιον, σαφεῖς ὄντας καὶ πανηγυρικοὺς ῥήτορας· γράφουσι γὰρ ἐπιταφίους, ἐπιθαλαμίους καὶ τὰ λοιπά. Προκόπιον Γάζης· καὶ οὗτος πανηγυρικὸς καθαρός, γράφει δὲ καὶ ἐκφράσεις καὶ ἄλλα τινά. ἐπιστολαὶ τοῦ Συνεσίου. Θεμίστιον, σαφῆ ὄντα μικρόν τι, πανη-

---

[1]) Papadopulos—Kerameus, Ἱεροσολυμιτικὴ Βιβλιοθήκη I p. 178 testatur fol. 6r—7r ferri Ἐπιγραφὰς εἰς τὰς τοῦ Λιβανίου μελέτας. quod utrum hic parum accurate rettulerit an ille in describendo numero erraverit, nescio.

[2]) librarium non fideliter archetypum expressisse ex vitiis quibusdam, velut Ἀλέξιος, et inde apparere videtur, quod δέκα τρία ex ordine meliore archetypi explicari videtur.

1 ⟨Θεοφυλάκτου τοῦ⟩ Σιμ. Reitz. de Nicephoro Basilace v. Krumbacher, *Byz. Litt.*[2] p. 473 2 sc. λάμβανε sim. 4 ἡμέριον cod. 7 μικρόν τι suspectum

γυρικὸν δέ· γράφει γὰρ πρὸς τὸν βασιλέα Θεοδόσιον. Χαρίκλειαν, καὶ κατὰ φράσιν πάνυ καλὴν ⟨καὶ⟩ κατὰ τὴν ἔννοιαν εὔσχημον, ἂν καὶ ἐρωτικὰ γράφῃ. ἡ δὲ Λευκίππη καὶ κατὰ τὴν φράσιν ὑποδεεστέρα καὶ κατὰ τὴν ἔννοιαν ἄσχημος. Ἰσοκράτης, ὅστις ἐστὶν παραινετικὸς σαφής· γράφει γὰρ λόγους παραινετικοὺς πρὸς Νικοκλέα. εἶτα τοὺς παλαιοτέρους καὶ δεινοτέρους, ὡς ἵνα μὴ εἰθίσωσιν ἑαυτοὺς οἱ νέοι μόνον εἰς τοὺς σαφεῖς νοεῖν, ἀλλὰ καὶ εἰς τοὺς δεινούς· Λυσίαν, Δημοσθένην, Αἰσχίνην. Ἀριστείδην, θεόλογον τὸν πολύν, τὸν μεταφράστην, χρονικὸν τοῦ Ζωναρᾶ, Φιλοστράτου εἰκόνας, αἵτινές εἰσιν ἐκφράσεις. παράλληλα Πλουτάρχου καὶ τὰ ἠθικὰ αὐτοῦ, ἅτινά εἰσι καὶ κατὰ τὴν φράσιν ἀναγκαῖα ὁμῶς ⟨καὶ⟩ δεινὰ καὶ κατὰ τὴν ἔννοιαν πάνυ φρόνιμα. — τούτων δὲ τῶν ῥητορικῶν βιβλίων εἰσί τινα δικανικά, ἄλλα πανηγυρικά, ἕτερα συμβουλευτικὰ καὶ ἄλλα μικτά, οἷον ὁ Λουκιανὸς καὶ λοιποί. ἐστὶ δὲ καὶ Προκόπιος ὁ Καισαρεὺς πάνυ ἀναγκαῖος ῥήτωρ, ἀλλ' ἐστὶ καὶ ἱστορικός· γράφει γὰρ τὰς ἐπὶ τῶν ἡμερῶν αὐτοῦ γενομένας πράξεις, ἣν δὲ ἐπὶ τοῦ Ἰουστινιανοῦ τοῦ βασιλέως. Θουκυδίδης καὶ Ἡρόδοτος. — εἰσὶ δὲ καὶ ἕτεραι γραφαὶ καὶ οὐκ εἰσὶ μικταί· οὐδὲ γὰρ ἔχουσιν ἓν εἶδος τῆς ῥητορικῆς ἢ δύο ἢ τρία, ἀλλὰ γράφουσι μόνον λελογισμένα, ⟨ἀναγκαῖα δέ⟩· ἔχουσι γὰρ ῥυθμὸν καὶ συνθήκην λόγων καὶ ἰδέας καὶ σχήματα, οἷον τὰ ἱστορικά, εἰς ἃ τίθενται πολλάκις καὶ ἐνθυμήματα καὶ ἐπιστολαὶ καὶ ἄλλα τινά. ὁμοῦ ῥήτορες τριάκοντα.

Τὰ ἰατρικά, ἃ ἀναγινώσκουσιν, εἰσὶ ταῦτα· φυσικὰ πρῶτον, εἶτα περὶ αἰτίας, διαγνωστική, πρὸς Γλαύκωνα θεραπευτική, περὶ διαφορᾶς πυρετῶν, ἁπλᾶ κατ' εἶδος καὶ κατὰ γένος, τὰ περὶ τροφῶν, περὶ κρίσεων, σφυγμική, περὶ χρείας μορίων, περὶ διαίτης ὀξέων, ἀνατομή, περὶ κρισίμων ἡμερῶν. καὶ Διοσκουρίδην συγγραφέα τῶν ἁπασῶν βοτανῶν.

Οἱ ἐξηγηταὶ τῆς θείας γραφῆς τῆς τε παλαιᾶς καὶ τῆς νέας. εἰς τὴν γένεσιν ὁ μέγας Χρυσόστομος, ὁ μέγας Βασίλειος, καὶ ὁ Νύσσης εἴς τινα. εἰσὶ δὲ καὶ διάφοροι ἐξηγηταὶ εἰς ὅλην τὴν παλαιάν, οἷον ὁ ἅγιος Κύριλλος, Γεννάδιος, Σεβῆρος Ἀντιοχείας, Θεοδώρητος, Ὀλυμπιόδωρος καὶ ἕτεροι. εἰς

1 Χαρίκλειαν] Heliodori Aethiopica dicit 2 καὶ addidi 3 Λευκίππη] Achillis Tatii librum dicit 5 νικο^λ = νικόλαον cod. 7 ⟨τὸν⟩ θεολόγον Reitz., i. e. Gregorium Nanziazenum πολὺ cod. 7. 8 τὸν μεταφράστην Symeonem dicit 10 ὅμως cod. καὶ add. Reitz. 15 tert. καὶ] αἳ conicio 17 suppl. Reitz. 19. 20 τριάκοντα] nunc 24 nomina numerantur; sed plus sex nomina rhetorum Byzantinorum initio excidisse probabiliter conicit Reitzenstein, cum Zonaram, Thucydidem, Herodotum inter rhetores numerari veri dissimile sit 21—25 de his titulis ad Galeni libros spectantibus haec adnotanda videbantur Ioh. Ilbergio: *„ἁπλᾶ κατ' εἶδος καὶ κατὰ γένος sind die 11 Bücher περὶ κράσεως καὶ δυνάμεως τῶν ἁπλῶν φαρμάκων (de simplicium medicament. temperamentis ac facultatibus XI 379—XII 377 K). — Unter διαγνωστική vermuthe ich περὶ τῶν πεπονθότων τόπων (de locis affectis libri VI, bei Kühn, VII 1—452). — φυσικὰ πρῶτον, εἶτα περὶ αἰτίας auf bestimmte Bücher zu beziehen, hat wegen der Allgemeinheit dieser Bezeichnungen etwas Missliches. Vielleicht geht φυσικά auf περὶ φυσικῶν δυνάμεων (de naturalibus facultatibus libri III, bei Kühn II, 1—214), und περὶ αἰτίας möglicherweise auf περὶ τῶν ἐν τοῖς νοσήμασιν ΑΙΤΙΩΝ (de causis morborum, VII 1—41 K.), doch bin ich nicht sicher.“* 28. 29 horum nominum notitiam e catenis fluxisse verisimile est 29 Θεοδώριτος hic et infra

τὸ ἑξκαιδεκαπρόφητον εἰς τὸ ὅλον εὑρίσκεται Θεοδώρητος, εἰς τὸν Ἡσαΐαν ὁ ἅγιος Βασίλειος καὶ εἴς τινας τῶν προφητῶν ὁ ἅγιος Κύριλλος, ὁμοίως δὲ καὶ εἴς τινας πέντε τῶν προφητῶν εὑρίσκεται Θεοφύλακτος ὁ Βουλγαρίας. εἰς τὸ τετραβασίλειον εὑρίσκεται συναγωγὴ διαφόρων καὶ ὁ Θεοδώρητος λύων τὰ ἐν τούτῳ ἄπορα. εἰς τὰ παραλειπόμενα συναγωγὴ ὁμοίως. εἰς τὸν Ἰὼβ συναγωγὴ διαφόρων τοῦ Ἡρακλείας. εἰς τὸν ψαλτὴρ εὑρίσκεται ὁ μέγας Χρυσόστομος, ὅστις ἐστὶν καὶ δυσεύρετος, καὶ Θεοδώρητος καὶ τοῦ Ἡρακλείας συναγωγὴ καὶ Ζιγαβηνὸς πάνυ καλός. εἰς τὰ τρία βιβλία τοῦ Σολομῶντος ὁ μὲν Νύσσης εἰς τὸ ᾆσμα τῶν ᾀσμάτων, καὶ ὁ Ὀλυμπιόδωρος εἰς τὸ αὐτό, εἰς δὲ τὰ τρία ἐξήγησις συνεπτυγμένη Προκοπίου χριστιανοῦ σοφιστοῦ καὶ ἑτέρων τινῶν. ὁμοῦ βιβλία ἑπτά. — εἰς τὸ εὐαγγέλιον ὁ μέγας Χρυσόστομος καθολικὸς ἐξηγητής. ὁ Βουλγαρίας καὶ ἡ τοῦ Ἡρακλείας συναγωγή. εἰς τὰς πράξεις ὁ μέγας Χρυσόστομος· εὑρίσκονται δὲ καὶ ἄλλοι τινὲς σχολιασταί. εἰς τὰς ἐπιστολὰς τοῦ μεγάλου Παύλου ὁ μέγας Χρυσόστομος καὶ ὁ Βουλγαρίας καὶ συναγωγὴ τοῦ Μουζάλωνος εἰς τὴν πρὸς Ἑβραίους ἐπιστολὴν μόνην. εἰς τὰ ἔπη τοῦ μεγάλου θεολόγου Δαβὶδ Χριστιαν⟨ός⟩. εὑρίσκεται δὲ εἰς ὅλην τὴν παλαιὰν συναγωγὴ Προκοπίου χριστιανοῦ Γάζης, ὡσαύτως καὶ εἰς τὸ τετραβασίλειον. ὁμοῦ βιβλία τέσ⟨σαρα⟩.

Iam sequitur Catalogus Aristotelicus, quem secundum ordinem librosque numeris discripsi.

I. Τὰ Ἀριστοτελικὰ βιβλία καὶ οἱ ἐξηγηταί εἰσιν οὗτοι· ἡ λογικὴ πραγματεία, ἥτις περιέχει
1 δέκα κατηγορίας
2 τὸ περὶ ἑρμηνείας

3 πέντε] cf. Bongiovannum apud Migne, P. Gr. CXXVI p. 559 sqq. 4 talis catena nobis servata est, v. Lietzmann, *Catenen* p. 18. 41 sqq. 5 in Paralipomena catena adhuc ignota videtur, sed probabile est Procopium praeter commentarium in Paralip. nobis servatum, ut solebat, catenam scripsisse 6 De Nicetae Heracleotae in Iobum catena v. Lietzmann p. 22. 23, Ehrhard apud Krumbacher *Byz. Litt.*² p. 215 8 de Nicetae in Psalmos catena v. Ehrhard l. c., de Euthymio Zigabeno ibid. p. 83 9 Ehrhard p. 127: *„Die Vorrede zu diesem Kommentar (Predigerkommentar) scheint anzudeuten, dass Ol. auch das Hohelied erklärt hat“.* 10 de his Procopii commentariis v. Ehrhard p. 126 11 ὁμοῦ βιβλία ἑπτά. *„Der Autor will, dass die Kommentare zu den verschiedenen Schriften in je einem Codex vereinigt werden, wie das in jüngeren Handschriften ja auch mehrfach geschieht.“* (Reitz.) numeravisse videtur Octateuchum, prophetas, IV Reg., II Paralip., Iob, Psalmos, Salomonem 12 de Nicetae in Evang. catenis v. Sickenberger, *Archiv für die älteren christlichen Schriftsteller VI 1 p. 42 sqq.* — manus recentior in mg. addidit: ὁ ἅγιος Κύριλλος εἰς τὸ κατὰ Ἰωάννην. 15 hoc Nicolai Muzalon (cf. Krumbacher p. 474) scriptum adhuc ignotum videtur 16 Nicetae Davidis paraphrasis edita est apud Migne, P. Gr. XXXVIII p. 681 sqq. 17 συναγωγή, si conferas v. 4. 5. 6. 8. 12 Procopii catena (Ἐκλογαί), non commentarium, esse videtur 18 cf. ad v. 11. quomodo numeraverit, dubito.

3 τὰ τρία σχήματα. τὰς μίξεις. τὸ περὶ εὐπορίας προτάσεων. τὸ περὶ ἀναλύσεως συλλογισμῶν

4 ἀποδεικτική. τὰ δεύτερα τῶν πρώτων

5. 6 τὰ τοπικά, ἃ καλοῦνται καὶ διαλεκτική, καὶ σοφιστικοὶ ἔλεγχοι.

II. 1 Εἰς τὰς κατηγορίας ἐξηγηταὶ ὁ Φιλόπονος Ἰωάννης, ὁ Σιμπλίκιος ὁ πολύς,

2 εἰς τὸ περὶ ἑρμηνείας παράφρασις τοῦ Ψελλοῦ ἢ ἐξηγητὴς Πορφύριος. ἢ Ἀμμώνιος, ὃς καὶ κρείττων ἐστίν. ἀλλὰ πρὸς τὸ τέλος (?)

3. 4 εἰς τὰ τρία σχήματα ὁ Φιλόπονος μέχρι καὶ τῆς ἀποδεικτικῆς, εἰς τὰ δεύτερα τῶν πρώτων ὁ Ἐφέσιος,

5 εἰς τὰ τοπικὰ τὰ ὀκτὼ ὁ Ἀφροδισιεὺς Ἀλέξιος, εἰς τοὺς σοφιστικοὺς ἐλέγχους ὁ Ἐφέσιος,

6 εἰς τὰ ἠθικὰ ὁ Νικαίας μέχρι καὶ τέλους, εἰς τινὰ ὁ Ἐφέσιος,

7 εἰς τὴν φυσικὴν ἀκρόασιν εἰς τὸ ὅλον Φιλόπονον ἢ Σιμπλίκιον ἢ παράφρασιν Θεμιστίου· ὁδηγεῖ γὰρ καὶ ἡ παράφρασις κατὰ πολύ,

8 εἰς τὰ περὶ οὐρανοῦ εἰς μὲν τὸ ἓν Θεμίστιον, εἰς δὲ τὰ τρία Σιμπλίκιον,

9 εἰς τὰ μετέωρα τὸ ὅλον τὸν Ἀλέξανδρον,

10 εἰς τὸ περὶ γενέσεως καὶ φθορᾶς τὸ ὅλον Φιλόπονον.

11 εἰς τὸ περὶ ψυχῆς τὸ ὅλον Φιλόπονον, ὃς καὶ κρείττων, ἢ Σιμπλίκιον ἢ Θεμιστίου παράφρασιν,

12 εἰς τὸ περὶ αἰσθήσεως καὶ αἰσθητῶν εἰς τὸ ὅλον βιβλίον Ἀλέξιον,

13 εἰς τὸ περὶ ζῴων γενέσεως τὸ ὅλον Ἐφέσιον,

14 τὸν αὐτὸν καὶ εἰς τὸ περὶ ζῴων μορίων,

15 εἰς τὰ μετὰ τὰ φυσικὰ εἰς τὸ ὅλον βιβλίον Ἀλέξιον καὶ Ἐφέσιον, σαφέστερος δὲ ὁ Ἐφέσιος,

16 καὶ εἰς τὰ λοιπὰ μονόβιβλα τοῦ Ἀριστοτέλους τὸν Ἐφέσιον (μονόβιβλα δὲ ὀνομάζονται ὅσα οὐ διαιροῦνται εἰς ἐπιβιβλίδας),

17 εἰς τὴν ῥητορικὴν τοῦ Ἀριστοτέλους τὸν Ἐφέσιον,

18 εἰς τὴν ἀριθμητικὴν τὸν Φιλόπονον ἢ τὸν Τραλλιανόν· τέως δὲ ὁ Φιλόπονός ἐστιν κρείττων, ὁμοῦ βιβλία δέκα τρία.

---

3 ⟨τὰ πρῶτα ἀναλυτικά, τουτέστι⟩ τὰ τρία conicio. — τὰ τρία σχήματα i. e. Aα c. 1—8 — τὰς μίξεις i. e. Aα c. 9—26 v. Ammonium *Comm.* IV 6 p. 38 ss. et adnot. ad *Comm.* II 1 p. 290,7. — τὸ περὶ εὐπορίας προτάσεων i. e. Aα c. 27—31 v. adnot. ad *Comm.* II I p. 290,8. — τὸ περὶ ἀναλύσεως συλλογισμῶν i. e. Aα 32—46 v. adnot. ad *Comm.* II 1 p. 340,1. 418,20. ceterum de hoc et de proximo titulo ἀποδεικτική v. Fibrist (A. Müller, *Die griech. Philos. in der arab. Ueberlieferung*) p. 13, M. Steinschneider *Al-Farabi* p. 27. 28, Ammonius *Comm.* IV 4 p. 5,14, Philoponus *Comm.* XIII 1 p. 5,8—11, Olympiodoros aqud Littig, *Andronikos von Rhodos*, München 1890 p. 52,81 (Zeller II 2^3 p. 71) 5. 6 de titulo διαλεκτική („τοπικά, *das bedeutet die disputation*“ Fibrist) et de Elenchorum cum Topicis cognatione v. Organon ed. Waitz II p. 435. 528 II 2 de Psello et Porphyrio v. Busse *Comm.* IV 5 p. v. vi. xxxiv. xxxv 3. 4 de hoc Michaelis commentario aliunde nihil mihi innotuit 5 Ἀλέξιος leg. Ἀλέξανδρος, cf. infra. — Ἐφέσιος] confirmat anonymus vetustiorum codicum de comm. nobis tradito iudicium, v. *Comm.* II 3 p. v 6 ὁ Νικαίας] i. e. Eustratius 7 ad accusativos subaudi λάμβανε 15 de hoc Ephesii comm. v. *Comm.* I p. v. 17 fort. Ephesii est aliquid commentariorum, quae Rabe vol. XXI 2 edidit. 18 Philoponi in Nicomachi Arithmetica comm. dicit. Τραλλιανὸς est Asclepius, v. Fabricii *Bibl.*[4] V p. 635. — δέκα τρία βιβλία sunt a numero 6—18.

III. Τὰ δὲ ζῳικὰ πάντα ταῦτά εἰσι·

1 περὶ ζῴων μορίων
2 περὶ ζῴων πορείας
3 περὶ ζῴων γενέσεως
‘ περὶ βραχυβιότητος καὶ μακροβιότητος
περὶ γήρως καὶ νεότητος
4 6 περὶ θανάτου καὶ ἀναπνοῆς
7 περὶ μνήμης καὶ τοῦ μνημονεύειν
8 περὶ ὕπνου καὶ ἐγρηγόρσεως
9 περὶ τῆς καθ᾽ ὕπνον μαντικῆς
10 καὶ περὶ ζῴων κινήσεως.

ALEXANDRI
IN LIBRUM DE SENSU
COMMENTARIUM

ΑΛΕΞΑΝΔΡΟΥ ΑΦΡΟΔΙΣΙΕΩΣ ΥΠΟΜΝΗΜΑ ΕΙΣ ΤΟ ΠΕΡΙ ΑΙΣΘΗΣΕΩΣ ΚΑΙ ΑΙΣΘΗΤΩΝ.

Ed. Thurot
p. 5

Εἰπὼν ἐν τοῖς Περὶ ψυχῆς περί τε ψυχῆς τῆς συμπάσης κοινῶς καὶ καθόλου καὶ ἰδίᾳ περὶ ἑκάστης τῶν δυνάμεων αὐτῆς, πόσαι τέ εἰσι καὶ τίνες καὶ ἐν τίσιν ἑκάστῃ αὐτῶν τὸ εἶναι, ἐν οἷς καὶ περὶ τῆς αἰσθητικῆς δυνάμεως ποιησάμενος τὸν λόγον, καὶ τίς τέ ἐστιν εἰπὼν καὶ εἰς πόσας αἰσθήσεις διαιρεῖται, καὶ ἰδίᾳ περὶ ἑκάστης τῶν αἰσθήσεων διεξελθὼν καὶ εἰπών, τίς μὲν ἡ δύναμις αὐτῶν ἑκάστης, ἀφ' ἧς τὸ αἰσθάνεσθαι, τίς δὲ 6
ἡ ἐνέργεια καὶ περὶ τί, ποιησάμενος δὲ καὶ περὶ τοῦ καθ' ἑκάστην αἴσθησιν αἰσθητοῦ λόγον, ἐφ' ὅσον ἦν χρήσιμον αὐτῷ πρὸς τὴν τῶν αἰσθήσεων ἐνέργειαν, ἐν τούτῳ τῷ βιβλίῳ περί τε τῶν αἰσθητηρίων λέγει, τί τὸ αἰσθητήριον ἑκάστης αἰσθήσεως καὶ ἐκ τίνος, ἐπεὶ μὴ οἷόν τε ἦν ἄνευ αἰσθητηρίου αἰσθάνεσθαι (διὰ γὰρ σώματος ἡ τῆς αἰσθητικῆς ψυχῆς ἐνέργεια, ὥσπερ οὖν καὶ αἱ τῶν ἄλλων ἢ τῶν γε πλείστων ἀεί), ἔτι δὲ περὶ τῶν αἰσθητῶν, τί τὸ ἑκάστῃ αἰσθήσει αἰσθητὸν καὶ τίνι ὄντι αὐτῷ κατὰ τὴν οἰκείαν φύσιν τὸ αἰσθητῷ εἶναι ὑπάρχει, ἐπεὶ μὴ ταὐτὸν τοῖς αἰσθητοῖς τό τε εἶναι καὶ τὸ αἰσθητοῖς εἶναι, ἦν δὲ εἰρημένον αὐτῷ περὶ αὐτῶν ὡς περὶ αἰσθητῶν.

---

1 tit. om. T, sed v. alterius libri tit. p. 184 Th. ἀφροδισιέως N: ἀφροδισέως VA: om. a ὑπόμνημα om. VN: post αἰσθητῶν (v. 2) A 2 post αἰσθητῶν add. ἀριστοτέλους N 3 ἐξειπὼν V ἐμπάσης a (corr. M) κοινῇ AN 4 αὐτῶν VA 5 τίσιν scripsi: τοῖσιν NA²: τοίνυν A¹: τίνι TV: τῆς a ἑκάστῃ TV: ἑκάστω AN: ἑκάστων a ἐν οἷς MTAN: ἐν αἷς Va: deleam ut emendationem vel interpretamentum corrupti illius ἐν τοίσιν; debebat enim Alex. scribere ἐν οἷς ... ἐποιήσατο 6 τὸν λόγον MTVAN: om. a 9 τοῦ] τὸν V 10 ἦν] ἢ V χρήσιμον TVN: χρήσιμος Aa αὐτοῦ V 12 ἐκ] ὑπὸ V ἦν] om. V: *est* T 14 αἱ om. V τῶν ἄλλων] *omnium aliarum* T (cf. p. 4,11): τῶν ἄλλων ⟨δυνάμεων⟩ exspectes, sed v. p. 11,13 πλείστων ἀεί] π spatio XII litt. relicto V δὲ TVAN: τε a 15 τὸ] τῷ a (corr. M) αἰσθητόν] αἰσθητῶν V τίνι] τίσι V ὄντι αὐτῷ in lac. XII litt. om. V 16 τὸ αἰσθητῷ ANa: τῷ αἰσθητῷ M: τὸ αἰσθητὸν V: *sensibile* T ὑπάρχει] ὑπ.... V 16. 17 τοῖς αἰσθητοῖς] τὸ αἰσθητὸν V: *sensibile* T 17 καὶ τὸ αἰσθητοῖς Va (cf. p. 87,7 Th.): καὶ τὸ τοῖς αἰσθητοῖς (!) M: καὶ τὸ ἐν τοῖς αἰσθητοῖς AN: καὶ τὸ αἰσθητῷ ex T Thurot 18 αἰσθητῶν] *sensibus* T

Δηλοῖ δὲ καὶ ἡ ἐπιγραφὴ τοῦ βιβλίου τὴν πρόθεσιν τῆς κατ' αὐτὸ 6
πραγματείας. λέγων δὲ περὶ αἰσθητηρίων τε καὶ αἰσθητῶν ἐν αὐτῷ Περὶ
αἰσθήσεως καὶ αἰσθητῶν ἐπέγραψεν αὐτό, ὡς καὶ τοῦ περὶ τῶν αἰσθη-
τηρίων λόγου εἰς τὴν περὶ τῶν αἰσθήσεων συντελοῦντος θεωρίαν· κοινὴ γὰρ
ἡ αἴσθησις ψυχῆς καὶ σώματος. ἢ αἰσθήσεων ἀντὶ τοῦ 'αἰσθητηρίων'· | 15
αἰσθήσεις γὰρ καὶ τὰ αἰσθητήρια καλοῦσιν. 7

Ἀρχόμενος δὲ τοῦ βιβλίου πρῶτον λέγει, ὅτι ἐστὶν ἀκόλουθος τῇ περὶ
ψυχῆς θεωρίᾳ [ὅτι] ἡ περὶ τῶν ζῴων καὶ τῶν ἐμψύχων πάντων καὶ [ἡ]
περὶ τῶν ἐνεργειῶν αὐτῶν, τῶν τε κοινῶν καὶ τῶν ἰδίων καθ' ἕκαστον
εἶδος αὐτῶν· ἀρχὴ γὰρ τῶν ψυχὴν ἐχόντων ἁπάντων ἡ ψυχή. λέγει δὲ 5
καὶ τίνες μὲν αὐτῶν κοιναί, τίνες δὲ ἴδιαι. τοῦ δὲ περὶ τῶν τῆς ψυχῆς
ἐνεργειῶν λέγοντα εὐλόγως λέγειν περὶ τῶν ἐνεργειῶν τῶν τε ζῴων καὶ
τῶν ζωὴν ἐχόντων αἰτίαν ἀποδέδωκε τὴν ὅτι αἱ ἐνέργειαι αὐτῶν αἵ τε
κοιναὶ καὶ αἱ καθ' ἕκαστον ἴδιοι σχεδὸν πᾶσαι κοιναὶ τῆς τε ψυχῆς καὶ
τοῦ σώματος· δι' οὗ καὶ αὐτοῦ βεβαιοῦται τὸ ἐντελέχειαν εἶναι τὴν ψυχὴν 10
σώματος φυσικοῦ ὀργανικοῦ. πίστιν δὲ παραθέμενος τοῦ τὰς τῶν ἐμψύχων
ἐνεργείας κοινὰς εἶναι ψυχῆς τε καὶ σώματος τὸ πάσας ἢ δι' αἰσθήσεως
ἢ μετ' αἰσθήσεως γίνεσθαι, ὅτι ἡ αἴσθησις καὶ ἡ κατ' αὐτὴν ἐνέργεια
κοινὴ | ψυχῆς τε καὶ σώματος ὡς ἐναργὲς λαβὼν εὐλόγως τοῦ περὶ τῶν 8
αἰσθητηρίων ἄρχεται λόγου, ἐπειδὴ φθάνει μὲν εἰρῆσθαι αὐτῷ ὁ περὶ τῆς
αἰσθητικῆς ψυχῆς λόγος, κοινὴ δὲ ἥ τε αἴσθησις καὶ ἡ κατ' αὐτὴν ἐνέρ-
γεια ψυχῆς τε καὶ σώματος, ἔδει δὲ τὸν περὶ τῶν κοινῶν λέγοντα πρῶτον 5
περὶ αἰσθήσεως λέγειν· κοινοτάτη γὰρ αὕτη πᾶσι τοῖς ζῴοις καὶ φανερω-
τάτη τῶν κατὰ ψυχὴν ἐνεργειῶν.

---

2 καὶ (post τε) om. V 3 αἰσθήσεων coni. Thurot. p. 397, cf. v. 4. 5 et ad p. 184,1 Th,. sic Arist. codd. MSE[1]; sed αἰσθήσεως Alexander citat ipse etiam Quaest. I 2 (II p. 7,18 Bruns) 3 ὡς om. V τοῦ] τῆς V περὶ om. AN 4 αἰσθητῶν a (corr. M) περὶ τῆς αἰσθήσεως coni. Diels (cf. p. 8.27) 5 ἢ] καὶ V αἰσθήσεως recte commendat Usener, *Jen. Litteraturztg.* 1876 p. 536 a αἰσθητηρίων MTN: αἰσθητηρίου VAa 7 πρῶτον λέγει hic posuit Diels: v. 8 post θεωρίᾳ habent libri addito iterum ὅτι: del. Usener et βιβλίου ⟨δείκνυσιν⟩ coni. (cf. p. 3,3) λέγῃ a (corr. M) ἀκόλουθος VN: ἀκόλουθον TAa: T anceps. τῇ] ἡ V 8 ὅτι MTVAN: om. a prius ἡ VAN: ἥ τε Ma καὶ τῶν Ta: καὶ ἡ περὶ τῶν VAN καὶ (post πάντων) om. A ἡ delevi, cf. p. 3,5 10 ψυχὴν ἐχόντων TVAN: ἐμψύχων a 11 αὐτῶν TVAN: αὐτῷ a τοῦ VAN: τὸν a 12 λέγοντος V: ambiguo comp. A εὐλόγως VAN: εὔλογον Ta 13. 14 ὅτι ἐνέργεια αὐτῶν, tum sp. xii litt. rel., καὶ αἱ καθ' V 14 ⟨εἶδος⟩ ἴδιοι conicio, cf. v. 10 et p. 3,6 πᾶσι AN τε om. V 15 ἐντελέχειαν] cf. Arist. de anima B 1 16 περιθέμενος V τῶν om. AN 17 ἐνεργείας om. a (habet etiam M) τε VAN: om. a τὸ] om. V: τῷ M ἢ TVAN: om. a 18 γίνεται V 19 τε post κοινὴ add. V τε om. V 20. 21 τῆς αἰσθητικῆς MTVAN: om. a 22 κοινῶν] αἰσθητῶν M post λέγοντα (!) add. αἰσθητῶν a 23 κοινὴ AN 24 τῶν] ὧν a (corr. M)

p. 436a1 Ἐπεὶ δὲ περὶ ψυχῆς καθ' αὑτὴν διώρισται πρότερον 8
καὶ περὶ τῶν δυνάμεων ἑκάστης κατὰ μόριον αὐτῆς.

Ἀρχόμενος τοῦ βιβλίου, ὅτι ἀκόλουθος ἡ ἐν αὐτῷ πραγματεία τῇ περὶ
ψυχῆς δείκνυσιν, ὡς εἶπον· ἀκόλουθος μὲν γὰρ τῷ περὶ ψυχῆς λόγῳ ὁ
περὶ τῶν ζῴων τε καὶ ψυχὴν ἐχόντων λόγος καὶ τῶν ἐνεργειῶν τῶν τούτων, 10
τῶν τε ἰδίων καθ' ἕκαστον εἶδος τῶν ζῴων καὶ τῶν κοινῶν. αἱ δὲ ἐνέρ-
γειαι αὐτοῖς οὐκ ἄνευ σώματος· διὰ γὰρ αἰσθήσεως αἱ πλεῖσται σχεδόν,
ἡ δὲ αἴσθησις κοινὴ ψυχῆς | τε καὶ σώματος. καθ' αὑτὴν δὲ εἶπε περὶ 9
ψυχῆς διωρίσθαι ἀντὶ τοῦ ἰδίᾳ τε κοινῶς καὶ καθόλου περὶ ὅλης ψυχῆς
καὶ ἰδίᾳ περὶ τῶν μορίων τε καὶ δυνάμεων αὐτῆς ἑκάστης. ἐν γὰρ
τοῖς Περὶ ψυχῆς πρῶτον μὲν καθόλου περὶ ψυχῆς ἐποιήσατο τὸν λόγον 5
καὶ ὡρίσατο αὐτήν, ὡς ἦν οἷόν τε τὰ ἔχοντα ἐν αὐτοῖς τὸ μέν τι πρῶτον
καὶ ἀτελέστερον τὸ δὲ δεύτερον καὶ τελειότερον ὁρίσασθαι· ἔπειτα περὶ
ἑκάστης τῶν δυνάμεων διεξῆλθε, περὶ τῆς θρεπτικῆς, περὶ τῆς αἰσθητικῆς,
περὶ τῆς φανταστικῆς, περὶ τῶν ἄλλων ἑκάστης. ἢ περὶ ψυχῆς καθ'
ἑαυτήν, ὅτι μὴ καὶ περὶ τοῦ σώματος, σὺν ᾧ τῇ ψυχῇ καὶ τὸ εἶναι· 10
διὰ τοῦτο γὰρ νῦν περὶ τῶν αἰσθητηρίων ἐρεῖ. εἰπὼν δὲ περὶ τῶν ζῴων
ἑπόμενον εἶναι τὴν ἐπίσκεψιν ποιήσασθαι, προσέθηκε τὸ καὶ περὶ
τῶν ζωὴν ἐχόντων, ὅτι μὴ πάντα τὰ ψυχὴν ἔχοντα ζῷα, εἴ γε ὥρισται
τὸ ζῷον, ὡς ἐν τοῖς Περὶ ψυχῆς εἴρηται, | αἰσθήσει. ἡ δὲ θρεπτικὴ ψυχὴ 10
πρὸ τῆς αἰσθητικῆς οὖσα ἐν οἷς ἐστι μόνη, ταῦτα ἔμψυχα μέν ἐστι καὶ
ζωὴν ἔχει, οὐ μὴν καὶ ζῷά ἐστιν· ὁποῖά ἐστι τὰ φυτά. λέγοι δ' ἂν ζωὴν
ἔχειν καὶ τὰ μόρια τῶν ζῴων. τίς δὲ ἡ περί τε τῶν ζῴων καὶ ἡ περὶ
τῶν ζωὴν ἐχόντων πραγματεία, ἔδειξε διὰ τοῦ εἰπεῖν τίνες εἰσὶν ἴδιαι 5

1 de lemmate codicis N nihil adnotavit Thurot p. 380 καθ' ἑαυτὴν V πρότερον om. TA et Arist. codd. praeter LPSU 3 ἀκόλουθος om. T 4 εἶπον VANa: εἰπὼν T; cf. p. 2,7 περὶ ψυχῆς om. T λόγῳ] λόγος V: *sermonem* T 5 καὶ τῶν MVAN: καὶ περὶ τῶν ex T Thurot: τῶν a τῶν (ante τούτων) om. Na 6 ante καθ' hab. καὶ a 7 αὐτοῖς] ambiguo comp. V οὐκ ἄνευ σώματος sec. Brandis om. M(?) διὰ γὰρ αἰσθήσεως TV: διὰ γὰρ σώματος MAN: διὰ—σώματος (8) om. a 8 ἡ δὲ om. M ἑαυτὴν a 9 διωρίσθαι TAN: διώρισται Va ἰδίᾳ] ἰδίως N ἰδίᾳ τε delebat Thurot, at tuetur Usener l. c. p. 537b ante κοινῶς add. καὶ T(?) VNa: om. A (delebat Usener) 10 τῶν VAN: om. a δυνάμεων TVAN: δυνάμεως a ἑκάστης a: ἑκάστου VAN: *unius cuiusque* T γὰρ] δὲ V 11 τοῖς] τῆς N prius ψυχῆς] ψυχὴν V καθόλου TV: om. ANa 12 οἷόν τε ἦν V ἔχοντα TV: ἐχόμενα ANa αὐτοῖς libri μέν τι Va: μέντοι AN: om. T 13 τὸ δὲ] *et* T ἀτελέστερον] ἀτέλευτον a τελεότερον N ὡρίσθασθαι A 14. 15 post θρεπτικῆς, αἰσθητικῆς, φανταστικῆς add. *et* T 15 ἑκάστων a (corr. M) post ἢ add. καὶ a 16 ἑαυτὴν TVAN: αὐτὸ a τοῦ om. V alt. καὶ om. T 17 τῶν] om. V 18 τὸ VA: τί a: om. Thurot N(?) 19 ψυχὴν] ζωὴν coni. Thurot (cf. p. 5,31. 6,22), sed cf. v. 21. 22 et p. 4,9. 10 γε] om. V spatio III litt. rel. 20 Περὶ ψυχῆς] B 2 p. 413b2 21 μόνα V 22 λέγει Va ζωὴν TVAa: καὶ ζωὴν N(?) Thurot 23 alt. ἡ del. Usener (cf. p. 4,9 et 2,8) ἡ περὶ om. T 24 πραγμάτων N

καὶ τίνες κοιναὶ πράξεις αὐτῶν. εἴη δ' ἂν τὸ τίνες εἰσὶ ἴδιαι 10 καὶ τίνες κοιναὶ ἴσον τῷ 'περὶ τῶν ἰδίων καὶ τῶν κοινῶν'· οὐ γὰρ διαίρεσιν αὐτῶν προτίθεται ποιήσασθαι, ἀλλ' εἰπεῖν περὶ αὐτῶν. τῷ δὲ τῆς πράξεως ὀνόματι καὶ νῦν, ὥσπερ οὖν καὶ ἐν ἄλλοις εἴωθε, κοινότερον ἀντὶ τοῦ τῆς ἐνεργείας κέχρηται· κυρίως γὰρ πρᾶξις λογικὴ ἡ ἐνέργειά ἐστιν, ἧς οὐδὲν τῶν ἀλόγων οἷόν τε κοινωνεῖν.

p. 436a 5 Τὰ μὲν οὖν εἰρημένα περὶ ψυχῆς.

Εἰρηκὼς ἀκολουθεῖν τοῖς περὶ ψυχῆς εἰρημένοις τὴν περί τε ζῴων καὶ τῶν ζωὴν ἐχόντων θεωρίαν (ἑκάστου δὲ τούτων δύναμις καὶ εἶδος ἡ ψυχή), καὶ διελὼν τὸν περὶ | τούτων λόγον εἴς τε τὰς κοινὰς ἐνεργείας 11 αὐτῶν καὶ εἰς τὰς ἰδίους, περὶ τῶν κοινῶν πρῶτον ἐνεργειῶν ἢ πάντων τῶν ἐμψύχων ἢ τῶν γε πλείστων ποιήσεται ⟨τὸν λόγον⟩, καὶ μετὰ τοῦτο περὶ τῶν ἰδίων ἐνεργειῶν ἑκάστου εἴδους ἐρεῖ ζῴων, πρῶτον περὶ ζῴων ἱστορήσας· χρήσιμος γὰρ ἡ περὶ ζῴων ἱστορία καὶ διαίρεσις πρὸς τὰς ἰδίας ἐνεργείας ἑκάστου τε εἴδους ζῴων καὶ τῶν μορίων αὐτῶν. αἱ γὰρ κοιναὶ τῶν ἐμψύχων ἐνέργειαι συνάπτουσί πως τῷ κοινῷ περὶ ψυχῆς λόγῳ· τίνες δέ εἰσιν αὗται, ἑξῆς ἐρεῖ.

Ὅσα, φησίν, ἡμῖν περὶ ψυχῆς εἴρηται, ταῦτα κείσθω ὡς ἀρχαὶ τῶν μελλόντων λέγεσθαι. ὑποθέσεις γὰρ ἔθος τοῖς ἀνδράσι τὰς ἀρχὰς λέγειν τὰς ἀναποδείκτους, ἃς καὶ ἀξιώματα λέγουσιν. ὑποθέσεις δὲ λέγουσι καὶ ἃ ἔχοντα ἀπόδειξιν χωρὶς τῆς οἰκείας ἀποδείξεως λαμβάνουσί τε καὶ ὑποτίθενται, ὡς δείξοντες αὐτὰ ὕστερον, χρησόμενοι δὲ αὐτοῖς νῦν πρὸς ἄλλα ὡς ἀρχαῖς. ⟨τὰ περὶ ψυχῆς⟩ | οὖν, φησίν, εἰρημένα τε καὶ δεδειγμένα 12 νῦν ὡς ὑποθέσεις καὶ ἀρχαὶ τῶν μελλόντων λέγεσθαι κείσθω. φθάνει γὰρ δεδεῖχθαι, καὶ οὐκέτι περὶ ἐκείνων νῦν ποιήσεται τὸν λόγον.

---

1 πράξεις—ἴδιαι om. TAN αὐτὸν V 1. 2 ἴδιαι καὶ τίνες κοιναὶ V: κοιναὶ καὶ τίνες εἰσὶν ἴδιαι a 2 τῷ Ta: τῶ τε AN: τότε V alt. τῶν om. a 3 ἀλλ' TVAN: δεῖ a: οὐδὲ δεῖ M: οὐδ' ἰδίᾳ Usener, sed v. p. 5,1 4 καὶ νῦν om. a (habet etiam M) 5 κέχρηται a: κεχρῆσθαι TVAN λογικὴ ἡ VT? (*ratio vel*): λογικὴ Aa: λοξικὴ ἐν N 8 εἰρηκὼς—εἰρημένοις a (suspecta habet Usener): εἰρηκὼς ut vid. T (*cum dixisset*) : εἰρημένου AN: εἰρήσθωσαν V τε] τῶν coni. Usener (cf. p. 2,8 3,17): τε ⟨τῶν⟩ conicio (cf. p. 3,23) 10 τούτου N εἰς] ὡς V 11 ἰδίους VAN: ἰδίας M, sed v. p. 2,14: ἰδίου a 12 τὸν λόγον (*sermonem*) T: om. VANa τοῦτο a: τοῦτον TVAN 13 prius ζῴων TVN: ζώου a: ζωὴν A 14. 15 τὰς ἰδίους ἑκάστου τε ἐνεργείας εἴδους V 16 κοινῷ Va: κοινῇ AN: *in communi* T post λόγῳ add. κοινὴ δὲ ἥ τε αἴσθησις V 18 ἀρχὴ V 19 λέγεσθαι] γίνεσθαι N ἔθος τοῖς] ἔθετο V 20 λέγουσιν (utroque loco)] λέγει AN 21 ἀποδείξεως] ἀποδεῖν N 21. 22 ὑποτίθονται V 22 αὐτὰ a: αὐτὰς TVAN, quod servari potest, si scribas αὐταῖς χρησόμενοι Thurot: χρησάμενοι libri 23 ὡς] ἐξ a ἀρχαῖς Thurot (*principio* T): ἀρχῆς libri τὰ περὶ ψυχῆς add. Usener, unde falsa terminatio vocis ἀρχῆς explicatur εἰρημένου a δεδειγμένα AN (*ostensa* T): δεδειδαγμένα V (=δεδιδαγμένα recte ut vid. cf. p. 8,31): ἀποδεδειγμένον a: ἀποδεδειγμένα Thurot 24 ἀρχὰς Aa κείσθωσαν a 25 νῦν om. AN ποιήσεσθαι V

Ὅτι δὲ περὶ ὧν προέθετο ὡς ἑπομένων τῇ περὶ ψυχῆς θεωρίᾳ εἰπεῖν 12 λέγει, τοῦτο δέ ἐστι τὸ περὶ τῶν ἐνεργειῶν τῶν ζῴων τίνες εἰσὶ καὶ διὰ τί γίνονται θεωρῆσαι, ἀλλ' οὐ προθέμενος περὶ ζῴων λέγειν πρῶτον περὶ ἄλλων τινῶν τὸν λόγον ποιεῖται, ὥς τινες ᾠήθησαν, νῦν μὲν περὶ αἰσθητηρίων τε καὶ αἰσθητῶν λέγων, μετὰ ταῦτα περὶ ζωῆς τε καὶ θανάτου καὶ ὕπνου καὶ ἐγρηγόρσεως καὶ τῆς καθ' ὕπνον μαντικῆς, εἶθ' ὕστερον περὶ ζῴων, ἀλλὰ καὶ ταῦτα τῆς προτεθείσης ἔχεται πραγματείας (ἔστι γὰρ τῶν κοινῶν τὰ μὲν τοῖς ζῴοις πᾶσι, τὰ δὲ καὶ τοῖς ζωὴν ἔχουσιν ὑπάρχοντα), αὐτὸς ἐδήλωσε δι' ὧν ἐπιφέρει. εἰπὼν γὰρ τὰ μὲν εἰρημένα περὶ ψυχῆς ὑποκείσθω, περὶ δὲ τῶν λοιπῶν, φησί, λέγωμεν καὶ | πρῶτον περὶ τῶν πρώτων, εἰπὼν ἐπιφέρει· φαίνεται δὲ τὰ μέγιστα 13 καὶ τὰ κοινὰ καὶ τὰ ἴδια τῶν ζῴων κοινὰ τῆς τε ψυχῆς ὄντα καὶ τοῦ σώματος. ἔστι δὲ ὃ λέγει ὅτι τὰ [μὲν] μέγιστα τῶν κατὰ τὰς τῶν ζῴων ἐνεργείας τάς τε κοινὰς αὐτῶν καὶ τὰς ἰδίας ἑκάστου γένους φαίνεται κοινὰ εἶναι ψυχῆς τε καὶ σώματος, καὶ οὐ τῆς ψυχῆς αὐτῆς καθ' αὑτήν, δεικνὺς ἡμῖν ὅτι καὶ τὴν περὶ αὐτῶν θεωρίαν οὕτω χρὴ ποιεῖσθαι, συνεπισκεπτομένους καὶ τὰ τοῦ σώματος μόρια, ἐν οἷς καὶ δι' ὧν αἱ τῶν ψυχὴν ἐχόντων ἐνέργειαι. ὅτι δὲ αἱ πλεῖσται τῶν ψυχικῶν ἐνεργειῶν διὰ σώματος καὶ ἐν τοῖς Περὶ ψυχῆς προείρηκε.

Τίνα δέ ἐστι τὰ μέγιστά τε καὶ κοινὰ ἔργα τῆς ψυχῆς καὶ τοῦ σώματος, ἑξῆς λέγει. αἴσθησις γὰρ καὶ μνήμη καὶ θυμὸς καὶ ἐπιθυμία καὶ ὅλως ὄρεξις καὶ πρὸς τούτοις ἡδονὴ καὶ λύπη φανερώτατα μὲν καὶ τῶν ζῴων σχεδὸν ἁπάντων ἐστὶν ἔργα καὶ | κοιναὶ ἐνέργειαι 14 αὐτῶν. ἔστι δὲ ταῦτα πάντα κοινὰ ψυχῆς τε καὶ σώματος, περὶ ὧν τῶν μὲν πλείστων ἐν τοῖς Περὶ ψυχῆς προείρηται, περὶ δὲ ἐνίων ὕστερον ἐρεῖ. αἴσθησις μὲν οὖν καὶ ἐπιθυμία καὶ ἡδονὴ καὶ λύπη κοινὰ πάντων, θυμὸς δὲ καὶ μνήμη τῶν πλείστων. ἤρτηται δὲ ταῦτα πάντα τῆς αἰσθήσεως· ἥ τε γὰρ μνήμη, ὡς δείξει (ἐρεῖ δὲ περὶ μνήμης ἐν τοῖς ἑξῆς, οὐ γὰρ προείρηκέ πω), * * * περί τε ὀρέξεως καὶ ἡδονῆς καὶ λύπης ὅτι ἕπεται ταῦτα τοῖς αἴσθησιν ἔχουσιν ἐν τοῖς Περὶ ψυχῆς δέδειχε.

Πρὸς τούτοις δὲ ἄλλα τινά ἐστι τὰ μὲν πάντων τῶν ζωῆς μετεχόντων

---

1 ψυχῇ N 2 τε post τίνες add. a 4 μὲν VT: δὲ ANa 9 ἐδήλωσε Va: ἐδήλου AN 10 φησί deleam λέγομεν VA (Arist. codd. EY) 11 post πρῶτον add. δὲ A, γε N εἰπὼν del. vel ἔπειτα scrib. (cf. p. 9,19) 12 alt. τὰ om. Arist. codd. LPSU τε om. Arist. cod. E (alii?) et edd. 13 μὲν del. Usener 14 ἰδίους V ἑκάστου] ἑκατέρου a 15 εἶναι κοινὰ a αὑτῆς Ta: αὑτὴν VAN 16 δεικνὺς Va: δείκνυσι A: δείκνυσιν N: *ostenditque* T (unde δείκνυσι τε Thurot); δεικνὺς fort. ad ἐπιφέρει (v. 11) referendum, ut v. 13—15 in parenthesi ponantur καὶ a: κατὰ TAN: om. V 16. 17 συνεπισκεπτομένους VAN: συνεπισκεπτομένου a: συνεπισκεπτομένων M 17 τὰ] τῶν M μορίων M 18 ante ψυχὴν add. τὴν V 20 δὲ om. T τε om. N 22 tertium καὶ] τε καὶ Arist. codd. EMY 23 τῶν] om. V 24 κοινὰ om. ANa τῆς ψυχῆς V τε om. a 25 μὲν om. Ta 27 πάντα om. AN 29 που T post ὅτι add. δὲ M, equidem lacunam suspicor, quia τε v. 28 non habet quo referatur 30 δέδεικται V 31 τῶν τῆς ζωῆς AN μετασχόντων V

κοινά, τὰ δὲ τῶν ζῴων τὰ μὲν πάντων τὰ δὲ τῶν πλείστων, καὶ περὶ ὧν 14 ἐφεξῆς τὴν θεωρίαν κατὰ τὴν πρόθεσιν ποιήσεται, ὁμοίως τοῖς εἰρημένοις κοινὰ ψυχῆς τε καὶ σώματός ἐστι. διὸ καὶ ἅμα περὶ ἑκατέρου αὐτῶν ποιήσεται τὸν λόγον. | τίνα δέ ἐστιν αὐτὰ ἑξῆς ἐκτίθεται λέγων· τυγχά- 15 νουσι δὲ τούτων τὰ μέγιστα τέτταρες οὖσαι συζυγίαι τὸν ἀριθμόν, καὶ καταριθμεῖται αὐτάς, περὶ ὧν μετὰ τὸν περὶ αἰσθητηρίων τε καὶ αἰσθητῶν λόγον τὴν θεωρίαν παραδίδωσι. πρῶτον δὲ περὶ τούτων λέγει, καὶ δι' ἣν αἰτίαν ἐρεῖ. τὸ δὲ καὶ γὰρ ταῦτα σχεδὸν ὑπάρχει πᾶσι τοῖς 5 ζῴοις εἶπε διὸ προσθήσει· οὐ γὰρ μόνον τάδε κοινά, ἀλλὰ κἀκεῖνα. λέγει δὲ φυσικοῦ εἶναι τὸ περὶ ὑγιείας καὶ νόσου τὰς πρώτας ἰδεῖν ἀρχάς, τουτέστιν ἐκ τίνων πρώτων ἀρχῶν τε καὶ ἐν τίσι πρώτοις ἡ ὑγίεια καὶ ἡ νόσος, ὅτι ἐν συμμετρίᾳ τῶν πρώτων δυνάμεων, ξηρῶν ὑγρῶν, θερμῶν ψυχρῶν. καὶ ὅτι οἰκεία ἡ περὶ τούτων θεωρία τῇ περὶ ζῴων ἔδειξεν 10 εἰπών· οὔτε γὰρ ὑγίειαν οὔτε νόσον οἷόν τε γίνεσθαι τοῖς ἐστερημένοις ζωῆς.

Περὶ μὲν οὖν τῶν τεττάρων συζυγιῶν ὧν προείρηκε φέρεται ἐν τῇ πραγματείᾳ τῇ Φυσικῇ αὐτοῦ βιβλία, δι' ὧν περὶ αὐτῶν ἐπραγματεύσατο, λέγω δὲ Περὶ ἐγρη|γόρσεως καὶ ὕπνου καὶ νεότητος καὶ γήρως καὶ ἀναπνοῆς 16 καὶ ζωῆς καὶ θανάτου· τὰ δὲ Περὶ ὑγιείας καὶ νόσου, εἰ ἐγένετο, οὐ σῴζεται. ἔστι δὲ καὶ τούτων κοινὰ μὲν πάντων τῶν ζῴων ἐγρήγορσις καὶ ὕπνος, εἰ μή που γένος ἰχθύων ἔστι τι ἄγρυπνον, ὃ ζητεῖ ἐν τῇ Περὶ ζῴων ἱστορίᾳ. ἡ δὲ νεότης καὶ τὸ γῆρας πάντων τῶν ζωῆς μετεχόντων 5 κοινά, οὐ τῶν ζῴων μόνον (καὶ γὰρ ἐν τοῖς φυτοῖς ἥ τε νεότης καὶ τὸ γῆρας, ὥσπερ οὖν καὶ ἡ ζωὴ καὶ ὁ θάνατος), ἀναπνοὴ δὲ καὶ ἐκπνοὴ κοινὰ τοῖς πλείστοις τῶν ζῴων ὅσα πνεύμονα ἔχει.

Ὅτι δὲ τὸ περὶ ὑγιείας τε καὶ νόσου τὰς πρώτας ἀρχὰς ἐπισκέψασθαι, 10 τίνες εἰσί, τοῦ φυσικοῦ καὶ φιλοσόφου, συνίστησι καὶ ἐκ τοῦ τῶν τε φυσικῶν τοὺς πλείστους περὶ αὐτῶν πεποιῆσθαι λόγον καὶ ἐν τούτοις παύεσθαι

---

1 prius δὲ om. T 2 ὅμοια a 3 ἐστι ante ψυχῆς a ἑκατέρου VAN (cf. p. 7,23): ἑκατέρας a: ἑκατέρων ex T (*utrisque*) Thurot αὐτῶν TVA: αὐτοῖς N: αὐτῆς a 4 τὸν om. V αὐτὰ TVa: αὐτῶν AN 5 τέσσαρες V οὖσαι om. Arist. codd. EMY 8 τὸ δὲ T: τόδε VANa 9 προσθήσει (sc. τὰς συζυγίας)] προστίθησι ex T (*apponit*) Thurot, sed v. p. 8,25 μόνα Ta τάδε M: τὰ (T)VANa 10 ὑγείας V τὰς] τοῦ V 11 πρῶτον V τε suspectum habet Usener prius ἡ om. V 12 συμμετρία TV: συμμέτρω ANa: fort. συμμετρίᾳ ⟨ἢ ἀσυμμετρίᾳ⟩; cf. Bonitzii Ind. p. 117b 16 τεττάρων MTVN: δ' A: ἰδίων a 17 τῆς φυσικῆς a βιβλίον AN ἐπραγματεύσατο περὶ αὐτῶν Aa 18 καὶ ἀναπνοῆς post θανάτου ponere debebat, sed etiam p. 5,5 ordinem non tenuit 19 ὑγείας Aa 21 ζήτει V 22 ζῴων] γένους V 21. 22 Περὶ ζῴων ἱστορίᾳ] Δ 10 22 τῶν] τῆς a 23 μόνον TVa: μόνων Aa τε om. V 24 δὲ T: τε VANa 26 ὑγείας Aa τε om. a (habet etiam M) ἀρχὰς om. a (habet etiam M) 27 καὶ φιλοσόφου vid. del. prius καὶ TN: om. VAa ἐκ] εἰς V τοῦ τῶν τε N (coni. Usener, cf. Arist.): τούτων τε A: τούτων γε τῶν a: τοῦ ἔστι τε V 28 πεποιεῖσθαι a: ποιεῖσθαι (cf. p. 7,2) aut infra πεπαῦσθαι coni. Usener ἐν] τῶν AN post τούτοις spatium IV litt. A post παύεσθαι spat. I litt. N

τὴν φυσικὴν θεωρίαν καὶ τῶν ἰατρῶν τοὺς χαριεστάτους ἀπὸ τούτων τὴν ἀρχὴν | τῆς τῶν ἰατρικῶν θεωρίας ποιεῖσθαι ὡς φυσικῶν ὄντων. ἅμα 17
καὶ δείκνυσιν ἡμῖν, κατὰ τί συνῆπται ἡ ἰατρικὴ τῇ φυσικῇ, καὶ ὅτι ἔστιν ὑπὸ τὴν φυσικὴν τὰς ἀρχὰς παρ' ἐκείνης ἔχουσα, ὡς ὀπτικὴ μὲν παρὰ γεωμετρίας, ἁρμονικὴ δὲ παρ' ἀριθμητικῆς, κυβερνητικὴ δὲ παρὰ ἀστρολογίας.

Ὅτι δὲ πάντα τὰ λεχθέντα κοινὰ τῆς ψυχῆς ἐστι καὶ τοῦ σώματος, προειπὼν τὸ φαίνεται δὲ τὰ μέγιστα καὶ τὰ κοινὰ καὶ τὰ ἴδια τῶν ζῴων κοινὰ τῆς ψυχῆς ὄντα καὶ τοῦ σώματος καὶ μετὰ ταῦτά τινα ἐξ αὐτῶν τούτων παραθέμενος (ἦν δὲ ταῦτα αἴσθησις, μνήμη, θυμός, ἐπιθυμία, ἡδονή, λύπη), πρὸς δὲ τούτοις καὶ ἄλλα εἰπὼν εἶναι τὰ μὲν κοινὰ τῶν ζωὴν ἐχόντων πάντων τὰ δὲ ζῴων τινῶν, καὶ τὰ μέγιστα καὶ φανερώτατα τῶν κοινῶν ἐκθέμενος καὶ τὰς συζυγίας δείξας τὰς πέντε, περὶ ὧν καὶ ποιήσασθαι πρῶτον λόγον ἐπηγγείλατο, ἐπειδὴ καὶ κατὰ φύσιν ἐστὶ πρῶτα, ὅτι δὲ ταῦτα κοινὰ τῆς τε ψυχῆς ἐστι καὶ
τοῦ σώματος δείκνυσι διὰ τοῦ | μηδὲν αὐτῶν χωρὶς αἰσθήσεως γίνεσθαι. 18
πάντα γὰρ μετ' αἰσθήσεως, τὰ δὲ μετ' αἰσθήσεως διὰ σώματος. ὅτι δὲ οὐδὲν αὐτῶν χωρὶς αἰσθήσεως δείκνυσι λέγων πάντα γὰρ τὰ μὲν μετ' αἰσθήσεως συμβαίνει, τὰ δὲ δι' αἰσθήσεως. ἐγρήγορσις μὲν γὰρ
μετ' αἰσθήσεως, εἴ γε διακρινομένης τῆς τροφῆς καὶ τῶν αἰσθήσεων διε- 5
γειρομένων καὶ ἐξ ἀργίας εἰς ἐνέργειαν μεταβαλλουσῶν ἡ ἐγρήγορσις. ὁμοίως καὶ μετὰ αἰσθήσεως ἡδονή τε καὶ λύπη, ἔτι δὲ ὑγίειά τε καὶ νόσος. δι' αἰσθήσεως δὲ νεότης τε καὶ γῆρας· ἑκάτερον γὰρ τούτων ἐν τῷ πως ἔχειν τὰς αἰσθήσεις.

Πάθος δὲ τῆς αἰσθήσεως ὕπνος ἂν εἴη· ταύτης γάρ τι πασχούσης 10
ὁ ὕπνος· ἡ γὰρ ἐκ τῆς τροφῆς ἀναθυμίασις ὅταν ἐπὶ ἡν κεφαλὴν ἀθρόα ἀνενεχθεῖσα καὶ καταψυχθεῖσα ὑπὸ τῶν περὶ τὸν ἐγκέφαλον εἰς τὸ κάτω πάλιν, ὅθεν ἀνηνέχθη, κατενεχθῇ, βαρουμένη ἡ αἴσθησις ὑπὸ τῆς ἐν αὐτῇ

---

4 ἐκείνης Ta: ἐκείνων VAN μὲν] δὲ V παρὰ Ta: περὶ VAN 5 γεωμετρίας —παρὰ om. V παρὰ Ta: περὶ AN 7 πάντα Arist. restituendum cum LP τῆς] τε Arist. codd. LPS: τῆς τε Arist. EMYU 9 καὶ τοῦ σώματος ὄντα a 10 τινα] *que* T αὐτῶν om. T παρθέμενος a 11 καὶ om. T ἄλλοις a (corr. M) 12 ζωὴν] ζώων N ζῴων] ζωὴν AN 13 φανερότητα a: φανερότατα M 14 τὰς om. M: τῶν AN πέντε TVANa: τέτταρας M, sed numeravisse vid. etiam ὑγίειαν et νόσον. 15 prius καὶ om. N πρῶτα] *primum eorum* T δὴ Thurot, vix recte, cf. ad p. 8,24 et p. 40,12. 77,11 Th.; repetitur prior protasis (v. 6), ipsa quoque pendens a δείκνυσι. 16 τοῦ alterum] τὸ AN 17 τὰ δὲ μετ' αἰσθήσεως—μετ' αἰσθήσεως (19) om. AN τὰ δὲ μετ' αἰσθήσεως om. a 18 αὐτῶν οὐδὲν V 20 μετ'] δι' AN εἴτε Na: γὰρ M 20—22 cf. Arist. p. 458a10 ss. 20 τροφῆς] τροπῆς V καὶ om. a 20. 21 διαγειρομένων M: διεγειρόμενος a 21 καὶ om. a μεταβαλλομένων AN (T?) 22 αἰσθήσεως] αἰσθήσεων V δὲ T: τε VNAa τε VA: om. Na 23 τε TVAN: om. a 25 ss. cf. Arist. p. 456b17 ss. 25 γὰρ] δὲ a τι scripsi: τῆς VAN: om. a 26 τροφῆς] τροπῆς V τὴν om. a 27 καὶ ψυχθεῖσα M: om. a 28 ἀνηνέχθη] κατηνέχθη N βαρούμενος a αὐτῇ VAN: αὐτῷ a

ὑγρότητος αὐτή τε | ἐμποδίζεται πρὸς τὸ ἐνεργεῖν καὶ ἡσυχάζει καὶ αἰτία 19 τοῖς ζῴοις ὕπνου γίνεται. ἕξις δὲ ἡ αἴσθησις ἂν εἴη· ἐν γὰρ τῷ αἴσθησιν ἔχειν τὸ εἶναι τοῖς ζῴοις. φυλακαὶ δὲ καὶ σωτηρίαι αἱ μνῆμαι καὶ αἱ ἀναμνήσεις, φθοραὶ δὲ καὶ στερήσεις αἱ λῆθαί τε καὶ ὁ θάνατος. ὅτι μὲν οὖν μετ' αἰσθήσεως καὶ οὐκ ἄνευ αἰσθήσεως αἱ προειρημέναι συζυγίαι, διὰ τούτων γνώριμον. κοινότερον δ' ἂν λέγοιτο ἐπὶ τῶν φυτῶν τὸ γῆρας καὶ ἡ νεότης· ἡ δὲ ζωὴ καὶ ὁ θάνατος καὶ ἐν τοῖς οὐκ ἔχουσιν αἴσθησιν τῶν ἐμψύχων ἐστίν, ἀλλ' ἔν γε τοῖς ζῴοις καὶ ταῦτα μετ' αἰσθήσεως.

Ὅτι δὲ ἡ αἴσθησις διὰ τοῦ σώματος γίνεται καὶ διὰ λόγου, φησί, γνώριμον καὶ χωρὶς τοῦ λόγου ἐναργές. καὶ γὰρ αὐτόθεν ἐναργὲς τὸ τὰς αἰσθήσεις διὰ σωματικῶν ὀργάνων γίνεσθαι, καὶ διὰ τοῦ λόγου ῥᾷον δεῖξαι· τὸ γὰρ αἰσθάνεσθαί ἐστι τὸ τῶν αἰσθητῶν ἀντιλαμβάνεσθαι διὰ τῶν αἰσθητηρίων, ἅ ἐστι σώματα.

p. 436b8 Ἀλλὰ περὶ μὲν αἰσθήσεως καὶ τοῦ αἰσθάνεσθαι, τί τέ ἐστι καὶ διὰ τί συμβαίνει τοῖς ζῴοις τοῦτο τὸ πάθος, εἴρηται πρότερον ἐν τοῖς Περὶ ψυχῆς. |

Δείξας ὅτι δι' αἰσθήσεως τὰ κοινὰ ἔργα τε καὶ πάθη τῶν ζῴων, 20 ἔχων δὲ καὶ τὸ τὴν αἴσθησιν κοινὸν ἔργον εἶναι ψυχῆς τε καὶ σώματος, ἔχει μὲν ἑπόμενον τοῖς εἰρημένοις τὸ δεῖν περὶ αἰσθήσεως εἰπεῖν πρὸ τούτων ἃ δι' αἰσθήσεως ἢ μετὰ αἰσθήσεως ὑπὸ τῶν ζῴων γίνεται· πρῶτον γὰρ τῶν κοινῶν, οὗ τἆλλα προσδεῖται. ἐπεὶ δὲ τὰ μὲν εἴρηται περὶ αἰσθήσεως τὰ δὲ ῥηθήσεται, τῶν μὲν εἰρημένων ἡμᾶς ὑπομιμνήσκει (εἴρηται δὲ ἐν τοῖς Περὶ ψυχῆς περὶ τῆς αἰσθητικῆς ψυχῆς καὶ δυνάμεως καὶ περὶ τῆς ἐνεργείας τῆς κατ' αὐτήν)· τούτων δε ὡς εἰρημένων καὶ ἐν οἷς εἴρηται ὑπομιμνήσκει ἡμᾶς, προσθήσει δὲ νῦν τὸν περὶ τῶν αἰσθητηρίων λόγον (κοινὸν γὰρ ἦν ἡ αἴσθησις ψυχῆς τε καὶ σώματος, ὥστε ὁ περὶ τῶν αἰσθητηρίων λόγος τῷ περὶ αἰσθήσεως συνῆπται), ἔτι δὲ τὸν περὶ τῶν αἰσθητῶν, ἐπειδὴ περὶ ταῦτα ἡ τῆς αἰσθήσεως ἐνέργεια· περὶ ὧν καὶ αὐτῶν ἐπ' ὀλίγον μὲν προείρηται καὶ ἐν | τοῖς Περὶ ψυχῆς, ἐπὶ πλέον δὲ καὶ ἀκρι- 21 βέστερον νῦν ῥηθήσεται. ὑπομιμνήσκει δὲ ἡμᾶς διὰ βραχέων τε καὶ σαφῶς τῶν περὶ αἰσθήσεως εἰρημένων τε καὶ δεδιδαγμένων ἐν τοῖς Περὶ ψυχῆς

---

2 ἡ om. a   εἴη ἂν V   3 alt. αἱ om. a   4 τε TVAN: om. a   6 τούτου T   κοινώτερον AN   7 ἐν om. T   8 ταῦτα] *hoc* T   9 τοῦ om. Arist.   διὰ ⟨τοῦ⟩ λόγου ex Arist. vid. scrib., cf. v. 11   10 φημὶ a (φησὶ etiam M)   χωρὶς] ἄνευ a   11 post ῥᾷον add. τοῦτο V   12 prius τὸ] τοῦτο a: τοῦτο τὸ N(?)   14 τε om. Arist. codd.   16 τοῖς TVa: τῷ AN   17—20 τὰ κοινὰ—δι' αἰσθήσεως rep. a   18 δὲ] τε T   εἶναι om. V   19 ἔχει Na: ἔχειν VA: *est* T   δεῖν cum T om. Thurot   21 περὶ a: δι' AN (*per sensum* T): om. V   21. 22 αἰσθήσεως om. V   23 post ψυχῆς add. τε V   24 δὲ VANT: δὴ a (cf. ad p. 7,15)   26 τε om. Aa   27 τὸν ANa: τῶν V: ὁ M   αἰσθητηρίων AN   28 ἐπειδὴ VN: ἐπεὶ Aa   ταῦτα] *hoc* T   post αὐτῶν add. μὲν V   31 Περὶ ψυχῆς] cf. ad p. 3,20

αὐτῷ, ὅτι πᾶσι μὲν τοῖς ζῴοις ἀνάγκη αἴσθησιν ἔχειν· ταύτῃ γὰρ τὰ ζῷα 21
τῶν μὴ ζῴων χωρίζεται. ἔδειξε δὲ ἐκεῖ ὅτι ἁπτὰ ὄντα καὶ μὴ ἁπλᾶ 5
ἀλλὰ σύνθετα καὶ ἐν συμμετρίᾳ τινὶ τῶν ὑποκειμένων τὸ εἶναι ἔχοντα, εἰ
μὴ ἁπτόμενα ἦν καὶ αἰσθανόμενα ὡς φυλάσσεσθαι τὰ φθαρτικὰ αὐτῶν,
ὑπὸ τῶν ὑπερβολῶν ἂν τῶν ἐν τοῖς ἁπτομένοις αὐτῶν ἐφθείρετο. πάθος
δὲ τὴν αἴσθησιν εἶπεν, ὅτι αἰσθάνεσθαι διὰ πάθους.

Οὐκέτι μέντοι ἐν πᾶσι τοῖς ζῴοις πᾶσαι αἱ αἰσθήσεις, ἀλλ' ἐν πᾶσι 10
μὲν ἁφή τε καὶ γεῦσις. ἐδείχθη γὰρ ἐπὶ τέλει τοῦ τρίτου Περὶ ψυχῆς
ὅτι τῆς ἁφῆς τὰ ζῷα στερηθέντα ἅμα καὶ τοῦ εἶναι παύεται (τῆς γὰρ
μεσότητος καὶ συμμετρίας τῶν σωμάτων, ἐν ᾗ τοῖς ζῴοις τὸ εἶναι, φθορά
ἐστιν ἡ τῆς ἁφῆς φθορά), ἀλλὰ | καὶ ὅτι ἡ γεῦσις τῆς τροφῆς οὖσα κρι- 22
τική τε καὶ ληπτικὴ ἀναγκαία τοῖς ζῴοις, εἴγε χωρὶς τοῦ τρέφεσθαι
ἀδύνατον αὐτὰ σῴζεσθαι. ἔστι γὰρ ὁ χυμὸς τοῦ γευστικοῦ μορίου τῶν
ἐν ἡμῖν πάθος, τουτέστι τῆς γεύσεως. ἡ γὰρ γεῦσις, δι' οὗ τρεφόμεθα
μόριον ἡμῶν οὖσα, τούτου ἀντιλαμβάνεται καὶ ὑπὸ τούτου πάσχει πως· τὸ 5
γὰρ ἡδὺ διακρίνει ἡμῶν τὸ δι' οὗ γευόμεθα, ὅπερ ἐστὶν ἡ γλῶττα· αὕτη
γὰρ ὑπὸ τοῦ χυμοῦ πάσχουσα αἰσθάνεται αὐτοῦ καὶ γεύεται.

Εἰπὼν δὲ τὸ γὰρ ἡδὺ διακρίνει καὶ τὸ λυπηρὸν αὐτῇ περὶ
τὴν τροφήν, ὥστε τὸ μὲν φεύγειν τὸ δὲ διώκειν ἐπήνεγκε τὴν αἰτίαν
ὅτι ὁ μὲν χυμός, οὗ αἰσθανόμεθα, πάθος ἐστὶ τοῦ γευστικοῦ μορίου. 10
διὸ εὐλόγως ἡμῖν εἴρηται τὸ τὴν γεῦσιν τὸ ἡδὺ καὶ τὸ λυπηρὸν διακρίνειν
τὸ ἐν τῇ τροφῇ ἐν τῷ πάσχειν· τὸ γὰρ γευστικόν, ὅ ἐστι μόριον ἡμῶν,
ὑπὸ τοῦ γευστοῦ πάσχον τὸ ἡδὺ καὶ τὸ λυπηρὸν καὶ τὸ τρόφιμον καὶ μὴ
διακρίνει. γράφεται καὶ ἀντὶ τοῦ 'γευστικοῦ μορίου' 'τοῦ θρεπτικοῦ
μο|ρίου πάθος', καὶ οὕτως ἂν λέγοιτο τῆς θρεπτικῆς δυνάμεως τῆς ψυχῆς 23
πάθος ὁ χυμὸς εἶναι, ὡς ὑπὸ τοῦ χυμοῦ πασχούσης τῆς δυνάμεως ταύτης.
ἄτοπον δὲ τὸ λέγειν ὑπὸ χυμῶν πάσχειν τὴν θρεπτικὴν δύναμιν· τὸ μὲν
γὰρ ὑπὸ χυμῶν πάσχειν τὸ αἰσθάνεσθαι χυμῶν ἐστι, τὸ δὲ θρεπτικὸν 5
ἄλλο τοῦ αἰσθητικοῦ. διὸ ἄμεινον, εἰ οὕτως εἴη ἔχουσα ἡ γραφή, μὴ ἐπὶ

---

1 ἔχειν αἴσθησιν a 2 ἐκεῖ om. AN cf. Arist. p. 424a28 ss. 435b7 ss. 3. 4 *habentia sint tangentia et sentientia* T 3 εἰ] ἢ AN 4 ἦν om. AN 5 ὑπὸ (γρ.) M: ἀπὸ VANa αὐτῶν] ὄντων V: *que ipsa* T 6 αἰσθάνεται V, ⟨τὸ⟩ αἰσθάνεσθαι conicio 7 πᾶσα αἴσθησις a 8 ἐπὶ VAN: ἐν τῷ a (*in fine* T) Περὶ ψυχῆς] p. 435b4 ss. 11 τροφῆς] ἁφῆς a (corr. M) 12 τε om. a (habet etiam M) ἀντιληπτικὴ Thurot (*receptivus* T), cf. v. 15 et p. 10,4 post ζῴοις addebat δῆλον Thurot, equidem aliter distinxi 13 *possibile* T 14 οὗ ex T Thurot (cf. v. 16 et p. 10,2): ἧς libri 15 μόριον] χύριον N ἡμῶν om. T πως om a (habet etiam M) 16 τὸ om. a αὐτὴ libri 17 ὑπὸ N: ἀπὸ VAa 18 αὐτῇ VN: αὐτὴ Aa *ipse* T 19 τροπὴν V ὥστε—διώκειν om. a (habet etiam M) 20 μὲν ὁ N γευστικοῦ Arist. codd. LU (ceteri θρεπτικοῦ, cf. v. 24), μορίου om. Arist. codd. EMY 21 τὸ δὲ τὴν AN 22 ἐν] τροφῇ (!) V ἐν τῷ πάσχειν] om. T: πάσχον N ἡμῶν om. T 23 γευστικοῦ V πάσχον a: om. TVAN καὶ τὸ τρόφιμον om. T καὶ μὴ TVAN: om. a 24 καὶ om. a 24. 25 τοῦ θρεπτικοῦ μορίου om. T 25 λέγοι a δυνάμεως om. T 26 εἶναι supra ras. extensis litteris scripsit V ὡς] καὶ a 28 χυμοῦ a 29 εἰ om. a

τὴν δύναμιν τῆς ψυχῆς ἀναφέρειν τὸ θρεπτικόν, ὥς φησι δεῖν ἀκούειν τῆς 23 λέξεως Ἀσπάσιος, ἀλλ' ἐπὶ τὸ μόριον δι' οὗ τρεφόμεθα (τούτου γὰρ ὁ χυμός), ἵν' ᾖ τοῦ τρέφειν δυναμένου μορίου πάθος τὸν χυμὸν λέγων, οὗ ἐστιν ἡ γεῦσις ἀντιληπτική. ἀμείνων δὲ ἡ πρότερον ῥηθεῖσα γραφή. γράφεται καὶ οὕτως· καὶ ὅλως ὁ χυμός ἐστι τοῦ γευστικοῦ θρεπτικοῦ μορίου πάθος. κἂν ᾖ οὕτως γεγραμμένον, εἴη ἂν τὸ λεγόμενον ὅτι τοῦ γευστικοῦ μορίου ὅ ἐστι θρεπτικὸν ὁ χυμὸς πάθος, ἵν' ᾖ τὸ μὲν γευστικὸν ὡς γένος, διαφορὰ δὲ τοῦ γευστικοῦ τὸ θρεπτικὸν καὶ μή. τοῦ δὴ γευστικοῦ θρεπτικοῦ, ὅ ἐστι μόριον ἢ | εἶδος τοῦ γευστικοῦ, πάθος 24 ἐστὶν ὁ χυμός, γευστικὸν δὲ ἡ αἴσθησις ἡ γευστική. καὶ εἴη ἂν αὕτη ἡ γραφὴ ἔχουσα ἀμφότερα τὰ εἰρημένα ἐν ταῖς πρὸ ταύτης δύο γραφαῖς.

Ἡ μὲν οὖν ἁφή τε καὶ ἡ γεῦσις κοινὴ πᾶσι τοῖς ζῴοις· αἱ δὲ διά τινων μεταξὺ ἄλλων γινόμεναι αἰσθήσεις, οἷαί εἰσιν αἱ καταλειπόμεναι τρεῖς, οὐκέτι πάντων εἰσὶ κοιναὶ τῶν ζῴων, ὡς καὶ αὐτὸς ἐν τοῖς Περὶ ψυχῆς εἴρηκεν. ἐν οἷς μέντοι εἰσίν, ὥσπερ πρὸς σωτηρίαν αὐτοῖς συντελοῦσαί εἰσιν, ὡς καὶ τοῦτο ἐν τοῖς Περὶ ψυχῆς εἴρηκε. τῷ γὰρ κατὰ τόπον εἶναι κινητικὰ καὶ μεταβλητικὰ τῆς τε ὄψεως δεῖται, ὅπως φυλάττηται καὶ μὴ περιπίπτῃ τοῖς φθαρτικοῖς αὐτῶν, καὶ τῆς ὀσφρήσεως, ὅπως προαισθάνηται τῆς τροφῆς. ἀλλὰ καὶ ἡ τῶν ψόφων ἀντίληψις εἰς σωτηρίαν συντελεῖ· πολλοὶ γὰρ ψόφοι † τῶν ζῴων εἰσὶ φθαρτικοί, οὓς φυλάσσεται. ἀλλὰ καὶ ἐπιβουλὰς τὰς ἐξ ἀλλήλων φυλάσσεται τὰ ζῷα διὰ τοῦ | ψόφου 25 προαισθανόμενα αὐτῶν, ὃν ποιεῖ ἢ προσιόντα ἢ ὑποχωροῦντα ἢ ὑφιστάμενα. ἀλλὰ καὶ τροφῆς † εὐπορίαν πολλάκις τοῦ ψόφου σημήναντος· πολλὰ γοῦν τῶν σαρκοφάγων τῷ ψόφῳ † διακρίνουσιν ἁλώσιμα αὐτοῖς ζῷα, καὶ οὕτως αὐτοῖς ἐπιτίθεται.

Πᾶσαι μὲν οὖν αἱ αἰσθήσεις σωτηρίας ἕνεκα τοῖς ζῴοις ὑπάρχουσιν, ἤδη δὲ καὶ εἰς φρόνησίν τινες αὐτῶν συντελοῦσι τοῖς φρονήσεως δεκτικοῖς, ὡς μὴ μόνον τοῦ ἀναγκαίου χάριν αὐτὰς ἐν αὐτοῖς εἶναι, ἀλλὰ καὶ τοῦ εὖ.

---

2 λέξεως] λεγούσης N   Ἀσπάσιος TAa: ἀσπασίως N, in spatio VIII-X litt. om. V   3 τοῦ] τὸ a   4 δὲ] δὲ καὶ V   πρότερον Aa (cf. p. 57,11 Th.): προτέρα VN (*prior*) T   6. 7 κἂν—πάθος TV: om. ANa   7 ὅτι V: om. T   9 *gustativi itaque et nutritivi* T   δὴ] δὲ M   10 alt. ἡ V(T): καὶ ANa   14 αὐτὸς om. T   τοῖς] τῷ N(?)a   15 εἴρηκεν] εἶπεν a, cf. Arist. Γ 12 p. 434b22 ss.   εἰσίν, ὥσπερ om. T, et ὥσπερ fort. del.   16 τοῦτο VAN: ἐν τούτῳ a: om. T   εἴρηκε TVA: εἴρηται Na   16. 17 τὰ γὰρ κατὰ τόπον κιν. κ. μ. ὄντα τῆς ex T Thurot, probante Usenero p. 537b, qui καὶ—ὄντα delebat   17 κινητὰ V   καὶ] γίνεται a   17 μεταβατικὰ V   18 αὐτοῦ Na   19 ante τῆς add. καὶ V   20 τῶν ζώων ψόφοι V   τῶν del. et φθαρτι⟨κῶν σημαντι⟩κοί, ἃ conicio   φυλάττεται V   21 φυλάττεται Aa   22 προαισθανόμεθα N   ὃν] ὧν V   tertium ἢ T: καὶ VANa   22. 23 ὑφιστάμενα MT (*subsistentia*) NA: ἀφιστάμενα Va   23 ἀλλὰ—σημήναντος] *sed et alimenti habundantiam significantia* T   τροφῶν a (sed v. Arist. p. 596b21).   εὐπορίαν MTN: ἀπορίαν VAa, εὐπορίαν ἔχει vel εὐπορία πολλοῖς (pro πολλάκις) coni. Thurot, an εὐπορεῖ vel εὐπορίαν ⟨πορίζεται⟩ πολλάκις?   πολλάκις] om. a (habet etiam M)   ψόφου] πόρου a   σημάναντος a   24 ἁλώσιμα] ἐδώδιμα ex T (*esipilia*) Thurot: διακρίνει τίν' ἁλώσιμα conicio   26 ἕνεκεν AN   27 τινὸς NA   28 ὡς MVAN: καὶ a   ἐν αὐτοῖς post ὡς ponit M: om. a   καὶ] *multi* T (*simul?*)

πολλὰς γάρ, φησί, εἰσαγγέλλουσι διαφοράς, ἐξ ὧν ἥ τε τῶν νοη- 25
τῶν ἐπιγίνεται φρόνησις καὶ ἡ τῶν πρακτῶν. λέγει δὲ ταῦτα περί
τε τῆς ὄψεως καὶ τῆς ἀκοῆς, ὡς καὶ αὐτὸς προϊὼν δηλοῖ. ὅτι δὲ ἀρχαὶ
πράξεως τε καὶ θεωρίας αἱ δι' αὐτῶν ἀντιλήψεις καὶ διαφοραὶ τούτων ὧν
ἀντιλαμβάνονται, δῆλον. αἵ τε γὰρ τῶν ὁρατῶν διαφοραὶ εἰς ἔννοιαν ἡμᾶς
ἤγαγον | φωτός τε καὶ σκότους, τουτέστιν ἡμέρας τε καὶ νυκτός, ἀφ' ὧν 26
ὁρμώμενοι τὰ ποιητικὰ τούτων ἐζητήσαμεν· ὅθεν ἡ περὶ τοῦ κόσμου καὶ
τῶν ἐν αὐτῷ θεωρία, ἃ ποιητικὰ νυκτός τε καὶ ἡμέρας ἀνὰ μέρος ὁρῶντες
γινόμενα καὶ ἀριθμοῦ ἐπίνοιαν ἔσχομεν, ὥς φησι Πλάτων· ἀλλὰ καὶ τὸ
τὴν σελήνην μὴ ἀεὶ ὁμοίως πεφωτίσθαι εἰς ἔννοιαν ἡμᾶς ἤγαγεν, ὅτι μὴ
οἰκεῖον αὐτῆς τὸ λαμπρὸν τοῦτο φῶς· ἀλλὰ καὶ αἱ τῶν κινήσεων τῶν
ἄστρων καὶ μεγεθῶν φαινόμεναι διαφοραί (καὶ γὰρ τούτων ἡ ὄψις ἀντι-
λαμβάνεται μάλιστα, εἰ καὶ κοινὰ αὐτῇ ταῦτα τὰ αἰσθητὰ καὶ πρὸς ἄλλας·
πάντων γὰρ τῶν σωμάτων τὰ μεγέθη καὶ αἱ κινήσεις καὶ ὁ ἀριθμὸς καὶ
τὰ σχήματα τῇ ὄψει αἰσθητά, ἐπεὶ καὶ ὁρᾶται πάντα τὰ σώματα τῷ
κεχρῶσθαι. διὰ γὰρ τῶν ἰδίων αἰσθητῶν καὶ μετὰ τούτων ἡ τῶν κοινῶν
αἴσθησις ἑκάστη γίνεται· διὸ ἡ ἀκοὴ τοῦ ἐν ψόφῳ μεγέθους μόνου αἰσθά-
νεται καὶ τοῦ ἐν τούτῳ ἀριθμοῦ καὶ τῆς | ἐν τούτῳ κινήσεως, ὁμοίως δὲ 27
καὶ τῶν ἄλλων αἰσθήσεων ἑκάστη) περί τε τῆς κατὰ κίνησιν ὁμαλότητος
αὐτῶν εἰς ἔννοιαν ἡμᾶς ἤγαγε καὶ περὶ τῆς ἀιδιότητος αὐτῶν καὶ περὶ
τοῦ μεγέθους τοῦ κατὰ ἀλήθειαν αὐτῶν ἐξετάσεως. προσήγαγε δὲ ἡμᾶς
ἡ τούτων θέα καὶ ἐπὶ τὴν ζήτησιν τοῦ πρώτου αἰτίου, ὃ τῆς τοιαύτης
τάξεως τε καὶ φορᾶς αὐτοῖς αἴτιόν ἐστι. καὶ πρὸς τὰς πράξεις δὲ ἡμᾶς
παιδεύει πως· περὶ γὰρ τὰ καθ' ἕκαστα αἱ πράξεις, ἅ ἐστιν αἰσθητά τε
καὶ ὁρατά, ἐκ δὲ τῆς περὶ ταῦτα ἐμπειρίας τὸ πλεῖστον τῆς φρονήσεως.
παρατηρήσαντες γὰρ ἐκ τῶν συμβαινόντων ἐν τοῖς αἰσθητοῖς τά τε ὠφέλιμα
καὶ τὰ βλαβερὰ καθόλου περὶ αὐτῶν δόξαν λαμβάνομεν, τὰ μὲν τοιαῦτα
λέγοντες εἶναι φευκτά τε καὶ βλαβερά, τὰ δὲ τοιαῦτα αἱρετά τε καὶ ὠφέ-

1 πολλὰ N εἰσαγγέλλουσι cum Arist. (*annuntiant* T) scripsi: διαγγέλλουσι VANa, cf. p. 12,18 διαφορὰ N 2 ἐγγίνεται Arist., sed v. p. 13,2 περιγίνεται *hoc* T 3 post ὄψεως add. τε a alt τῆς om. a δηλοῖ] ἐρεῖ N(?)a 7 ἐζητήσαμεν VN (*exquirimus* T): ἐξητάσαμεν A(?)a περὶ om. V 8 ἐνιαυτῶν a (ἐν αὐτῷ etiam M) τε ante νυκτὸς transpon. N: om. a post ἡμέρας add. γίνεται VAN: post ὅθεν v. 7 ut vid. T (non recepi, quod ἐγένετο Alex. scripsisset): om. a 9 post ἀριθμοῦ add. ἐπὶ AN (et N τε s. s.) ἐπινοίας N ἔχομεν TV Πλάτων] Tim. p. 39 B 10 ὁμοίαν a (corr. M) περιφωτίσθαι V 11 αὐτῇ V 12 prius καὶ TVa: om. MAN 12 φαινόμεναι MTAN: γινόμεναι Va 13 αὐτῶν a (corr. M): *ipsis* T 14 τῶν om. a 17 ἑκάστη conicio ζόφῳ V μόνου μεγέθους a 19 αἰσθήσεων TVN: αἰσθήσει A: αἰσθητηρίων a ἕκαστον a 20 ἤγαγεν N: ἤγαγον bene coni. Thurot 20. 21 καὶ ⟨εἰς τὴν⟩ περὶ τῆς—ἐξέτασιν conicio 21 ἐξετάσεως TV: ἐξέτ A (i. e. ἐξέτασιν, fort. recte): ἐξέως N: ἐξετάσαι a 22 ἡ] ἡ περὶ a ἐπὶ τὴν—αἰτίου VANa (τὴν om. a): ἐπὶ τὸ πρῶτον αἴτιον ex T Thurot 23 αἴτιόν ἐστι MT: ἐστιν αἴτιον VAN: αἴτιον a 24 καθέκαστον a τε om. a (habet etiam M) 25 δὲ a: om. TVAN 26 ἐκ] καὶ a (corr. M) συμβ. ἐν τοῖς αἰσθ. TVAN: ἐν τοῖς αἰσθ. συμβ. a 27 μὲν om. a (habet etiam M)

λιμα· ἐξ ὧν τὸ βουλεύεσθαι ἡμῖν περὶ τῶν μελλόντων. ἀλλὰ καὶ ἡ τοῦ 27
καλοῦ καὶ ἡ τοῦ αἰσχροῦ ἔννοια βεβαιοῦται ἡμῖν ὑπὸ τῆς ὄψεως· ὁρώμενα
γὰρ τὰ αἰσχρὰ μισητότερα, καὶ τὰ καλά τε καὶ σεμνὰ ζηλω|τότερα. ὅτι 28
δὲ καὶ ἡ ἀκοὴ πρός τε πρᾶξιν καὶ θεωρίαν χρήσιμος, πρόδηλον, εἴγε
ἀκούοντες μανθάνομεν τὰ κατὰ τὰς ἐπιστήμας.

Συγκρίνων δὲ τήν τε ὄψιν καὶ τὴν ἀκοήν, ἃς καὶ πρὸς φρόνησιν εἶπε
τοῖς φρονήσεως δεκτικοῖς συντελεῖν τήν τε πρακτικὴν καὶ τὴν θεωρητικήν,
λέγει πρὸς μὲν τὰ ἀναγκαῖα χρησιμωτέραν τὴν ὄψιν εἶναι καθ' αὑτήν
(ὧν γάρ ἐστι καθ' αὑτὴν ἀντιληπτική, ταῦτα πρὸς σωτηρίαν τοῖς ἔχουσιν
αὐτήν ἐστι χρήσιμα· καὶ γὰρ ἃ δεῖ προφυλάξασθαι δείκνυσι, καὶ τίνα
αἱρεῖσθαι δεῖ), πρὸς μέντοι τὴν ἐπιστήμην τὴν ἀκοήν φησι κατὰ συμ-
βεβηκὸς πλέον συντελεῖν· διὰ γὰρ ταύτης αἱ μαθήσεις τε καὶ ἱστορίαι.
κατὰ συμβεβηκὸς δὲ εἶπεν, ὅτι προηγουμένως μὲν ἡ ἀκοὴ ψόφων ἐστὶν
ἀντιληπτική, κατὰ συμβεβηκὸς δὲ καὶ λόγων· ὅτι γὰρ καὶ ὁ λόγος ψόφος
τίς ἐστι, [τούτων] ἀκοὴ ἀντιλαμβάνεται αὐτοῦ. |

Ὅτι δ' ἡ μὲν ὄψις πρὸς τὰ ἀναγκαῖα χρησιμωτέρα καθ' αὑτήν, ἡ 29
δὲ ἀκοὴ πρὸς νοῦν καὶ φρόνησιν κατὰ συμβεβηκός, δείκνυσι διὰ τοῦ τὴν
μὲν ὄψιν πολλὰς εἰσαγγέλλειν διαφορὰς τῷ πάντα τὰ σώματα μετὰ χρώ-
ματος εἶναι ὁρατά, μὴ εἶναι δὲ τὰ χρώματα καθ' αὑτά. πάντα οὖν τὰ
χρώματα ἡ ὄψις ὁρῶσα αἰτία γίνεται τοῦ τὰ μὲν οἰκεῖα αἱρεῖσθαι, τὰ δὲ
ἀλλότρια φεύγειν τε καὶ ἀποστρέφεσθαι· πλεῖσται δὲ αἱ τῶν χρωμάτων
διαφοραί. αἰσθανομένη δὲ πάντων τῶν σωμάτων τῷ κεχρῶσθαι αὐτὰ
τῶν κοινῶν αἰσθητῶν μάλιστά ἐστιν αἰσθητική· μάλιστα γὰρ τοῖς σώμασι
παρακολουθεῖ, ὧν αἰσθάνεται. μέγεθος γὰρ καὶ σχῆμα καὶ κίνησις καὶ
ἀριθμὸς ἐν τούτοις πρώτως τε καὶ κυρίως. ἀπὸ γὰρ τῶν ἀριθμητῶν καὶ
καὶ ἡ τοῦ ἀριθμοῦ ἐπίνοια, ἀριθμητὰ δὲ τὰ αἰσθητά, ἃ τῷ κεχωρισμένα
ἀλλήλων ὁρᾶσθαι καὶ ἀριθμητά ἐστιν. ἡ δὲ αἴσθησις αὕτη καὶ μεγέθους
καὶ κινήσεως καὶ σχήματος καὶ ἀριθμοῦ αἰσθάνεται διὰ τῆς τῶν χρω-|
μάτων ἀντιλήψεως. πλείστας οὖν διαφορὰς ἡ ὄψις ἡμῖν μηνύει, ἐξ ὧν τὸ 30

1 post ὧν cum T (*evenit*) add. συμβαίνει Thurot 2 ἡ τοῦ VAN: om. a ἡμῖν βεβ. TVNA: βεβ. ἡμῖν a 3 σεμνότερά τε καὶ ζηλωτότερα cum T Thurot, recte ut vid. ζηλωτότερα] βελτιώτερα a 5 ἀκούοντος N 7 τῷ et δεκτικῷ a 8 τὰ μὲν a ὄψιν MTVAN: γνῶσιν a ἑαυτὴν Aa 10 αὐτὰ ἣν N: *ipsa* T ἐστι MTVAN: om. a χρησίμη a προσφυλάξασθαι VB, προσφυλάξεσθαι N 11 αἱρεῖσθαι ex T (*querere*) Thurot (cf. v. 20): αἰτεῖσθαι libri μέντοι Ta: μὲν τοίνυν VAN 12 τε om. a 13 ἐστὶν om. a (habet etiam M) 14 λόγων Va: λόγον AN: λόγου T 15 τίς ἐστι, τούτων VANa: τίς ἐ. ἀκοὴ T: ἐστιν M: τίς ἐστι, τούτῳ καὶ ἡ a 16 πρὸς τὰ om. a 17 καὶ] τε καὶ AN 18 μὲν ὄψιν] μέμψιν V ἀγγέλλει Arist. cod. E (male Biehl) 21 τε om. a
θ
24 παρακολουθεῖ N: παρακολου V: παρακολουθοῦσιν Aa καὶ κίνησις om. T 25 τούτω V 26 δὲ om. V κεχωρισμένῳ N: κεχρωσμένα a 27 ἀλλήλων] εἶναι a ὁρᾶταί τε καὶ M 28 διὰ TVa: μέν, διὰ δὲ M: δὲ διὰ AN: ⟨αἰσθάνεται⟩ δὲ διὰ coniciebam 28. 29 τοῦ χρώματος T

χρήσιμον ἡμῖν. τὸ κατὰ τὰς αἱρέσεις μὲν τῶν ὠφελίμων φυγὰς δὲ τῶν 30 βλαβερῶν περιγίνεται, οὐ τοῖς λογικοῖς μόνον, ἀλλὰ καὶ πᾶσι τοῖς ἔχουσιν αὐτήν.

Ἡ δὲ ἀκοὴ διαφορῶν μὲν οὐ πολλῶν ἐστιν αἰσθητική· τὰς γὰρ τῶν ψόφων διαφορὰς διαγιγνώσκει καθ' αὑτὴν μόνας, ὥστε τοῖς πλείστοις τῶν ἐχόντων αὐτὴν ὀλίγον παρέχεται τὸ χρήσιμον· τοῖς δὲ λογικοῖς καὶ λόγου αἴσθησίν τε καὶ σύνεσιν ἔχουσιν οὐ τὰς τῶν ψόφων μόνον διαφοράς, ἀλλ' ἤδη καὶ τὰς τῆς φωνῆς σημαίνει. ἐπεὶ δὲ ὁ λόγος αἴτιος τῶν μαθήσεων ἀκουστὸς ὤν (ψόφος γὰρ καὶ αὐτὸς ἢ διὰ ψόφου· κατὰ συμβεβηκὸς γὰρ ἡ ἀκοὴ τοῦ λόγου αἰσθητική· οὐ γὰρ ὡς λόγου, ἀλλὰ ἐπεὶ συμβέβηκεν αὐτῷ ψόφῳ εἶναι), αἰτία ἡμῖν ἡ ἀκοὴ ἐπιστήμης τε καὶ θεωρίας γίνεται. διὰ τί δὲ γίνεται ἡ ἀκοή, τοῦ λόγου οὖσα ἀκουστική, μαθήσεως ἡμῖν | αἰτία, ἔδειξε· διὰ γὰρ τὸ τὸν λόγον ἐξ ὀνόματων συγκεῖσθαι, τὰ δὲ ὀνό- 31 ματα σύμβολά τινων εἶναι καὶ σημεῖα· φωναὶ γὰρ σημαντικαὶ τὰ ὀνόματα (ὀνόματα γὰρ καὶ τὰ ῥήματα λέγει νῦν), ὁ λόγος γὰρ ἐκ τούτων ἔχει τὴν σύνθεσιν. ὅτι δὲ κατὰ συμβεβηκὸς ἡ ἀκοὴ ἡμῖν αἰτία τοῦ ἀντιλαμβάνεσθαι λόγου, δῆλον ἐκ τοῦ τῶν μὴ ὁμοφώνων ἡμᾶς ἀκούειν μὲν ὁμοίως, ἀλλὰ μὴ ὡς λόγου τῶν λεγομένων συνιέναι· οὐ γὰρ ἐν τῷ ἀκούειν τὸ συνιέναι, ἀλλὰ διὰ τὸ ἀκούειν. εἴη δ' ἂν τὸ ἀκόλουθον τῆς λέξεως· 'ὁ γὰρ λόγος αἴτιος τῆς μαθήσεως, ὢν κατὰ συμβεβηκός, ἀλλ' οὐ καθ' αὑτὸν ἀκουστός'· οὐ γὰρ ᾗ λόγος ἀκουστὸς καθ' αὑτόν, ἀλλ' ᾗ ψόφος.

Ὅτι δὲ πρὸς φρόνησιν καὶ ἐπὶ πλέον ἡ ἀκοὴ τῆς ὄψεως συντελεῖ, σημεῖον ἐτίθετο τὸ καὶ τῶν ἐστερημένων ἑκατέρας τῶν αἰσθήσεων τούτων ἐκ γενετῆς τοὺς τυφλοὺς τῶν | κωφῶν ⟨καὶ ἐνεῶν⟩ φρονιμωτέρους εἶναι, ὡς 32

---

1 φυγὴν a (corr. M) 2 μόνον TVAa: δὲ μόνον MN 4 ἐστιν om. a (habet etiam M) 5 γινώσκει a καθ' αὑτὴν V (*secundum se* T): καθ' αὑτὰς ANa 7 οὐ τὰς MTVAN: αὐτὰς a μόνων a 8 τὰς] τὰ M σημαίνει VN (ση^μ A): σημεῖα Ma: σημασίας Thurot (*significationes* T) ἐπειδὴ ὁ a 9 διὰ] *cum* T ψόφου] ψόφον V: ψόφου ⟨κατὰ συμβεβηκὸς⟩ coni. Thurot 10 ἐπεὶ om. T 11 αἰτία VAN: αἴτιον Ma ἡμῖν om. a (habet etiam M) τε om. a (habet etiam M) 12 τί] τὸ AN ἀκουστή a (ἀκουστική etiam M) 13 αἰτίαι V 14 cf. Vahlen ad Arist. Poet. p. 47 15 λέγω a γὰρ] δὲ bene coni. Thurot 16 ἡμῖν] *verbi* T (corr. *nobis*?) 17 τούτων N ὁμοφωνεῖν AN ἡμῖν M post μὲν add. ἡμᾶς M ὁμοίως om. a (habet etiam M) 17. 18 ἀλλὰ μὴ Ma: ἀλλ' ἢ TVAN 18 λόγων T οὐ a: om. TVAN συνιέναι Ta: . . . . . ναι AN: ναὶ V 19 ante ἀλλὰ spat. VII litt. T δ' om. AN λέξεως] . . . . . ως AN 21 prius ᾗ VANa alt. ᾗ T: ἡ a: ἢ VAN 22 ὅτι] τοῦ a καὶ MVAN: om. Ta ἐπὶ πλέον] *plus* T ἡ ἀκοὴ ex T Thurot: τὴν ἀκοὴν libri; ceterum T alibi coniunctionem pro infinitivo ponit; sed hic ei fido, cum etiam VAN ὅτι praestent, v. ad v. 22 συντελεῖ ex T Thurot: συντελεῖν libri 23 ἔθηκε Thurot (*posuit* T): ἔθετο conicio (παρέθετο dicere solet) ὧν ἐστέρη AN τούτων om. a 24 τοὺς ἐκ γενετῆς transpon. a (sed v. Arist.) καὶ ἐνεῶν addidi (v. Arist. et p. 14,1 ss.): inde corruptum ἐκ γενετῆς (*a necessitate*) hic rep. T: spatium III litt. N: om. VAa φρονιμωτέρους V (*prudentiores* T), et sic Arist.: σοφωτέρους MN(?): συνετωτέρους Aa 24. p. 14,1 ὥς—ἔχοντας VANa (cf. v. 11 ss.): *tamquam habentes auditum, qui magis est causa prudentie* T: ὡς τὴν ἀκοὴν

τὴν τῆς φρονήσεως αἰτίαν ἔχοντας. λέγει δὲ [ἐννεοὺς] τοὺς μὴ δυναμένους 32 τῇ ἀκοῇ κεχρῆσθαι κωφούς, ⟨ἐνεοὺς δὲ τοὺς μὴ λαλοῦντας⟩ μηδὲ ἀκούοντας· ἀκόλουθον γὰρ κωφοῖς τε καὶ ἐνεοῖς εἶναι. εἴη δ' ἂν πρὸς μὲν τὴν ἐξ ἀρχῆς ζήτησιν καὶ αἴσθησιν τῶν ἐν θεωρίᾳ ἡ ὄψις συμβαλλομένη πλέον, πρὸς δὲ τὴν τῶν εὑρημένων μάθησιν ἡ ἀκοή.

p. 437a17 Περὶ μὲν οὖν τῆς δυνάμεως, ἣν ἔχει τῶν αἰσθήσεων ἑκάστη, πρότερον εἴρηται.

Ὅτι δ' ἀναγκαῖος ὁ περὶ αἰσθήσεως λόγος τῷ περὶ τῶν κοινῶν ἐνεργειῶν τῶν ζῴων τὸν λόγον ποιουμένῳ, ἥτις θεωρία τῇ περὶ ψυχῆς συνῆπται, φανερόν. κοινότατόν τε γὰρ τοῖς ζῴοις πᾶσιν ἔργον τὸ αἰσθάνεσθαι, καὶ προσέτι καὶ τῶν ἄλλων ἕκαστον ἔργων τῶν κοινῶν δι' αἰσθήσεως ἢ μετ' αἰσθήσεως γινόμενον δέδεικται. ἀλλ' ἐπεὶ ἡ | αἴσθησις, 33 ὥσπερ οὖν καὶ τῶν ἄλλων ἐνεργειῶν αἱ πλεῖσται τῶν ὑπὸ τῶν ζῴων ἐνεργουμένων, κοινὴ σώματός τε καὶ ψυχῆς ἐστι, φθάνει δὲ περὶ τῆς αἰσθητικῆς δυνάμεως τῆς ψυχῆς ἐν τοῖς Περὶ ψυχῆς εἰρῆσθαι, τοῦτο μὲν ἡμᾶς ὑπομιμνήσκει τοῦ μὴ νῦν πάλιν περὶ τούτου λέγειν τὴν αἰτίαν ἀποδιδούς, περὶ δὲ τοῦ σώματος δι' οὗ ἡ αἴσθησις γίνεται (ἔστι δὲ τοῦτο τὰ αἰσθητήρια) νῦν προτίθησι. λέγει δέ τινας τῶν περὶ αἰσθήσεων εἰρηκότων ζητεῖν ἑκάστην αἴσθησιν ἐξ ἑκάστου τῶν σωματικῶν στοιχείων ποιεῖν, καὶ [πέντε τῶν αἰσθήσεων οὐσῶν] οὐκ εὐποροῦντας συνάγειν εἰς τέσσαρα στοιχεῖα πέντε οὔσας αὐτὰς ζητεῖν περὶ τῆς πέμπτης, ἐκ τίνος αὐτὴν χρὴ λέγειν εἶναι σώματος. λέγοιτο δ' ἂν τοῦτο περὶ τῆς ἐν τῷ Τιμαίῳ δόξης, ἥτις ἀναφέρεται μὲν εἰς τοὺς Πυθαγορείους, εἴρηται δ' ἐν τῷ Τιμαίῳ. ἐκεῖ γὰρ τὴν ὄσφρησιν ὁ Τίμαιός φησι καὶ τὸ τῶν ὀσμῶν γένος ἡμιγενὲς

ἔχοντας, ἢ μᾶλλόν ἐστιν αἰτία φρονήσεως secundum T coni. Thurot: ὡς τὴν ⟨ἀκοὴν τὴν μᾶλλον τῆς⟩ φρονήσεως αἰτίαν ἔχοντας malim, sed Usener interpolatum censet T 1 αἰτ' . . . . ἔχοντ . . . . λέγει N ἔχοντα V ἐννεοὺς V: spat. vi litt. TAN: καὶ ἐννεοὺς a: delevi: λέγει δὲ κωφοὺς τοὺς μὴ δυναμένους τῇ ἀκοῇ κεχρῆσθαι καὶ ἐννεοὺς τοὺς μήτε λαλοῦντας μήτε ἀκούοντας coni. Thurot 2 κωφοὺς TVa: σοφοὺς AN: σοφοὺς κωφοὺς M ἐνεούς—λαλοῦντας e. gr. addidi (cf. ad p. 13,24 et Bonitzii Ind. p. 250b) μηδὲ Va: om. N, spatio (iv litt. T) relicto TA 3 ἀκόλουθον—εἶναι om. T in spatio xii litt. γὰρ τοῖς κωφοῖς ἐκ γενετῆς τὸ καὶ coni. Thurot γὰρ om. VAN ἐνεοῖς AN: ἐννεοῖς Va 4 συμβαλλομένων V 9 θεωρεία AN 10 φανερόν ἐστι ex T Thurot τε γὰρ Aa: γε γὰρ N: γὰρ TV ζῴοις om. AN 11 ἔργων TV: ἔργον ANa 12 γινομένων V δέδεικται] p. 7,16 ss. 14 κοιναὶ a (corr. M) τε om. a (habet etiam M) ἐστι TVAN: εἰσι a 15 αἰσθητῆς V 15. 16 μὲν ἡμᾶς] *enim* T 16 post τοῦ add. δὲ a 16. 17 ἀποδίδωσι a 17 ante δι' add. ἢ T 17. 18 τὰ αἰσθητήρια TVN: τὸ αἰσθητήριον Aa 18 προστίθησι a (*apponit* T) ἔνιοι, quod legit Alex., Arist. restituendum contra Arist. codd. EMY αἰσθήσεων Ta: αἰσθήσεως VAN 19 αἴσθησιν] *sensuum* T 20 πέντε—οὐσῶν Ta: πέντε τῶν αἰσθήσεων VAN: haec potius quam v. 21 interpolata censeo Aristotelicum verborum ordinem secutus 21 πέντε οὔσας αὐτὰς om. T 23 ἣ a (ἥτις etiam M) δ'—Τιμαίῳ om. T 23 Τιμαίῳ] p. 66D. E 24 post γένος add. καὶ ANa: om. TV ὁμογενὲς V

εἶναι καὶ μικτόν πως· 'μεταβάλλοντος γὰρ ὕδατος εἰς ἀέρα ἢ ἀέρος εἰς ὕδωρ ἐν τῷ μεταξὺ τούτων", | φησί, "γεγόνασι." καὶ εἴη ἂν ἡ ὄσφρησις 34 αὕτη ⟨ἡ⟩ πέμπτη 'περὶ ἧς ἐγλίχοντο'. τῶν γὰρ ἄλλων πυρὸς μὲν τὴν ὄψιν ἐποίουν, ἀέρος δὲ τὴν ἀκοὴν καὶ τὴν γεῦσιν ὕδατος, τὴν δὲ ἁφὴν γῆς.

Πλὴν τὴν ὄψιν φησὶ ποιεῖν ἐκ πυρὸς πάντας, ἤτοι τοὺς εἰς τὰ στοιχεῖα ἀνάγοντας τὰ αἰσθητήρια ἢ καὶ τοὺς ἄλλως περὶ τούτων εἰπόντας· καὶ γὰρ πάντες ἁπλῶς πυρὸς εἶναι εἶπον, Δημόκριτος δὲ ἐξ ὕδατος. ἢ τὸ πάντες ἀντὶ τοῦ πάντως. ἤτοι εἴρηκεν οἱ πάντα τὰ αἰσθητήρια * * *, ὡς εἶναι τὸ πάντες ἀντὶ τοῦ πάντες πάντα. καὶ ὅθεν ὁρμηθέντες ὑπολαμβάνουσι τὴν ὄψιν πυρὸς εἶναι, λέγει· διὰ τὸ πάθους τινὸς γινομένου περὶ τὴν ὄψιν ἀγνοεῖν τὴν αἰτίαν. τὸ δὲ πάθος, οὗ τὴν αἰτίαν ἀγνοοῦσι καὶ ἐπὶ τούτῳ ἐκ πυρὸς αὐτὴν εἶναί φασιν, ἐπιφέρει· θλιβομένου γὰρ καὶ κινουμένου τοῦ ὀφθαλμοῦ φαίνεται πῦρ ἐκλάμπειν.

Τὸ γινόμενον καὶ τὸ ἀναπεῖσαν αὐτοὺς ἐκ πυρὸς λέγειν προθεὶς προστίθησι καὶ τὸ χρήσιμον αὐτῷ εἰς τὸ δεῖξαι ὅτι μὴ διὰ τὸ εἶναι ἐκ πυρὸς ἡ ὄψις διὰ τοῦτο λάμπει. | λέγει γάρ· τοῦτο δὲ ἐν τῷ σκότει πέφυκε 35 συμβαίνειν ἢ τῶν βλεφάρων ἐπικεκαλυμμένων· γίνεται γὰρ καὶ

1 ἢ ἀέρος] ἀέρος τε Plato 3 αὕτη TMVVN: om. a ἡ add. Thurot, v. Arist. p. 437a22 ἐγλίχοντο V (coni. Thurot, v. Arist.): ἠλέγχοντο TAN: ἠλέγχοιτο a 5 *verumtamen ait facere .... ex igne, scilicet* T φησὶ om. AN ποιεῖν ἐκ πυρὸς πάντας Va: ποιεῖν .... ἐκ πυρὸς TAN, unde ποιεῖν πάντας ἐκ πυρὸς fort. serib. τοὺς a: τὰς V: om. AN τὰ V: spat. III litt. AN: om. a: τέτταρα T, fort. recte (cf. p. 14,20) 6 τὰ] τὰς AN 6. 7 ἢ—εἶπον] *aut et dicentes aut ipsorum et dicentes simpliciter ignis esse* T ἄλλως Va: ἄλλους MAN 6 περὶ τούτων] om. A: τοὺς N 7 καὶ] ἢ a γὰρ πάντες ἁπλῶς V: spat. VI litt., tum ἁπλῶς AN: γὰρ ἁπλῶς πάντες a εἶναι TANa: om. V εἶπον V(T?): εἶπεν a: spat. VIII litt. AN, in hoc eodem spatio om. Δημόκριτος δ' AN Δημ. — ὕδατος TV: ἐξ ὕδατος AN: ἢ τὸ αἰσθητήριον a (cf. ad v. 8) 7. 8 ἢ—πάντως V: spat. VIII litt. AN, XI litt. T 7—9 ἢ τὸ—πάντα om. a 8 πάντως scripsi: πάντες V οἱ πάντα om. N, in spatio A, in spatio x litt. T non intellego, an suppl. αἰσθητήρια ⟨εἰς τὰ στοιχεῖα ἀνάγοντες⟩? post αἰσθητήρια spat. VIII litt. N 9 ὡς — πάντα V: ὡσεὶ .... τὸ πάντες ἀντὶ τοῦ ... AN (A om. etiam τὸ): *ut dicebant omnes per hoc ....* T ὁρμᾶ ... N, ὁρμᾶ A, post ὁρμηθέντες spat. VII litt. T 10 τὴν ὄψιν Va: spat. VII litt. AN, v litt. T τὸ Va: spat. v litt. N, om. A πάθος AN 10. 11 γινόμενον AN, tum spat. VII litt. 11 ἀγνοεῖν τὴν αἰτίαν TV (Arist.): ..... αἰτίαν AN: τὴν αἰτίαν ἀγνοεῖν a τὸ δὲ πάθος TANa: τί τὸ δὲ πάθος V 11. 12 οὗ—φασιν om. Aa, in spat. IV litt N 11—13 οὗ—γὰρ καὶ om. T in spatio v litt. 13 γὰρ καὶ] spat. IV litt. AN ὀφθαλμοῦ] spat. VI litt. AN post ὀφθαλμοῦ spat. XI litt. T 13. 14 ἐκλάμπειν T (Arist.): ἐκλάμπον V: ἐκ .... AN: om. a 15 ut τὸ γινόμενον intellegas, v. v. 10. 11 15. 16 τὸ γιν.—εἶναι ἐκ in spat. LXXXIV fere litt. om. T ἀνάπαλιν ANa (sed v. p. 43,5 Th.) 15 αὐτοὺς] ...... τοὺς AN: om. a λέγειν προθεὶς scripsi: λέγειν προστιθεὶς V: spat. III litt. AN: om. a 15. 16 προστίθ ... τὸ AN: προστίθησι τὸ a 16 αὐτοῦ (αὐτῷ scripsi, v. p. 16,1) —δεῖξαι V: spat. VI litt. AN: om. a μὴ ANa: μὲν V: δὲ M διὰ τὸ V: διὰ τοῦ AN: διότι Ma εἶναι V: .... καὶ AN: om. a 17 λάμπει TVAN: λάμπει δῆλον M: λάμπειν δοκεῖ coniciebat Usener (cf. p. 16,9) 18 ἢ a, s. s. V: εἰ prius V: τὴν AN: om. T

τότε σκότος. πῶς οὖν αὐτῷ τὸ ἐν τῷ σκότει τοῦτο γίνεσθαι περὶ τὴν ὄψιν χρήσιμον, προελθὼν ὀλίγον ἐρεῖ· τὰ γὰρ λεῖα πέφυκεν ἐν τῷ σκότει λάμπειν.

Τὸ δὲ θλιβομένου τοῦ ὀφθαλμοῦ φαίνεσθαι πῦρ ἐκλάμπειν ἐξ αὐτοῦ φησιν ἔχειν καὶ ἑτέραν ἀπορίαν, ὡς καὶ τοῦ προειρημένου ἀπορίαν παρέξοντος τοῖς μὴ λέγουσιν ἐκ πυρὸς τὴν ὄψιν εἶναι ἢ τὴν ἀρχὴν διὰ τὴν ἀπορίαν ταύτην κατενεχθέντων τινῶν ἐπὶ τὸ ἐκ πυρὸς λέγειν τὴν ὄψιν εἶναι· ὡς γὰρ λυτικὸν τοῦ ἀπορουμένου τοῦτο φέρουσιν. ἀπορεῖται γὰρ τί αἴτιον τοῦ δοκεῖν ἐν τῇ θλίψει τοῦ ὀφθαλμοῦ πῦρ ἐκλάμπειν. ἔστι δὲ ἣν προστίθησιν ἀπορία αὕτη, εἰ μὴ ἔστι λανθάνειν αὐτὸν αἰσθανόμενον καὶ ὁρῶντα, ὡς δοκεῖν μὲν ὁρᾶν, | μηδὲν δὲ ὁρᾶν ὁρώμενον. ἂν γὰρ ἡ ὄψις τότε ὁρᾷ τι, δῆλον ὅτι ἑαυτὴν ὁρᾷ· οὐ γὰρ δὴ ἄλλο γέ τί ἐστι τότε ὁρώμενον ὑπ᾽ αὐτῆς. εἰ δὲ αὐτὴ ἑαυτὴν ὁρᾷ, ἀπορήσαι ἄν τις διὰ τί ἠρεμοῦσα καὶ μὴ θλιβομένη ἑαυτὴν οὐχ ὁρᾷ, καὶ ἔτι μᾶλλον πῶς ἑαυτήν· οὐ γὰρ αἰσθάνεται τὰ αἰσθητήρια, εἰ μὴ αἴσθησις πρός τι καὶ ἄλλου τινός.

Προαπορήσας δὲ τῷ ἑξῆς λύσιν ἀμφοτέρων πειρᾶται, τήν τε τοῦ δοκεῖν πῦρ εἶναι τὴν ὄψιν καὶ τὴν τοῦ αὐτὴν ὁρᾶν, ὅταν θλίβηται καὶ παράγηται, ἠρεμοῦσαν δὲ μηκέτι. τὸ δὲ αἴτιον τούτου τε καὶ τοῦ ἠρε-

---

1 τότε σκότος TNAa, prius V (Arist. codd. EMYP): τότ᾽ ἐν σκότει M, e corr. V (Arist. codd. LSV), sed v. p. 37,7 Th. πῶς—γίν.] τὸ οὖν αἴτιον τοῦ ἐν σκότει τοῦτο γίνεσθαι coniciebat et χρήσιμον (cf. p. 15,16) delebat Usener πῶς scripsi (*cur* T): ποῦ VANa: πόθεν Thurot αὐτῷ cum T om. Thurot τὸ ἐν τῷ σκότει scripsi (cf. p. 15,17): τῶ ἐν τῶ σκότω V: τὴν τῶ σκότω AN: τὸ ἐν σκότει a: τὸ σκότος ὥστε Thurot (*oportune sunt tenebre ut hoc fiat* T) 2 πεφύκασιν V 4 φαίνεσθαι Usener (cf. p. 15,13): γίνεσθαι libri (*accidit* T) 5 αὐτῆς V 6 παρέχοντος ut vid. T ἢ τὴν— εἶναι (8) om. a (habet etiam M) 8 φέρουσιν TV: φέρει ANa 9 δοκεῖν om. a (habet etiam M) 10 προτίθησιν conicio ἀπορία TA: ἀπορίαν VNa εἰ γὰρ μὴ Arist.] γὰρ Alex. non legit aut neglexit αὐτὸν VAa: αὐτοῦ N 11 ὡς δοκεῖν μὲν ὁρᾶν V: ὡς δοκεῖν ὁρῶν a: *est ut quidem videre* T: ὡς ὁρᾶν AN: ὡς ὁρᾶν μὲν (del. δοκεῖν) conicio ὁρώμενον scripsi, eadem corruptio p. 63,7 Th. (cf. Arist.): ὁρῶν VA: *videns* T: ὁρᾶν a: ὁρῶσα MN 12 ἂν γὰρ VA: ἂν N et ut vid. T: γὰρ a: δὲ M ἡ om. N τότε V (sc. θλιβομένου τοῦ ὀφθαλμοῦ): τότε δὲ TANa: ὅτε M: τότε γε coni. Thurot ὁρῶ τι a ὁρᾶν οὐ A(?)a (corr. M) γέ] τε V 13 τότε] τὸ a: τότε ⟨τὸ⟩ conicio ἑαυτὴν V: αὐτὴν N: αὑτὴν Aa ὁρῶ a (corr. M) ἀπορήσαι scripsi: ἀπορήσοι VAN: ἀπορήσειεν a 14 ἑαυτὴν V: αὐτὴν AN: αὑτὴν a 15 fort. ἑαυτῆς ⟨αἰσθάνεται⟩· οὐ γὰρ αἰσθάνεται scrib. sic enim defectus codicum (v. infra) facilius explicatur οὐ γὰρ T (cf. Thurot p. 452 et ἡ γὰρ, quod modo commemorabo): om. VANa τὰ αἰσθητήρια TAN: om. Aa εἰ μὴ TAN: ἡ γὰρ Va πρός τι TVa: om. AN 17 προαπορήσας Usener: προσαπορήσας libri (*cum dubitationem movit* T) τῷ V: τοῦ AN: om. a λύσιν ἀμφοτέρων Aa: λύειν ἀμφότερα TVN πειρᾶται] an προτίθεται? 18 πῦρ εἶναι TVa: εἶναι πῦρ AN αὐτὴν VAN 19 μηκέτι] *non* T τὸ δὲ αἴτιον Va: ὅταν γὰρ τὸ δὲ (τόδε N) αἴτιον AN: *cum enim scita fuerit causa* T, sed v. Arist. p. 437a29. 30 τὰ δ᾽ αἴτια, unde fort. commendatur V, refutatur T et codicum AN lectio ὅταν γὰρ

μοῦντι τῷ ὀφθαλμῷ μὴ συμβαίνειν τοῦτο καὶ τῆς ἀπορίας καὶ τῆς διὰ τί 36 θλιβομένη ἡ ὄψις αὐτὴν ὁρᾷ, ἠρεμοῦσα δὲ οὔ, καὶ ὅλως τοῦ δοκεῖν πῦρ 11 εἶναι τὴν ὄψιν ἐντεῦθεν ληπτέον. καὶ λέγει, λύων τὰ εἰρημένα, ὅτι τὰ λεῖα πέφυκεν ἐν τῷ σκότει λάμπειν, οὐ μέντοι γε φῶς ποιεῖν· | ὃ καὶ φθάνει εἰρηκέναι καὶ ἐν τοῖς Περὶ ψυχῆς. ὅσα γὰρ αὐτὰ μὲν σκότου 37 ὄντος ὁρῶμεν, οὐ μέντοι δι' αὐτὰ καὶ ἄλλα, ταῦτά ἐστιν ἃ στίλβει μέν, φῶς δὲ οὐ ποιεῖ. τοιοῦτον δὲ καὶ τὸ τοῦ ὀφθαλμοῦ μέλαν καὶ μέσον, ὃ κόρην καλοῦμεν, λεῖόν τε καὶ διὰ τὴν λειότητα στίλβον. τῷ μὲν οὖν στίλβειν σκότους καὶ αὐτό, ὡς τὰ λεῖα, ὁρατόν ἐστι σκότους· διὸ καὶ ὁρᾶται τότε. προεῖπε γὰρ ὅτι τοῦτο δὲ ἐν τῷ σκότει πέφυκε συμβαίνειν ἢ τῶν βλεφάρων ἐπικεκαλυμμένων· γίνεται γὰρ καὶ τότε σκότος.

Κινουμένου δὲ τοῦ ὀφθαλμοῦ τοῦτο συμβαίνει, ἀλλ' οὐκ ἠρεμοῦντος, ὅτι ἡ αἴσθησις τῶν πρός τί ἐστι καὶ πρὸς ἄλλο. ἕως μὲν οὖν ἂν ἠρεμῇ ἐπιμύουσα, μία ἐστὶ καὶ οὐδὲν ὁρᾷ· ὅταν δὲ θλίβηται καὶ κινῆται, ἐν τῇ ταχείᾳ παραγωγῇ μία οὖσα δύο πως γίνεται, ὁρωμένη τε καὶ ὁρῶσα, ὁρωμένη μὲν ἐν τῇ παραγωγῇ, ὁρῶσα δὲ ἐν τῇ εἰς τὸ κατὰ φύσιν ἐπανόδῳ. | στίλβει μὲν γὰρ καὶ παραγομένη, καὶ ἔστιν ὅσον ἐπὶ τούτῳ ὁρατὸν τότε, 38 οὐχ ὁρᾷ δέ, ὅτι μία ἐστὶ καὶ αὐτή ἐστι δι' ἧς ὁρῶμεν, ἀλλ' οὐχ ἣν ὁρῶμεν. ὅταν δὲ ταχέως κινηθῇ παραχθεῖσα καὶ ἐπανελθοῦσα εἰς τὴν αὐτῆς χώραν, διὰ τὸ τάχος καὶ ὁρῶσα καὶ ὁρωμένη γίνεται, καταλαμβάνουσα τὴν ἐν τῇ παραγωγῇ στιλβηδόνα, ἣν ἐποίησεν αὐτὴ παραχθεῖσα πρὸ τοῦ παύσασθαι διὰ τὸ τάχος τῆς κινήσεως, καὶ ὁρῶσα ὡς ἀπ' ἄλλου τινὸς γινομένην. καὶ γὰρ ἑώρα ⟨ἄν⟩, εἰ ἦν ἀπ' ἄλλου καὶ μὴ ἀπ' αὐτῆς· ἦν δ'

1 *hoc, hinc sumenda est* (ex v. 3) *causa dubitationis* (τοῦτο, ἐντεῦθεν ληπτέον καὶ τὸ αἴτιον τῆς ἀπορίας Thurot, sed v. Arist.) 1. 2 prius τῆς — οὔ suspecta habet Thurot 1 alt. καὶ dele aut pro καὶ τῆς scribe ταύτης alt. τῆς om. a 2 θλιβομένη om. T αὐτὴν AN 2. 3 εἶναι πῦρ a 3 ἐντεῦθεν ληπτέον (ληπτόν V) hic posuit etiam Arist. (de T v. ad. v. 1) cf. V. Rose, Arist. Pseudep. p. 373 λέγων λύει a post prius τὰ spat. IV litt. AN 4 σκότῳ et ποιεῖ Arist. codd. EMY 5 prius καὶ om. a Περὶ ψυχῆς] B 7 p. 419a2 ss. μὲν ante γὰρ V: om. T σκότους a, fort. recte 6 ἃ] ὧ AN[1] 7 τοῦ ὀφθαλμοῦ ante ὃ κόρην v. 8 transpon. T μέλαν καὶ μέσον T (Arist.): μέσον τὸ μέλαν VANa 8 τε TAa: τι N: δὲ V τῷ] τὸ V 9 prius σκότους M (cf. Alex. De an. p. 42,5. 43,17. 56,14 Br.): σκότει V: σκότος Na: σκότω A: *tenebris* T alt. σκότους AN: *in tenebris* T: om. Va 10 δὲ om. T 11 σκότος om. T 12 ante τοῦτο add. καὶ T ἀλλ' MTVAN: om. a 13 ὅτι ἡ V: τί ἡ N: τί Aa: διὰ τί (*quare*) T, fort. recte αἴσθησις V: αἴσθησις οὖν TANa οὖν ἂν a: ἂν οὖν VAN: *igitur* T 14 μύουσα V, sed v. p. 18,2 alt. καὶ Ta: τι καὶ VAN κινεῖται V 15 ταχείᾳ] *oculi* T, corr. *veloci* τε TVANa: πως V 16 μὲν om. AN τὸ] τὰ N 17 post prius καὶ add. ἡ ὄψις T: spat. III litt. AN: om. Va παραγομένη] *cecus factus* (πηρουμένη?) *et etiam . . . . . . super hoc videt tunc* T ὅσον V: spat. III litt. AN: om. a τούτου V ὁρατὸν a: ὁρᾷ TVAN: ὁρατὴ conicio 18 αὐτή ἐστι VAN (*ipse et* T, *est* scrib. pro *et*): ἡ αὐτὴ a ἣν VAN(T): ὂν a: ὃ Thurot (ex M?) 20 αὐτῆς VAN: *propriam* T: αὐτὴν a 20. 21 καταλαμβάνουσα ANa: *apprehendens* T: καταλαβοῦσα V 21 παραχθεῖσα VAN: κινηθεῖσα Ta 21—23 πρὸ — γινομένην] *antequam ab alio aliquo factus cum videt* T 22 τινὸς del. Thurot 23 γινομένην A[1]Na: γινομένη MVA[2] prius καὶ M: ἣν VANa: om. T; ἣν ex γινομένην ortum effecit, ut καὶ intercideret γὰρ om. T ἂν T (*utique*): om. VANa

ἂν τοῦτο, εἰ αὐτῆς κατὰ χώραν μενούσης ἄλλο τι ἦν στίλβον ἐνταῦθα 38
κείμενον, εἰς ὃ αὐτὴ παρήχθη * * * τὴν ἀπ' αὐτῆς στιλβηδόνα ἐπιμύουσα
οὖσαν ἐντὸς τῶν βλεφάρων ἑώρα ἂν (οὐ γὰρ δὴ φωτὸς χρεία πρὸς τὴν
τῶν στιλβόντων ὄψιν, ἀλλ' ἱκανὰ αὐτὰ τὴν αἰτίαν αὑτοῖς τὰ τοιαῦτα τοῦ
ὁρᾶσθαι παρέχειν, ἂν ᾖ μόνον ἐν διαφανεῖ). ταύτην δή, ἐπεὶ μὴ ἀπ'
ἄλλου ἐστὶν ἀλλ' ἀφ' αὑτῆς, ἀεὶ μὲν ἐπιμύουσα | οὐχ ὁρᾷ· ὅταν δὲ οὕτως 39
κινηθῇ, ὡς γίνεσθαι τρόπον τινὰ διὰ τὸ τάχος τῆς κινήσεως δύο σημεῖα,
⟨ἐπεὶ⟩ ἔστι διαφανὲς καὶ ἐντὸς τοῦ ὀφθαλμοῦ, διὰ τοῦτο στίλβουσα ὁρᾶται.

Τί δή ποτ' οὖν τὸ μέσον τοῦ ὀφθαλμοῦ, περὶ οὗ λέγει ὅτι ⟨λάμπει⟩, οὐχ ὁρᾶται νυκτὸς καὶ ὑπὸ τῶν εἰς αὐτὸ ἀποβλεπόντων, ὥσπερ τὰ ἄλλα τὰ στίλβοντα, ὧν ἔνια καὶ αὐτὸς παρατίθεται (κεφαλαὶ γὰρ ἰχθύων τινῶν καὶ ὁ τῆς σηπίας θολός, ἀλλὰ καὶ ὀφθαλμοὶ λεόντων καὶ λαγωῶν δὲ καὶ ἄλλων τινῶν ζῴων, τούτων δέ ἐστι καὶ ἡ πυγολαμπίς); ἢ αἰτιατέον τούτου τὸ ἐπικείμενον δέρμα· ἐπισκοτεῖ γὰρ ὁ ὑμὴν οὗτος τῇ κόρῃ στιλβούσῃ πρὸς τὸ ⟨μὴ⟩ ὑπὸ τῶν ἔξωθεν ὁρᾶσθαι. οὐ γὰρ ὅμοιος πάντων τῶν ὀφθαλμῶν ὁ ἐπικείμενος ὑμὴν αὐτοῖς· ἀλλ' οὐδὲ ἡ στιλβηδὼν ὁμοία τῶν λείων πάντων. τὰ μὲν οὖν ἄλλα τὰ λεγόμενα εὔλογα, ἴσως δ' ἐκεῖνο
δυσπαράδεκτόν τισι δόξει τὸ δύνασθαι αὐτὸν ⟨καὶ⟩ ὁρῶντα καὶ ὁρώ|μενόν 40
γίνεσθαι διὰ τὸ τάχος τῆς παραγωγῆς ὡς ἄλλον γινόμενον καὶ ἄλλον. εἰ μὲν γὰρ ὑπομένειν ἐδύνατο κἂν ἐπ' ὀλίγον ἡ στιλβηδὼν ἡ ἐπὶ τῇ παραγωγῇ γενομένη καὶ † ἄλλο τι μόριον ἀπὸ τῆς κόρης † ἔν τινι ἄλλῳ γινομένη ἐστὶ τὸ διαφανές, ἣν πιθανὸν τὸ ἐν τῇ οἰκείᾳ χώρᾳ γενομένην τὴν

---

2 κινούμενον a αὐτὸ AN παρήχθη Usener (cf. p. 19,1, *emitteret* cum proximis coniunctum T): παραχθῇ VAN: ταραχθῇ a: παραχθείη coni. Thurot e. gr. ἀλλὰ καὶ τοῦτο οὐ χαλεπὸν λύειν, εἴ τις λέγοι ὅτι μὴ supplet Thurot, fort. sententia erat haec: εἰ οὖν κατ' ἄλλο τι μόριον ἔν τινι ἄλλῳ γινομένης τῆς κόρης ἐντὸς τοῦ ὀφθαλμοῦ ἦν (cf. v. 8 et adnot. ad v. 21) τὸ διαφανές, εἰς ὃ ἂν παραχθῇ ἀπ'] ἐπ' V ἐπιμύουσα οὖσαν a: ἐπιμύουσαν οὖσαν VAN: *interclusum* T 3 ἑώρα ἂν om. T 4 αὐτοῖς MVANa τὰ τοιαῦτα MTVAN: om. a 5 ᾖ μόνον AN: ἢ μόνον V: ἡ μόνον a: μόνον ᾖ T, fort. recte (cf. M): μὴ ᾖ M δή] δὲ a 6 ἀφ' ἑαυτῆς a: ἀφ' αὑτῆς ⟨ποιεῖ⟩ aut ἀπ' αὐτῆς conicio 7 ὡς] ὥστε a 8 ἐπεὶ add. Thurot, cf. e. gr. p. 26,11 διάφορα MN: διαφορᾶς A τοῦτο στίλβουσα TV: τοῦ στίλβοντος ANa 9 περὶ MTVAN: om. a ὅτι MTAN: om. Va λάμπει addidi 10 ὁρᾶται — ὥσπερ om. T ὑπὸ a: ἀπὸ VAN (M teste Thuroto) ὥσπερ VAN: ὡς a 11 κεφαλαὶ] καὶ φασὶ in compendio N 12 τινὲς Arist. codd. EMYU tertium καὶ om. a 13 prius δὲ] τε a: om. T τινῶν MTVAN: om. a τούτων TV: τοῦτο ANa ἐστι om. T καὶ alt. om. a (habet etiam M) ἡ] ἢ AN πυγολαμπίς V (cf. Alex. De an. II p. 128,6 Bruns; Them. d. a. 60,9 H.): πυγολαμπεῖς AN: πυγολαμπὴς a: πυρολαμπίς T αἰτιατέον MTVAN: πρῶτον a 14 τούτου Ma: τοῦτο TVAN οὐ μὴν a οὕτως TV 14. 15 στιλβούσῃ om. T 15 μὴ T: om. ceteri 17 εὔλογον a 18 δόξῃ a αὐτῶν a: τὸν αὐτὸν coni. Thurot prius καὶ T: om. VANa 19 καὶ ante διὰ add. T παρωγῆς a (παραγωγῆς etiam M) 20 ἠδύνατο ANa κἂν] καὶ Thurot κἂν ἐπ' ὀλίγον om. T 21. 22 καὶ ἄλλο — διαφανὲς sic corrupta ANa (γιγνομένης a): ἔσται τὸ διαφανὲς ceteris om. V: καὶ ἐγίνετο ἔν τινι ἄλλῳ κατ' ἄλλο τι μόριον ἀπὸ τῆς κόρης τὸ διαφανές e T Thurot: γενομένη κατ' ἄλλο τι μόριον ἀπὸ τῆς κόρης, ⟨ἧς⟩ ἔν τινι ἄλλῳ γινομένης ἔσται τὸ διαφανὲς coni. Diels

ὄψιν καταλαμβάνουσαν ἔτι τὸ αὐτῇ πάθος ἐγγινόμενον ἐκεῖ ἔνθα παρήχθη 40
ὁρᾶν. ἐπεὶ δὲ τοῦτο ἀδύνατον (οὐδὲ γὰρ ἐπὶ τῶν ἄλλων τῶν στιλβόντων τοιοῦτον γίνεται, ἀλλ' ἅμα τῷ παρενεχθῆναι τὸ στίλβον καὶ ἡ ἀπ' αὐτῶν παύεται στιλβηδών· οὐ μόνον γὰρ τοῦτο ἐπὶ τῶν στιλβόντων, ἀλλὰ καὶ ἐπὶ πάντων τῶν ὁρωμένων γίνεται, τῷ μηδὲν χρῶμα τὸ διαφανὲς παθητικῶς ἐν αὐτῷ δέχεσθαι, ὅτι μηδὲ τὴν ἀρχὴν τὸ φῶς· καὶ γὰρ ἐκεῖνο ἐκ⟨στὰν⟩ τοῦ διαφανοῦς συμπαύεται τῷ φωτίζειν πεφυκότι), εἰ δὲ ἐπὶ πάντων οὕτω, πῶς ἂν ἡ κόρη ἐν τῷ κατὰ φύσιν γινομένη, εἰ καὶ ταχέως κινηθείη, δύναιτο καταλαμβάνειν τὸ στίλβον, ὃ ἐν αὐτῇ ἐστι καὶ συμμεταφέρεται αὐτῇ; ὡς γὰρ οὐ δύναται | ἅμα καὶ ἐν τῇ οἰκείᾳ χώρᾳ εἶναι καὶ μὴ εἶναι, 41
κἂν ταχέως κινῆται, οὕτως τὴν στιλβηδόνα τὴν ἀπ' αὐτῆς ὁρᾶν ὡς οὖσαν κατ' ἄλλο. μήποτ' οὖν οὐχ οὕτω χρὴ δύο γίνεσθαι τὴν ὄψιν ὑπολαμβάνειν ἐν τῇ κινήσει, ὡς δύο ὁλοκλήρων γινομένων καὶ τοῦ αὐτοῦ κατὰ τὸ αὐτὸ ὁρῶντός τε ἅμα καὶ ὁρωμένου, μορίου δὲ ὁρωμένου. ὅταν γὰρ οὕτω παραχθῇ, ὡς μήτε τῆς οἰκείας χώρας πάντῃ ἔξω εἶναι πᾶσα μήτε πάντῃ μένειν κατὰ φύσιν ἔχουσα (παρήχθη δὲ ἐπί τι οὕτως, ὡς τὸ καταλειπόμενον ὑπ' αὐτῆς ἐν τῇ οἰκείᾳ χώρᾳ ὁρᾶν ἔτι δύνασθαι, τῷ ἐπ' εὐθείας εἶναι τοῖς φλεβίοις, δι' ὧν ἐγένετο τὴν κατὰ τὸ ὁρᾶν γινομένην κίνησιν διαπέμπειν ἐπὶ τὴν πρώτην αἴσθησιν τὴν στιλβηδόνα τὴν ἐπὶ τοῦ παραχθέντος μέρους ὡς ἀπ' ἄλλου τινὸς γινομένην), ὁρᾷ τὸ μέρος τὸ αὐτῆς ὡς ἄλλο, τῷ ὁρατὸν ἐν τῷ παρὰ φύσιν αὐτὸ γινόμενον τόπῳ ἀντὶ ὁρῶντος γεγονέναι. | τοιοῦτον γὰρ καὶ τὸ ὁρώμενόν ἐστι τότε· οὐ γὰρ ὁλόκληρός τις ἡ 42
ὄψις γίνεται. δύναται δὲ καὶ πᾶσα μὲν παρῆχθαι· ἐν δὲ τῇ εἰς τὸ κατὰ φύσιν ἐπανόδῳ τὸ φθάσαν μόριον αὐτῆς [οὗ] ἐπανεληλυθέναι τὸ [γὰρ]

---

1 ἔτι scripsi: ἐπὶ VANa: om. T αὐτῇ M: αὐτῆς TVAN: αὐταῖς a 2 ὁρᾶν p. 18,22 post χώρᾳ T ἐπεὶ om. et τοῦτο δὲ transpon. M ἐπὶ] ἐπεὶ V alt. τῶν om. a 3 τοῦτο a (τοιοῦτον etiam M) τῷ] τὸ V 6 αὐτῶ libri ἐκ⟨στὰν⟩ scripsi: ἐκ libri 7 τοῦ] τῶν V δὲ] δὴ coni. Thurot (cf. ad p. 7,15) 8 κινηθῆναι a (corr. M) 10 οἰκείᾳ om. a 11 οὕτως ⟨οὐδὲ⟩ conicio ὁρᾶν MVAN: om. Ta 12 τὴν ὄψιν om. T ὑπολαμβάνειν TVa; ὑπολαμβάνεσθαι MAN 14 μορίου — ὁρωμένου om. a μορίου] μόνου T ὅταν γὰρ TAN: ὅτι γὰρ V: ἀλλ' ὅταν M: ὅταν a 15 χώρας om. a πᾶσα TVa: πᾶσι AN: πᾶσαν M teste Thuroto 16 μὲν ἢ κατὰ AN ἔχουσαν Aa ἐπί τι VAN: ἐπὶ τούτω a: om. T 16. 17 καταλαμπόμενον a 17 ὑπ' αὐτῆς scripsi: ὑπὸ τῆς VAN: om. Ta ἐν—χώρᾳ] *iuxta debiti* T ὁρᾶν a: ὁρῶν TVAN 18 ἐγένετο om. a; ἐγένετο ἡ κατὰ τὸ ὁρᾶν κίνησις, ⟨ἐκεῖνα δὲ⟩ coni. Thurot γινομένην a: γινομένη ἡ VAN: recte om. vid. T κίνησιν a: κίνησις TVAN 18. 19 διαπέμπειν Thurot: διαπέμ^π VA: διαπέμπει N: *transmittat* T: διαλάμπει A 19 alt. ἐπὶ] ἀπὸ Thurot 20 γινομένου M: γινομένων a ὁρᾶν V (*video* T, *videt* corr. Thurot) αὐτῆς libri ὡς T: ὁρῶσα VANa; an ὁρῶσα ὡς? ἄλλῳ a: om. M 21 prius τῷ] τὸ a ὁραντὸν V ἐν τῷ — τόπῳ post γεγονέναι T (Thurot) παρὰ] περὶ V αὐτῷ a: om. T, fort. recte 21. 22 γεγονὸς M 22 ὁλόκληρος om. T ἡ a: om. VAN 24 φθάσον a οὗ del. M teste Thuroto: ὅτε coni. Thurot ἐπανελήλυθε T, quo recepto fort. οὗ servari potest γὰρ delevi: γε coni. Thurot

καταλειπόμενον ἔτι καὶ ἐν τῇ παραγωγῇ ὂν ὁρᾷ· οὐ γὰρ ἀμέγεθες σῶμα 42 δι' οὗ ὁρῶμεν. τοῦτο δὲ καὶ τοῦ πῦρ εἶναι αὐτὴν δόξαι τισὶν αἴτιον. ὅτι 6 γὰρ τὸ πῦρ στίλβει, ὑπέλαβον καὶ πᾶν τὸ στίλβον πῦρ εἶναι, φανερῶς κατὰ τὴν ἀντιστροφὴν διαμαρτάνοντες· πολλὰ γὰρ στίλβει οὐκ ὄντα πῦρ, ὡς τὰ πρὸ ὀλίγου εἰρημένα.

Τὸ δὲ ἐκείνως δὲ αὐτὸς αὑτὸν ὁρᾷ ὁ ὀφθαλμὸς ὥσπερ καὶ 10 ἐν τῇ ἀνακλάσει ἴσον ἐστὶ τῷ 'οὕτω δὲ ἐν τῇ τοιαύτῃ κινήσει καὶ θλίψει τοῦ ὀφθαλμοῦ αὐτὸς αὑτὸν ὁρᾷ ὁ ὀφθαλμός, ὥσπερ καὶ ἐν τοῖς κατόπτροις καὶ ἐν πᾶσιν, ἐν οἷς κατὰ ἀνάκλασιν αὑτὸν ὁρᾷ.' καὶ γὰρ ἐπ' ἐκείνων ὥσπερ δύο ὁ εἷς γίνεται, ὁ μὲν κατὰ τὴν ἔμφασίν τε καὶ ὁρώμενος ἐν τῷ κατόπτρῳ, ὁ δὲ ἀφ' οὗ ἡ ἔμφασις, ὅς ἐστιν ὁ | ὁρῶν. ὅτι δὲ ὁρᾷ 43 ὁ ὀφθαλμὸς καὶ μὴ πάντῃ ὢν ἐν τῇ αὑτοῦ χώρᾳ, δηλοῦσιν οἱ τὴν ὄψιν διάστροφοι.

p. 437b10 Ἐπεί, εἴ γε πῦρ ἦν, καθάπερ Ἐμπεδοκλῆς φησιν καὶ ἐν τῷ Τιμαίῳ γέγραπται.

Δείξας τοῦ γινομένου πάθους ἐν τῇ τοῦ ὀφθαλμοῦ θλίψει τὴν αἰτίαν, 5 ὑφ' οὗ πάθους ἀνεπείσθησάν τινες ἐκ πυρὸς εἶναι τὴν ὄψιν λέγειν, νῦν ὅτι μὴ οἷόν τε αὐτὴν εἶναι ἐκ πυρὸς δείκνυσιν ἀντιλέγων Ἐμπεδοκλεῖ τε καὶ Πλάτωνι, οἳ ταύτης ἐγένοντο τῆς δόξης καί φασιν ἐκ πυρὸς οὖσαν αὐτήν, τῷ ἐκπέμπειν ἐξ αὑτῆς φῶς, ὡς ἀπὸ τῶν λαμπτήρων φῶς ἐκπέμπεται, οὕτως ὁρᾶν. εἰ γὰρ οὕτως τὸ ὁρᾶν γίνεται, διὰ τί, φησίν, οὐχὶ καὶ ἐν 10 τῷ σκότει ἡ ὄψις ὁρᾷ, εἴγε ἐν τῷ φωτὶ μὲν ὁρᾷ, φῶς δὲ αὐτὴ ἑαυτῇ παρεῖχεν ἐκπέμπουσα ἐξ αὑτῆς;

Εἰπὼν δὲ τοῦτο, ἣν αἰτίαν ὁ Πλάτων τοῦ μὴ δύνασθαι τὴν ὄψιν ὁρᾶν ἐν τῷ σκότει φέρει, ταύτην δείκνυσιν οὖσαν κενήν. λέγει γὰρ τὸ φῶς τοῦτο τὸ ἀπὸ τῆς ὄψεως | ἐξιόν, ὅταν μὲν φωτὸς ὄντος ἐξίῃ, σῴζεσθαί 44

1 ἐπαγωγῇ V ἀμέγεθος AN 2 δι' οὗ om. T πῦρ MTVAN: om. a αἴτιον] αἰτία a: *fuit causa* T (male ἐγένετο add. Thurot) 3 alt. πῦρ om. V φανερῶς om. a: post ἀντιστροφὴν transpon. Thurot 5 πρὸ ὀλίγου] p. 18,11 ss. 6 ἐκείνως M (Arist. codd. LPSU): ἐκεῖνος VANa (Arist. codd. EMY): om. T αὐτὸς om. Arist. codd. EMY αὐτὸν VAa 6—8 ὁ ὀφθαλμὸς—ὁρᾷ om. AN 6. 7 ὡς ἐν a: *quemadmodum in* T 7 ἴσον ἐστὶ τῷ] *tantum videlicet* T post τοιούτῃ add. τε V, fort. post κινήσει transpon. 8 αὐτὸν Va ὥσπερ καὶ AN: ὡς καὶ a: ὡς V: *quemadmodum* T 9 αὐτὸν libri: *ad se ipsum* T 11 ἐν τῷ κατόπτρῳ om. T alt. ὁ om. V, sed v. p. 25,10 ὅτι] ὁ AN 12 πάντῃ Ta: πάντα VAN ὢν om. V ἐν τῇ αὑτοῦ χώρᾳ T (*propria*) a (αὑτοῦ): ἐν τῇ αὐτῇ χώρα V: ἐν τῶ αὐτῶ χρόνω AN 14 εἴ γε AN (Arist.): εἴτε V: *si* T 17 ἐκ τοῦ πυρὸς λέγειν τὴν ὄψιν νῦν εἶναι ANa, nisi quod εἶναι νῦν a post ὅτι add. δὲ N 18 αὐτὴν—πυρὸς om. T ἐκ πυρὸς om. AN 19 οἳ Ta: οἱ ἐπὶ VAN `τοῦ πυρὸς a 20 αὐτῆς libri 21 prius ὁρᾶν] ὁρᾶ V 22 σκότω V 22. 23 εἴ γε—ἐξ αὑτῆς] *emittens autem ex se ipso lumen ipsum ipsi exhibet* T cet. om. 22 αὐτὴ ἑαυτῇ Ta: αὐτῇ VAN 23 παρέχει ex T Thurot αὐτῆς libri 24 εἶπον V τοὺς N 25 σκό V 26 τὸ om. V ἐξίῃ Thurot: ἐξ ἴσης TVAN: ἔξεισι a

τε καὶ μιγνύμενον συγγενεῖ ὄντι τῷ ἐκτὸς φωτὶ αἴτιον ἡμῖν γίνεσθαι τοῦ 44
ὁρᾶν, ὅταν δὲ σκότος ᾖ, πρὸς ἀνόμοιον τὸ περιέχον ἐκπῖπτον ἀποσβέννυσθαι.
ἡ δὲ λέξις ἡ ἐκ τοῦ Τιμαίου δι' ἧς ταῦτα λέγει αὕτη· "τοῦ πυρὸς ὅσον
τὸ μὲν καίειν οὐκ ἔσχε, τὸ δὲ παρέχειν φῶς ἥμερον οἰκεῖον ἑκάστης ἡμέρας,
σῶμα ἐμηχανήσαντο γίνεσθαι. τὸ γὰρ ἐντὸς ἡμῶν ἀδελφὸν τούτου πῦρ
εἰλικρινὲς ἐποίησαν διὰ τῶν ὀμμάτων ῥεῖν λεῖον μὲν καὶ πυκνὸν ὅλον μέν,
μάλιστα δὲ τὸ μέσον συμπιλήσαντες τῶν ὀμμάτων, ὥστε τὸ μὲν ἄλλο ὅσον
παχύτερον στέγειν πᾶν, τὸ τοιοῦτον δὲ μόνον αὐτὸ καθαρὸν ⟨διηθεῖν⟩. ὅταν
οὖν μεθημερινὸν ᾖ φῶς περὶ τὸ τῆς ὄψεως ῥεῦμα, τότε ἐκπῖπτον ὅμοιον
πρὸς ὅμοιον, ξυμπαγὲς γενόμενον, ἓν σῶμα οἰκειωθὲν ξυνέστη κατὰ τὴν
τῶν ὀμμάτων εὐθυωρίαν, ὅπῃπερ ἂν ἀντερείδῃ τὸ προσπῖπτον ἔνδοθεν |
πρὸς ὃ τῶν ἔξωθεν συνήντησεν. ὁμοιοπαθὲς δὴ δι' ὁμοιότητα πᾶν γενό- 45
μενον, ὅτου τε ἂν αὐτό ποτε ἐφάπτηται καὶ ὃ ἂν ἄλλο ἐκείνου, τούτου
τὰς κινήσεις διαδιδὸν εἰς ἅπαν τὸ σῶμα μέχρι τῆς ψυχῆς αἴσθησιν παρέ-
σχετο ταύτην, ἣν δὴ ὁρᾶν ἔφαμεν, ἀπελθόντος δὲ εἰς νύκτα τοῦ συγγενοῦς
πυρὸς ἀποτέμνεται. πρὸς γὰρ ἀνόμοιον ἐξιὸν ἀλλοιοῦται αὐτὸ καὶ κατα-
σβέννυται, ξυμφυὲς οὐκέτι τῷ πλησίον ἀέρι γινόμενον ἅτε πῦρ οὐκ ἔχοντι·
παύεται οὖν ὁρῶν, ἔτι δὲ ἐπαγωγὸν ὕπνου γίνεται". ὅτι δὲ τοῦτο κενῶς
λέγεται τὸ ὑπὸ τοῦ σκότους ἀποσβέννυσθαι τὸ ἐξιὸν ἀπὸ τῶν ὀφθαλμῶν
φῶς, δείκνυσι. τίς γὰρ ὅλως ἐστὶν ἀπόσβεσις φωτός; τὸ γὰρ θερμόν
τε καὶ ξηρόν, τουτέστι τὸ πῦρ, πέφυκεν ἀποσβέννυσθαι ὑπὸ τοῦ ὑγροῦ τε
καὶ ψυχροῦ, ὥσπερ ὁρῶμεν τὸ ἐν τοῖς ἄνθραξι καὶ ξύλοις πῦρ καὶ τὴν
φλόγα· ὧν τῷ φωτὶ οὐδέτερον ὑπάρχειν φησί, τὸ ἀνθρακῶδες πῦρ ἢ φλόγα
εἶναι. | εἰ δὲ τοῦτο, οὐδ' ἂν ἀποσβεννύοιτο ὑπὸ τοῦ ψυχροῦ ἢ τοῦ ὑγροῦ. 46

---

1 συγγενεῖ] *eiusdem* T (add. *generis*) φωτὸς a (corr. M) 2 ἐμπίπτον V
3 Τιμαίου] p. 45 B—D λέγω αὕτη V 4 ἥμερον Plato: ἡμέτερον VAN: *nobis* T: ἡμέρας a ἑκάστης Plato: ἐκ δὲ τῆς libri 5 ἐμηχανήσατο a ἐκτὸς a (corr. M) τούτου] τοῦτο V: ὃν τούτου Plato 6 εἰλικρινέστατον a *sincerum sincerum* (sic) *huius faciens* T ἐποίησαν a: εἰς ποιῆσαν V: ἐκποιῆσαν AN ὀμμάτων] ὀφθαλμῶν a prius μὲν om. Plato, alt. T 7 τὸ μέσον om. AN ἄλλων a ὅσον om. T 8 στέγειν N Plato: στέργειν V: στένειν A: στέλγειν a: *obsistat* T διηθεῖν Plato: om. libri 9 οὖν] μὲν οὖν V ἐμπίπτον V
10 πρὸς ὅμοιον om. a (habet etiam M) ξυμπαγὲς N: συμπαγὲς V: ξυμπαθὲς a: συμπαθὲς A: *simul totum* T γινόμενον V συνέστηκε A: *constat* T
11 τῶν om. a ὅπουπερ V ἀντερείσῃ N ἔνδοθεν a: ἔξωθεν MVAN: *exiens* T 12—18 πρὸς ὃ—γίνεται om. a 12 πρὸς ὃ τῶν Plato: πρόσω τῶν V: πρόσω τῷ AN: *antequam defectus* T ἔξω Plato συνέπεσεν Plato *similitudines* T 12. 13 παραγενόμενον AN 13 τε ἂν Plato (T): τ' ἐὰν VAN ἐφάπτηται Plato (T): ἐφῆπται VAN τούτων Plato 14 διδὸν AN
14. 15 *exhibet propter causam quam videre* T 15 ἣν] ᾗ cum Platone vid. scrib. φαμέν Plato 16 ἀποτέμεται V (ἀποτέτμηται Plato), cf. p. 69,10 Th. ὅμοιον VAN ἄλλοι τοῦ αὐτὸ AN ante αὐτὸ add. τε Plato (sic Alex. p. 69, 10 Th.) καὶ T (v. p. 69,11 Th.): om. VAN 17 ξυμφυὲς T (v. p. 69,11 Th): ξυμφύει VAN τῷ Plato (v. p. 69,11 Th.): τοῦ VAN 18 οὖν] τε οὖν meliores Platonis prius δὲ] τε Plato ὅτι] τί a (ὅτι etiam M) 19 τῆς σκοτίας ANa δεξιὸν V
23 *ait, sed carbonalem ignem* T post φλόγα add. τοῦτο a

ἢ οὐδέτερον ὑπάρχειν τῷ φωτί φησι τῶν οἷς τὸ πῦρ σβέννυται· οὔτε γὰρ 46 ὑπὸ τοῦ ὑγροῦ οὔτε ὑπὸ τοῦ ψυχροῦ σβέννυται. ἢ μᾶλλον ἡ γραφή ἐστι τοιαύτη· ‘οἷον δοκεῖ τὸ ἐν τοῖς ἀνθρακώδεσιν εἶναι πῦρ καὶ ἡ φλὸξ ἐν τῷ φωτί. οὐδέτερον δὲ φαίνεται ὑπάρχον περὶ τὸ σκότος. τοῦτο γὰρ οὔτε ὑγρὸν οὔτε ψυχρόν, οἷς ἀποσβέννυται’. ᾧ καὶ τὸ ἐπιφερόμενον ἀκόλουθόν ἐστιν.

p. 437b19 Εἰ δ’ ἄρα ὑπάρχει μέν, ἀλλὰ διὰ τὸ ἠρέμα λανθάνει.

Εἰ γάρ τις λέγει ‘ὑπάρχει μὲν τῷ σκότει ἢ ἄμφω ταῦτα ἢ τὸ ἕτερον, διὰ δὲ τὸ ἠρέμα αὐτῷ ὑπάρχειν ἡμᾶς μὲν λανθάνει, σβέννυσι μέντοι τὸ φῶς τῇ ἐνούσῃ μὲν ἐν αὐτῷ δυνάμει, ἡμῖν δὲ ἀδήλῳ ὡς ἂν λεπτὸν ὂν καὶ εὐπαθές’, ἔδει τούτῳ τῷ λόγῳ μεθ’ ἡμέραν ἀπο|σβέννυσθαι ὑπὸ τού- 47 των, ὑφ’ ὧν καὶ τὸ ἰσχυρότερον, φλόξ, ἀποσβέννυται, ἔν τε τῷ ὕδατι διὰ τὴν ὑγρότητα καὶ ἐν τοῖς πάγοις διὰ τὴν ψυχρότητα, ὡς γίνεσθαι ἐν τοῖς πάγοις σκότος· τὸ γοῦν ἐν τοῖς ἄνθραξι πῦρ καὶ ἡ φλὸξ ταῦτα πάσχοντα ὁρᾶται. οὐδὲν δὲ τοιοῦτον ὁρῶμεν γινόμενον. εἰ δὲ ὑπὸ τούτων μὴ ἀποσβέννυται τὸ φῶς, οὐδ’ ἂν ἐν τῷ σκότει τὸ ἐκ τῶν ὀφθαλμῶν ἐκπεμπόμενον ἀποσβεννύοιτο. εἰ δὲ μὴ σβεννυμένου αὐτοῦ ἔδει ὁρᾶν ἡμᾶς, ‘εἰ ἐξεπέμπετο, οὐχ ὁρῶμεν δέ, οὐδ’ ἂν ἐκπέμποιτο τὴν ἀρχήν, ὡς ὁ Τίμαιος λέγει. ὅτι δὲ μή ἐστι τὸ σκότος ὑγρὸν καὶ ψυχρόν, ἅπερ ἐστὶ σβεστικὰ πυρός, καὶ ἐντεῦθεν δῆλον· γίνεται γὰρ καὶ ἐν τοῖς ξηροῖς καὶ θερμοῖς τόποις, οὐ μόνον ἐν τοῖς ἀντικειμένοις. ἔτι εἰ ἦν τῷ ἐκπέμπειν φῶς τὸ ὁρᾶν, οὐκ ἔδει τὰ ἐν τῷ ὕδατι ὄντα ὁρᾶν. πῶς γὰρ οἷόν τε ἐν ὕδατι πῦρ τε καὶ φῶς τοιοῦτον διαμένειν καὶ μὴ σβέννυσθαι; ἔτι εὐλογώτερον ἦν τὸ ὀλίγον φῶς τοῦτο ἐκπεμπόμενον | ἡμέρας ἀποσβέννυσθαι μᾶλλον ἢ 48

---

1 ἢ] ἢ τὸ a   φημὶ a (corr. M)   τῶν] τῶ N   2 ἡ γραφή MTVAN: ὑγρά a
3 τὸ] τε a   πῦρ MTVAN: om. a   4 τὸ σκότος Ta: τε τοῦ σκότους VAN
5 ᾧ] ὧν V   διαφερόμενον a   8. 9 εἰ γὰρ—λανθάνει om. a (habet etiam M)

8 λέγοι AN (λέγει etiam M)   ὑπάρχει TN: ὑπάρ^χ VA: ὑπαρχ . . . M   σκό^τ' V
9 αὐτῷ MTAN: αὐτὸ V   λανθάνειν MAN   σβέννυμεν τοῦτο φῶς AN: *extinguit quidem igitur tale lumen* T   10 μὲν om. Ta   ἀδήλῳ scripsi ex T (*occulta*, ἀφανεῖ Thurot): ἅτε δὴ VANa   11 ἀπαθές a   cf. Theophr. De sens. p. 504,15ss. D.   12 ἰσχυρότερον TV: ἰσχυρότατον ANa: ἰσχυρὸν M   φλόξ scripsi, v. Arist. p. 437b22: φῶς MTVAN: om. a: πῦρ coni. Thurot   ἀποσβέννυσθαι a (corr. M)   12. 13 διὰ—πάγοις om. T   14 πῦρ TVa: om. AN   an τοῦτο?   πάσχοντα MTV: παρασχόντα AN: παρέχοντα a   15 μὴ post δὲ a   16. 17 τὸ φῶς—ἀποσβεννύοιτο om. a (testatur M)   16 σκότω V   17 ἀποσβεννύοιτο Thurot: ἀποσβέννυται MTVAN   alt. εἰ om. a   18 ἐξεπέμπετο om. M   19 μὴ δὲ N   ἐστι a: ἔσται TVAN   σβετικὰ V   20 ἐνταῦθα V   θερμοῖς καὶ ξηροῖς a   21 ss. cf. ad p. 31,1   21 τῶ TVAN: τὸ a: ἐν τῷ ex T male Thurot, T enim saepe praepositionem in vertendo instrumentali ponit v. ad p. 23,3   22 τῷ om. a   post γὰρ add. καὶ a   23 διαμένειν V: διαβαίνειν MTAN: μεταβαίνειν a   24—p. 23,4 cf. Alex. De an. II p. 128,3—5 Bruns

48 σκότους· ὁρῶμεν γὰρ τὸ πλεῖον πῦρ καὶ τὸ πλεῖον φῶς τοῦ ὀλίγου φθαρτικά. ἃ γὰρ νυκτὸς φωτίζει, ταῦτα ἡμέρας οὔσης ἐξασθενεῖ· ὥστε εὐλογώτερον, εἰ τῷ ἐκπέμπειν φῶς τὸ ὁρᾶν, νυκτὸς μᾶλλον ὁρᾶν τὰ ζῷα ἢ μεθ' ἡμέραν.

Εἰπὼν δὲ ταῦτα περὶ τῆς δόξης τοῦ Πλάτωνος ἐπὶ τὴν Ἐμπεδοκλέους μέτεισι δόξαν. λέγει δὲ αὐτὸν ποτὲ μὲν τὸ ἀπὸ τῆς ὄψεως ἐκπεμπόμενον φῶς αἰτιᾶσθαι τοῦ ὁρᾶν, ποτὲ δὲ ἀπορροίας τινὰς ἀπὸ τῶν ὁρωμένων. καὶ πρῶτόν γε παρατίθεται αὐτοῦ τὰ ἔπη δι' ὧν ἡγεῖται καὶ αὐτὸς πῦρ εἶναι τὸ φῶς καὶ τοῦτο ἐκ τῶν ὀφθαλμῶν προχεῖσθαί τε καὶ ἐκπέμπεσθαι καὶ τούτῳ τὸ ὁρᾶν γίνεσθαι. ἀπεικάζει γὰρ διὰ τῶν ἐπῶν τὸ ἐκπεμπόμενον ἀπὸ τῆς ὄψεως φῶς τῷ διὰ τῶν λυχνούχων φωτί. ὡς γὰρ ὁδοιπορεῖν τις νυκτὸς μέλλων λύχνον παρασκευασάμενος ἐντίθησιν εἰς λαμπτῆρα (ὁ γὰρ λαμπτὴρ τὰ μὲν ἔξωθεν πνεύματα | ἀπείργει τε καὶ κωλύει, τοῦ 49 δὲ πυρὸς τὸ λεπτότατον εἰς τὸ ἔξω διίησιν, ὅπερ ἐστὶ φῶς), οὕτω, φησί, καὶ ἐν ταῖς μήνιγξι καθειργόμενον τὸ πῦρ ὑπὸ λεπτῶν ὑμένων περιέχεται, οἳ τὰ μὲν ἔξωθεν προσπίπτοντα λυμαντικὰ τοῦ πυρὸς ἀπείργουσι καὶ οὐκ ἐῶσιν ἐνοχλεῖν τῇ κόρῃ, τὸ δὲ λεπτότατον τοῦ πυρὸς εἰς τὸ ἔξω διιᾶσιν. ἀμουργοὺς δὲ τοὺς λαμπτῆρας λέγοι ἂν τοὺς ἀπειρκτικοὺς ἀπὸ τοῦ ἀπερύκειν τὰ πνεύματα καὶ σκέπειν τὸ περιεχόμενον ὑπ' αὐτῶν πῦρ· ἢ ἀμουργοὺς τοὺς πυκνοὺς καὶ διὰ πυκνότητα ἀπερύκοντας τὰ πνεύματα, ταναὸν δὲ τὸ πῦρ τὸ διὰ λεπτότητα τεινόμενόν τε καὶ διεκπίπτειν διὰ τῶν πυκνῶν δυνάμενον. κατὰ βηλὸν δὲ κατὰ τὸν οὐρανόν· Ὅμηρος· „ῥίπτεσκεν τεταγὼν ἀπὸ βηλοῦ, ὄφρ' ἂν ἵκηται γῆν ὀλιγηπελέων". λεπτῇσι δὲ ὀθόνῃσιν ἐχεύατο κύκλοπα κούρην εἰπὼν ἀντὶ τοῦ 'λεπτοῖς

1 σκότος A *videmus enim sine die extingui amplius lumen paucioris corruptivum* T (interpolata ex eis quae praecedunt *emissum die extingui*) πλεῖστον a ὀλίγου] ἡλίου V 1. 2 φθαρτικόν Ta 3 τῷ] τὸ a: ἐν τῷ ex T Thurot, v. ad p.22,21 5 ⟨τῆς⟩ τοῦ conicio 6 τὸν αὐτόν a 7 δὲ] δὲ καὶ V τινάς TVa: τινὸς AN: τὰς Usener (cf. Arist. p. 438a4 et Alex. p. 24,4) 8 πρῶτά γε V αὐτὰ τὰ V 8. 9 εἶναι πῦρ AN 10 καὶ τούτῳ scripsi (*et hiis* T): καὶ τούτων VAN: κἀκ τούτων a: καὶ οὕτω Usener (cf. p. 24,6. 20) prius τὸ a: om. VAN ἀπεικάζει Ta: ἀπεικάζειν VAN 11 λυχνούχων φωτί MTVAN: λυχνείων φώτων a 12 τις TAN (Emped.): τῆς Va εἰς om. a (habet etiam M) 13 γὰρ om. AN 14 prius τὸ om. AN εἰς M(T)VA: ὡς Na διίησιν Thurot: δίεισιν libri 15 καὶ MTVAN: om. a περιέχηται a 16 προσπίπτοντα] *ostendentia* T corr. in *offendentia* 17 ὀχλεῖν V εἰς] ὡς a (corr. M) διιᾶσιν Usener: δίεισιν libri 18 ἀμουργοὺς δὲ] spat. VI litt. T: ἀμοργοὺς δὲ Arist. codd. EMY τοὺς λαμπτῆρας om. AN λέγοι ἂν hic habet TV: post δὲ ANa ἀπειρκτικοὺς MN: ἀπειρητικοὺς VA(?): παρεκτικοὺς a τοῦ] τῆς N 19. 20 καὶ σκέπειν—πνεύματα om. AN 19 αὐτῶν om. T 19. 20 ἢ ἀμουργοὺς] spat. III litt. T 20 ἀμουργεῖς a καὶ TV: om. a πυκνότητος ἀπερυκότας V τὰ πνεύματα Ta: om. V 21 τανσὸν N: spatium X litt. T λεπτότατον N 22 κατὰ βηλὸν in spatio XV litt. om. T alt. κατὰ om. a (habet etiam M) Ὅμηρον V (Il. XV 23) 23 versum om. in spatio T ῥίπτεσκε libri ὀλίγην πλέων AN 23. 24 λεπτότησι V: *subtilissimis* T 24 χθονίησι λοχάζετο Arist. codd. EMY ante κύκλοπα add. κυκλοτερὴν V κύκλωπα a εἶπεν—κόρην (p. 24,1) om. Va τοῦ om. A

ὑμέσι περιέλαβε τὴν κυκλοτερῆ κόρην', πρὸς τὸ ὄνομα τῆς κόρης χρησάμενος ποιη|τικῶς ταῖς ὀθόναις ἀντὶ τῶν ὑμένων. δείξας δὲ αὐτὸν διὰ τούτων τῶν ἐπῶν ταῦτα λέγοντα, προστίθησι τὸ ὁτὲ μὲν οὕτως ὁρᾶν φησιν, ὁτὲ δὲ ταῖς ἀπορροίαις ταῖς ἀπὸ τῶν ὁρωμένων ἀπορρεῖν τινά, ἃ προσπίπτοντα τῇ ὄψει, ὅταν ἐναρμόσῃ τοῖς ἐν αὐτῇ πόροις τῷ εἶναι σύμμετρα, εἴσω τε χωρεῖν καὶ οὕτως τὸ ὁρᾶν γίνεσθαι. ταύτης τῆς δόξης καὶ Πλάτων μνημονεύει ὡς οὔσης Ἐμπεδοκλέους ἐν Μένωνι, καὶ ὁρίζεται κατὰ τὴν δόξαν τὴν ἐκείνου τὸ χρῶμα ἀπορροὴν σωμάτων ὄψει σύμμετρον καὶ αἰσθητήν.

p. 438a5 Δημόκριτος δ' ὅτι μὲν ὕδωρ φησὶν εἶναι, λέγει καλῶς, ὅτι δ' οἴεται τὸ ὁρᾶν εἶναι τὴν ἔμφασιν, οὐ καλῶς.

Ἀντειπὼν τοῖς ἐκ πυρὸς τὴν ὄψιν ποιοῦσιν ἐπὶ τὴν Δημοκρίτειον δόξαν μετελήλυθε, καὶ τὸ μὲν ἐξ ὕδατος τὴν ὄψιν λέγειν αὐτὸν εἶναι ἐπαινεῖ, τὸν δὲ τρόπον καθ' ὃν γίνεσθαι τὸ ὁρᾶν λέγει οὐκ ἀποδέχεται. λέγει γὰρ Δημόκριτος τὸ ὁρᾶν εἶναι τὸ τὴν ἔμφασιν τὴν ἀπὸ τῶν ὁρω|μένων δέχεσθαι. ἔστι δὲ ἡ ἔμφασις τὸ ἐμφαινόμενον εἶδος ἐν τῇ κόρῃ, ὁμοίως δὲ καὶ ἐν τοῖς ἄλλοις τῶν διαφανῶν, ὅσα οἷά τε τὴν ἔμφασιν φυλάττειν ἐν αὑτοῖς. ἡγεῖται δὲ αὐτός τε καὶ πρὸ αὐτοῦ Λεύκιππος καὶ ὕστερον δὲ οἱ περὶ τὸν Ἐπίκουρον εἴδωλά τινα ἀπορρέοντα ὁμοιόμορφα τοῖς ἀφ' ὧν ἀπορρεῖ (ταῦτα δέ ἐστι τὰ ὁρατά) ἐμπίπτειν τοῖς τῶν ὁρώντων ὀφθαλμοῖς καὶ οὕτως τὸ ὁρᾶν γίνεσθαι. οὗ τεκμήριον παρατίθεται τὸ ἀεὶ τῶν ὁρώντων ἐν τῇ κόρῃ εἶναι τὴν τοῦ ὁρωμένου ἔμφασιν καὶ εἴδωλον· ὃ δὴ καὶ τὸ ὁρᾶν εἶναι. ἀντιλέγει δὲ πρὸς τὴν δόξαν τοῦ Δημοκρίτου ταύτην τοῦτο μὲν συμβαίνειν (λέγων τὴν ἔμφασιν) διὰ τὸ τὸ ὄμμα λεῖον εἶναι· τὰ γὰρ λεῖα πάντα πέφυκε τὴν τοιαύτην ἀπὸ τῶν ὁρατῶν ἔμφασιν δέχεσθαι, οὐχ ὁ ὀφθαλμὸς μόνος. ὅτι δὲ οἴεται τὸ ὁρᾶν εἶναι τὴν ἔμφασιν, οὐ καλῶς τοῦτ' ἔστιν 'ὅτι δὲ οἴεται τὴν ἔμφασιν αἰτίαν εἶναι τοῦ ὁρᾶν, οὐ καλῶς.'

---

1 κυκλοτερῆ Thurot: κυκλοτερὴν AN: *circularem* T; lusisse Graecos saepe in homonymo κόρη notum est, v. Περὶ ὕψους c. 4,4 3 τούτων om. T τῶν om. V ὅτως V 4 *defluxibus. ab hiis enim quae videntur* T ἀπορροίαις MTV: ἀπορίαις ANa alt. ταῖς MVAN: om. a ἀπὸ] ἀπὸ γὰρ ex T Thurot ἀπορεῖν AN: ἀπορρεῖν ⟨γάρ⟩ conicio (cf. quod modo adnotavi) 5 αὐτῷ a 6 τε χωρεῖν] *accipit suscipi* T 7 οὖσαν AN ἐν Μένωνι Thurot (p. 76 C): *etiam Mennone* T: ἐμμένων εἰ MAN: εἰ Va 8 alt. τὴν V: τε N: om. Aa ἀπορροὴν] ἀπὸ V σωμάτων libri: *corpori* T: σχημάτων Plato vulg.: χρημάτων Plato γρ. T cf. Diels *Berl. Sitzungsber.* 1884, 348 sqq. 9 αἰσθητόν N 10—12 δ' ὅτι—Δημοκρίτειον om. V 10 ὅτι] ὁ τὸ N εἶναί φησι Arist. 12 Δημοκρίτου AN 16 ἡ (sic) M: τὸ a: om. VAN κόρει V ὅμοιον a 17 οἷά τε scripsi: οἴεται VANa (*putantur* T), cf. ad p. 29,5 αὐτοῖς libri 21 παρετίθετο V 23 ἀντιλέγει a: ἀντιλέγων TVAN, quod servari potest, si v. 24 scribas ⟨λέγει⟩ λέγων ⟨τὴν⟩ τοῦ conicio (v. ad v. 8) post μὲν add. γὰρ V συμβαίνει TVN 24 alt. τὸ om. AN 25 *non quia oculus* T 26 μόνον V (v. p. 26,5): om. T 26. 27 τὸ—οἴεται om. V 27 οὐ Va: om. TAN

p. 438a7 Καὶ ἔστιν οὐκ ἐν ἐκείνῳ, ἀλλ' ἐν | τῷ ὁρῶντι· ἀνά- 52 κλασις γὰρ τὸ πάθος.

Δοκεῖ μοι σφόδρα βραχέως εἰρῆσθαι τὸ λεγόμενον, διὸ καὶ ἀσαφὲς εἶναι. ἔστι γὰρ ὃ λέγει· 'καὶ ἔστιν οὐκ ἐν ἐκείνῳ τὸ ὁρᾶν, τουτέστιν οὐ διὰ τὴν ἔμφασιν οὐδὲ ἐν τῇ ἐμφάσει ἐστὶ τὸ ὁρᾶν, ἀλλ' ἐν τῷ ὁρῶντι, τουτέστι τῷ ἔχοντι τὴν ὁρατικὴν δύναμιν· ἡ γὰρ ἔμφασις ἀνάκλασίς τίς ἐστι καὶ πάθος'. ἢ τὸ καὶ ἔστιν οὐκ ἐν ἐκείνῳ, ἀλλ' ἐν τῷ ὁρῶντι· ἀνάκλασις γὰρ τὸ πάθος ἴσον ἐστὶ τῷ 'καὶ ἔστιν οὐκ ἐν τῇ ἐμφάσει τὸ ὁρᾶν, ἀλλ' ἐν τῷ ὁρῶντι ἡ ἔμφασις'· οὗ δεικτικὸν τὸ ἐπενεχθὲν τὸ ἀνάκλασις γὰρ τὸ πάθος. ἐν γὰρ τῷ ὀφθαλμῷ, ὅς ἐστιν ὁ ὁρῶν, ἡ ἔμφασις, διότι λεῖος. ἡ γὰρ ἔμφασις πάθος τί ἐστι κατὰ ἀνάκλασιν γινόμενον ἐν τοῖς λείοις τε καὶ σύστασίν τινα ἔχουσιν, ὡς δύνασθαι σῴζειν τὸ ἐμφαινόμενον διὰ τοῦ μεταξὺ διαφανοῦς γινόμενον, ὁποῖόν ἐστι καὶ ὁ ὀφθαλμός. ὅθεν πάλιν ὡς τὸ ὁρατὸν ἔχοντος ἐν αὑτῷ, τοῦτο δέ ἐστιν ἡ ἔμφασις, ἐπ' ἄλλο τι διάδοσις τῆς ἐμφάσεως γίνεται καὶ ἐπ' αὐτὸν τὸν ὁρῶντα. τῷ οὖν | καὶ τὸν ὀφθαλμὸν τοιοῦτον εἶναι (λεῖος γάρ) γίνεται 53 καὶ ἐν τούτῳ ἡ ἔμφασις κατὰ τὴν τῶν ὁρωμένων ἀνάκλασιν διὰ τοῦ μεταξὺ διαφανοῦς, ὅταν κατ' ἐνέργειαν τοιοῦτον ᾖ. κοινότερον δὲ χρῆται τῷ τῆς ἀνακλάσεως ἐπὶ τῆς ἐμφάσεως ὀνόματι, ὡς καθωμιλημένῳ ἐπὶ τούτων· ἐπεὶ ὅτι γε οὐ κατ' ἀνάκλασιν ταῦτα γίνεται, ὡς δοκεῖ τοῖς ἀπὸ τῶν μαθημάτων, ἀλλὰ τῇ τοῦ διαφανοῦς διακονίᾳ, ὃ πάσχον πως ὑπὸ τοῦ ὁρωμένου διαδίδωσιν ὃ πάσχει πάθος τοῖς λείοις τε καὶ στέγειν αὐτὰ καὶ σῴζειν δυναμένοις, ὅταν ἐπ' εὐθείας ᾖ ταῦτα τοῦ ὁρωμένου κείμενα, ἀπὸ τούτων πάλιν πάσχον ὡς ἀπ' ἀρχῆς τινος τὸ πάθος διαδίδωσιν ἐπὶ ταῦτα ἀφ' ὧν τὴν ἀρχὴν ἔπαθεν, εἴρηκεν, ὅτε ἔλεγεν ἐν τοῖς Περὶ ψυχῆς περὶ τοῦ πῶς ὁρῶμεν. εἰπὼν δὲ τὴν ἔμφασιν οὐ τὸ ὁρώμενον εἶναι ἀλλὰ πάθος τι καὶ ἀνάκλασιν, προστίθησιν ὅτι μηδέπω περὶ τῶν ἐμφάσεών τε καὶ ἀνακλάσεων δῆλον ⟨ἦν⟩ τῷ | Δημοκρίτῳ ἴσως, μήτε τί εἰσιν αἱ ἐμφάσεις 54

1 ὁρᾶν τι N 5 ἀλλ' a: om. TVAN 7 ἢ τὸ Va: ἤτοι AN: *que* T 8 τῷ Ta: τὸ V: τοῦ AN 9 prius τὸ] τοῦ AN ἐμφάνεια AN 10 γὰρ τὸ πάθος MT: πάθος γὰρ Va: πάθος γὰρ τὸ AN ἐν γὰρ TVAN: τὸ ἐν M: ἐν a 11 prius ἐμφάνεια M διότι VAN: ὅτι Ma post κατὰ add. τὴν a 13 διαφόρως a (διαφανοῦς etiam M) γινομένου AN 14 ἔχοντος AN: ἔχοντες Va: *habens* T αὑτῷ libri 15 τὸν om. A[1]N 16 γίνεται MTVAN: om. a 17 ἀνάκλησιν N 18 ss. cf. Alex. in Meteor. p. 141 Hayduck 19 καθωμιλημένων V τούτῳ a 20 γίνεται ταῦτα a τῶν om. a 22 διαδίδωσιν Thurot (διαδιδὸν ex T scrib.?): δίδωσιν VANa σώζειν αὐτὰ καὶ στέγειν AN 23 ante ὅταν add. καὶ Thurot, sed v. ad v. 22 ne hic et v. 24 ἀπὸ mutes, v. Alex. in Meteor. p. 141,27. 28 24 πάσχον Thurot: *patiens* T: πάσχουσα Va: πάσχει AN ἀπ'] ἐπ' V 25 ὅταν V Περὶ ψυχῆς B 7 p. 419a13—15? (πῶς ὁρῶμεν huic capiti Alex. inscribit, item inscripserat libello, quo hoc caput tractaverat; quem ipse commemorat De an. p. 43,16 Br., Alexandri interpolator ut vid. (V. Rose, Arist. Pseudep. p. 374) in Comm. in Meteor. p. 141,11); ceterum cf. Arist. p. 435a5 ss. 27 ἀνάκλησιν V μηδέπω VAN: μήπω a (οὐδέν πω Arist. codd. PS, ceteri οὐδέπω) τε om. a 28 ἦν T (Arist.): om. VANa

μήτε πῶς γίνονται μήτε ὅτι τὰ λεῖα καὶ στέγειν δυνάμενα πάντα τῶν 54 τοιούτων ἐμφάσεων δεκτικά, οὐχ αἱ ὄψεις μόνον. εἰπὼν δὲ ταῦτα προστίθησιν ὅτι καὶ τοῦτο ἄτοπον τὸ μὴ ἐπελθεῖν αὐτῷ ἀπορῆσαι διὰ τί πλειόνων ὄντων τῶν τὰς ἐμφάσεις καί, ὡς αὐτὸς ἡγεῖται, τὰ εἴδωλα δεχομένων μόνος ὁ ὀφθαλμὸς ὁρᾷ. εἰ γὰρ ἐπέστησε τούτῳ, οὐκ ἂν ἐδόκει αὐτῷ ἔμφασις ἡ ὁρῶσα εἶναι. πολλὰ γὰρ ἄψυχα δέχεται τὴν τοιαύτην ἔμφασιν, ἀλλ' οὐχ ὁρᾷ.

p. 438a12 Τὸ μὲν οὖν εἶναι τὴν ὄψιν ὕδατος, ἀληθὲς μέν, οὐ μέντοι συμβαίνει τὸ ὁρᾶν ᾗ ὕδωρ.

Ἀληθὲς μέν φησι τὸ ὑπὸ Δημοκρίτου λεγόμενον εἶναι, τὸ ὅτι ἡ ὄψις ὕδατός ἐστιν· οὐ μὴν διότι ὕδωρ ἐστὶ καὶ ἐξ ὕδατος, διὰ τοῦτο ὁρᾷ, ἀλλὰ καθότι συμβέβηκε τῷ ὕδατι διαφανεῖ εἶναι· διὰ γὰρ διαφανοῦς τὸ ὁρᾶν. διὸ καὶ δι' ὕδατος· διαφανὲς γὰρ καὶ τοῦτο. | ἑξῆς δὲ προστίθησι καὶ τὴν 55 αἰτίαν δι' ἥν, ὀφείλοντος διαφανοῦς εἶναι τούτου ᾧ ὁρῶμεν, ὄντος δὲ διαφανοῦς οὐκ ἔλαττον τοῦ ἀέρος ἢ τοῦ ὕδατος, ἔστιν ὕδατος ὁ ὀφθαλμός. λέγει γάρ· διὰ τὸ εὐφυλακτότερον εἶναι τὸ ὕδωρ τοῦ ἀέρος καὶ δύνασθαι μᾶλλον σῴζεσθαι ἐν ᾧ ἂν ἀποληφθῇ (ὁ γὰρ ἀὴρ εὐδιάπνευστός τε καὶ δυσαπόληπτος τῷ διαπνεῖσθαι ῥᾳδίως) εἴη ἂν ἐξ ὕδατος, καὶ διὰ τὸ φυλακτικώτερον εἶναι τοῦ τόπου τὸ ὕδωρ τοῦ ἀέρος καὶ μᾶλλον συνεστάναι (τούτου γὰρ τὸ εὐυποληπτότερον ὄνομα, ᾧ κέχρηται, σημαντικόν)· σύστασιν γὰρ μᾶλλον ἔχει, εὐρίπιστος γὰρ ὁ ἀήρ. καὶ ἔστιν ὁ μὲν ἀὴρ διαφανὴς μόνον διὰ λεπτότητα, τὸ δὲ ὕδωρ καὶ διαφανὲς καὶ ἐμφανές. δι' οὗ μὲν οὖν ὁρῶμεν ἀρκεῖ τοῦτο διαφανὲς εἶναι, ᾧ δὲ ὁρῶμεν, τοῦτο καὶ ἐμφανὲς καὶ τοιοῦτον οἷον δέχεσθαι δύνασθαί τε καὶ σῴζειν τὰ τῶν ὁρωμένων εἴδη· ἢ οὐδὲν ἡ ἔμφασις πρὸς τὸ ὁρᾶν συντελεῖ, ἀλλ' ἱκανὴ ἡ διαφάνεια, ὡς εἶπεν. ἔτι δύο ὑπεροχῶν οὐσῶν ἐν τῷ διαφανεῖ καὶ | ὄντος ἄκρως μὲν ἀραιοῦ τοῦ ἀέρος, στερεῶν δὲ πάλιν τῶν ὡρισμένων 56 διαφανῶν (ταῦτα δέ ἐστι τὰ ἴδιον πέρας ἔχοντα, ὡς ὕελός τε καὶ τῶν

1 ὅτι TVa: τὸ τί VN   2 οὐχὶ Aa   μόναι a (cf. ad p. 24,26)   2. 3 προστίθησιν om. T   3 ante ὅτι et post τοῦτο spat. in a   4 τῶν om. V   ἡγεῖται] *ait* V   6 ἡ ὁρῶσα] τὸ ὁρᾶν coni. Thurot (cf. p. 24, 22. 26), vix recte   6. 7 cf. Theophr. De sens. p. 509,23 D.   8 τὴν ὄψιν εἶναι A(?)a Arist.   9 ᾗ TV   10 Δημοκρίτῳ V   11 μὴν] μὲν V   ὁρᾷ om. V   12 καθότι] κάτω N   13 δι' om. AN *et per hoc* T   14 ᾧ V: τοῦ AN: om. a: *ut* (= ὡς) T   ὁρωμένου AN   15 alt. ὕδατος om. a (habet etiam M)   16 εὐφυλακτότερον M(T) (Arist.): εὐφυλακτικώτερον VAN: ἀφυλακτότερον a cf. p. 75,8 Th.   post εἶναι add. τοῦ τόπου V (cf. v. 19)   18 δυσαπόλειπτος N   τῷ] τὸ V   ῥᾴδιον a   19 εἶναι om. a (habet etiam M)   20 εὐπιληπτότερον Arist. codd. EMY   ὡς AN   21 εὐρύπιστος A: εὐρίπυστος N   γὰρ TVAN: δὲ a   22 λεπτότητος N   prius καὶ] om. a   23. 24 δι' οὗ — ἐμφανὲς om. T   23 ante δι' οὗ add. διὸ a   μὲν οὖν scripsi: μόνον libri   ὁρῶμεν A(?)a: ὁρώμενον VN   ᾧ δὲ VAN: ὃ δὲ νῦν a   24 τε καὶ ante δύνασθαι a   25 εἴδη] *ydola* T   συντελεῖ om. T   26 ὡς εἶπεν om. T   27—p. 27,6 cf. Alex. De an. p. 142,24—143,1 Br.   27 ἄκρους N   ἀρεοῦ AN   27. 28 ὁρωμένων ANa   28 ὑελλός V   τε] τις A

λίθων οἱ τοιοῦτοι), μέσον ἐστὶν ἑκατέρου τῶν ἄκρων τούτων τὸ ὕδωρ· 56 ἔδει δὲ τὸ ἑκατέρων ἀντιληψόμενον τῶν ὑπερβολῶν ἐν μέσῳ εἶναι ἑκατέρου (εἰ γὰρ ἦν ἐκ τοῦ ἑτέρου τῶν ἄκρων, οὐκ ἂν ἀντελαμβάνετο τοῦ ἑτέρου πόρρω ὄντος καὶ κατὰ πολὺ διεστῶτος, ἐπεί, ὡς αὐτὸς εἴρηκεν ἐν τῷ δευτέρῳ Περὶ ψυχῆς, δεῖ εἶναι τὸ δι' οὗ αἰσθανόμεθα). ἔστι δὲ τοιοῦτον τὸ ὕδωρ πρὸς τὰ ἄλλα διαφανῆ· εἰκότως οὖν ἐκ τούτου ἡ ὄψις.

Ὅτι δὲ ἐξ ὕδατός ἐστιν ἡ κόρη δι' ἧς ὁρῶμεν, καὶ ἐξ αὐτῶν δείκνυσι τῶν ὀφθαλμῶν· διαφθειρομένων γὰρ τούτων τὸ ἐκρέον ὕδωρ φαίνεται ὄν. ἀλλὰ καὶ ἐν τοῖς παντελῶς ἔτι τῶν ἐμβρύων νεογνοῖς φησι τῇ τε ψυχρότητι καὶ τῇ λαμπρότητι ὑπερβάλλειν τὸ ἐν τοῖς ὀφθαλμοῖς ὑγρόν. † δῆλόν ἐστι καὶ ἐκ τῶν ἀνατομῶν | τὰ τοῦ ὀφθαλμοῦ· οὐ γὰρ ἄλλο τί ἐστιν ἢ 57 ὑγρὸν τὸ περιεχόμενον ἐν ἐκείνῳ τῷ χιτῶνι, ἔνθα ἡ κόρη. λέγει δὲ καὶ διὰ τοῦτο ἐν τοῖς ἐναίμοις τῶν ζῴων τὸ λευκὸν τοῦ ὄμματος λιπαρὸν εἶναι μάλιστα, ὅπως διαμένῃ τὸ ὑγρὸν τὸ αὐτόθι ἄπηκτον θαλπόμενον διὰ τούτου. διὸ ἀρριγότατος ὁ ὀφθαλμός ἐστι. τὰ μὲν οὖν τῶν ζῴων ἔναιμα ταύτην τὴν βοήθειαν ἔχει πρὸς τὸ μὴ πήγνυσθαι αὐτῶν τὸ ἐν τοῖς ὀφθαλμοῖς ὑγρόν· τὰ δὲ ἄναιμα πιμελὴν μὲν οὐκ ἔχει, σκληρόφθαλμα δέ ἐστι διὰ τὴν τῶν περικειμένων χιτώνων τῷ ὑγρῷ δι' οὗ ὁρῶσι στερεότητα καὶ ὑπὸ τούτων σκέπονται.

p. 438a 25 Ἄλογον δ' ὅλως τὸ ἐξιόντι τινὶ τὴν ὄψιν ὁρᾶν.

Εἰπὼν μεταξὺ τὴν Δημοκρίτου δόξαν ἐπάνεισι πάλιν ἐπὶ τὴν πρότερον ῥηθεῖσαν. καὶ ἐπεὶ οἱ ἐκ πυρὸς τὴν ὄψιν ποιοῦντες ἔλεγον τὸ ὁρᾶν γενέσθαι ἐξιόντος τινὸς φωτὸς ἀπὸ τῶν ὀφθαλμῶν, καθόλου ἐνστὰς πρὸς τὸ ἐξιόντι τινὶ ἀπὸ τῶν ὀφθαλ|μῶν τὸ ὁρᾶν γίνεσθαι, ἀνελὼν τοῦτο συναναιρήσει 58 αὐτῷ καὶ ὃ τούτῳ εἵπετο· εἵπετο δὲ καὶ τὸ ἐκ τοῦ πυρὸς τὴν ὄψιν εἶναι. τῷ δὲ μὴ ἐξιόντι τινὶ ἀπὸ τῶν ὀφθαλμῶν τὸ ὁρᾶν γίνεσθαι συναναιροῖτ' ἂν καὶ τὸ ἀνάκλασιν γίνεσθαι. ἄλογον γάρ, φησίν, ὅλως τὸ ἐξιόντι τινὶ ἀπὸ τῶν ὀφθαλμῶν τὸ ὁρᾶν γίνεσθαι. ἐπεὶ δὲ τῶν ὁμοίως λεγόντων τὸ

---

1 ἑκάτερον a 2 prius ἑκάτερον a: ἑκατέρας conicio (*susceptivum utrumque* T) 4 πόρου V 4. 5 ἐν τῷ δευτέρῳ Περὶ ψυχῆς] c. 2 p. 423b 7 8 ὀφθαλμῶν Ta: ὀφθαλμῶν τῶν περὶ αὐτῶν V: περὶ αὐτῶν AN διαφθειρομένου γὰρ τούτου V 10 aut cum Thuroto δῆλα (*patent* T) scrib. aut v. 11 τῶν pro τὰ et ⟨ὡς⟩ δῆλον 11 ἐστι καὶ VN: ἐστὶν A: δέ ἐστιν a (Thurot): *etiam* T 13 ante τοῦ add. τὸ AN αἵματος TAN 14 διαμένει AN αὐτόθεν V: om. T διὸ a: δι' οὗ VAN: *quod* T 15 ἀρριγότατος V(T): ἀρριγώτατος a: ....γότατος A: ....γότατα N: fort. ἀρριγότατον cum Arist. scrib. ἔναιμα τῶν ζώων a(T?) τὴν om. AN 16 αὐτῶν τὸ αἷμα καὶ τὸ ἐν T 18 ὁρῶμεν T στερρεότητα N: στερότητα a 19 σκέπτονται V 20 ὅλως] ὄντως V τὸ] τῷ V 21 τὴν] τοῦ V 22 οἱ om. AN γίνεσθαι a 23 φωτὸς MTVAN: om. a ἐξιὸν a (corr. M) 24 ἀνελὸν A¹N 25 καὶ ᾧ τοῦτο AN alt. καὶ TANa: om. V τοῦ om. N, fort. recte 26 ἀπὸ τῶν ὀφθαλμῶν TV: om. ANa 26—p. 28,1 συναναιροῖτ' — alt. γίνεσθαι om. V 26 ἐναναιροῖτ' a 27. 28 ἄλογον — γίνεσθαι om. a (habet etiam M) 27 ἀνάλογον A 28 ἐπεὶ a: ἐπὶ AN: om. T

ὁρᾶν γίνεσθαι οἱ μὲν μέχρι τοῦ ὁρωμένου ἡγοῦντο τὸ ἐξιὸν ἀπὸ τῶν 58
ὀφθαλμῶν ἀποτείνεσθαι, ὥσπερ οἱ μαθηματικοί, οἵτινες δι' ἀκτίνων ἐξιουσῶν ἀπὸ τῶν ὀφθαλμῶν καὶ μέχρι τῶν ὁρωμένων ἀποτεινομένων ὁρᾶν ἡμᾶς λέγουσι (κῶνον γάρ τινά φασιν ἐκ τῶν ἀκτίνων γίνεσθαι κορυφὴν ἔχοντα τὴν ὄψιν, βάσιν δὲ τὸ ὁρώμενον, καὶ τούτῳ τῷ κώνῳ περιλαμβάνεσθαί τε τὰ ὁρώμενα καὶ οὕτως ὁρᾶσθαι, τῆς τοῦ κώνου βάσεως περιλαμβανούσης αὐτά), οἱ δὲ μέχρι τινὸς τὸ ἐκπεμπόμενον ἀπὸ τῶν ὀφθαλμῶν φῶς προϊέναι φασίν, ἔπειτα συμμιγὲς γίνεσθαι τῷ ἔξω φωτὶ καὶ τούτου τοῦ ἐξ ἀμφοῖν συστάντος τε καὶ συμφύντος φωτὸς | κατὰ τὸ πέρας τοῖς 59
ὀφθαλμοῖς προσπίπτοντος καὶ διαγγέλλοντος τὸ πάθος τῷ ὀφθαλμῷ τὸ ὁρᾶν γίνεσθαι, ὡς Πλάτωνι δοκεῖ, ἀμφοτέρας φησὶ τὰς δόξας ἀτόπους, πρὸς μαθηματικοὺς οὐδὲν ἀντιλέγων ἄλλο, πρὸς δὲ τοὺς τὸ φῶς ἐξιέναι λέγοντας, ἔπειτα συμφύεσθαι τῷ ἀπὸ τῶν ὁρωμένων φωτὶ λέγει, ἐπειδὴ τῶν πῦρ τὴν ὄψιν εἶναι λεγόντων αὕτη ἡ δόξα ἐστίν, ἣν αὐτῷ προηγουμένως ἀνελεῖν πρόκειται.

Λέγοιτο δ' ἂν καὶ πρὸς ἐκείνους πρῶτον μὲν ὅτι ἀνάγκη σῶμα εἶναι τὸ ἐκπεμπόμενον· οὐ γὰρ δὴ οἷόν τε ἀσώματόν τι κινηθῆναι καθ' αὑτὸ τοπικῶς. ὄντος δὲ σώματος τοῦ ἐκπεμπομένου, πῶς οὐκ ἀναλίσκεται τὰ ὁρῶντα τοσοῦτον ἀφεστῶτα τοῦ ὁρωμένου, ὅσον ὁ οὐρανὸς ἡμῶν; καὶ γὰρ εἰ λεπτότητι τὸ ἐκπεμπόμενον σῶμα διαφέροι, ἀλλ' οὖν τὸ πλῆθος τοῦ διαστήματος ἱκανὸν καὶ μεῖζον καταναλῶσαι σῶμα οὗ τὰ ζῷα ἔχει, κἂν εἰς λεπτότατόν τις αὐτὸ ἀναλύσῃ. | νῦν δὲ οὐδὲν ἐλάττον' ὁρᾶται τὰ ζῷα 60
γινόμενα, ὅτε τὰ ἀπὸ τοσούτου διαστήματος ὁρᾷ ἢ ὁπότε ἐπιμύει. ἔτι εἰ λεπτὸν οὕτως τὸ προχεόμενόν ἐστιν, ὡς δύνασθαι ἐπὶ τοσοῦτον ἀποτεινόμενον μηδὲν φανερῶς ἀπαναλίσκειν τοῦ ἀφ' οὗ προχέεται σώματος, πῶς οὐκ εὔφθαρτόν ἐστιν ὑπὸ τοῦ τυχόντος; τὰ γὰρ λεπτότατα τῶν σωμάτων εὐπαθῆ. φαίνεται δὲ τοῦτο μηδὲ ὑπὸ τῶν βιαιοτάτων ἀνέμων ἐκτρέπεσθαι δυνάμενον τῆς ἐπ' εὐθείας τάξεως. ἔτι εἰ οὕτως ἐστὶ λεπτόν, διὰ τί δὴ

---

2 ἀποτίνεσθαι V   2 ss. cf. Alex. in Meteor. p. 141,3 ss. H.   2 μαθητικοὶ V   οἵτινες MVAN: οἳ a   4 τινά MTVAN: om. a   φησιν a (corr. M)   κρυφὴν V   5 τὸ ὁρώμενον] *idem quod videtur* T   6 τε om. AN   6. 7 παραλαμβανούσης AN   8 τοῦτο a (τούτου etiam M)   9 cf. Alex. De an. p. 127,32. 129,10 Br.

10 προσπίπτοντα καὶ διαγγέλλον$^{\tau}$ V   τῷ ὀφθαλμῷ MTVAN: τῶν ὀφθαλμῶν a   11 πρὸς] om. AN: πρὸς ⟨μὲν⟩ conicio   12 μαθητικοὺς V   πρὸς M: προστίθησι TVANa   13 ὁρωμένων] *oculis* T   λέγει a: λέγειν TVAN   τῶν] τοῦ N   14 αὐτὸ V   16 cf. Alex. De an. II p. 127,28 ss. Br.   ὅτι om. V   17 τι om. a   καθ' αὑτὸ a: κατ' αὐτὸ VAN   18 σώματος post ἐκπεμπομένου a   20 εἰ om. V   λεπτό . . . N   διαφέρει V   τοῦ] εἶναι V   21 οὗ] ὃ MT   ἔχει T: ἕξει VANa   κἂν] *et* T   22 τις TV: τι ANa   ἐλάττον' scripsi: ἔλαττον TVANa   post ἔλαττον add. αὐτὸ a, αὐτὸν M   23 γιγνόμενα Aa   ὅ γε V   23—26 cf. De an p. 129,20—24. 128,26. 27   23 ὁρᾶν a: *videntur* T   23. 24 εἰ λεπτὸν εἴη τοῦτο τὸ a   24 προχεόμενον οὕτως ὡς M   ἐστὶν om. a   25 τοῦ a: τὸ TVAN   πρόχεται V: προχεῖται Thurot (v. p. 29,1)   26 εὔθηρτόν V   τὴν γὰρ λεπτότητα N   27 εὐπαθῆ MTAN: ἐνπαθῆ V: ἀπαθῆ a   μηδὲ V: μηδ' a: μηδὲν MTAN   28 τ εξεως (!) V   δὴ Diels: μὴ MTVANa, sed recte p. 29,2 οὐχ ponit, cf. p. 29,8

καὶ ἐπιμυόντων ἡμῶν οὐ προχεῖται διὰ τῶν ἐν τῷ βλεφάρῳ πόρων; καὶ 60
διὰ τί οὐχ ὁρῶμεν καὶ τότε; πολὺ γὰρ λεπτότερον τὸ ῥεῦμα τὸ τῶν ἀκ-
τίνων τῶν ἱδρώτων οἳ ἐκκρίνονται δι' αὐτοῦ. ἀλλ' οὐδὲ τὰ βλέφαρα ἐπι-
μυόντων οὕτως ἥρμοσται πρὸς ἄλληλα, ὡς μὴ δύνασθαι τὰς ἀκτῖνας οὕτως
οὔσας λεπτὰς προχεῖσθαι. καὶ γὰρ εἰ διὰ τῶν στερεῶν διαφανῶν οἷαί τέ
εἰσι διέρχεσθαι (ὁρῶμεν γὰρ διὰ τῶν τοιούτων τὰ ἐπέκεινα, ὡς διὰ τῶν
σπέκλων τε καὶ τῶν φεγγιτῶν | λίθων), δῆλον ὡς καὶ διὰ τοῦ δέρματος 61
τοῦ βλεφάρου δύναιτ' ἂν προχεῖσθαι. ἔτι διὰ τί οὐκ εἰς στενὸν ἀπολή-
γουσιν αἱ ἀκτῖνες ἐκπεμπόμεναι, ὥσπερ καὶ πάντα τὰ ἀπό τινων; ἀπορρέον
γὰρ ὕδωρ ἐν τῇ προόδῳ στενούμενον ὁρῶμεν, ἀλλὰ καὶ ἡ φλὸξ εἰς ὀξὺ
ἀπολήγει. ταύτας δὲ τοὐναντίον ἐκχεομένας πλατύνεσθαί φασι καὶ ἀπο-
λήγειν εἰς κώνου βάσιν. ἔπειτα εἰ σῶμά ἐστι τὸ ἐκπεμπόμενον, δῆλον
ὡς καὶ τόπον καθέξει. εἰ δὲ μηδέν ἐστι κενόν, ἤτοι σῶμα διὰ σώματος
χωρήσει καὶ δύο σώματα ἅμα ἐν τῷ αὐτῷ ἔσται τόπῳ ἢ καὶ πλείω, εἰ
πλείους ἅμα εἶεν οἱ ὁρῶντές τι ταὐτόν, ἢ ἀντιπερίστασις ἔσται, εἰ μὲν ἐν
ἀέρι ὁρῶμεν, ἀέρος, εἰ δὲ ἐν ὕδατι, ὕδατος. εἰς τί οὖν ἡ ἀντιπερίστασις;
οὔτε γὰρ εἰς τὸν ὀφθαλμὸν καὶ τὴν κόρην οἷόν τε δέχεσθαι τὸ ἀντι-
μεθιστάμενον ταῖς ἀκτῖσιν ὕδωρ, ὅταν δὴ ἐν ὕδατι βλέπωμεν, οὔτε διὰ τῆς
ἀναπνοῆς ἡμᾶς δέχεσθαι αὐτό· οὐδὲ γὰρ ἀναπνέομεν τὴν ἀρχὴν | ἐν ὕδατι 62
ὄντες. ζητητέον οὖν ⟨ἐν⟩ τῇ τοῦ ὕδατος ἀντιπεριστάσει τὸ πρὸς τί ἀντι-
περιίσταται τοῦτο τὸ σῶμα τὸ δι' οὗ φέρεται ὁ κῶνος. ἑνὸς μὲν γὰρ
ὁρῶντος τῷ ἐκείνου κώνῳ ἂν ἀντιπεριίστατο· εἰ δὲ καὶ δεύτερος ὁρῴη
καὶ τρίτος τὸ αὐτό, πῶς ἔτι, καθ' ὃ συμβάλλουσιν ἀλλήλοις οἱ κῶνοι,
ἀντιπερίστασις ἔσται; εἰ γὰρ τὸ μόριον τοῦ κώνου τῷ μορίῳ τοῦ κώνου
ἀντιπεριίσταται, εἷς ἂν μόνος ὁρῴη, οὗ τοῦ κώνου τὸ μόριον κατέχει τὸν
τόπον ἐκεῖνον τὸν πρὸς τῷ ὁρωμένῳ. ὧν γὰρ ἀντιπεριέστη τὰ μέρη τῶν
κώνων, πῶς ἂν ἔτι ὁρῷεν οὗτοι; ἀλλὰ μὴν πάντες ἅμα ὁρῶσιν. ἀνάγκη
ἄρα δι' ἀλλήλων χωρεῖν τοὺς κώνους καὶ πολλὰ σώματα ἕνα καὶ τὸν αὐτὸν

---

1 prius καὶ om. a (habet etiam M) ἡμῶν MVAN: om. a (*clausis oculis* T) οὐ om. Ma 2 prius τὸ om. a 3 *sudoris qui segregatur* T αὐτῆς V 4 alt. οὕτως om. T 5 λεπτοὺς V οἴεται AN 6 διέρχεται AN cf. De an. p. 129,25 alt. τῶν om. a 7 σπλέκων V τε καὶ—λίθων om. T φεγγιτῶν N: φεγγιτῶν τῶν M: φεγγίων VA: φεγγιῶν τῶν a ὡς a: om. TVAN: δηλονότι conicio 8—11 cf. De an. p. 128,27—33 8 εἰς om. T 9 ὡς a τινων ⟨ἀπορρέοντα⟩; ἀπορρέον conicio (cf. De an.) 10 τὸ ὕδωρ a ἡ om. V, ut testatur Mau ὀξύτητα a: ὀξύτατα M 11 λήγει a φησι V 12—20 cf. De an. p. 128,34—129,5 12 ἐστι om. a (habet etiam M) 15 ἀντιπαράστασιν V 16 ὕδωρ N (dubium, quo pertineat) 17 τὸ a: τὸν AN: om. V 18 ταῖς] ἐν ταῖς V ὅταν δὴ scripsi: ὅταν δ' VAa: ὅταν ὁ N: *quandoque* T 19 ἡμᾶς om. a οὐδὲ Thurot (T?): οὔτε libri 20 ζητητέος V οὖν ἐπὶ τοῦ ὕδατος, εἰς τί T (Thurot) ἐν addidi 21 τοῦτο M: τοῦ a: ποῦ VAN: om. T μὲν γὰρ scripsi: μὲν MVAN: γὰρ Ta 22 τῷ om. a (habet etiam M) ἂν ἀντιπεριίστατο VAN: ἀντιπεριίστατο a: ἀντιπεριίσταται T ὁρῴη a: ὁρῶν TVAN 23 τὸ om. a πῶς om. a καθὸ libri ἔτι a: ἐστὶ VAN: *igitur* T: om. M ἀλλήλοις om. T 24 τῷ—κώνου om. T 25 εἷς ἂν a: ἴσα ἢ VAN (*forte aut* T) ὁρῴη a: ὁρῶν TVAN οὗ a: ἢ οὐ TVAN 26 ἐκείνων V τῶν ὁρωμένων AN ἀντιπεριέστη AN: *depelluntur* T 27 ἅμα om. a 28 ἕνα TVAN: ἓν a: εἶναι ἅμα M

κατέχειν τόπον, ὃν καὶ τὸ τοῦ ἑνὸς κώνου μόριον κατέχει. ἔτι εἰ πᾶσα 62
κίνησις ἐν χρόνῳ, κατὰ δὲ τὴν τῶν ἀκτίνων ἔκχυσίν τε καὶ τάσιν ἐπὶ τὸ
ὁρώμενον τὸ ὁρᾶν, ἐν χρόνῳ ὀψόμεθα. ἀλλὰ | μὴν ἀδύνατον τὸ αὐτό τι 63
καὶ ἰσοταχῶς κινούμενον ἐν τῷ ἴσῳ χρόνῳ κινηθῆναι τόδε τι τὸ διάστημα
καὶ τὸ τούτου πολλαπλάσιον. ὁρῶμεν δὲ ἅμα τῷ ἀναβλέψαι, εἰ φῶς εἴη,
τά τε ἐγγὺς καὶ τὰ πορρωτάτω. ἔτι εἰ πολλοὶ ἅμα τὸ αὐτὸ ὁρῷεν ἐκ
διαφόρων τόπων καὶ φέροιντο οἱ κῶνοι ᾗ ὅ τι δὴ καὶ ἔστι τὸ φερόμενον
ἀπὸ τῆς ὄψεως ἐπὶ τὸ ὁρώμενον ἀπὸ πάντων τῶν ὁρώντων, ἀνάγκη δι'
ἀλλήλων φέρεσθαι τὰ φερόμενα καὶ περιλαμβάνοντα τὸ ὁρώμενον. οὕτως
δὲ τέμνοιντο ἂν ὑπ' ἀλλήλων οἱ κῶνοι. οὗ γινομένου ἀνάγκη λύεσθαι
τὴν τῶν ἐκπεμπομένων σωμάτων ἐπὶ τὸ ὁρώμενον συνέχειαν, διαιρουμένης
δὲ ταύτης οὐδ' ἂν ὁρᾶν ἔτι δυνατὸν εἴη. τὸ δ' αὐτὸ τοῦτο ἀνάγκη
γίνεσθαι καὶ εἰ δύο τινὲς εἶεν οἱ ὁρῶντες ἄντικρυς ἑστῶτες ἀλλήλων, εἴη
δὲ ἐπ' εὐθείας ἑκατέρῳ τῶν ὁρώντων ὁρατόν τι κείμενον, οἱ δὲ ὁρῷεν |
μὴ τὰ καθ' αὑτοὺς ἀλλ' ἑκάτερος αὐτῶν τὸ τῷ ἑτέρῳ ἐπ' εὐθείας κεί- 64
μενον· καὶ γὰρ οὕτως ἀνάγκη κατὰ τὸ μέσον συμβάλλειν τε τοὺς κώνους
ἀλλήλοις καὶ τέμνεσθαι ὑπ' ἀλλήλων, ἢ τὸν ἕτερον διὰ τοῦ ἑτέρου χωρεῖν·
οὕτως δ' ἂν πάλιν δύο σώματα γένοιτ' ἐν τῷ αὐτῷ. ἔτι οἱ ἐξ ἐναντίας
ἀλλήλους ὁρῶντες πῶς ὁρᾶν δυνήσονται; ἢ γὰρ οἱ κῶνοι ἀπαντῶντες ἀλλή-
λοις οὐ προελεύσονται, εἰ εἶεν ἰσοσθενεῖς, ὥστε οὐδέτερος οὐδέτερον ὄψεται,
ἢ ὁ ἕτερος τὸν ἕτερον ὄψεται, οὐκέτι δὲ καὶ ὁ ἕτερος τὸν ἕτερον. ἔτι εἰ
σῶμά ἐστι τὸ ἀπὸ τῶν ὀφθαλμῶν ἀπορρέον ᾧ ὁρῶμεν, ἤτοι ἀὴρ ἔσται ἢ
πῦρ· ταῦτα γὰρ λεπτότατα τῶν ἐν ἡμῖν σωμάτων. ἀλλ' ἀέρα μὲν οὐκ
εὔλογόν ἐστιν. ἔστι γὰρ καὶ πρὸ τῶν ὀφθαλμῶν καὶ πρὸ τῆς κόρης ἀήρ·
μάτην οὖν ἔνδοθεν ἐκπέμποιτο ἄν. εἰ δὲ πῦρ τὸ ἐκπεμπόμενον (τοῦτο γὰρ
λεπτότερόν τε καὶ εὐκινητότερον), πυρὸς δὲ ἡ ἄνω κίνησις κατὰ φύσιν,
πῶς οὐκ εἰς τὸ ἄνω μόνον ὁρῶ|μεν, ἀλλὰ καὶ τὰ ὑφ' ἡμᾶς καὶ κάτω, καὶ 65
ἰσοταχῶς γε καὶ ὁμοίως; ἢ τί ἔσται τὸ μετὰ τὸ προχυθῆναι ἐκ τῶν

---

1 ὅν] εἰ T   τοῦ om. AN   1—6 v. De an. p. 130,6—10   2 cf. De an. p. 127,28 ἀκτίνων ἔκχυσιν καὶ πρόπτωσιν   τε MVAN: om. a   ἐπὶ a (*super* T): κἄπειτα VAN   4 ἴσῳ om. a (habet etiam M)   post τὸ add. δι V   5 cf. De an p. 130,2   τῷ] τὸ a   6 ἐγγύθεν a   πορρωτέρω a   πολλαὶ VAN   τὸ αὐτὸ om. T   ὁρῷεν Ta: ὁρῶν VAN   7 τόπων] τούτων a (corr. M)   prius καὶ om. M   7—10 ἢ ὅ τι — κῶνοι om. a (habet M)   7 ᾗ ὅ τι δὴ V: ἢ εἴ τι δὴ AN: *quacumque* male T   8 ἀνάγκη scripsi (*necesse* T): ἂν ἀρκῇ VAN: . . . . ρῃ M: χρὴ Thurot   9 ὁρώμενον T (cf. ad p. 16,11): ὁρᾶν M: ὁρῶν VAN   10 ὑπ'] ἐπ' V   11 διαιρούμενος a (διαιρουμένης etiam M)   13 ἑστῶτες om. a   post ἀλλήλων add. διεστῶτα a (om. etiam M)   14 ἀόρατόν a   15 τὰ TVA: om. N(?)a   ἑαυτοὺς Aa   16 κώνου a (κώνους etiam M)   18 ἂν] αὖ a: om. T   γένοιτ' V: γένοιντο AN: γίγνοιτο a   ἐν] ἂν V (om. teste Duemmlero)   18—21 cf. De an p. 130,2—6   18 οἱ om. V   19 ἀλλήλους De an. p. 130,3: ἀλλήλοις libri (*invicem* T)   ἢ a: εἰ TAN: om. V   οἱ γὰρ V   20 εἰ om. TV   21 καὶ om. V   22 ᾧ om. V   23. 24 cf. Alex. De an. II p. 127,33. 34 Bruns   25 ἐκπέμποιντο AN   25—p. 31,1 cf. De an. p. 128,18 ss.   26 λεπτότερον cum T scripsi (sc. aere): λεπτότατον VANa   εὐκινητότερον TV: εὐκινητότατον AN: ἀκινητότατον a   πῦρ N   κύνησις V   28 γε VAN: δὲ a: om. T: αὐτὸ M, quod ad vocem τὸ refert Thurot   τὸ a: αὐτὸ TVAN   προχεθῆναι a

ὀφθαλμῶν τὸ πῦρ εἰς τὸ κάτω αὐτὸ βίᾳ κινοῦν; ἔτι πῶς τὰ κατὰ τοῦ ὕδατος ὁρῶμεν; πῦρ γὰρ πᾶν ἐν ὕδατι σβέννυται, καὶ ὅσῳ ἂν λεπτότερόν τε ᾖ καὶ ἔλαττον, θᾶττον. ἀλλ' οὐδὲ διὰ τῆς ὄψεως εὔλογον φέρεσθαι πῦρ· ὕδατος γὰρ καὶ ἡ κόρη. ἔτι εἰ πῦρ ἐστι τὸ ἐκπεμπόμενον, ἔδει αὐτό, εἰ καὶ μὴ μεθ' ἡμέραν, ἀλλὰ νυκτός γε ὁρᾶσθαι. ἀλλὰ ἐφωτίζετ' ἂν ὁ ἀὴρ ὁ περὶ τοὺς ὁρῶντας, εἴγε πλείους ἅμα νυκτὸς ἑώρων ἐν ὀλίγῳ ἀέρι συγκεκλεισμένοι· τὸ γὰρ λέγειν ἀποσβέννυσθαι διὰ τὴν παχύτητα τοῦ ἀέρος τοῦ σκοτώδους τὸ ἐκπεμπόμενον ἐκ τῆς ὄψεως νύκτωρ πῦρ εὔηθες· πολὺ γὰρ τὸ ὕδωρ παχύτερον ὂν οὐ σβέννυσιν αὐτό. εἰ δὲ λέγοιεν φῶς τὸ ἐκπεμπόμενον εἶναι, δεικτέον αὐτοῖς ὅτι τε ἀσώματον καὶ οὐχ | οἷόν τε ἐκπέμπεσθαι καὶ προχεῖσθαι, ὥς φασι. γίνεται γὰρ κατὰ σχέσιν τοῦ φωτίζεσθαι πεφυκότος πρὸς τὸ φωτίζειν δυνάμενον· διὸ οὐδὲ κίνησις φωτός ἐστιν. ἅμα γοῦν ὁρῶμεν καὶ τὰ ἐγγὺς καὶ τὰ πόρρω τοῦ φωτίζειν πεφυκότος φωτιζόμενα, ὅσα ἀπὸ τοῦ αὐτοῦ διαστήματος οἷά τε φωτίζεσθαι ὑπ' αὐτοῦ· ὃ ἦν ἂν ἀδύνατον, εἰ ἦν τὸ φῶς σῶμα. ὅτι δὲ σχέσις τις καὶ κατὰ σχέσιν τοῦ φωτίζοντος πρὸς τὸ φωτιζόμενον καὶ μὴ οὐσία τις καὶ σῶμα τὸ φῶς, δῆλον καὶ ἐκ τοῦ μηδ' ἐπ' ὀλίγον ὑπομένειν αὐτὸ τοῦ φωτίζοντος παρενεχθέντος.

Καὶ ταῦτα μὲν καὶ τοιαῦτα λέγοιτ' ἂν πρὸς τοὺς ἐκπέμποντάς τι σῶμα ἀπὸ τῶν ὀφθαλμῶν ἕως τῶν ὁρωμένων. ἀλλ' οὐδ' ἀπὸ τῶν ὁρωμένων εὔλογον ἀπορρέον τι προσπίπτειν τοῖς ὀφθαλμοῖς, καὶ οὕτως τὸ ὁρᾶν γίνεσθαι. σχεδὸν γὰρ ὅσα ἕπεται ἀδύνατα τοῖς ἀπὸ τῶν ὀφθαλμῶν λέγουσί τι ἀπορρεῖν, ἕπεται καὶ τοῖς ἀπὸ τῶν ὁρωμένων, πρὸς δὲ ἐκείνοις ἔτι καὶ τὸ μὴ οἷόν τε εἶναι τοῦ μεταξὺ διαστήματος τοῦ τε ὁρῶντος καὶ τοῦ | ὁρωμένου αἴσθησιν γίνεσθαί τινα, εἰ οὕτως γίνοιτο τὸ ὁρᾶν. πῶς δὲ ἔτι ἀθρόον τι ὀφθήσεται; ἀνάγκη γὰρ κατὰ τοσοῦτον ὁρᾶσθαι, ὅσον ἡ κόρη δέχεται· τοσοῦτον γὰρ καὶ δέξεται τῆς ἀπορροῆς. πῶς δὲ οὐ κάμνει ἡ ὄψις τοσούτων καὶ οὕτως συνεχῶν ἐμπιπτόντων αὐτῇ σωμάτων, οὖσα οὕτως εὐπαθής; ἀλλὰ περὶ μὲν τούτων ἐν ἄλλοις ἐπὶ πλέον εἴρηται.

---

1. 2 cf. De an. p. 128,16. 17 1 κινούμενον V κατὰ] κάτω a τοῦ om. AN 2 ὁρώμενα V πάντα AN καὶ] ἢ a (καὶ etiam M) τε om. Aa 3 οὐδὲ] οὐ a τὸ πῦρ a 4 γὰρ TAa: δὲ VN 4—7 cf. De an. p. 128,7—11 4 αὐτὸν a 4. 5 αὐτὸ νυκτὸς καὶ μεθ' M 4 alt. εἰ om. a 5 μὴ om. a post ἀλλὰ add. καὶ a, ad quod mg. M ἴσως μὴ adnotat φωτίζετο VN 6 ὁ om. a νυκτὸς MTVAN: om. a ἐνεώρων M 7 συγκεκλεισμένοι Thurot: συγκεκλεισμένῳ Ta: συγκεκλιμένοι N: συγκεκλιμένω VA τοῦ a: τοῦ αὐτοῦ TVAN 8 εὔηθες MTVAN: ἄηθες a 10 δείκνυται a (corr. M) τε om. M καὶ οὐχ om. M 12 πεφυκότως a 14 οἷάγε V ὑπ'] ἀπ' V 15 καὶ TVAN: ἐστι a: ἐστι καὶ M 16 τοῦ φωτιζομένου πρὸς τὸ φωτίζον T (cf. v. 12) πρὸς MTVAN: om. a 17 καὶ] *et enim* T μηδ' a: μὴ TVAN αὐτὸ TV: αὐτοῦ AN: αὐτὸ τῷ a 18 παρενεχθέντος (T)N: παρεχθέντος V: παρενεχθέντι A(?)a 21 ἀπορρεῖν T, quo recepto προσπῖπτον servari potest προσπίπτειν a: προσπῖπτον TVAN 22 ἀδύνατον TAN λέγειν N 24 εἶναι om. AN 25 γένοιτο a ἔτι δὲ πῶς conicio ἔτι] *adhuc si* T 25. 26 argumentum etiam Theophrasteum, De sens. p. 509,19. 20 Diels 27. 28 cf. Theophr. p. 509,20 28 αὐτῇ TV: om. ANa ἐμπαθής V 29 post ἀλλὰ add. γὰρ V ἐν ἄλλοις] De an. l. c.

Ὁ δὲ Ἀριστοτέλης εἰπὼν ἄλογον δὲ ὅλως τὸ ἐξιόντι τινὶ τὴν 67
ὄψιν ὁρᾶν καὶ ἀποτείνεσθαι μέχρι τῶν ἄστρων, ἢ μέχρι τινὸς
ἐξιοῦσαν συμφύεσθαι, καθάπερ ἔλεγόν τινες, καὶ τῆς ἑτέρας δόξης
τὴν ἀτοπίαν ἐνδειξάμενος διὰ τοῦ εἰπεῖν ἀποτείνεσθαι μέχρι τῶν ἄστρων
(παραλογώτατον γὰρ τοσοῦτον δύνασθαι ἐκπέμπεσθαι σῶμα ἔκ τινος τῶν
ὁρώντων, ὡς ἀποτείνεσθαι αὐτὸ μέχρι τῶν ἄστρων [δύνασθαι]), πρὸς τοὺς
συμφύεσθαι λέγοντας τὸ ἐκπεμπόμενον φῶς τῷ ἐκτὸς φωτὶ λέγων φησί·
τούτου μὲν γὰρ βέλτιον τὸ ἐν ἀρχῇ συμφύεσθαι τοῦ ὄμματος,
ἀλλὰ καὶ τοῦτο εὔηθες. λέγει δέ, ὅτι βέλτιον ἦν τοῦ λέγειν τῷ
ἐκπεμφθέντι ἐκ τῆς ὄψεως φωτὶ | ἐκτὸς γινομένῳ τὸ ἐκτὸς φῶς συμ- 68
φύεσθαι τὸ λέγειν τὸ ἐκτὸς τῷ ἐντὸς πρὸ τοῦ ἐκπεμφθῆναι συμφύεσθαι
πρὸς τῇ κόρῃ καὶ ἐν τῇ κόρῃ· τοῦτο γάρ ἐστι τὸ ἐν ἀρχῇ συμ-
φύεσθαι τοῦ ὄμματος. διὰ τί δὲ τοῦτο βέλτιον; ἢ ὅτι οὐδὲν ἐδεῖτο
τῆς ἀπὸ τῆς ὄψεως τοῦ φωτὸς ἀπορροίας, εἰ μὴ ἤμελλεν αὐτὸ περι-
λήψεσθαι τὸ ὁρατόν, ἀλλ' εἶναι μεταξὺ φῶς τὸ τὴν αἰτίαν αὐτοῦ τοῦ ὁρᾶσθαι
τὸ ὁρώμενον παρασχόν; ὃ γὰρ τῷ ἐκπεμπομένῳ φωτὶ πρὸς τὸ ὁρᾶν φασιν
αὐτὸ συντελεῖν, τοῦτο ἐδύνατο καὶ μὴ ἐκπεμφθέντι συντελεῖν πρὸς αὐτῇ
τῇ κόρῃ καὶ χωρὶς ἀπορροίας. πῶς γὰρ τῷ ἐκπεμφθέντι φωτὶ ἡ ὄψις
ὁρᾷ καὶ τί πάσχοντι ὑπὸ τοῦ ἐκτὸς φωτός; οὐ γὰρ διαδιδόντος τὸ τοῦ
ὁρατοῦ εἶδος· ἄμεινον οὖν ἦν λέγειν ἐντὸς ὄντι αὐτῷ διαδίδοσθαι ὑπ' αὐτοῦ.
καὶ γὰρ εἰ μὲν πεφώτισται τὰ μέχρι τῆς κόρης, τί δεῖ δευτέρου φωτὸς
τοῦ ἐκπεμπομένου; εἰ δὲ σκότος μέν ἐστι περὶ τὴν κόρην, πορρωτέρω δέ
τὸ φῶς, τὸ ἐξιὸν φῶς | εἰς σκότος [ἐξιὸν] σβεσθήσεται πρὸ τοῦ συμφυὲς 69
ἐκείνῳ γενέσθαι, εἴγε σβεστικόν ἐστιν αὐτοῦ τὸ σκότος, ὥς λέγουσί τινες·
οὕτως δὲ πρὸς οὐδὲν ἂν εἴη χρήσιμον. διὰ δὴ ταῦτα ἄμεινον, φησίν, ἦν
τὸ ἐκτὸς φῶς συμφύεσθαι λέγειν τῇ κόρῃ καὶ τῷ ἐν αὐτῇ φωτί.

Εὔηθες δὲ καὶ τοῦτο, φησί, καὶ διὰ τί εὔηθες προστίθησι. τό τε

---

1 τὸ] τῷ V ἐξιόντι MTVN: ἐξιὸν N: δεξιόν τι a 4 ἀδοξίαν V post ἄστρων add. δύνασθαι a 5 παραλογώτατα V 6 post ἄστρων add. δύνασθαι VANa: om. T post πρὸς add. δὲ a 7 τὸ VN(T): ὅτι τὸ A: καὶ τὸ a τῷ ἐκτὸς φωτὶ MTVAN: τὰ ἐκ φωτὸς a cf. De an. p. 129,13. 14 φασὶ V 8 γὰρ] γάρ ἐστι N τὸ A: τοῦ V ὀνόματος N 9 καὶ om. TN 9—11 τῷ— λέγειν om. T 10 φωτὶ ἐκ τῆς ὄψεως a ἐκτὸς γινομένῳ om. T γενομένω N φῶς a: φωτὸς VAN: om. T post alt. ἐκτὸς add. φῶς V 11 πρὸς τὸ V 13 τοῦ ὀνόματος AN: *cum oculo* T ὅτε V 14 fort. ἔδει cum T scrib. (cf. v. 21 et ad p. 73,5 Th.) τοῦ τῆς ὄψεως a εἴμελλεν a αὐτῇ V: *visus* T (legisse vid. αὐτὴ) 14. 15 ἐπιλήψεσθαι AN 15 αὐτοῦ om. T 16 φησιν a ἠδύνατο a 17 ⟨ἂν⟩ καὶ Thurot 19 πάσχοντι Thurot: πάσχον TVANa διαδιδόντος N: διαδιδόντι TVAa 20 οὖν a: om. TVAN ἐντὸς] ἐκτὸς T post αὐτῷ lacunam satuit Thurot, vix recte 21 τὰ] *etiam* T τί δεῖ Ta: τὸ δὲ VAN δεύτερον V 22 τοῦ om. V τὴν κόρην M: τῇ κόρῃ TVANa (cf. ad p. 84,8. 85,7 Th.) 23 τὸ φῶς VANa: om. T alt. ἐξιὸν om. MT 24 ἐκείνῳ M: ἐκεῖνο VAN: ἐκείνῃ a: om. T γενέσθαι Ma: γίνεσθαι VAN τινες om. a 25 δὲ VANa: om. T: δὴ coni. Thurot χρήσιμον] *utile utrumque* T (*utique*? i. e. ἂν) δὴ om. N ἦν] *esse* T 26 τὸ ἐκ φωτὸς φῶς V ⟨πρὸς⟩ τῇ coni. Thurot τῷ] τὸ AN (*lumen* T) αὐτῇ TV: αὐτῷ ANa 27 καὶ διεύηθες AN τί] τὸ V τό τε VANa Arist.: τὸ M: *quomodo* T

γὰρ συμφύεσθαι τί ἐστιν φωτὶ πρὸς φῶς; ὁ γὰρ Πλάτων σύμφυσιν 69 εἶπε γίνεσθαι τοῦ τ' ἐξιόντος ἐκ τῆς ὄψεως φωτὸς καὶ τοῦ ἐκτός. λέγων γὰρ τὴν αἰτίαν τοῦ σκότους ὄντος μὴ ὁρᾶν ἔτι τὴν ὄψιν φησίν· "ἀπελθόντος δὲ εἰς νύκτα τοῦ ξυγγενοῦς πυρὸς ἀποτέμνεται. πρὸς γὰρ ἀνόμοιον ἐξιὸν ἀλλοιοῦταί τε αὐτὸ καὶ κατασβέννυται, ξυμφυὲς οὐκέτι τῷ πλησίον ἀέρι γινόμενον ἅτε πῦρ οὐκ ἔχοντι." διότι οὖν [ἐν] ἐκείνῳ τῷ τὸ πῦρ καὶ τὸ φῶς ἔχοντι ἀέρι συμφύεται τὸ ἐξιὸν ἐξ ἡμῶν φῶς, διὰ τοῦτο ὁρᾶν φησιν ἡμᾶς. τὸ | δὲ συμφύεσθαι λέγειν φωτὶ φῶς εὔηθες εἶναι λέγει. 70 τί γαρ τὸ συμφύεσθαι σημαίνει; † οὐδὲ γὰρ ἀσωμάτων τὸ συμφύεσθαι οὐδὲ τὸ τυχὸν τῷ τυχόντι συμφύεται, ἀλλὰ δεῖ πρῶτον μὲν σώματα εἶναι τὰ συμφυόμενα, ἔπειτα οἰκειότητά τινα ἔχειν πρὸς ἄλληλα. τὸ δὴ λέγειν τὰς ὄψεις καὶ τὸ ἀπ' αὐτῶν φῶς τῷ ἐκτὸς φωτὶ συμφύεσθαι ἀτοπώτατον· ἀσώματόν τε γὰρ τὸ φῶς, καὶ προσέτι ἐναργὲς τὸ μηδεμίαν σύμφυσιν φωτὸς πρὸς φῶς γίνεσθαι. ὁρῶμεν γὰρ ὅτι, ὅταν φῶς φωτὶ ἀπὸ διαφόρων τῶν φωτιζόντων ἅμα γένηται, οὐδεμία αὐτῶν γίνεται σύμφυσις, ἀλλὰ πάλιν διίσταται διισταμένων τῶν ἀφ' ὧν τὸ φῶς ἐστι· δύο οὖν λύχνων καιομένων ἐν τῷ αὐτῷ ἂν τὸν ἕτερόν τις χωρίσῃ, συγχωρίζεται αὐτῷ καὶ τὸ ἀπ' αὐτοῦ φῶς ἐπιδήλως· ἔλαττον γὰρ τὸ καταλειπόμενον γίνεται. πῶς δ' οὐκ ἄλογον τὸ αὐτὸ ταῖς μὲν ὄψεσι μὴ δύνασθαι ὁρᾶν ἡμᾶς μηδὲ τῷ φωτὶ τῷ ἐκπεμπομένῳ | διὰ τῶν ὀμμάτων, τῷ δὲ ταύταις ταῖς ὄψεσι καὶ 71 τῷ φωτὶ τούτῳ συμπεφυκότι, ὅταν προσπέσῃ τινὶ τῶν ὁρατῶν; ἔπειτα δὲ πότερον, κἂν πλειόνων ὄψεις πρὸς τὸ αὐτὸ φῶς προσπέσωσιν, ἅπασαι τούτῳ προσφύονται καὶ πάντες ὁρῶσι διὰ μιᾶς ὄψεως; ἢ τίς ὁ τῆς συμφύσεως αὐταῖς τρόπος; καὶ τίς ἡ τοῦ φωτὸς τοῦ ἑκάστου ἐν τῇ συμφύσει τῇ πρὸς † τὴν ἑκάστου τῶν ὁρώντων † ἰδίων διαίρεσις;

Ἀπορήσας δὲ πῶς λέγειν οἷόν τε φῶς φωτὶ συμφύεσθαι, προσαπορεῖ καὶ πῶς τῇ κόρῃ καὶ τῷ ἐν αὐτῇ φωτὶ τὸ ἐκτὸς φῶς συμφύεται. πῶς

1 τί ἐστιν Va (Arist.): τ' ἐστὶ N: ἔστι A (*accidit* T, unde συμβαίνει Thurot) 1. 2 ὁ—φωτὸς om. a (habet etiam M) 3 ἐντὸς N: ὄντος ἐν τῷ A 3 Tim. p. 45D (cf. p. 21,15–17) 4 συγγενοῦς Na ἀποτέμνεται scripsi (cf. p. 21,16): ἀποτείνεται VANa: ἀποσβέννυται T 5 συμφυὲς a 6 ἀέρι] *aliquando aeri* T ἐν delevi τῷ om. V 7 ἔχοντα V 8 φωτὶ] φωτὸς N 9 τί γὰρ τὸ TVAN: τί γὰρ τί a: τὸ γὰρ M συμφέρεσθαι VA οὔτε coni. Thurot, οὐ conicio ἀσωμάτων Thurot: ἀσωμάτως TVANa ἐμφύεσθαι a (corr. M) 10 οὔτε coni. Thurot 13 σύμφησιν a 14 ὅτε V φωτὸς a (φωτὶ etiam M): *lumina* T ἀπὸ om. T (nisi leg. *lumini a*) διαφορᾶς a (corr. M) 16 γοῦν AN fort. recte 17 τὸν] τὸ N 19 οὐκάλογος N ταῖς] τῆς N ὁρᾶν ἡμᾶς V: ἡμᾶς ὁρᾶν ANa: ὁρᾶν T 21 συμπέφυκεν ὅτι AN ὁρατῶν om. a (habet etiam M) 21. 22 *visibilium? ad quodcumqne, et si* T 21 ἔπειτα] ἐπὶ AN δὲ om. V 22 φῶς om. a (habet etiam M) ἅπασαι TVAN: ἅπαντα a 23 συμφύονται T?, fort. recte πάντες—ὄψεως TV: διὰ μιᾶς ὄψεως πάντες ὁρῶσιν ANa 23. 24 ἐμφύσεως a (corr. M) 24 αὐτῶν T alt. τοῦ om. V ἑκάστου] ἐκτὸς conicio συμφυείσῃ N 25 τὴν] τὸ conicio ἑκάστην a (corr. M) ἰδίων VAa: ὁσιῶν N: *uias* (ὁδῶν?) T: om. M: ἴδιον ὄψιν coni. Thurot, ἴδιον conicio διαίρεσιν VA (N?) 26 φωτὶ] φωτὸς a (corr. M) 27 prius πῶς Ta: πρὸς VAN: πῶς πρὸς ex T Thurot, sed v. p. 32,26

γὰρ τὸ ἐντὸς τῆς ὄψεως τῷ ἐκτὸς φωτὶ συμφύεται; εἰ γὰρ τῷ συμφύεσθαι 71
τὸ ἀφ' ἡμῶν τῷ ἐκτὸς τὸ ὁρᾶν ἐστι, πῶς ἐκείνῳ τῷ ἐντὸς συμφύεται 11
τὸ ἐκτός; οὐ γὰρ ἡ κόρη ἐστὶν ἡ ὁρῶσα οὐδὲ ὁ ὀφθαλμός· οὐ γὰρ ἐπὶ
τῷ ἐσχάτῳ τοῦ ὄμ|ματος ἡ ψυχὴ οὐδὲ τὸ αἰσθητικόν, ὥς φησιν, 72
ἀλλά ἐστι τὸ αἰσθητικὸν ἐν ἄλλῳ, ὡς ἔδειξεν ἐν τοῖς Περὶ ψυχῆς. δῆλον
οὖν ὅτι καὶ τῷ ἐντὸς δι' οὗ ὁρῶμεν ἐνδεῖ τοῦ ἐκτὸς φωτός· πᾶν γὰρ
ὁμοίως δεῖ διατίθεσθαι τὸ μέχρι τῆς αἰσθητικῆς ἀρχῆς. ἀλλὰ μὴν οὐχ
οἷόν τε λέγειν τὸ ἐκτὸς φῶς συμφύεσθαι τῷ ἐντὸς φωτί· μέση γὰρ ἡ μῆνιγξ
οὖσα κωλύσει ταύτην τὴν σύμφυσιν, εἴγε σῶμα τὸ φῶς * * * διὰ τὸ
ἀσώματα μὴ ἀλλήλοις συμφῦναι. εἰ δὴ δεῖ μὲν συμφῦναι τὸ ἐντὸς φῶς
τῷ ἐκτὸς φωτί, ἵνα αἴσθηται ἡ ψυχή, τοῦτο δὲ ἀδύνατον μὴ εἰσιόντος
φωτὸς πρὸς αὐτήν, οὐδ' ἂν ὁρῴη. εἰ γὰρ τῷ μιχθέντι φωτὶ ὁρῶμεν,
τὸ δὲ ἐντὸς οὐ μίγνυται τῷ ἐκτός, οὐδ' ἂν ὁρῴημεν ἐκείνῳ· οὐ γὰρ δὴ
ἄκρᾳ ὀψόμεθα τῇ κόρῃ. μήνιγγα δὲ ἂν λέγοι τὸν τὴν κόρην περιέχοντα
χιτῶνα· οὕτω καὶ Ἐμπεδοκλῆς λέγων ἐδείχθη πρὸ ὀλίγου ὡς δ' ὁπότ'
ἐν μή|νιγξιν ἐεργμένον ὠγύγιον φῶς. ὥστε ἄμεινον μὲν τοῦ ἐκ- 73
πέμπεσθαι λέγειν τὸ ἐντὸς φῶς πρὸς τὸ ἐκτὸς εὐθὺς τῇ ἐντὸς † χώρᾳ
συμφύεσθαι, ἀδύνατον δὲ καὶ οὕτως· τὸ γὰρ ἐκτὸς φῶς οὐκ ἂν συμφύοιτο
τῷ ἐντὸς τῷ μέσην εἶναι τὴν μήνιγγα. οὐκ⟨ουν⟩ ἄν διὰ τῆς συμφύσεως
τοῦ φωτὸς γίνοιτο τὸ ὁρᾶν, εἰ εἴη τὸ φῶς σῶμα καὶ δέοι αὐτὸ ἅψασθαι
τοῦ ᾧ συμφύεται.

---

1 τῶ MTAN: τὸ Va: ἐν τῷ male ex T Thurot, v. ad. p. 22,21   2 ⟨φῶς⟩ τῷ fort. T   τῷ ἐκτὸς om. T   alt. τὸ V: om. ANa   ἐστι om. AN   συμφύεται TAa: συμφύσεται VN   3 ὁ om. a   3. 4 ἐπὶ τοῦ ἐσχάτου (τοῦ add. SU) ὄμματος Arist. et sic Alex. p. 36,5   4 οὐδὲ] ἢ Arist.   ὥς] ὁ V   5 ἀλλὰ] *sed etiam* T   Περὶ ψυχῆς] B c. 11 p. 423b20 ss.   6 ὅτι] εἰ Na (corr. M)   6—8 δι' οὗ—φωτί om. a (habet etiam M)   ἐνδεῖ T (*indiget*) VN: εἰ δεῖ A (V ut testatur Mau): δεῖ M, sed antea spatium rel. ut vid.   7 οὐχ] οὐδὲ T   8 *intrinsecum lumen copulari et extrinsecum* T   τῷ M: καὶ τῶ VAN (καὶ τὸ T?)   ἐντὸς] ἐκτὸς N   post γὰρ add. καὶ a (om. etiam M)   8. 9 ἡ μήνιγξ οὖσα e corr. A: ἡ μίξουσα N   9 κωλύει a (corr. M)   ταύτην τὴν σύμφυσιν MTVAN: τὸ συμφυὲς a   lacunam statui, e. gr. εἰ δὲ ἀσώματον, οὐδ' ὅλως δυνήσεται συμφύεσθαι τὸ φῶς suppleo   διὰ τὸ in spatio ιv litt. om. T   τὸ a: τὰ VAN   10 ἀσώματα scripsi (v. p. 33,9): ἄψυχα TVANa   μὴ scripsi: μὲν VANa: om. T   ἀλλήλοις a: ἀλλήλων VAN: *invicem* T   prius συμφύεσθαι a   εἰ δὲ δεῖ V: *erit* (*et si* Thurot) *oportet* T   ἐντὸς] ἐκτὸς N   11 τῷ] τὸ a (corr. M)   12 ὁρώης AN   13 δὲ om. a (habet etiam M)   ἐκεῖνο a   14 ἄκρᾳ om. T   ὀψοίμεθα a   15 λέγων om. T   ἐδεῖχθαι N   πρὸ ὀλίγου] Arist. p. 437b32   δ' ὁπότ' M: δ' ὁπότε VANa (*dopote* T): δὲ τότ' (ὅτε S) Arist. codd.   16 ἐν—φῶς om. in spatio T   ἐν M: om. VANa   μῆνιγξ V   ἐεργμένον Arist.: εἰργμένον N: εἰργόμενον Aa: ἐρυσμένον V   τοῦ] τὸ a (τοῦ etiam M)   17 ἐκτὸς ⟨τὸ⟩ conicio   εὐθὺς om. T   τῇ] ἐν τῇ ex T Thurot   τῷ ἐντὸς κόρης (cf. v. 1 et p. 32,26) aut τῇ ἐντὸς κόρῃ (cf. p. 35,18) conicio   19 μέσον a   ουν add. Thurot (*non igitur per* T), fort. 16 potius ὥστ' εἰ scrib.   20 γίγνοιτο a   δέοιτο a   αὐτὸ TAN: αὐτοῦ Va

p. 438b2 Περὶ μὲν οὖν τοῦ μὴ δύνασθαι ὁρᾶν ἄνευ φωτὸς εἴρηται ἐν ἄλλοις. 73

Ἀντειπὼν πρὸς τοὺς λέγοντας ἐξιόντι τινὶ ἀπὸ τῆς ὄψεως τὸ ὁρᾶν γίνεσθαι καὶ δείξας πῶς λέγουσιν ἄτοπα, λέγει αὐτὸς τὴν αὑτοῦ δόξαν. καὶ περὶ μὲν τοῦ μὴ δύνασθαι ὁρᾶν ἄνευ φωτός φησιν ἐν ἄλλοις εἰρῆσθαι· εἴρηκε δὲ ἐν τοῖς Περὶ ψυχῆς. τὸ γὰρ χρῶμα, ὅπερ ἐστὶν ὁρατὸν καθ' αὑτό, εἶπε κινητικὸν εἶναι τοῦ κατ' ἐνέργειαν διαφανοῦς, κατ' ἐνέργειαν δὲ διαφανὲς | τὸ πεφωτισμένον, ἐπειδὴ καὶ τὸ φῶς ἐτέθη ἐνέργεια εἶναι τοῦ διαφανοῦς ᾗ διαφανές. 74 εἴτε οὖν φῶς τὸ μεταξὺ τοῦ τε ὁρωμένου καὶ τῆς ὁρώσης ὄψεως εἴτε ἀὴρ πεφωτισμένος, ἡ διὰ τούτου γινομένη κίνησις ὑπὸ τοῦ ὁρατοῦ ἐστιν ἡ τοῦ ὁρᾶν αἰτία· κινητικὸν γὰρ τὸ ὁρατὸν τῆς τοιαύτης φύσεως. τὸ δὲ εἴτε φῶς εἴτε ἀήρ ἐστι τὸ μεταξὺ εἶπεν, ὅτι τὸ φῶς μὲν αἴτιον, οὐ μὴν τοῦτο χωρὶς ἀέρος ἢ ἄλλου τινὸς διαφανοῦς οἷόν τε εἶναι· τῆς γὰρ τοιαύτης φύσεως ἔδειξε τὸ φῶς εἶδός τε καὶ ἐντελέχειαν ὄν. τὸ οὖν εἴτε ἀὴρ ἴσον ἐστὶ τῷ 'εἴτε σῶμά τι τοιοῦτον οἷον ἔχειν ἐν αὑτῷ τὸ φῶς'.

Διὸ καὶ εὐλόγως, φησί, τὸ ἐντός ἐστιν ὕδατος (τουτέστιν ἡ κόρη· αὕτη γὰρ ἐντός, ἀλλ' οὐ μεταξύ ἐστι τοῦ τε ὁρωμένου καὶ τοῦ ὄμματος)· τὸ γὰρ ὕδωρ διαφανὲς καὶ τοιοῦτον οἷον δέχεσθαι τὸ φῶς. δεῖ γὰρ ὥσπερ τὸ ἐκτὸς τὸ μεταξὺ πεφωτίσθαι, οὕτω καὶ τὸ ἐντὸς τὸ μέχρι τῆς αἰσθήσεώς τε καὶ τῆς αἰσθητικῆς δυνάμεως πεφω|τίσθαι, εἰ μέλλει τι ὁραθήσεσθαι. 75 ὡς γὰρ ἔξω μὴ ὄντος φωτὸς ἀδύνατον ὁραθῆναί τι, οὕτως οὐδὲ ἐντός, εἰ μὴ φωτισθείη τὸ μέχρι τῆς αἰσθητικῆς ψυχῆς, οὐκ ἂν ὁραθείη τι. διὸ καὶ τὸ ἐντὸς ⟨χρὴ⟩ διαφανὲς εἶναι καὶ τοιοῦτον οἷον φωτίζεσθαι. ἀναγκαῖον ἄρα ὕδωρ εἶναι τοῦτο, ἐπεὶ μὴ ἀήρ ἐστιν. ἔλαβε δὲ μὴ εἶναι ⟨ἀέρα⟩ τὸ ἐντὸς τοῦ ὀφθαλμοῦ, ἤτοι ὅτι μὴ λέγει τις τοῦτο, ἢ ὅτι μὴ φαίνεται μήτε ἐν ταῖς ἀνατομαῖς μήτε ἐν ταῖς πληγαῖς ἀὴρ ἐμπεριειλημμένος ἐκεῖ, ἢ ὅτι δεῖ μέν, ὥσπερ εἴρηκε, διαφανὲς εἶναι τὸ ἐντὸς τοῦ

---

1 τοῦ ἄνευ φωτὸς μὴ ὁρᾶν Arist. 3 post λέγοντας add. καὶ V 4 ἄτοπον a αὐτοῦ VAa 6 εἴρηται e T Thurot εἴρηκε] ἔοικε V Περὶ ψυχῆς] B 7 p. 418b2 σῶμα a (corr. M) 7 κινητικὸν a (Arist.): κινητὸν TVAN 8 prius τὸ a: τε TVAN συνετέθη a 8. 9 ἐνέργεια] συνεργὸν V 9 ᾗ N: ἢ V φῶς om. a (habet etiam M) τὸ (T) a: τοῦ VAN 10 εἴτε ἄλλο πεφωτισμένον a 12 ὁρατὸν TV: ὁρᾶν ANa alt. εἴτε Aa (Arist. cf. v. 10. 15): ἢ TVN 14 ἔδειξε] Περὶ ψυχῆς B 7 p. 418b9 ss. 15 ὄν TVa: εἶναι ὄν AN ἀὴρ] ἄκρον AN σῶμά τι TAN: σώματι a: σώματος V 16 αὐτῷ VANa 17 καὶ om. T ἀλόγως T τουτέστιν] τοῦ τί AN 18 ἐστι] ἔτι AN σώματος V 20 alt. τὸ] τῷ V πεφώτισται N τὸ et τε (21) om. a 21. 22 ὁραθήσεται a: *videri* T 22 φωτὸς om. a (habet etiam M) 24 χρὴ M: om. TVANa: fort. si χρὴ coniectura sit (cf. ad. p. 30,8), v. 25 potius post φωτίζεσθαι scrib. ⟨ἀνάγκη⟩ ἀναγκαῖον 26 ἀέρα M: om. TVANa: fort. potius cum T μὴ εἶναι τοῦτο τὸ scrib., nisi verba *hoc non esse quod* periphrasi articuli τὸ inserviunt λέγει T: λέγοι VAa: λέγῃ N 27. 28 ἐνπεριειλημμένος V 28 δεῖ μὲν a: δίδομεν TVAN ὡς a εἴρηκε] cf. p. 438a 14 ss. (supra p. 26,13 ss.) ἐντὸς] γένος V

ὀφθαλμοῦ, εὐφυλακτότερον δὲ καὶ εὐυποληπτότερον τὸ ὕδωρ τοῦ ἀέρος, 75
κατ' ἄμφω δὲ εὐφυλακτότερον, ὅτι τε οὐ μόνον διαφανὲς ἀλλὰ καὶ ἐμφανές, ὡς μᾶλλον τὰ εἴδη τῶν ὁρατῶν δέχεσθαι, καὶ ὅτι μᾶλλον στέγειν τι καὶ φυλάσσειν δύναται· ὁ γὰρ ἀὴρ ῥευστός τε καὶ διαπνευστός. |

p. 438b8 Οὐ γὰρ ἐπὶ τοῦ ἐσχάτου ὄμματος ἡ ψυχὴ ἢ τῆς ψυχῆς 76
τὸ αἰσθητικόν.

Εἰπὼν ὁρᾶται δὲ ὥσπερ καὶ ἔξω οὐκ ἄνευ φωτός, οὕτω καὶ ἐπὶ τοῦ ἐντὸς τοῦ δεῖν καὶ τὸ ἐντὸς διαφανὲς εἶναι αἰτίαν παρατίθεται, ὅτι μή ἐστιν ἡ ψυχὴ καὶ ἡ ὁρατικὴ δύναμις ἐν τῷ ὀφθαλμῷ. εἰ γὰρ ἦν ἐπ' ἄκρου τοῦ ὀφθαλμοῦ, οὐδὲν ἔδει τὸ ἐντὸς εἶναι διαφανές· αὔταρκες γὰρ ἂν ἦν τὸ ἐκτός. ἐπεὶ δὲ οὔκ ἐστιν αὐτοῦ (ἦν γὰρ ἂν καὶ ἐπὶ τῶν ἄλλων αἰσθητηρίων ὁμοίως· οὕτως δὲ οὐκ ἂν ἦν συναίσθησίς τις γινομένη, ἄλλου μορίου τῆς ψυχῆς ἐν ἄλλῳ ὄντος καὶ ἐπ' ἄλλου τεταγμένου, οὐδ' ἂν ἐδυνάμεθα ὅτι ἕτερα τὰ ὧν αἰσθανόμεθα ἀλλήλων τοῖς διαφόροις αἰσθητηρίοις κρίνειν, μὴ ἔχοντες ἓν τὸ ἀντιλαμβανόμενον αὐτῶν, ὡς εἶπεν ἐν τοῖς Περὶ ψυχῆς· τοῦ γὰρ αἰσθανομένου τινῶν τὸ καὶ τὰς διαφορὰς κρίνειν αὐτῶν. ὥσπερ γάρ, εἰ ἄλλος μὲν ἤκουεν, ἄλλος δὲ ἑώρα, οὐχ οἷόν τε ἦν κρίνειν τὸν ὁρῶντα τὰ τοῦ ἀκούοντος, οὕτως δὲ καὶ ἐφ' ἡμῶν ἀπηρτημέναι ἂν ἦσαν | αἱ δυνάμεις ἀλλήλων), οὐχ οὕτως δὲ ἔχοντος 77
ὁρῶμεν (ὅτι δὲ οὐκ ἐπ' ἄκρου τοῦ ὀφθαλμοῦ ἡ ὁρατικὴ ψυχὴ καὶ ὅτι τὸ μέχρι τῆς δυνάμεως ἐκείνης διαφανές ἐστι, δι' οὗ φωτιζομένου τὸ ὁρᾶν γίνεται, πιστοῦται καὶ ἐκ τῶν ἀποβαινόντων· τρωθεῖσι γάρ, φησίν, ἐν πολέμῳ τισὶ περὶ τὸν κρόταφον οὕτως, ὥστε ἀποτμηθῆναι τοὺς τοῦ ὄμματος πόρους, ἐν οἷς τὸ διαφανές, ἔδοξεν ἐξαίφνης σκότος γίνεσθαι ὡς ἀποσβεσθέντος λύχνου, διὰ τὸ ἀποτμηθῆναι ἀπὸ τοῦ μετὰ τὴν κόρην διαφανοῦς τὴν κόρην οὖσαν ὥσπερ τινὰ λαμπτῆρα φωτίζοντα, δι' ἧς τὸ

---

1 εὐποληπτότερον V δὲ] τε a ἐμφυλακτότερον AN 2 τε] δὲ V
3 στέγειν T: στέγεσθαι VAN: λέγεσθαι a, δέχεσθαι quod antecedit errorem scribae effecit τι] τε a φυλάσσειν T: φυλάσσεσθαι VANa 5 *in extremo oculi* T. cf. p. 34,4
8 τοῦ om. a δεῖ ἄρα καὶ M καὶ om. T τὸ] τοῦ V αἴτιον a περιτίθεται V 9 ἦν om. a (habet etiam M) 10 οὐδὲν] *non* T 11 γὰρ ἂν ἦν τὸ a: γὰρ ἦν τὸ V: δὲ ἦν ἤτοι AN: *autem esset* T αὐτῷ V ἂν om. a
12 γινομένη T (N?): γινομένου VAa 13 τῆς ψυχῆς om. a (habet etiam M)
14 ἠδυνάμεθα N 15—18 μὴ ἔχοντες—κρίνειν om. T 15 ἔχοντα V ἓν om. a 16 Περὶ ψυχῆς] Γ 2 p. 426b12 ss. τὸ om. a (habet etiam M)
17 ἤκουον N 18 ἦν V: om. ANa τὰ] τὸν V τοῦ om. a (habet etiam M) ἀκούοντα a (corr. M.) δὲ TVAN (M teste Thuroto): δὲ δὴ a: δὴ coni. Thurot post ἡμῶν male add. εἰ M 19 ἀπηρτισμέναι AN ἀλλήλων αἱ δυνάμεις AN ἔχοντος TANa: ἔχοντες M: ἔχοντα V 20 οὐκ om. AN 22 φησὶ post πολέμῳ V
22. 23 ἐν πολέμῳ om. T 23 περὶ] παρὰ AN (Arist.) ἐκτμηθῆναι Arist. codd. EMYL τοὺς om. a. 24 post διαφανὲς cum T(?) add. ἦν Thurot 25 τοῦ διαφανοῦς p. 438b16 legisse vid. 26 κόραν a post φωτίζοντα add. τὴν κόρην MTN

ἐντὸς πᾶν τὸ μέχρι τῆς ὁρατικῆς δυνάμεως ἐφωτίζετο ἀπὸ τοῦ ἐκτὸς φωτός, 77 οὗ τὴν συνέχειαν ἡ πληγὴ διελοῦσα καὶ κωλύσασα αὐτὸ φωτίζεσθαι ὥσπερ ἔσβεσε τὸ ἐν αὐτῷ φῶς), εἰ δὲ μὴ ἄκρῳ τῷ ὀφθαλμῷ ὁρῶμεν, καὶ διὰ τοῦτο δεῖ καὶ τὸ ἐντὸς διαφανὲς εἶναι τὸ μέχρι τῆς αἰσθητικῆς ψυχῆς. οὐ διαφανὲς δὲ τὸ πῦρ, ὡς ἡ ὄψις. |

p. 438b16 Ὥστ' εἴπερ ἐπὶ τούτων συμβαίνει καθάπερ ἐλέγομεν. 78

Δείξας τὴν ὄψιν ὕδατος οὖσαν, εἰ οὕτως, φησίν, ἐπὶ τῆς ὄψεως ἔχει καὶ διὰ τοῦτο, καθὰ ἐγλίχοντό τινες, ἕκαστον αἰσθητήριον ἑκάστῳ τῶν στοιχείων ἀνατίθεται, τὴν μὲν ὄψιν ὕδατος εἶναι θετέον, τὴν δὲ ἀκοὴν ἀέρος (αὕτη δὲ ἡ τῶν ψόφων ἀκουστική), τὴν δὲ ὄσφρησιν πυρός.

Καὶ πῶς οἷόν τε προσβιβάζειν καὶ δεικνύναι ὅτι ἡ ὄσφρησις πυρός, λέγει· ὃ γὰρ ἐνεργείᾳ ἡ ὄσφρησις, τοῦτο δυνάμει τὸ ὀσφραντικόν, διὰ τούτου δεικνὺς οὕτως ἐκ πυρός (τοὐναντίον γάρ, ὡς δείξει ἄλλοθι, ἡ ἐνέργεια ⟨καὶ ἡ δύναμις, ἡ δὲ ἐνέργεια⟩ περὶ τὴν ὄσφρησιν, ἀλλ' οὐ τὸ ὀσφραντικόν), καίτοι ἐπὶ τῆς ὄψεως εἰπὼν τὸ ὁρατικὸν | ὕδατος εἶναι 79 καὶ ἐπὶ τῆς ἀκοῆς ἀέρος τὸ τῶν ψόφων αἰσθητικόν. ἔστι δὲ ὃ λέγει 'ὅ ἐστι κατ' ἐνέργειαν ἡ ὄσφρησις, τοῦτο δυνάμει ἐστὶ τὸ ὀσφραντικόν'· δυνάμει γὰρ τὰ ὁρατὰ ἡ ὄψις πρὸ τοῦ ὁρᾶν, καὶ δυνάμει τὰ ἀκουστὰ ἡ ἀκοὴ πρὶν ἀκούειν, καὶ ἡ ὄσφρησις οὖν δυνάμει τὰ ὀσφραντὰ πρὶν ὀσφρᾶσθαι. ἡ γὰρ κατ' ἐνέργειαν ὄσφρησις τὸ ὀσφραντόν ἐστιν, ὥσπερ ἡ κατ' ἐνέργειαν ὄψις τὸ ὁρατόν, εἴ γε τῇ τῶν εἰδῶν τῶν αἰσθητῶν λήψει

---

1 ἐντὸς] ἐν τῷ V   τὸ om. a   ὁρατικῆς T (*visivae*): ὁρ$^{ω'}$ V: ὁρώσης MAN: ὁρωμένης a   ὑπὸ coni. Thurot   ἐκτὸς] ἐντὸς a (corr. M)   2 κωλύουσα a   3 ἔσβεσαν N   αὐτὸ AN   δὲ] δὴ coni. Thurot, sed v. ad p. 7,15 et iam p. 36,19 δὲ in epanalepsi protasis positum est   τοῦ ὀφθαλμοῦ (T)a   5 οὐ — ὄψις suspecta habet Thurot, sed respicit opinionem, quam p. 15,15 ss. aliis argumentis redarguit   6 ἐπὶ τούτων] τούτων τι male Arist. codd. EMY   λέγομεν Arist.   7. 8 *aque esse vel sicut in visu, ait, et ideo, sicut putaverunt quidam* T   εἰ a (cf. Arist.): ἢ TAN: om. V   φησίν] φησὶ καὶ V   8 διὰ τοῦτο Ta: δι' ἃ V: spatium III litt. AN   10 prius δὲ] γὰρ a   11—13 καὶ πῶς—πυρός om. a (habet M, qui adnotat ad. v. 13: *haec verba minus quadrare hic videntur i(deo)que adhibui* τὸ ☐ σημεῖ(ον τοῦ) ἄλλο τι λείπειν)   11 προσβιβάζειν Thurot: προβιβάζειν libri, sed v. p. 38,12 et p. 102,10 Th.: *affirmare* T   12 ὃ γὰρ] γὰρ ὅτι MAN   13 τούτου scripsi: τοῦτο libri   οὕτως] τοῦτο ?   ὡς δείξει V: ὡς δείξῃ a: ὡς δείξας AN: *omnis* T   ἄλλοθι T (cf. e. gr. p. 445b30. 449a1): ἄλλο τι VANa   14 lacunam statui et καὶ ἡ δύναμις, ἡ δὲ ἐνέργεια addidi   περὶ TV: παρὰ ANa   οὐ] *non circa* T   15 καί τι a   15. 16 καίτοι—αἰσθητικὸν v. 13 suum locum habere censet Thurot, parenthesin statui   ⟨ἁπλῶς⟩ εἰπὼν adde vel subaudi, oppositum est v. 13 δεικνὺς   17 ὅ] ὅτι a   ἡ a (v. v. 12): om. VAN   post τοῦτο add. ὃ M   δυνάμει—ὀσφραντικόν om. a (habet etiam M)   18 ante δυνάμει lacunam statuit Thurot   γὰρ] μὲν γὰρ V   19 ἀκούει N   ἡ om. MV   οὖν om. T   τὰ ὀσφραντὰ T: τὰ ὀσφραντικὰ V: ὀσφραντικὴ ANa   20 ὀσφραντόν TVa: ὀσφραντικόν MAN   ἐστιν om. N   20—p. 38,1 ὥσπερ—ἂν ὃ om. Ta   21 εἰδῶν τῶν V: ἰδόντων MAN: ἰδίων coni. Usener   αἰσθητὸν M   ἀντιλήψει coni. Usener (sed v. p. 41,13 et De an. p. 83,14. 91,7 Br.)

τὸ αἰσθάνεσθαι, καὶ εἴη ἂν † ὃ λέγει ὃ γὰρ ἐνεργείᾳ ἡ ὄσφρησις, 79 τοῦτο δυνάμει τὸ ὀσφραντικόν ἐστι. ἡ δ' ἐνεργείᾳ ὄσφρησις ἡ αὐτὴ τῷ κατ' ἐνέργειαν ὀσφραντῷ· τὸ γὰρ ὀσφραντὸν καὶ ἡ κατ' ἐνέργειαν ὄσφρησις τὸ αὐτό. ἀλλὰ μὴν τὸ ὀσφραντὸν καὶ ἡ ὀσμή, ἧς ἡ ὄσφρησις ἀντιλαμβάνεται, ξηρὰ καὶ καπνώδης ἐστὶν ἀναθυμίασις· ἡ δὲ τοιαύτη ἀναθυμίασις πυρώδης τε καὶ ἐκ πυρός (τοῦτο δὲ δῆλον ἔκ τε τῶν θυμιωμένων — ὀσμὴν γὰρ τότε μάλιστα ποιεῖ —, καὶ τὰ ἄνθη δὲ ἐν θερμοτέρῳ ἀέρι πλείονα τὴν ὀσμὴν ποιεῖ, ὥσπερ τινὸς ἀναθυμιάσεως γινομένης ἀπ' αὐτῶν)· | διὰ γὰρ τῆς τοιαύτης ἀναθυμιάσεως ἡ εἰς πῦρ μεταβολή. 80 ἐρεῖ δὲ προϊὼν περὶ τοῦ τί ποτέ ἐστι τὸ ὀσφραντόν· τοιαύτη γὰρ καὶ ἡ κατ' ἐνέργειαν ὄσφρησις.

Προσβιβάζων δὲ πῶς ἄν τις τὴν ὄσφρησιν τοῦ πυρὸς εἶναι λέγοι βουλόμενος ἕκαστον αἰσθητήριον ἑκάστῳ τῶν στοιχείων ἀνατιθέναι (οὐ γὰρ δὴ ἀρέσκοντα αὐτῷ λέγει· εἶπε γὰρ ἐν τοῖς Περὶ ψυχῆς μήτ' ἐκ πυρὸς μόνου μήτ' ἐκ γῆς εἶναί τι δύνασθαι αἰσθητήριον, καὶ τήν γε ὄσφρησιν ἐν ἐκείνοις ἀνέθηκεν ἢ ἀέρι ἢ ὕδατι) φησὶ δὴ καὶ κατὰ τοῦτο δύνασθαι δείκνυσθαι τὴν ὄσφρησιν πυρὸς οὖσαν, ὅτι τὸ τῆς ὀσφρήσεως αἰσθητήριον περὶ τὸν ἐγκέφαλόν ἐστι. δεῖ μὲν γὰρ τὴν τοῦ θερμοῦ ὕλην ψυχρὰν εἶναι, ψυχρότερος δὲ ὁ ἐγκέφαλος τῇ αὑτοῦ φύσει. τοιαύτη ἄρα καὶ ἡ δυνάμει ὄσφρησις καὶ τὸ δυνάμει ὀσφραντικόν. ἀλλ' εἰ τὸ δυνάμει τι ὂν ὕλη | ἐκείνου ὃ δυνάμει, δυνάμει δὲ καὶ ἡ ὄσφρησις τὸ ὀσφραντὸν ⟨ὂν⟩ εἴη ἂν 81 ὕλη τοῦ ὀσφραντοῦ, ὕλη δὲ τὸ ψυχρὸν τοῦ θερμοῦ καὶ ἔστι ψυχρὸν τὸ ὀσφραντικὸν τῷ ἀπὸ τοῦ ἐγκεφάλου τε καὶ περὶ τὸν ἐγκέφαλον εἶναι, τὸ ὀσφραντὸν ἄρα θερμόν. εἰ δὲ τοῦτο, ἡ κατ' ἐνέργειαν ὄσφρησις θερμή τε καὶ διὰ θερμοῦ γινομένη παρουσίαν, καὶ οὕτως ὁ λέγων τὴν ὄσφρησιν

---

1 ἂν ⟨ἀληθὲς⟩ conicio, neque enim interpretatio loci Aristotelici sequitur ὃ λέγει ὃ γὰρ V: ὂν τὸ γὰρ MAN: ἐπεὶ ὁ μὲν Ta: ὅπερ ὂν coni. Usener post ὄσφρησίς add. ἐστι Ta 2 ante τὸ ὀσφραντικὸν add. τὸ ὀσφραντὸν ἀέρι ἐνέργεια ἡ ὄσφρησίς ἐστι, τοῦτο δυνάμει M ἐστι om. MN, tum add. δυνάμει τὸ ὀσφραντόν ἐστιν ἐπεὶ ὁ μὲν ἐνεργείᾳ (ἡ ἐνέργεια N) ὄσφρησίς ἐστιν, τοῦτο δυνάμει τὸ ὀσφραντικόν (ἐστιν add. N) AN, i. e. plenum textum (= V) et decurtatum (= Ta) iuxta ponunt 3 ὀσφραντικὸν V 4 ὄσφρησις MTVAN: αἴσθησις a ὀσφραντικὸν V 5 ἐστὶν] ἐστὶ καὶ V 5. 6 ἡ δὲ — πυρός post αὐτῶν v. 9 transpon. Thurot, equidem parenthesin posui 6. 7 τεθυμιαμένων a 7 δὲ om. V 7. 8 θερμοτέροις τόποις πλείονα a 8 γενομένης a 9 ἀπ'] ἐξ a 10 ἐρεῖ] p. 444a24 ante τοιαύτη sine causa lacunam statuit Thurot et ὅτι ἡ τῆς ὀσμῆς δύναμις θερμὴ τὴν φύσιν ἐστί. ἡ ὄσφρησις οὖν πυρός, εἰ πυρὸς τὸ ὀσφραντόν add. 11 ἐνέργεια V 12 προσβιβάζων V (coni. Thurot): προβιβάζων ANa: *confirmans* T δὲ del. M teste Thuroto λέγοι TV: λέγει ANa 14 αὐτῷ VN: αὐτὰ A Περὶ ψυχῆς] Γ 1 p. 425a4—8 15 δύνασθαι hic habet V: post αἰσθητήριον AN: post γῆς Ta γε] τε a 16 ἐν om. V δὲ a (corr. M) 17 προσοῦσαν a (πυρὸς οὖσαν etiam M) 18 ψυχρὸν VA (sed v. Arist.) 19 ψυχρότερον V (anceps T), sed v. Arist. αὐτοῦ VAa 20 ὄσφρησις VAN: αἴσθησις a: om. T 21 ὃ Thurot: οὗ libri (om. T) alt. δυνάμει om. T τὸ] καὶ τὸ T 21. 22 ὀσφραντὸν —alt. τὸ om. V ὂν add. Thurot 22 ὀσφραντικοῦ a alt. τοῦ om. AN 23 τῷ MTN: τὸ VAa 24 εἰ] ἡ a (corr. M) ὄσφρησις MTVAN: αἴσθησις a

πυρὸς εἶναι εὖ ἂν δοκοίη λέγειν. δυνάμει γὰρ θερμὴ ἡ τοῦ ψυχροῦ 81
ὕλη ἐστὶν ἀντὶ τοῦ ‘ἡ ἐκ τοῦ ψυχροῦ’. οὐ τὸ αἰσθητήριον οὖν δείκνυσι
πυρός, ὅτι ἡγεῖται τὴν ἀρχὴν ἀδύνατον τοῦτο, ἀλλὰ τὸ ὀσφραντὸν καὶ τὴν
κατ’ ἐνέργειαν ὄσφρησιν.

Λέγει δὲ καὶ τὴν τοῦ ὄμματος γένεσιν τὸν αὐτὸν ἔχειν τρόπον· ἀπὸ 11
γὰρ τοῦ ἐγκεφάλου τὴν σύστασιν ἔχει, ὃς ὑγρότατός τε καὶ ψυχρό-
τατος τῶν ἐν τῷ σώματι μορίων ἐστί. τοιοῦτον δὲ τὸ | ὕδωρ, δι’ 82
οὗ ἡ ὄψις ἀπὸ τοῦ ἐγκεφάλου τὴν γένεσιν ἔχουσα * * * οὐ πυρός, ἀλλὰ
ὕδατός εἰσι, δῆλον ὅτι οὐδ’ ἂν ἡ ὄσφρησις πυρός, εἴ γε ἐξ ἐκείνου, εἴη.
προελθὼν μέντοι λέγει διὰ τοῦτο εἶναι τὴν ὄσφρησιν καὶ τὸ αἰσθητήριον
τοῦτο περὶ τὸν ἐγκέφαλον, ὅπως εἰς συμμετρίαν αἰσθήσεως ἄγηται ὁ περὶ 5
τὸν ἐγκέφαλον τόπος. τὰ γὰρ ὀσφραντὰ καὶ ἡ ὀσμὴ θερμά· τοιαύτη γὰρ
ἡ καπνώδης ἀναθυμίασις. ἀλλ’ εἴ τις ἕποιτο τοῖς εἰρημένοις, λέγοι ἂν
ὁμοίως τῇ ὀσφρήσει καὶ τὴν ὄψιν εἶναι θερμοῦ τε καὶ πυρός, εἴγε τὸ μὲν
ψυχρὸν ὕλη ἐστὶ τῶν ὁρατῶν, τούτοις δὲ ἡ αὐτή ἐστιν ἡ κατ’ ἐνέργειαν
ὄψις, ὡς τοῖς ὀσφραντοῖς ἡ ὄσφρησις. ἀλλὰ δῆλον ὡς ἄλλως ἐπιχειρῶν 10
ταῦτα λέγει, οὐχ ὡς ἀρεσκόμενος αὐτοῖς. ἢ ἀμφότερα μὲν περὶ τὸν
ἐγκέφαλον ψυχρὸν ὄντα, ἀλλὰ τὸ μὲν ὀσφραντικόν, ᾗ ψυχρόν ἐστιν, ὀσφραν-
τικόν (διὸ καί, ᾗ τοιοῦτον, αἰσθητικὸν δυνάμει καὶ θερμόν), τὸ δὲ ὁρατικὸν
οὐχ ᾗ ψυχρόν | ὁρατικόν, ἀλλ’ ᾗ ὑγρόν τε καὶ διαφανές· διαφανοῦς γὰρ 83
ἐνέργεια τό τε φῶς καὶ τὸ χρῶμα.

Τὴν δὲ ἁφὴν ἀναθετέον, φησί, τῇ γῇ, ὁμοίως δὲ καὶ τὸ γευστικὸν
ὄργανον, ἐπεὶ ἡ γεῦσις ἁφῆς τι εἶδος, ὡς εἶναι τῶν τεσσάρων σωμάτων 5
γῆς μὲν τὰς δύο, ἁφήν τε καὶ γεῦσιν, ὕδατος δὲ τὴν ὄψιν, ἀέρος δὲ τὴν
ἀκοήν, πυρὸς δὲ τὴν ὄσφρησιν. ὅτι δὲ μὴ ἀρεσκόμενος ταύτῃ τῇ δόξῃ,
ἀλλὰ πιθανολογῶν τίθησι, πρόδηλον· ἔδειξε γὰρ ὅτι μὴ οἷόν τε ἐκ γῆς
εἶναί τι αἰσθητήριον καὶ διὰ τοῦ τῶν ἐν ἡμῖν ὅσα πλέον γῆς ἔχει ἀναίσθητα
εἶναι, ὡς τρίχας, ὄνυχας, ὀστᾶ. ἀλλὰ καὶ τὴν γεῦσιν ἐν ὑγρότητι καὶ δι’ 10
ὑγρότητος γινομένην ἔδειξεν. ἢ οὐδὲ νῦν τὰ αἰσθητήρια ἐκ γῆς φησιν

1 πῦρ N δοκοίη a(T): δοκείη V: δεικνύη N: δείκνυσι A δυνάμη V 2 ἀντὶ in spatio om. V ἡ om. a τοῦ om. V οὐ om. T 3 ἡγεῖται om. a ἀδύνατα V 4 ὄσφρησιν MTVAN: αἴσθησιν a 5. 6 ἀπὸ γὰρ] εἰ δὲ ἀπὸ M 6 τε om. N (Arist.) 7 τῷ om. a 8 post ὄψις e. gr. ἀλλὰ μὴν ἐπεὶ ὅσα add. Thurot ἔχουσα VT: ἔχει ANa lacunam statuo et e. gr. ἐπεὶ δὲ ὅσαι αἰσθήσεις ἐντεῦθεν τὴν γένεσιν ἔχουσιν addam 9 ἐκείνου scripsi: ἐκείνων TVAN: ἐκείνης a 10 λέγει] p. 444a28—b2 12 ὀσφραντικὰ a 13 εἰρημένοις Thurot: ὁρωμένοις libri λέγει N 14 εἶναι om. AN 15 τῶν om. V τούτοις T: τούτων VANa ἐστιν ἡ V: ἐστι ANa 16 ὡς TV: καὶ a: om. AN τοῦ ὀσφραντοῦ M ⟨ὅτι⟩ ὡς ἄλλοις coni. Thurot. ὡς Ta: οὕτως VAN 17 λέγω V ἀρέσκοντα αὐτῷ T (v. p. 38,14), sed etiam v. 25 ἀρεσκόμενος non intellexit 18 τὸν V μὲν TVa: γὰρ AN 18. 19 ᾗ— ὀσφραντικόν om. N 19 ᾗ V: *erit* T 20 τε om. a διαφανῆ AN γὰρ] om. AN: δὲ T 25 alt. δὲ om. AN 26 ἔδειξε] De an. A c. 5 p. 410a30ss. 27 τι] τὸ a τοῦ Usener: τούτου V: τοῦτο TANa ὑμῖν a 29 ὑγρότητα a ἔδειξεν] De an. B 10 p. 422a17 ss. οὐδὲν αὐτὰ N ἐκ MTV: ἐν ANa φησιν M: εἰσιν TVANa

ὄντα, ἀλλὰ τὰς ἐνεργείας αὐτῶν τοιαύτας γίνεσθαι, ὃν τρόπον ἔδειξε καὶ ἐπὶ τῆς ὀσφρήσεως. |

Ἔτι δὲ πιθανολογῶν καὶ δεικνὺς πῶς ἄν τις ἐπιχειρήσειεν πρὸς τὸ 84
ἑκάστην αἴσθησιν ἑκάστου τῶν στοιχείων εἶναι καὶ ἐξ οὗ, προστίθησι λέγων· καὶ διὰ τοῦτο πρὸς τῇ καρδίᾳ τὸ αἰσθητήριον αὐτῶν, τῆς γεύσεως καὶ τῆς ἀφῆς· ἀντίκειται γὰρ τῷ ἐγκεφάλῳ αὕτη, καί ἐστιν θερμότατον τῶν μορίων. εἰπὼν γὰρ ἐκ πυρὸς τὴν ὄσφρησιν εἶναι καὶ διὰ τοῦτο περὶ τὸν ἐγκέφαλον εἶναι τὸ τῆς ὀσφρήσεως ἴδιον αἰσθητήριον (ὕλη γὰρ τὸ ψυχρὸν τῷ θερμῷ, ἐπεὶ καθόλου τὸ ἐναντίον τῷ ἐναντίῳ ὕλη· θερμὴ δὲ ἡ ὄσφρησις, εἴγε τῆς καπνώδους ἀναθυμιάσεως), πάλιν φησὶ διὰ τοῦτο τὰ τῆς ἀφῆς τε καὶ τῆς γεύσεως ὄργανα εἶναι περὶ τῇ καρδίᾳ, ὡς τούτων μὲν τῶν αἰσθητηρίων ὄντων θερμῶν τῇ αὐτῶν φύσει (ἡ γὰρ σὰρξ οὐ τοιαύτη), τῆς δὲ ἐνεργείας αὐτῶν περὶ ψυχρὰ γινομένης μᾶλλον, εἴγε γῆς καὶ τῶν ἀντιτυπίαν ἐχόντων γεωδῶν μάλιστα ἡ ἀφὴ ἀντιλαμβάνεται. οὐδὲ τοῦτο δὲ ὑγιῶς δόξει λέγεσθαι· οὐδὲ γὰρ ἡ ἀφὴ γῆς (ὡς | εἶπε πρὸ ὀλίγου περὶ τῆς ὀσφρήσεως λέγων πυρὸς δὲ τὴν 85
ὄσφρησιν), ἀλλ' εἶπε τὸ δὲ ἁπτικὸν γῆς, τὸ αἰσθητήριον οὕτω γῆς λέγων· οὐ θερμὸν δὲ ἡ γῆ. μήποτ' οὖν οὐχ ὡς ὁμοίων οὐσῶν τῶν αἰσθήσεων καὶ κατὰ τὸν αὐτὸν λόγον περὶ τῇ καρδίᾳ, καθ' ὃν [ἡ] περὶ τῷ ἐγκεφάλῳ ἥ τε ὄσφρησις καὶ ἡ ὄψις, λέγει, ἀλλ' ὅτι ὁμοίως ὡς περὶ ἐκείνῳ ὄντι ψυχροτάτῳ τῶν ἐν τῷ σώματι μορίων ἥ τε ὄσφρησις καὶ ἡ ὄψις, οὕτω περὶ τῇ καρδίᾳ ἥ τε ἀφὴ καὶ ἡ γεῦσις οὔσῃ θερμοτάτῃ τῶν μορίων. θερμὴ γὰρ ἡ καρδία καὶ κατὰ τοῦτο ἀντικειμένη τῷ ἐγκεφάλῳ· διὸ ἐκεῖνος μὲν ὕλη τῷ θερμῷ, ἡ δὲ καρδία τῷ ψυχρῷ. οὐκέτι περὶ τὸν ἐγκέφαλον δὲ λέγων αἰσθητήριά τινα εἶναι ἤδη καὶ τὴν αἰσθητικὴν ψυχὴν τὴν διὰ τούτων αὐτοῦ λέγει εἶναι· διὰ γὰρ τοῦτο εἰπὼν διὸ καὶ περὶ τὸν ἐγκέφαλον προσέθηκε τῷ τόπῳ. μίαν | γὰρ τῷ ἀριθμῷ τὴν 86
αἰσθητικὴν ψυχὴν λέγει, καὶ ταύτην ἐν τῇ καρδίᾳ λέγει. διὸ οὐδὲ τὰ πρὸς

1 ὄντα] εἶναι coni. Thurot post αὐτῶν add. τῶν N ἔδειξε] v. p. 37,11 ss. 2 ἐπὶ] *etiam* T 3 πιθανολογεῖ a (corr. M) ἐπιχειρήσειεν MVA(T): ἐπιχειρήσῃ N: ἐπιχειρῆαν a 5 τῆς] τῆς τε Arist. codd. LSUP 6 τὸ ἐγκέφαλον V 8 τὸ] τοῦ V 10 δὲ] γὰρ AN 11 ante πάλιν spat. VI litt. A πάλιν om. a φησὶ VAN: *autem* T: om. a τε om. a (habet etiam M) alt. τῆς om. V 11. 12 περὶ τῇ καρδίᾳ VAN (πρὸς τῇ καρδίᾳ Arist. cf. v. 19): *circa cor* T: περὶ τὴν καρδίαν Ma post καρδίαν add. φησὶν M αὐτῶν VAN 13 οὐ om. V πενιχρᾶ V 13. 14 γενομένης a 14 τῶν] τὴν V ἀντιτύπων a (corr. M) 15 prius οὐδὲ om. T δὴ coni. Thurot 16 τῆς om. a 17 ὀπτικὸν V οὕτω TVa: οὐ τὸ (τῆς add. N) AN 18 οὐ] καὶ a (οὐ etiam M) 19 prius περὶ VANa: πρὸς MT (*apud*) ἡ del. Thurot alt. περὶ VANa: πρὸς MT (*apud*) 20 ὅμοιον a ὡς περὶ scripsi: ὥσπερ libri: ὥσπερ ⟨πρὸς⟩ coni. Thurot 21 τῷ V: om. ANa, sed v. p. 39,7 22 ὄψις] γεῦσις T περὶ VANa: πρὸς MT (*apud*) γεῦσις] ὄψις a (corr. M) οὔσῃ TVN: οὖσαι M: οὖσα Aa 23 καὶ a: καὶ ἡ T (*et qui*) VAN 24 οὐκέτι ante ἤδη v. 25 ponit M v. Indicem 25 δὲ post περὶ (v. 24) transpon. AN λέγων MN(?): λέγει TVA 26 αὐτῷ a καὶ om. a (habet etiam M) 28 prius λέγων N cf. p. 469a5 alt. λέγει Ta: λέγει καὶ VA: λέγειν καὶ N: λέγει εἶναι conicio

τῷ ἐγκεφάλῳ ὄργανα αἰσθητικὰ ἀπὸ τούτου τὴν ἀρχὴν ἔχει, ἀλλ' ἄρχεται 86 μὲν ἀπὸ τῆς καρδίας, διὰ δὲ τούτου πρώτου ἡ ὁδὸς αὐτῶν· ἀπὸ γὰρ τῆς καρδίας πόροι τινὲς ἐπὶ τὸν ἐγκέφαλον διατείνουσι τρεῖς, εἶτα ἀπὸ τοῦ ἐγκεφάλου ὁ μὲν αὐτῶν ἐπὶ τὴν ὄψιν, ὁ δὲ ἐπὶ τὴν ἀκοήν, ὁ δὲ ἐπὶ τὴν ὄσφρησιν καθήκουσιν. οἱ δὲ τῆς ἁφῆς καὶ τῆς γεύσεως εὐθὺς ἐπὶ τὴν καρδίαν ἐπ' εὐθείας τέτανται, ἀλλ' οὐ διὰ τῆς ἐπὶ τὸν ἐγκέφαλον ὁδοῦ.

Εἰπὼν δὲ ταῦτα περὶ τῶν αἰσθητηρίων ἑξῆς ἐπὶ τὸν τῶν αἰσθητῶν μέτεισι λόγον τῶν καθ' ἕκαστον αἰσθητήριον (οὐ γὰρ περὶ τῶν κοινῶν αἰσθητῶν νῦν λέγει). καθόλου μὲν οὖν τί τὸ ἔργον αὐτῶν ἐστιν ἑκάστου ἐν τοῖς Περὶ ψυχῆς φησιν εἰρῆσθαι (τίνες δέ εἰσιν οἱ καθόλου περὶ αὐτῶν λόγοι προστίθησιν)· ὅτι γὰρ τὸ διατιθέναι πως τήν τε αἴσθησιν καὶ τὸ αἰσθητήριον, | καὶ ὅτι τὸ ἐνεργεῖν καθ' ἕκαστον τῶν αἰσθητηρίων 87 τό τε εἶδος τῶν αἰσθητῶν χωρὶς τῆς ὑποκειμένης ὕλης αὐτοῖς δέχεσθαι, καὶ ὅτι ἡ κατ' ἐνέργειαν αἴσθησις καὶ τὸ αἰσθητὸν τὰ αὐτά, περὶ τούτων προείρηται. τί δέ ποτε ἕκαστον ⟨ὂν⟩ τῶν ἑκάστῃ αἰσθήσει αἰσθητῶν αἰσθητὸν τῇ οἰκείᾳ αἰσθήσει γίνεται, νῦν λέγει τε καὶ προστίθησι τὴν ἑκάστου αὐτῶν φύσιν, τίς ποτέ ἐστι δεικνύς, ἐπεὶ μὴ ταὐτὸν αὐτοῖς τό τε εἶναι καὶ τὸ αἰσθητοῖς εἶναι. κοινὸν μὲν οὖν τὸ αἰσθητόν, περὶ οὗ εἴρηται (τὸ γὰρ αἰσθήσει ἀντιληπτόν), ἴδιον δὲ ἑκάστου ἡ οἰκεία φύσις τε καὶ οὐσία, καθ' ἣν διαφέροντα ἕτερά τε ἀλλήλων ἐστὶ καὶ οὐ τῇ αὐτῇ αἰσθήσει αἰσθητὰ πάντα. τὸ δὲ ὁμοίως καὶ περὶ ἁφῆς ἐπισκεπτέον εἶπεν ἀντὶ τοῦ 'περὶ ἁπτοῦ'· τοῦτο γὰρ τὸ αἰσθητόν, ἡ δὲ ἁφὴ αἴσθησις. καὶ πρῶτόν γε περὶ χρωμάτων εἰπεῖν προτίθεται, ἅ ἐστι τῇ ὄψει αἰσθητά.

p. 439a12 Ἔστι μὲν οὖν ἕκαστον διχῶς λεγόμενον, τὸ μὲν 88 ἐνεργείᾳ, τὸ δὲ δυνάμει [λεγόμενον].

Εἴρηται δὲ ἡ διαίρεσις αὕτη ἐν τοῖς Περὶ ψυχῆς. τὸ μὲν οὖν ἐνερ-

---

2 πρώτου TAa: πρω[τ'] V: πρώτη N (M teste Thuroto)   αὐτῶν scripsi: αὐτοῦ libri (*illuc* T)   ἀπὸ ANa: αὐτοὶ V: *ibi* T   4 αὐτῷ a (αὐτῶν etiam M)   5 εὐθὺς V: εὐθὺ AN: ἑξῆς M: om. a   6 ἐπ' εὐθείαν V: *directum* T   τέτμηται V   7 ἑξῆς TVAN (fort. huc potius referenda erat nota, quam ad v. 5 addidit M): εὐθὲς a (εὐθὺς Thuroti codd.)   τὸν a: om. VAN   8 λόγων V   αἰσθητήριον T: αἰσθητηρίων VANa (Arist. cod. L)   9 ἑκάστῳ a   10. 11 τίνες—προστίθησιν notam marginalem delet Thurot   11 *disponi* T   12. 13 cf. Περὶ ψυχῆς B 12 p. 424a18 ss,   13 δέχεσθαι om. T   post δέχεσθαι ex Arist. De an. καὶ ὑπ' αὐτῶν πάσχειν κατὰ λόγον τινά add. Thurot   14 cf. Arist. p. 425b26   αἴσθησις—τὸ om. AN   αἰσθητὰ A   τὸ αὐτὸ conicio   15 τί] ὅτι M   ποτε om. T   ὂν add. Thurot (cf. Arist. p. 439a17 et infra p. 42,15)   ἑκάστης M: ἑκάστων N   αἰσθήσει TVA: αἰσθήσεως Ma: αἰσθήσεων N   αἰσθητὸν om. AN   16 αἰσθήσει—αὐτῶν om. T   αὐτῶν MN (Thuroti cod. B): αὐτοῦ VAa   17 ἐπεὶ μεταυτὸν N   τὰ αὐ[τ']τὰ a (corr. M)   18 αἰσθητοῖς Aa (cf. p. 1,17): αἰσθη V: αἰσθητὸν N: *sensibilia* T   αἰσθητήριον V   γὰρ ⟨αἰσθητὸν⟩ coni. Thurot   21 καὶ] δὲ καὶ Arist   22 γάρ ἐστι τὸ a   πρῶτα V   25 alt. λεγόμενον del. Thurot. (om. Arist.)   26 Περὶ ψυχῆς] Γ 2 p. 426a23 ss.   26. p. 42,1 ἐνέργειαν αἰσθητῶν V

γείᾳ αἰσθητὸν πῶς ταὐτὸν τῇ κατ' ἐνέργειαν αἰσθήσει καὶ πῶς ἕτερον ἐν 88 τοῖς Περὶ ψυχῆς φησιν εἰρῆσθαι· εἴρηται δὲ ὅτι τῷ μὲν ἀριθμῷ ἓν τὸ κατ' ἐνέργειαν αἰσθητὸν καὶ ἡ κατ' ἐνέργειαν αἴσθησις, τῷ λόγῳ δὲ ἕτερα. ἄλλο δέ ἐστι τῷ λόγῳ κατ' ἐνέργειαν αἰσθήσει εἶναι καὶ ἄλλο κατ' ἐνέργειαν αἰσθητῷ. ἀντὶ δὲ τοῦ ταῦτα εἰπεῖν φησι· τὸ μὲν οὖν ἐνεργείᾳ χρῶμα καὶ ὁ ψόφος ⟨πῶς ἐστι τὸ αὐτὸ ἢ ἕτερον ταῖς κατ' ἐνέργειαν αἰσθήσεσιν⟩. οὐ γὰρ τὸ κατ' ἐνέργειαν χρῶμα ταὐτόν ἐστι τῇ κατ' ἐνέργειαν ὄψει οὐδὲ ὁ κατ' ἐνέργειαν ψόφος ὁ αὐτὸς τῇ ἀκοῇ· δύναται γὰρ ἐνεργείᾳ ταῦτα εἶναι καὶ μὴ ὁρώμενα, ἀλλ' οὐκέτι οἷόν τε ἐνεργείᾳ αὐτοῖς αἰσθητοῖς εἶναι χωρὶς αἰσθήσεως. ἔστιν οὖν τὸ λεγόμενον· 'τὸ μὲν οὖν ἐνεργείᾳ χρῶμα αἰσθητὸν καὶ ὁ | ἐνεργείᾳ ψόφος αἰσθητὸς πῶς 89 ἐστι ταὐτὰ τὸ μὲν τῇ κατ' ἐνέργειαν ὄψει, τὸ δὲ τῇ κατ' ἐνέργειαν ἀκοῇ, καὶ κατὰ τί ἕτερα, ἐν τοῖς Περὶ ψυχῆς εἴρηται'. ἐδήλωσε δὲ τοῦτο διὰ τοῦ εἰπεῖν ταῖς κατ' ἐνέργειαν αἰσθήσεσι· ταύταις γὰρ τὰ κατ' ἐνέργειαν αἰσθητὰ ἀντίκειται. τί δὲ ὂν ἕκαστον αὐτῶν, τό τε χρῶμα καὶ ὁ ψόφος καὶ ἕκαστον τῶν κατὰ τὰς ἄλλας αἰσθήσεις ὁμοίως, δυνάμει ἐστὶν αἰσθητὸν (διὰ γὰρ τοῦ εἰπεῖν ποιήσει τὴν αἴσθησιν καὶ τὴν ἐνέργειαν τὸ δυνάμει αἰσθητὸν ἐδήλωσεν), ὅπερ ἦν τὸ ἕτερον τῶν εἰς ἃ ἡ διαίρεσις αὐτῷ τοῦ αἰσθητοῦ ἐγεγόνει, περὶ οὖν τοῦ οὕτως αἰσθητοῦ νῦν, φησί, λέγωμεν, τουτέστι τοῦ δυνάμει.

p. 439a 18 Ὥσπερ οὖν εἴρηται περὶ φωτὸς ἐν ἐκείνοις, ὅτι ἐστὶ χρῶμα τοῦ διαφανοῦς κατὰ συμβεβηκός.

Ὑπομιμνήσκει ἡμᾶς τῶν ἐν τοῖς Περὶ ψυχῆς εἰρημένων περὶ φωτός, ὅτι ἐστὶ χρῶμα τοῦ διαφανοῦς κατὰ συμβεβηκός. ἐδείχθη γὰρ ἐν ἐκεί|νοις ὅτι τὸ φῶς ἐστιν ἐντελέχεια τοῦ διαφανοῦς, ᾗ διαφανές, καὶ 90 ὥσπερ χρῶμα τοῦ διαφανοῦς, οὐχ ἁπλῶς, ἀλλὰ κατὰ συμβεβηκός, ὅτι μὴ παθητικῶς ἀναδέχεται τὸ διαφανὲς τὸ φῶς, ἀλλὰ κατὰ σχέσιν τὴν πρὸς

---

1 ταὐτὸν T: τῇ κατ' αὐτὸν V: καὶ ταυτὸν ANa 2 Περὶ ψυχῆς] Γ 2 p. 425b 25 ss. φησιν om. a (habet etiam M) 2. 3 τὸ κατ' — καὶ ἡ om. T 4 ⟨τὸ⟩ κατ' coni. Thurot αἰσθήσει a: αἴσθησις TVA: αἴσθησιν N 5 αἰσθητῷ VAa: αἰσθητόν TN δὲ om. a (habet etiam M) ταῦτα Ta: om. VAN φησί a: om. TVAN post φησι spat. v litt. a τὸ] τῇ AN ἐνέργειαν V post ἐνεργείᾳ spat. VII litt. a, add. καὶ T 6 ὁ om. V (Arist. codd. SU) 6. 7 πῶς—αἰσθήσεσιν M: om. TVANa: spat. x litt. a (item Thuroti cod. C) 8 ὁ] ἡ V 9 prius ἐνεργείᾳ om. a (habet etiam M) ταὐτὰ T post ὁρώμενα add. μηδὲ ἀκουόμενα Thurot, fort. recte alt. ἐνεργείᾳ om. T 10 ἔστιν a(T): ἔστι V: ἔστι μὲν AN 11 ἐνέργειαν V ὁ om. a ἐνέργειαν V αἰσθητὸν a 12 ταῦτα AN 13 ἐδήλωσε V (*manifestavit* T): ἐδήλου ANa (sed cf. v. 18) 14 ταῖς] τῇ N τὰ om. V 16 καὶ om. T εἰσὶν a 17 αἰσθητὰ a 17. 18 διὰ γὰρ—αἰσθητὸν om. V 17 ποίῃ N 18 ἐδήλου N 19 νῦν om. Arist. codd. PSU 20 τοῦ] τῇ V 22 ante κατὰ add. ἢ TN συμβεβηκότος AN 23 Περὶ ψυχῆς] B 7 p. 418b 2 ss. 24—26 ἐδείχθη — συμβεβηκός om. V 26 χρῶμα om. a (habet etiam M) διαφανῆ N 27 ἀναδέχεται MTVAN: ἀναδέχεσθαι a

αὐτὸ ποιὰν τοῦ φωτίζειν πεφυκότος ποτὲ μὲν πεφώτισται, ποτὲ δὲ οὔ. 90
διὸ οὐκ οἰκεῖον αὐτοῦ χρῶμα τὸ φῶς ὥσπερ τῶν ἄλλων τῶν κεχρωσμένων· 6
ἐν ἐκείνοις μὲν γὰρ μένει τὸ χρῶμα ὡς οἰκεῖον ὄν, ἐπὶ δὲ τοῦ φωτὸς οὐχ
οὕτως· καὶ [ὁ] αὐτὸς ἐξηγούμενος προσέθηκε τὸ ὅταν γὰρ ᾖ τι πυρῶδες
ἐν διαφανεῖ. καὶ τὸ μὲν κατὰ συμβεβηκὸς χρῶμα τοιοῦτον· πῶς δὲ
γίνεται κατὰ σχέσιν πυρώδους τινὸς ἐν διαφανεῖ προσέθηκεν (ἡ μὲν γὰρ 10
παρουσία τοῦ τοιούτου ἐν διαφανεῖ φῶς, ἡ δὲ ἀπουσία σκότος), πῶς
κατὰ συμβεβηκὸς φῶς τὸ χρῶμα τοῦ διαφανοῦς ὑπομιμνήσκων. τῷ δὲ
ὥσπερ οὖν εἴρηται περὶ φωτὸς ἐν ἐκείνοις ὅτι ἐστὶ χρῶμα τοῦ
διαφανοῦς οὐδὲν δοκεῖ ἀνταποδε|δόσθαι. εἴη δ' ἂν ἀκόλουθον τὸ 'κείσθω 91
τοῦτο καὶ μενέτω', μεθ' ὃ εἴη ἂν τὸ ὃ δὲ λέγομεν διαφανὲς οὐκ ἔστιν
ἴδιον ἀέρος ἢ ὕδατος. μέλλων δὲ περὶ χρωμάτων λέγειν εὐλόγως
ὑπομιμνήσκει ἡμᾶς ὅτι καὶ τὸ φῶς χρῶμα ὂν μάλιστά τε καὶ πρῶτον
⟨ὁρατόν⟩, εἴγε δι' αὐτοῦ καὶ ἡ τῶν ἄλλων χρωμάτων αἴσθησις οὐκ ἐν 5
ἄλλῳ τινὶ γίνεται ἢ ἐν διαφανεῖ, δεικνὺς καὶ συνιστὰς διὰ τούτου ὅτι ἡ
τοιαύτη φύσις χρωμάτων ἐστὶ δεκτική.

Λαβὼν δὲ τὸ φῶς χρῶμα ὂν ἐν διαφανεῖ γίνεσθαι, ἑξῆς τίς ἐστιν ἡ
φύσις τοῦ διαφανοῦς ἡ τῶν χρωμάτων δεκτικὴ καὶ ἐν τίσιν ἐστὶ καὶ τίς 10
ἡ τῶν διαφάνειαν ἐχόντων σωμάτων πρὸς ἄλληλα διαφορὰ ἐνδείκνυται·
εἶτα καὶ τὴν τῶν κεχρωσμένων πρὸς τὰ πεφωτισμένα δείξει διαφοράν, καὶ
ὅτι εὐλόγως τὰ μὲν οἰκεῖον ἔχει τὸ χρῶμα καὶ τοῦτο ἐν τῷ πέρατι, τὰ
δὲ πεφωτισμένα οὔτε οὕτως οὔτε ἐν τούτῳ. ὃ γὰρ λέγομεν, φησί, δια-
φανὲς οὐκ ἔστιν ἴδιον ἀέρος ἢ ὕδα|τος, ὧν ἐστί τε καὶ γίνεται τὸ φῶς 92
χρῶμα κατὰ συμβεβηκός. εἰπὼν δὲ ὅτι μὴ ἴδιον τὸ διαφανὲς ἀέρος ἢ ὕδατος,
προσέθηκεν ὅτι μηδὲ ἄλλου τινὸς τῶν οὕτως λεγομένων σωμάτων·

---

1 πεφώτισται Thurot: πεφωτίσθαι libri 2 αὐτοῦ Ta: αὐτὸ VAN χρῆμα AN alt. τῶν] τοῦ N 4 ὁ del. Thurot (*ipsemet* T) 4. 5 καὶ—διαφανεῖ post σκότος v. 7 transpon. Thurot 4 ᾖ] ἐνῇ Arist. 5 post ἐν add. τῷ a (Arist. codd. EMY) post χρῶμα add. τὸ φῶς εἶναι τοῦ διαφανοῦς Thurot 6 γίνεται Ta: γίνεται τὸ πῦρ VAN (immo τὸ φῶς) πυρῶδες a τινὸς om. a 7 post τοιούτου add. τινὸς M, quam notam fort. ad v. 6 referre debebat 7. 8 ἡ δὲ—φῶς om. T 7 ἀπορία V 8 τὸ φῶς transpon. Thurot τὸ δὲ AN: *hoc* T 9 errat Alex., v. Bieblii notam ad Arist. p. 439a 18 10 δ' om. a 10. 11 *autem utique dicens sequens, erit autem utique quod dicit transparentia non est* T 11 του′ V ἂν] δ' ἂν AN λέγεις ἐν διαφανεῖ AN 12 ἴδιον om. V 13 *color existens maxime oportet et primo* T ὂν TVAN: ἂν a πρῶτα V 14 post πρῶτον add. εἴη M; sed id coniectura inventum vid.: ὁρατόν addidi (v. p. 47, l. 13 et De an. p. 89,1 Br.) 15 ἐν] ἐν τῷ V τούτου TAN: του′ V: τούτων M: τούτῳ a 16 χρώματος a δεικτική V 17 τὸ bis habet a (cf. p. 44,8) 19 διαφορὰν AN 19. 20 ἐνδείκνυται. εἶτα om. T 20 εἶτα a: εἶναι VAN τὴν] τὸ A 23. 24 ὧν—ὕδατος om. T 23 γίνεται MVAN: γίνεσθαι a φῶς om. a 24 ὅτι MVAN: om. Ta 25 ὅτι om. a(T?)

λέγονται γὰρ διαφανεῖς λίθοι τινές. οὐδὲ τούτων οὖν τινος ἴδιον ἡ διαφά- 92
νεια, ἀλλ' ἔστι κοινή φύσις τις καὶ δύναμις οὐ χωριστὴ οὖσα οὐδὲ
καθ' αὑτὴν ὑφίστασθαι δυναμένη, ὥσπερ οὖν οὐδ' ἄλλη τις δύναμις, ἀλλ'
ἔν τε τούτοις οὖσα ἃ διαφανῆ λέγομεν, ἀέρι λέγω καὶ ὕδατι, καὶ ὧν κατη-
γοροῦμεν τὸ διαφανές, καὶ ἐν τοῖς ἄλλοις πᾶσι σώμασι, τοῖς μὲν
μᾶλλον, τοῖς δὲ ἧττον, τῷ πάντα τὰ σώματα ἔχειν τι τῆς δυνάμεως
ἐν αὐτοῖς.

Λαβὼν δὲ τὸ τὴν διαφάνειαν φύσιν τινὰ καὶ δύναμιν εἶναι ἐν πᾶσι
τοῖς σώμασι, τοῖς μὲν μᾶλλον, τοῖς δὲ ἧττον, προσλαμβάνει τούτῳ τὸ ὡς
τῶν σωμάτων, καθὸ σώματα, ἀνάγκη τι εἶναι ἔσχατον καὶ πέρας,
ἐπειδὴ μηδὲν ἄπειρον σῶμα, ὡς δέδεικται, καὶ ἔστι τοῦτο ἐπιφάνεια, οὕτως
φησὶν ἔσχατόν τι | τοιοῦτον εἶναι καὶ τῆς διαφανείας. τοῦτο δὲ τὸ τῆς 93
διαφανείας πέρας οὐχ ὡς κεχωρισμένον τῆς ἐπιφανείας οὕτως ἐστὶ τοῦ
σώματος πέρας, ἀλλ' ὡς ἐν ταύτῃ καὶ σὺν ταύτῃ ὄν· ὡς γὰρ ἔχει πρὸς
ἄλληλα τό τε διαφανὲς καὶ τὸ σῶμα, οὕτως ἔχει καὶ τὰ πέρατα αὐτῶν
πρὸς ἄλληλα. ἐπ' ἐκείνων δὲ οὐκ ἄλλο μέν ἐστι τὸ σῶμα, ἄλλο δέ τι
κεχωρισμένον αὐτοῦ τὸ διαφανές· ἀλλ' ἔστι τὸ σῶμα αὐτὸ διαφανές, κατὰ
τὴν τοιαύτην δὲ δύναμιν χρωμάτων δεκτικόν. ἔστι δὲ καὶ τὸ πέρας αὐτοῦ
ἐπιφάνεια τοιαύτη κεχρωσμένη, ὡς εἶναι, καθὸ μὲν σῶμα, τὴν ἐπιφάνειαν
αὐτοῦ πέρας, καθὸ δὲ τοιόνδε καὶ διαφανές, τὸ χρῶμα. [ἔστι ποιότης ἐν
τῇ ἐπιφανείᾳ, καθὸ μὲν σῶμα, ἐπιφάνειαν, καθὸ δὲ τοιόνδε, λευκήν].
ἔστι γὰρ φύσις ἐν τοῖς σώμασι δεκτικὴ χρωμάτων, ἥτις ἐστὶν ἡ διαφάνεια.
ὡς γὰρ θερμότητος ἢ ψυχρότητος ἢ ὑγρότητος ἢ ξηρότητος ἢ μανότητος
ἢ πυκνότητος οἷόν τε τὰ μὲν μᾶλλον μετέχειν τῶν σωμά|των, τὰ δὲ ἧττον, 94
οὐκ οὐσῶν χωριστῶν δυνάμεων, οὕτως καὶ τῆς διαφανείας. ὡς γὰρ πᾶσι
τοῖς ἐν ἄλλῳ πεφυκόσι γίνεσθαί τε καὶ εἶναι ἔστι τι ὑποκείμενον ἐπιτη-
δειότητα ἔχον πρὸς τὸ κατ' αὐτὸ εἰδοποιεῖσθαι καὶ ὕλη ἐστὶν αὐτῶν (καὶ

1—7 cf. Alex. De an. p. 147,27—30 Bruns 1 οὐδενὸς οὖν τινος τούτων ἡ a (om. ἴδιον, quod habet etiam M) τούτων] *horum huius* T τινες V 2 τις a (ante ἔστι Arist. codd. EMYLP, om. SU): γὰρ VAN: om. T 3 ἑαυτὴν Aa ἐφί-στασθαι V 4 τε VAN: γε a: om. T (ut saepe τε non vertit) 5 ἅπασι AN 6 πάντα τὰ AN: πάντα MV: πᾶν τὰ a τῆς ANa: om. V: ταύτης τῆς conicio 7 αὐτοῖς libri 8 φύσει V 9 σώμασι] πᾶσι V δὲ ἧττον om. T προσλαμβάνουσι V τοῦτο T 11 ἐπειδὴ V: ἐπεὶ ANa ἔτι V ante οὕτως add. καὶ N(?)a οὕτως om. TA 12 dubito, utrum φησὶν deleam an anacoluthon statuam εἶναι τοιοῦτον TAN fort. recte καὶ τῆς διαφανείας a: καὶ τῆς V: om. TAN 12. 13 διαφανείας— τῆς om. V 14 σὺν ταύτῃ] τοσαύτη V 16 τι scripsi: τὸ VAN(T?): om. a 17 post αὐτὸ add. τὸ V 18 prius δὲ om. T δεκτική V καὶ om. a (habet etiam M) 19 κεχρωσμένη a: κεχρωσμένος V: κεχρωμένου AN: *coloratum* T 20. 21 ἐστι—λευκήν del. Usener 20 ⟨τὸ δὴ χρῶμά⟩ ἐστι coni. Thurot 21 ἐπι-φάνεια et λευκή T 22 ἔστι] ὡς V φύσις om. T 23 primum ἢ] καὶ T ἢ ξηρότητος om. a (habet etiam M) 24 μᾶλλον om. T 25—p. 45,4 repetuntur De an. p. 148,25—30 (cf. 147,28 ss.) 26 καὶ om. V τι] τε AN 27 αὐτὸ libri et De an.: αὐτὰ conicio εἰδοποιεῖσθαι a (De an.): εἶδος ποιεῖσθαι VAN: *fiat species* T ὃ ante prius καὶ add. De an. αὐτῶν scripsi (sic De an): αὐτῷ TVAN: ἐν αὐτῷ a

γὰρ βαρεῖ καὶ κούφῳ καὶ μεγάλῳ καὶ μικρῷ καὶ θερμῷ καὶ ψυχρῷ καὶ 94
τοῖς ἄλλοις τοῖς ἀνάλογον τούτοις ἔχουσιν ὕλη τις ὑπόκειται), οὕτω δὲ καὶ 6
τοῖς χρώμασι καὶ τῇ κατὰ ταῦτα ἐναντιώσει (καὶ γὰρ ταῦτα τῶν ἐν ἄλλοις
γίνεσθαι πεφυκότων), καὶ ἔστιν αὕτη ἡ ἐν τοῖς σώμασι διαφάνεια. καὶ
τὰ σώματα, καθό ἐστι διαφανῆ, καὶ τὸ χρῶμα ἔχει τε καὶ δέχεται· πᾶν
γὰρ σῶμα κατὰ τὴν τοιαύτην δύναμιν χρώματός ἐστι δεκτικόν. ἔστι δὲ 10
οὐκ ἐν πᾶσιν ἴση ἡ φύσις αὕτη τοῖς σώμασιν, ἀλλ᾽ ἐν οἷς μὲν μᾶλλον, ἐν οἷς
δὲ ἧττον· καὶ τὰ μέν ἐστιν αὐτῶν ἀόριστα, τὰ δὲ διωρισμένα. κατὰ δὲ τὰς
διαφορὰς ταύτας καὶ ἡ τῶν χρωμάτων ἐν αὐτοῖς διαφορά. πάντα μὲν οὖν τὰ
σώματα τῆς φύσεως ταύτης τῆς διαφανείας κεκοινώνηκεν, ἀλλὰ τὰ μὲν μᾶλλον,|
τὰ δὲ ἧττον. ἰδίως δὲ διαφανῆ, ὡς εἴθισται λέγεσθαι, τῶν σωμάτων μόνα 95
τὰ δίοπτα, ἀπὸ τοῦ * * * φαινόμενον μὲν κυρίως λέγεσθαι τὸ τῇ ὄψει ἀντι-
ληπτὸν παρὰ τὸ φάος (φάος δὲ τὸ φῶς), ὧν δὴ τοῦτο χρῶμα, ταῦτα ἰδίως
διαφανῆ. τὰ γὰρ δεχόμενα τὸ φάος ἤτοι φῶς, δι᾽ οὗ πάντα τὰ ὁρώμενα ὁρᾶται, 5
ταῦτα λέγεται συνήθως διαφανῆ κατὰ ἄμφω, ὅτι τε τὸ φῶς δέχεται, ὅ ἐστι
φάος, καὶ διότι τοῖς ἄλλοις πᾶσιν αἴτια ταῦτα τοῦ φαίνεσθαί τε καὶ ὁρᾶσθαι·
τὰ γὰρ χρώματα διὰ τούτου ὁρᾶται καὶ τούτου κινητικά. δέχεται δὲ τὸ
φῶς τὰ ἀόριστα διαφανῆ τῷ μὴ ἔχειν οἰκεῖον χρῶμα· τὰ γὰρ ἀόριστα,
ὥσπερ τὸ πέρας ἴσχει παρ᾽ ἄλλου οὐκ ἔχοντα οἰκεῖόν τε καὶ ὡρισμένον, 10
οὕτω δὴ καὶ τὰ χρώματα. δι᾽ οὗ δὴ ταῦτα φαίνεται, τοῦτο δὲ ἰδίως κα-
λοῦμεν διαφανές. οὐ πάντα γάρ, ὡς εἴρηται, τὰ ἔχοντα τὴν διαφάνειαν
ὁμοίως ἐστὶ διαφανῆ· ἀλλὰ τὰ μὲν μᾶλλον αὐτῆς, τὰ δὲ ἧττον μετέχει.
καὶ ἔστι τὰ μὲν ἀόριστα τῶν σωμάτων διὰ τὸ ⟨μηδεμίαν⟩ μοῖραν στερεοῦ
τε καὶ γῆς ἔχειν ἐν αὑτοῖς [ἃ] καὶ μᾶλλον δια|φανῆ καὶ ἐν τῷ βάθει, τὰ 96
δὲ ἕτερα ἧττον, διότι γῆς ταῦτα ἐν αὑτοῖς μετέχει, ἥτις ἐλάχιστα διαφανής
ἐστι· τὸ γὰρ μᾶλλόν τε καὶ ἧττον μίξει τοῦ ἐναντίου. μάλιστα μὲν γὰρ

---

2 ἔχει AN δὴ a (δὲ etiam De an.): om. T 3 τοῖς χρώμασι MT (De an.): χρώμασι a: χρώματα V: τὸ χρῶμα AN 4 ἡ om. V (ut testatur Mau) 5 ἐκδέχεται a 5—11 cf. De an p. 148, 31—149,2 7 αὕτη ἡ φύσις a αὐτὴ AN 8 ἐστιν T: ἔνεστιν VAN a τὰ δὲ διωρισμένα om. T ὡρισμένα coni. Thurot, sed. v. De an. p. 149,36 tert. δὲ a: om. VAN: *et* (τε?) T, sed saepius sic vertit δὲ 10 alt. τῆς a: om. VAN διαφανεία N 11—14 cf. De an. p. 148,7—9 11. 12 τῶν σωμάτων—λέγεσθαι om. V 12 *a faneo fanomenon; proprie enim dicitur* T (ἀπὸ τοῦ ⟨φαίνειν⟩· φαιν. μὲν ⟨γὰρ⟩ κυρίως λέγεται Diels) φαινομένου AN 13 παρὰ] περὶ V παρὰ τὸ φάος om T τὸ φάος· φάος δὲ om. a δὲ pro δὴ T (Diels) τούτου V χρώμενα AN 14 ἤτοι] ἐστὶ V: *sicut* T post ταῦτα add. δὲ T 15 κατὰ ἄμφω om. a τὸ om. N 17 γὰρ om. A τοῦτο ut vid. T post δὲ add. καὶ AN 18 χρώμενα N 19 ὥσπερ] *et sicut* T ἔχει N 20 prius δὴ om. T: δὲ conicio alt. δὴ TVa: om AN: δὲ M (cf. Alex. De an. p. 148,8 Br.) δὲ] δὴ M (teste Thuroto, δὲ teste Brandisio) 21 διαφάνειαν N γὰρ πάντα a 22 post ἀλλὰ add. καὶ V 23. 24 διὰ—γῆς] *quandoque solidum neque terram* T 23 διὰ τὸ μοῖραν a: om. VAN μηδεμίαν add. Thurot 23. 24 στερεοῦται καὶ V 24 ἔχει V αὐτοῖς V ἃ delevi 25 ἕτερα ἧττον om N, in spatio A ante ἐν add. μὲν a αὐτοῖς V 25—p. 46,6 cf. De an. p. 148, 12—22 (149,13—17) 26 τὸ] τὰ a, sed v. De an. p. 148,12 μὲν γὰρ ⟨διαφανὲς τὸ⟩ coni. Thurot

ὁρατὸν καὶ διαφανὲς τῶν σωμάτων, ὃ αὐτό τέ ἐστιν ὁρατὸν καὶ διαφανὲς καὶ τοῖς 96 ἄλλοις τοῦ ὁρᾶσθαι αἴτιον γίνεται· τοιοῦτον δὲ σῶμα τὸ φωτίζειν πεφυκός, ὥσπερ τό τε θεῖον καὶ τὸ πῦρ. κατὰ λόγον δὲ κατὰ τὴν πρὸς τοῦτο γειτνίασιν καὶ οἰκειότητα καὶ τῶν ἄλλων ἕκαστον κεκοινώνηκε τῆς διαφανείας, ἀὴρ μὲν μᾶλλον (διὸ καὶ τάχιστα οὗτος φωτὸς ἀναπίμπλαται), δευτέρως δὲ τὸ ὕδωρ, τελευταία δὲ ἡ γῆ· διὸ καὶ ἐλάχιστα αὕτη διαφανής· καὶ γὰρ ὅσα ἐκ γῆς εἶναι δοκοῦντά ἐστι διαφανῆ, ὕδατος μᾶλλον ἢ γῆς ὄντα αὐτὰ εὕροι τις ἄν· καὶ τῇ ταύτης δὲ μίξει τὰ ἔλαττον διαφανῆ τῶν σωμάτων οὕτως διαφανῆ. καὶ γὰρ δὴ ὁ μὲν ἀὴρ οἰκεῖός πως τῷ πυρί· διὸ καὶ ταχέως ἐμπίπλαται φωτός. τὸ δὲ ὕδωρ καὶ τροφὴ δοκεῖ τῷ | πυρὶ εἶναι· καὶ γὰρ ἐν 97 τοῖς καιομένοις ὅλοις ἡ ὑγρότης ἐστὶν ⟨ἡ⟩ ἐν αὐτοῖς καιομένη, καὶ ἐφ᾽ ὅσον ταύτην ἔχει, καίεται· τοιοῦτον γὰρ καὶ ὁ καπνός. ἡ δὲ γῆ πορρωτάτω ἀφέστηκεν αὐτοῦ (διὸ καὶ ἥκιστα αὕτη διαφανής)· διὸ καὶ εἰκότως τὴν τῆς στερήσεώς πως τοῦ φωτὸς χώραν ἔχει, οὔτε αὐτὴ δεχομένη τὸ φῶς ἐν αὑτῇ, ὅτῳ τ᾽ ἂν ἄλλῳ μιχθῇ, ἀντιφράττουσα αὐτῷ καὶ κωλύουσα φωτίζεσθαι δι᾽ ὅλου, ὡς ὁρῶμεν ἐπὶ τοῦ ἀέρος ἐν ᾧ καπνός ἐστι· πολὺ γὰρ τὸ γεῶδες ἐν τῷ καπνῷ. οὐδὲ ἡ φλὸξ δίοπτος, διότι καὶ αὐτὴ γεῶδές τι ἔχει μεμιγμένον, εἴγ᾽ ἐστὶ καπνὸς καιόμενος καὶ ἡ φλόξ. διὸ οὐ κονιορτοῦ ὄντος ἐν τῷ ἀέρι διαφανὴς ἔτι ὁ ἀὴρ μένει. κέρας δὲ καὶ τὸ χελώνιον διαφανῆ ἐργασθέντα πως γίνεται, ὅτι τὸ πλεῖστον ὕδατος ἐν αὐτοῖς· δηλοῖ δὲ τῷ μαλακτὰ εἶναι. τὰ μὲν οὖν μάλιστα διαφανῆ τῶν σωμάτων τὸ μάλιστα

---

1 ὁρατὸν ANa: ὁρατὸς V: ἀόριστον T τε om. a (habet etiam M) ὁρατὸν a: ἀόρατον VAN: ἀόριστον T καὶ διαφανὲς M: καὶ διαφανὲς (ὅ ἐστι τε add. T) ὁρατὸν TVAN: om. a 3 $^{τ'}$του V 4 τῆς] τὰς V 5 ἀναπίπλαται AN δεύτερα AN τὸ om. VN 6 τελευταῖον V αὕτη Ta: αὐτῇ V: αὐτὸ AN 7 εὕροι VA: εὕρῃ N: εὑρήσει Ma: *inveniet* T, qui fut. pro potentiali ponere solet 8 ἄν om. a (habet etiam M) 8—12 repetuntur De an. p. 149,10—14 9 ταχέως VANa (ταχὺ De an.): *perfecte* T (τελείως Thurot) 10 ἐμπίπλαται φωτός Na (cf. v. 5): ἐμπίπλαται VA: ἐμπίπραται T: ἐκπίμπραται De an.: non potuit quasi novum praedicare ali ignem aqua, si idem de aere dixisset; ideo ἐμπίπραται sprevi post ὕδωρ add. δευτέρως M 11 ὅλοις TVAN: ξύλοις a (De an.), sed cf. [Arist.] Περὶ χρωμάτων p. 791b19 prius ἡ] ^{ἡ}καὶ V ἡ cum libro De an. p. 149,12 addidi καιομένη Ta (De an.): καὶ δεομένη AN: καὶ δεομένου V 12 ταύτης AN γῆ] τῇ N 13—15 repetuntur De an. p. 149,20—23 13 τὴν] τὰ N 14 πως om. T De an. χωρὶς N δεχομένως a 15 αὑτῇ T De an: αὐτή a: αὐτῷ ἢ VAN ὅτῳ τ᾽ ἂν De an.: τῷ ὅτε ἐν VAN: *aut quia quando in* T: καὶ ὅτε ἐν a: καὶ ὅτῳ ἂν coni. Thurot, sed οὔτε ... καὶ stare non potest αὐτὸ Va (om., sed post κωλύουσα add. αὐτὸ De an.) 16 διότι ὡς a: διότι οὐχ M 16—22 cf. De an. p. 149,23—29 16 ὁ καπνὸς a, sed. v. De an. p. 149,23 τὸ om. a 17 γαιῶδες V οὐδὲ] καὶ M δίοπτος e libro De an. corr. Thurot: δὲ libri γαιῶδες V 18 εἴγ᾽ Ta: εἴτ᾽ VAN ἔτι a 18. 19 διὸ — μένει bene post καπνῷ v. 17 transpon. Thurot, quod liber De an. commendare videtur 20 πλεῖον De an., cf. p. 47,8 δῆλον cum T Thurot, sed δηλοῖ, quod male mutat Bruns, etiam De an. 21—47,3 cf. De an. p. 149,32—35

ὁρατὸν | τῶν χρωμάτων δέχεται, τοῦτο δέ ἐστι τὸ φῶς, καὶ δι' ὅλων αὐτῶν, 98
τῷ μὴ ἔχειν τὸ ἀντιφράττον καὶ τῷ ἀόριστα εἶναι· δι' ὃ καὶ τῶν ἄλλων
χρωμάτων ὁρατὸν ἕκαστον· τῷ δὲ εἶναι ὑγρά τε καὶ ἀόριστα καὶ μὴ δύνα-
σθαι στέγειν τοῦτο ὃ δέχεται οὐ παθητικῶς χρώννυται. διὸ οὐκ ἀεὶ τὸ
χρῶμα τοῦτο ἔχει, ἀλλ' ἀπελθόντος τοῦ πεφυκότος φωτίζειν αὐτὰ ἐν στερήσει
τούτου γίνεται· ὡς εἴγε στέγειν ἐδύνατο τὸ χρῶμα, ἦν ⟨ἂν⟩ ἀεὶ φῶς ἐν
αὐτοῖς. ἀλλὰ καὶ τὰ ἄλλα χρώματα ὁμοίως δέχεται· κινεῖται γὰρ ὑπὸ
τούτων δι' οἰκειότητα. ὅσα δὲ στερεὰ τῶν σωμάτων καὶ γῆς ἔχοντα πλεῖον,
οὔτε δίοπτα ταῦτα, διότι μηδὲ ὁμοίως διαφανῆ, οὔτε τὸ φῶς ἔτι δέχεται·
οὐ γὰρ τῶν τοιούτων σωμάτων οἰκεῖον χρῶμα τὸ φῶς. ἔχει μέντοι οἰκεῖόν
τι χρῶμα· στερεὰ γὰρ ὄντα καὶ στέγειν δυνάμενα τοῦτο ὃ τὴν ἀρχὴν
ἐδέξατο καὶ ἔσχεν ἐκ τῆς τῶν διαφανῶν | ἐν αὐτῷ ποιᾶς μίξεως, ὁρᾶται 99
μὲν διὰ τοῦ φωτός, ὃ κυριώτατά τε καὶ μάλιστα ὁρατόν, οὐ μὴν αὐτὸ τὸ
φῶς ὡς χρῶμα δεχόμενα· καθόσον δὲ μετέχει τῆς διαφανείας, κατὰ τοσοῦτον
καὶ οὕτως κέχρωσται. ὅσα μὲν γὰρ μᾶλλον αὐτῶν ἐστι διαφανῆ φωτοειδὲς
ἔχει τὸ χρῶμα, ἔχοντα μεμιγμένον ἐν αὐτοῖς τὸ τοιούτου χρώματος αἴτιον,
τὰ δ' ἐγγὺς τούτοις λευκόν· τὰ γὰρ μᾶλλον ὁρατὸν ἔχοντα τὸ χρῶμα μᾶλλόν
ἐστι καὶ διαφανῆ. τὰ δὲ μέλανα στερήσει διαφανείας τοιαῦτα, ὡς τὸ σκότος
ἀπουσίᾳ τοῦ φωτίζειν πεφυκότος. καὶ τοιαύτη μὲν ἡ τοῦ χρώματος φύσις
καὶ ἡ τῆς ἐν τοῖς σώμασι διαφανείας.

p. 439a 25 Ὥσπερ οὖν ἐπὶ τῶν σωμάτων ἀνάγκη τι εἶναι ἔσχατον.

Λαβὼν ὅτι τὸ χρῶμα ἐν τῷ διαφανεῖ (καὶ γὰρ τὸ φῶς ἐν τούτῳ καὶ
τοῦτο ὂν κατὰ συμβεβηκὸς χρῶμα — τοῦτο γὰρ τῆς τῶν χρωμάτων φύσεως
δεκτικόν — καὶ τούτῳ συμβεβηκὸς ὡς ὑποκειμένῳ τῷ χρώματι τούτου
ἐστὶ τὸ χρῶμα, λέγω | δὴ τοῦ διαφανοῦς) * * * ὡς γὰρ τοῦ σώματος, 100

---

1. 2 *et quae per totum ipsorum non habent* T αὐτῶν] οὐν εἶναι V 2 τῷ μὴ ἔχειν a: τὸ μὴ ἔχον VAN 2 τὸ VAN: om. a ἀντιφράζον V διὸ libri 2. 3 δι' ὃ — ἕκαστον bene post φῶς v. 1 transpon. Thurot, quod commendare vid. liber De an. p. 149,34 4 παθητικὰ A: παθητικὸν N 6 τοῦτο a ὥστε a στέργειν V ἠδύνατο a ἂν add. Thurot 7 ἀλλὰ om. T post ὁμοίως add. δὲ V, ἃ T 8—19 cf. De an. 149,36—150,12 8 πλεῖστον T (πλεῖον etiam De an. p. 150,1) 11 τι om. a (habet etiam M) τοῦτο ὅτι χρόαν a τοῦ διαφανοῦς T 12 αὐτοῖς conicio (cf. v. 16) 13 κυριωτάτως a μάλιστα καὶ a (καὶ μ. etiam M) 15 οὗτος AN 16 αὐτοῖσ Aa: αὐτῶ V 17 τὰ] τὸ V τούτοις De an. p. 150,8: *hoc* T: τούτου οἷς VN: τούτου οἷον A (?) a τὸ a: om. VAN (De an.) 18 καὶ om. T διαφανὲς N δὲ om. T 19 τῶν χρωμάτων a 20 ἡ τῆς om. a ἐν τοῖς om. AN διαφάνεια a 21 εἶναι om. T 23 prius τοῦτο TVAN (cf. p. 102,3 Th.): τούτου Thuroti codd. BC: τούτω a ὃν AN alt. τοῦτο a: ταυτὸν TVAN χρωμάτων a: σωμάτων TVAN 24 δεικτικὸν TV τούτω a: τοῦτο TVA: τοῦτο κατὰ N: τούτω κατὰ M τῷ χρώματι VANa: τῷ σώματι T: om. M 25 δὴ] δὲ T: καὶ V (δὲ καὶ ut testatur Mau) φησιν add. Thurot, maiorem suspicor lacunam

καθὸ σῶμά ἐστιν, ἀναγκαίως ἐστὶν ἔσχατόν τι καὶ πέρας (οὐδὲν γὰρ ἄπειρον 100 σῶμά ἐστι, παντὸς δὲ σώματος ἔσχατον ἡ ἐπιφάνεια), οὕτως καὶ τῆς ἐν τοῖς σώμασι διαφανείας καὶ τῶν σωμάτων, καθό ἐστι διαφανῆ, ἀναγκαῖον εἶναί τι πέρας, ταὐτὸν μὲν ὂν τῷ ἀριθμῷ τῷ τοῦ σώματος πέρατι, ὅτι καὶ τὰ ὧν πέρατα ταῦτα ἓν κατ' ἀριθμόν, οὐ ταὐτὸν δὲ τῷ λόγῳ, ὅτι μηδὲ ταὐτὸν ἦν τό τε σώματι εἶναι καὶ τὸ διαφανεῖ· σώματα μὲν γὰρ ἀλλήλων οὐκ ἔστι μᾶλλον καὶ ἧττον, διαφανῆ δὲ τὰ μὲν μᾶλλον, τὰ δὲ ἧττόν ἐστι. τοῦ μὲν οὖν σώματος, ὡς σώματος, πέρας ἡ ἐπιφάνεια, τοῦ δὲ διαφανοῦς, ὡς διαφανοῦς, τὸ χρῶμα· διὸ καὶ ταὐτόν πως καὶ οὐ ταὐτὸν ἐπιφάνειά τε καὶ χρῶμα. τὸ δὲ πέρας τοῦ διαφανοῦς χρῶμα· κατὰ δὲ τὸ πέρας ὁρᾶται τὰ κεχρωσμένα, ὥστε πέρας τὸ χρῶμα. καθὸ μὲν γὰρ ὁρᾶται, | κατὰ 101 τοῦτο καὶ χρῶμα ἔχει· κατὰ δὲ τὸ πέρας ὁρᾶται· κατὰ τοῦτο ἄρα ἔχει τὸ χρῶμα, καὶ τοῦτό ἐστιν αὐτῶν, ὡς διαφανῶν, πέρας. οὐκέτι γὰρ τὰ οὕτω διαφανῆ καὶ διὰ βάθους ἐστὶ τοιαῦτα· τῶν γὰρ ἀορίστων διαφανῶν ἡ διαφάνεια διὰ βάθους.

p. 439a26 Ἡ μὲν οὖν τοῦ φωτὸς φύσις ἀορίστῳ διαφανεῖ ἐστι.

Ἀόριστον μὲν γὰρ διαφανὲς τὸ ὑγρὸν καὶ μὴ ἔχον οἰκεῖον ὅρον, ᾧ ἀντιδιαιρεῖται τὸ στερεὸν σῶμα, σῶμα ἁπλῶς λέγων αὐτό, ὡς ἐμφαινομένης τῆς στερεότητος ἐν τῷ σώματι, ἐπεὶ οὐδέν γε ἔλαττον καὶ τὸ ἀόριστον σῶμα σῶμα. τὴν διαφορὰν δὲ φωτός τε καὶ χρώματος καὶ τῶν ἐν οἷς ταῦτα διαφανῶν δείκνυσι διὰ τούτων. τὸ μὲν γὰρ φῶς ἐν τῷ ἀορίστῳ διαφανεῖ καὶ οἰκεῖον οὐκ ἔχοντι τέλος. ὡς γὰρ οὐκ ἔχει τὰ | τοιαῦτα 102

1 post σῶμα add. εἶναι M 1. 2 ἀναγκαίως — ἐστι om. T 1 ἀναγκαῖον a ἐστὶ om. a: post τι AN 1—4 οὐδὲν — πέρας om. a (habebat M, sed desectus est unus versus, ut restet δεν γ (= v. 1), plenus sit inde a voce διαφανῆ v. 3)
2 δὲ V: γὰρ AN: om T ἡ om. AN τῆς ἐν TAN: om. V (sed v. p. 47,20)
3. 4 ἀναγκαίως εἶναι τὸ πέρας M 4 ταὐτὸν] τοῦτο M ὄν a: ἐστὶ (ταὐτὸν add. M) MAN: ἔσται TV alt. τῷ om. AN 4. 5 *corporis et quia et quorum termini* T 4 καὶ om. a 5 post ταῦτα add. ἐστὶν T ἀριθμόν] ὁρισμόν (*terminum*) T 6 σώματα et διαφανῆ a σώματα] σώματι V
7 τὰ μὲν VANa: om. T τὰ δὲ MAN: καὶ TVa 8 ὡς σώματος om. V
9 διαφανῶς V 10—13 cf. De an. p. 150,13 — 18 10 alt. χρῶμα] χρώματα TV alt. δὲ] γὰρ conicio 11 κεχωσμένα V: ὡρισμένα male coni. Thurot ὥστε] *quia* T 12. 13 κατὰ δέ—χρῶμα om. a (habet M) 12 alt. κατὰ] καὶ MN τοῦτο om. M ἔχει om. M 13 αὐτῶν] οὐ τῶν a: τῶν M 14 βάθος V post διαφανῶν add. καὶ MN (?) 16 ἀορίστω libri (*minato* T, corr. *interminato*): ἀορίστω τῶ Arist. codd. EY: ἐν ἀορίστω (τῶ) ceteri Arist. codd. et E³ (cf. Alex. v. 21)
17 γὰρ om. a post ὅρον add. ὃ ἀντιδιαιρεῖ a 18 ἀντιδιαιρεῖται MTVAN: ἀντιδιαιρεῖ a τὸ a: om. MVAN 18—20 alt. σῶμα—alt. σῶμα om. a (habet etiam M)
18 ne λέγω conicias, v. p. 105,15 Th. et Arist. p. 439a28 19 post τῷ add. στερεῷ M καὶ om. T 20 alt. σῶμα om. T post alt. σῶμα add. ἐστὶ M δὲ] τὲ V τε om. a χρώματος a: σώματος TVAN 21 τούτου T γὰρ om. V ἐν om. T 22 διαφανῆ a οὐκ ἔχοντι οἰκεῖον Ta

σώματα, καθὸ σώματα, οἰκεῖόν τι πέρας, ἀλλ' ἀεὶ ὑπὸ ἄλλου ὁρίζεται καὶ 102
περατοῦται, οὕτως οὐδὲ χρῶμα οἰκεῖον ἔχει τῷ τὸ μὲν χρῶμα πέρας καὶ τοῦτο εἶναι τοῦ σώματος, καθὸ διαφανές τε καὶ χρώματος δεκτικὸν καὶ ὁρατόν, ταῦτα δὲ μὴ ἔχειν οἰκεῖον πέρας. ἐπεὶ δέ ἐστι καὶ ἐν τοῖς στερεοῖς ἡ διαφάνεια καὶ οἰκεῖον ἔχει πέρας ταῦτα καὶ ὡρισμένον, τοῦ ἐν τοῖς στερεοῖς σώμασι διαφανοῦς ἀνάγκη μὲν εἶναι ἔσχατόν τι καὶ τοῦτο ὡρισμένον, ὥσπερ καὶ καθὸ σώματα ἦν· συνοδεύει γὰρ καὶ ἐν τῷ ὑποκειμένῳ τό τε ὡς σώματος καὶ τὸ ὡς διαφανοῦς πέρας.

Τοῦτο δ' ὅτι τὸ χρῶμά ἐστι προσβιβάζει ἀπὸ τῶν συμβεβηκότων. τὸ γὰρ χρῶμα ἢ ἐν τῷ πέρατι τοῦ σώματός ἐστι ἢ πέρας τοῦ σώματός ἐστι. καὶ ὅτι τοῦτο οὕτως ἔχει, παρατίθεται τὴν τῶν Πυθαγορείων δόξαν, ὅτι τὴν ἐπιφάνειαν, ὅ ἐστι πέρας τοῦ σώματος, χρόαν ἔλεγον. παραθέμενος δὲ τὴν ἐκείνων δόξαν, ἐπα|νορθῶν αὐτὴν λέγει εἶναι μὲν ἐν τῷ πέρατι τοῦ 103
σώματος, ὅπερ ἐστὶν ἡ ἐπιφάνεια, τὸ χρῶμα, οὐ μὴν εἶναι τὸ τοῦ σώματος πέρας. καὶ * * * ὡς σώματός ἐστι πέρας τὸ χρῶμα· τὸ μὲν γὰρ χρῶμα ποιότης, ἡ δὲ ἐπιφάνεια ποσόν, εἴγε μέγεθος ἐπὶ δύο διεστώς· καὶ πᾶν μὲν σῶμα ἐπιφάνειαν ἔχει, οὐ πᾶν δὲ κέχρωσται. καὶ οὔτε, εἰ μία ⟨κατ' ἀριθμὸν ἐπιφάνεια⟩, ἐξ ἀνάγκης ἓν κατ' ἀριθμὸν χρῶμα (δύναται γὰρ ἐν τῇ μιᾷ κατ' ἀριθμὸν ἐπιφανείᾳ καὶ τὰ ἐναντία εἶναι χρώματα), οὔτε, εἰ ἓν κατ' ἀριθμὸν χρῶμα, ἀνάγκη καὶ ἐπιφάνειαν κατ' ἀριθμὸν εἶναι μίαν. ὅτι δὲ μὴ τοῦ σώματος, καθὸ σῶμα, πέρας τὸ χρῶμα, ἀλλὰ τοῦ διαφανοῦς, καὶ αὐτὸς διὰ τῶν ἑξῆς δείκνυσι, καὶ ὅτι τὸ διαφανές ἐστι τὸ ἐν τοῖς σώμασι χρώματων δεκτικόν.

p. 439a33 Ἀλλὰ τὴν αὐτὴν δεῖ φύσιν νομίζειν.

Προθέμενος δεῖξαι ὅτι τὸ χρῶμα οὐ τὸ τοῦ σώματος πέρας ἐστίν, | ἀλλ' ἐν τῷ τοῦ σώματος πέρατι, πέρας ὂν οὐχ ὡς σώματος, ἀλλὰ τοῦ 104
διαφανοῦς, καθὸ διαφανές, πρῶτον δείκνυσιν ὅτι τὸ ἐν τοῖς στερεοῖς σώμασι διαφανές ἐστι τὸ χρωμάτος δεκτικόν. τὴν γὰρ αὐτήν, φησί, δεῖ

1 καθὸ σώματος V ἄλλου om. T 3 καθὸ] καὶ AN 4 τοῦτο T post στερεοῖς add. σώμασιν a 5 ἡ om. V 5. 6 καὶ οἰκεῖον—διαφανοῦς in spatio XVIII litt. om. a 5 ταῦτα hic habent TV: post ὡρισμένον MAN ἐν om. T 6 μὲν] μὴ a: om. M τι om. N 7 prius καὶ om. a σώματος V alt. καὶ om. T τό] τῷ a 7. 8 τε ἡ σώματα V 8 τὸ] τῷ M 10 prius ἢ] τὸ AN(T) τοῦ—πέρας om. N 11 ἐστι TVA: om. a post τοῦτο add. οὐχ a (om. etiam M) περιτίθεται V post δόξαν add. καὶ T 12 περιθέμενος V 13 αὐτὴν λέγει Ta: αὐτὸν λέγει N: λέγει αὐτὴν VA 14 χρῶμα] σῶμα V 14. 15 οὐ μὴν—τὸ χρῶμα om. T 15 post καὶ add. οὐχ M: δῆλον ὅτι οὐ τοῦ σώματος addam (cf. p. 48,8 et vv. 21. 26) ὡς] ὃ AN σώματος] σῶμα τί V ut testatur Mau γὰρ om. AN 16 διεστός A(?)a 17 εἰ a: ἡ VAN(T) 18 κατ' ἀριθμὸν ἐπιφάνεια add. Thurot (cf. Alex. De an. I p. 46,15 Br.) 19 τῇ om. a 20 εἰ Ta: τὸ VAN καὶ MTVN: om. Aa 21 σῶμα Ta: σώματος V: σώματα AN 24 φύσιν δεῖ Arist. 25 alt. τὸ MVN: om. Aa 26 ὂν N 27 πρῶτα V τὸ V: om. ANa 28 χρώματος Ta: χρωμάτων V: χρῶμα AN post αὐτὴν add. δεκτικὴν V φησί om. T δεῖν V

νομίζειν φύσιν καὶ ἐν τοῖς στερεοῖς εἶναί τε καὶ συνθέτοις σώμασι τὴν 104 τοῦ χρώματος δεκτικήν, ἥτις καὶ ἔξω τῶν στερεῶν σωμάτων ὁρᾶται χρωματιζομένη· τοιαύτη δὲ ἀήρ τε καὶ ὕδωρ. δείκνυσι δὲ διὰ τούτων ὅτι τὸ διαφανὲς χρώματος δεκτικόν. ἔξω δὲ εἶπε ταῦτα χρωματίζεσθαι, ὅτι ὑπό τινος ἔξωθεν φωτίζεταί τε καὶ χρώννυται οἰκεῖον οὐκ ἔχοντα ⟨χρῶμα⟩ (τὰ γὰρ ἐξ αὐτῶν καὶ οἰκεῖον ἔχοντα χρῶμα ἐντὸς κεχρῶσθαι λέγει, διότι οἰκεῖον ἔχει καὶ ἐν αὐτοῖς τὸ χρῶμα καὶ τὸ αἴτιον τοῦ χρώματος)· ἡ γὰρ αὐγὴ καὶ τὸ φῶς τὸ ἐν τοῖς ἀορίστοις διαφανέσι γινόμενον, οἷά ἐστιν ἀὴρ καὶ ὕδωρ, ἀλλὰ καὶ κίνησις | ἡ ὑπὸ τῶν χρωμάτων τούτων † ἐστί χρωματίζεται· ἐν γὰρ τούτοις αὐγή τις γίνεται, καὶ ἐν τῷ ἀέρι καὶ ἐν τῷ ὕδατι, ὑπό τινων ἀνθῶν, ὡς χρώννυσθαι δοκεῖν αὐτά. ἢ αὐγὴν τὸ φῶς εἶπε τὸ γινόμενον ἐν αὐτοῖς, χρῶμα ὄν πως αὐτῶν. καὶ ἐν τοῖς στερεοῖς ἄρα ἡ φύσις ἡ αὐτή ἐστιν ἡ τὰ χρώματα δεχομένη. 105

Ἑξῆς δὲ προστίθησι, κατὰ τί αὐτοῖς ἡ διαφορά, τούτοις τε τοῖς ἀορίστοις διαφανέσιν, ἃ εἶπεν ἔξω * * * όντα χρωματίζεσθαι, καὶ τοῖς ὡρισμένοις. ἐπὶ μὲν γὰρ ἐκείνων διὰ τὸ ἀόριστα αὐτὰ εἶναι καὶ μὴ παθητικῶς ἀναδέχεσθαι τὰ χρώματα οὐ τὸ αὐτὸ φαίνεται χρῶμα οὐδὲ ἡ αὐτὴ αὐγὴ ἐγγύς τε προσιόντων καὶ ἀφισταμένων πορρωτέρω (κατὰ γὰρ ποιὰν σχέσιν καὶ θέσιν τῶν δι' αὐτῶν ὁρωμένων πρὸς τὰ ὁρῶντα καὶ ποσὴν ἀπόστασιν διάφορον τὸ ἐν αὐτοῖς χρῶμα φαίνεται καὶ μεταβάλλον τῷ μὴ αὐτὰ ἀναδέχεσθαι τὸ χρῶμα τὸ ὁρώμενον· κινούμενα δέ πως ὑπ' αὐτῶν αἴτια τοῖς ὁρῶσι τοῦ ὁρᾶσθαι ταῦτα γίνεται), ἐν δὲ τοῖς σώμασι (πάλιν δὲ σώματα τὰ στερεὰ λέγει) | τὸ αὐτὸ μένει τὸ ὁρώμενον, ἐγγύς τε καὶ πορρωτέρω 106 ἀποχωρούντων, ἄν γε ᾖ τὸ διάστημα σύμμετρον· οὐ γὰρ τὸ ἐν τούτοις χρῶμα ἐν τῷ γίνεσθαι τὸ εἶναι ἔχει, ἀλλ' ἔστιν ἐν αὐτοῖς τοῦτο δι' οὗ αὐτὰ ὁρᾶται, ἀλλ' οὐ διὰ τούτων. ἀλλ' ἐπειδὴ πολλάκις καὶ ἐν τοῖς οἰκεῖον ἔχουσί τι χρῶμα καὶ στερεοῖς τὸ περιέχον ἢ πυκνότερον ὂν ἢ λεπτότερον,

1 τε] τι N: del. Thurot alt. καὶ] *et in* T (καὶ ἐν τοῖς Thurot) 2 τῶν χρωμάτων V *extra corpus videtur* T 3 prius δὲ Na: om. TVA 3. 4 *ostendit quia hoc quod dyafanum* T 5 ἔξωθεν om. V ἔχοντος V χρῶμα add. Thurot 6 αὐτῶν VAa καὶ om. M ἔχει M 6—8 κεχρῶσθαι—ἀορίστοις om. a 6 λέγει om. T 7 prius καὶ om. T αὐτοῖς MVA 8 διαφανὲς a: διαφανέσι διαφανὲς M οἷα om. TV 9 ante ἀλλὰ lacunam statuit Thurot, (cf. Alex. De an. II. p. 145,32 ss.) ἢ Thurot σωμάτων AN τούτοις ⟨αἰτία⟩ ἐστὶ ⟨τοῦ⟩ χρωματίζεσθαι dubitanter conicio (cf. v. 21) 9. 10 χρωματίζεσθαι a: *coloratus* T 10 καὶ ἐν τῷ ὕδατι om. AN 11 ἀνθῶν om. V ὡς VAN: καὶ a εἶπε τὸ φῶς V 12 ἀέρα V 14 αὐτοῖς ἡ (ἡ om. V) διαφορά TVN: ἡ διαφορὰ αὐτοῖς A(?)a 15 ⟨χρῶμα οἰκεῖον οὐκ ἔχ⟩οντα suppleam (sim. Thurot) 16 ὁριστὰ AN 17 οὐ] *non enim* T ἡ αὐτὴ om. T αὐγή] αὐτή N 18 προσιόντων T: προϊόντων VANa 20 μεταβάλλον] *permutatur* T μὴ om. T αὐτὰ TVa: τὰ αὐτὰ MAN: παθητικῶς αὐτὰ conicio 20. 21 ἀναδέχῃ V 21 τὰ χρώματα τὰ ὁρώμενα conicio propter αὐτῶν τῶν ὁρωμένων coni. Thurot 21—23 κινούμενα—ὁρώμενον om. AN 21 αἴτια a: αἰτία ut vid. T: αἰτίαν V 21. 22 τοῖς ὁρῶσι om. V 22 alt. δὲ om. V 23 τὰ om. V λέγων T μένειν T (V ut testatur Mau) τε Ta: δὲ VAN τε ⟨προσιόντων⟩ e. v. 18 conicio 24 ἄν] ἦν a (ἂν etiam M) γε a: τε MVAN(T) ᾖ MTANa: ἦν V 25 τοῦτο ⟨τὸ⟩ conicio 26 οὐχ ⟨ὃ⟩ conicio 27 ὂν AN: om. T

μᾶλλον πεφωτισμένον ἢ ἧττον, κατὰ ποιὰν τοῦ φωτὸς σχέσιν πρὸς τὰ χρώματα 106 καὶ τὴν μῖξιν τὴν πρὸς ταῦτα ἄλλοτε ἀλλοῖα ποιεῖ φαίνεσθαι τὰ ὁρώμενα, ὡς ἐπὶ τοῦ τῆς περιστερᾶς τραχήλου, διὰ τοῦτο ἀσφαλῶς προσέθηκεν τὸ ἐὰν μὴ τὸ περιέχον ποιῇ μεταβάλλειν, ὥρισται καὶ ἡ φαντασία τῆς χρόας. ἢ τὸ ἐὰν μὴ τὸ περιέχον ποιῇ μεταβάλλειν εἶπεν ἐπὶ τῶν σωμάτων, λέγων τὰ στερεά· πολλάκις γὰρ καὶ τούτων τὸ χρῶμα ἀλλοῖον ὑπὸ τοῦ περιέχοντος γίνεται ἢ θερμοτέρου ἢ ψυχροτέρου ἢ ὅλως τοιούτου ὄντος, ὡς ὑπ' αὐτοῦ πάσχειν τὸ κεχρωσμένον καὶ μεταβάλλειν. |

Προσθεὶς δὲ τὴν διαφορὰν τῶν τε ἐν τοῖς ἀορίστοις διαφανέσι χρωμάτων 107 καὶ τῶν ἐν τοῖς ὡρισμένοις, τὴν αἰτίαν ἀποδιδοὺς (χρήσιμον γὰρ ἦν αὐτῷ πρὸς τὸ μὴ ἡγεῖσθαί τινας διὰ τοῦτο τὰ μὲν ἀόριστα διαφανῆ εἶναι, τὰ δὲ ὡρισμένα μηκέτι) δῆλον, φησίν, ὅτι ἡ αὐτὴ φύσις καὶ τὸ αὐτὸ καὶ ἐν τοῖς στερεοῖς καὶ ἐν τοῖς ἐκτός τε ⟨χρωματιζομένοις⟩ καὶ ἀορίστοις χρώματός ἐστι δεκτικόν, καὶ ἔστι τοῦτο διαφανές. καθ' ὅσον ἄρα ὑπάρχει καὶ ἐν τοῖς σώμασιν ἡ διαφάνεια, κατὰ τοσοῦτον αὐτοῖς καὶ χρώματος μέτεστιν. ὅτι δὲ τοῖς μὲν μᾶλλον τοῖς δὲ ἧττον ὑπάρχει ἡ φύσις αὕτη οὖσα ἐν πᾶσι, προειρήκαμεν.

Εἰπὼν δὲ τοῦτο καὶ λαβὼν ὅτι ἐν τῷ διαφανεῖ, νῦν προστίθησιν ὅτι ἐν τῷ πέρατι τούτου, ἀλλ' οὐκ ἐν τῷ τοῦ σώματος, ὡς ἐδόκει τοῖς Πυθαγορείοις. ὅτι μὲν γὰρ ἐν πέρατι ἡ χρόα ὡς ἐναργὲς λαμβάνει· ὁρατὰ γὰρ τὰ σώματα κατὰ τὸ πέρας. καθ' ὃ γὰρ ἕκαστον τῶν ὁρατῶν ὁρατόν ἐστι, τοῦτο τὸ χρῶμά ἐστιν αὐ|τοῦ· κατὰ δὲ τὸ πέρας τὰ ὡρισμένα διαφανῆ 108 ἐστι· τὸ πέρας ἄρα τοῦ ὡρισμένου διαφανοῦς, καθὸ διαφανές, χρῶμά ἐστι. τὰ γὰρ ἐν βάθει τῶν σωμάτων λέγοιτ' ἂν δυνάμει χρῶμα ἔχειν, ὥσπερ καὶ ὁρατὰ εἶναι· ὡς γὰρ τὸ ὁρατὰ εἶναι ἔχει, οὕτως ἔχει καὶ τὸ κεχρῶσθαι. πᾶν γὰρ χρῶμα ὁρατὸν τῇ αὐτοῦ φύσει, εἰ καὶ μὴ τὸ εἶναι αὐτῷ ἐν

---

1 περιπεφωτισμένον V 1. 2 *secundum aliquam circumdantis habitudinem habens ad colores* T 2 ἄλλοτε ἄλλο τὰ ποιὰ τὰ ὁρώμενα N (*alios alia qualia videntur* T) 3 περιστερᾶς τραχήλου] exemplum Carneadeum ante διὰ add. καὶ a 4 post ποιῇ add. τὸ Arist. codd. EMYE 4. 5 ὥρισται—χρόας del. Thurot 4 καὶ om. T 5 prius τὸ a: om. TVAN 6 σωμάτων Thurot: χρωμάτων libri λέγων a: λέγει TVAN 7 θερμότερον ἢ ψυχρότερον a 10 post δὲ add. καὶ V ἀορίστοις om. T 11 ante τὴν add. καὶ a ἀποδιδοὺς (T)AN: ὑποδιδοὺς V: ἀποδοὺς a 12 αὐτὸ V τινὸς V: *quedam* T μὲν om. AN 13 εἶναι om. T μηκέτι a: ὃ μηκέτι TVAN φησιν] ἐστιν T ἡ αὐτὴ TV: αὐτὴ A: αὐτά N: ἡ τοιαύτη a φύσις] φησι N 14 alt. ἐν] ἐκ AN: om. a χρωματιζομένοις add. Thurot 15 χρώματα δὲ ἐστὶ V διαφάνεια AN 16 καὶ Ta: om. VAN τὸ τοῦτον a (τοσοῦτον etiam M) 17 χρώματος] σώματος V 18 προειρήκαμεν] p. 44,5ss. al. 17—19 ἧττον—διαφα typothetae errore post p. 52,1 τὸ δὲ φῶς habet a (corr. M) 20 ἐν τῷ TV: ἐν A: ἐντὸς Na 20. 21 Πυθαγορίοις N 21 λαμβάνει om. T λαμβάνειν ὁρᾶται V 22 γὰρ] ἄρα Usener 23 prius τὸ a: om. VAN 24 διαφανῆ a (διαφανοῦς etiam M) 25 λέγει τ' N 26 ὁρατὸν V ὁρατὸν V οὕτως ἔχει om. a (habet etiam M) 27 πᾶν] πῶς V σῶμα a (corr. M) τῆς αὐτοῦ φύσεως V ἐν om. V

τούτῳ. τὸ δὲ φῶς οὐκ ἂν εἴη χρῶμά τι ἁπλῶς οὐδὲ ὑπὸ τὸν τοῦ χρώματος 108 λόγον, ὅτι μὴ παθητικῶς αὐτὸ ἔχει τε καὶ δέχεται τὰ διαφανῆ. προστίθησι δέ, βεβαιῶν τὸ πέρας εἶναι τὸ χρῶμα, ὅτι καὶ αὐτῶν τῶν διαφανῶν εἴ τι οἰκεῖόν ἐστί τινος χρῶμα, καὶ τοῦτο κατὰ τὸ πέρας ὁρατόν ἐστι· τὸ γὰρ φῶς οὐ χρῶμα ἦν αὐτῶν· οὐ γὰρ ἴδιον.

Εἰπὼν δὲ ταῦτα ἑξῆς προστίθησι καὶ τὴν αἰτίαν τῆς τῶν χρωμάτων τῶν ἐν τοῖς σώμασι διαφορᾶς | λέγων· ἔστι μὲν οὖν εἶναι ἐν τῷ 109 διαφανεῖ τοῦθ' ὅπερ καὶ ἐν τῷ ἀέρι ποιεῖ φῶς. ἔστι δὲ τὸ λεγόμενον τὸ φῶς τὸ ἐν τοῖς ἀορίστοις γινόμενον διαφανέσι χρῶμά πως ὄν· καὶ γὰρ αὐτὸ παρουσίᾳ φωτὸς ἤ τινος φύσεως φωτίζειν τε καὶ χρωννύναι δυναμένης γίνεται, ἧς ἀπελθούσης σκότος ἐν τῷ διαφανεῖ γίνεται, στέρησις φωτὸς ὄν. ὡς οὖν ἐπὶ τῶν ἀορίστων διαφανῶν ἔχει τὸ ἐν ἐκείνοις χρῶμα παρουσίᾳ γινόμενον τοῦ φωτίζειν δυναμένου, οὕτως φησὶν ἔχειν καὶ ἐπὶ τῶν ὡρισμένων τὸ χρῶμα τὸ οἰκεῖον αὐτῶν ἑκάστου. ἐν οἷς μὲν γὰρ αὐτῶν οὖσι διαφανέσι ἐστὶ καὶ τὸ ὑφ' οὗ χρώννυσθαι πέφυκε τὸ διαφανὲς (τοιαύτη δὲ ἦν ἡ λαμπρὰ καὶ πυρώδης φύσις), ταῦτα ὁρατά τε μᾶλλον καὶ μᾶλλον χρώννυται ἔχοντα τὸ χρῶμα ὡρισμένον τε καὶ μένον, ὅτι καὶ τὸ παρεκτικὸν καὶ αἴτιον τοῦ χρώματος ἐν αὑτοῖς ἔχει, καὶ ταῦτ' ἐστὶ τὰ λευκὸν ἔχοντα τὸ χρῶμα· καὶ γὰρ ἡ χιών, διότι πλεῖστον ἀέρος ἔχει, | ἔτι δὲ καὶ [ἐξ] ὕδατος, διαφανῶν ἀμφοτέρων, μάλιστα † δὲ διαφανὴς καὶ 110 λευκὴ διὰ τὴν κίνησίν τε καὶ τρῖψιν τοῦ ἀέρος ⟨ὃς⟩ κινούμενος τοῦ λευκοῦ καὶ ἀφρώδους χρώματος αἴτιος· ἡ γὰρ κίνησις αὐτὸν συνάγουσα διὰ τὴν περιέχουσαν τοῦ νέφους ψυχρότητα παχύτερον ποιεῖ θερμαίνουσα καὶ συνίστησι, καὶ οὕτως κρατηθεὶς ὑπὸ τοῦ ἐκτὸς ψυχροῦ πήγνυται. ἐν οἷς δὲ μὴ ἔστιν ἢ ἧττόν ἐστιν ἡ τοιαύτη φύσις, ταῦτα μέλανά τε καὶ ἐν στερήσει χρώματος ἀνάλογον τῷ σκότῳ ⟨τῷ⟩ ἐν τοῖς διαφανέσιν ὄντι, ὁπόταν μὴ παρῇ τὸ φωτίζειν τε καὶ χρωννύναι αὐτὰ δυνάμενον. καὶ τὰ μεταξὺ δὲ

---

1 χρῶμά τι ἁπλῶς TA: χρώματι ἁπλῶς N: χρώματος ἁπλῶς V: ἁπλῶς χρώματι M: χρώματι ταυτόν a post οὐδὲ add. γὰρ M τὸν] τῶν AN 2 post λόγον add. πίπτει M 3 βεβαιοῦν T prius τὸ a: τό τε VAN 4 ἐστί Ta: εἶναι VAN

6 *hoc* T (sic saepe errat) 7 τῶν] τῆς a λέγων] λογ' V ἔτι T μὲν] μὴν V εἶναι TVN: ἐνεῖναι A(?) a Arist. 8 καὶ] ἐστὶν V φῶς] τὸ φῶς V 9 ὄν] ὄν ἐστι a: ἔνεστι male coni. Thurot 10 παρουσίας V ἤ om. T φύσει V 11 ἧς] ὡς a (ἧς etiam M) ἐν] τὸ ἐν T γίνεται TVAN: γίνεσθαι πέφυκε a στέρησιν V: *privatio habens* T 12 ἔχει] ἔστι V 13 ἔχει Aa 14 οἰκείων AN αὐτῶν MTAN: αὐτοῖς V: αὐτοῦ a 15 prius τὸ om. N alt. τὸ om. AN 16 ἦν] *est* T 17 ἔχοντι N τε καὶ μένον om. T 18 σώματος AN αὐτοῖς libri 19 λευκὸν om. T post χρῶμα add. ἡ N ἀέρος scripsi: ἀέρα libri 20 ἔτι TAN: ἔστι Va ἐξ delevi δὲ VANa: ἐστι e T Thurot: δὴ conicio διαφανὲς V 21 ante alt. τοῦ add. ἢ a, ἡ M ὃς addidi κινούμενος scripsi: κινουμένου libri 22 αὐτὸ V συνέλκουσα a (συνάγουσα etiam M): *congregatis* T: συναγόμενον coni. Thurot 22. 23 διὰ—ψυχρότητα v. 24 post οὕτω transpon. Thurot 23 τοῦ νέφους Ta: τὸ νέφος VAN 23. 24 συνίστη V 25 ἢ Ta: om. VAN ἥττων N 26 τῷ addidi ὄντα a 27 αὐτὸ V alt. καὶ om. T

χρώματα δῆλον ὅτι κατὰ τὴν αὐτὴν ἀναλογίαν τῆς ποιᾶς τοῦ ἐν τούτοις 110 παρουσίας τε καὶ μίξεως γένοιτο ἄν, ὃ ἐφεξῆς ζητήσει. ἔοικε δὲ οὐ τῇ 11 τοῦ διαφανοῦς ἐπιτάσει τε καὶ ἀνέσει τὴν τῶν χρωμάτων ἀνατιθέναι διαφοράν, ἀλλὰ τῇ τοῦ φωτίζειν καὶ χρωννύναι πεφυκότος αὐτὸ παρουσίᾳ τε καὶ ἀπουσίᾳ. ἢ ἐξ ἀμφοῖν | ἂν γίνοιτο· καὶ γὰρ τῇ διαφανείᾳ καὶ τῇ 111 παρουσίᾳ τοῦ χρωννύναι πεφυκότος τὸ μᾶλλον ἢ ἧττον εἶναι εἴη ἂν καὶ τὸ διαφανέσι μᾶλλον ⟨ἢ ἧττον⟩ τοῖς στερεοῖς ἐν τῇ ποιᾷ μίξει τῶν προειρημένων.

p. 439b18 Περὶ δὲ τῶν ἄλλων χρωμάτων ἤδη διελομένοις ποσαχῶς ἐνδέχεται γίνεσθαι λεκτέον.

Ἐν τοῖς στερεοῖς σώμασι τὴν μὲν μῖξιν καὶ παρουσίαν τοῦ φωτίζειν πεφυκότος ἐν τῷ διαφανεῖ τὸ λευκὸν χρῶμα ποιεῖν εἰπών, τὴν δὲ ἀπουσίαν τούτου τὸ μέλαν ἀναλόγως τῷ ἐν τῷ ἀορίστῳ διαφανεῖ γινομένῳ φωτί τε καὶ σκότῳ, ἐφεξῆς ζητεῖ περὶ τῶν μεταξὺ χρωμάτων τοῦ τε λευκοῦ καὶ τοῦ μέλανος, πῶς γίνεται. ἐπεὶ δὲ δοκεῖ μίξει γίνεσθαι τῶν ἐναντίων, ἐκτίθεται τοὺς τρόπους, καθ' οὓς δύναται ἡ κατὰ τὰ χρώματα διαφορὰ γίνεσθαι ἐκ τῆς τοῦ λευκοῦ τε καὶ μέλανος μίξεως.

'Ἐνδέχεται μὲν γάρ, φησί, καὶ παρ' ἄλληλα τιθέμενα τό τε μέλαν καὶ τὸ λευκόν, ὡς ἑκάτερον μὲν αὐτῶν εἶναι διὰ μικρότητα ἀόρατον, τὸ δὲ ἐκ τῆς συνθέσεως αὐτῶν ὁρατὸν γίνεσθαι, ποιεῖν ἄλλου τινὸς ὄψιν χρώματος.' ἔστι γάρ τινα ἃ κατ' ἰδίαν μὲν | ὄντα ἐκφεύγει τὴν ὄψιν, συντεθέντα 112 δὲ ἀλλήλοις ὁρᾶται. ἀπὸ γοῦν διαστήματός τινος πυρὸν μὲν ἕνα κείμενον οὐκ ἄν τις ἴδοι· εἰ δὲ σωρὸς πυρῶν γένοιτο, ὁρῷτο ἂν ἀπὸ τοῦ αὐτοῦ διαστήματος. ὡς δὲ ἀπὸ τοῦ αὐτοῦ διαστήματος τούτων τὸ μὲν ὁρατόν, τὸ δὲ οὔ, οὕτως δύναταί τινα διὰ μικρότητα μηδ' ὅλως κινεῖν τὴν ὄψιν καθ' αὑτά. τὸ δὴ ἐκ τῆς τοιαύτης τῶν προειρημένων χρωμάτων παραθέσεως ὁρώμενον οὐδετέρῳ μὲν ταὐτὸν ἔσεσθαι τῶν παρακειμένων ἀλλήλοις, ἔσεσθαι

1 χρώματος V ἀνάλογον V: ἀναλόγως AN τοῦ] τῆς V 2 post ὃ add. καὶ a 3 τοῦ om. a (habet etiam M) ἀντιτιθέναι AN 4 χρωννύναι Ta: χρώννυσθαι VAN αὐτὰ T 5 ἢ] εἰ T γένοιτο a 6 post χρωννύναι add. τι Va πεφυκότι V εἶναι om. a 7 διαφανέσι V: διαφανὲς TANa ἢ ἧττον addidi (καὶ ἧττον add. Thurot) 9 ἤδη om. T διελομένους Arist. codd. praeter L (T? *dividentem*) 12 διαφανεῖ τὸ om. V in fine versus spatio apto relicto, item v. 13 τῷ ἐν τῷ, v. 14 τῶν μεταξὺ ποιεῖν om. a (habet M) εἰπὼν om. AN τὴν δὲ ἀπουσίαν Thurot: τῇ δὲ ἀπουσίᾳ libri 13 ἐν om. T διαφανοῦς N 14 σκότῳ MVA: τῷ σκότῳ N(?)a μεταξὺ] ἐφεξῆς a (μεταξὺ etiam M) ante prius τοῦ cum T add. μεταξὺ λέγω Thurot καὶ] τε καὶ AN alt. τοῦ om. N 15 δὲ om. AN 16 δύναται] γίνεται V τὰ om. VA χρώματος V 18 locum Aristotelicum habet etiam M 20 ante ποιεῖν add. καὶ T 21 μένοντα TVA ἐκφεύγοντα AN (om. τὴν) 22 δὲ] γὰρ V 23 ἂν τὰ ἴδη N σωρὸν V 24 ὡς—διαστήματος om. AN 25 οὔ om. N σμικρότητα a 26 δὲ T τῆς om. a εἰρημένων V 27 ὁρώμενον om. T δευτέρῳ TV prius ἔσεσθαι scripsi (ἔσται Thurot): ἐστι (οὐ add. A) VAa: οὐ NT ἀλλήλων V (—οις etiam M) 27. 54,1 alt. ἔσεσθαι—χροιᾶς om. a ἔσται T, qui saepe verbum finitum pro inf. ponit

μέντοι τὶ χρῶμα, εἴγε καὶ ὁρατόν· ἄλλο ἄρα τι εἶδος χροιᾶς. ἔσεσθαι δὲ 112 κατὰ τὴν ἀναλογίαν τῶν παρατιθεμένων τε καὶ συντιθεμένων ἀλλήλοις λευκῶν τε καὶ μελάνων τῶν διὰ σμικρότητα ἀοράτων πλείω καὶ διαφέροντα ἀπογεννώμενα χρώματα· ἄλλο | μὲν γὰρ ἴσων ἴσοις παρατιθεμένων, ἄλλο 113 δὲ κατὰ τὴν ἑκατέρου τε ὑπεροχὴν καὶ τὴν τῆς ὑπεροχῆς ἀναλογίαν· οὐ γὰρ ὅμοιον διπλασίων τε τῶν λευκῶν ὄντων καὶ ἡμιολίων ἢ ἐν ἄλλῃ τινὶ ὑπεροχῇ. ὁ δ' αὐτὸς λόγος καὶ ἐπὶ τῆς τοῦ μέλανος ὑπεροχῆς. καὶ τὰ μὲν ἐν λόγῳ τινὶ καὶ σύμμετρα τῶν ὑπαρχόντων πρὸς ἄλληλα ἔσεσθαι, τὰ δὲ ἐν ὑπεροχῇ ἁπλῇ, καὶ ἔσεσθαι αὐτῶν ἡδέα μὲν καὶ προσηνῆ τὰ ἐν λόγῳ τῆς ὑπεροχῆς ὄντα σύμμετρα, οὐ τοιαῦτα δὲ τὰ ἀσύμμετρα ἀνάλογον τοῖς κατὰ τὰς συμφωνίας· καὶ γὰρ ἐν ἐκείνοις ἡ διαφορὰ κατὰ τοὺς ἐν τοῖς ἀριθμοῖς τῆς ὑπεροχῆς λόγους. ἡ μὲν γὰρ ἔχουσα ὡς δύο πρὸς ἓν διαπασῶν καλεῖταί τε καὶ ἔστιν, ἡ δὲ τῶν τριῶν πρὸς τέσσαρα διατεσσάρων· ὅταν δὲ μηδένα λόγον ἔχωσιν οἱ φθόγγοι πρὸς ἀλλήλους, ἀνάρμοστον καὶ ἀσύμφωνον τὸ ἀκουόμενόν ἐστιν, ἀκουόμενον μέντοι. οὕτως δὲ καὶ ἐπὶ τῆς τῶν λευκῶν τε καὶ μελάνων παραθέσεως τῶν διὰ μικρότητα | ἀοράτων 114 ἕξειν τὰ ἀπογεννώμενα χρώματα, οἷον τριῶν δυσὶν ἢ τεσσάρων δυσὶν ἢ τριῶν τέτρασι παρατιθεμένων τε καὶ μιγνυμένων, καὶ τῶν μὲν ἐν ἀναλογίᾳ, τῶν δε ἔξω ταύτης, καὶ ἡδέα μὲν τὰ ἐν ἀναλογίᾳ τῶν συντιθεμένων, ὡς τὸ ἁλουργὸν καὶ τὸ φοινικοῦν καὶ τὰ τοιαῦτα, τὰ δὲ ὅσα πληκτικὰ καὶ ἀηδῆ οὐκ ἐν ἀναλογίᾳ. καὶ ὀλίγα φησὶν ἔσεσθαι τὰ ἡδέα διὰ τὴν αὐτὴν αἰτίαν, δι' ἣν καὶ τὰ συμφώνως ἡρμοσμένα τοιαῦτα, ἢ καὶ πάσας μὲν τὰς χρόας ἐν ἀριθμοῖς τισι τῶν παρατιθεμένων ἀλλήλοις γίνεσθαι, ἀλλὰ τὰς μὲν τεταγμένας παραθέσεις αὐτῶν εἶναι, ἐξ ὧν τὰ ἡδέα χρώματα, τὰς δὲ ἀτάκτους, γίνεσθαι δὲ τὰς ἀτάκτους οὐκ ἐν τῇ τῆς ὑπεροχῆς ἀσυμμετρίᾳ, ἀλλ' ἐν τῇ τῆς παραθέσεως ἀταξίᾳ. ἔστι γὰρ τὰ δέκα τοῖς πέντε ποικίλως παρατιθέναι, καθ' ἃς διαφορὰς παραθέσεων διαφορὰν ἔσεσθαι καὶ τῶν χρωμάτων.

---

1 μέντοι MTAN: μέν V prius τι] τι τὸ V ut testatur Mau ἄρα om. M εἶδος om. T χρείας M, tum (ἔσ)εσθαι add. M, ἔσται Thurot ἔσεσθαι VAN: ἔσται MTa 3 τῶν om. a (habet etiam M) μικρότητα N ἀοράτων] *non videntur omnino* T 4 ἀπογεννόμενα ANa ἴσων MVAN: ἴσον Ta ἴσος AN παρατιθεμένων om. T 5 ἑκατέραν V τε] τε καὶ V ἀναλόγως N 6 ὅμοιον scripsi: ὁμοίων TV: ὁμοίως ANa τε a: τε καὶ VAN καὶ ἡμιολίων a: ἢ μειόνων VAN: ἢ μειζόνων T 8 τῶν om. a (habet etiam M) ἄλλη AN ἔσται e T Thurot, sed v. ad p. 53,27 9 ἔσται e T Thurot τὰ] τὸ V 10 συμμέτρω A: σύμμετρω N ἀσύμμετρα a: σύμμετρα V(T): συμμέτρω AN 12 λόγοις AN: *rationem* T ἔχουσα om. T 13 τῶν MAN: om. Va τριῶν] τρίτη a 15 ἀκουόμενον μέντοι om. T δὲ om. T τῆς om. N 16 τε om. V σμικρότητα a 17 ἕξει e T Thurot post τριῶν add. καὶ N τεττάρων AN 18 τεσσάρων V: τέσσαρσι conicio καὶ] ἢ T ἐν om. Ta ἀλογία N 20 ἁλουργὸν V: ἁλουργοῦν a (Arist. codd. EMY): ἄλευρον TAN prius καὶ om. T alt. τὸ om. Arist. codd. EMYL καὶ τὰ τοιαῦτα om. T πληκτικὰ MVAN: *inepta* T: om. in spat. xviii litt. a 21 ante οὐκ add. καὶ AN 22 ἢ] *et* T 23 χροιὰς V γενέσθαι V 24 χρήματα V 25 συμμετρίᾳ Ta 26 ἀλλ'] *et* T (corr. *sed*) 27 διαφορὰς om. T διαφορὰ ἔσται e T Thurot

Μὴ καθαρὰς δ' ἂν λέγοι παραθέσεις τὰς μὴ ὁμοίων. καθαρὰ μὲν γάρ, εἰ παρὰ δύο φέρε εἰπεῖν ἓν | εἴη κείμενον ἐν πάσῃ τῇ μίξει, οὐ 115 καθαρὰ δέ, ὅταν τὰ μὲν παρὰ δύο, τὰ δὲ παρὰ τρία, τὰ δὲ παρὰ ἕν. εἷς μὲν οὖν τρόπος οὗτος τοῦ πλήθους τῶν χρωμάτων, δύο μὲν ὄντων κατὰ τὸ ὑποκείμενον τῶν χρωμάτων, πολλῶν δὲ γινομένων τῷ λόγῳ καὶ τῇ μίξει τε καὶ παραθέσει τῇ ποιᾷ τούτων, ἐν φαντασίᾳ τὸ πλῆθος τῶν χρωμάτων ἐχόντων, οὐκ ἐν ὑποστάσει. οὕτως τινὲς καὶ τὰς κράσεις γίνεσθαι λέγουσιν.

p. 440a7 Εἷς μὲν οὖν τρόπος τῆς γενέσεως τῶν χρωμάτων οὗτος, εἷς δὲ τὸ φαίνεσθαι δι' ἀλλήλων.

Εἰπὼν τὴν δόξαν τὴν τῇ ποιᾷ παραθέσει τοῦ λευκοῦ τε καὶ μέλανος τὴν τῶν ἄλλων χρωμάτων φαντασίαν γίνεσθαι λέγουσαν, δευτέραν πάλιν ἐκτίθεται δόξαν, καθ' ἣν δοκεῖ καὶ αὐτὴν δύνασθαι μὴ ὄντων ἄλλων χρωμάτων φαντασίαν γίνεσθαι, μόνων ὄντων ἐν ὑποστάσει τοῦ τε λευκοῦ καὶ τοῦ μέλανος. ἔστι δὲ αὕτη ἡ τῷ δύνασθαι δι' ἀλλήλων τὸ λευκὸν καὶ τὸ μέλαν ὁρᾶσθαι τὴν τῶν μεταξὺ χρωμάτων φαντασίαν ἀνατιθεῖσα. πῶς δὲ διαφαίνεσθαι δι' ἀλλή|λων τὰ χρώματα δύναται καὶ φαντασίαν διάφορον 116 ἀποτελεῖν δεικνὺς παρέθετο τοὺς γραφεῖς. οὗτοι γὰρ ὑπαλείφοντές τινα ἐναργεστέραν χρόαν, εἶτα ἐπαλείψαντες ἔξωθεν αὐτῇ τινα ἔλαττον ἔχουσαν τὸ ἐναργὲς ποιοῦσιν ἄλλην φαίνεσθαι καὶ οὐχ ὁποία ἦν· τοῦτο δὲ ποιοῦσιν, ὅταν ὡς ἐν ὕδατι ἢ ἐν ἀέρι βούλωνταί τι ποιῆσαι φαινόμενον. ἀλλὰ καὶ ὁ ἥλιος διὰ μὲν καθαροῦ τοῦ ἀέρος λευκὸς φαίνεται, ὅταν δὲ δι' ἀχλύος ἢ καπνοῦ βλέπηται, φοινικοῦς ὁρᾶται. τὸ γὰρ ἐπιτιθέμενον χρῶμα ὅταν διαφέρον ᾖ τοῦ ὑποκειμένου, οὐδετέρου φαντασία ὁλόκληρος σῴζεται, ἀλλ' ἄλλο τι παρ' ἑκάτερον αὐτῶν τὸ φαινόμενόν ἐστιν. ἔστι δὲ καὶ τοῦτον τὸν τρόπον πλῆθος χρωμάτων κατὰ τὴν ἀναλογίαν τῶν τε διορωμένων καὶ τῶν δι' ὧν διορᾶται, ὄντων γε λευκοῦ τε καὶ μέλανος. εἰ μὲν γὰρ εἴη ὑπερέχον τὸ ἐν βάθει ὂν λευκὸν τοῦ ἐπιπολῆς ὄντος μέλανος, ἄλλου χρώ-

---

1 ante τὰς add. καὶ AN μὴ] οὐδὲ V ὁμοίων Thurot: ὁμοίως TANa: ὁμοίας V 3 καθαρὰς N prius τὰ δὲ] ἢ καὶ a (τὰ δὲ etiam M) 4 οὖν om. AN οὗτος Thurot: αὐτὸς libri (*iste* T) ⟨τῆς γενέσεως⟩ τοῦ conicio (v. Arist.) 4. 5 δύο— χρωμάτων om. V 5 πολλὰ N 6 τε] περὶ V post καὶ add. τῇ AN τούτων] τῶν a 10 τὸ] τῷ TN (Arist. codd. SU) ἄλληλα V 11 τῇ a: τῶν VAN θέσει τοῦ λευκοῦ om. in spatio V καὶ] καὶ τοῦ V 12 λέγει AN 13 ἐκτίθεται om. in spatio V 13. 14 δύνασθαι μὴ ὄντων φαντασίαν γίνεσθαι λέγουσι μὴ ὄντων ἄλλων χρωμάτων, μόνων a 13 μὴ ὄντων M (cf. a): μὴ τῶν VAN: om. T ἄλλων om. M 14 μένων V ὄντων om. V 15 δὲ] δὲ καὶ a ἡ] om. V: ὧ N καὶ VAN: τε καὶ a alt. τὸ om. a 19 ἐνεργεστέραν a ἐπαλείψαντος V ἔξωθεν om. T ἔξω θανατὴ τινὰ AN ἔχοντα AN 20 καὶ om. T 21 ὡς—ἢ om. T βούλονταί a: βάλωνταί N τινα AN: τι post ὕδατι Arist. codd. EMYL 23 βλέπηται] φαίνεται V 25 ἑκάτερον Thurot (*alterum* T): ἕτερον libri ἐστιν] εἰ V: om. T ἔσται δὲ conicio (v. Arist.) 26 ὁρωμένων a(T?) 27 τῶν om. a ὁρᾶται a(T?) γε scripsi: τε TVAN: om. a post εἴη add. ὁ a, τὸ M 28 ἐπὶ πολλῆς V

ματος ἡ φαντασία, εἰ δε ἰσάζοι, ἄλλη, | καὶ εἰ ἀνάπαλιν λαμβάνοιτο, ἄλλη 117 καὶ διάφορος κατὰ τοὺς λόγους τῶν ὑπεροχῶν ἢ τοῦ ἐν βάθει ἢ τοῦ ἐπιπολῆς. ὅτι δὲ μὴ ἡ αὐτὴ δόξα αὕτη τῇ πρὸ ταύτης, δῆλον· ἐκεῖ μὲν γὰρ παράθεσις ἦν ἀοράτων κατ' αὐτά, ἐνταῦθα δὲ ὁρατῶν σύνθεσις, τῶν μὲν ὑποτιθεμένων, τῶν δὲ ἐπιτιθεμένων.

p. 440a15 Τὸ μὲν οὖν ὥσπερ οἱ ἀρχαῖοι λέγειν ἀπόρροιαν εἶναι τὴν χροιάν.

Ἐκθέμενος τὰς δόξας τὰς δύο, καθ' ἃς αἱ τῶν πλειόνων χρωμάτων φαντασίαι κατὰ μῖξιν τῶν ἐναντίων, τοῦ τε λευκοῦ καὶ τοῦ μέλανος, γίνεσθαι † δοκεῖ ἐν ᾗ ἦν δόξα προκαταβεβλημένη περὶ τοῦ ὁρᾶν ὑπὸ τῶν ἀρχαίων, ὡς ἄρα τοῦ ὁρᾶν κατὰ τὴν ἀπὸ τῶν ὁρωμένων ἀπόρροιαν γινομένου· εἴδωλα γάρ τινα ὁμοιόμορφα ἀπὸ τῶν ὁρωμένων συνεχῶς ἀπορρέοντα καὶ ἐμπίπτοντα τῇ ὄψει τοῦ ὁρᾶν ᾐτιῶντο. τοιοῦτοι δὲ ἦσαν οἵ τε περὶ Λεύκιππον καὶ Δημόκριτον, οἳ καὶ ἐκ τῆς τῶν ἀοράτων διὰ | μι- 118 κρότητα παραθέσεως τὴν τῶν μεταξὺ χρωμάτων φαντασίαν ἐποίουν· ἀλλὰ καὶ Ἐμπεδοκλῆς οὕτω τὸ ὁρᾶν γίνεσθαι λέγει, ὡς πρὸ ὀλίγου ἐμνημόνευσεν. ὅτι δὲ μὴ ὑγιὴς ἡ δόξα μηδὲ οὕτως οἷόν τε τὸ ὁρᾶν γίνεσθαι, ἀλλ' ὡς αὐτὸς ἔδειξεν, ὑπομιμνήσκει ἡμᾶς καθόλου δεικνὺς ὅτι μὴ κατὰ τὰς ἀπορροίας τὰς ἀπὸ τῶν ὁρωμένων τὸ ὁρᾶν γίνεσθαι οἷόν τε. εἰ γὰρ οὕτω, δι' ἁφῆς ἡ ἀντίληψις τῇ ὄψει ἔσται, εἴγε τὰ ἀπορρέοντα σώματα ὄντα τῷ ἐμπίπτειν αὐτὰ † ἢ ὁραθεισῶν * * * οὐκέτι προσέθηκεν τὸ ἑπόμενον ἄτοπον. εἴη δ' ἄν, εἰ εἴη δι' ἁφῆς, δεῖν αὐτὴν ψυχροῦ θερμοῦ, ὑγροῦ ⟨ξηροῦ⟩ καὶ τῶν ἁπτῶν ἐναντιώσεων ἀντιλαμβάνεσθαι· οὐδενὸς δὲ τούτων ἀντιληπτική.

1 ἡ] ἐν V ἴσα AN λαμβάνει V 2 τὸν λόγον V 2. 3 ἐπὶ πολλῆς V 4 ἀοράτων Thurot: ἀόρατος libri κατ' αὐτά AN: κατ' αὐτήν V: καθ' αὐτά a: *per se* T 5 τῶν δὲ ἐπιτιθεμένων Ta: om. VAN 6 post ὥπερ add. καὶ Arist. codd. EMY ἀπείροιαν VA: ἀπορροίας Arist. codd. EMYL item 7 τὰς χροιὰς 9. 10 γίνονται e T Thurot 10 δοκοῦσιν conicio ἐν ᾗ ἦν VAa: ἐνιην N: περιῆν Diels: ἀναλαβεῖν (*resumere* T) τὴν ex T Thurot: δοκεῖ ὀλίγον τι ἐκβαίνειν, ἐπεὶ ἦν e. gr. Usener: ἐναντιοῦται (vel ἀντιλέγει) δόξῃ προκαταβεβλημένῃ conicio δόξαν προκαταβεβλημένην TN(?) 11 ὡς] οἳ M ἄρα τοῦ ὁρᾶν om. M τὴν] τῶν N ἀπὸ om. T 11. 12 γινομένων a 12 γάρ om. a 13 πίπτοντα a ᾐτιῶντο a: ἡτέων N: αἰτίων A: αἰτία ἦν V: αἰτία T τοιοῦτον N 14 τε om. a post περὶ add. τὸν a ὁρατῶν a 14. 15 σμικρότητα ANa 16 πρὸ ὀλίγου] p. 438a4 17 δὲ MTV: om. ANa 17—19 τὸ ὁρᾶν — οἷόν τε om. a (habet etiam M) 18 (αὐ)τῷ M ἔδοξεν MAN 20 ad ἔσται, εἴ γε „*hic desunt nonnilla*“ adnotat M σώματα ὄντα om. V 21 εἰ πίπτειν V ἡ ὁραθεισῶν om. MT (spat. XIII litt. T) in fine lacunae verba Aristotelica p. 444a15—17 excidisse videntur αὐτὰ ⟨τοῖς ὀφθαλμοῖς αἴτια τοῦ ὁρᾶν τῶν ὀφθαλμῶν ἅπτεται. ἀλλ'⟩ οὐκέτι coni. Thurot οὐκέτι] καὶ M 22 ἄτοπον a: om. TVAN, sed v. p. 59,16. 62,7 alt. εἴη om. a δέον coni. Diels ψυχροῦ—ὑγροῦ om. TV ξηροῦ add. Thurot 23 καὶ M: om. ceteri τῶν ⟨ἄλλων⟩ conicio, cf. p. 163,10 Th. ἁπτῶν a (v. Alex. De an. II 128,23): αἰτιῶν VA: αἰτίων N: *causam* T 23—57,10 cf. Alex. De an. II p. 134,31—135,2 Bruns 23 post ἀντιληπτικὴ add. ἡ ὄψις a

ἔτι εἰ συνεχὴς ἀπὸ τῶν ὁρωμένων ἀπόρροια, πῶς οὐκ ἀναλίσκεται ταχέως τοσαύτης σωματικῆς ἀποκρίσεως ἀπ' αὐτῶν γινομένης; εἰ δὲ ἀντιπροσκρίνεται αὐτοῖς ἄλλα, πρῶτον μὲν διὰ τί | τοῦτο οὐκ ἀεὶ γίνεται ἐπ' αὐτῶν, 119 ὥστε ἴσα [τε] αὐτὰ διαμένειν; τίς τε αἰτία τοῦ ὡρισμένως αὔξεσθαι καὶ πάλιν ὡρισμένως μειοῦσθαι; ἔπειτα πῶς ὁμοιοσχήμονα διαμένει; τὰ μὲν γὰρ ἀπορρέοντα ὁμοιόμορφα (διὰ τοῦτο γοῦν καὶ χρωμάτων ἡ ὄψις ἀντιλαμβάνεται)· τὰ δὲ προσκρινόμενα διὰ τί τοιαῦτά ἐστι; καὶ εἰ συνεχὴς ἡ ἀπόρροια ἀφ' ἑκάστου καὶ κατὰ πάντα τὰ μόρια, πῶς οὐκ ἐμποδίσει τὰ ἀποκρινόμενα τοῖς φερομένοις, ἵνα ⟨μὴ⟩ προσκριθῇ, ἢ ἐκεῖνα τούτοις, ἵνα μὴ φέρηται; πῶς δὲ λεπτὰ ὄντα οὐ σκεδασθήσεται ἀνέμων ὄντων; ὁρῶμεν γάρ, κἂν ἄνεμος ᾖ μεταξύ. ἔτι πῶς διαστήματος ἀντίληψις γίνεται, εἰ τὰ ἐμπίπτοντα ὁ ὀφθαλμὸς ὁρᾷ; πῶς δὲ καὶ μύοντες οὐκ ὀψόμεθα, εἰ οὕτως ἐστὶ τὰ φερόμενα λεπτά; δυνήσεται γὰρ καὶ μυόντων διὰ τῶν πόρων εἴσω χωρεῖν. διὰ τί δὲ καὶ ἐπιτεθέντος τοῦ ὁρωμένου ⟨τοῖς ὀφθαλμοῖς⟩ οὐκ ὀψόμεθα; καὶ γὰρ τότε ἀπορρεύσεται τὰ εἴδωλα καὶ δέξεται αὐτὰ ὁ ὀφθαλμός. ἢ διὰ τί φωτὸς χρεία πρὸς τὸ ὁρᾶν, δεχομένου τὸ ὁρώμενον τοῦ | ὀφθαλμοῦ, γίνεται; ἔτι ἤτοι τὰ ἀπορρέοντα παράκειται τῷ ὀφθαλμῷ ἢ τότε 120 φέρεται, ὅταν εἰς αὐτὰ ἐπιστραφῇ. εἰ μὲν οὖν παράκειται, οὐδ' ὅλως διαστήματος ἀντίληψις ἔσται· εἰ δὲ τότε φέρεται, πρῶτον μὲν ἐν πλείονι χρόνῳ τὰ πλεῖον ἀφεστῶτα ὀψόμεθα, ὅπερ οὐχ οὕτως γινόμενον ὁρῶμεν· εἶτα εἰ τῷ τοῦ ἀέρος τοῦ πρότερον ἀπορρέοντός τε καὶ ἐμπίπτοντος τοῦ εἰδώλου τῇ ὄψει ποσῷ, ὃς καὶ αὐτὸς ἐμπίπτει τῇ ὄψει, κατ' αὐτοὺς τὸ διάστημα ὁραθήσεται, πρῶτον μὲν πῶς τοσοῦτον ἀέρα ἡ ὄψις δέξεται (καθ' ἑκάστην γὰρ φορὰν εἰδώλου τοσοῦτον ἀέρα δέξεται, ὅσος ἐστὶν ὁ μεταξὺ αὐτοῦ τε καὶ τοῦ ὁρωμένου); εἶτα ἕξει τινὰ ἰσχὺν τὰ ἀπορρέοντα εἴδωλα, ὡς τοῦτον προωθεῖν δύνασθαι; εἶτα πῶς, ὅταν ἄνεμος ᾖ, τοῦτο ἔτι σωθήσεται; ὁ γὰρ ἄνεμος ὁρᾶται παρασύρων τὸν μεταξὺ ἀέρα. εἰ δὴ τὰ εἴδωλα λεπτότερα ὄντα διαδύε|ται τὴν τῶν ἀνέμων βίαν, πῶς οὐχὶ διὰ τοῦ ἀέρος δια- 121

2. 3 ἀντιπροσκρίνεται T (De an.): ἀντιπροκρίνεται V: ἀντιπροκρίνηται MAN: ἀντεισκρίνηται a 3 πρῶτα V 4 τε om. T, del. Thurot 5 πῶς om. V 6 χρώματα V 7 καὶ εἰ a: om. VAN: ἔτι εἰ T, fort. recte 8 ἑκάστης a καὶ om. V 9 prius μὴ T: om. VANa 10 cf. De an. p. 136,3—5 σκεδασθήσεται a: σκεδασθήσονται VAN post ἀνέμων add. γε a 11 ἄνεμος ᾖ μεταξὺ in spatio om. V 11. 12 cf. De an. p. 135,2. 3 et Theophr. De sensu p. 515,1 Diels 11 διαστήματι V εἶτα VN 11. 12 ἐμπίπτοντα Ta: ἐμπίπτων ὅτι V: ἐμπίπτοντος AN 12 ὁρῶ V καὶ—ὀψό in spatio om. V 14 χωρεῖν διὰ τί δὲ in spatio om. V ἐπιτεθέντος T: ἐπιτιθέντος VANa τοῖς ὀφθαλμοῖς T: om. VANa 15 ἀπορρεύσεται scripsi: ἀπορεύσει a: καὶ πορεύσει VAN αὐτὰ ὁ ὀφθαλμός in spatio om. V 17—28 cf. De an. p. 136,11—24 17 τότε om. T 18 αὐτὸ V 19 τότε φέρεται] *reiciuntur* T τότε] τοῦτο V πρῶτα V 20 πλεῖστον a ὁρῶμεν TV: ἔσται ANa 21 πρότερον Usener: πρώτου VANa: πρῶτον (*primo*) T? (cf. etiam De an. p. 135,4) τε om. a 22 ποσῷ] πῶς a τῇ ὄψει ἐμπίπτει AN 23. 24 καθ'—δέξεται om. V 24 φορὰν Usener: διαφορὰν libri ὅς a 25 αὐτῆς conicio εἶτα] ἔπειτα coni. Usener τίνα ἕξει coni. Thurot 26 πῶς om. T 27 δὲ coni. Thurot et Usener 27. 28 λεπτότατα a, sed v. De an. 136,22 28 διαδύεται] spat. VII litt. T ἡ . . . βία coni. Thurot (T?) 28. 58,1 διαδύσεται om. T

δύσεται; τί δὲ ἔσται καὶ τὸ ἀναμετροῦν τὸν εἰσιόντα εἰς τὴν ὄψιν ἀέρα; πῶς δὲ 121
καὶ τὸ μέγεθος καὶ τὸ σχῆμα τοῦ ὁρωμένου ἡ ὄψις κρινεῖ, κατὰ τὸ τῆς κόρης
μέγεθος δεχομένη ἀπὸ τοῦ φερομένου εἰδώλου μόριον; καὶ γὰρ εἰ πολλάκις
καὶ πολλὰ δέχεται, πῶς καὶ διὰ τί ἄλλοτε ἄλλο μέρος τοῦ εἰδώλου δέξεται,
καὶ οὐχὶ ἀεὶ τὸ αὐτὸ καὶ ἐκ διαστημάτων; εἰ δὲ καὶ ἀεὶ τὸ παρακείμενον,
τίς ἡ σύνθεσις τούτων ἐν τῇ ὄψει, ὡς θέατρον ἢ ναὸν δοκεῖν ἑωρακέναι διὰ
οὕτω μικρῶν μορίων τῶν ἐμπιπτόντων ἀπὸ τοῦ ἀπ' αὐτῶν εἰδώλου φερομένου;
πῶς δὲ οὐ μεταξὺ ἀπ' ἄλλων τινῶν εἰδώλων ἐμπιπτόντων τῇ ὄψει τινὰ
διασπάσει τὴν τῆς ὄψεως τῆς τοῦ πρώτου συνέχειαν, εἰ δεῖ τοσαυτάκις καὶ
τοσαῦτα εἴδωλα ἐνεχθῆναι ἀπό τινος πρὸς αὐτήν, ὡς κατὰ τὸ τῆς κόρης
μέγεθος δεχομένην ἀπ' αὐτῶν τι ὅλον ἀεὶ δέξασθαι, ἄλλο ἀπ' ἄλλου εἰδώ-
λου μέρος λαμβάνουσαν; πῶς δὲ καὶ ἀπὸ τῶν λείων ὡς ἐσχηματισμένα
τὰ εἴδωλα λαμ|βάνει, οὐκ ἐχόντων ἐξοχάς; ἢ πῶς ἀπὸ τῶν κατόπτρων; 122
ἢ πῶς αἱ ἐξοχαὶ ἀφ' ὧν δύναται φέρεσθαι μένουσιν ἐν τῇ ὄψει, εἰ οὕτως
ἐστὶ λεπτὰ καὶ ἀσθενῆ τὰ εἴδωλα, καὶ οὐ συγχέονται; διὰ τί δὲ κἂν ὀλίγον
ἀπελθόντος τοῦ ὁρωμένου, ταῦτα μένει † ἢ ἐξ ὧν ἐν τῇ ὄψει; τὸ δὲ λέγειν
μυωπίζεσθαι τὴν ὄψιν ὑπὸ τῶν φερομένων ἐπ' αὐτὴν εἰδώλων καὶ διο-
ρίζεσθαι καὶ πρὸς τὸ ὁρᾶν παρασκευάζεσθαι οὐκέτι τηρούντων ἐστὶ τὸ διὰ
τῶν εἰδώλων γίνεσθαι τὸ ὁρᾶν. δῆλον γὰρ ὅτι μυωπισθεῖσα ἡ ὄψις ὑπὸ
τοῦ εἰδώλου ἄλλο τι ὄψεται, εἰ μὴ τὸ εἴδωλον. τί οὖν ταῦτα καὶ πῶς;
καὶ ταῦτα μὲν καὶ τοιαῦτα λέγειν ἔστι πρὸς τοὺς ἀπὸ τῶν ὁρατῶν ἀπορρεῖν
τι λέγοντας καὶ οὕτως ὁρᾶσθαι τὰ ὁρώμενα.

Αὐτὸς δὲ μόνον ὑπομνήσας ὅτι μὴ εὔλογον οὕτως τὸ ὁρᾶν γίνεσθαι,
ἔχων δεδειγμένον ἐν τοῖς ἔμπροσθεν ὅτι μηδὲ ἀπὸ τῆς ὄψεως οἷόν τε
λέγειν ἀπορρεῖν τι καὶ οὕτως ἡμᾶς ὁρᾶν, τίθησι | τὴν αὑτοῦ δόξαν, ἣν ἐν 123
τοῖς Περὶ ψυχῆς κατεσκεύασε, λέγων· ὥστ' εὐθὺς κρεῖττον φάναι τῷ
κινεῖσθαι τὸ μεταξὺ τῆς αἰσθήσεως ὑπὸ τοῦ αἰσθητοῦ γίνεσθαι

1—12 cf. De an. p. 135,5—15 2 κρινεῖ Thurot: κρίνει libri 4 ante ἄλλο add. καὶ a δέχεται V 5 τὸ αὐτὸ ἀεὶ a 7 σμικρῶν a ἀπ' om. V φερομένων V 8 πιπτόντων a (ἐμπ. etiam M) τινὰ hic habet AN: ante τῇ Va: om. T 9 τοῦ πρώτου om. T συνεχείας AN δεῖ MTV: δὴ ANa 10 εἴδωλα om. T τὸ om. V 11 δεχομένου V ὅλον Usener: ὅλων libri ὅλον ἀεὶ δέξ.] *eo quod suscipiat* T 12 λαμβάνου AN: om. T 12. 13 cf. De an. p. 135,24—26 13 ante τὰ add. ἐστὶ e T Thurot sed cf. De an. πῶς δὲ καὶ ἀπὸ τῶν λείων τοίχων ὡς ἐσχηματισμένα λαμβάνει τὰ εἴδωλα οὐκ ἐχόντων ἐξοχὰς καὶ εἰσοχάς; λαμβάνομεν V 13. 14 cf. De an. p. 135,22—24 13 ἔξοχον V 14 εἰ om. V 15 De an. p. 135,30 διὰ τί δὲ καὶ μένοντα οὐχὶ καὶ ἀπελθόντος τοῦ ὁρωμένου κἂν ἐπ' ὀλίγον μένει; unde δὲ ⟨οὐχὶ⟩ κἂν ⟨ἐπ'⟩ conicio aut v. 16 μένειν οὐχ οἷόν τε ἐν κἂν] καὶ V 16 ταὐτὰ μένοι καὶ ἐξ coni. Thurot, ἢ ἔξω ἢ ἐν coni. Diels μὲν εἴη ἐξ a (μένει etiam M, qui ἢ ἐξ ὧν del.) 16—18 cf. De an. p. 136,6—11 16 post λέγειν spat. xiii litt. T 17. 18 διεγείρεσθαι conicio (De an. p. 136,10) 20 τι] τε V post τι cum T add. οὐκ Thurot εἰ] καὶ coni. Diels ταῦτα om. T 21 ὁρατῶν Usener: ὁρώντων libri 22 λέγοντα V 23 μόνος VA οὕτως] ὅτω a 24 ante ἔχων add. καὶ M ἐν τοῖς ἔμπροσθεν] p. 437b 10 ss. μηδὲ T: μηδὲν VANa 25 λέγειν] *dicere et* T αὐτοῦ libri 26 Περὶ ψυχῆς] B 7 27 post αἰσθήσεως add. τὸ αἰσθητὸν AN

τὴν αἴσθησιν ἢ ἀφῇ καὶ ἀπορροίᾳ. δοκεῖ γὰρ αὐτῷ πάσχουσα μὲν 123 καὶ ἡ ὄψις ὑπὸ τῶν ὁρατῶν αἰσθάνεσθαι, ὥσπερ καὶ τῶν ἄλλων αἰσθήσεων ἑκάστη, ἀλλ' οὐχὶ ποιοῦσά τι καὶ ἐκπέμπουσα, πάσχουσα δὲ οὐ τῷ δέχεσθαι ἀπορρέοντά τινα ἀπὸ τῶν αἰσθητῶν, ἀλλὰ τῷ τὸ μεταξὺ τῆς τε ὄψεως καὶ τοῦ ὁρωμένου διαφανές, ὅταν κατ' ἐνέργειαν ᾖ τοιοῦτο (τοιοῦτον δέ ἐστι τὸ πεφωτισμένον), κινεῖσθαι ὑπὸ τῶν ὁρατῶν, τουτέστι τῶν χρωμάτων (κινητικὸν γὰρ τὸ χρῶμα τοῦ κατ' ἐνέργειαν διαφανοῦς)· τὸν αὐτὸν δὲ τρόπον ὑπὸ τῶν χρωμάτων κινεῖσθαι τὸ κατ' ἐνέργειαν διαφανές, ὡς κινούμενον ὑπὸ τῆς τοῦ φωτίζειν πεφυκότος παρουσίας τὸ δυνάμει φῶς δέχεταί τε καὶ φωτίζεται. κινούμενον γάρ πως καὶ διατιθέμενον τὸ κατ' ἐνέργειαν διαφανὲς ὑπὸ τῶν ὁρατῶν τὸ εἶδος αὐτῶν διαδίδωσι τῇ κόρῃ, ὁμοίως ὡς ἔλαβεν, οὔσῃ καὶ αὐτῇ διαφανεῖ. καὶ | οὕτως διὰ ταύτης δεχομένης διὰ τοῦ διαφανοῦς 124 τοῦ μεταξὺ ⟨τὸ⟩ εἶδος τοῦ ὁρωμένου καὶ μέχρι τοῦ πρώτου αἰσθητικοῦ διαδιδούσης αὐτὸ τῷ τὸν μεταξὺ πόρον τοῦ τοιούτου σώματος εἶναι πλήρη, τὸ ὁρᾶν γίνεσθαι εὔλογον, καὶ ὅτι οὐ κατὰ τὰς ἀπὸ τῶν ὁρατῶν ἀπορροίας. ἑξῆς λέγει καὶ τὸ ἑπόμενον ἄτοπον τοῖς ἅμα μὲν τῇ παραθέσει τῶν ἀοράτων διὰ μικρότητα [τῶν] χρωμάτων τὴν μῖξιν τῶν παρὰ τὸ λευκόν τε καὶ μέλαν χρωμάτων γίνεσθαι λέγουσιν, ἅμα δὲ τὴν ἀπόρροιαν τοῦ ὁρᾶν αἰτιωμένοις.

p. 440a20 Ἐπὶ μὲν οὖν τῶν παρ' ἄλληλα κειμένων ἀνάγκη ὥσπερ καὶ μέγεθος λαμβάνειν ἀόρατον οὕτω καὶ χρόνον ἀναίσθητον.

Ἔστι δὲ ὃ λέγει ὅτι τοῖς τῇ παραθέσει ταύτῃ τὴν ὁρατὴν τῶν χρωμάτων μῖξίν τε καὶ φύσιν ἀνατιθεῖσιν, ἔτι δὲ τὸ ὁρᾶν τῇ ἀπὸ τῶν ὁρωμένων ἀπορροίᾳ γίνεσθαι λέγουσιν ἕπεται, ὥσπερ σῶμά τι καὶ μέγεθος λαμβάνουσιν ἀόρατον τῇ αὐτοῦ φύσει, οὕτως λέγειν καὶ χρόνον τινὰ ἀναίσθητον εἶναι. πᾶσα μὲν | γὰρ κίνησις ἐν χρόνῳ. διὸ καὶ ἡ ἀπὸ τῶν ὁρωμένων ἀπόρ- 125 ροια διὰ κινήσεως ἐπὶ τὰς ὄψεις ἀφικνουμένη δηλονότι ἐν χρόνῳ ἄν τινι ἀφικνοῖτο. τοῦ δὲ τοῦτον τὸν χρόνον ἀναίσθητον αὐτοῖς ἀναγκαῖον εἶναι λέγειν καὶ τὴν αἰτίαν παρατίθησιν.

---

1 ἢ—ἀπορροίᾳ TV (cf. p. 61,12 et Arist. codd. LSUP): ἀφ' ἧς καὶ ἡ ἀπόρροια AN: ἀφῇ καὶ μὴ ταῖς ἀπορροίαις Arist. codd. EMY (ταῖς ἀπορροίαις Alex. p. 61,11 sed v. ibid. 14) 1—10 cf. Alex. De an. p. 141,30—142,4 Bruns 1 αὐτὸ N: om. T μὲν post δοκεῖ V 2 prius καὶ om. T 4 τὸ om. V 5 prius τοιοῦτον AN a 7. 8 τὸν—τρόπον in spatio om. V 9 τοῦ φωτίζειν in spatio om. V 9. 10 δέχεταί τε MTVAN: φαίνεται a 11 δίδωσι V 11—14 cf. De an. p. 142,31—143,1 12 διὰ om. a τοῦ MT: τὸ VANa 13 τὸ add. Thurot αὐτὸ VAN: αὐτῷ a: om. T 14 τοῦ M: om. VANa 15 ὅτι del. Thurot 16 λέγει—διὰ om. AN ἀοράτων Thurot: ὁρατῶν libri 17 σμικρότητα a τῶν del. Thurot σωμάτων coni. Thurot; cf. p. 60,9. 14, sed fort. postea a coloribus (v. p. 53,19) invisibilibus ad corpora transit τὴν MVAN(T): μὲν a παρὰ] περὶ VN: *ab* T 18 λέγει AN αἰτιωμένου V 19 ἐπεὶ AN 21 τοῖς om. A ταύτῃ τὴν TVA: ταύτην Na 22 ἀνατιθῆσι N: ἀνατίθησιν A 23 λέγει A σώματι a: τι σῶμα V: om. T 24 αὐτοῦ ANa: αὐτῇ V 25 ἐν om. VA διότι a ἀπὸ om. a 26 *ad visum* T ἐν χρόνῳ om. AN 27 ἀφικνεῖτο N τοῦ δὲ τοῦτον scripsi: τοῦτον δὲ TANa: τοιοῦτον δὲ V ἀναίσθητον Na: οὐκ αἰσθητὸν V: αἰσθητὸν TA 28 λέγειν om. N(?)a καὶ Na: οὐ TVA

p. 440a22 Ἵνα λανθάνωσιν αἱ κινήσεις ἀφικνούμεναι καὶ ἓν δοκῇ 125
διὰ τὸ ἅμα φαίνεσθαι.

Ἐπεὶ γὰρ κατὰ βραχὺ γίνεται τῇ ὄψει κατὰ τοὺς οὕτω λέγοντας τὸ ὁρᾶν (ὅσον γὰρ οἷά τε δέξασθαι ἡ κόρη τοῦ εἰδώλου, τοσοῦτον καθ' ἑκάστην ἔμπτωσιν ὁρᾷ), δοκεῖ δὲ ὡς ἅπαξ καὶ μιᾷ προσβολῇ καὶ ὡς ἓν ὁρᾶν τὸ ὁρώμενον, δεῖ ἐν ἀναισθήτοις χρόνοις τὰς τῶν τηλικούτων ἐμπτώσεις γινομένας διαλανθάνειν, ἵνα μὴ κατὰ μικρὰ ἀλλ' ἀθρόον αὐτὸ ὁρᾶν δοκῇ. πᾶσι μὲν οὖν τοῖς οὕτω τὸ ὁρᾶν λέγουσι γίνεσθαι ἀναισθήτων χρόνων χρεία· τοῖς δὲ καὶ τὴν τῶν χρωμάτων διαφορὰν τῇ τῶν ἀναισθήτων σωμάτων παραθέσει ἀνατιθεῖσιν, εἴγε καὶ τῇ ἀπορροίᾳ λέγοιεν τῇ ἀπὸ τῶν | ὁρω- 126
μένων τὸ ὁρᾶν γίνεσθαι, διπλασιάζεται τὸ ἄτοπον. οὐ γὰρ μόνον ἀναίσθητα μεγέθη τούτοις ἀνάγκη λέγειν, ἀλλὰ καὶ χρόνους ἀναισθήτους. δύναται καὶ ὡς ἰδίως ἑπόμενον τὸ δεῖν λέγειν ἀναισθήτους χρόνους εἶναι τοῖς καὶ τῇ τῶν σωμάτων κατὰ μικρὰ παραθέσει τὴν τῶν χρωμάτων διαφορὰν ἀνατιθεῖσιν εἰρηκέναι. οὕτως δ' ἂν † πολλὰ ἂν τὰ ὁρώμενα ὡς ἓν ὄψεταί τις, εἰ λανθάνοι ἡ ἀφ' ἑκάστου αὐτῶν ἀπόρροια καθ' αὑτὴν ἐμπίπτουσα τοῖς ὀφθαλμοῖς καὶ δοκεῖ ὡς μία ἅπαξ καὶ † ἀφανὲς τοῦ ὁρωμένου γίνεσθαι.

p. 440a23 Ἐνταῦθα δὲ οὐδεμία ἀνάγκη.

Ἐνταῦθα λέγει ἐπὶ τῆς δόξης τῆς δι' ἀλλήλων τὰ χρώματα ὁρᾶσθαι λεγούσης καὶ οὕτως αὐτῶν τὴν μῖξιν ποιούσης. τὸ γὰρ ἐπιπολῆς χρῶμα κινούμενον ὑπὸ τοῦ ὑποκειμένου αὐτῷ ἀλλοίαν τὴν φαντασίαν ποιήσει τοῦ ὁρωμένου, καὶ κατὰ τὰς τῶν ὑποκειμένων διαφορὰς ἔσται | καὶ ἡ τοῦ ὁρω- 127
μένου φαντασία διάφορος. ὅτι δὲ βελτίων ἡ δόξα αὕτη ἡ περὶ μίξεως χρω-

---

1 ἵνα λανθάνωσιν om. TA λάθωσιν Arist. codd. EMYL, sed cf. v. 16 δοκεῖ TVA an δοκῇ εἶναι cum Arist.? v. p. 62,3 3 ἡ ὄψις AN 4 ὅσοι V τοιοῦτον N 5 ἐμπίπτουσιν N 6 δεῖ Ta: δὴ V: δοκεῖ AN αἰσθήτοις TAN 7 διαλανθάνουσιν V: *percipere* T μικρὰ TV: σμικρὰ A: μικρὸν AN: σμικρὸν M, sed v. v. 14 8 οὖν om. N 9 καὶ om. T καὶ τὴν] κατὰ V τῇ om. M αἰσθητῶν a (corr. M) 10 ἀνατίθησιν AN 11 διπλασιασθήσεται T, fort. recte (v. p. 61,18) 11. 12 ἀναίσθησον μέγεθος V 12 χρόνοις a: χρόνος A ἀναίσθητος A δύναται TVAN: διὰ τοῦτο a 13 ὡς a: ὦ VAN: *cum* T τὸ a: τοῦ VAN: τῷ T ἀναισθήτου χρόνου AN 13. 14 καὶ τῇ . . . παραθέσει Thurot (cf. v. 9): (δὲ add. T) κατὰ τὴν . . . παράθεσιν libri 14 σωμάτων T: χρωμάτων VANa σμικρὰ a τῇ . . . διαφορᾷ a (corr. M) 14. 15 ἀνατιθεῖσιν Ta: ἀνατίθησιν VAN 15 εἴρηκεν a prius ἂν fort. del. aut ἅμα scrib.; neque enim Alex. ἂν cum futuro coniunxit (δ' ἅμα πολλὰ ὄντα ⟨τὰ⟩ Diels) πολλὰ ἂν om. T alt. ἂν del. Thurot, fort. recte ὄψεται] ὀφθείη Thurot, sed v. p. 62,2 15. 16 τις εἰ scripsi: τισὶ libri: εἰ M 16 λανθάνει T et Thuroti cod. B ἀφ'] ἐφ' V 16. 17 τοῖς ὀφθαλμοῖς MT: τῶν ὀφθαλμῶν VANa 17 δοκοῖ coni. Thurot, sed v. p. 62,3 ἀφανὴς AN: ἀφ' ἑνὸς conicio, v. 5 et p. 62,2 19 λέγω T ἐπὶ] περὶ M: *super* T 20 ἐπὶ πολλῆς V 21 αὐτοῦ V 22 ἔσται scripsi: τε V et Thuroti codex B: om. TANa 23 alt. ἡ V: τὰ AN: om. Ma περὶ VAN(T): τῶν a: περὶ τῆς M 23. 61,1 τῶν χρωμάτων M, sed v. Arist. p. 440a28

μάτων τῆς πρὸ αὐτῆς ἔδειξεν ἐπενεγκὼν τὸ ὥστ' εἰ μὴ ἐνδέχεται 127
μηδὲν εἶναι μέγεθος ἀόρατον, ἀλλὰ πᾶν ἔκ τινος ἀποστήματος ὁρατόν. ταύτῃ γὰρ ἐκείνης αὕτη πλέον ἕξει, ὅτι οὐκ ἔστι κατὰ ταύτην ἀόρατόν τι σῶμα. περὶ μέντοι τοῦ ἀναισθήτους χρόνους μὴ ἔσεσθαι ἐπὶ ταύτης οὐδὲν εἶπεν, ὅτι ἀνάγκη τοῦτο ἐπὶ ταύτης γίνεσθαι, εἰ κατὰ ἀπορροίας τῶν ὁρωμένων λέγοι τις γίνεσθαι τὸ ὁρᾶν.

Δύναται τὸ λεγόμενον οὕτως εἰρῆσθαι. ἐκθέμενος τὰς δύο δόξας, καθ' ἃς οἷόν τε πλείω φαίνεσθαι τὰ χρώματα, τήν τε κατὰ παράθεσιν τῶν διὰ μικρότητα ἀοράτων, ἥτις ἦν δόξα τῶν πρὸ αὐτοῦ, καὶ τὴν κατὰ ἐπιπρόσθησιν, ἑξῆς εἶπε πῶς γινομένου τοῦ ὁρᾶν δύναται σῴζεσθαι τὸ τὴν τῶν χρωμάτων μῖξιν κατά | τινα γίνεσθαι τούτων τῶν τρόπων· οὐ γὰρ ταῖς ἀπορροίαις, ὡς 128
ᾤοντο οἱ πρὸ αὐτοῦ (ἁφὴ γὰρ οὕτω καὶ ἡ ὄψις ἔσται), ἀλλὰ τῇ τοῦ μεταξὺ τῆς ὄψεως καὶ τοῦ ὁρωμένου διαφανοῦς κινήσει ὑπὸ τῶν ὁρατῶν. εἰπὼν δὲ ὅτι ἄτοπον τὸ τῇ ἀπορροίᾳ τὴν ὄψιν γίνεσθαι λέγειν καὶ δεικνὺς πῶς, παρατίθεται καὶ δείκνυσι τὸ συμβαῖνον ἄτοπον τοῖς παραθέσει τῶν ἀοράτων τὴν τῶν χρωμάτων μῖξιν ⟨γίνεσθαι⟩ λέγουσιν, εἰ ἀπορροίᾳ γίνεσθαι λέγοιεν τὸ ὁρᾶν. οὐ γὰρ μόνον αὐτοῖς ἀναγκαῖον ἔσται ἀόρατά τινα μεγέθη λέγειν, ἀλλὰ καὶ ἀναίσθητον χρόνον, καὶ διπλασιασθήσεται τὸ ἄτοπον, εἴγε μήτε ἀναίσθητον τῇ αὑτοῦ φύσει μέγεθός ἐστιν, ὡς ἐρεῖ, μήτε ἀναίσθητος χρόνος. πᾶσι μὲν γὰρ τοῖς ἀπορροίας αἰτιωμένοις ἀκολουθεῖ τὸ ἀναίσθητον χρόνον εἶναι λέγειν. εἰ δέ τινες τῇ τῶν ἀοράτων παραθέσει τὴν μῖξιν τῶν χρωμάτων αὐτῶν γίνεσθαι λέγοιεν, ὡς ἔλεγον οἱ πρὸ αὐτοῦ, τούτοις ἀκολουθήσει ἅμα μὲν μεγέθη ὑποτί|θεσθαι ἀόρατα 129
εἶναι, ὃ καὶ αὐτὸ ἄτοπον, ἅμα δὲ καὶ χρόνον ἀναίσθητον, ὡς ἴσον εἶναι τὸ ἐπὶ μὲν οὖν τῶν παρ' ἄλληλα κειμένων τῷ 'ἐπὶ μὲν γὰρ τῶν παρ' ἄλληλα κειμένων, ὡς μεγέθη τινὰ ὑποτίθεσθαι ἀόρατα εἶναι, οὕτως ἀνάγκη ἔσται καὶ χρόνους ἀναισθήτους λέγειν.' οὕτως γὰρ τὰ κατὰ μικρὸν

---

1 αὐτῶν AN   ὥστ' εἰ μὴ a (Arist. cf. p. 62,26): ὥς τι μὴ AN: ὡς εἰ μὴ V   3 ταῦτα V: *ista* T   ἐκείνης αὕτη M: ἐκείνης αὐτῆς V: αὐτῆς ἐκείνης AN: ἐκείνῃς αὐτῇ a: ἐκείνης T   ἔχει T   ταύτην] ταῦτα VA   4 ἀόρατόν τι σῶμα MTVAN: ὁρατόν τι χρῶμα a   5 ταύτης] ταῦτα V   6 λέγει a   γίνεσθαι τὸ ὁρᾶν TV: τὸ ὁρᾶν γίνεσθαι ANa   7 καὶ ante οὕτως add. a   9 ἐπιπρόσθεσιν V   10 τὴν om. V   12 ἡ om. V   ἐστὶ T   13 τοῦ a: τῇ τοῦ V: τῆς τοῦ AN   τῶν] τὴν V   14 ὅτι om. V   δὲ τὸ ἑπόμενον ἄτοπον τοῖς . . . λέγουσιν T (*inconveniens quod sequitur dicentes visum fieri per defluxum*)   καὶ T: ἢ VANa   δείξας e T Thurot, fort. recte   15 πῶς om. T   δείκνυσι om. T   τοῖς a: τῆς V: τῇ AN   παραθέσεως V   16 ὁρατῶν a   γίνεσθαι addidi cf. v. 22: post ἀοράτων add. Thurot   εἰ om. V   17 ἐστὶ T   ἀόρατα Va: ὁρατὰ T: δὲ ὁρατὰ AN   18 διαπλασθήσεται V   19 μήτε Ta, e corr. A: μή τι VN, prius A   αὐτοῦ libri   ἐρεῖ] p. 448b2 ss.   20 αἰσθητὸς N   21 post τὸ add. καὶ TN   λέγων V   ὁρατῶν a   22 χρόνων AN   αὐτῶν om. T del. Usener)   23 *sequitur* T   μέγεθος V   ἀόρατον V   25 τὸ] τῷ M (*impositis* T, corr. *in positis*   prius μὲν om. M   οὖν om. Ma   ἀλλήλων V   25. 26 τῷ — κειμένων Va: om. TMAN   26 ὑποτίθεσθαι a: ὑποτίθεσθαι ὡς M: ὑποτίθεται VAN: om. T   ὁρατὰ AN   ante εἶναι add. τινὰ a (om. etiam M)   27 χρόνον ἀναίσθητον TAN   27. 62,1 τὰ . . . ἐμπίπτοντα μόρια Thurot: τὸ . . . ἐμπίπτον μόριον libri

ἐμπίπτοντα μόρια τῇ κόρῃ καὶ κατὰ τοσοῦτον, ὅσον ἡ κόρη δέξασθαι δύνα- 129
ται, ὡς ἕν τε καὶ συνεχὲς ὁραθήσεται, εἰ λανθάνοι ἡ διαφορὰ τῶν χρόνων καθ' οὓς ἐμπίπτει τῇ κόρῃ τὰ ὁρώμενα εἴδωλα καὶ εἰς δοκεῖ εἶναι ἐν ᾧ τὸ πᾶν ὁρᾷ. δύο δὲ ἄτοπα ἀκολουθήσει τῇ τοιαύτῃ δόξῃ, τό τε μεγέθη τινὰ λέγειν ἀόρατα καὶ χρόνους ἀναισθήτους, ὧν οὐδέτερον ἀληθές, ὡς προελθὼν δείξει.

Εἰπὼν δὲ τὸ ἑπόμενον ἄτοπον τοῖς τὸ ὁρᾶν ταῖς ἀπὸ τῶν ὁρωμένων ἀπορροίαις ἀνατιθεῖσι καὶ δείξας αὐτὸ ἐπὶ παραδείγματος τοῦ τὴν τῶν χρωμάτων μῖξιν ἐκ τῆς τῶν ἀοράτων παραθέσεως γίνεσθαι (ἕπεται γὰρ καὶ χρόνους | ἀναισθήτους τίθεσθαι), ὅτι μὴ τοῦτο ἕπεται τὸ ἄτοπον τοῖς διὰ 130
τῆς τῶν μεταξὺ κινήσεως τὸ ὁρᾶν γίνεσθαι λέγουσιν ἐπιφέρει, πάλιν ἐπὶ τούτου παραδείγματι χρώμενος τῇ δόξῃ τῇ κατὰ τὴν ἐπιπρόσθησιν τῶν χρωμάτων τὴν μῖξιν αὐτῶν γίνεσθαι λεγούσῃ. λέγει γὰρ ἐνταῦθα οὐδεμία ἀνάγκη, τὸ ἐνταῦθα λέγων ἐπὶ τῆς δόξης τῆς διὰ τῆς κινήσεως τοῦ μεταξὺ τὸ ὁρᾶν γίνεσθαι λεγούσης, ἣν προέκρινεν αὐτός. οὐκέτι γὰρ τοῖς οὕτω λέγουσι γίνεσθαι τὸ ὁρᾶν ἀνάγκη λέγειν ἀναίσθητόν τι μέγεθος ἢ ἀναίσθητόν τινα χρόνον εἶναι, καὶ διὰ τί δείκνυσιν ἐπὶ τῶν χρωμάτων τῶν ἐπαληλιμμένων ἀλλήλοις· οὔτε γὰρ ἀναίσθητα οὕτως τὰ κεχρωσμένα λαμβάνουσιν οὔτε χρόνου δεησόμενα πρὸς τὸ τὰς ἀπὸ τούτων ἀπορροίας πρὸς τὴν ὄψιν ἐνεχθῆναι. ἀλλὰ τὸ ἐπιπολῆς χρῶμα τῷ διαφανεῖ τῷ μεταξὺ τῆς τε ὄψεως καὶ ἑαυτοῦ γειτνιῶν ἄλλως μὲν διαθήσει τὸ διαφανὲς τὸ μεταξὺ ἁπλοῦν τε καὶ καθ' | ἑαυτὸ ὄν, ἄλλως δέ, εἰ εἴη τι αὐτῷ 131
ὑποκείμενον ὑφ' οὗ πάσχοι. οὐ γὰρ ὡς ἁπλοῦν ἔτι διατίθησι τὸ μεταξὺ διαφανές, ἀλλ' ὡς μεμιγμένον καὶ ἕτερόν τι ὂν διὰ τὴν τοῦ ὑπαληλιμμένου χρώματος αὐτῷ διαφορὰν καὶ τὸ ὑπ' αὐτοῦ πάθος γινόμενον ἐν αὐτῷ. εἰπὼν δὲ ταῦτα καὶ δείξας ἐπιφέρει· ὥστ' εἰ μὴ ἐνδέχεται μηδὲν εἶναι μέγεθος ἀόρατον, ἀλλὰ πᾶν ἔκ τινος ἀποστήματος ὁρατόν,

---

1. 2 δύναται δέξασθαι V 2 τε] γε a συνεχὴς AN 3 *inciderunt* T εἲς V: εἰ ὃ ANa: *non* T (*unum*?) δοκοῖ coni. Thurot, sed v. p. 60,17 4 τὸ πᾶν] *esse* T μέγεθος a 5 ἀόρατον V 6 προϊὼν a, v. ad p. 61,19 7 τοῖς] τῆς V 8 αὐτὸ TV: αὐτὰ Aa: αὐτοῦ V 9 ὁρατῶν a καὶ ⟨μεγέθη ἀόρατα καὶ⟩ conicio 10 χρόνος ἀναίσθητος AN τίθεσθαι Thurot (*ponere* T): ἐντίθεσθαι V: ἐκτίθεσθαι Aa: γὰρ τίθεσθαι N post ὅτι add. δὲ a τοῖς διὰ Ta: om. VAN 11 τῶν] om. a (habet etiam M): τοῦ conicio λεγούσης AN 12 τοῦ V παραδείγματος VN χρώματος V post παραδείγματί add. τινι T τὴν om. AN ἐπιπρόσθεσιν AN 13 αὐτῶν Ta: αὐτῆς V: αὐτοῖς AN λεγούσῃ Ta: λέγουσι VAN λέγεται V 13. 14 *enim hoc neque nullam necessitatem* T 13 post ἐνταῦθα cum Arist. add. δὲ a 16 γὰρ om. AN 18 ἐπαλειλιμμένων V γὰρ om. T 19 λαμβάνει N χρόνον N δεησόμενα Ta: δεησόμεθα VAN τὸ] τοῦ V 19. 20 *defluxum* T 20 ἐλεχθῆναι V ἐπὶ πολλῆς VN 21 τῷ] τὸ V ἑαυτῷ V γειτνιῶντι a: *movens* T διαθήσει scripsi (T? *disponet*): διαθέσει VAN: διαθείη a (T?): ⟨ἂν⟩ διαθείη coni. Thurot 22 τε om. V αὐτὸ V ὄν] ἣν AN αὐτῶν V 23 πάσχει Va 24 ἄλλως T ὡς om. V μεμιγμένα V ὑπαληλιμμένου AN: ὑπαλειλιμμένου V: ἐπαληλιμμένου Ta 25 αὐτῆς V τὸ repetit a ὑπ' αὐτῆς V, tum τὸ add. VAN 26 μὴ ἣν δέχεται AN 27—63,2 ἀλλὰ—ἀόρατα om. V

καὶ αὕτη τις ἂν εἴη χρωμάτων μῖξις, λέγων ὅτι εἰ μὴ εἴη μεγέθη 131 τινὰ ἀόρατα, ἡ ἐκείνως λεγομένη μῖξις γίνεσθαι τῶν χρωμάτων κατὰ τὴν τῶν ἀοράτων παράθεσιν οὐκ ἂν εἴη, εἴγε μηδὲν μέγεθος ἀόρατον, αὕτη δὲ ἡ δευτέρα δόξα ῥηθεῖσα γίνοιτ' ἂν καὶ αὐτὴ τῆς τῶν χρωμάτων μίξεως αἰτία, ἡ κατὰ τὴν ἐπάλειψιν καὶ ἐπιπρόσθησιν ἄλλου ἄλλῳ. ἐρεῖ γὰρ καὶ ἄλλην τινὰ καὶ τήνδε κυριωτέραν.

Καὶ μὴ ὄντων δὲ μεγεθῶν ἀοράτων τινῶν, ὅμως φησὶ μηδὲν κωλύειν 132 καὶ τῇ παραθέσει τῶν χρωμάτων δόξαι τινὰ μῖξιν γίνεσθαι τοῖς ἀπὸ πλείονος διαστήματος ὁρῶσι τὰ τοῦτον τὸν τρόπον παρακείμενα. περὶ γὰρ τοῦ μηδὲν εἶναι μέγεθος ἀόρατον τῇ αὑτοῦ φύσει μηδὲ οὕτως δύνασθαι τὴν μῖξιν τῶν χρωμάτων γίνεσθαι, ὡς ἐκ τῆς τῶν ἀοράτων πυρῶν παραθέσεως, ἐν ὑστέρῳ, φησί, δειχθήσεται.

p. 440a31 Εἰ δέ ἐστι μῖξις τῶν σωμάτων μὴ μόνον τὸν τρόπον τοῦτον ὅνπερ οἴονταί τινες, παρ' ἄλληλα τῶν ἐλαχίστων τιθεμένων, ἀδήλων δὲ ἡμῖν διὰ τὴν αἴσθησιν.

Διὰ τούτων τίθησι τὴν αὑτοῦ δόξαν, ᾗ συγκατατίθεται μᾶλλον τῶν προειρημένων. αἱ μὲν γὰρ προειρημέναι οὐ μῖξιν χρωμάτων, ἀλλὰ φαντασίαν μίξεως εἰσάγουσιν· διὸ οὐδὲ ὑπόστασίν τινα διδόασι τοῖς ἄλλοις χρώμασιν. ⟨καθ'⟩ ἣν δὲ αὐτὸς νῦν τίθησι δόξαν, μῖξίς τε ἀληθῶς ἐστι χρωμάτων, καὶ ὕπαρξίς ἐστι δὲ ἡ κατὰ μῖξιν τῶν σωμάτων γινομένη. εἰ γάρ ἐστι μῖξις τῶν σωμάτων, οὐ κατὰ παράθεσιν μόνον, ὡς ᾤοντο οἱ πρὸ αὐτοῦ, παρ' ἄλληλα τιθεμένων τῶν | ἐλαχίστων καὶ ἀδήλων ἡμῖν διὰ τὸ 133 ἀναίσθητα εἶναι, ἀλλὰ καὶ ὅλων δι' ὅλων τρεπομένων, ὡς ἐν τοῖς Περὶ γενέσεως δέδειχε περὶ μίξεως λέγων (τοῖς μὲν γὰρ παραθέσει τὴν μῖξιν γίνεσθαι λέγουσιν ἀκολουθεῖ ταῦτα μόνον μίγνυσθαι λέγειν ἀλλήλοις, ὅσα ἐνδέχεται διελεῖν εἰς τὰ ἐλάχιστα. ἔστι δὲ ταῦτα ἐφ' ὧν οἷόν τε τῶν

---

1. 2 τινὰ μεγέθη ΛΝ 2 τινὰ om. T ἡ] ἢ V: ᾗ TN λέγομεν ἡ TAN μίξιν V 3 ὁρατῶν a περίθεσιν V 4 ἡ δευτέρα] *sive* T ῥηθεῖσα om. T γένοιτ' V αὕτη ΛΝ 5 ἢ N ἐπάληψιν a prius καὶ Ta: om. VAN ἄλλῳ T: ἄλλως VANa ἐρεῖ MTVAN: τὸ εἰ a ἐρεῖ] p. 440b 14 ss. 6 τῆσδε coni. Thurot κυριωτάτην V 7 post μεγεθῶν add. καὶ VAN μηδὲ V 8 τὴν παράθεσιν V δόξαι scripsi (cf. Arist. φαίνεσθαι): δόξει VAN: δοξάζει a: om. T πλέον V 9 διαστήματος MTVN: om. A(?)a περικείμενα V 10 αὐτοῦ libri 11 πυρῶν T (cf. p. 53,22 ss.): πόρων ΛΝa: πόρρων V ἐν] *et in* T ἐν ὑστέρῳ] v. ad p. 61,19 14 περὶ ἀλλήλοις V 15 ἀδήλων T: ἄδηλον VA: ἄδηλα N 16 ante τὴν add. *nobis* T αὑτοῦ ANa: αὐτῷ V συνεκτίθεται N 18 ἄγουσι V 19 καθ' add. Thurot αὐτὸ N νῦν om. T νῦν τίθησι] συντίθησι V ἀληθῶς Λa: ἀληθής TV: ἀληθῶν N 20 δὲ om. a post κατὰ add. τὴν a χρωμάτων a 20. 21 γινομένη – σωμάτων rep. N 21 χρωμάτων a οὐ a: om. TVAN 21. 22 οἱ πρὸ αὐτοῦ] *quidam* T 22 διὸ V 23 ἀναίσθητον AN ἀλλ' V καὶ A¹a: δι' N, εἰ e corr. A: om. TV ὅλων] ὅλου ἡμῖν a 23. 24 Περὶ γενέσεως] A 10 p. 327b 31 ss. cf. Philop. p. 192,22 ss. Vit. 24 δέδειχε N: δέδεικται V παραθέσεως V

ὁμοειδῶν ἕν τι κατ' ἀριθμὸν λαβεῖν, ὃ μηκέτι εἰς ὅμοια διαιρεῖται· διὸ 133 καὶ ἀδιαίρετον ταύτῃ. ἔστι δὲ τοῦτο ἐπὶ τῶν στερεῶν τε καὶ ἀνομοιομερῶν, οἷον ἀνθρώπων, ἵππων, κυνῶν, βοῶν, σπερμάτων. ἐν ἑκάστῳ γὰρ τούτων ἐστί τι τὸ κατ' ἀριθμὸν ἕν, ὃ καὶ ἐλάχιστόν ἐστι τῶν ἐν τῷ αὐτῷ γένει, τῷ μηκέτ' εἰς ὅμοια διαιρεθῆναι δύνασθαι· οὔτε γὰρ ὁ εἷς κατ' ἀριθμὸν ἄνθρωπος εἰς ἀνθρώπους ἔτι διαιρεῖται οὔτε ὁ ἵππος οὔτε ἄλλο τι τῶν τοιούτων. τῶν δὴ τοιούτων καὶ οὕτως ἀδιαιρέτων ἑκάστων κατὰ παράθεσιν μῖξις. ἵπποι γὰρ κυσὶ καὶ | ἀνθρώποις καὶ κριθαὶ πυροῖς καὶ κέγχροις 134 οὕτω μίγνυνται τῇ τῶν ἐλαχίστων ἐν αὐτοῖς σῳζομένων παραθέσει, ὅταν πολλὰ ᾖ· οὐ γὰρ δὴ εἷς ἵππος ἑνὶ ἀνθρώπῳ παρατεθεὶς μεμῖχθαι λέγεται ἢ εἷς πυρὸς κριθῇ μιᾷ. ὅσα δὲ ὑγρά τε καὶ ὁμοιομερῆ καὶ μὴ οἷόν τε αὐτῶν τὸ ἐλάχιστον λαβεῖν, ταῦτα οὐκέτι οἷόν τε τῇ παραθέσει τῶν ἐλαχίστων μίγνυσθαι λέγειν, ἀλλ' ἐν τούτοις διὰ παντὸς ἡ μῖξις, ἃ καὶ κυρίως μεμῖχθαι λέγεται· ἔστι δὲ ταῦτα ἐφ' ὧν τὸ κεκρᾶσθαι κατηγοροῦμεν. πῶς δὲ τοῦτο δυνατὸν ὅλον τι δι' ὅλου μίγνυσθαι ἔδειξεν ἐν τοῖς Περὶ γενέσεως καὶ φθορᾶς, ὅτε περὶ μίξεως ἔλεγε· διὸ καὶ λέγει ἐν τοῖς Περὶ μίξεως εἰρηκέναι. εἶπε γὰρ ἐκεῖ τὸ τὴν ὕλην [δι'] ἀμφοτέρων τῶν μεμιγμένων εἶναι τὴν αὐτήν, καὶ διὰ τοῦτο ἑκάτερον αὐτῶν καὶ ποιητικὸν τοῦ ᾧ μίγνυται καὶ παθητικὸν ὑπ' ἐκείνου εἶναι, ὅταν ἰσάζωνται ταῖς δυνάμεσι τὰ μιγνύμενα [ἢ], ὡς μὴ τὸ ἕτερον αὐτῶν κατισχῦσαν θάτερον εἰς τὸ ἴδιον εἶδος | αὐτοῦ μεταβάλλειν, ἀλλ' ὡς ἑκάτερον ἅμα ποιοῦν τε καὶ 135 πάσχον, ἀποβάλλοντα τὰς ὑπεροχάς, ὧν παρουσῶν ἦν ἀλλήλων διαφέροντα, καὶ τὸ μὲν ὕδωρ φέρε εἰπεῖν, τὸ δὲ οἶνος, ἐν μέσῳ καταστῇ, καὶ ἕν τι εἶδος ἐξ ἀμφοτέρων γένηται καὶ † ἡνωμένα, ἀλλ' οὐ παραθέσει τῷ εἶναι εὐόριστα καὶ ὑγρὰ † τό τε δι' ὅλων τι μεμῖχθαι. καὶ ἡ τοιαύτη μῖξις

1 ἕν] ἔστι N λαβεῖν] λέγειν V ὄνομα V 2 ταῦτα V ἀδιαίρετον TV: ἀδιαί . . . AN: ἀδιαίρετα a 3 κυνῶν] *et canibus* T 4 τὸ A(?)a: om. VN, fort. recte ἕν ὃ MTVAN: ἐν ᾧ a καὶ om. T ἐστι om. V 6 εἰς] *est (et?) in* T ὁ om. V alt. οὔτε Ta: ἢ ὅτι AN: ἢ V 7 τῶν δὴ τοιούτων om. Ta διαιρετῶν V ἑκάστων M: ἕκαστα VANa: om. T 8 μίξεις AN κέγχρω V: spat. IV litt. AN 9 μίγνυται V αὐτῷ σωζουμένων V περιθέσεις V 10 περιτεθεὶς N 11 ὁμοιομερῆ καὶ om. T 14 ἔστι MTVAN: γίνεται a τὸ κεκρᾶσθαι] spat. V litt. T 15 τοῦτο] om. T: τούτων N τι om. T 16 *quod et de mixtura ho11 1 diximus* T 17 εἴρηται cum Arist. T ἐκεῖ] De gen. et corr. A 10 p. 328a19 ss. τὸ Va: τῷ AN: del. Thurot δι' a: διὸ V: δὲ AN: om. T 18 prius καὶ om. T 19 τοῦ] τῶν N post ἐκείνου lacunam statuit Thurot, in qua exposita esse censet quae apud Aristot. 328a24—28 leguntur εἶναι scripsi: ἵνα MTVAN: om. a ἰσάζονται ANa 20 ἢ delevi κατισχῦσαν om. T aut *possit* vertit 21 αὐτοῦ T: αὐτὸ VANa 21. 22 ποιεῖν τε καὶ πάσχειν conicio 21 ποιοῦντα καὶ a 22 πάσχοντα M ἀποβαλόντα conicio (cf. De mixtione p. 230,31 Br.) ὧν—ἦν] spat. XXII litt. T ὧνπερ οὐσῶν a post ἀλλήλων add. τὰ N 23 φέρει V τὰ δὲ VA: τάδε N 24 γένηται in spatio om. V ἡνωμένον conicio: ἡνωμένα ᾖ coni. Thurot ἀλλ' οὐ a: om. TVAN παριθέσεως (!) V τῷ Ta: τὸ VAN εἶναι] *sicut* T 25 εὐόριστα T: ἀόριστα VANa, sed v. Arist. p. 328a24 et Alex. De

ἅμα καὶ κρᾶσις καλεῖται), οὕτω δὴ μιγνυμένων τῶν σωμάτων ἀνάγκη 135 καὶ τὰ χρώματα τὰ ἐν τοῖς σώμασι τοῖς μιγνυμένοις μίγνυσθαι ἀλλήλοις ὅλα δι' ὅλων.

Ὥσπερ οὖν καὶ τὰ ἄλλα αὐτῶν πάθη, οὕτω δὴ καὶ ἡ τῶν ἐναντίων χρωμάτων μῖξίς ἐστιν, ἣν καὶ αἰτίαν φησὶ τοῦ πολλὰς εἶναι χρόας· οὐ γὰρ τὴν ἐπιπόλασιν οὐδὲ τὴν παράθεσιν πολλὰ ποιεῖν χρώματα, ἀλλὰ μόνον φαντασίαν πλειόνων. ἐπὶ δὲ τῆς τοιαύτης μίξεως πρὸς ἀλήθειαν πολλὰ τὰ χρώματα γίνεται. ὅτι γὰρ μὴ τῷ φαίνεσθαι μόνον τὸ πλῆθος τῶν χρωμάτων, ἀλλὰ | τῇ ὑποστάσει, ἔδειξε διὰ τοῦ εἰπεῖν οὐ γὰρ πόρρωθεν 136 μὲν ἐγγύθεν δὲ οὐ φαίνεται μία χροιά. τὰ γὰρ τῇ φαντασίᾳ πολλὰ καὶ διαφέροντα, οὐ τῇ ὑποστάσει, πόρρωθεν μὲν ὁρώμενα ἄλλα φαίνεται, ἐγγύθεν δὲ τὰ αὐτά, ὥσπερ καὶ τὰ ἔξω † τὴν τῶν ἄλλων μῖξιν ποιοῦσι. πολλὰς δέ φησι διαφορὰς ἔσεσθαι χρωμάτων τῶν κατὰ τὴν τοιαύτην μῖξιν τῷ κατὰ διαφέροντας λόγους αὐτῶν τὴν μῖξιν γίνεσθαι, καὶ τὰ μὲν ἐν ἀναλογίᾳ τινὶ καὶ λόγῳ τῶν μιγνυμένων γίνεσθαι, τὰ δὲ καθ' ὑπεροχὴν μόνον, ὥσπερ ἐλέγετο καὶ ἐπὶ τῆς παρ' ἄλληλα τῶν ἀοράτων θέσεως ἢ τῶν ἐπιτιθεμένων ἄλλων ἄλλοις. ὡς γὰρ ἐπ' ἐκείνων λέγεσθαι ἐδύνατο τὸ πλῆθος γίνεσθαι τῶν χρωμάτων τῇ ποιᾷ σχέσει τῶν παρακειμένων ἢ ἐπιπροσθούντων, οὕτω καὶ ἐπὶ τῆς μίξεως τῇ ποιᾷ τῶν μιγνυμένων σχέσει πρὸς ἄλληλα. διὰ γὰρ τὴν τοιαύτην τῶν μιγνυμένων διαφορὰν ἔσται καὶ τὰ μὲν ἡδέα | μᾶλλον, 137 τὰ δὲ ἧττον τῶν χρωμάτων.

Εἰπὼν δὲ ταῦτα, διὰ ποίαν αἰτίαν τὰ εἴδη τῶν χρωμάτων ἐστὶν ὡρισμένα, ἀλλ' οὐχὶ ἄπειρα, ὁμοίως δὲ καὶ τῶν ἄλλων αἰσθητῶν, χυμῶν τε καὶ ψόφων καὶ τῶν ὀσφραντῶν τε καὶ ἁπτῶν, ὕστερόν φησιν ἐπισκεπτέον· ἐρεῖ δὲ τὴν αἰτίαν προϊών. ὧν γάρ ἐστι τὰ πέρατα καὶ τὰ ἔσχατα ὡριμένα, τούτων ἀνάγκη καὶ τὰ μεταξὺ ὡρίσθαι. ἐν οἷς δὲ γένεσίς ἐστιν

---

mixtione p. 228,36 Br. ἐν τοῖς εὐορίστοις τε καὶ ὑγροῖς ἡ ὡς κρᾶσις μῖξις, et εὐόριστα serib. Quaest. p. 5,13 Br. τότε T: τῷ δὲ conicio (τῷ iam Thurot), v. eandem oppositionem p. 63,23ss., fort. gravior corruptela statuenda 1 μιγνυμένων (ut vid. T) a: μιγνύμενα VAN, tum καὶ add. N 2 alt. τὰ a: τοῦ AN τὰ ἐν τοῖς σώμασι in spatio om. V μιγνυμένοις] *visibilibus* T 4 οὖν—δὴ om. T τὰ om. V πάθη—δὴ καὶ in spatio om. V 4. 5 τῶν χρωμάτων τῶν ἐναντίων V 5. 6 οὐ γὰρ—ἐπιπόλασιν in spatio om. V 6 ἐπιπόλευσιν a 7 ante πρὸς add. καὶ a 8 πράγματα V ὅταν V τῷ] τὸ V 9 τῇ] τὶ V τοῦ] τῶν N 10 μὲν a (Arist.): om. TVAN ante μία add. ἡ a μία om. AN χρόα a (Arist.) 12 δὲ τὰ V (τὰ T): δὲ οὐ τὰ a: om. AN ὥσπερ ⟨οὐ⟩ κατὰ τὰ ἔξω coni. Diels 13 τῶν T: τὰ VAN: τὰς a 13. 14 κατὰ . . . λόγους] male πολλοῖς λόγοις Arist. codd. LSUP 14 διαφέροντι V λόγους om. V ἐναντιολογίᾳ a (corr. M) 15 λόγῳ] λέγει V τὰ MV: τὸ A: τί Na 16 ἡ τῆς ἐπιπροσθήσεως T? cf. p. 63,5 17 post γὰρ add. καὶ T post ἐκείνων add. μὲν V (ut testatur Mau) ἐλέγετο δύνασθαι ex T Thurot 19 τῇ ποιᾷ om. V 23 post ἄλλων add. τῶν AN ἀναισθήτων N 24 ὀσφραντῶν a: ὀσφρητῶν VAN 25 ὧν γὰρ T (cf. Arist. p. 445b23): τί γὰρ ὧν V: ὅτε γὰρ ὧν AN: ὅτι γὰρ ὧν a 26 ἀναγκαῖον Arist. codd. EYM τὰ om. a ὥρισται V γένεσις] spat. III litt. AN

ἐναντία, πέρατα τούτων τὰ ἐναντία· τὰ μὲν γὰρ ἐναντία πλεῖστον ἀλλήλων 137
διέστηκε, τὰ δὲ πλεῖστον διεστῶτα πέρατα, ὅταν ἐν ταὐτῷ ἡ διάστασις αὐτῶν ᾖ γένει. πάντα δὲ τὰ αἰσθητὰ ἐναντίωσιν ἔχει, ὥστε πάντων τῶν αἰσθητῶν τὰ πέρατα ὥρισται, καὶ διὰ ταῦτα καὶ τὰ μεταξύ. καὶ τί μέν ἐστι τὸ χρῶμα καὶ διὰ τίνα αἰτίαν πολλὰ χρώματα καὶ διαφέροντα ἀλλήλων ἔστιν εἰρῆσθαί φησιν, ὅπερ ἦν προκείμενον. |

p. 440^{b}27 Περὶ δὲ ψόφου, φησίν, εἴρηται πρότερον ἐν τοῖς Περὶ 138
ψυχῆς.

Προθέμενος περὶ αἰσθητῶν λέγειν, περὶ μὲν χρωμάτων, ἅ ἐστιν ὁρατά, εἴρηκε, περὶ δὲ ψόφου καὶ φωνῆς ἐν τοῖς Περὶ ψυχῆς φησιν αὐτάρκως εἰρῆσθαι. εἴρηκε δὲ ἐν ἐκείνοις ὅτι ψόφος μέν ἐστι τοῦ ψοφητικοῦ ἐνέργεια, ἔστι δὲ ψοφητικὸν μὲν ὁ ἀήρ, ἡ δὲ ἐνέργεια αὐτοῦ γίνεται ὡς ψοφητικοῦ ὑποκειμένου, ὥστε καὶ πληγῇ τοιαύτῃ τε καὶ ὑπὸ τοιούτων ὑφ' ὧν θρύπτεσθαι φερόμενος κωλύεται· γίνεται δὲ τοῦτο, ὅταν θᾶττον ἡ ἀπὸ τῆς πληγῆς κίνησις ἐν αὐτῷ γένηται τῆς οἰκείας αὐτοῦ θρύψεως. φωνὴ δὲ πληγὴ τοῦ ἀναπνεομένου ἀέρος ὑπὸ τῆς ἐν τοῖς μορίοις τούτοις ψυχῆς πρὸς τὴν καλουμένην ἀρτηρίαν μετά τινος φαντασίας.

p. 440^{b}28 Περὶ δὲ ὀσμῆς καὶ χυμοῦ λεκτέον· σχεδὸν γάρ ἐστι τὸ αὐτὸ πάθος, οὐκ ἐν τοῖς αὐτοῖς δέ ἐστιν ἑκάτερον αὐτῶν.

Περὶ ὀσμῆς καὶ χυμοῦ προθέμενος λέγειν, ὧν τὸ μὲν τῇ ὀσφρήσει
αἰ|σθητόν ἐστι, τὸ δὲ τῇ γεύσει, τοῦ ἅμα αὐτῶν μνημονεῦσαι τὴν αἰτίαν 139
παρέθετο εἰπὼν σχεδὸν γάρ ἐστι τὸ αὐτὸ πάθος, οὐκ ἐν τοῖς αὐτοῖς δέ, τὸ μὲν αὐτὸ πάθος, ὅτι δοκεῖ αὐτῷ καὶ ὁ χυμὸς καὶ ἡ ὀσμὴ ἐναποπλυνομένου καὶ ὥσπερ ἀποματτομένου τοῦ ἐν χυμοῖς ξηροῦ ἐν τῷ ὑγρῷ γίνεσθαι, οὐκ ἐν τῷ αὐτῷ δέ, ὅτι ὁ μὲν χυμὸς ἐν τῷ ὕδατι, ἡ δὲ ὀσμὴ μάλιστα μὲν ἐν τῷ ἀέρι, γίνεται δὲ καὶ ἐν τῷ ὕδατι. ἀλλὰ περὶ μὲν

---

1 primum ἐναντία VAN: ἐν αἰτίᾳ a: om. T ἀλλήλων om. T 3 γένει post ταυτῷ e T posuit Thurot 2. 3 διάστασιν ἐν γένει ᾖ a 3 πάντα] *differentia* T 4 τοῦτο T alt. τὰ a: om. VAN: τὸ T 4. 5 τί—prius καὶ om. T 5 τίνα om. T 6 εἰρήσεσθαι V 7 post ψόφου add. καὶ φωνῆς Arist., ipse Alex. v. 10 τοῖς] τῆς N 9 μὲν om. a (add. etiam M) 10 φωνῶν N τοῖς] τῆς N 11 ἐν ἐκείνοις] De an. B 8 13 ὑποκειμένης V 13. 14 ὥστε—δὲ τοῦτο] infra lineam duxit et ἐνταῦθα ἤτοι λείπει τι (ἢ τὸ) τῇ γραμμῇ σημειωθὲν περισσεύει adnotat M 13 πληγῇ τοιαύτῃ e T (*plaga tali*) scripsi: πληγῆς τοιαύτης (τοιαῦτα V) VANa ὑπὸ τούτων V 15 πληγῆς] γῆς a (corr. M) οἰκίας V 16 τούτοις TVNa (Arist. p. 420^{b}28): τοῖς φωνητικοῖς M: τοῖς φωνητικοῖς τούτοις A (cf. Alex. De an. p. 49, 10 Br.) 17 μετά] *ab* T 18 post χυμοῦ add. νῦν A(?)a (Arist. codd. EMYL), sed v. p. 184,4 Th. 19 οὔκουν τοῖς V 20 ὀσφρήσει] αἰσθήσει AN 21 τοῦ] τῶν N 22. 23 οὐκ—πάθος om. AN 23. 24 ἐναποπλυνομένου Ta: ἐναποπλυνομένῃ NVA 25 γίνεσθαι a: γενέσθαι VAN (*facta esse*) T ὅτι a: om. TVAN 26 prius μὲν om. a (habet etiam M)

τούτων προϊὼν δείξει. εἰπὼν δὲ σχεδὸν τὸ αὐτὸ πάθος εἶναι, τουτέστι δι' 139 ὁμοίου πάθους ἑκατέραν τῶν ποιοτήτων τούτων γίνεσθαι, τοῦ ὁμοίων ὄντων αὐτῶν καὶ ὁμοίως γινομένων ἐναργέστερον τὸν χυμὸν ἡμῖν τῆς ὀσμῆς εἶναι τὴν αἰτίαν προστίθησιν, ὅτι γὰρ χειρίστην [τε] ἔχομεν αἴσθησιν τὴν ὄσφρησιν τῶν τε ἄλλων ζῴων καὶ πασῶν τῶν ἐν ἡμῖν αὐτοῖς αἰσθήσεων, ἀκριβεστάτην πάλιν τὴν ἁφὴν τῶν τε ἄλλων αἰσθήσεων καὶ τῶν ἄλλων ζῴων (διὰ τοῦτο γοῦν οὐδὲ τὰς ὑπερβολὰς τὰς κατὰ τὸν χειμῶνα καὶ θέρος φέρειν | ὁμοίως τοῖς ἄλλοις δυνάμεθα)· καὶ ἡ γεῦσις δὲ ἁφῆς. εἴρηκε 140 δὲ περὶ τούτων καὶ ἐν τοῖς Περὶ ψυχῆς.

p. 441a3 Ἡ μὲν οὖν τοῦ ὕδατος φύσις βούλεται ἄχυμος εἶναι.

Πρῶτον τοῦ περὶ χυμῶν ἄρχεται λόγου, καὶ τὸ μὲν ⟨τὸ⟩ ὕδωρ ἄχυμον εἶναι καθ' αὑτὸ καὶ μὴ αἰσθητὸν τῇ γεύσει ὡς ἐναργὲς λαμβάνει (τὰ γὰρ μάλιστα καθαρὰ καὶ εἰλικρινῆ ὕδατα τοιαῦτα), οὐδ' ἄλλο δέ τι τῶν ἁπλῶν σωμάτων ἔγχυμον καθ' αὑτό, ὡς ἐρεῖ. ἐπεὶ δὲ δοκεῖ ἐν τοῖς ὑδατώδεσιν ὁ χυμὸς εἶναι καὶ ἡ γεῦσις διὰ τοῦ τοιούτου ὑγροῦ γίνεσθαι (ἄνευ γὰρ τοιαύτης ὑγρότητος οὐχ οἷόν τε γεῦσιν γίνεσθαι, ⟨ὡς⟩ ἐν τοῖς Περὶ ψυχῆς εἴρηται, ἀλλ' ἔστι παρὰ τὰς τῶν ὑγρῶν μεταβολάς), πῶς δ' ἐν τούτῳ γίνεται ζητεῖ, καὶ πρῶτόν γε ἐκτίθεται τὰς προκαταβεβλημένας δόξας περὶ τούτων, αἷς ἀντειπὼν ἐκτίθεται τὴν δόξαν τὴν ἑαυτοῦ. ἢ γὰρ ὡς Ἐμπεδοκλεῖ δοκεῖ, ἀνάγκη τὸ ὕδωρ ἔχειν ἐν | αὑτῷ πάντα τὰ γένη πάντων 141 τῶν χυμῶν, τουτέστι πάντα τὰ εἴδη τῶν χυμῶν, ἐγκαταμεμιγμένα, ἀναίσθητα δὲ διὰ μικρότητα, τουτέστι διαφεύγοντα τὴν αἴσθησιν διὰ τὴν μικρότητα, καὶ δηλονότι διεσπάρθαι καὶ ὀλίγον ἔγχυμον μεμῖχθαι, ὅταν

---

1 προϊὼν] p. 441b15 ss. 2 ἑκατέρων V τούτων om. V 2. 3 τοῦ ὁμοίων ὄντων αὐτῶν καὶ V: *quare similibus et eisdem* T: τοῦ ὁμοίου (ὁμ A) ὧν αὐτῶν καὶ AN: τῶν ὁμοίων αὐτῷ καὶ a 3 χυμὸν ἡμῖν in spatio om. V 4 προσέθηκεν a γὰρ epexegeticum esse vid. cf. ad. p. 238,2 Th. τε delevi αἴσθησιν om. a 5 ἄλλων om. T et Arist. codd. PSU (cf. p. 218,3 Th.) πασῶν om. a αὐτοῖς a (v. p. 218,4 Th. et Arist.): om. TVAN 5. 6 post αἰσθήσεων add. τῶν δὲ λοιπῶν αἰσθήσεων a 6 prius τῶν — καὶ om. T 7 alt. τὰς] τῶν V 8 ἁφή coni. Thurot (ἁφή τις Arist.), cf. p. 195,12 Th., an ⟨δι'⟩ ἁφῆς? 9 καὶ om. a (habet etiam M) Περὶ ψυχῆς] B 9 p. 421a9 ss. 11 τοῦ] τῆς N χυμῶν TN: χυμοῖς V: χυμοῦ Aa τὸ add. Diels 12 post εἶναι add. et rursus del. λέγεται V ἐνεργὲς V 12—14 τὰ—ἐρεῖ om. a (habet etiam M) 13 καθαρὰ om. V δ' ἔτι N: *aliquid adhuc* T 14 ἔγχυμα N ὡς om. T 15 τοῦ om. a (habet etiam M) φαίνεσθαι T? (*apparere*) 16 γεῦσιν] χυμὸν V ὡς add. Thurot Περὶ ψυχῆς] B 10 p. 422a17 ss. 17 παρὰ] περὶ VN ὑγρῶν] *corporum* T δ' del. aut δὴ coni. Thurot 18 γίνεται om. T καταβεβλημένας V 19 ἐκτίθεται V (*inducit* T): περὶ ANa post ἑαυτοῦ add. στρέφεται a 20 bis τὸ habet A αὐτῷ VAa: ἑαυτῷ N πάντων post χυμῶν AN: om. T (Arist. et πάντα et πάντων om.) 21 τουτέστι bis habet V τουτέστι—χυμῶν om. T 22 post διὰ add. τὴν V σμικρότητα Aa: σμικρότητος N 23 σμικρότητα a δῆλον ὅτι VN ἔγχυμα AN 23—68,2 *cum autem a saporibus et plantis que putantur aliquem habere tactum fiunt et congregati fuerint* T

δὲ ὑπὸ τῶν φυτῶν ἢ ὅλως ὑπὸ τῶν χυμόν τινα ἔχειν δοκούντων ἑλκυσθῇ 141 καὶ ἀθροισθῇ τε καὶ ἅμα γένηται πλείω ὅμοια ἀλλήλοις, τότε αἰσθητὰ ἐν τούτοις αὐτὰ γίνεσθαι καὶ διαφέροντα ⟨τὰ⟩ ἀπὸ τοῦ ὕδατος ἑλκυσθέντα ἀναίσθητα.

Ἠ δεῖ τοὺς χυμοὺς οὕτως ἐκ τοῦ ὕδατος ἀεὶ γίνεσθαι, ἢ μὴ ἔχειν μὲν τὸ ὕδωρ τοὺς χυμοὺς ἤδη κατ' ἐνέργειαν, εἶναι δὲ αὐτὸ ὕλην τῶν χυμῶν. τὸ δὲ οἷον πανσπερμίαν χυμῶν εἶπεν ἀντὶ τοῦ πάντων τῶν χυμῶν ἔχειν ἐν αὐτῷ τὰ γεννητικά, οὐ μὴν κατὰ ταὐτὸ μόριον δεκτικὸν εἶναι. καὶ γὰρ οἱ πάντα ἐν πᾶσι μεμῖ|χθαι λέγοντες, ὡς Ἀναξαγόρας, ἐκ πάντων μὲν 142 πάντα ἐκκρίσει γεννῶσιν, οὐ μὴν δὲ ἐκ τοῦ αὐτοῦ μορίου διαφέροντα. ἐκ γὰρ τοῦ αὐτοῦ μίγματος τῇ μὲν ἐκκρίσει τῶν ὀστῶν καὶ τῇ πρὸς ἄλληλα συγκρίσει ὀστοῦν φησι γίνεσθαι, τῇ δὲ τῶν νεύρων νεῦρον, ἀλλ' οὐ τῇ τῶν ὀστῶν νεῦρον. τὸν αὐτὸν δὴ τρόπον καὶ τὸ ὕδωρ φησὶν ὕλην τῶν χυμῶν εἶναι, οὐχ ὡς ἐκ τοῦ τυχόντος τὸν τυχόντα χυμὸν γίνεσθαι, ἀλλ' ὡς ἐκ τοῦδε τόνδε κατ' ἐπιτηδειότητα τοῦ λαμβανομένου ὕδατος πρὸς ἕκαστον τῶν χυμῶν, ὡς ἅπαντας μὲν ἐξ ὕδατος γίνεσθαι, ἄλλον δὲ ἐξ ἄλλου μέρους καὶ κατὰ τὰς τῶν διαφόρων ὑδάτων πέψεις τε καὶ συστάσεις τὴν τῶν χυμῶν διαφοράν, τῷ εἶναι μὲν ἐν τῷ ὕδατι τὰ πάντων γεννητικὰ τῶν χυμῶν σώματα, οὐ μὴν ἐν πᾶσι ταὐτά, ἀλλ' ἐν μὲν τῷδέ τινι τὰ τούτων, ἐν δὲ τῷδε πάλιν τὰ ἄλλου τινός, καὶ οὕτως γίνεσθαι μὲν τοὺς χυμοὺς ἐκ τοῦ ὕδατος πάντας ⟨ὡς⟩ ἐξ ὕλης, ⟨ὡς⟩, ἐξ ὧν τὸ ὕδωρ ἐστίν, | ἐκ 143 τούτων γίνεσθαι τοὺς χυμούς, οὐ μὴν τὸν τυχόντα χυμὸν ἐκ τοῦ τυχόντος ὕδατος τῷ μηδ' ἔχειν πᾶν μόριον ὕδατος τὰ πάντων τῶν χυμῶν γεννητικὰ σώματα ἐν αὐτῷ. εἴη δ' ἂν διὰ τούτων μνημονεύσας τῆς δόξης τῶν περὶ Δημόκριτον, οἳ τὰς ἀτόμους στοιχεῖα πάντων ἔθεντο. ὅτι δὲ ἡ δόξα αὕτη ἄλλη τῆς Ἐμπεδοκλέους δῆλον· κατὰ μὲν γὰρ τὴν Ἐμπεδοκλέους δόξαν προϋπάρχουσιν ἐνεργείᾳ οἱ χυμοὶ ἐν τῷ ὕδατι, κατὰ δε ταύτην γίνονται [καὶ] κατ' ἐπιτηδειότητα τὴν πρὸς αὐτοὺς τῶν τοῦ ὕδατος μορίων.

1 prius τῶν om. a (habet etiam M) alt. τῶν] τὸν V 2 τε om. a αἰσθητὰ a: αἰσθητὸν TVAN 3 αὐτὸν γενέσθαι TVAN τὰ T (cf. notam proximam): om. VANa post ὕδατος add. ἐν τοῖς διάφορα τὰ (διαφόροις τοῖς a) ἀπὸ τοῦ ὕδατος VAa: om. TN ἑλκυσθεῖσιν a 5 ἢ δεῖ MVA (*sed oportet* T): εἴδη a: ἢ δεῖ γοῦν N (e corr. Thuroti B) 6 αὐτὴν V 7 οἷον σπέρμα χυμοῦ V 8 ἔχειν om. T αὐτῷ libri καθ' αὑτὸ τὸ μόριον a μόριον om. V 9 οἱ] εἰ AN πάντων T (Alex. apud Simpl. in Phys. p. 173,20 D.): παντὸς VANa 10 πάντα T: πᾶν τῇ VANa 11 ὀπῶν a (corr. M) 12 συγκινήσει V τῶν om. a (habet etiam M) νεῦρον] νεῦρα a 13 δὴ] δὲ T φησὶν TAN: φασὶν V: φησὶ post τρόπον a 15 τοῦ om. AN λαμβανόμενον AN: *accipere* T 16 ἅπαν V: ἅπαντα Aa ἄλλα a 17 στάσεις V 18 τὴν om. N διαφορὰς N 19 ταυτὶ V: ταῦτα a 20 prius τὰ om. V *sed in hoc quidem quedam horum, in hac autem iterum qui huius aut que alicuius alterius iterum et sic fieri* T 21 prius ὡς T: om. VANa alt. ὡς (*tamquam*) T: om. VANa 23 μὴ Ta (μηδὲ etiam M) ὕδατος] σώματος T τῶν om. AN 24 αὐτῷ VAa εἴη δ' ἂν] *non tamen in omnibus eadem* T *recordatur* T τῆς] τοῖς AN δόξης τῶν om. AN τῶν a: τῆς V(T?) 25 οἳ] οἷον N ὃς . . . . ἔθετο T πάντα V 26 μὲν om. a (habet etiam M) 27 ἐνεργείᾳ post χυμοὶ a οἱ χυμοὶ om. T *in aquis* T 28 καὶ cum T del. Thurot

Τρίτην προστίθησι δόξαν ταῖς προειρημέναις τὴν λέγουσαν τὸ μὲν 143
ὕδωρ αὐτὸ μηδεμίαν ἔχειν διαφορὰν ἐν αὑτῷ, ὡς ἐκ τοῦδε μὲν τοῦ μέρους 11
αὐτοῦ τόνδε γίνεσθαι τὸν χυμόν, ἐκ τοῦδε δὲ ἄλλον, ἀλλ' ὅμως παντὸς
χυμοῦ ὕλην εἶναι, αὐτὸ δὲ τὸ ποιητικὸν τῶν ἐν τῷ ὕδατι χυμῶν γινομένων
τῆς τῶν ἐν αὐτῷ γινομένων χυμῶν διαφορᾶς αἴτιον γίνεσθαι, οἷον εἴ τις
τὸν ἥλιον ἢ ὅλως τὸ θερμὸν | λέγοι ποιητικὸν τῶν χυμῶν. τῷ γὰρ μᾶλλον 144
ἢ ἧττον [τῷ] θερμαίνειν καὶ τῇ τῆς θερμότητος διαφορᾷ καὶ τῆς πέψεως
τῆς ἀπὸ τῆς θερμότητος γινομένης τὴν τῶν ἐν τῷ ὕδατι χυμῶν διαφορὰν
ἀνάπτουσιν.

Εἰς † δὲ τὰς προειρημένας δόξας, πρῶτον πρὸς τὴν Ἐμπεδοκλέους
ἐνίσταται καὶ δείκνυσιν αὐτὴν ψευδῆ τε καὶ ἐπιπόλαιον. εἰ γὰρ ἐν τῷ
ὕδατι οἱ χυμοὶ καὶ τῷ ἕλκειν αὐτοὺς τὰ φυτὰ οἵ τε ἐν τοῖς καρποῖς
χυμοὶ καὶ οἱ ἄλλοι καὶ αἱ διαφοραὶ αὐτῶν ἐν τῷ ἑλκομένῳ ὕδατι καὶ
ἀπὸ τούτου, ἔδει, ὅτε μὴ ἕλκει τὰ φυτὰ τὸ ὕδωρ, μηκέτι μεταβολὴν τῶν
χυμῶν τῶν ἐν τοῖς καρποῖς αὐτοῖς γίνεσθαι, ἀλλὰ μένειν αὐτοὺς τοιούτους,
ὁποῖοι ἀπὸ τοῦ ὕδατος ἐλήφθησάν τε καὶ εἱλκύσθησαν. νῦν δὲ ὁρῶμεν
μετὰ τὸ ἀφαιρεθῆναι τοὺς καρποὺς ἐκ τῶν φυτῶν καὶ τεθῆναι ἐν τῷ ἡλίῳ,
ἀφαιρεθέντων αὐτῶν τῶν σκεπόντων αὐτοὺς περικαρπίων, ὡς ἐπὶ τῶν καρύων,
πλείστην αὐτοὺς μεταβολὴν ἐν τῷ θερμαίνεσθαι λαμβάνοντας. | καὶ 145
τὸ ἀλλ' ἐν αὐτῷ τῷ περικαρπίῳ μεταβάλλοντας ἴσον ἂν εἴη τῷ
'ἀλλὰ παρὰ τὴν τοῦ περικαρπίου μονήν τε καὶ ἀφαίρεσιν ἀλλασσομένους
καὶ μεταβάλλοντας ἐν τούτῳ καὶ γινομένους ὁποῖοί εἰσιν.' οὗ σημεῖον τὸ
περιαιρεθέντων αὐτῶν μεταβάλλειν κατὰ τοὺς χυμοὺς αὐτὰ δύνασθαι. ἀλλὰ
καὶ τὸ ἀφαιρουμένων τῶν περικαρπίων εἴρηκεν ἀντὶ τοῦ 'τῶν καρπῶν
ἀφαιρουμένων ἀπὸ τῶν φυτῶν', οἳ ἀφαιροῦνται τῷ τὰ ἐν οἷς εἰσιν ἀφαιρεθῆναι.
εἰσὶ δὲ ἐν τοῖς περικαρπίοις ἄπεπτά τέ τινα καὶ πικρά, ἃ ἀφαιρεθέντα
μείναντά τινα χρόνον πέσσεταί τε καὶ ἐδώδιμα γίνεται, ὡς τοῦ ὄντος
ἐν αὐτοῖς ὑγροῦ μεταβάλλοντος κατὰ τοὺς χυμούς, ἀλλ' οὐκ ἐκ τοῦ ἐκτὸς
ὕδατος τῶν χυμῶν σπωμένων. ἀλλὰ καὶ ἀπὸ τῶν καρπῶν διακριθέντες
τε καὶ χωρισθέντες οἱ χυμοί, ὡς ἀπὸ τῶν σταφυλῶν ὁ οἶνος καὶ τὸ ἔλαιον

1 προτίθησι N *opinionem aliam a predictis* T 2 αὐτὸ om. T αὐτῶ libri 3 ὁμοίως a 4 τῶν] τῷ a (τῶν etiam M) 5 ante τῆς add. καὶ T, fort. recte αἴτιον] *tamen* T 6 ἢ om. V τὸ] τὸν V 7 ἢ] καὶ T τῷ del. Thurot cum T τῇ om. AN 8 ὑπὸ AN χυμῶν om. a (habet etiam M) 10 εἰπὼν δὲ coni. Diels δὲ] δὴ a τὸν Ἐμπεδοκλέα a 11 ἐπιπόταιον V 14 μὴ] μηκέτι MAN 15 αὐτοῖς T: αὐτῶν VANa 17 καὶ om. AN: τῷ ?T δεθῆναι V 18 περικαρπέων V 19 μεταβολῶν a (corr. M) ἐν] *etiam* T 20 τὸ] τόδε N αὐτῷ] τῶ V μεταβάλλοντες A: μεταβάλλον N: *permutante* T τῶ V: τοῦ AN: om. a 20. 21 τῷ ἀλλὰ in spatio VI litt. om. T 21 παρὰ scripsi (cf. p. 74,20): περὶ TVAN: κατὰ M: om. a τὴν τοῦ (T)Va: τοῦ τὴν AN 21. 22 *ablationem sed salvatos* (= ἀλλὰ σωζομένους) *et permutatos hoc factos* T 22 prius καὶ T: ἢ VANa ἐκ τούτου V alt. καὶ om. AN 23 δύνασθαι Thurot (T?): δύναται VANa ἀλλὰ om. V 24 τὸ καὶ V πυρικαρπίων V εἰρηκέναι V τοῦ om. N 26 ἃ a: om. TVAN 27 πέττεταί AN 28 κατὰ] καὶ V 29 σπωμένων Thurot: σπομένους V: σπωμένου TANa καὶ om. T διακριθέντος TAN 30 τε om. a τε καὶ om. T χωρισθέντος TAN χυλοί coni. Thurot

ἀπὸ τῶν ἐλαιῶν, πολλὰς ἴσχουσι διαφορὰς κατὰ τοὺς χυμοὺς καὶ μεταβολάς. 145
ἐξ ὧν δῆλον ὅτι μὴ τῷ ἀπὸ τοῦ ὕδατος αὐτοὺς ἐγγίνεσθαι ἐνυπάρχοντας
αὐτῷ ἐνερ|γείᾳ τὴν οὐσίαν ἔχουσιν. ἀλλὰ καὶ ἑψόμενοι οἱ χυμοὶ παντο- 146
δαποὶ γίνονται· καίτοι γε οὐκέτι σπῶνται ἐκ τοῦ ὕδατος. οὕτως ἑψόμενος
ὁ οἶνος καὶ τὰ ἄλλα τοὺς χυμοὺς ἐν τῇ ἑψήσει παντοδαποὺς ἴσχει.

Εἰπὼν δὲ ταῦτα πρὸς τὴν δόξαν τὴν Ἐμπεδοκλέους, ὁμοίως τούτῳ φησὶν ἀδύνατον καὶ τὸ πανσπερμίας ὕλην εἶναι τὸ ὕδωρ τῷ ἐξ ἄλλου μορίου αὐτοῦ ἄλλον γίνεσθαι χυμόν. ὁρῶμεν γὰρ ὅτι ἐκ τοῦ αὐτοῦ ὕδατος διαφέροντες χυμοὶ γίνονται, ὥσπερ καὶ ἐκ τῆς αὐτῆς τροφῆς διαφέροντα σώματα· καὶ γὰρ νεῦρον καὶ ὀστοῦν καὶ σὰρξ καὶ φλέψ. ἢ γὰρ τῷ τὰ λαμβάνοντα τὸ ὕδωρ διαφέρειν ἀλλήλων, ὡς τὰ φυτὰ ἐγγὺς ἀλλήλων ὄντα, εἰ τὸ μὲν εἴη ἄμπελος, τὸ δὲ συκῆ, τὸ δὲ ἐλαία, τὸ δὲ ἄλλο τι· ἀλλὰ καὶ ἐν ἑκάστῳ φυτῷ ⟨δῆλον⟩ ἄλλον μὲν χυμὸν ⟨εἶναι⟩ τοῦ φύλλου, ἄλλον δὲ τοῦ περικαρπίου, καὶ αὐτοῦ τούτου ἄλλον μὲν ὄντος ἀπέπτου, ἄλλον δὲ πεπεμμένου. ἀλλὰ καὶ ὅλως πλασματώδης ἡ δόξα καὶ οὐδὲν πιθανὸν ἔχουσα. |

Δείξας δὲ καὶ ταύτην τὴν δόξαν ἄτοπον, ἐπὶ τὴν τρίτην μέτεισιν, 147
ἥτις αὐτὸ μὲν τὸ ὕδωρ ἀδιάφορον ἔλεγεν εἶναι, αἴτιον δὲ τὸ πάντων ποιητικὸν καὶ κινητικὸν αὐτοῦ, τοῦτο δε ἦν τὸ θερμόν, ⟨ᾧ⟩ τῆς ἐν αὐτῷ τῶν χυμῶν γενέσεώς τε καὶ διαφορᾶς τὴν αἰτίαν ἀνατίθησιν. αἰτιᾶται δὲ καὶ ταύτης τῆς δόξης τὸ ὑπὸ τοῦ θερμοῦ λέγειν μόνου ἐν τῷ ὕδατι γίνεσθαι χυμούς· συνεργὸν μὲν γὰρ καὶ τὸ πῦρ καὶ τὸ θερμὸν τῇ τῶν χυμῶν γενέσει, ὡς γῆ, ἐν τῷ ὕδατι, ὡς καὶ αὐτός φησιν, οὐ μὴν μόνον αὐτὸ δύναται ποιητικὸν εἶναι τῶν χυμῶν. ὃ δεικνὺς λαμβάνει ὅτι λεπτότατον πάν-

---

1 ἐλαῶν a   post ἐλαιῶν add. κειμένων VA, κειμένοις N   πολλὰ a   2 ἐνυπάρχοντας V: ἐνυπάρχοντος TANa, quo servato αὐτοῖς coni. Thurot   3 ἔχουσιν TV: ἐχουσῶν a: ἔχει AN   χυλοὶ coni. Thurot   4 οὐκ ἐπισπῶνται a   post σπῶνται add. γε VN   5 ἴσχει TVAN: ἔστιν ὅτε ἔχει a   7 πανσπερμίας (T)a (Arist. codd. EMSP): πανσπερμίαν AN (Arist. LUY): πᾶν σπέρμα V   εἶναι τὸ ὕδωρ ὕλην Arist. codd. praeter PS   τῷ] τὸ A   8 prius αὐτοῦ TAN: αὐτῶ V: αὐτῶν a   9 prius διαφέροντα V   καὶ om. TV   10 ἢ] καὶ a (Thurot): *si* T   οὐ γάρ τοι τὸ .... διαφέρει μόνον expectem, aut fort. post διαφέρειν lacuna statuenda est: εἰ γὰρ τῷ λαμβάνειν τὸ ὕδωρ διαφέρουσιν ἀλλήλων T?   11 διαφέρειν ⟨διαφέρουσιν⟩ Thurot   τὰ om. a (habet etiam M)   13 καὶ om. T   ἐν] εἰ N   φυτῷ om. T   δῆλον (*palam*) et εἶναι T: om. VANa   ἄλλων V   χυμὸν MTVAN: om. a   φύλου V   15 πεπεμμένον N   οὐδὲν TAa: οὐδὲ VN   16 ἔχουσα Ta: ἔχουσαν V: ἔχει AN   17 *et cum ostendisset hanc* T   δὲ om. AN   18 αἴτιον δὸ τὸ πάντων a (cf. Arist. p. 441a9): πάντων δὲ TVAN   18. 19 ποιητικῶν καὶ κινητικῶν A: ποιητικὰ καὶ κινητικὰ N   19 ᾧ Thurot: ὃ T: om. VANa   20 αἰτίαν] αὐτὴν V   ἀνατίθησιν T: ἀνατιθεῖσα Va: ἀνατιθεῖ AN   21 cave mutes ταύτην τὴν δόξαν (sic T) τοῦ ὑπὸ (v. p. 74,22)   τὸ] τῷ T   μόνους N (μόνον Aristoteli restituendum cum LP, v. p. 71,14. 20)   22 συνεργὸν TAN (cf. p. 71,14): συνεργεῖν Va: συνεργεῖ Thurot   μὲν om. T   καὶ—καὶ om. T   post πῦρ add. τε Aa   τῇ] τῷ a (τῇ etiam M)   23 ὡς γῆ om. a   alt. ὡς Ta: om. VAN, quos neque hic neque infra (δύνασθαι) secutus sum, ne cogerer vocem γῆ in γῆν mutaιe   δύναται T: δύνασθαι VANa   24 ὅτε N   24. 72,1 τῶν πάντων male Arist. codd. EMY

των τῶν οὕτως ὑγρῶν, τουτέστι τῶν ἀναπληστικῶν, τὸ ὕδωρ ἐστί. διὸ 147 οὐδὲ παχύνεται θερμαινόμενον καθ' αὑτό. εἰ δὲ μὴ παχύνεται, οὐδὲ χυμόν τινα λαμβάνει αὐτὸ καθ' αὑτὸ θερμαινόμενόν τε καὶ ἑψόμενον· πάντες γὰρ οἱ χυμοὶ πάχος ἔχουσι. εἰπὼν δὲ λεπτότατον εἶναι πάντων τῶν τοιούτων ὑγρῶν τὸ ὕδωρ, τὸ ἔλαιον ἐπιπολάζειν τῷ ὕδατί φησιν οὐ διὰ λεπτότητα, ἀλλὰ | διὰ γλισχρότητα, καὶ ταύτῃ καὶ ἐπεκτείνεσθαι ἐπὶ 148 πλέον καὶ ἀναπληστικὸν μᾶλλον τοῦ ὕδατος εἶναι διὰ τὴν αὐτὴν αἰτίαν. τὸ δὲ ὕδωρ ψαθυρὸν καὶ εὔθρυπτον· διὸ καὶ οὐκ εὐφύλακτον οὐδὲ ἀναπληστικὸν ὁμοίως. λαβὼν δὲ τὸ εἶναι λεπτότατον τὸ ὕδωρ, πιστοῦται τοῦτο καὶ διὰ τοῦ θερμαινόμενον αὐτὸ καθ' αὑτὸ [τῷ] μηδεμίαν σύστασιν λαμβάνειν· διὰ δὲ τὴν λεπτότητα οὐ παχύνεται ἑψόμενόν τε καὶ θερμαινόμενον. πάντες δὲ οἱ χυμοὶ ἐν συστάσει τινί, ὥστ' εἰ μὴ τὸ ὕδωρ ὑπὸ τοῦ θερμοῦ συνίσταται καθ' αὑτό, οὐδ' ἂν τῶν ἐν αὐτῷ γινομένων χυμῶν τὸ θερμὸν μόνον αἴτιον εἴη, ἀλλὰ συναίτιον.

Εἰπὼν δὲ ταῦτα καὶ δείξας ὅτι τὸ θερμὸν συναίτιον μὲν τῆς τῶν χυμῶν ἐν τῷ ὕδατι γενέσεώς ἐστιν, οὐ μὴν αἴτιον, ἐφεξῆς τὴν αὑτοῦ δόξαν προστίθησι λέγων· φαίνονται δὲ οἱ χυμοὶ ὅσοιπερ καὶ ἐν τοῖς περικαρπίοις οὗτοι ὑπάρχοντες καὶ ἐν τῇ γῇ. λαμβάνει δὲ διὰ τούτων τὰς τῶν | χυμῶν ποιότητας πάσας καὶ ἐν τῇ γῇ εἶναι. δι' οὗ πιστοῦται 149 τὸ μὴ μόνον τὸ ὕδωρ αὔταρκες πρὸς χυμῶν σύστασίν τε καὶ γένεσιν εἶναι, ἀλλὰ τῷ παρὰ τῆς γῆς τι λαμβάνειν γίνεσθαι τοιοῦτον. τούτου δὲ μαρτυρίοις χρῆται τῇ τε τῶν ἀρχαίων φυσιολόγων τῶν πλείστων δόξῃ, οἳ τοιοῦτόν φασι τὸ ὕδωρ εἶναι, δι' οἵας ἂν γῆς πορεύηται, ὡς παρὰ τῆς γῆς τοῦ ὕδατος τὸν χυμὸν λαμβάνοντος, ἀλλὰ καὶ [ἐκ] τῇ ἐναργείᾳ. τά τε γὰρ ἁλμυρὰ τῶν ὑδάτων τῷ διὰ τῆς τοιαύτης γῆς διηθεῖσθαι τοιαῦτά ἐστιν (οἱ γὰρ ἅλες εἶδός τι τῆς γῆς εἰσι, δι' ὧν τὸ διηθούμενον ὕδωρ ἁλμυρὸν γίνεται), καὶ καθόλου ὁποία ἂν ἡ τῆς γῆς ποιότης ᾖ, τοιοῦτος καὶ ὁ χυμὸς τοῦ δι' αὐτῆς ῥέοντος γινόμενος ὁρᾶται, διὰ μὲν ἀσφαλτώδους ἀσφαλτώδης, διὰ δὲ πικρᾶς πικρός· τὰ γοῦν διὰ τῆς τέφρας διηθούμενα

---

1 οὕτως] om. a (Arist.): ὄντως V, cf. v. 4 3 πάντες Va (Arist.): πάντως TAN 4 πάχος] πάντος A: πάντως N 8 δὲ] τε a ψαθυρὸν (T)a: ψαθαρὸν V: ψαρὸν AN prius καὶ om. T 9 alt. τὸ om. AN 10 καὶ om. T θερμαινόμενον T: θερμαίνοντος VANa τῷ cum T del. Thurot 11 δὲ] γὰρ a ἑψόμενον] αἰσθόμενον V 13 ante καθ' add. καὶ V 16 ἐστιν om. a (habet etiam M) αὑτοῦ Va (*propriam* T): αὐτὴν AN 17 προτίθησι N λέγων] εἰπὼν AN 19 καὶ om. a (habet M) 20 χυμὸν V 21 ss. cf. Quaest. p. 98,27 ss. Br. post ἀλλὰ add. καὶ a παρὰ Ta: περὶ VAN τούτου Thurot: τούτοις TVANa 21. 22 μαρτυρῶν V 22 φυσιολογία τῶν πιστῶν δόξῃ V φιλοσόφων T τῇ δόξῃ a 23 πορεύηται ex Arist. Thurot: πορεύοιτο VANa ὡς om. A παρὰ] περὶ V 24 τῇ ἐναργείᾳ scripsi: ἐκ τῆς ἐναργείας V: ἐκ τῆς ἐνεργείας TAN (sed T om. καί, unde ortum est interpolatum ἐκ): ἐκ τῆς ἐ. ⟨τῇ πίστει⟩ male coni. Thurot 25 τῶν ὑδάτων MTVAN: om. a τῆς τοιαύτης M: τοιαύτης TVAN: τῆς αὐτῆς a διηγεῖσθαι V: διαθεῖσθαι AN 26 γὰρ] μὲν V ἄλλες AN τῆς om. V ἐστι V 27 ἡ Va: ἢ A: ἦν N ᾖ om. N 28 ὕδατος add. T, fort. recte 28. 29 σφαλτώδους σφαλτώδης V

πικρὰ γίνεται. διὰ τοῦτο γὰρ καὶ πλεῖσται πηγῶν καὶ κρηνῶν εἰσι διαφοραί· | αἱ μὲν γὰρ πικραὶ τῶν κρηνῶν εἰσιν, αἱ δὲ ὀξεῖαι παρὰ τὰς 150
τῆς γῆς δι' ἧς ῥέουσι διαφοράς. ἱστόρηται δὲ τὰ τοιαῦτα Θεοφράστῳ ἐν τοῖς Περὶ ὕδατος. διὰ τοῦτο οὖν φησιν εὐλόγως καὶ τοὺς χυμοὺς ἐν τοῖς ἐκ τῆς γῆς φυομένοις, τουτέστιν ἐν τοῖς φυτοῖς, καὶ ταύτῃ τρεφομένοις μετὰ ὑγρότητος ἐγγίνεσθαι μάλιστα. λαμβάνει γὰρ καὶ σπᾷ τὸ ἀπολαῦσαν τῆς γῆς ὕδωρ, ἐν ᾗ καὶ δι' ἧς ῥέον αὐτὰ τὰ φυτὰ δέχεται αὐτό. οὐχ ὡς τῆς γῆς δὲ ἐγχύμου κατὰ τὴν αὑτῆς φύσιν οὔσης λέγοι ἄν (οὐδὲν γὰρ τῶν ἁπλῶν σωμάτων τῇ αὑτοῦ φύσει ἔγχυμον εἶναι δοκεῖ), ἀλλ' ὡς πρώτης αὐτῆς κατὰ τὴν [ὡς] πρός τινα ὑγρότητα ὑπὸ θερμότητος μῖξιν πασχούσης τε καὶ δεχομένης ταῦτα. οὐ γὰρ τοῦτο λέγει, ὅτι παρὰ τῆς γῆς ἐχούσης ἤδη τοὺς χυμοὺς πάντας ἐνεργείᾳ τὸ ὕδωρ λαμβάνει· οὐκέτι γὰρ ἂν ἦν ὁ λόγος αὐτῷ καθόλου περὶ γενέσεως χυμῶν, ἀλλὰ περὶ τῶν ἐν τῷ ὕδατι. τοῦ δὲ ἀπὸ τοῦ ξηροῦ τοῦ ἐν τῇ γῇ τὴν γένεσιν τῶν χυμῶν ἐν τῷ ὑγρῷ γίνεσθαι μαρτύριον παρέθετο τὸ καὶ | τῆς ἤδη ποιότητάς τινας ἢ χυμοὺς 151
ἐχούσης γῆς ἀπολαύειν τὸ διηθούμενον ὕδωρ δι' αὐτῆς, ὡς πεφυκὸς πάσχειν ὑπ' αὐτῆς· ὑγρότης δ' ἄν τις εἴη καὶ ἡ ἐν τῇ γῇ τὸν χυμὸν δεδεγμένη.

Εἰπὼν δὲ τοῦτο, καὶ κατὰ τί εὔλογον πάσχειν τι τὸ ὕδωρ ὑπὸ γῆς λέγει. πάσχειν γὰρ πέφυκε τὸ ὑγρὸν ὑπὸ τοῦ αὑτῷ ἐναντίου, ὥσπερ καὶ τὰ ἄλλα ἐναντία ὑπὸ τῶν ἐναντίων αὐτοῖς. ἐναντίον δὲ τῷ ὑγρῷ τὸ ξηρόν· ἔστι δὲ ξηρὸν ἡ γῆ μάλιστα. ἔστι μὲν γὰρ καὶ τὸ πῦρ ξηρόν, διὸ καὶ ὑπὸ τούτου πάσχει τὸ ὑγρόν· ἀλλ' ἔστι τὸ μὲν πῦρ μάλιστα εἰδοπεποιημένον κατὰ τὸ θερμόν, εἰ καὶ ὅτι μάλιστά ἐστι καὶ ξηρόν, ἡ δὲ γῆ κατὰ τὸ ξηρόν, εἰ καὶ ψυχρά ἐστιν. εἶπε δὲ καὶ ὑπὸ τοῦ πυρὸς πάσχειν αὐτό, οὐκ ἀργῶς· εἰς γὰρ τὴν τῶν χυμῶν τῶν γινομένων ἐν αὐτῷ γένεσιν καὶ τὸ θερμὸν συντελεῖ, οὐχ ἡ γῆ μόνη. εἰρῆσθαι δέ φησι ταῦτα ἐν τοῖς περὶ | στοιχείων, λέγων τὰ Περὶ γενέσεως καὶ φθορᾶς. ἐν ἐκείνοις γὰρ 152
μάλιστα τὸν περὶ τῆς φύσεώς τε καὶ οὐσίας τῶν τεσσάρων σωμάτων, ἃ καὶ στοιχεῖα λέγεται, λόγον πεποίηται. ἐν οἷς εἴρηκε καὶ κατὰ τί μάλιστα εἰδοποιεῖται τῶν σωμάτων τῶν ἁπλῶν ἕκαστον, ὅτι γῆ μὲν μᾶλλον ὑπὸ

---

1 ss. cf. Alex. in Meteor p. 88,24 ss. H. πλεῖσται καὶ a πλεῖσται om. AN ante πηγῶν add. καὶ V πηγῆς N 3 τροφάστω N 4 Περὶ ὕδατος] cf. Oder, Philologus, Suppl. VII p. 280 εὐλογία V χυμοῖς V 5 τῆς om. a ταῦτα V 8 δὲ] δι' N: om. T αὑτῆς ANa (*proprium* T): αὐτὴν V οὖσα V 10 ὡς om. T θερμότητος N: τῆς θερμότητος V: θερμότητα Aa 11 παρὰ] περὶ V ἔχει AN 12 ἂν om. A 13 αὐτοῦ V 14 ἐκ τῶν ὑγρῶν AN 15 καὶ τὸ a καὶ om. T 16 ὕδωρ om. N πεφυκὼς V 17 ἡ om. V δεχομένη Ta 18 καὶ om. T καὶ κατὰ τί in spatio om V 18. 19 ὑπὸ τῆς γῆς a 19 αὑτῷ ἐναντίου in spatio paullo minore om. V αὑτῷ Thurot (T?): ἐν αὐτῇ AN: ἐν αὐτῷ a 20. 21 τὸ ὑγρὸν τῷ ξηρῷ a 21 δὲ] γὰρ TAN 22 μὲν τὸ V 23 εἰδοπεποιημένον (T)a: εἰδοποιούμενον VAN καὶ τὸ ξηρόν AN 24 ψυχρά (T)a: ψυχρόν VAN εἶπε] εἶτα AN alt. καὶ om. V ἀπὸ V 25 alt. τῶν om. V 27 λείων N ἐκείνη V 28 τῆς om. V 29 εἴρηκε] De gen. et corr. II 3 p. 331a3—6 (cf. Quaest. p. 14,4 ss. Br.; Philoponi comm. p. 229. 230 V., in quo agnosces frustula Alexandri) alt. καὶ om. T

τοῦ ξηροῦ ἢ τοῦ ψυχροῦ, ὕδωρ δὲ ὑπὸ τοῦ ψυχροῦ μᾶλλον ἢ ὑγροῦ, ἀὴρ 152 δὲ ὑπὸ τοῦ ὑγροῦ μᾶλλον ἢ θερμοῦ, πῦρ δὲ ὑπὸ τοῦ θερμοῦ μᾶλλον ἢ ξηροῦ.

Εἰπὼν δὲ τὰ ἐναντία ὑπὸ τῶν ἐναντίων πάσχειν, διὸ καὶ τὸ ὑγρὸν ὑπὸ τοῦ ξηροῦ καὶ ἔμπαλιν (τὸ γὰρ πλεονάζον ποιητικὸν [εἶναι]), εἶναι δὲ 10 καὶ τὸ πῦρ ξηρόν, μάλιστα δὲ τὴν γῆν, προστίθησι τούτοις ὅτι καθὸ τὸ μὲν πῦρ ἐστι τῶν στοιχείων, τὸ δὲ ὕδωρ, τὸ δὲ γῆ, τὸ δὲ ἀήρ, οὐδὲν οὔτε ποιεῖν οὔτε πάσχειν πεφύκασιν· οὐσία γὰρ αὐτά, οὐσίᾳ δὲ οὐσίᾳ οὐκ ἔστιν ἐναντία, ἐν δὲ τοῖς ἐναντίοις τὸ ποιεῖν τε καὶ πάσχειν. διὸ καὶ προσέθηκεν οὐδ' ἄλλο | οὐδέν· οὐδὲν γὰρ σῶμα, καθὸ σῶμα, ποιεῖ ἢ πάσχει, ὅτι 153 μηδ' ἐναντιότης ἐν αὐτοῖς· καθὸ δὲ ἐν ἑκάστῳ αὐτῶν ἐναντιότης ἐνυπάρχει, κατὰ τοῦτο ποιητικά ἐστιν ἀλλήλων καὶ παθητικά. ἐναντιότης δὲ ἐν τῷ ὕδατι πρὸς μὲν τὴν γῆν κατὰ τὴν ὑγρότητα (ξηρὰ γὰρ ἡ γῆ μάλιστα), πρὸς δὲ τὸ πῦρ κατ' ἄμφω μέν (καὶ γὰρ κατὰ τὴν ξηρότητα 5 καὶ θερμότητα, τὸ γὰρ ὕδωρ ὑγρὸν καὶ ψυχρὸν [ὄν]), μᾶλλον δὲ κατὰ τὴν ψυχρότητα, ἐπεὶ τούτῳ μὲν τὸ ψυχρὸν οἰκειότερον, τοῦ δὲ πυρὸς οἰκεῖον τὸ θερμὸν μάλιστα.

Μάθοι δ' ἄν τις ἐκ τούτων τὴν Ἀριστοτέλους δόξαν περὶ τῶν ποιούντων τε καὶ πασχόντων. οὔτε γὰρ τὰ σώματα αὐτῷ δοκεῖ ποιεῖν τε καὶ 10 πάσχειν, ὡς ἀρέσκει τοῖς ἀπὸ Στοᾶς, οὔτε πάλιν τὰ ἀσώματα, ὡς ἐδόκει τοῖς περὶ Πλάτωνα, ἀλλὰ κατὰ τὰς ἐν αὐτοῖς ἐναντιώσεις οὔσας ἀσωμάτους. πῶς οὖν, εἰ τῷ μὲν ὕδατι τὸ εἶναι ὕδατι ἐν ὑγρότητι καὶ ψυχρότητι, τῷ δὲ πυρὶ ἐν θερμότητι καὶ ξηρότητι, οὐκ ἐναντίον τὸ ὕδωρ τῷ πυρὶ καὶ καθὸ 154 ὕδωρ καὶ πῦρ; ἢ εἰ καὶ ὅτι μάλιστα κατὰ ταῦτα εἰδοποιεῖται ἑκάτερον αὐτῶν, ἀλλ' οὐ ταὐτά ἐστι τὸ πῦρ καὶ τὸ ὕδωρ· οὐ γάρ ἐστιν εἴδη μόνον, ἀλλ' ἔστι καὶ ὑποκείμενόν τι αὐτοῖς ἔχον ταύτας τὰς ποιότητας, σὺν ᾧ τὸ μὲν ὕδωρ ἐστί, τὸ δὲ πῦρ. ἡ γοῦν ῥοπὴ αὐτοῖς οὐκ ἔστι πρώτως 5 ἐναντία· οὐ γὰρ ὥσπερ τὸ πῦρ κουφότατον, οὕτως καὶ τὸ ὕδωρ βαρύτατον· ἀλλὰ καὶ μεθ' ὕλης τὸ εἶναι αὐτοῖς, ἥτις ἐστὶν ἡ αὐτὴ ἐν πᾶσιν αὐτοῖς.

Εἰπὼν δὲ ὅτι εὔλογον πάσχειν τὸ ὑγρὸν ὑπὸ τοῦ ξηροῦ (ἦν δὲ τὸ μὲν ἐν τῷ ὕδατι, τὸ δὲ ἐν τῇ γῇ), πῶς ὑπὸ τοῦ ἐν τῇ γῇ ξηροῦ πάσχει 10

---

1 ὑγροῦ μᾶλλον ἢ ψυχροῦ T 5 τὸ] ὦ AN ἐπλεόναζεν AN: *humidius* T prius εἶναι del. Usener: ἐστιν coni. Thurot 6 καθὸ V(T): καθότι a: om. AN 7 τὸ δὲ ἀήρ, τὸ δὲ γῆ T 8 αὐτὴ V οὐσίᾳ a: om. TVAN *nihil* T 9 ἐναντίον TV alt. καὶ Aa: om. TVN 10. 11 ὅταν δὲ AN 11 μηδὲν ἐναντίον a 12 κατὰ τοῦτο] καὶ τὰ τούτων V 13 γὰρ] δὲ A 14 μεν cum T om. Thurot post γὰρ add. καὶ N 14. 15 θερμότητα καὶ ξηρότητα T (cf. v. 23): ὑγρότητα καὶ ψυχρότητα coni. Thurot 15 γὰρ MTVAN: om. a ὂν del. Usener μᾶλλον Usener: μᾶλλον, μάλιστα T (Thurot): μάλιστα ceteri, sed ὂν vestigium genuinae lectionis δὲ] μὲν N 15. 16 τὸν ψυχρότατον A 16 μεν om. A 20 ἀρέσκειν V τῆς Στοᾶς AN 22 καὶ] τε καὶ V 23 καὶ καθὸ] κατὰ V: καθὸ T 24 πυρὶ AN ἢ a: om. TVAN εἰδοποιῆσαι V 25 ταὐτὸν V τὸ ὕδωρ] τῷ πυρὶ V 26 τι αὐτοῖς om. T 29 καὶ MVAN om. Ta ὕλης N εἶναι] ὕδωρ a (corr. iam M) 32 ξηρῷ N: καιροῦ V

τὸ ἐν τῷ ὕδατι ὑγρὸν ἐν τῇ τῶν χυμῶν γενέσει λέγει. ὡς γὰρ οἱ ἐνα- 154 ποπλύνοντες ἐν τῷ ὑγρῷ τὰ κεχρωσμένα χρωματίζουσι καὶ τὸ ὕδωρ τῷ τοῦ ἐναποπλυνομένου χρώματι, ὁμοίως δὲ καὶ οἱ τὰ τοὺς χυμοὺς ἔχοντα (ἀπολαύει γὰρ τὸ | ὕδωρ τῶν χυμῶν τῶν ἐν τοῖς ἀποπλυνομένοις ἐν αὐτῷ), 155 οὕτω φησὶ καὶ ὑπὸ τῆς φύσεως γίνεσθαι· τὸ γὰρ ξηρὸν καὶ γεῶδες ἐναποπλύνουσαν τῷ ὑγρῷ καὶ διὰ τούτου διηθοῦσαν αὐτὴν τὸ ὑγρόν, χρωμένην τῷ θερμῷ καὶ διὰ τούτου κινοῦσαν αὐτὸ γεννᾶν ἐν αὐτῷ τὸν χυμόν. τῷ δὲ οὕτω καὶ ἡ φύσις τὸ ξηρὸν καὶ γεῶδες λείποι ἂν τὸ 'ἐναποπλύνει τῷ ὑγρῷ.' τοῦ δὲ καὶ διὰ τοῦ ξηροῦ καὶ γεώδους διηθοῦσα ἐξηγητικὸν ἂν εἴη τὸ 'ἐναποπλύνουσα καὶ χρωμένη ἐν τῇ διηθήσει τῷ θερμῷ καὶ κινοῦσα αὐτό, τουτέστιν ἀλλοιοῦσα αὐτὸ καὶ συνιστῶσα καὶ πέσσουσα, ποιὸν παρασκευάζει· ἔγχυμον γάρ.' ἀνατίθησι δὴ τὴν γένεσιν τῶν χυμῶν τῇ διηθήσει τοῦ ὑγροῦ ἐν τῷ ξηρῷ τῷ ἐν τῇ γῇ ὄντι κινοῦντος αὐτὸ καὶ μεταβάλλοντος καὶ συνιστῶντος τοῦ θερμοῦ. ἐν γὰρ τῇ δι' ἐκείνου διηθήσει καὶ τῇ ὑπὸ τοῦ θερμοῦ γινομένῃ ἐν αὐτῷ πέψει τε καὶ συστάσει ἡ γένεσις τοῦ χυμοῦ, οὐ τῆς γῆς ἐχούσης τὸν χυμὸν ἐν αὑτῇ, ὡς ἐδόκει πρὸ ὀλίγου λέγειν βουλόμενος συστῆσαι τὸ | ἀπολαύειν τινὸς τὸ ἐν 156 τῷ ὕδατι ὑγρὸν ἀπὸ τῆς ἐν τῇ γῇ ξηρότητος διηθούμενον δι' αὐτῆς. εἰ γὰρ ἦν ἡ γῆ ἔχουσα ἐνεργείᾳ τοὺς χυμοὺς καὶ παρ' αὐτῆς τὸ ὕδωρ ἀπεμάττετο, οὐκ ἔδει αὐτοὺς παρὰ τὴν τῶν δεχομένων τὸ τοιοῦτον ὕδωρ διαφορὰν φυτῶν ἀλλάσσεσθαι, ἀλλ' αὐτοὺς ποιεῖν ἐν αὐτοῖς τοὺς ὁμοίους χυμοὺς τὸ ὅμοιον. τοῦτο γὰρ ᾐτιάσατο καὶ τῶν πανσπερμίαν τὸ ὕδωρ λεγόντων εἶναι τῶν χυμῶν καὶ οὕτως ὕλην. εἰ δὲ ἡ γένεσις τῶν χυμῶν ἐν τῇ διηθήσει τοῦ γεώδους ξηροῦ τοῦ ἐν τῇ γῇ ἐν ὕδατι διὰ τὴν ὑπὸ θερμότητος κίνησιν, καὶ εἶεν ἂν καὶ οἱ ἐν τῇ γῇ χυμοὶ τοῦτον ἐγγινόμενοι τὸν τρόπον ἐγκαταμίξει τινὸς ὑδατώδους ὑγροῦ καὶ θερμότητος ποιᾶς· ἔχει δὲ ἡ γῆ ἐν αὑτῇ καὶ θερμότητα καὶ ὑγρότητα ἐγκαταμεμιγμένας.

---

1 τῷ om. a λέγω V 1. 2 ἐναποπλύναντες V 2—4 alt. τῷ—ὕδωρ om. AN 2 καὶ om. T alt. τῷ] τοῦ V 3 χρώματος V 4 ἀπολαύει V (v. 17 et Alex. in Meteor. p. 84,16 H.): ἀπολαμβάνει M: *assumit* T (eadem corruptela p. 196,3 Th.): ἀποπλύνει a τῶν χυμῶν VAN (*sapores* T): τὸν χυμὸν a ἐν τοῖς om. MT ἀποπλυνομένοις ANa: ἐναποπλυνομένοις V: ἀποπλυνομένων MT 5 καὶ ὑπὸ om. N γὰρ om. a (habet etiam M) 5. 6 ἐναποπλύνουσα V 6 τοῦτο VA: τούτω N διηθούσης N: *et per penetrantem* T 7 τοῦτο V 8 τῷ] τὸ T καὶ οὕτως AN καὶ τὸ y. Arist. codd. EMYL ante λείποι spat. v litt. T 8. 9 ἐναποπλύνοι V 9 prius τοῦ M: τὸ TVNa διηθοῦσα e corr. N et Thuroti codd. BC: διηθοῦσαν TVAN[1]a 10 τὸ a: τοῦ TVAN χρώμενα VA: χρωμένους N[1] 12 πεσοῦσα N post γένεσιν add. *humidi et* T 14 τῇ] τοῖς A δι'] *ab* T 15 θερμῷ A γενομένη Va 16 ἡ γένεσις—χυμὸν om. AN χυμοῦ TV: θερμοῦ a αὐτῇ VAN 17 πρὸ ὀλίγου] v. p. 72,8 ss. ὀλίγω N συστῆναι T? (*consistere*) 18 αὐτῆς Ta: αὐτοῦ VAN 19 ἐνάργειαν V τὸν χυμὸν a αὐτοῦ VN 20 παρὰ] περὶ V τὸ] καὶ V 21 ἀ . . . σσεσθαι N: ἀλα, tum spat. A αὐτοῖς libri 22 ᾐτιάσατο] p. 70,6 ss. καὶ om. T τῶν] τῇ N 23 prius τῶν om. a (add. etiam M) prius τὸν χυμὸν e corr. V εἰ] ἡ V: ἔστι a (probat Usener) 24 ξηρῶ N 25 prius καὶ vid. del. alt. καὶ om. T 26 ποιεῖς N 27 αὐτῇ VAa prius καὶ om. a alt. καὶ] τὸ N ὑγρότατον N

Εἰπὼν δὲ πῶς γίνεται ὁ χυμός, ὁρίζεται αὐτόν. λέγει γὰρ χυμὸν εἶναι τὸ ὑπὸ τοῦ ἐν τῇ γῇ ξηροῦ γινόμενον πάθος ἐν τῷ ὑγρῷ τῆς γεύσεως τῆς κατὰ δύναμιν ἀλλοιωτικὸν εἰς ἐνέργειαν. διὰ μὲν | οὖν τοῦ τὸ πάθος λαβεῖν καὶ τὸ θερμὸν συμπαραλαβὼν δι' οὗ τὸ ἐγγι- 157 νόμενον πάθος ὑπὸ τοῦ ξηροῦ ἐν τῷ ὑγρῷ· τὸ δὲ τῆς γεύσεως τῆς κατὰ δύναμιν ἀλλοιωτικὸν εἰς ἐνέργειαν σημαίνει μὲν αὐτὸ τὸ κινοῦν οὕτω τὴν γεῦσιν καὶ ἀλλοιοῦν, ὡς ἄγειν αὐτὴν ἀπὸ τοῦ δυνάμει εἰς τὸ ἐνεργείᾳ· ποιητικὸν γὰρ ὁ χυμὸς τῆς κατ' ἐνέργειαν γεύσεως.

Ὅτι δὲ προϋπαρχούσης τῆς αἰσθητικῆς δυνάμεως ὁ χυμὸς εἰς ἐνέργειαν κινητικὸς γίνεται, ἀλλ' οὐκ αὐτὸς τῆς δυνάμεως τῆς γευστικῆς αἴτιος, δηλοῖ δι' ὧν προστίθησι λέγων· οὐ γὰρ κατὰ τὸ μανθάνειν, ἀλλὰ κατὰ τὸ θεωρεῖν ἐστι τὸ αἰσθάνεσθαι. ὃ ἴσον ἐστὶ τῷ 'οὐ γὰρ ἐγγίνεται ἡ αἰσθητικὴ δύναμις ἐν τῷ αἰσθάνεσθαι, ὡς ἡ ἐπιστήμη ἐν τοῖς μανθάνουσιν, ἀλλὰ προϋπάρχουσα καὶ οὖσα δυνάμει ἐνεργεῖ, ὡς ὁ ἔχων πρότερον τὴν ἐπιστήμην, ἔπειτα ἐνεργῶν κατὰ ταύτην.' τίς δὲ ἡ δυνάμει αἴσθησις καὶ τίς ἡ κατ' ἐνέρ|γειαν εἴρηκεν ἐν τοῖς Περὶ ψυχῆς. τὸ δὲ ἄγει γὰρ τὸ 158 αἰσθητικὸν εἰς τοῦτο δυνάμει προϋπάρχον ἴσον ἐστὶ τῷ 'ἄγεται γὰρ τὸ αἰσθητικὸν ὑπὸ τοῦ αἰσθητοῦ εἰς ἐνέργειαν, ὃν τοιοῦτον δυνάμει πρὸ τούτου'. ᾧ προσέθηκε καὶ τὰ ἑξῆς δηλωτικὰ ὄντα τοῦ εἰς ποίαν ἐνέργειαν ἄγεται καὶ ἐκ ποίας δυνάμεως. ἐπεὶ δὲ μὴ μόνον τὸ κατὰ τὸν χυμὸν πάθος ἐν τῷ ὑγρῷ ὑπὸ τοῦ ξηροῦ ἐγγίνεται (κἂν γὰρ χρῶμα ἐναποπλυθῇ, ὁμοίως καὶ τὸ ὕδωρ χρώννυται), ἀλλὰ καὶ ὀσμαὶ ὁμοίως ἐν αὐτῷ γίνονται, διὰ τοῦτο εὐλόγως προσέθηκε τὸ ἴδιον τοῦ ὡς χυμοῦ * * * πάθος ἐστὶ τῆς γεύσεως τῆς κατὰ δύναμιν ἀλλοιωτικὸν εἰς ἐνέργειαν.

Ὅτι δὲ ἡ ξηρότης ἡ ἐν τῇ γῇ τῆς τῶν χυμῶν γενέσεως αἰτία, δῆλον καὶ ἐκ τῆς τῶν ἑψομένων ὑδάτων διαφορᾶς, ἣ γίνεται παρὰ τὴν ἐγκατάμιξιν τῆς γεώδους ξηρότητος· τῶν γοῦν ὀμβρίων ὑδάτων τὸ μὲν | τοῦ χει- 159

1 ὁρίζει AN λέγει γὰρ] *dicens* T 3 συνέργειαν AN 3—6 διὰ—ἐνέργειαν om. a 3. 4 *propter quod hoc quidem passionem* T 3 διὰ TV: φασὶ M: φησὶ A: φαμὲν N μὲν om. N 4 alt. τὸ om. MAN συμπαραλαβὼν] *conferre* T δι' οὗ Thurot (cf. p. 76,28): διὸ VAN: διὰ T 5 πάθος] πολὺ M ὑπὸ V (cf. p. 76,27): ἀπὸ AN δὲ TV: γὰρ MAN 6 post ἐνέργειαν rep. διὰ μὲν οὖν—ἐνέργειαν (v. 3—6) V, ut, quae modo ex eo notavi bis testetur μὲν TV: γὰρ ANa αὐτῷ Va 7 ἀλλοιεῖν N 9 post δὲ add. καὶ V εἰς om. V ἐνεργείᾳ V 10 αὐτὸ V τῆς δυνάμεως om. a (habet etiam M) 12 τῷ] ταυ.. N ἡ] γὰρ AN 14 προυπάρχει AN οὖσαι δυνάμεις N ἐνεργείᾳ TN ὡς] *quod* T προτέραν V 15 ἔπειτα] ἐπὶ τῶν TAN ἐνεργείᾳ AN: ἐνεργειῶν T κατὰ a: καὶ TVAN 16 Περὶ ψυχῆς] B 5 p. 417a6 ss. ἄγει] ἀεὶ T 17. 18 εἰς—αἰσθητικὸν om. V 17 τοῦτο MTAN: τὸ a δυνάμει om. T 19 τούτου] τοῦ AN καὶ MAN: om. TVa 20 ἐπεὶ] ἐπὶ N δὲ om. Va (habet etiam M) τῶν χυμῶν AN 21 γίνεται T? (*fit*) ἐναπολυθῇ Va 23 διὰ τοῦτο om. V εὐλόγως] οὐ λόγος vel οὐ λόγον V τούτου ὡς χυμὸς e T Thurot lacunam statuo (v. proximam notam) et πάθους ὡς addam ἐστὶ MTVAN: spatium VII litt., tum ἐπὶ a (ἐστὶ etiam M) 24 ἀλλοιωτικὴν N 25 αἴτιον AN 26 ἣ γίνεται Thurot: αἳ γίνονται TVANa παρὰ] περὶ V 26. 27 ἐνκατάμιξιν V 27 ss. cf. Alex. in Meteor. p. 84,4 ss. H.

μῶνος γλυκύτατον, τὸ δὲ τοῦ θέρους ἧττον, ἥκιστα δὲ τὸ μετοπώρου. 159 πάλιν δ' αὖ βορείοις μὲν ποτιμώτερον τὸ ὑόμενον, νοτίοις δὲ ἁλυκώτερον, καὶ ταῖς μὲν ἐπομβρίαις γλυκύ, τοῖς δὲ αὐχμοῖς ἁλυκόν· χειμῶνος μὲν γὰρ ὑγρῶν τῶν περὶ τὴν γῆν ὄντων ἄμικτοι αἱ ἀναθυμιάσεις ἀνάγονται τῆς γεώδους ξηρότητος, θέρους δὲ ἧττον ὄντων ὑγρῶν τῶν περὶ τὴν γῆν συναναφέρεταί τι τῇ ἀναθυμιάσει συνεπισπώμενον τοῦ γεώδους· ἔτι δὲ μᾶλλον τοῦ μετοπώρου πλέον ἀνασπᾶται τοῦ γεώδους διὰ τὸ μάλιστα τότε πάντα ἀνεξηράνθαι ὑπὸ τοῦ ἐν τῷ θέρει καύματος. πάλιν τοῖς μὲν βορείοις ἅτε πνέουσιν ἀπὸ τῶν ἐνύγρων πολὺ τὸ πότιμον, νοτίοις δὲ διὰ τὸ ἀπὸ ξηρῶν καὶ κατακεκαυμένων πολὺ τὸ γεῶδες. οὕτω δὲ καὶ ἐν τοῖς αὐχμοῖς· καὶ γὰρ ἐν τούτοις ἀνάγεται τὸ γεῶδες καὶ ἁλυκὸν πολύ, ἐναντίον δὲ ἐν ταῖς ἐπομβρίαις. οὕτως οὖν εὔλογον καὶ τοὺς χυμοὺς ἅπαντας γίνεσθαι τῇ | τε 160 ἐγκαταμίξει τῆς γεώδους ξηρότητος καὶ τῇ ὑπὸ τοῦ θερμοῦ γινομένῃ πέψει αὐτῶν [ἡγεῖται] διὰ τῆς συμμέτρου θερμότητος. φθείρονται γοῦν οἱ χυμοὶ πολλάκις, ὅταν ὑπὸ τοῦ ψύχους αἱ πέψεις αὐτῶν ἀναλυθῶσι καὶ ἐξυγρανθῶσιν, ὥσπερ διακρινομένης τῆς ἐγκαταμεμιγμένης τῷ ὑγρῷ ξηρότητος. μετὰ γὰρ τὴν ὑπὸ τοῦ ψύχους γινομένην πῆξιν ἐν αὐτοῖς λυόμενα ἐξυγραίνεταί τε καὶ ἐξαεροῦται· ἐνυπάρχει γὰρ τὸ ὑγρὸν ἐν τοῖς χυμοῖς. οὐ γὰρ ἐκκρίσει τινὶ τοῦ ὑγροῦ ἀπὸ τοῦ ξηροῦ ὑπὸ τοῦ θερμοῦ γινομένῃ οἱ χυμοί, ἀλλὰ πέψει καὶ συστροφῇ· ὅτι γὰρ ἐνυπάρχει τὸ ὑγρὸν ἐν τοῖς πεττομένοις, δῆλον ἐκ τοῦ λυθείσης τῆς πέψεως ἀνυγραίνεσθαι αὐτά. πολλοὶ δὲ τῶν καρπῶν τὴν ἀρχὴν ἐν τοῖς ψυχροῖς τόποις οὔτε πεπαίνονται οὔτε τὸν ἴδιον χυμὸν λαμβάνουσιν, ὡς τοῦ θερμοῦ ποιητικοῦ γινομένου τῆς πέψεως αὐτῶν καὶ τῶν ἐν αὐτοῖς χυμῶν. |

p. 441b23 Ὅτι δὲ οὐ παντὸς ξηροῦ ἀλλὰ τροφίμου οἱ χυμοὶ ἢ 161 πάθος εἰσὶν ἢ στέρησις, δεῖ λαβεῖν ἐντεῦθεν.

Εἰπὼν τὸν χυμὸν εἶναι τὸ ὑπὸ τοῦ ξηροῦ τοῦ ἐν τῇ γῇ ἐν τῷ ὕδατι γινόμενον πάθος διὰ θερμότητος τῆς γεύσεως τῆς κατὰ δύναμιν ἀλλοιωτικὸν

1 γλυκύτερον a alt. τὸ a: om. TVAN 2 τὸ ὑόμενον om. a (habet etiam M) 4 ὑγρῶν post γῆν AN 6. 7 ἔτι—γεώδους om. AN 7 πάντα τότε V 8 ἐν τῷ θέρει] *ipsius* T 8. 9 ἅτε πνέουσιν TVAN: ἀναπνέουσιν a 9 ἀπὸ a: ὑπὸ VAN: om. T ἐνύγρων A: ἐνύγρον a: ἐνύδρων N: ὑγρῶν V(T?) prius τὸ om. a (habet etiam M) 10. 11 οὕτω—γεῶδες om. V 10 δὲ TN: om. Aa καὶ] κἂν N 11 ὑλικὸν N post δὲ add. καὶ N 11. 12 τοῖς ἐπομβρίοις V 13 τοῦ θερμοῦ] τούτου AN πέμψει a 14 ἡγεῖται om. T: ἢ γίνεται M, fort. recte (ἢ—θερμότητος del. Diels): vix puto vocem ἡγεῖται stare posse, si scribas v. 12 εὐλόγως. coniunxisset enim, ut solet εὐλόγως ἡγεῖται οὖν AN 15 ἀκολουθῶσι a (corr. iam M) 16 ἐγκατα μεμιγμένης Ta: ἐγκατατεμιγμένης AN: ἐγκαταμιγνυμένης V 17 τὴν—ψύχους a: ὑπὸ τοῦ ψύχους AN: τοῦ ψύχους τὴν ὑπὸ V γενομένην N 18 τε] τῆς N ἐξαεροῦται a: ἐξοροῦται VAN: *separatur* T γὰρ om. TV 19 γενομένης N 20 ὅταν . . . ἐνυπάρχῃ a 22 τὴν ἀρχὴν hic habet TV: post τόποις ANa 23 ὡς] *a si* T, corr. *quasi* 24 αὐτῷ V 25 τοῦ τροφίμου Arist. (cf. p. 77,6 ss.), sed deest τοῦ etiam p. 172,13 Th. 26 εἰσὶν Arist. (cf. p. 172,13 Th.): ἐστὶν VAN: om. T 27 τῇ γῇ ἐν om. a (habet etiam M)

εἰς ἐνέργειαν, ὅτι εὐλόγως προσέθηκε τῷ λόγῳ τὸ τῆς γεύσεως τῆς κατὰ 161 δύναμιν ἀλλοιωτικὸν εἰς ἐνέργειαν νῦν δείκνυσιν. οὐ γὰρ πᾶν πάθος ἐν τῷ ὑγρῷ ὑπὸ τοῦ ξηροῦ γινόμενον χυμός· καὶ γὰρ ἡ ὀσμὴ ὑπὸ ξηρότητος ἐν ὑγρῷ γίνεται, ὡς προϊὼν δείξει, ἀλλ' οὐ χυμὸς τοῦτο. ἔτι δὲ καὶ ἁπτὴ ἡ τροφή, ἀλλ' οὐ, καθὸ ἁπτή, τρέφει, ἀλλὰ κατὰ τὸ πάθος τὸ γευστόν. ὃ δηλῶσαι βουληθεὶς εἶπεν ἀλλὰ τοῦ τροφίμου, τῷ τροφίμῳ ἀντὶ τοῦ γευστοῦ χρησάμενος.

Εἰπὼν δὲ τοῦ τροφίμου πάθος εἶναι τοὺς χυμοὺς προσέθηκεν ἢ στέρησις, λέγων τοῦ τροφίμου στέρησιν, τουτέστι τοῦ γλυκέος· τοῦτο γὰρ τὸ τρόφιμον, ὡς δείξει. δοκεῖ γὰρ αὐτῷ ὁ μὲν γλυκὺς χυμὸς τρόφιμος εἶναι, στέρησις δὲ τούτου ὁ πικρός τε καὶ ἁλμυρός. γευστοὶ δὲ | ἀμφότεροι· ὡς 162 γὰρ ἐπὶ τῶν χρωμάτων τὸ ἐναντίον τῷ μάλιστα ὁρατῷ (τοῦτο δέ ἐστι τὸ λευκόν), ὅπερ ἐστὶ τὸ μέλαν ὁρατὸν ὂν καὶ αὐτό, οὕτως καὶ ἐπὶ τῶν χυμῶν τὸ ἐναντίον τῷ μάλιστα γευστῷ (μάλιστα δὲ γευστὸν τὸ τροφιμώτατον, τοιοῦτον δὲ τὸ γλυκύ) στέρησις τούτου. καὶ γὰρ καθόλου τῶν ἐναντίων δοκεῖ αὐτῷ τὸ ἐν τῇ χείρονι συστοιχίᾳ στέρησις εἶναι. ἐπεὶ τοίνυν καὶ τὸ γλυκὺ καὶ τὸ τούτῳ ἐναντίον, τὸ πικρόν, γευστά τε καὶ χυμοὶ καὶ ἐκ τῆς τούτων ποιᾶς μίξεως πάντες οἱ ἄλλοι χυμοί, ὥσπερ τὰ χρώματα ἔκ τε τοῦ λευκοῦ καὶ τοῦ μέλανος, τὸ γευστὸν καθόλου ἐδήλωσε τὰ ἐν τοῖς χυμοῖς ἐναντία εἰπών, ἐξ ὧν οἱ πάντες χυμοί· ταῦτα δέ ἐστι τὸ γλυκὺ καὶ τὸ πικρόν. ὡς ἐπεὶ τὸ γλυκὺ τρόφιμον, τοῦ τροφίμου ξηροῦ πάθος εἶπεν ἐν τῷ ὑγρῷ τὸν χυμὸν ἢ τῆς τούτου στερήσεως ἀντὶ τοῦ πικροῦ· τούτου γὰρ ἐναντίον, ἐναντίον δὲ τῷ γλυκεῖ καὶ ἡ στέρησις αὐτοῦ. ὅτι μὲν γὰρ οὔτε τὸ | ξηρὸν 163 αὐτὸ καθ' αὑτὸ οὔτε τὸ ὑγρὸν τρέφει, ὡς γνώριμον λαμβάνει· ἐν γὰρ τῇ τούτων μίξει ποιᾷ ἡ τροφή. λείπει δὲ τῷ ὅτι οὔτε τὸ ξηρὸν ἄνευ τοῦ ὑγροῦ οὔτε τὸ ὑγρὸν ἄνευ τοῦ ξηροῦ τὸ 'χυμὸς καὶ τροφή'· τούτῳ γὰρ ἀκολουθεῖ τὸ τροφὴ γὰρ οὐχ ἓν μόνον.

Ὅτι δὲ μὴ πᾶν πάθος τὸ γινόμενον ἐκ τῆς τῶν τοιούτων μίξεως

1. 2 ὅτι—ἐνέργειαν om. V 2 πλῆθος a 4 δείξει] p. 442b 28 ss. in voce δείξει incipit P, v. Praef. 5 post καὶ add. ἡ AN alt. τὸ om. N 8 πάθους V 8. 9 στέρησιν P 9 στέρησιν APa: στέρησις TVN τουτέστι om. P alt. τοῦ om. a 10 δείξει] p. 442a 2 ss. δόξει P 11 τε om. P 13 post ὅπερ add. δ' V καὶ αὐτὸ ὂν a αὐτοὶ V post αὐτὸ add. στέρησις τοῦ λευκοῦ Thurot, sed fort. consulto v. 15 τούτου (non τοῦ γλυκέος) scripsit, ut etiam ad v. 13 referri posset 15 post γλυκὺ add. ὅπερ ἐστὶ τὸ πικρὸν γευστὸν ὂν καὶ αὐτὸ Thurot στέρησιν ut vid. T 16 αὐτῶν A τὸ] τῷ a (corr. M) 17 prius τὸ om. a (habet etiam M) alt. τὸ om. ANP πικρόν om. P *gustabiles habet actus et sapores ex* T 19 ἐδήλου AN 20 εἰπών om. T post ὧν add. *fiunt* V ὡς] ὥστε Thurot; sed v. p. 82,1 et p. 218,9 Th. 21 ἐπὶ TV 21. 22 τῶν χυμῶν AN 22 τὸ ἐναντίον AN, quo recepto fort. τοῦτο leg. 23 καὶ ὑστέρησις V ὅτι] ὃ V 24 γνώριμα V 25 ὅτι] οὔτι V τὸ om. a 26 οὔτε a: οὐδὲ VAN 26. 27 τούτου τῷ γὰρ AN (*huis huic enim* T) 27 οὐχ ἓν μόνον (αὐτῶν) Aristoteli cum Alex. et Arist. codice S (cf. UP) restituendum: οὐδ' αὐτοῖς Arist. codd. EMY: οὐδὲν αὐτῶν Arist. L 28 πᾶν] πῇ N ἐκ τῆς τῶν] αὐτῶν V τῶν om. A τούτων AN

χυμός ἐστιν, ἑξῆς δείκνυσιν· ἡ γὰρ προσφερομένη τροφὴ τοῖς ζῴοις καὶ 163 ἁπτή ἐστι. διὰ τοῦτο γοῦν καὶ τὴν γεῦσιν εἶδός τι ἁφῆς λέγει εἶναι, ὅτι καὶ τῶν ἁπτῶν ἐναντιοτήτων ἐστὶν ἀντιληπτική. ἀλλ' οὐκ ἔστιν ἡ τροφὴ τροφή, καθὸ ἁπτή ἐστιν. οὐ γάρ, καθὸ θερμὴ ἢ ψυχρὰ ἢ μαλακὴ ἤ τινα ἄλλην ἁπτὴν ἐναντίωσιν ἔχει, τρέφει· ἀλλὰ καθόσον μὲν ἁπτή ἐστι, κατὰ τοσοῦτον αὐξήσεώς ἐστι τοῖς τρεφομένοις καὶ φθίσεως αἰτία. καθὸ γὰρ θερμὸν ἢ ψυχρόν ἐστι τὸ τρέφον, ἢ προσκρίνεται ἢ ἀποκρίνεται· | τὸ γὰρ θερμὸν καὶ 164 τὸ ψυχρὸν πέψεως καὶ ἀπεψίας αἴτιον, ὧν ἡ μὲν πέψις προσκρίσεώς τε καὶ αὐξήσεως αἰτία, ἡ δὲ ἀπεψία φθίσεώς τε καὶ ἀτροφίας. συνεργεῖ δὲ πρὸς τὴν σύμφυτον ἐν τοῖς ζῴοις θερμότητα, δι' ἧς αἱ πέψεις, τῇ θρεπτικῇ ψυχῇ (τούτῳ γὰρ ὀργάνῳ πρὸς τὴν πέψιν ἡ δύναμις αὕτη χρῆται) καὶ ἡ τῶν προσφερομένων θερμότης τε καὶ ψυχρότης. ὥστε κατὰ μὲν τὸ πάθος τοῦτο τὸ ἁπτὸν γινόμενον καὶ αὐτὸ ὑπὸ τοῦ ξηροῦ ἐν τῷ ὑγρῷ (ἐκ τούτων γὰρ ἡ τροφὴ οὖσα καὶ ἁπτή ἐστιν) οὐκ εἰσιν οἱ χυμοί. δύναται γὰρ ἡ τροφή, καθόσον ἁπτή ἐστιν, αὐξήσεως εἰρῆσθαι αἰτία, ὅτι τὸ σῶμα ἁπτόν· ἡ γὰρ ἀντιτυπία ἁπτόν, ἐν ᾗ τῷ σώματι τὸ εἶναι· ἀλλὰ καὶ ἀφ' ὧν εἰδοποιεῖται τὰ πρῶτα σώματα, ἐν οἷς αὐτοῖς τὸ εἶναι, ἁπτὰ καὶ ταῦτα. κατὰ δὲ σώματος προσθήκην τε καὶ ἀπουσίαν αἱ αὐξήσεις τε καὶ αἱ μειώσεις. ὥστε ἡ τροφή, καθὸ μὲν σῶμα, αὔξει, ὡς ἐν τοῖς Περὶ γενέσεως εἶπε | (καθὸ γὰρ σῶμά ἐστι, ποσόν ἐστι), καθόσον δὲ γλυκεῖα, τρέφει, καὶ κατὰ 165 τοῦτο δὲ καὶ κινητικὴ τῆς κατὰ δύναμιν γεύσεως εἰς ἐνέργειαν.

p. 441b29 Τούτων μὲν γὰρ αἴτιον ἢ θερμὸν ἢ ψυχρόν.

Τούτων, λέγει αὐξήσεως καὶ φθίσεως, αἰτίαν τὴν τροφὴν εἶναι, κἂν θερμή ἐστι κἂν ψυχρὰ καὶ ὅλως ἁπτή. ταῦτα γάρ, φησί, ποιεῖ καὶ αὔξησιν καὶ φθίσιν, ἤτοι λέγων τὰ ἁπτὰ ἁπλῶς ἢ τῶν ἁπτῶν τὸ θερμὸν καὶ τὸ ψυχρόν. καθ' ὃ πάθος ἄρα ἐγγινόμενον τῷ ὑγρῷ ὑπὸ τοῦ ξηροῦ

---

1 γὰρ] δὲ a (γὰρ etiam M) προσφερομένη] τροφὴ φερομένη a (corr. M) 2 λέγει] p. 441a3 3 καὶ om. T ἐναντιώτατον V alt. τροφή om. T 4 ἐστιν om. P post alt. καθὸ add. ἢ A, ἡ N ἢ μαλακὴ om a 5 ἁπτὴν TP: ἁπτὸν V: om. A(?)a: post ἐναντίωσιν transpon. MN 6 καὶ φθίσεως] ante τοῖς a: καθίσεως V καθὰ V 7 prius τὸ om. N 7. 8 *frigidum enim calidum digestionis* T 8 αἰτία a 9 τε om. V 10 τὴν om. AN 12 τῶν τρεφομένων a (corr. M) τε καὶ ψυχρότης suspecta habet Thurot 13 τὸ om. P 14 εἰσὶ δὲ χυμοί Pa γὰρ Pa: om. TVAN: δὲ conicio 15 ἁπτή] αὐτὴ V αἰτίαν N 16 ἀντιτυπία] spat. vi litt. T ἁπτή APa καὶ om. T 16. 17 εἰδοποιεῖσθαι a (corr. M) 17 τὸ εἶναι αὐτοῖς AN 18 alt. αἱ om. Pa 19 μὲν om. a (habet etiam M) ἐν τοῖς Περὶ γενέσεως] A 5 p. 322a25—28 (cf. Olympiodori Comm. p. 120,14 ss. V.) 20 ποσή Pa καθὸ δὲ Pa γλυκυῖα a τρέφει Pa: θρέψει TVAN (αὔξει causa erroris est) 21 δὲ om. T καὶ om. Pa 22 τοῦτο N prius ἢ om. T ἢ θερμὸν καὶ ψυχρὸν Arist. codd. EMY 23 λέγει] δὲ a αἰτίαν om. V κἂν] καὶ Pa (corr. M) 24 ἐστι] ᾖ Thurot (*sit* T) κἂν MAN: ἂν V: καὶ Pa prius καὶ om. T 25 ἤτοι om. T ἁπτὰ a: ἁπλᾶ TVANP 26 ἐγγινομένων AN ἀπὸ a

τό τε γεύεσθαι τοῖς ζῴοις καὶ τὸ τρέφεσθαι, κατ' αὐτὸ τοῦτο ὁ χυμός. 165
κατὰ τί οὖν τρέφει; καθὸ γευστόν ἐστι δηλονότι, ἀλλ' οὐ καθὸ ἁπτόν.

Ἁπλῶς οὖν δεικτικὸν παρέθετο ⟨τούτου⟩ τὸ πᾶν τὸ τρεφόμενον ἢ γλυκεῖ
χυμῷ ἁπλῶς ἢ μεμιγμένῳ τρέφεσθαι, ἅ ἐστι γευστά, ἀλλ' οὐχ
ἁπτά. ὡς ἄνευ γλυκέος μὴ δυ|ναμένης τροφῆς εἶναι. ἡ δὲ μικτὴ εἴη ἂν 166
ἔκ τε τῆς γλυκείας καὶ τῆς ἐναντίας ταύτῃ τῆς πικρᾶς, ⟨ὥσπερ αἱ λιπαρό-
τητες⟩· τῷ γάρ, ὡς προϊὼν ἐρεῖ, τὸ γλυκὺ καὶ τρόφιμον ἐπιπολαστικὸν εἶναι,
τούτῳ καὶ μίξεώς τινος ὁ τοιοῦτος χυμὸς πρὸς τὸ τρέφειν δεῖται. ἐπι-
πολαστικὸν δὲ τὸ γλυκὺ τῷ κοῦφόν τε εἶναι καὶ ἄνω φέρεσθαι· διὰ τοῦτο
γὰρ καὶ τρόφιμον.

Εἶναι μὲν οὖν φησι τὸν περὶ τοῦ τίσι καὶ πῶς τρεφόμεθά τε καὶ
αὐξόμεθα τοῖς περὶ γενέσεως λόγοις οἰκεῖον. εἴρηκε δὲ περὶ μὲν αὐξή-
σεως ἰδίως ἐν τοῖς Περὶ γενέσεως καὶ φθορᾶς, περὶ δὲ τροφῆς ἐν τοῖς
Περὶ ζῴων γενέσεως. διὸ τὸν μὲν ἀκριβῆ περὶ αὐτῶν λόγον εἰς ἐκείνας
ἀνατίθεται ὡς οἰκειοτέρας τὰς πραγματείας, νῦν δὲ ὅσον ἀναγκαῖον πρὸς
τὴν τοῦ προκειμένου | δεῖξιν ἐπιμνησθῆναί φησι δεῖν αὐτῶν. λέγει δὲ τὸ 167
θερμὸν τῆς τε αὐξήσεως τοῖς σώμασιν αἴτιον διὰ τῆς πέψεως τῆς τροφῆς
γίνεσθαι καὶ τῆς δημιουργίας τε καὶ γενέσεως τῆς τροφῆς· ποιητικὸν γὰρ
αὐτῆς τοῦτο τῷ φύσιν ἔχειν ἀπὸ τοῦ ὑγροῦ τοῦ χυμὸν ἔχοντος ἤδη τὸ κοῦφον
μὲν καὶ γλυκὺ ἕλκειν, τὸ δ' ἁλμυρὸν καὶ πικρὸν καταλείπειν διὰ
τὸ βάρος· τὸ γὰρ κουφότερον αὐτῷ συναναφέρει κινούμενον εἰς τὸν ἄνω
⟨τόπον⟩ κατὰ φύσιν, τὸ δὲ βαρὺ καταλείπει.

Τοῦτο δὲ ὡς γνώριμον ἀπὸ τῶν ἀναθυμιάσεων λαμβάνει· οὕτω γὰρ

---

1 κατ' αὐτὸ T: καθ' αὑτὸ VNP: καθ' ἑαυτὸ Aa 2 τι οὖν VANPa: τι μὲν T 3 τούτου add. Diels 4 ἁπλῶς] post μεμιγμένῳ Pa: om. T μεμιγμένως Arist. codd. EMYL lacunam post τρέφεσθαι statuit et τοῦ τοῖς προσφερομένοις τρέφεσθαι add. Thurot (v. Arist.) ἅ] ᾗ coni. Thurot 5 ἁπτά Thurot: ἁπλᾶ TVAP: ἁπλῶς Na ἡ δὲ μικτὴ] ἢ δεκτικὸν Pa: τὸ δὲ μεμιγμένον falso Thurot ex T. in quo, cum praecedat *alimento* (= τροφῆς), fuisse ἡ δὲ μικτὴ censeo 6 ταύτης VA τῆς om. N 6. 7 ὥσπερ αἱ λιπαρότητες e T add. Thurot 7 τῶ VAN: τὸ Pa: καὶ M τῷ—προϊὼν om. T τὸ] τῷ τὸ M καὶ om. AN τρόφιμον καὶ transponam (Arist. p. 442 a 11 τρόφιμον εἶναι τὸ γλυκὺ καὶ λίαν ἐπιπολαστικόν) τρόφιμον del. Thurot 8. 9 ἐπιπολαστικὸν—φέρεσθαι ante τούτῳ transponit Thurot 9 τῷ] τὸ N 9. 10 γὰρ τοῦτο Pa 9 post τοῦτο add. τὸ γλυκὺ Thurot 11 λόγον post τὸν add. T, fort. recte τοῦ] τοῦ σίτου a: τοῦ σίτου λόγον M τίσι om. M τε om. P 12 τοῖς] τῆς V οἰκείων V δὲ] οὖν P post μὲν add. οὖν N μὲν om. P 13 Περὶ γενέσεως καὶ φθορᾶς] A 5 δὲ om. N 14 Περὶ ζῴων γενέσεως] locus non reperitur (II 5. 6 dubitanter neque recte confert Thurot), cf. Simpl. In libros Arist. De an. p. 116 Hayduck et Trendelenburgium ad Arist. De an. libros[2] p. 296 18 γίνεσθαι a: γίνεται VAN: γινό (μ supra) P: γινομένης T? (*per alimentum digestione facta et operatione*) 19 αὐτοῖς V τῷ Ta: τοῦ VP: τὴν A: om. N: τῷ τὴν coni. Thurot ἔχειν] ταύτην Thurot ex T (sed *hanc* fort. corruptum ex *habere*) alt. τοῦ] τὸν N 20. 21 διὰ βάρος a (Arist. codd. EMYS) 21 αὐτῶ P συμφέρει a (corr. M) 22 τόπον T: om. VANPa (potest antea scribi τὸ ἄνω) 23 δὲ om. N ἀπὸ om. T οὕτω] οὐ ANP 23. 80,1 γὰρ—γίνονται om. P

αἱ ἀναθυμιάσεις γίνονται. τοῦτο δὴ οὖν ὃ ἐν τοῖς ἔξω σώμασι τὸ θερμὸν 167
ὁρᾶται ποιοῦν, ποιεῖν φησιν αὐτὸ καὶ ἐν τῇ φύσει τῶν ζῴων τε καὶ φυτῶν, 11
ἕλκειν μὲν τὸ ἔνδον θερμὸν ἀπὸ τῆς τροφῆς τῆς ἐνεθείσης τὸ κοῦφον καὶ
γλυκὺ καὶ προσκρίνειν, καταλείπειν δὲ τὸ βαρὺ τῷ εἶναι πικρόν τε καὶ ἁλ-
μυρόν, ὅ ἐστι τὸ περίτ|τωμα. εἰ γὰρ ταῦτα βαρέα ὄντα καὶ πικρὰ ὑπο- 168
μένει, δῆλον ὡς τὸ κοῦφον καὶ ἐναντίον τούτοις γλυκύ. καὶ εἴη ἂν αἰτία
τις καὶ αὕτη τοῦ τοῖς γλυκέσι τρέφεσθαι τὰ τρεφόμενα. ὅτι δὲ γλυκὺ τὸ
ἀναφερόμενόν τε καὶ † τρέφον ὑπὸ τοῦ θερμοῦ καὶ οὐχ ἁπλῶς κοῦφον,
ἀλλ' ἔστι τὸ κοῦφον καὶ γλυκύ, δῆλον καὶ αὐτὸ ἐκ τῶν ἀναθυμιάσεων·
πᾶν γὰρ τὸ ὄμβριον γλυκύ, καίτοι τοῦ πλείστου ἀπὸ τῆς θαλάσσης ἀτμι-
ζομένου οὔσης ἁλμυρᾶς· εἴρηται δὲ περὶ τούτων ἐν τοῖς Μετεωρολογικοῖς.

Προηγουμένως μὲν οὖν ὁ γλυκὺς χυμὸς τρόφιμος· οἱ δὲ ἄλλοι χυμοὶ
ἀναμίγνυνται εἰς τὴν τροφήν, ἣν ἔξωθεν προσφερόμεθα, ἀντὶ τοῦ ἡδύσματος,
φησίν, οὐχ ὡς τρόφιμοι καθ' ἑαυτούς, ὥσπερ τὸ ἁλμυρὸν καὶ τὸ ὀξύ· ὡς
γὰρ τούτους τοὺς χυμοὺς ἡδύσματος χάριν τοῖς γλυκέσι παραμεμιγμένους
ὁρῶμεν παραμυθουμένους τὴν καθ' ἑκάστην γεῦσιν ὑπερβολὴν τῆς γλυκύτη-|
τος, οὕτως καὶ τοὺς ἄλλους χυμοὺς τῆς χρείας χάριν ταύτης τοῖς γλυ- 169
κέσιν ἀναμίγνυσθαι ἀντισπῶντας τὸ τοῦ γλυκέος ἐπιπολαστικόν, ἀλλ' οὐχ
ὡς τροφίμους καθ' αὑτούς. ἀφ' ὧν δῆλον ὅτι τὸ ἔνδον θερμὸν τοῖς γλυ-
κέσι τρέφει καθ' ὃν καὶ προείρηκε τρόπον.

p. 442a12 Ὥσπερ δὲ τὰ χρώματα ἐκ λευκοῦ τε καὶ μέλανος μίξεώς ἐστιν.

Εἰπὼν τρόφιμον μὲν εἶναι χυμὸν τὸν γλυκύν, ἐναντίον δὲ καὶ κατὰ
στέρησιν τούτου τὸν πικρόν, δείκνυσιν ὅτι πάντες οἱ χυμοὶ ἐκ τῆς τούτων
τῶν ἐναντίων ποιᾶς μίξεως, ὥσπερ καὶ τὰ χρώματα ἐκ λευκοῦ τε καὶ μέ-
λανος, καὶ κατὰ τὴν ἀναλογίαν τῆς μίξεως τῶν ἐναντίων χυμῶν πρὸς
ἀλλήλους γίνεσθαι τὴν τῶν μεταξὺ διαφοράν, ὡς ἐπὶ τῶν χρωμάτων, εἴτε

1 *hoc enim in* T ὃ om. NP 2. 3 φησιν—θερμὸν om. AN 2 ante ἐν habent τὸ Arist. codd. PSU (om. etiam Sophoniae Paraphrasis in libros De an. p. 96,5 H.) τε om. a 3 ἕλκειν TV: ἕλκει Pa τῆς ἐνεθείσης om. T ἐνεθείσης VN: ἐνθείσης APa: ἐντεθείσης Thurot 4—9 καὶ προσκρίνειν—γλυκύ om. V 4 προσκρίνει, καταλείπει M teste Thuroto 5 *hoc* T (*hec* corr. Thurot) 6 τούτου AN 7 καὶ om. P τούτοις a 8 τρέφον τε καὶ ἀναφερόμενον coni. Thurot τρέφον] τρεφόμενον NP: προσκρινόμενον conicio 9 alt. καὶ om. P ἐκ om. T 10 τοὺς πλείστους V θαλάττης Aa 11 post οὔσης add. γε a Μετεωρολογικοῖς] B 3 (cf. Alex. Comm. p. 81,17—87,23 H. passim) 12 προηγουμένης V οὖν om. P ὁ om. V 13 τοῦ om. a (Arist.) 14 αὐτοὺς V 15 παραμεμιγμένους T: παραμεμιγμένοις a: παραμεμιγμένοι VANP 16 περιμυθουμένους V καθ' om. a (habet iam M) 18 ἀντισπῶντας TVa: ἀντειπὼν AN: κολάζοντας, sed supra scr. ἀντειπόντας P (ἀντισπᾶν τῷ Arist. cum Bekkero restituendum e LSVP, Sophonia p. 96,8 H.) τὸ om. a (habet etiam M) 20 καὶ om. Ta προειρήκαμεν a 21 δὲ om. T τε om. A(?)a (Arist.), sed cf. v. 25 23 καὶ om. Aa 24 prius τούτοις T τὸν om. V (ut testatur Mau) δείκνυμεν N 25 τῶν om. N 27 ἄλληλα N διαφθορὰν V εἴτε AN (*sive in* T): εἴγε VP: εἴ τι a

πάντων τῶν χυμῶν κατ' ἀριθμούς τινας ὡρισμένους καὶ ἀναλογίας ἐκ τῆς 169 τῶν ἐναντίων μίξεως γινομένων, εἴτε τῶν μὲν τὴν ἡδονὴν ποιούντων οὕτως, τῶν δ' ἄλλων ὡς ἔτυχεν. |

Ἑξῆς δὲ καὶ τὰ εἴδη τῶν χυμῶν ἐκτίθεται καὶ λέγει τίνας αὐτῶν 170 τοῖς ἄκροις τε καὶ ἐναντίοις συντάσσειν δεῖ, τίνας δὲ ἐκ τῆς μίξεως τῶν ἐναντίων γίνεσθαι λέγειν. τὸν μὲν οὖν λιπαρὸν χυμὸν τῷ γλυκεῖ φησι τὸν αὐτὸν εἶναι (τρόφιμος γὰρ οὗτος), τὸν δ' ἁλμυρὸν τῷ πικρῷ, τὸν δὲ δριμὺν καὶ αὐστηρὸν καὶ στρυφνὸν καὶ ὀξὺν ἐν μέσῳ εἶναι, γινομένους ἐκ τῆς ποιᾶς τῶν ἄκρων μίξεως.

Εἰπὼν δὲ ὁμοίως γίνεσθαι τοὺς μεταξὺ χυμοὺς ἐκ τῆς τῶν ἐναντίων, τοῦ τε γλυκέος καὶ τοῦ πικροῦ, μίξεως, ὡς καὶ τὰ χρώματα τοῦ λευκοῦ καὶ τοῦ μέλανος μιγνυμένων, νῦν κατὰ τὸν ἀριθμὸν αὐτῶν τὴν ὁμοιότητα δείκνυσιν οὖσαν· ἑπτὰ γὰρ εἴδη εἶναι ἀμφοτέρων, τῶν μὲν χυμῶν ἃ κατηρίθμηκε· καὶ γὰρ τὸ ἁλμυρὸν ὡς εἶδός τι ἄλλο καὶ οὐ πάντη ταὐτὸν τῷ πικρῷ εἶναι. ὡς δὲ τὸ λιπαρὸν τῷ γλυκεῖ συνῆψεν, οὕτω φησὶ καὶ ἐν τοῖς χρώμασι δεῖν | τὸ ξανθὸν ἐν τῷ λευκῷ καταριθμεῖν, 171 τὸ δὲ φαιὸν ἐν τῷ μέλανί πως εἶναι, ὥσπερ ἦν καὶ ἐν τοῖς χυμοῖς τὸ ἁλμυρὸν ἐν τῷ πικρῷ. ὡς δ' ἐπ' ἐκείνων ἦν μέν πως τὸ ἁλμυρὸν ἐν τῷ πικρῷ, ἄλλο μὴν εἶδος, καὶ διὰ τοῦτο ἑπτὰ χυμῶν εἴδη, οὕτως καὶ ἐπὶ τῶν χρωμάτων ἔσεσθαι κατὰ τὸ φαιὸν εἶδός τι χρώματος· οὕτω γὰρ λέγοντος αὐτοῦ σῴζοιτο ἂν τὸ τὰ εἴδη τῶν χρωμάτων ἑπτὰ εἶναι. τὸ γὰρ φοινικοῦν καὶ τὸ ἁλουργὲς καὶ τὸ πράσινον καὶ τὸ κυανοῦν, ἃ λέγει μεταξὺ τῶν τριῶν ἐκείνων, τοῦ τε λευκοῦ καὶ τοῦ μέλανος καὶ τοῦ φαιοῦ, τὰ ἑπτὰ εἴδη ποιήσει τῶν χρωμάτων. εἰ μὲν οὖν φυλάσσοι τις τὸ μὲν ξανθὸν ἐν χρώμασι καὶ συνάπτοι τὸ φαιὸν καὶ τὸ μέλαν, ἐν δὲ τοῖς [πικροῖς] χυμοῖς τὸ * * * πικρὸν καὶ τὸ ἁλμυρόν, ἑπτὰ εἴδη ἑκατέρου αὐτῶν ἔσται, ὡς

---

1 ἀναλόγως AN ἐκ τῆς scripsi (v. p. 80,24 et v. 5. 8. 10): τῆς κατὰ VANPa: τῆς ἐκ ut vid. T 2 γενομένων P, e sil. Duemmleri V (Thurot, e BC?) alt. τῶν om. T 3 (cf. v. 6) p. 442a16 recte cum LSUP ἐν ἀριθμοῖς μόνον. ὁ μὲν οὖν legisse vid. 6 λέγει V οὖν post λιπαρὸν N: om. A τῷ γλυκεῖ TAPa: τὸ γλυκὺ VN, e corr. A 6. 7 τὸν αὐτὸν om. AN 7 τὸν et δριμὺν om. T 8 ante αὐστηρὸν add. τὸν P στριφνὸν V γινομένης V 10. 11 εἰπὼν—μίξεως om. P 11 alt. τοῦ om. a 12 καὶ] τε καὶ a τοῦ om. a μιγνυμένων Va: γινομένων AN: μιγνυμένου P: μιγνυμένους T 13 εἶναι εἴδη TAN τῶν μὲν χυμῶν del. Thurot μὲν om. a 13 μὲν] respondet liberius ὡς δὲ κτλ. (15) 14 prius καὶ] τὸ V πάντα V 15 τὸν VP γλυκύ V 16 τὸ Pa: τὸν VAN 17 καὶ om. N 18 ὡς - ἐν (in spatio xxx litt. a) om. TPa (habet etiam M), TP om. etiam τῷ πικρῷ 19 ἀλλ' οὐ μὴν εἴδεσι AN: ἄλλοις μὲν εἴδεσι P καὶ—εἴδη om. T εἴδη χυμῶν AN 19—21 οὕτω—εἴδη] ὥσπερ καὶ P 20 ἔσεσθαι κατὰ in spatio xvi litt. om. a (habet etiam M) τι] τι τοῦ N 21 prius τὸ in spatio vii litt. om. a (habet etiam M) 21. 22 εἶναι—primum καὶ in spatio xiv litt. om. a (habet etiam M) 22 ἁλουργὸν prius P (*alurgum* T) Arist. alt. et tert. τὸ a: om. VANP μεταξὺ] ἀνὰ μέσον Arist codd. EMY 23 ante τὰ add. καὶ a 24 ποιοῦσι N φυλάσσει ANP ἐν om. V 25 συνάπτοι TPa: συνάπτει VAN τοῖς χυμοῖς πικροῖς χυμῶν P, sed χυμοῖς rursus del. πικροῖς delevi 26 τὸ ⟨μὲν λιπαρὸν καὶ τὸ ἡδὺ διαιροίη, συντιθείη δὲ τὸ⟩ πικρὸν conicio ἔσται post εἴδη a

εἰρήκει· ὡς, εἰ δή τις † μήτε ταῦτα συντιθείη καὶ τὰ πρῶτα | διαιροίη, 172 ἴσα μὲν καὶ οὕτως ἔσται τά τε τῶν χυμῶν εἴδη καὶ τὰ τῶν χρωμάτων, οὐ μὴν ἑπτά, ἀλλ' ἢ ἓξ ἢ ὀκτώ. ἐπεὶ δὲ γίνεταί τινα χρώματα οὐ μόνον κατὰ τὴν τοῦ λευκοῦ τε καὶ μέλανος μῖξιν, ἀλλὰ καὶ τῶν μεταξὺ πάλιν μιγνυμένων ἀλλήλοις (διὸ καὶ ἄπειρά πως εἶναι δοκεῖ τὰ χρώματα), τὰ ἄλλα φησὶν ἐκ τῆς τούτων γίνεσθαι μίξεως, τῶν πρώτων χρωμάτων ὄντων ὅσων εἴρηκεν.

Εἰπὼν δὲ τὴν μῖξιν ὁμοίως τῶν τε χρωμάτων καὶ τῶν χυμῶν γίνεσθαι, καὶ τὰ εἴδη ἴσα εἶναι αὐτῶν κατ' ἄλλην τινὰ ὁμοιότητα δείκνυσιν αὐτῶν (ὡς γὰρ τὸ μέλαν ἐναντίον ⟨ὂν⟩ τῷ λευκῷ στέρησις ἐν διαφανεῖ λευκοῦ, οὕτως τὸ ἁλμυρὸν καὶ τὸ πικρὸν στέρησις τοῦ γλυκέος ἐν τῷ τροφίμῳ ὑγρῷ), ἅμα διὰ τούτων ἐξηγούμενος ἡμῖν, πῶς εἶπε τὴν πρὸ ὀλίγου λέξιν τὴν "ὅτι δὲ οὐ παντὸς ξηροῦ, ἀλλὰ τροφίμου οἱ χυμοὶ ἢ πάθος εἰσὶν ἢ στέρησις"· τὴν γὰρ στέρησιν | λέγει τοῦ γλυκέος, ὃ καὶ 173 τρόφιμον δέδειχε, τὸ πικρόν τε καὶ ἁλμυρόν· ἐξ ὧν ἡ τῶν ἄλλων γένεσις ἁπάντων. ὃ μὴ νοήσαντες οἱ ὑπομνηματισάμενοι τὸ βιβλίον ἀλλοκότως τὴν λέξιν ταύτην ἐξηγήσαντο. σημεῖον δὲ τοῦ στέρησιν εἶναι τοῦ γλυκέος τὸ πικρὸν παρέθετο τὸ καὶ τὴν τέφραν τῶν κατακαιομένων πικρὰν εἶναι· τοιαύτη γὰρ γίνεται τῷ ὑπὸ τοῦ θερμοῦ τὸ γλυκὺ πᾶν καὶ πότιμον ἐξικμάζεσθαι.

p. 442a29 Δημόκριτος δὲ καὶ οἱ πλεῖστοι τῶν φυσιολόγων ὅσοι λέγουσι περὶ αἰσθήσεως ἀτοπώτατον ποιοῦσι.

Δείξας ὅτι ἡ τροφή, καίτοι ἁπτὴ οὖσα, οὐ καθὸ ἁπτή ἐστι τροφή ἐστι, διὰ τούτων αἰτιᾶται τόν τε Δημόκριτον καὶ τῶν φυσιολόγων τοὺς πλείστους ὡς πάσας τὰς αἰσθήσεις ἁφὰς ποιοῦντας καὶ πάντα τὰ αἰσθητὰ ἁπτά τε καὶ δι' ἁφῆς γνωρίζεσθαι λέγοντας. πῶς δὲ ἁφὰς ἐποίουν

1 *dixit* T sensus hic est: εἰ δή τις ἢ ἀμφότερα ταῦτα συντιθείη ⟨ἢ καὶ τὰ δεύτερα⟩ καὶ μήτε] ἢ coni. Thurot συντεθείη a (fort. V) καὶ] ἢ coni. Thurot διαιροίη T: διαιρεθῇ VANPa 2 post μὲν add. οὖν V 3 prius ἢ om. T alt. ἢ om. a (habet etiam M) 4 τοῦ om. V 5 δοκεῖ om. a (habet etiam M) post alt. τὰ add. δ' P 6 φασὶν N γίνεται P 8 prius τῶν om. a (habet etiam M) 9 ⟨τὸ⟩ τὰ coni. Usener εἴδη MT (fort. cum T post αὐτῶν pon. τὰ εἴδη): om. VANPa εἶναι] τῶν V: ὄντα coni. Thurot 10 ὂν add. Thurot στερήσει AN: καὶ στέρησις P ἐν] ἡ μὲν ANP: γὰρ ἐν T: ἐν τῷ Arist. ...φανεῖ N λευκῷ ANP: τοῦ λευκοῦ fort. cum Arist. scrib. 11 alt. τὸ om. Arist. codd. EMYP ἐν M: *a* T: om. VANPa 12. 13 πρὸ ὀλίγου] p. 441b23 13 δὲ om. a τοῦ τροφίμου Arist., cf. ad p. 76,25 14 εἰσὶν] ἐστὶν a (corr. M) ὃ MAN: ᾧ P: ὂν V: *quoniam* T: ἦν a 15 τὸ πικρόν Thurot: τὸν πικρὸν VANP: τῶν πικρῶν a τε] γε P ἁλμυρῶν a 18 καὶ om. Ta, sed v. Arist. καομένων Arist. codd. EMP πικρὰν TPa (Arist.): πικρὸν VAN 21 δὲ] τε NP πλεῖστοι T (Arist.), cf. v. 25: λοιποὶ VANP 22 post ἀτοπώτατόν add. τι Arist. codd. EMYP 23 καίτοι] om. T: καὶ τὴν a (corr. M) 25 πάντα] ταῦτα V 26 γνωρίζεσθαι] γινώσκομεν PN. abhinc fere quin N e P descriptus sit, dubium non est, v. Praef.; ut alii indicare possint, usque ad p. 84,10 N adhibere pergo, tum abicio δὲ] *enim* T ἁφὴν A: ἁφῆς PN ἐπεὶ οὖν APN

πάσας τὰς αἰσθήσεις, λέγει· τῷ γὰρ πάντα τὰ αἰσθητὰ ἁπτὰ ποιεῖν, τῶν δὲ ἁπτῶν ἁφὴν | αἴσθησιν, ἁπάντων ἂν τῶν αἰσθητῶν ἁφὴ αἰσθάνοιτο 174 καὶ γίνοιντο ἂν πᾶσαι αἱ αἰσθήσεις ἁφαί. ἁπτὰ δὲ ἐποίουν πάντα τὰ αἰσθητά, ὅτι τῇ ἀπορροίᾳ τῇ ἀπὸ τῶν αἰσθητῶν καὶ τῇ τούτων ἐμπτώσει εἰς τὰ αἰσθητήρια τὴν ἀντίληψιν ἔλεγον γίνεσθαι, τῶν αἰσθητηρίων κινουμένων ὑπ' αὐτῶν κατὰ τὰς τῶν ἐν αὐτοῖς σχημάτων τε καὶ μεγεθῶν καὶ λειοτήτων καὶ τραχυτήτων διαφοράς. ἔτι τὸ λευκὸν καὶ τὸ γλυκὺ καὶ τὸ εὐῶδες καὶ τῶν ἄλλων δὲ ἕκαστον αἰσθητῶν οὐδενὶ ἑτέρῳ φασὶν ἀλλήλων οἱ περὶ Δημόκριτον διαφέρειν ἢ τοῖς σχήμασι καὶ τοῖς μεγέθεσι καὶ ταῖς λειότησί τε καὶ τραχύτησι. ταῦτα γὰρ τοῖς αἰσθανομένοις τοιαῦτα φαίνεται, ὁποῖα φαίνεται, παρὰ τὸ τὴν ἁφὴν τὴν καθ' ἑκάστην αἴσθησιν ὑπ' αὐτῶν ἐμπιπτόντων οὕτω πάσχειν τε καὶ διατίθεσθαι.

Εἰπὼν δὲ γίνεσθαι πάσας τὰς αἰσθήσεις ἁφὰς κατὰ τοὺς οὕτω λέγοντας, τοῦτο δέ, φησίν, ὅτι ἀδύνατόν ἐστιν οὐ χαλεπὸν συνιδεῖν. λέγοι δ' ἂν τοῦτο, ὅτι, εἰ πᾶσαι ἁφαί, ἔδει τῶν ἁπτῶν αὐτὰς ἐναντιώσεων | ἀντιλαμβάνεσθαι, ὧν ὁρῶμεν τοὺς ἁπτομένους τινῶν ἀντιλαμβανομένους· 175 ἔστι δὲ ταῦτα σκληρὰ μαλακά, τραχέα λεῖα, θερμὰ ψυχρά, ὑγρὰ ξηρὰ καὶ τὰ ὅσα ἁπτά· νῦν δὲ τούτων ἄν τις ἁψάμενος αἴσθηται, οὐδενὸς ἀντιλαμβάνεται ὀξώδους καὶ γλυκέος καὶ πικροῦ καὶ λευκοῦ καὶ μέλανος. ἔτι δὲ εἰ ἁφὴ ἡ ὄψις ἦν, ἔδει αὐτὴν ἐπιτιθεμένων αὐτῇ τῶν ὁρατῶν ἀντιλαμβάνεσθαι, ὁμοίως καὶ τὴν ὄσφρησιν ὀσφραίνεσθαι καὶ τὴν ἀκοὴν ἀκούειν· νῦν δὲ ἂν μὴ ἐξ ἀποστήματος καὶ διὰ μέσου τινός, οὐκ αἰσθάνονται. ἔτι εἰ πᾶν αἰσθητὸν τῇ ἁφῇ προσπίπτοι, τοῦτο οὐκ ἔδει πικρόν, ἂν οὕτω τύχῃ, τῇ γεύσει δοκεῖν ἢ μέλαν τῇ ὄψει ἢ δυσῶδες τῇ ὀσφρήσει, ἀλλὰ καὶ ταύταις λεῖον ἢ πάντως γε τοιοῦτον ὃ κατάλληλον ἂν τῷ λείῳ εἴη, καὶ πᾶν τὸ λεῖον ἀεὶ ἢ πικρὸν ἢ γλυκὺ ὁμοίως εἶναι, ἀλλ' οὐ τῶν λείων τὸ μὲν πικρὸν τὸ δὲ γλυκὺ ἢ τὸ μὲν λευκὸν τὸ δὲ μέλαν· ἐκ γὰρ τῆς

---

1 τῷ] τὰ P   2 *tangibilia autem tactus sensum* T   ἂν] ἄρα PN   αἰσθάνοιντο VA   3 ἑπτὰ V   πάντες TVA   τὰ] *ipsa* T   4 ἀπορίᾳ a (corr. M)   τούτων] *ab his* T   5 αἰσθητηρίων MT: αἰσθητῶν VAPNa   6 καὶ μεγεθῶν om. V   7 καὶ λειοτήτων om. T   8 εὐῶδες in spatio om. V   ἑκάστων V   9 post περὶ add. τὸν A   10 γὰρ VAa: δὲ TPN   11 παρὰ PNa (*apud* T): περὶ VA   alt. τὴν] τῶν PN   12 ὑπὸ τῶν conicio   14 φησί ante τοῦτο a   ὅτι ἐστὶ δυνατὸν APN   ἐστὶν om. Arist. codd. EMYP, ante ἀδύνατον habent LSU   συνιδεῖν ante οὐ PN   15 post πᾶσαι add. αἱ VAa   ἔδει scripsi (cf. v. 20. 23 et p. 84,3): αἲ δεῖ PN: ἃς δεῖ TVNa: πάσας δεῖ Thurot   16 ἀντιλαμβάνεσθαι om. T   17 ante λεῖα add. καὶ A   *frigida calida* T   18 τὰ om. a (T?)   αἴσθηται scripsi: (*si*) *tangat* T: αἴσθοιτο VAPNa   18. 19 ἀντιλαμβάνεται Thurot: ἀντιλαμβάνονται libri   19 εὐώδους conicio, cf. vv. 8. 24   post γλυκέος add. καὶ χυμοῦ PN   20 εἰ] ἡ A   ἔδει] δι' A   αὐτὴν] τῶν PN   ἐπιτιθεμένων TAPa: ὑποτιθεμένων V: ἐπιτιθέντων N   20. 21 ἀναλαμβάνεσθαι V   22 καὶ om. T   διὰ om. a (habet etiam M)   23 ἔτι—αἰσθητόν] αἴτιον ὂν ἂν (ἂν om A) APN: *enopop* (sic) T   εἰ πᾶν] εἶπεν V   προσπίπτοι Ta: προσπίπτει VA: προσπίπτῃ PN   25 ταῦτα A   ἢ] εἰ TAPN   γε om. TPN   τοιοῦτον om. T   κατάλληλον ἂν] spatium III litt. T   26 εἶναι ὁμοίως A(?)a

διαφορᾶς τῆς τοιαύτης δῆλον ὡς ἄλλων | τινῶν φύσεων περὶ τὰ ὑποκεί- 176
μενα αἱ αἰσθήσεις αὗται ἀντιληπτικαὶ καὶ οὐ τῶν αὐτῶν. ἔτι τε εἰ πᾶσαι ἁφαί, τί πλειόνων αἰσθήσεων ἔδει; ἐξήρκει γὰρ καὶ μίαν εἶναι.

p. 442b4 Ἔτι δὲ τοῖς κοινοῖς τῶν αἰσθήσεων πασῶν χρῶνται ὡς ἰδίοις· μέγεθος γὰρ καὶ σχῆμα καὶ τὸ τραχὺ καὶ τὸ λεῖον.

Καὶ τοῦτό φησιν ἁμαρτάνειν ἐν τῷ περὶ αἰσθήσεων λόγῳ τοὺς περὶ Δημόκριτον, ὅτι τὰ κοινὰ αἰσθητὰ ἴδια ποιοῦσι τῶν αἰσθήσεων. φθάνει δὲ εἰρηκέναι καὶ ἐν τοῖς Περὶ ψυχῆς τίνα μέν ἐστι κοινὰ αἰσθητά, τίνα δὲ ἴδια, καὶ ὅτι αἱ αἰσθήσεις ἐν τοῖς ἰδίοις ἑκάστη αἰσθητοῖς ἀληθεύει, περὶ δὲ τὰ κοινὰ διαψεύδεται. καὶ νῦν δέ τινα τῶν κοινῶν παρατίθεται, δεικνὺς ὅτι τὰ κοινὰ αἰσθητὰ ἴδια ποιοῦσι. μέγεθος γὰρ καὶ σχῆμα κοινὰ αἰσθητά, ὧν νῦν μνημονεύει, ὥσπερ καὶ κίνησις καὶ ἀριθμὸς καὶ | στάσις καὶ διά- 177
στημα. προστίθησι δὲ τῷ μεγέθει καὶ τῷ σχήματι ὡς κοινὰ καὶ αὐτὰ αἰσθητὰ νῦν τό τε τραχὺ καὶ τὸ λεῖον καὶ τὸ ὀξὺ καὶ τὸ ἀμβλὺ τὸ ἐν ὄγκοις, ὡς οὐκ ὄντα ταῦτα σχήματα διὰ τὸ μὴ ὑποπίπτειν ἴσως τῷ ὅρῳ τοῦ σχήματος. τὸ δὲ ἐν ὄγκοις προσέθηκεν, ἐπεὶ τὸ τραχὺ καὶ τὸ λεῖον καὶ ὀξὺ καὶ ἐν ψόφῳ, ἔστι δὲ ὀξὺ καὶ ἐν χυμῷ· ὧν τὰ μὲν ἀκοῆς ἴδια αἰσθητά, τὰ δὲ γεύσεως.

Τὰ δὲ ἐν ὄγκοις φησίν, ὥσπερ καὶ τὰ ἄλλα τὰ εἰρημένα, κοινὰ εἶναι τῆς τε ἁφῆς καὶ τῆς ὄψεως, καὶ εἰ μὴ πασῶν. ὡς γὰρ σχημάτων ἡ ὄψις ἐστὶν ἀντιληπτική, οὕτω καὶ τοῦ ἐν ὄγκοις τραχέος τε καὶ λείου καὶ ὀξέος καὶ ἀμβλέος. σημεῖον δὲ τοῦ κοινὰ αὐτὰ εἶναι παρέθετο τὸ περὶ ταῦτα ἀπατᾶσθαι αὐτάς, οὐκ ἀπατωμένας περὶ τὰ ἴδια· ἡ γὰρ ὄψις οὐκ ἀπατωμένη περὶ τὰ ἴδια χρώματα ἀπατᾶται περὶ ταῦτα.

Διαφορὰν δὲ τοσαύτην τῶν | ἰδίων αἰσθητῶν ἐχόντων πρὸς τὰ κοινά, 178
ἐκεῖνοι τὰ ἴδια τοῖς κοινοῖς συνάπτουσι. πῶς δὲ τοῦτο ποιοῦσιν, ἑξῆς λέγει· Δημόκριτος γὰρ τὰ χρώματα, τὸ λευκὸν καὶ τὸ μέλαν, ἴδια ὄψεως ὄντα,

---

1 τῆς supra lineam habet P, om. N 2 τε] δὲ a: om. T 3 ἔδει αἰσθήσεων A(?)a δεῖ T 4 αἰσθητῶν TAPN χρῶνται T: χρώνυται V: χρώννυται APN 6 αἰσθήσεων TVA: αἰσθήσεως PNa 7 τῶν αἰσθήσεων cum T del. Thurot, fort. recte (v. v. 11) 8 Περὶ ψυχῆς] B 6 p. 418a 10 ss. 9 ἔτι PN ἐν τοῖς ἰδίοις om. V ἀληθεύειν PN 10 prius δὲ] γὰρ a τινων (om. τῶν) APN περιτίθεται PN: *disponitur* T, abhinc omitto N, v. ad. p. 82,26 13 ὡς MTVA: om. Pa 15 prius τὸ MVA (Arist.): καὶ τὸ Pa: *que* (τὰ?) T 16 primum τὸ] τὰ T ὄγκοις A (coni. Thurot, ἐν τοῖς ὄγκοις Arist.): ὄγκῳ VPa (*mobile* T, *mole* Thurot) alt. τὸ om. VP tert. τὸ om. VAP 17 alt. καὶ TVA: om. Pa ἔμψοφον A 18 post ἴδια add. καὶ a 19 φασὶν A tert. τὰ om. V 20 γὰρ] γοῦν MA σχήματα V ἡ om. Pa (habet etiam M) 21 τραχέως a: ταχέος V καὶ λείου om. T 22 ὀξέως καὶ ἀμβλέως a καὶ ἀμβλέος om. V εἶναι αὐτὰ κοινὰ P 25 τῶν] ἐκ τῶν T ante ἐχόντων add. ἐκ τῶν TVA 26 τοῖς om. V κοινοῖ P τοῦτο om. T 27 γὰρ VAP: δὲ a: μὲν γὰρ T: om. M τὸ μέλαν καὶ τὸ λευκὸν Pa (sed v. Arist.)

εἰς τὸ λεῖον ἄγει καὶ τὸ τραχύ, τὸ μὲν λευκὸν λεῖον, τὸ δὲ μέλαν τραχὺ 178 λέγων, ἃ κοινὰ τῇ ὄψει πρὸς τὴν ἁφήν ἐστιν, ὥστε γίνεται αὐτῷ τὸ κοινὸν αἰσθητὸν τῷ ἰδίῳ τῆς ὄψεως ταὐτόν. πάλιν τῆς μὲν γεύσεως ἴδια αἰσθητὰ οἱ χυμοί· οἱ δὲ περὶ Δημόκριτον τοῖς σχήμασι τοὺς χυμοὺς ἀνατιθέασι· παρὰ γὰρ τὴν τούτων διαφορὰν τὴν τῶν χυμῶν φασι διαφορὰν γίνεσθαι, ὀξεῖς μὲν χυμοὺς λέγοντες εἶναι τοὺς ἐκ τῶν τοιούτων σχημάτων συγκειμένους, γλυκεῖς δὲ τοὺς ἐκ λείων τε καὶ περιφερῶν. αἱ γὰρ ἄτομοι κατὰ τὰς τῶν σχημάτων ὧν ἔχουσι διαφορὰς διαφέροντας τοὺς χυμοὺς τῶν ἐκ τῆς συμπλοκῆς αὐτῶν γινομένων ποιοῦσι. γίνεται οὖν πάλιν τὰ σχήματα κοινὰ ὄντα αἰσθητὰ ἴδια τῆς γεύσεως κατ' αὐτούς. |

Δείξας δὲ ὅτι τὰ σχήματα κοινὰ αἰσθητὰ ὄντα ἴδια κατ' αὐτοὺς 179 [ἐπὶ] τῆς γεύσεως γίνεται, ἐπιφέρει ὅτι [καίτοι] τὰ κοινὰ ἢ οὐδεμιᾶς ἂν εἴη ἴδια ἢ μᾶλλον τῆς ὄψεως (ἐπιζητῆσαι δ' ἄν τις διὰ τί μᾶλλον τῶν σχημάτων ἡ ὄψις τῆς ἁφῆς εἴη ἂν κριτική. ἢ ἐπεὶ πάντων τῶν κοινῶν ἡ ὄψις ἀντιληπτική, κατὰ τοῦτο ἂν εἴη μᾶλλον ταύτης τὰ κοινά· πλήθους γὰρ καὶ διαστήματος οὐκ ἔστιν ἡ ἁφὴ ἀντιληπτική). εἰ δὲ τὴν γεῦσίν τις λέγοι μᾶλλον τῶν κοινῶν ἀντιληπτικὴν εἶναι (τῆς γὰρ ἀκριβεστάτης περί τι αἰσθήσεώς ἐστι τὸ τῶν κατ' αὐτὸ ἐλαχίστων ἀντιλαμβάνεσθαί τε καὶ διακρίνειν αὐτά· τῶν δὲ ἐλαχίστων σχημάτων τὴν γεῦσίν φασιν ἀντιλαμβάνεσθαι. ὧν γὰρ οὐδεμία αἴσθησις ἀντιλαμβάνεται ὄγκων ὡς ὀξέων ἢ λείων, τούτων ἡ γεῦσις αἰσθάνεται κατ' αὐτούς, εἴγε οἱ χυμοὶ ἐκ σχημάτων), ⟨ἐχρῆν αὐτὴν καὶ τῶν⟩ ἄλλων κοινῶν μάλιστα αἰσθάνεσθαι. εἰ οὖν τῶν μὲν σχη|μάτων μὴ μόνον ἐν τοῖς χυμοῖς ἀλλὰ καὶ ἐν 180 πᾶσι τοῖς ἄλλοις ὄντων, αἰσθάνεσθαι δὲ τῶν ἐλαχίστων καὶ δυσαισθητοτάτων ταύτης, καὶ τῶν ἄλλων ῥᾳδίως αἰσθανθήσεται. νῦν δὲ οὐκέτι τῶν ἄλλων

---

1 alt. τὸ om. Pa 1. 2 τὸ μὲν—ἃ om. et δὲ post κοινὰ add. T 1 τραχὺν V 2 ἃ om. AP γίνεσθαι a 3 τῷ] τὸ δὲ V 4 ἀνατιθεῖ P: ἀνατιθεῖσι a cf. Theophr. De sens. p. 517,19 D. 5 περὶ V τούτων] τῶν χυμῶν T τῶν χυμῶν] τούτων T φασι διαφορὰν VA(T?): διαφοράν φασι (φησι a) MPa 6 λέγων χυμοὺς A λέγοντες Thurot (*dicunt* T): λέγων VAPa τῶν APa: om. V 8 ἔχει A διαφέροντα V 9 γινομένους Ta 12 ἐπὶ delevi ἐπιφέρει Thurot: ἐπείπερ εἰ libri καίτοι om. T, interpolatum ex Arist. καίτοι—ἢ suppl. m. rec. P ἢ (sic) VAP: ἦν a: om. T 13 ἢ Arist. (*quidem* T = ἦ?): τί VP: διὰ τί Aa 14 ἢ] εἰ P ἐπὶ TVP 15 ἂν εἴη om. T post μᾶλλον add. ἔδει TAP ταῦτα A 16 ἡ om. a (habet etiam M) δὲ TVAPa: μὴ M (Thurot), sed v. Arist. p. 442b14 18 περί τι om. T αἰσθήσεως] *visus* T αὐτὸ Va: αὐτὴν P: αὐτοῦ A: αὐτὴν an αὐτὸ habeat T, dubium post ἐλαχίστων add. σχημάτων P 20 αἰσθήσεων a ὄγκων] κοινῶν P: *puta* (οἷον?) T 21 ὡς] *si* T εἴτε A 22 ἐχρῆν—τῶν addidi, ut apodosis illius εἰ v. 16 non deesset et αἰσθάνεσθαι haberet unde penderet, cf. Arist. p. 442b16 22. 23 μάλιστα αἰσθάνεσθαι TVA (Arist.): ἀντιλαμβάνονται Pa 23 σχημάτων ⟨τῶν⟩ conicio post μόνον add. τῶν P καὶ MV: om. TAPa 23. 24 ἐν—ὄντων V: ἐπὶ τῶν πάντων M: ἐπὶ πάντων A: τῶν πάντων TPa 24 αἰσθάνεται vid. subaudiri posse αἰσθάνεσθαι δὲ V: ἅμα γὰρ Pa: τοῖς γὰρ A: *enim* T 25 ταύτης VA (*huiusmodi* T): αἰσθάνεται Pa: αἰσθάνεται σχημάτων M αἰσθανθήσεται Pa: αἰσθάνοιτο V: om. TA

σχημάτων ἐστὶν ἡ γεῦσις ἀντιληπτική. πῶς γὰρ κύβου ἡ γεῦσις, καθὸ 180 γεῦσις, κριτική; δύο δὲ γραφῶν φερομένων μᾶλλον σῴζει τὴν τῶν λεγομένων διάνοιαν ἡ οὕτως ἔχουσα· τὰ γοῦν ἐλάχιστα τῆς ἀκριβεστάτης αἰσθήσεώς ἐστιν διακρίνειν περὶ ἕκαστον γένος. ὥστε ἐχρῆν τὴν γεῦσιν καὶ τῶν ἄλλων κοινῶν αἰσθάνεσθαι.

p. 442b17 Ἔτι τὰ μὲν αἰσθητὰ ἅπαντα ἔχει ἐναντίωσιν.

Καὶ διὰ ταύτης τῆς ἐπιχειρήσεως δείκνυσιν ὅτι μή ἐστι τὰ σχήματα μήτε ὁρατὰ μήτε γευστὰ μήτε ὅλως ἴδια αἰσθητά. πάντα μὲν γὰρ τὰ ἴδια αἰσθητὰ ἔχει ἐναντίωσιν, τὰ τῆς ὄψεως λευκόν τε καὶ μέλαν, τὰ τῆς γεύ|σεως γλυκὺ καὶ πικρόν, τὰ τῆς ἀκοῆς ὀξὺ καὶ ἀμβλύ, τὰ τῆς ἀφῆς 181 θερμὸν καὶ ψυχρόν, ὑγρὸν καὶ ξηρὸν καὶ ὅσων ἡ ἁφὴ ἐναντιώσεων, ἀλλὰ καὶ ἐν τοῖς ὀσφρητοῖς ἐναντίωσίς ἐστι. σχῆμα δὲ σχήματι οὐκ ἔστιν ἐναντίον. ὥστε εἰ ἐν τοῖς γευστοῖς ἐστιν ἐναντίωσις, ἐν δὲ σχήμασιν οὐκ ἔστιν, οὐκ ἂν τὰ σχήματα εἴη γευστά, οὕτως δὲ οὐδ' ὅλως αἰσθητὰ ὡς ἴδιά τινος αἰσθήσεως. ἐπεὶ δὲ φαντασίαν ἀποτελεῖ τὸ περιφερὲς ἐναντίον εἶναι τῷ γωνίας ἔχοντι, διὰ τοῦ εἰπεῖν τίνι γὰρ τῶν πολυγωνίων τὸ περιφερὲς ἐναντίον; ἔδειξεν ὅτι μηδὲ ἔστιν ἐν αὐτοῖς ἐναντιότης. δεῖ μὲν γὰρ ἓν ἑνὶ ἐναντίον εἶναι. ποῖον δ' ἔσται τῶν πολυγωνίων σχημάτων ἐναντίον τῷ κύκλῳ; οὐ γὰρ μᾶλλον τόδε ἢ ἄλλο τι. * * * οὐκ ἔστιν ἀλλήλοις τὰ αὐτά. ἔτι ὅτι τῷ κύκλῳ οὐδέν ἐστιν ἐναντίον, διὸ οὐδὲ τῇ κύκλῳ κινήσει, διὰ πλειόνων ἐν τοῖς Περὶ | οὐρανοῦ δέδεικται καθόλου. 182 ὥστε εἰ τὰ μὲν ἴδια αἰσθητὰ ἐναντίωσιν ἔχει, τὰ δὲ σχήματα οὐκ ἔχει ἐναντίωσιν, οὐκ ἂν εἴη τὰ σχήματα ἴδια αἰσθητά. ἔτι ἀπείρων ὄντων τῶν σχημάτων ἀναγκαῖον καὶ αὐτοὺς ἀπείρους εἶναι, εἰ οἱ χυμοὶ [τὰ] σχήματα. ἄπειρα δὲ τὰ σχήματα διαφέροντα ἀλλήλων κατὰ Δημό-

---

1 σχημάτων om. a   post γὰρ add. ἂν MA   2 δύο δὲ γραφῶν] nostri codd. unum consonum textum praebent   3 εἰ οὕτως ἔχει A   4 ἐστὶν αἰσθήσεως Pa (Arist.)   ἑκάστου γένους V   5 τῶν ἄλλων] μᾶλλον V   ante αἰσθάνεσθαι add. μάλιστα a (om. Thuroti codd.)   6 πάντα Arist. praeter S   7 καὶ—δείκνυσιν om. P   ταῦτα A   8. 9 πάντα—αἰσθητὰ om. T   8 μὲν om. Pa   9 bis ante τῆς add. μὲν M   τε] τι a   10 bis ante τῆς add. δὲ M   11 primum καὶ om. V(A?)   alt. καὶ om. VAP   ὅσον V   12 σχήματος V   15 ἴδιά Thurot: διὰ libri   ἐπὶ AP   φαντασίαν Va: φαντασίας AP: φαντασία T   ἀποτελεῖ AP: *innuit* T   τὸ VAP: τί τὸ a: τὸ τὸ male Thurot, cf. Alex. in Meteor. p. 34,33   16 εἶναι om. T   τοῦ] τὸ V   τινὲς TP   τῷ πολυγωνίῳ TAP   17 ἔδειξαν A   18 post ἓν add ἐν A   πολυγώνων a Arist.   19 οὐ] ἐν a (corr. M)   τόδε] *hoc est contrarium* T   οὐ γὰρ ἐναντία ταῦτα, ὅτι e. gr. add. Thurot. cf. Theophr. De sens. p. 513,14 D.   20 post ὅτι add. εἰ MA   21 ante διὰ add. ὡς M   Περὶ οὐρανοῦ] A 4 (cf. Alex. in Simplicii Comm. p. 153,19 ss. H.)   22 ὥστε εἰ Va: ἑνὶ A: ἔτι P: *igitur* T   post μὲν add. οὖν P   τὴν ἐναντίωσιν M   24 post εἰ add. δὲ a   25 prius τὰ del. Thurot   alt. τὰ VPa: om. A   σχήματα ⟨τὰ⟩ coni. Thurot p. 425   post κατὰ add. τὸν a

κριτον· ἔδει ⟨οὖν⟩ καὶ ἀπείρους διαφορὰς εἶναι χυμῶν. εἶτα ἐπεὶ ἐδύνατό 182 τις λέγειν, φεύγων τὸ ἄτοπον, τὸ εἶναι μὲν ἀπείρους χυμῶν διαφοράς, μὴ μέντοι πάσας αἰσθητὰς εἶναι, πρὸς τὸ ῥηθὲν ἀνθυπήνεγκεν· διὰ τί γὰρ ὁ μὲν τῶν χυμῶν αἴσθησιν ποιήσει, ὁ δ' οὔ; δεῖται γὰρ τοῦτο λόγου.

p. 442b23 Καὶ περὶ μὲν τοῦ χυμοῦ καὶ γευστοῦ εἴρηται· τὰ δ' ἄλλα πάθη τῶν χυμῶν.

Περὶ χυμοῦ, ὅ ἐστι γευστόν, εἰρῆσθαί φησιν ἡμῖν, τί ποτέ ἐστι καὶ 10 τίς ἡ γεῦσις αὐτοῦ, ὃ ἦν οἰκεῖον τῇ προκειμένῃ πραγματείᾳ. τὰ γὰρ ἄλλα πάθη τῶν χυμῶν, | τίνες τε αὐτῶν διαφοραὶ καὶ τίνες ἑκάστου χυμοῦ 183 οἰκεῖαι καὶ προσεχεῖς γενέσεις, οἰκεῖά φησιν εἶναι τῇ περὶ φυτῶν φυσιολογίᾳ. καὶ ἔστι Περὶ φυτῶν Θεοφράστῳ πραγματεία γεγραμμένη· Ἀριστοτέλους γὰρ οὐ φέρεται.

---

1 οὖν ex T add. Thurot, fort. p. 86,23 potius ἔτι ⟨εἰ⟩ scrib. ἐπεὶ οὐ δύνανται V 3 ἀνθυπήνεγκεν Ta: ἂν ὑπήνεγκε VAP 4 ὁ μὲν ἂν ποιήσειεν αἴσθησιν Arist. codd. EMY τοῦτο] τοῦ P 5 γευστοῦ καὶ χυμοῦ Arist. praeter L 7 γευστοῦ a, fort. recte 8 αὐτή a 11 ἐγγεγραμμένη P 12 οὐ φέρεται] v. V. Rose, Aristoteles Pseudep. p. 263

ΑΛΕΞΑΝΔΡΟΥ ΑΦΡΟΔΙΣΙΕΩΣ ΕΙΣ ΤΟ ΠΕΡΙ ΑΙΣΘΗΣΕΩΣ ΚΑΙ ΑΙΣΘΗΤΩΝ

ΒΙΒΛΙΟΝ Β′

p. 442b27 Τὸν αὐτὸν δὲ τρόπον δεῖ νοῆσαι καὶ περὶ τὰς ὀσμάς. ὅπερ γὰρ ποιεῖ ἐν τῷ ξηρῷ τὸ ὑγρόν, τοῦτο ποιεῖ ἐν ἄλλῳ γένει τὸ ἔγχυμον ὑγρόν.

Μεταβέβηκε μὲν ἀπὸ τῶν χυμῶν ἐπὶ τὸν περὶ τῶν ὀσφραντῶν λόγον. ὃ δὲ φθάσας εἶπε βραχέως, ὅτε περὶ τῶν χυμῶν τὸν λόγον ἐποιεῖτο, νῦν διασαφεῖ. ὃ μὲν γὰρ προεῖπεν ἔστι· "περὶ δὲ ὀσμῆς καὶ χυμοῦ λεκτέον· σχεδὸν γάρ ἐστι τὸ αὐτὸ πάθος, οὐκ ἐν τοῖς αὐτοῖς δέ ἐστιν ἑκάτερον αὐτῶν," τοῦτο δὲ νῦν πῶς ἐν ἐκείνοις εἶπε δείκνυσι. τὸν αὐτὸν γάρ, | φησί, τρόπον δεῖ νοῆσαι γινομένην τὴν ὀσμήν, ὃν τρόπον ἐδείχθη γινό- 185
μενος καὶ ὁ χυμός. ὡς γὰρ τὸν χυμὸν ἐποίει τὸ ξηρὸν τὸ ἐν τῇ γῇ μιγνύμενόν πως καὶ ἐναποπλυνόμενον τῷ ὕδατι ὑπὸ θερμότητος συνεργούμενον, οὕτω φησὶ τὸ ὑγρὸν τὸ ἤδη χυμὸν ἔχον, τοῦτο δ' ἐστὶ τὸ ξηρῷ μεμιγμένον, ὃν τρόπον εἴρηκεν, ἐν ἀέρι καὶ ὕδατι ἀποπλυθέν πως ποιεῖν τὴν ὀσμήν.

Ἐν ἄλλῳ δὲ γένει εἶπεν· οὔτε γὰρ καθὸ ὑγρά ἐστι ταῦτα, γίνεται ἐν αὐτοῖς ἡ ὀσμή, οὔτε καθὸ διαφανῆ ἢ χυμοῦ δεκτικά, ἀλλὰ καθὸ ἄλλης

1 tit. om. Aa τοῦ αὐτοῦ εἰς τὸ περὶ ὀσμῆς Ἀριστοτέλους P Ἀφροδισέως V αἰσθήσεων T 3 βιβλίον β′ M (*secundus liber* T): om. VP 4 δὲ T (Arist.): δὴ VAP 5 γὰρ] *quidem enim* T ἐν τῷ ὑγρῷ τὸ ξηρόν Arist. codd. praeter S et sic vid. scrib. v. 13 et p. 90,5 8 ὃ om. T βραχὺν P ὅτε] ὡς TA, tum ἐν τοῖς ἐπάνω add. TP, ἐν τοῖς A τὸν—ἐποιεῖτο om. T 9 νῦν] *nunc autem* T προεῖπε MA (sc. 440b28): εἶπε a: εἶπεν TVP ἔστι om. Ma δὲ om. a (habet etiam M) καὶ om. P post χυμοῦ add. νῦν Arist. codd. EMYL v. ad p. 66,18 10 ἑκατέρας V 11 post δὲ add. ὃν P αὐτὸν om. V 12—14 γινομένην—ἐναποπλυνόμενον om. a (habet etiam M) 13 prius τὸ V: om. AP alt. τὸ] εἰ M 14. 15 *cooperans* P 15 alt. τὸ om. a τοῦτο Pa: τοῦτον TVA δ' ἐστὶ τὸ Usener: δ' ἐπὶ τὸ VA (*autem in* T): δέ πως Pa 16 μιγνύμενον V: *mixto mixtum autem* T ἐν om. V ἀποπλυθέν V: ἀποπλυνθέν APa ποιεῖν] postrema littera incerta in P: ποιεῖ A 18 γένει δὲ a καθόλου V ὑγρά TA: ὑγρὸν VPa 19 δεκτικὴν P

φύσεως κεκοινώνηκε τῆς δυναμένης δέχεσθαι τὰς ὀσμάς, ἣν ἀνάλογον ἄν 185 τις δίοσμον ὀνομάζοι. καθὸ μὲν γὰρ διαφανῆ τὸ ὕδωρ καὶ ὁ ἀήρ, χρωμάτων εἰσὶ δεκτικά· κατὰ δὲ τὴν ὑγρότητα τὸ ὕδωρ τὴν σωματώδη, καθ' ἥν ἐστιν ὑπὸ τοῦ ξηροῦ παθητικόν, τοὺς χυμοὺς δέχεται, τὰς δὲ ὀσμὰς κατ' ἄλλην τινὰ κοινὴν | δύναμιν παρὰ ταύτας, ἣν ἄλλο γένος ὠνόμασεν· 186 ἢ ἐν ἄλλῳ γένει εἶπε 'τῷ ὀσφραντῷ'· οὐ γὰρ ταὐτὸν γένος γευστόν τε καὶ ὀσφραντόν.

Εἰπὼν δὲ ἐν ἀέρι καὶ ὕδατι γίνεσθαι τὴν ὀσμὴν ὑπὸ τῆς ἐγχύμου ξηρότητος, ἐπεὶ κοινὸν αὐτοῖς καὶ τὸ διαφανές, ὅτι μή, καθὸ διαφανῆ ἐστι, κατὰ τοῦτο τὰς ὀσμὰς δέχεται, δι' ὧν ἐπιφέρει ἐδήλωσε. κοινὸν μὲν γάρ φησι κατ' αὐτῶν τὸ διαφανὲς κατηγορεῖσθαι, οὐ μὴν δέχεσθαι τὰς ὀσμὰς καθὸ διαφανῆ ἐστιν, ἀλλὰ καθὸ πλυτικὰ καὶ ῥυπτικά ἐστιν ἐγχύμου ξηρότητος ἀποπλυνομένης πως ἐν αὐτοῖς, ὡς ἐγένετο ὁ χυμὸς τῆς γεώδους ξηρότητος ἐναποπλυνομένης ἐν τῷ ὕδατι. εἰπὼν δὲ πρότερον ἔγχυμον ὑγρότητα εἶναι τὴν ἐν τῷ ἀέρι καὶ τῷ ὕδατι τὰς ὀσμὰς ποιοῦσαν, νῦν τὸ αὐτὸ τοῦτο ἔγχυμον πάλιν ὠνόμασεν ξηρότητα, ὅτι ὁ χυμὸς ἐξ ἀμφοῖν, ἔκ τε ὑγρότητος ὑδατώδους καὶ ξηρότητος γεώδους, | ἐδείχθη. τὸ μὲν οὖν 187 ξηρὸν οὐδέπω χυμὸν ἔχον ἐν αὐτῷ, μιγνύμενον καὶ ἐναποπλυνόμενον τῷ ὕδατι τοὺς χυμοὺς πεσσόμενον ὑπὸ θερμότητος ἐποίει· τὰς δὲ ὀσμὰς οὐκέτι τὸ ἄχυμον ξηρόν, ἀλλὰ τὸ μεμιγμένον ἤδη τῷ ὕδατι καὶ χυμὸν ἔχον ποιεῖ. ὅτι γὰρ ὑπὸ τῆς ἐγχύμου ὑγρότητος ἢ ξηρότητος (οὐδὲν γὰρ διαφέρει ὅπως ἂν ῥηθείη) αἱ ὀσμαὶ γίνονται, δείξει μὲν καὶ αὐτός, δῆλον δὲ καὶ ἐκ τοῦ πάντα ὅσα ἐστὶν ὀσφραντὰ ταῦτα καὶ χυμὸν ἔχειν τινά. τῇ γοῦν ὀσφρήσει πολλάκις πρώτῃ γνωρίζομέν ⟨τινας⟩ καὶ τῶν σηπομένων χυμῶν καὶ τῶν προσκαιομένων καὶ τῶν ὀξέων γινομένων καὶ τῶν εἰς ἄλλον τινὰ χυμὸν ἐξ ἄλλου διὰ τὴν ἕψησιν μεταβαλλόντων, μηδέπω φανερᾶς αὐτῶν τῆς μεταβολῆς τῇ γεύσει γινομένης, ὡς ἐκ τῶν χυμῶν τὴν γένεσιν τῆς ὀσμῆς

2 *dyafanum* T ὀνομάζει (1 litt. erasa) V: ὀνομάζῃ P καὶ τῷ μὲν διαφανῆ V
3 δεικτικὰ V 3. 4 τὴν—παθητικόν om. M 4 ἐστιν—χυμοὺς om. a δέχεσθαι V
5 δύναμιν om. P περὶ VA ὠνόμασεν MTVA: om. Pa 8 ἔαρι A post καὶ add. ἐν V 9 καθὸ διαφανές ἐστι P εἰσι Aa 10 κατὰ τοῦτο om. T δέξεται T *communiter* T 11 τὸ διαφανὲς κατ' αὐτῶν V αὐτὸ P
12 διαφανές P πλυντικὸν Arist. 12. 13 ξηρότητα a (corr. M) 13 ἀποπλυνόμενα V 13. 14 πως—ἐναποπλυνομένης om. a (habet etiam M) 13 αὐταῖς P
ἐγίνετο Usener (*fiebat* T) γαιώδους V 14 ἐν om. P ἔγχυμον om. a (habet etiam M) 15 alt. τῷ om. P 16 τοῦτο om. TP πάλιν ξ. ὠν. ἔγχυμον a: πάλιν ὠνόμ. ἔγχυμον ξηρότητα T 17 γαιώδους V 18 ἔχοι A
αὐτῷ VAP: ἑαυτῷ a 19 τοὺς χυμοὺς om. T πεττόμενον P: παυσόμενον A: *cooperans* T (sic p. 88,14. 15 συνεργούμενον vertit) 19. 20 ἐποίει — ποιεῖ] *sic ait humidum iam saporem habens* T 21 ἀπὸ V ἢ] οὐ V γὰρ om. V
22 ἐκ τοῦ] ἐν τῷ V 23 εἰσὶν a 24 πρώτου a τινας addidi ex Alex. De an. p. 53,22 Br.: ὀσμὴν add. Usener χυμῶν VAPa (De an.): *saporem* T: τὸν χυμὸν Thurot 25 προσκαιομένων] *dulcorem* T τινὰ om. T 27 γεῦσιν a (γένεσιν etiam M)

ἐχούσης καὶ κατὰ τὴν ἐκείνων μεταβολὴν ἀλλοίας γινομένης καὶ αὐτῆς καὶ συμμεταβαλλούσης ἐκείνῃ. |

p. 443a2 Οὐ γὰρ μόνον ἐν ἀέρι ἀλλὰ καὶ ἐν ὕδατι τὸ τῆς ὀσφρή-188 σεώς ἐστιν.

Προειπὼν ὅπερ γὰρ ποιεῖ τὸ ξηρὸν ἐν τῷ ὑγρῷ, τοῦτο ποιεῖ ἐν ἄλλῳ γένει τὸ ἔγχυμον ὑγρόν, ἐν ἀέρι καὶ ὕδατι ὁμοίως, νῦν ὅτι ἐν ἀμφοτέροις δείκνυσιν. ὅτι γὰρ μὴ μόνον ἐν ἀέρι τὰ ὀσφραντά, ὡς ἔδοξέ τισι ⟨τῷ⟩ τοῖς πλείστοις διὰ τῆς τοῦ ἀέρος ἀναπνοῆς τὴν ὄσφρησιν γίνεσθαι, ἀλλὰ καὶ ἐν ὕδατι, ἔδειξεν ἐπί τε τῶν ἰχθύων καὶ τῶν ὀστρακοδέρμων, ἃ ἐν τῷ ὕδατι ὄντα ὀσφρᾶται καὶ πολλάκις πόρρωθεν ἐπὶ τὴν τροφὴν ἔρχεται τῇ ὀσφρήσει ἑπόμενα, οὔτε ὄντος ἐν τῷ ὕδατι ἀέρος (οὐ γὰρ ἐν τῷ βάθει τοῦ ὕδατος μένει, ἀλλὰ ἐπιπολάζει. ἀνατρέχει γάρ, κἂν ἐν βάθει γένηται, ὅ τε ἀὴρ καὶ τὸ πνεῦμα· δηλοῦσι δὲ καὶ οἱ ἀσκοὶ οἱ πεφυσημένοι τοῦτο, ἂν εἰς βάθος κατενεχθέντες † λυθεῖεν), ἀλλ' οὐδὲ αὐτὰ ὅλως ἀναπνέοντα. ὅτι γὰρ ὅσα πνεύμονα τῶν ζῴων οὐκ ἔχει οὐκ ἀναπνεῖ, | δέδεικται αὐτῷ ἐν ἄλλοις. εἰ δέ τις μὴ μόνον 189 λέγοι τὸ ὕδωρ ὑγρόν, ἀλλὰ καὶ τὸν ἀέρα (καὶ γὰρ αὐτὸς ὑγρός), εἴη ἄν, φησίν, ὀσμὴ ἡ ἐν τῷ ὑγρῷ τοῦ ἐγχύμου ξηροῦ φύσις, τουτέστιν ὀσφραντὸν ἂν εἴη τὸ ἐγγινόμενον ὑπὸ τοῦ ἐγχύμου ξηροῦ πάθος, καθὸ τοιοῦτόν ἐστιν, ἐν τῷ ὑγρῷ.

Ἑξῆς δὲ ὅτι μὴ ἁπλῶς ἀπὸ ξηρότητος, ὡς ἐγίνετο ὁ χυμός, ἀλλ' ἀπὸ ἐγχύμου ξηρότητος ἡ ὀσμὴ γίνεται, δείκνυσι διὰ τοῦ τὰ ὀσμὴν ἔχοντα πάντα καὶ χυμὸν ἔχειν καὶ ὅσα ἄχυμά ἐστι ταῦτα καὶ ἄοσμα εἶναι. τὰ μὲν γὰρ ἁπλᾶ σώματα ἄοσμα, ὅτι καὶ ἄχυμα· οὔτε γὰρ γῆ καθ' αὑτὴν οὔτε πῦρ καθ' αὑτὸ χυμὸν ἔχει τινά, καίτοι ξηρὰ ὄντα, οὔτε ὕδωρ ἢ ἀὴρ ὑγρὰ πάλιν ὄντα αὐτὰ καθ' αὑτὰ χυμόν τινα ἔχει. ὅσα γὰρ δοκεῖ χυμόν τινα ἔχειν αὐτῶν, οὐκ ἔστιν ἁπλᾶ, ἀλλ' ἤδη μέμικται. ἥ τε γὰρ θάλασσα

---

1 ἔχειν A   alt. καὶ om. V   2 συμμεταβαλλούσης Aa: *simul mutato* T: συμμεταβαλούσης V: συμμεταβαλλομένης P   5 τὸ ξηρὸν post ὑγρῷ Arist.   6 καὶ TAPa (Arist.): καὶ ἐν MV   7 τὰ ὀσφραντὰ TVAPa: ἡ ὄσφρησις γίνεται M, sed v. ad p. 94,4   7—9 ὡς—γίνεσθαι om. M   8 ἔδειξέ Aa   τι a   τῷ add. Usener (διὰ τὸ Thurot)   ante διὰ add. δὲ a   9 ἐν Thurot: σὺν libri   τε] τε τῆς P   10 ἃ MT: om. VAPa   post ὕδατι add. γὰρ P   ὀσφρᾶται VP: ὀσφραντὰ A: ὀσφρᾶσθαι a: ὀσφραίνεται M: *odoratum* T (*odorant* Thurot)   11 οὔτε] οὐκ P (sed v. Arist. p. 443a4)   12 ἀέρος VPa: τοῦ ἀέρος MA   οὐ] οὔτε V   13 τὸ om. V   14 ἂν om. AP, fort. recte   ἐνβαθεῖ V   λυθῶσιν Usener   ante λυθεῖεν add. ὅτε P, fort. recte   15 ἀλλ' οὐδὲ] οὔτε Arist.   16 αὐτὸ V   ἐν ἄλλοις] De part. an. Γ 7 p. 670a29   17 λέγων a: *non dicat* T   τὸ om. a   γὰρ TVA: γὰρ καὶ Pa   οὗτος coni. Usener   18 ἡ ὀσμὴ ἡ a   19 τὸ ἐγγινόμενον om. T   πάθους V   21. 22 bis ὑπὸ coni. Thurot   22 τὰ] τὴν P   25 καίτοι om. T   *aer aut aqua* T   26 ἔχει τινὰ AP   27 ἔχειν τινὰ P   αὐτοῖς P

ὑγρὰ οὖσα χυμὸν ἁλμυρὸν ἔχει, ὅτι μέμικταί τινι ξηρότητι | (διὸ καὶ ὀσμὴν 190 ἔχει), ἀλλὰ καὶ οἱ ἅλες δοκοῦντες εἶναι γῆς καὶ ὀσμὴν ἔχουσι καὶ χυμόν· οὐ γάρ εἰσιν ἄμικτον ἔχοντες ὑγρῷ τὴν ξηρότητα. καὶ μᾶλλόν φησι τοὺς ἅλας τοῦ νίτρου καὶ χυμὸν καὶ ὀσμὴν ἔχειν, ὅτι καὶ μᾶλλον οὗτοι τῷ ὑγρῷ εἰσι μεμιγμένοι· τὸ μὲν γὰρ νίτρον γῆς ἐστι μᾶλλον, οἱ δὲ ἅλες πλείω τὴν ὑγρότητα ἔχουσιν, ὡς δηλοῖ τὸ ἐξικμαζόμενον ἔλαιον ἐξ αὐτῶν. ἤτοι δὲ τοῦ ἔχειν ὑγρότητα τοὺς ἅλας σημείῳ ἐχρήσατο τῷ ἐξικμαζομένῳ ἐλαίῳ, ἢ τοῦ χυμὸν αὐτοὺς ἔχειν· δοκεῖ γὰρ πικρὸν εἶναι τὸ ἐξικμαζόμενον ἔλαιον ἐξ αὐτῶν. ἀλλὰ καὶ οἱ λίθοι ἄοσμοι, ὅτι καὶ ἄχυμοι. τὰ δὲ ξύλα ὁμοῦ ὀσμῆς τε φαίνεται κοινωνοῦντα καὶ χυμοῦ, καὶ ὅσα αὐτῶν ὑγρότερα, ὁμοῦ τε ἀχυμότερα καὶ ἀοσμότερα.

Ἀλλὰ καὶ ἐπὶ τῶν μεταλλευομένων δείκνυσι συνοδεύουσαν τὴν ὀσμὴν τῷ χυμῷ· καὶ γὰρ ἐπ' ἐκείνων τὰ μὲν ἄχυμα ἄοσμα εἶναι ὡς χρυσόν, ὀσμῆς δὲ μετέχειν τόν τε χαλκὸν | καὶ τὸν σίδηρον, ὅτι καὶ χυμοῦ. ὅτι 191 δὲ ὁ χρυσὸς ἔλαττον ὕδατος ἔχει, δῆλον καὶ ἐκ τοῦ μὴ σήπεσθαι αὐτόν· ὁ γὰρ ἰὸς σῆψίς ἐστιν, ἥτις γίνεται δι' ἄπεπτον ὑγροῦ μεταβολήν. δυσώδης δὲ καὶ ὁ τοῦ χαλκοῦ καὶ ὁ τοῦ σιδήρου ἰὸς τῷ ὑγροῦ πλέον ἔχειν. ὁ δὲ χρυσὸς λειότερός τέ ἐστι καὶ ἐλαύνεται μᾶλλον [ἀλλὰ] τῷ καλῶς κεκρᾶσθαί τε καὶ μεμῖχθαι· ὅτι δὲ ἄοσμος καὶ ἄχυμος ὁ χρυσὸς ἡ αἴσθησις μαρτυρεῖ· πρὸς ὃ νῦν αὐτῷ κέχρηται παραδείγματι. καὶ τὸ τὰς σκωρίας δὲ ἀοσμοτέρας γίνεσθαι τῶν μεταλλευομένων διὰ τὸ ἐκκαίεσθαι τὸ ἐν αὐταῖς ὑγρόν τε καὶ τὸν χυμόν σημεῖον τοῦ τὴν ὀσμὴν ἐν χυμῷ ὑγρῷ εἶναι. τὸν δὲ ἄργυρον καὶ τὸν κασσίτερον τῶν μὲν ἀοσμότερόν φησιν εἶναι, τῶν δὲ μᾶλλον ἔχειν ὀσμήν, χρυσοῦ μὲν μᾶλλον ὀσμὴν ἔχειν, χαλκοῦ δὲ καὶ σιδήρου ἀοσμότερον εἶναι διὰ τὸ εἶναι ὕδατος πλέον ἐν αὐτοῖς καὶ μὴ ὁμοίως κεκρᾶσθαι τὸ ὑγρὸν τῷ ξηρῷ ἐν | τούτοις, ὡς ἐν τῷ σιδήρῳ τε 192 καὶ χαλκῷ. πῶς οὖν, εἰ ἅμα ὅ τε χυμὸς καὶ ἡ ὀσμή ἐστιν, ἔτι εἴη ἂν

---

1 χυμὸν om. T   διὸ om. a   2 εἶναι] τῆς V   3 φησι om. T   4 ἅλας MTVAP: ἄλλας a   tert. καὶ om. T   6 τὸ] τε a   ἐξικμάζον male Arist. codd. EMYP   7—9 ἤτοι—ἐξ αὐτῶν om. V   7 ἄλλας a (corr. M)   τῷ om. AP   10 ὁμοῦ om. a (habet etiam M)   11. τε] καὶ coni. Usener (cf. T?)   10. 11 alt. καὶ—ὑγρότερα TAPa: καὶ τῆς αὐτῶν ὑγρότητος V   11 ἀχυμότερον καὶ ἀοσμότερον V: ἀοσμότερα καὶ ἀχυμότερα A   12 ἐπὶ om. Arist. codd. LSP   12. 13 ἐπὶ τῶν—καὶ γὰρ om. A   12 συνάδουσαν P   13 ἄοσμα om. P   15 καὶ om. T   16 ἀπέπτου M   17 post σιδήρου add. καὶ ἀργύρου καὶ κασσιτέρου a   18 ἀλλὰ om. T   19 ἄοσμος καὶ ἄχυμος VAP: ἄχυμος καὶ ἄοσμος a: ἄοσμος T   19. 20 post μαρτυρεῖ add. δὲ T   20 πρὸς—νῦν] spat. vi litt. P   ὃ MVA: ὃν T (V ut testatur Mau): ὂν a   καὶ om. T   τὸ] τῶ A (T?)   σκορέας A(?)a   δὲ om. TV   21 ἀοσμοτέρους V   ἐγγίνεσθαι Pa   τῶν μεταλλευομένων MA (*quam metallum* T): τῶ μεταλλευομένω VPa   22 σημεῖον] *et hoc signum* T   ἐγχύμῳ coni. Thurot   ὑγρῷ om. V   23 δὲ om. a (habet etiam M): γε T   καττίτερον Pa   prius τῶν VA: τὸν TPa   ἀοσμοτέρων V   φησιν MTA: φασιν VPa   alt. τῶν VA: τὸν TPa   24 ὀσμήν—ἔχειν om. V   alt. δὲ] τε VP   25 πλεῖον APa   26 τῷ ξηρῷ τὸ ὑγρὸν Pa   ὡς om. a (habet etiam M)   27 οὖν om. P   ὅ τε MTVA: ὡς ὁ Pa   ἡ om. V   ἔτι Usener: ἕν τι libri (cf. p. 92,4)

ἡ ὀσμὴ ὑπὸ τοῦ ἐγχύμου ξηροῦ γινομένη; ἢ οὐ λέγει πρῶτον εἶναι τὸν 192 χυμόν, ἔπειτα τοῦτον ἐν τοῖσδε γινόμενον ποιεῖν τὴν ὀσμήν, ἀλλὰ τὴν ἔγχυμον ξηρότητα, οὐχ ἁπλῶς τὴν ξηρότητα, αἰτίαν εἶναι τοῦ ἔν τε τῷ ἀέρι καὶ ἐν τῷ ὕδατι γινομένου πάθους, ὅ ἐστιν ὀσμή, ὡς [ἂν] ἅμα μὲν εἶναι ἄμφω, αἴτιον δὲ τὴν ἔγχυμον ὑγρότητα τῆς ὀσμῆς γίνεσθαι, εἰ ποιητικὸν ὁ χυμός ἐστι τῆς ὀσμῆς. ὁ γὰρ ἀὴρ ἄχυμος ὢν ὀσμῆς γίνεται δεκτικός, ὥστε ποιητικὸν ἂν εἴη τῆς ἐν τούτῳ ὀσμῆς ἡ ἔγχυμος ξηρότης οὖσα ἐν ἄλλῳ. ὁμοίως καὶ τὸ ὕδωρ αὐτὸ καθ' αὑτὸ ἄχυμον ὂν γίνεται ἀπὸ τῆς ἐγχύμου ξηρότητος * * * οὐ γινόμενον ἅμα καὶ γευστόν. εἰ δὴ ἐν τούτοις ἡ ὀσμὴ οὖσιν ἀχύμοις, εἴη ἂν ὑπὸ τῆς ἐγχύμου ξηρότητος ἡ ἐν τούτοις ὀσμὴ γινομένη ὡς ὑπὸ αἰτίου ποιητικοῦ. ὡς γὰρ τὸ χρῶμα | τὸ διαφανὲς 193 διατίθησιν, οὕτω καὶ ὁ χυμὸς τὰ ὑγρὰ τὰ προειρημένα· καὶ ὡς ἡ ὄψις οὐκ ἂν χωρὶς διαφανοῦς γίνοιτο, οὕτως οὐδὲ ἡ ὄσφρησις χωρὶς τούτων. ὁ μὲν οὖν χυμὸς ἐν τοῖς ἔχουσιν αὐτόν ἐστιν, ἡ δὲ ὀσμὴ οὐκ ἐν τοῖς ἔχουσι τὸν χυμόν ἐστιν, ἀλλ' ὑπὸ τῶν ἐχόντων ἐν τούτοις γίνεται· διὰ γὰρ τούτων πᾶσα ὄσφρησίς τε καὶ ὀσμή.

p. 443a21 Δοκεῖ δὲ ἐνίοις ἡ καπνώδης ἀναθυμίασις εἶναι ὀσμὴ οὖσα κοινὴ γῆς καὶ ἀέρος, καὶ πάντες ἐπιφέρονται ἐπὶ τοῦτο περὶ ὀσμῆς.

Ἐνίους τῶν φυσικῶν φησιν ἐπὶ τῆς δόξης ταύτης γεγονέναι, ὅτι ἄρα ἐστὶν ἡ καπνώδης ἀναθυμίασις ὀσμὴ οὖσα ἐξ ἀέρος τε καὶ γῆς· ὧν εἶναι καὶ Ἡράκλειτον λέγοντα· 'εἰ πάντα τὰ ὄντα ἦν καπνός, ῥῖνες ἂν διεγίνωσκον' καὶ ἐγνώριζον αὐτά, δηλονότι τῷ αἰσθάνεσθαι αὐτῶν, ὡς τοῦ καπνοῦ ὄντος ἰδίου αἰσθητοῦ ταῖς ῥισίν. εἰπὼν δέ τινας τῶν φυσικῶν λέγειν ὀσμὴν εἶναι τὴν καπνώδη ἀναθυμίασιν, πάντων φησὶ τῶν φυσικῶν τὴν ὀσμὴν τοὺς μὲν ἀτμίδα ὑπολαβεῖν εἶναι, τοὺς δὲ ἀναθυμίασιν, τοὺς δὲ ἀμφότερα. τί δέ ἐστιν ἑκάτερον αὐτῶν καὶ τίς αὐτοῖς ἡ | πρὸς ἄλληλα διαφορά, ἑξῆς λέγει. 194 ἡ μὲν γὰρ ἀτμὶς ὑγρά τίς ἐστιν ἀναθυμίασις (ἐκ γὰρ ἀέρος καὶ ὕδατος),

p. 91,27 ἡ ὀσμὴ om. T 2 γενόμενον coni. Usener ποιεῖ V 3 ante οὐχ add. καὶ P αἴτιον V ἔν τε] ἐντὸς ἐν a (corr. M) post τε add. ἐν P 4 ἐν om. A γενομένου V ὅ om. V ἂν delevi μὲν εἶναι Usener: μένειν TVA: μένη P: μένους a 5 δὲ om. V εἰ] ἢ Usener ποιητικὸς T (M teste Thuroto), sed idem v. 7 ποιητικὸν 6 ἀὴρ] ἄκρον V χυμὸς A 8 ἄλλῳ ⟨δὲ⟩ coni. Thurot ἀπὸ APa(T): om. V: ὑπὸ coni. Thurot 9 οὐ (οὐ om. Pa) γινόμενον TVAPa: οὗ γινομένου M: ὀσφραντὸν γινόμενον coni. Thurot: ⟨ὀσμῆς δεκτικόν, ὀσφραντὸν⟩ οὔ⟨τω⟩ γινόμενον conicio, cf. v. 6 ἅμα] *illis* T (*ilico* ?) 9. 10 καὶ — ἀχύμοις om. M 9 εἰ δὴ Usener: ἤδη TAPa: ἅμα V 10 post ἂν add. ἄρα Pa ἀπὸ e corr. P, a (corr. M) 11 prius ὡς om. A alt. τὸ om. a 12 τίθησιν V ἡ A: om. VPa 13 γένοιτο VP 13. 14 ἡ—ἐστιν om. T 14 αὐτό Pa 18 γῆς] τῆς N (γῆς τε Arist. codd. EMY) alt. καὶ om. T *inferunt hoc* T 20 ἐπὶ fort. del. v. ad. p. 20,19 et 223,11. 260,4 Th. ἄρα om. T 21 ante ὀσμὴ add. εἶναι V 22 ante εἰ add. ὡς V 23 *palam autem qiod* T 23 τῷ MTVA: τὸ P: τοῦ a 23 *fumali* T 24 αἰσθητικοῦ V *narium* T 27 λέξομεν V

ἧς ἡ μεταβολὴ εἰς ὕδωρ· ἣν δὲ λέγουσιν ἀναθυμίασιν, καπνώδης ἐστὶν 194 ἀναθυμίασις, καὶ αὐτὴ ἔχουσά τι ἀέρος τε καὶ γῆς, ἐξ ἧς φησι γῆς τι εἶδος συνίστασθαι· ἐκ ταύτης γὰρ ἥ τε αἰθάλη καὶ ἡ ἀσβόλη γίνεται. εἰπὼν δὲ τί ἑκάτερόν ἐστιν, ἐπιφέρει· ἀλλ' οὐδέτερον τούτων ἔοικεν δηλονότι ὀσμὴ εἶναι, ὡς ᾤοντο ἐκεῖνοι, καὶ δείκνυσι διὰ τί οὐδέτερον αὐτῶν ὀσμὴ εἶναι δύναται· ἡ μὲν γὰρ ἀτμὶς ὕδατός ἐστιν, ὥστε οὐκ ἂν ἐν τῷ ἀέρι ὀσμὴ εἴη, εἰ ἡ ἀτμὶς ὀσμὴ εἴη (τὸ δὲ ὕδωρ ἄοσμόν ἐστι καθ' αὑτό). ἡ δὲ καπνώδης ἀναθυμίασις οὐχ οἵα τε ἐν τῷ ὕδατι γίνεσθαι. ὀσμὴ δὲ γίνεται ἐν αὐτῷ· ὀσφρᾶται γὰρ ἐν αὐτῷ καὶ τὰ κατὰ τοῦ ὕδατος.

p. 443b1 Ἔτι ἀναθυμίασις ὁμοίως λέγεται ταῖς ἀπορροίαις.

Ὅτι μή ἐστιν ἀναθυμίασις | δείκνυσιν ἐκ τοῦ τὴν μὲν ἀναθυμίασιν 195 ἀφ' οὗ ἂν γίγνηται ἀπόρροιάν τινα εἶναι. ὡς οὖν οἱ ἀπορροίας εἶναι λέγοντες καὶ ταύτας αἰτιώμενοι ὡς αἰτίας τοῦ ὁρᾶν οὐ καλῶς ἔλεγον (ἀνάγκη γὰρ ἦν σωματικῆς τοιαύτης ἀπορροίας ἀπὸ τῶν ὁρατῶν γινομένης μηδὲ πρὸς ὀλίγον σῴζεσθαι τὰ ὁρώμενα, ἀλλὰ διαφορεῖσθαι), οὕτως εἰ καὶ ἀπὸ τῶν ὀσφραντῶν ἀναθυμίασίς τις καὶ ἀπόρροια γίνεται, ἔδει ταχέως αὐτὰ διαφορεῖσθαι καὶ μηδὲ πρὸς ὀλίγον αὐτὰ διαμένειν χρόνον. νῦν δὲ ὁρῶμεν, ὅτι βραχέα τινὰ ὄντα πλεῖστον ὅσον χρόνον μένει τὴν εὐωδίαν ἢ τὴν ὀσμὴν ὅλως φυλάσσοντα· ὡς γὰρ ἐφ' ὧν φανερὰ ἡ ἀναθυμίασις ταχέως ἀναλίσκεται ταῦτα, ὡς τὰ θυμιώμενα, οὕτως ἔδει καὶ τὰ ἄλλα. οὐ γινομένου δὲ τούτου οὐδ' ἂν τῇ ἀναθυμιάσει καὶ τῇ ἀπορροίᾳ τῇ ἀπ' αὐτῶν ἡ ὀσμὴ γίνοιτο. ἔτι δὲ ἁφὴ ἂν γίνοιτο, ὡς προείρηται, ἡ τῶν αἰσθητῶν αἴσθησις· ⟨ὃ⟩ ὅτι μὴ ὑγιὲς προείρηται. ὅμοιος οὖν ὁ τῶν | ἀναθυ- 196 μιάσεων λόγος ὢν τῷ τῶν ἀπορροιῶν ὁμοίως ἂν ἐκείνῳ ἄτοπος ὢν δεικνύοιτο.

p. 443b3 Ὅτι μὲν οὖν ἐνδέχεται ἀπολαύειν τὸ ὑγρὸν καὶ τὸ ἐν τῷ πνεύματι καὶ τὸ ἐν τῷ ὕδατι καὶ πάσχειν τι ὑπὸ τῆς ἐγχύμου ξηρότητος οὐκ ἄδηλον.

Δείξας ὅτι μήτε ἀτμὶς μήτε καπνώδης ἀναθυμίασις ἡ ὀσμὴ διὰ τοῦ

---

1 λέγει A 2 ἔχουσα TVPa: ἔχει MA τι] ἐξ P ἀέρος τι V τε om. V ἐξῆς T 3 ἥ τε — ἀσβόλη] spat. VII litt. T 5 δηλονότι om. T ὀσμὴν M 6 αὐτῶν] ἐκείνων a (corr. M) 7 εἰ om. AP ἡ om. V alt. εἴη] εἶπε AP δὲ] γὰρ coniciam vel τὸ δὲ — αὐτὸ post ἐστιν v. 6 transponam 8 γίνεσθαι V(T): γενέσθαι AP (Arist.): ἐγγίνεσθαι a 9 καὶ om. V 10 ἔτι TV: ἐστὶν AP: ἔτι ἡ Arist. ἀπορροίαις AP (Arist.): ἀπορροαῖς V 11 post ἐστιν add. ὀσμὴ ἡ a 12 γίνηται V 13 ταῦτα V ἔλεγον v. p. 57,1 ss.] ἔλεγεν V 15 μηδὲν P 16 ὀσφραντῶν Pa: ὀσφρητῶν VA 17 μηδὲν P 18. 19 *odorem et suavitatem* T 19 ἡ ἀναθυμίασις φανερὰ V 22 προείρηται] p. 82,24 ss. 23 ὀσφρητῶν coni. Thurot ⟨ὃ⟩ ὅτι scripsi: ὅτι libri (*quod* T): ὃ Thurot *sane* T ὅμοιος TP: ὁμοίως VAa 24 τῷ] om. P: τὸ τῷ A ἐκείνη P ὢν] ὡς V: ἂν P 25 ἀπολαβεῖν T καὶ om. V 26 *quod in aqua et quod spiritu* T 27 δῆλον T 28 ὅτι om. T alt. μήτε T: ἢ M: om. VAPa post καπνώδης add. ἢ Pa τοῦ] τὸ M

καὶ ἐν ὕδατι καὶ ἐν ἀέρι ὀσμὴν γίνεσθαι, ἐκείνων δὲ μηδέτερον ἐν ἀμφο- 196 τέροις (οὔτε γὰρ ἡ ἀτμὶς ἐν τῷ ἀέρι οὔτε ἡ καπνώδης ἀναθυμίασις ἐν τῷ ὕδατι), ὑπομιμνήσκει ἡμᾶς ὅτι ἐν ἀμφοτέροις ἐδείχθη ἡ ὀσμὴ γινομένη ὑπὸ τῆς ἐγχύμου ξηρότητος διὰ τοῦ ἐν τῷ ἀέρι εἶναι τὰ ὀσφραινόμενα καὶ ἐν ὕδατι· οὐ γὰρ ὁ ἀὴρ μόνος καὶ ἡ ἐν τούτῳ ὑγρότης, ἀλλὰ καὶ ἡ ἐν τῷ ὕδατι κοινωνεῖ τοῦ πάθους τούτου. εἰπὼν δὲ τὴν ἐν τῷ πνεύματι ὑγρότητα, λέγων τὴν ἐν τῷ ἀέρι, * * *, ὑπομιμνήσκει ἡμᾶς τῶν ἐν ἄλλοις εἰρημένων περὶ τοῦ ἀέρος ὅτι ὑγρὸς τὴν φύσιν καὶ αὐτός. εἴρη|ται δὲ 197 περὶ τούτου καὶ ἐν ἄλλοις μέν, ἐν δὲ τοῖς Περὶ γενέσεως καὶ φθορᾶς προηγουμένως.

Εἰπὼν δὲ τοῦτο ἐπιφέρει ὅτι, εἰ ὁμοίως ἐν τοῖς ὑγροῖς τὸ ξηρὸν ἐναποπλυνόμενόν πως ποιεῖ τὰς ὀσμὰς καὶ ἐν τῷ ὕδατι τοὺς χυμοὺς (ἐν μὲν γὰρ τῷ ὕδατι ἡ ποιὰ τοῦ ξηροῦ ἀπόπλυσίς τε καὶ διήθησις χυμὸς ἦν, ἐν δὲ τοῖς ὑγροῖς πάλιν, ἀέρι τε καὶ ὕδατι, ἡ τοῦ ἐγχύμου ξηροῦ πάλιν ἀπόπλυσίς τε καὶ διήθησις ὀσμή), εἰ δὴ τὸ ξηρὸν ἐν τῷ ὑγρῷ ποιητικὸν ἀμφοτέρων, τοῦ τε χυμοῦ καὶ τῆς ὀσμῆς, καὶ ⟨τῆς ὀσμῆς⟩ ἐστι τὸ ἐν τοῖς χυμοῖς ξηρὸν ποιητικόν, φανερὸν ὅτι ἀνάλογον δεῖ εἶναι τὰς ὀσμὰς τοῖς χυμοῖς. ἢ τὸ λεγόμενόν ἐστιν ὅτι, εἰ τὸ ἔγχυμον ξηρὸν ἐναποπλυνόμενον τῷ τε ὕδατι καὶ τῷ ἀέρι ὁμοίως ποιεῖ τὰς ὀσμάς, δῆλον ὡς ἀνάλογον ἔσονται καὶ αἱ ὀσμαὶ τοῖς χυμοῖς ὑφ' ὧν γίνονται. κατὰ γὰρ τὰς τῶν χυμῶν δια|φορὰς ἔσονται καὶ ὀσμῶν διαφοραί, εἴγε ὑπὸ τούτων 198 ἐκεῖναι γίνονται, ὡς ἕπεσθαι ἐκείνῳ ὃ φίλον ἐκείνῳ, εἰ οὕτως ἔχοι. ἔτι δ' ὅτι καὶ οὕτως ἔχει δείκνυσι λέγων· ἀλλὰ μὴν τοῦτό γε ἐπ' ἐνίων συμβέβηκε, καὶ πῶς λέγει. καὶ γὰρ δριμεῖαι καὶ γλυκεῖαι καὶ αὐστηραὶ καὶ στρυφναὶ καὶ λιπαραί εἰσιν ὀσμαί, ὥσπερ καὶ χυμοί, ἀναλογίαν ἑκάστης ὀσμῆς πρὸς ἕκαστον τῶν χυμῶν τούτων σῳζούσης. ἀλλὰ καὶ αἱ τῶν διασεσηπότων ὀσμαὶ τοῖς πικροῖς τῶν χυμῶν ἀνάλογοι ἂν εἶεν. καὶ δεικνὺς τὴν ἀναλογίαν αὐτῶν εἶπεν· ὡς οἱ χυμοὶ οἱ

---

1 prius καὶ om. V alt. ἐν om. Aa (habet etiam M) οὐδέτερον a 2 οὔτε γὰρ ἡ ἀτμὶς M: δὲ (δὲ om. TVA) οὐδέτερον ἢ (ἢ om. T) τῶν TVAP (cf. p. 93,4) οὐδὲ V 4 ξηρότητα a (corr. M) ὀσφραντὰ cum T vid. scrib., cf. p. 90,7 5 οὐ] καὶ a ὁ om. V 7 πάσχειν ὑπὸ τῆς ἐγχύμου ξηρότητος add. Thurot: ὑπὸ τῆς ἐ. ξ. πάσχειν τι malim, ut in duplici ὑπο causa erroris agnoscatur 8 καὶ om. Pa (habet etiam M) 8. 9 εἴρη ... περὶ V 9 prius καὶ om. T Περὶ γενέσεως καὶ φθορᾶς] B 3 passim 11 εἰ] p. 443b6 ἔτι δ' εἴπερ (vel εἰ) cum Arist. codd. PSU(L) legit, cf. ad. v. 17 12 ποιεῖ τὰς Thurot: ποιεῖται VAPa (*facit* T) ὕδατι] ἀέρι Arist. τοὺς Va(T): τότε AP 13 διάθεσις Pa ἦν] v. p. 73,32 ss. 14 ἀέρι τε καὶ ὕδατι T: ἀήρ τε καὶ ὕδωρ VAPa πάλιν ξηροῦ a 15 διήθησις TVA: διάθεσις MPa ante ὀσμὴ add. ἡ MA δὴ] δὲ Aa ἐν τῷ ὑγρῷ om. A 16 τῆς ὀσμῆς add. Thurot ἐστι] *etiam quod* T 17 ὅτι] ἔτι Arist. codd. EMY δεῖ ἀνάλογον Arist. 18 ἢ] εἰ AP ἐστιν om. T 19 τε om. V ποιεῖται A 19. 20 ἀναλόγως Va 20 καὶ om. a (habet etiam M) 21 post εἴ—γε add. καὶ Pa 22 ἐκεῖναι] *alii* T (corr. *illi*) ὀφείλων V ἔχοι TVA: ἔχει Pa ἔτι δ' Diels: τις libri, cum ἔχοι coniunctum 24 καὶ—λέγει om. a 26 οἱ χυμοὶ a 27 ταῖς πικραῖς Arist. codd. EMY 28 εἰπὼν V

πικροὶ καὶ δυσκατάποτοι, οὕτω καὶ αἱ σαπραὶ ὀσμαὶ δυσανάπνευστοι. ἃ 198
λαβὼν ὡς φανερῶς οὕτως ἔχοντα, δι' αὐτῶν πιστοῦται τὰ προειρημένα, ὅτι ⟨ὅπερ⟩ ἐν τῷ ὕδατι ὁ χυμός ἐστι γινόμενος ὑπὸ τοῦ γεώδους ξηροῦ, τοῦτο ἐν τῷ ἀέρι καὶ ὕδατι ἡ ὀσμὴ γινομένη ὑπὸ τῆς ξηρότητος τῆς ἐγχύμου. καὶ ὅτι γε ἑκατέρου αὐτῶν αἰτία ἡ θερμότης (ποιητικὸν | γὰρ 199
ἐδείχθη τῶν χυμῶν τοῦτο, ὑφ' ὧν ἡ ὀσμὴ γίνεται), δείκνυσιν ἐκ τοῦ τὸ ψυχρὸν καὶ τὴν πῆξιν ἀμβλύνειν καὶ ἀφανίζειν ὁμοίως τούς τε χυμοὺς καὶ τὰς ὀσμάς. τὸ γὰρ θερμόν, ὃ ποιητικόν ἐστι τῶν χυμῶν, ἀφανίζουσί τε καὶ φθείρουσιν ἥ τε πῆξις καὶ τὸ ψυχρὸν † δύο ὄντα τὴν διὰ τούτου γινομένην μῖξιν τε καὶ πέψιν ἐν αὐτοῖς. ἧς φθειρομένης εὐλόγως πρῶτον μὲν οἱ χυμοί, δευτέρως δὲ καὶ αἱ ὀσμαὶ αἱ ὑπὸ τούτων γινόμεναι ἐν τῷ ὑγρῷ φθείρονται. τὸ δ' ἐπ' ἐνίων προσέθηκεν, ὅτι ἔδειξέ τινας ὀσμὰς οὐ τῷ ἕπεσθαι τοῖς χυμοῖς τὸ ἡδὺ καὶ τὸ λυπηρὸν ἐχούσας, ἀλλὰ καθ' αὑτάς.

p. 443b16 Εἴδη δὲ τοῦ ὀσφραντοῦ δύο ἐστίν· οὐ γὰρ ὥσπερ φασί τινες, οὐκ ἔστιν εἴδη τοῦ ὀσφραντοῦ.

Ἠσάν τινες οἱ λέγοντες μὴ εἶναι εἴδη τοῦ ὀσφραντοῦ καθ' αὑτά, 11
ὥσπερ ἦν εἴδη τῶν ὁρατῶν ἀλλὰ καὶ ἀκουστῶν καὶ ἁπτῶν καὶ χυμῶν. οὐχ | οὕτως γὰρ ἔλεγον εἶναι καὶ τῶν ὀσφραντῶν εἴδη· καθ' αὑτὰς γὰρ 200
δοκούσας αὐτῶν διαφορὰς οὐ καθ' αὑτὰς εἶναι, ἀλλ' ἀπὸ τῶν χυμῶν μεταφέρεσθαι· γλυκεῖαν γὰρ ὀσμὴν καὶ αὐστηρὰν καὶ στρυφνὴν καὶ τὰς τοιαύτας ἐν αὐταῖς διαφορὰς κατὰ τὴν ἀπὸ τῶν γευστῶν διαφορὰν λέγεσθαι, ὡς καὶ αὐτὸς ἔδειξε γινόμενον ἐπ' ἐνίων. δεικνὺς δὴ τοῦτο ψεῦδος ὂν φησι δύο εἴδη εἶναι καὶ δύο διαφορὰς τῶν ὀσφραντῶν· τὴν μὲν γὰρ τῶν ὀσφραντῶν διαφορὰν τοῖς χυμοῖς ἀκολουθεῖν, ἣ τό τε ἡδὺ καὶ τὸ λυπηρὸν

---

1 prius καὶ om. T, fort. recte 2 ποιοῦνται V 3 ὅπερ M (Arist.): om. TVPa ὁ om. V γιγνόμενος a, tum γίνεται γὰρ ὁ χυμὸς add. V, ὁ δὲ χυμὸς APa (del. M), *et quod sapor* T ἀπὸ τοῦ γαιώδους V 4 ante ἐν add. καὶ P ἀέρι καὶ ὕδατι T (Arist.): ὕδ. καὶ ἀέρι VPa: ἀέρι A 5 γε VAa: δὲ P: om. T ἑκάτερα V αὐτῶν om. a (habet etiam M) θερμότητα a (corr. M) 6 ἐδείχθη] v. p. 74,12 ss. 7 ψύξιν V ἀμβλύνειν V (Arist.): λαμβάνειν TAPa τε] Alex. καὶ τοὺς χυμοὺς legisse vid. (τοὺς χ. Arist. codd. EY) 8 τὸ MTVN: τῷ Aa 9 δύο ὄντα TVAP: διὸ ὄντα a: διὸ καὶ M: δύο ὄντα καὶ Thurot: κωλύοντα conicio, λύοντα Diels τούτου MT: τούτων VAPa 11 ἀπὸ a ante ἐν add. αἱ V 12 ὀσμὰς om. V 13 οὕτω TA, prius P alt. τὸ om. V ἔχει A 13. 14 ἀλλὰ—αὐτὰς om. T 15 εἰ δὲ A τοῦ ὀσφραντοῦ P(T): ὀσφραντοῦ A: ὀσφραντῶν V ἐστίν AP (Arist. codd. plerique): εἰσὶν V (Arist. LP) 15. 16 οὐ γὰρ—ὀσφραντοῦ om. A 15 τινές φασιν Arist. codd. praeter LU 16 post ὀσφραντοῦ add. ἀλλ' V, fort. olim exstabant Aristotelea ἀλλ' ἔστιν 18 post ἀκουστῶν add. ἀλλὰ VPa (om. MTA), fort. scrib. τῶν ὁρατῶν ἄλλα καὶ ἀκουστῶν ἄλλα καὶ tertium καὶ om. a 21 φέρεσθαι P 22 γευστῶν] χυμῶν a 23 καὶ om. a αὐτὸ VP γινόμενον AP (*factum* T): γενόμενον V: λεγόμενον Ma ἐπ' ἐνίων om. a (habet etiam M) δὲ A 24 εἴδη εἶναι TV: εἶναι εἴδη Pa: εἶναι A τῶν ὀσφραντῶν om. T ὀσφρητῶν A τὴν] τὰ VP 25 ὀσφρητῶν AP ἣ VP: ᾗ TAa 25—96,2 τὸ λυπηρὸν—εἴδη om. A

οὐ κατὰ τὴν αὐτῆς φύσιν ἔχει, ἀλλὰ κατὰ συμβεβηκός· ὁμοίως δὲ καὶ τὰ 200 εἴδη τὰ κατ' αὐτὴν λεγόμενα κατὰ τὴν ἀπὸ τῶν χυμῶν μεταφοράν, ὑφ' ὧν γίνεται, ἔχει, καὶ οὐ καθ' ἑαυτήν. ἔστι δὲ τὸ εἶδος τοῦτο τῶν ὀσφραντῶν, ὅσον τῷ τροφίμῳ τε καὶ θρεπτικῷ χυμῷ ἀκολουθεῖ, γινόμενον ὑπ' ἐκείνου· κεῖται γὰρ ὅτι ἡ ὀσμὴ ὑπὸ | τοῦ ἐγχύμου ξηροῦ γίνεται. ὅση 201 δὴ ὑπὸ τοῦ τροφίμου χυμοῦ γίνεται, αὕτη τὸ ἡδὺ καὶ τὸ λυπηρὸν ἔχει κατὰ συμβεβηκός· κατὰ γὰρ τὴν ἐπὶ τὴν τροφὴν ἀναφοράν, ὑφ' ἧς γίνεται, καὶ αὐτὴ ἡδεῖα ἢ ἀηδὴς γίνεται. ἐπιθυμούντων μὲν γὰρ τῆς τροφῆς ἡδεῖαι αἱ ἀπ' αὐτῶν ὀσμαί, αἱ αὐταὶ δ' αὗται ἀηδεῖς κεκορεσμένων· καὶ οἷς μὲν ἡδεῖά τις τροφή, τούτοις καὶ ἡ ἀπ' αὐτῆς ὀσμὴ ἡδεῖα, οἷς δὲ προσκορής τις τροφή, τούτοις ἀηδὴς καὶ ἡ ἀπ' αὐτῆς ὀσμή. ὅσαι μὲν οὖν τοιαῦται τῶν ὀσμῶν, αὗται κατὰ συμβεβηκὸς ἔχουσι τὸ ἡδὺ καὶ τὸ λυπηρόν, ὡς εἰρήκαμέν τε καὶ λέγουσιν οἱ μὴ λέγοντες εἶναι καθ' αὐτὰ εἴδη τοῦ ὀσφραντοῦ (οὐδὲ γὰρ ἂν ἦν, εἰ πάντα τὰ ὀσφραντὰ ἠκολούθει ταῖς τῶν χυμῶν διαφοραῖς καὶ εἶχε τὸ ⟨ἡδὺ καὶ τὸ λυπηρὸν⟩ κατὰ συμβεβηκός, ἀλλ' οὐ καθ' † αὑτὰς τοιαῦται. ὥστε εἴη ἂν [αὐτῶν] εἴδη δύο διάφορα τῶν οὕτως ὀσφραντῶν). εἰσὶ δέ, φησίν, αἱ τοιαῦται ὀσμαὶ αἱ ὀσφρανταὶ ἐπὶ τοῖς τροφί|μοις χυμοῖς κοιναὶ πάντων ⟨τῶν⟩ ζῴων· πάντα γὰρ τρέφεται 202 καὶ πάντα τῆς ἐπὶ τροφῇ ὀσμῆς αἴσθησιν ἔχει.

Ἄλλο δέ φησιν εἶδος ὀσμῶν εἶναι, ἐν ᾧ οὐκέτι κατὰ συμβεβηκὸς οὐδὲ ἀπὸ τοῦ τροφίμου χυμοῦ τὸ ἡδύ, ἀλλὰ καθ' αὑτό. τοῦτο δέ ἐστιν ὃ μὴ ἐπὶ ταῖς τροφαῖς μηδὲ ἀπὸ τοῦ τοιούτου χυμοῦ γίνεται μηδὲ παρακαλεῖ ἡμᾶς ἐπὶ τὰς τροφάς. τοιαῦται δ' εἰσὶν αἱ ἀπὸ τῶν ἀνθῶν ὀσμαί, αἳ οὐδὲν συμβάλλονται πρὸς τὴν τῆς τροφῆς ἐπιθυμίαν, ἀλλ' ὁμοίως καὶ πεπληρωμένοις αὐτῆς καὶ μή εἰσιν ἡδεῖαι. τοῦ δὲ ⟨προσβιβάζειν⟩ μηδὲν

---

1 αὐτῆς V 2 καθ' αὐτὴν Aa αὐτὴν om. T διαφορὰν Va 3 ἑαυτὴν VA: αὐτὰ a: *ipsum* T: ἑαυτὰ P (Thurot) τοῦτο om. V 3. 4 ὀσφρητῶν AP 4 ἀκολουθεῖν Va 5. 6 ὅση δὴ P: ὃς ἤδη VAa: *que iam* P 6 αὐτὴ VPa ἔχει] ἤτοι V 8 καὶ αὐτὴ—γίνεται om. T ἡδεῖα om. AP ἢ om. P μὲν om. a (habet etiam M) 9 prius αἱ om. VA ἀπ' om. A αὐτῆς conicio (cf. v. 11) αἱ ὀσμαί A αὗται] αὖτε V 11 πρόσκορός P τις om. T post τούτοις add. καὶ V 12 αὗται om. a (habet etiam M) 13 αὐτὰ scripsi: αὐτὸ VAPa: om. T 14 ἦν AP: ἦσαν Va ἠκολούθησαν V 15 εἶχον a (Thurot) ἡδὺ καὶ τὸ λυπηρὸν addidi: ἡδὺ καὶ λυπηρὸν αἱ ὀσμαὶ add. Thurot 15. 16 ἀλλ' οὐ AP: *non* T: ἀλλ' αἱ V: ἄλλαι a 16 καθ' αὑτὰ ⟨ἢ⟩ τοιαῦτα (aut τοιαῦται del. illatum ex v. 17) conicio 16. 17 ὥστε—ὀσφραντῶν suspecta habeo, cf. p. 205,8 Th. 16 αὐτῶν om. T δύο TVP: om. Aa ante τῶν add. τὰ εἴδη TAP 17 εἰσὶ δέ] ὡς εἴδη A: *in species* T ὀσφρανταὶ αἱ P ἐπὶ] *et* T 18 τῶν addidi 20 ὀσμῶν εἶδος A *odoris* T οὐ ἔστι V 21 τοῦτο om. T 22 ὃ μὴ] ὀσμὴ V τροφαῖς om. A post χυμοῦ add. τὸ ἡδύ, ἀλλὰ καθ' αὑτὸ (ex v. 21) T alt. μηδὲν P: μὴ ἐν A 23 τὰς τροφὰς MT: ταῖς τροφαῖς VAPa δ'] *autem non* T 24 τῆς om. V 25 πεπληρωμένοις AP (*replens* T, *repletis* corr. Thurot): πεπληρωμένως V: πεπληρωμένης M: πληρωμένης a αὐτοῖς AP τοῦ δὲ Va: ὅτι μὲν A: ὅτι μὲν δεῖ P: πρὸς δὲ τὸ coni. Thurot προσβιβάζειν ex T add. Thurot (*ad confirmandum*, sic saepius προσβ. vertit)

τὰς τοιαύτας εἰς τροφὴν συμβάλλεσθαι τῶν ὀσμῶν, ἀλλὰ μᾶλλον ἀβρώτους 202
τοὺς χυμοὺς ποιεῖν, ἐμνημόνευσε Στράτιδος τοῦ κωμικοῦ. ὃς σκώπτων 11
Εὐριπίδην ἐπὶ τῇ τῶν ἐπῶν ἀκαιρίᾳ εἶπεν· ὅταν φακῆ ἕψηται, | μὴ ἐπι- 203
χεῖν μύρον, ὡς οὐδαμῶς τῶν μύρων εἰς τὸν τρόφιμον χυμόν τι συντε-
λούντων, ἀλλὰ καὶ τοὐναντίον ἄτροφον αὐτὸν ποιούντων. ὅ τινάς φησιν
ὑπὸ φιληδονίας καὶ τῆς περὶ τὰ μύρα σπουδῆς βιάζεσθαι καὶ τοῖς πόμασι
παραμίγνυσθαι, μύρον † τὸν ἀπὸ τῶν † χυμῶν ἐκ συνηθείας πότιμον 5
ποιοῦντας αὐτοῖς καὶ τὰς ἐκ δύο αἰσθήσεων ἡδονάς, τήν τε ἀπὸ τῆς γεύσεως
μίαν καὶ τὴν μίαν ἀπὸ τῆς ὀσφρήσεως γινομένην, ἐκδέχεσθαι βιαζομένους
αὐτούς. τοῦτο δὴ τὸ ὀσφραντὸν οὐκέτι κοινὸν τοῖς ζῴοις φησὶν ἅπασιν
εἶναι, ὡς τὸ ἀπὸ τῶν τροφίμων χυμῶν, ἀλλ' ἴδιον ἀνθρώπου.

'Εκείνων μὲν οὖν τῶν ὀσμῶν διὰ τὸ κατὰ συμβεβηκὸς ἔχειν τὸ 10
ἡδὺ διῃρῆσθαί φησι τὰ εἴδη κατὰ τοὺς χυμούς, τῆς δὲ τοιαύτης
ὀσμῆς οὐκέτι κατὰ τὴν ἐπὶ τοὺς χυμοὺς ἀναφορὰν τὰ εἴδη διῃρῆσθαι (οὐ
γὰρ κατὰ συμβεβηκὸς ἐν αὐταῖς τὸ ἡδύ | τε καὶ τὸ λυπηρόν), ἤτοι λέγων 204
ἐκείνης μὲν τῆς ὀσμῆς εἴδη εἶναι, ὅτι καὶ τῶν χυμῶν τῶν ἐφ' οἷς γίνονται,
οἷς καὶ συνδιαιροῦνται, τῆς δὲ καθ' αὑτὴν ἡδείας ὀσμῆς οὐκέτι εἴδη εἶναι,
ὅτι μὴ ἔχουσιν οἷς συνδιαιροῦνται (προεῖπε γὰρ διοριστέον πῶς ἔστιν
εἴδη τῶν ὀσμῶν καὶ πῶς οὐκ ἔστιν), ἢ μᾶλλον ὅτι ἐκείνης μὲν οὐκ 5
ἔστιν εἴδη καθ' αὑτά, ἀλλὰ κατὰ συμβεβηκός (καὶ γὰρ τὸ ἡδὺ ὅλως καὶ
τὸ λυπηρόν, αἵ πρῶται καὶ μέγισται διαφοραί, κατὰ συμβεβηκός εἰσιν ἐν
αὐτῇ, ἀλλ' οὐ καθ' αὑτά), ταύτης δὲ καθ' αὑτὴν ἐχούσης τό τε ἡδὺ καὶ
τὸ λυπηρὸν εἴη ἄν, καὶ ᾗ καθ' αὑτά, πρῶτα μὲν ταῦτα, τὸ ἡδύ τε καὶ
τὸ λυπηρόν (κατὰ γὰρ τὴν ἰδίαν φύσιν αὐταῖς ταῦτα ὑπάρχει), ἔπειτα τὰ 10
ἄλλα ἐστίν, αἵτινες ἐν τῷ ἡδεῖ τε καὶ λυπηρῷ διαφοραί· εἰσὶ δὲ πολλαί,

---

1 εἰς τὴν τροφὴν V: om. P 2 Στράτηδος a (Στράττις Arist. codd. EMY) 3 Εὐριπίδην Arist. (sic fort. P): Εὐριπίδη VA(P?): Εὐριπίδης a τῇ om. A ὅτε P φανῇ V φακῆν ἕψητε recte nonnulli Arist. libri 3. 4 μὴ ἐπιχεῖν μύρον (μύρου TV) TVPa: μὴ ἐπιχειρεῖν μύρῳ A 4 τῶν—εἰς] λέγων P τὸν VA: om. Pa χυμόν τι MTVP: χυμὸν A: om. a 4. 5 συνεργούντων V 6 βιάζεσθαι] *tacere* T 7 παραμίγνυσθαι Pa: παραμίγνυσι VA: *miscent* T: παραμιγνύναι coni. Thurot μύρον T: μύρου VAPa τὸν ἀπὸ τῶν χυμῶν MVAP¹(T): τὸν ἄποτον χυμὸν rec. m. P: τὸν ἀπόχυμον a: τὸ ἄποτον ἡμῖν bene coni. Thurot συνήθους V 8 αὐτοῖς VAPa: *ipsos* T 9 τὴν μίαν ἀπὸ τῆς M: τὴν ἀπὸ τῆς μιᾶς τῆς V: *ab uno* T: ἀπὸ μιᾶς τῆς AP: τὴν ἀπὸ μιᾶς τῆς a ὀσφρήσεως] γεύσεως TA 10 αὐτοὺς VAPa δὲ V 11 ἀνθρώπου] τῶν ἀνθρώπων Arist. codd. EMUY, ἀνθρώπου etiam Sophoniae paraphrasis in libros De an. p. 91,17 H. 12 κατὰ om. a (habet etiam M) 13 δὲ om. V 14 κατὰ om. T τοὺς om. V τὰ εἴδη om. T διηρεῖσθαι V 15 τε om. Pa alt. τὸ om. VA ἤτοι om. T 17 συναναιροῦνται a (corr. M) 17. 18 τῆς—συνδιαιροῦνται om. V 17 οὐκέτι T: οὐχ' ὅτι APa 18 διαιροῦνται a (corr. M) 19 τῶν ὀσμῶν MTV: τῆς ὀσμῆς A: τῶν χυμῶν Pa 20 ἤδη a (corr. M) καθ' αὑτά Thurot: καθ' αὑτὴν VA: καθ' αὑτὸ Pa: *se* T 20. 21 alt. καὶ—λυπηρὸν om. T 21 τὸ VA: om. Pa ἐστιν a 22 αὑτά scripsi (cf. ad v. 20): αὑτὸ Pa: αὑτὴν VA: *se* T δὲ om. VA 23. 24 εἴη—λυπηρόν om. T 23 καὶ ᾗ—ταῦτα] καθ' αὑτὴ V ᾗ Thurot: ἡ APa: an εἴδη? 24 ἰδίαν VPa: οἰκείαν MA αὐτῆς V ὑπάρχειν APa 25 ἤ τινες TV *differunt* T δὲ εἰσὶ A

εἰ καὶ μή εἰσιν ὠνομασμέναι καθ' αὑτάς. κατὰ γὰρ τὰς τῶν ἀνθῶν διαφορὰς πολλαὶ τῶν ὀσμῶν διαφοραὶ καὶ τὰς ἀπὸ τῶν μύρων τῶν τε αὐτοφυῶν καὶ τῶν σκευαστῶν. εἴδη οὖν λέγει τοῦ ὀσφραντοῦ δύο εἶ|ναι, 205 τό τε κατὰ τοὺς χυμοὺς τεταγμένον, ὃ καὶ τὸ ἡδὺ καὶ τὸ λυπηρὸν τῇ πρὸς τούτους ἀκολουθίᾳ ἔχει (διὸ καὶ κατὰ συμβεβηκός· οὐ γάρ, καθὸ ὀσμαί, τὸ ἡδύ, ἀλλὰ καθὸ τοιούτων χυμῶν μηνυτικαί, ὃ μόνον τινὲς ἡγούμενοι εἶναι ἐν ταῖς ὀσμαῖς εἶδος τὸ τὴν ἀκολουθίαν ἔχον τὴν πρὸς τοὺς χυμοὺς οὐκ ἔλεγον εἶναι πλείονα εἴδη τοῦ ὀσφραντοῦ)· τὸ δέ τι εἶδός ἐστι τῶν ὀσφραντῶν τὸ ἐν ᾧ καθόλου τὸ ἡδὺ καὶ τὸ λυπηρόν [τῶν ὀσμῶν] ἐστιν, οὐ κατὰ συμβεβηκὸς οὐδὲ κατὰ τὴν ἐπὶ τοὺς χυμοὺς ἀναφοράν. ὥστε δύο εἴδη ὀσμῆς, ἀλλ' οὐχ, ὡς ᾤοντό τινες, ἓν μόνον.

Εἰπὼν δὲ τὰς ἀπὸ τῶν τοιούτων ὀσμὰς ἀνθρώπου ἰδίας εἶναι, ἑξῆς καὶ τὴν αἰτίαν τούτου προστίθησι· τῷ γὰρ ψυχρὸν εἶναι τὸν ἐγκέφαλον, ὃν πλεῖστον κατὰ ἀναλογίαν παρὰ τὰ ἄλλα ζῷα ἔχειν τὸν ἄνθρωπον, καὶ διὰ τοῦτο | 206 ψυχρότερα τὰ περὶ τὸν ἐγκέφαλον ἔχειν μέρη. καὶ γὰρ τὸ περὶ αὐτὸν αἷμα ἐν στενοῖς ὂν φλεβίοις λεπτὸν μὲν καὶ καθαρόν ἐστιν, ἵνα ὦμεν εὐαίσθητοι, εὔψυκτον δὲ διά τε λεπτότητα καὶ ὀλιγότητα· διὸ δεῖσθαι ἔξωθέν τινος ἐπικουρίας πρὸς τὴν τῶν μερῶν τούτων ψυχρότητα. διὰ τοῦτο γὰρ γίνεσθαι καὶ τὰ ῥεύματα ἀπὸ τῆς κεφαλῆς τοῖς ἀνθρώποις, τῆς ἀναφερομένης ἐπὶ ταῦτα τὰ μέρη ἀναθυμιάσεως ψυχομένης τε καὶ συνισταμένης καὶ ἐπιρρεούσης τοῖς ἐντός. τὴν δὴ φύσιν πρὸς τὴν τῆς ὑγείας βοήθησιν τὸ τοιοῦτον εἶδος τῆς ὀσμῆς ἐπιμηχανήσασθαι θερμότητος χάριν τῶν αὐτόθι μερῶν. οὐδὲν γὰρ ἄλλο ἔργον τῆς τοιαύτης ὀσμῆς ἢ τὸ θερμαίνειν τε καὶ διαχεῖν τοὺς περὶ τὸν ἐγκέφαλον ψυχροτέρους ὄντας τόπους καὶ εἰς τὸ σύμμετρον ἄγειν· αἱ γὰρ τοιαῦται ὀσμαὶ τῇ αὐτῶν φύσει

---

2 post καὶ add. κατὰ T   ἀπὸ suspectum   3 οὖν V (*itaque* T): om. APa: δὴ Thurot
4 τεταγμένον] *acceptam* T   5 τοῦτο A: ταύτη V   ἀκολούθως V   6 μηνυτικαί T: μικταὶ V: μηνυτικὰ Pa: μηνυτικὸν A   ὃ] ἢ A   7 post εἶναι spat. xx litt. a, εἶδος add. M   εἶδος] om. a: post εἶναι M   alt. τὴν om. a (habet etiam M)
8 τὸ] τοῦτο V   ἐστι VAPa: εἶναι ex T Thurot   9 τὸ ἐν ᾧ Thurot: τὸ ἐν τῶ MTVA: ὧ ἐν τῶ P: ἐν ὧ a   tert. τὸ om. V   τῶν ὀσμῶν om. T   10 ἐπὶ χυμῶν a (corr. M)   12 ὀσμῶν ἃς Pa (corr. M)   ἀνθρώπων a   13 τούτου TAP: τούτω a: om. V
13. 14 cf. Arist. p. 444a30   14 περὶ VP   *habet homo* T, item verbum finitum posuit v. 18. 19. 22   post ἄνθρωπόν add. φησι M   15 ἔχειν A: ἔχει TVP, sed utrumque membrum causam significat, et καὶ (v. 14) lectionem ἔχει refellit, cf. p. 100,11 ss.
16 αὐτῶν V   καθαρώτερον V   17 ὦμεν] ἢ μὲν A   εὐαίσθητον A
εὔψυκτον a (Arist.): ἄψυκτον V: εὔεκτον A: *facile possibile* T: εὐαίσθητον P   τε om. a
19 διὰ τοῦτο] Alex. legit διὸ cum Arist. codd. LSUP   καὶ om. V   20 ἀναθυμιάσεως T (fort. τῆς τροφῆς add. v. Arist.): τροφῆς APa: spat. VIII litt. V: Thurot τροφῆς del., sed post ἀνθρώποις add. τῆς ἀναθυμιάσεως   21 καὶ om. V   τοῖς] τῆς A[1]: τὰς a (corr. M)   δὲ V   22 βοήθησιν VPa: βοήθειαν MA (Arist.), fort. recte
22. 23 χάριν θερμότητος TA   23. 24 ἢ τοῦτο legit cum Arist. codd. LSU
25 μέτρον V   αἱ—φύσει ex T Thurot (nisi quod pro οἰκείᾳ scripsi αὐτῶν ex A): τοιαῦται γὰρ αἱ τοιαῦται φύσεις τῶν ὀσμῶν V: τοιαῦται γὰρ αἱ τῇ αὐτῶν φῦ ὀσμῶν A: τοιαῦται γὰρ αἱ τῶν τοιούτων φυσικῶν ὀσμῶν διαφοραὶ Pa

εὐώδεις τε καὶ ἡδεῖαι· ξηραὶ γὰρ | καὶ διακεκριμέναι μαλακῷ καὶ ἡδεῖ 207 τῷ θερμῷ, καὶ ὅσῳ ἂν μᾶλλον ὦσι κατειργασμέναι τῷ θερμῷ, τοσούτῳ εὐωδέστεραι. ὅλως μὲν γὰρ αὐτοῖς εὐωδία διὰ τὴν ὑπὸ τοῦ θερμοῦ πέψιν ⟨τοῦ⟩ ἐν αὐτοῖς ὑγροῦ. διὰ τοῦτο γοῦν τὰ ἐν τοῖς θερμοῖς τε καὶ ξηροῖς τόποις εὐωδέστερα, καὶ ἡ θερμή τε καὶ ξηρὰ γῆ, ὅταν πρῶτον ὕδωρ δέξηται, εὐώδης διὰ τὴν ἐνυπάρχουσαν αὐτῇ θερμότητα· λεπτοὶ γὰρ καὶ ξηροὶ οἱ ἀπ' αὐτῆς χυμοὶ τότε. αἱ δὲ ἀηδεῖς καὶ μοχθηραὶ τῶν ὀσμῶν διὰ ψυχρότητα καὶ ἀπεψίαν γίνονται τοῦ ἐνυπάρχοντος ὑγροῦ τῶν ἀφ' ὧν αἱ ὀσμαί. ὅτι δὲ ὑγιείας χάριν αἱ. ἀπὸ τούτων ὀσμαὶ † δέχονται τοῖς ἀνθρώποις ὑπὸ τῆς φύσεως καὶ οὐδενὸς ἄλλου, ἔδειξε διὰ τοῦ τὰς μὲν ἐπὶ τοῖς χυμοῖς ἡδείας ὀσμάς, ἃς κατὰ συμβεβηκὸς εἶπε, πολλάκις νοσώδεις εἶναι (πληροῦσι γὰρ τὰς κεφαλὰς αἱ ποτῶν τέ τινων καὶ βρωμάτων ὀσμαί)· ἡ δὲ ἀπὸ τῶν τοιούτων ἡδεῖα ὀσμὴ ἀεὶ σχεδὸν καὶ ὁπωσοῦν | ἔχουσιν 208 ὑγιεινή τε καὶ ὠφέλιμος· καὶ γὰρ ἐν ταῖς λοιμώδεσιν ἡ ἀπὸ τούτων ὀσμὴ ὑγιεινοτέρους πεπίστευται φυλάσσειν.

Εἰπὼν δὲ ἴδιον ἀνθρώπου τὸ τῶν ὀσμῶν τούτων ἀντιλαμβάνεσθαι, πῶς ἴδιον ἐδήλωσεν· οὐ γὰρ ὅτι μόνον, ἀλλ' ὅτι μάλιστα, ἐπεὶ καὶ τῶν ἐναίμων τινά φησι τῆς τοιαύτης ὀσμῆς αἴσθησιν ἔχειν, ὡς τὰ τετράποδα καὶ ὅσα ἀναπνεῖ (ταῦτα γὰρ λέγοι ἂν μετέχειν μᾶλλον τῆς τοῦ ἀέρος φύσεως). ἀναφερομένων γὰρ τῶν ὀσμῶν διὰ τῆς ἀναπνοῆς πρὸς τὸν ἐγκέφαλον, διὰ τὴν ἀπ' αὐτῶν θερμότητα καὶ κουφότητα ὑγιεινότερον διατίθεται ταῦτα τὰ μέρη. ἡ γὰρ εὐώδης ὀσμή, καθάπερ εἰρήκαμεν, θερμὴ τὴν φύσιν· καὶ γὰρ ἡ γένεσις αὐτῶν τοιαύτη. ὥσπερ δὲ ἐπ' ἄλλων τινῶν ἡ φύσις τῷ αὐτῷ πρὸς πλείω χρῆται (τῇ γοῦν γλώττῃ καὶ ἐπὶ τῇ τῶν χυμῶν διακρίσει καὶ ἐπὶ τῇ τῆς φωνῆς τε καὶ τοῦ λόγου προφορᾷ ἐπὶ τῶν ἀνθρώπον | φανερῶς φαίνεται χρωμένη), οὕτω φησὶ καὶ τῇ ἀναπνοῇ 209 [ὅτι τῶν ἀναπνεόντων] πρὸς δύο αὐτὴν χρῆσθαι, ὡς μὲν ἔργῳ καὶ

---

2 ἂν Thurot: δὴ VAPa (*itique* T, sic et ἂν et δὴ vertit) κατεργασμέναι V, prius P τοσοῦτον a 3 εὐωδέστεραι T: εὐώδεις τε καὶ VA: εὐώδεις τε καὶ ἡδεῖαι Pa *et totaliter quidem* T γὰρ om. V γὰρ—τὴν et πέψιν om. T εὐ. αὐτ. A εὐωδίαν a 4 τοῦ add. Thurot ὑγροῖς V 5 prius καὶ] τε καὶ Va 6 εὐώδεις A: om. T ὑπερέχουσαν V 7 αἱ δὲ] *rursum autem* T = πάλιν δὲ αἱ? καὶ VAP: τε καὶ M: om. a post μοχθηραὶ add. τε a (om. etiam M) 8 τῶν MTVA: om. Pa: τοῖς coni. Thurot: an τῷ ἀφ' οὗ? 9 ὑγείας a αἱ V: om. APa ὀσμαὶ VA: αἱ ὀσμαὶ Pa παρέχονται coni. Diels 10 ἀπὸ coni. Thurot 12 πληρῶσιν a γὰρ V: *enim* T (sic interdum γοῦν vertit): γοῦν AP: οὖν a 12 *capita quarundam escarum odores* T αἱ ποτῶν τε MA: ἔγνωνται V: ἔγνωσται Pa 13 τῶν a: τοῦ τῶν V: τούτων TAP 14 ταῖς VAP: τοῖς a (cf. p. 109,8) 15 ὑγιεινοτέρους MTP: ὑγιεινοτέρα V: ὑγιεινότερα A: ὑγιεινοτέροις a φυλάττειν V 16 τὸ om. V τούτων om. Aa 17 post πῶς add. ἐδήλου et ἐδήλωσεν om. A μόνος coni. Thurot, sed ζῴων iam hic subaudiri vid. (Vahlen, Poet.[3] p. 103*) 18 ἀναίμων a τινῶν A ἔχειν TVP: ἔχει Aa 21 ὑπ' V 21. 22 ταῦτα διατίθεται V 22 εὐωδία V εἰρήκαμεν] v. 2 ss. 23 αὐτῆς conicio 24 καὶ om. Pa (habet etiam M) 25 prius καὶ om. T προσφορᾷ a 26 χρώμενος V τὴν ἀναπνοὴν a (corr. M) 27 ὅτι τῶν ἀναπνεόντων del. M (cf. ad p. 100,1) αὐτὴν M: αὐτῇ VAPa: αὐτὴ T χρῆται T ἔργα A: ἔργον a (corr. M): *ad necessitatem* T

προηγουμένως † τε καὶ εἰς σωτηρίαν μάλιστα τῶν ἀναπνεόντων συντελοῦντι 209 πρὸς τὴν ἔμψυξιν τὴν ἐν τῷ θώρακι, ἣ γίνεται ὑπὸ τοῦ ἀναπνεομένου ἀέρος, ὡς παρέργῳ δὲ καὶ δευτέρως ἐπὶ τὴν ὀσμήν· ἀναπνεόντων γὰρ ὥσπερ ἐν παρόδῳ τὸ πνεῦμα κινοῦν καὶ ἀνοῖγον τὰ δι' ὧν ἡ ὀσμὴ γίνεται αἴτιον τῆς ὀσφρήσεως γίνεται.

Μάλιστα δὲ ἴδιον τῶν ἀνθρώπων φησὶ τὸ τοιοῦτον εἶδός τε καὶ γένος τῶν ὀσμῶν εἶναι, καὶ μάλιστα τὸν ἄνθρωπον χαίρειν ταῖς ἀπὸ τῶν τοιούτων ὀσμαῖς διὰ τὸ πλεῖστόν τε τὸν ἄνθρωπον ἐγκέφαλον ἔχειν κατ' ἀναλογίαν τῶν ἄλλων ζῴων καὶ διὰ τοῦτο ψυχρότερα ἔχειν τὰ περὶ αὐτὸν μέρη καὶ μάλιστα δεόμενα τῆς θύραθεν ἐπικουρίας. τοῖς δ' ἄλλοις φησὶ τῶν ζῴων ὅσα ἀναπνεῖ | μὲν τῷ πνεύμονα ἔχειν καὶ δεῖται τῆς διὰ τοῦ 210 ἀέρος τοῦ ἀναπνεομένου ἐμψύξεως καὶ ἀναπνέοντα ὀσφρᾶται, οὐκ αἰσθάνονται δὲ [τῶν δὲ] ἄλλων τινῶν ὀσμῶν ἢ τῶν ἀπὸ τῶν τροφίμων χυμῶν, καὶ τούτοις, ἐπεὶ ὅλως ἀναπνεῖν αὐτοῖς, τὴν αἴσθησιν τῆς ὀσμῆς ἡ φύσις ἀπέδωκεν, ὅπως μὴ δύο αἰσθητήρια ποιῇ, ἓν μὲν δι' οὗ ἡ ἀναπνοή, ἕτερον δὲ δι' οὗ ἡ ὀσμή· αἰσθητήριον εἰπὼν καὶ τὸ ἀναπνευστικόν. ὡς γὰρ τοῖς ἀνθρώποις διὰ τῆς ἀναπνοῆς τὸ διττὸν εἶδος τῶν ὀσμῶν αἰσθητόν, οὕτως ἐκείνοις τὸ ἕτερον, τὸ ἀπὸ τοῦ τροφίμου χυμοῦ, οὗ καὶ μόνου εἴδους ἡ ὀσμὴ αἰσθάνεται.

Τὰ δὲ μὴ ἀναπνέοντα τῶν ζῴων ὅτι μὲν ὀσφρᾶται, δῆλον (ἔρχεται γὰρ ἐπὶ τὴν τροφὴν πόρρω οὖσαν καὶ τὸ τῶν ἰχθύων γένος καὶ τὰ ἔντομα)· δι' οὗ δέ, οὐ δῆλον. |

p. 444b5 Ἀπόχρη γάρ, ἐπείπερ καὶ ὡς ἀναπνέουσιν. 211

Ἐπεὶ καὶ τὰ τοῦ ἑτέρου τῶν ὀσμῶν εἴδους αἰσθανόμενα ἀναπνεῖ,

---

1 προηγουμένως Ta: προηγουμένω VAP τε καὶ] τε post ἔργῳ ponit, καὶ del. Thurot ⟨τι⟩ τῶν e p. 99,27 conicio (v. p. 97,4 et p. 249,11 Th.) τῶν ἀναπνεόντων Pa: om. TVA συντελούσῃ coni. Thurot 2 ἔμψυχον a θώρακι] σώματι T 3 ὡς παρέργῳ δὲ MA: *ut praeter necessitatem autem* T: ὡς πάρεργον δὲ V: ὥσπερ ἔργῳ δὲ P: ὥσπερ ἔργον a δεύτερον a (corr. M) 6 φησὶ] post ἴδιόν a: om. T 8 ὀσμῶν VA τε om. a 9 ἄλλων legit cum Arist. codd. EMY 10 δεόμεθα a (corr. M) 11 καὶ TVP: οὐ A: om. Ma δεῖται scripsi: δεῖσθαι MTVAP: om. a τῆς διὰ scripsi: τῆσδε TVAPa: om. M: τῆσδε ⟨τῆς⟩ coni. Thurot 12 τοῦ MVP: om. Aa ἀναπνέοντος ὀσφραντοῦ V 12. 13 *respirantia odorem non sentiunt, alios autem quosdam odores qui a cibalibus saporibus* T αἰσθάνεται conicio (ex εται δὲ supra scripto fort. τῶν δὲ interpolatum est) 13 τῶν δὲ VAP: τῶν a: del. Thurot (om. T?) alt. τῶν om. V tert. τῶν om. a 14 post τούτοις add. αὐτοῖς M ἀναπνεῖ M αὐτὰ a: del. M 15 ἀποδέδωκεν Arist. codd. praeter P ὅπως a (Arist.): οὕτως TVAP αἰσθ. δύο Arist. EMY αἰσθητικὰ a (corr. M) ποιῇ M (Arist.): ποιεῖ TAa: ποιεῖν VP 16 αἰσθητικὸν a (corr. M) καὶ] κατὰ MA τὸ om. A 17 τὸ διττὸν] *dicitur* T 19 μόνου εἴδους cum T scripsi: μονοειδοῦς VAPa 20—22 τὰ—δῆλον post 101,6 γραφή recte transp. Thurot 20 ὀσφραντὰ V 21 τὴν] τῶ τὴν A οὖσαν om. T ἄτομα V 22 δι'—δῆλον] om. in spatio xII litt. a (habet etiam M) 23 γάρ V: γὰρ καὶ TAPa ἐπείπερ om. Arist. codd. EMY ὡς om. a (Arist. codd. EMY) 24 τὰ om. M ἑκατέρου M αἰσθανόμενα TV: αἰσθανόμεθα APa ἀναπνεῖ TVA: ἀναπνεῖν Pa: τῷ ἀναπνεῖν M

ἤρκει αὐτοῖς ἡ ἀναπνοὴ καὶ πρὸς τὴν τῶν ὀσφραντῶν, ὧν ὀσφρᾶται, ἀντί- 211 ληψιν. τὸ δὲ εἰς τὸ καὶ ὅλως, ὥσπερ τοῖς ἀνθρώποις ἀμφοτέρων τῶν ὀσφραντῶν, τούτοις μόνον τῶν ἑτέρων ὑπάρχουσα ἡ αἴσθησις ἀπὸ κοινοῦ εἴρηται τοῦ ἀπόχρη. καὶ φέρεται ἔν τισιν ἀντιγράφοις ἡ γραφὴ χωρὶς τοῦ καὶ ὅλως, καὶ ἔστιν οὕτως ἔχουσα καταλληλοτέρα καὶ φανερώτερον ἔχουσα ἡ γραφή.

p. 444b15 Διὸ κἂν ἀπορήσειέ τις, τίνι αἰσθάνονται τῆς ὀσμῆς.

Δείξας ὅτι καὶ τῶν μὴ ἀναπνεόντων ζῴων τινὰ τῆς ἐπὶ τῇ τροφῇ ὀσμῆς αἰσθάνεται (πόρρωθεν γὰρ ἐπ' αὐτὴν ἔρχεται ὕποσμα γενόμενα), ἀπορεῖ, μήποτε ἄρα ἄλλην τινὰ αἴσθησιν παρὰ τὴν ὄσφρησιν ἔχει. ἡ γὰρ ὄσφρησις ἀναπνεόντων γίνεται, οὐκ ἀναπνεῖ δὲ ταῦτα. δόξαι ἂν ⟨οὖν⟩ μηδ' ἔχειν | τὴν ὄσφρησιν ταύτην, ἀλλά τιν' ἄλλην παρὰ τὰς πέντε αἰσθή- 212 σεις, ᾗ αἰσθάνεται ἐκεῖνα τῶν ὀσφραντῶν. ὃ ἀπορήσας ἐπιφέρει ἀδύνατον λέγων εἶναι τὸ ἄλλην τινὰ αἴσθησιν ἔχειν αὐτὰ παρὰ τὰς πέντε, καὶ προστίθησι τὴν αἰτίαν τούτου· τοῦ γὰρ ὀσφραντοῦ ἡ αἴσθησις ὄσφρησίς ἐστι, καὶ οὐκ ἄλλη τις. ὥστε καὶ ταῦτα τούτων αἰσθάνεται † ὀσφρῆσαν αὐτῶν. αἰσθάνοιτο δ' ἂν ἡ ὄσφρησις ⟨οὐ⟩ τὸν αὐτὸν τρόπον πᾶσιν, ἀλλὰ τοῖς μὲν ἀναπνέουσι διὰ τοῦ ἀναπνεομένου ἀέρος ἀφαιροῦντος τὸ τῷ ὀσφραντικῷ πόρῳ ἐπικείμενον ὥσπερ πῶμα καὶ ἢ ἀποκαλύπτοντος αὐτὰ ἢ ἐπεγείροντός τε καὶ ἀνευρύνοντος· διὸ μηδὲ δύνασθαι τὰ ἀναπνευστικὰ τῶν ζῴων ἄλλως ὀσμῶν ἀντιλαμβάνεσθαι, εἰ μὴ ἀναπνέοι.

Οὐ γὰρ ὅπου φέρεται τὸ ἀναπνεόμενον πνεῦμα, ἐκεῖ καὶ αἱ ὀσμαί, ἀλλ' ἐν τῇ παρόδῳ τὸ πνεῦμα τὸ ἀναπνεόμενον τὸ | μόριον τοῦτο ἐπιτή- 213 δειον πρὸς τὴν οἰκείαν ἐνέργειαν ποιεῖ. ὅτι γὰρ μὴ ἐκεῖ, ὅπου φέρεται τὸ

---

1 ὀσφραντῶν (M)a: ὀσφρητῶν VAP ὧν MTVA: ὡς P: om. a 1. 2 ἀντίληψις P 2 prius τὸ] τοῦ coni. Thurot εἰς τὸ καὶ TVAP (i. e. enuntiatum, quod p. 100,23 attulit, continuatum usque ad verba καὶ ὅλως κτλ.): ἀπόχρη a post ὥσπερ add. ἐν V 3 τῶν ἑτέρων μόνον a (τῶν ἑτέρων μόνων Arist. codd. EMYS, τ. ἑ. μόνον LP, μόνων τ. ἑ. U) ὑπάρχουσαν V: ὑπάρχει A 4 τοῦ ἀπόχρη] spat. III litt. T τοῦ VAP: τὸ a 5 καὶ ὅλως TVA (cf. v. 2): ὅλως Pa, ceterum deest καὶ ὅλως etiam in nostris Arist. codd. ἐχούσης P καταλληλοτέρα T (καταλληλότερα V): καταλληλότερον APa 7 ἀπορήσει καὶ τῷ τίνι V αἰσθάνεται Arist. codd. EMVU 9 αἰσθάνονται V γὰρ TVAP: καὶ a: καὶ γὰρ M ἐπ'] ὑπ' V αὐτὴν AP(T): αὐτῆς V: αὐτὸν a(M) ἔποσμα a (ceterum cf. De an. p. 421b12) 10 ἄρα erasit et post ἄλλην scripsit V, fort. recte: ἄρα om. T αἴσθησιν Thurot (e codice B? cf. Arist. p. 444b19): ὄσφρησιν libri περὶ V ὄσφρησιν Ta (ὄ. ταύτην M): ὀσφρητικὴν VAP 11 οὖν add. Thurot 12 ὄσφρησιν] αἴσθησιν coni. Thurot ταῦτα V, fort. recte 13 ὀσφρητῶν AP 15 ἡ a: om. VAP 16 καὶ ταῦτα om. M τούτου M ὀσφρῆσαν VA: ὄσφρησις ἂν Pa: ὄσφρησις καὶ M: *odorantia* T: an ὀσφρησάμενα ? 17 αὐτῶν om. M οὐ ex B² (Arist.) add. Thurot πᾶσιν TAa: πᾶσα VP 18 τὸ om. V 18. 19 ὀσφραντικῷ MTAP: ὀσφραντῷ Va 19 πόρρω VP πτῶμα A αὐτὸ V: αὐτὸν conicio 20 ἐπαγείροντος corr. ex ἐπαγείραντος P τε καὶ] *aut* T 21 ἄλλως Thurot: ἄλλων libri 23 τῇ fort. del. cf. p. 100,4 24 ante γὰρ add. μὲν V

ἀναπνεόμενον πνεῦμα, αἱ ὀσφρήσεις, δῆλον ἐκ τοῦ ἀναπνεῖν ἡμᾶς καὶ τῷ 213 στόματι, φέρεσθαι δὲ καὶ τοῦτο τὸ ἀναπνεόμενον διὰ τοῦ στόματος ὅπου καὶ τὸ διὰ τῶν ῥινῶν, μηδένα δὲ τῷ στόματι ἀναπνέοντα ὀσφραίνεσθαι, ὡς τῆς διὰ τῶν ῥινῶν ἀναπνοῆς παρ' ἐκείνους τοὺς πόρους τοὺς ὀσφραντικοὺς γινομένης. τὰ μὲν οὖν ἀναπνέοντα ἐπικεκαλυμμένον ἔχοντα τὸ μόριον τοῦτο δεῖται τοῦ ἀποκαλύψοντος αὐτό, ὃ ποιεῖ τὸ διὰ τῶν ῥινῶν ἀναπνεόμενον πνεῦμα ἐν τοῖς τῶν ζῴων ἀναπνευστικοῖς· τῶν δὲ μὴ ἀναπνεόντων ἀσκέπαστον ἂν εἴη τοῦτο καὶ ἀνεῳγμένον καὶ οὐ δεόμενον τοῦ ἀνοίξοντος αὐτὸ πνεύματος. οὐδὲν γὰρ ἄτοπον τοιαύτην διαφορὰν ἔχειν τὰ ζῷα τὰ ὀσφραινόμενα περὶ τὸ ὄργανον τῆς ὀσφρήσεως, ὁποίαν ἔχοντα † ὁρᾶται. καὶ γὰρ τούτων καὶ περὶ τὴν ὄψιν τὰ μὲν ἔχει βλέφαρα, ὧν μὴ | ἀπο- 214 καλυφθέντων οὐχ οἷόν τέ ἐστιν ὁρᾶν, τὰ δὲ οὐκ ἔχει οὐδὲν ἐπικάλυμμα, ὥσπερ τὰ σκληρόφθαλμα· διὸ οὐδὲ δεῖταί τινος τοῦ ἀποκαλύψοντος αὐτά, ἀλλ' ἄνευ ταύτης τῆς βοηθείας ὁρᾶται τὰ ὁρατὰ αὐτοῖς.

p. 444b28 Ὁμοίως δὲ καὶ τῶν ἄλλων ζῴων ὁτιοῦν οὐδὲν δυσχεραίνει τῶν καθ' αὑτὰ δυσωδῶν.

Διελόμενος τὰ ὀσφραντὰ εἰς εἴδη δύο καὶ τὰ μὲν τῷ τροφίμῳ χυμῷ ἀκολουθεῖν εἰπών, ἐν οἷς ἔδειξε κατὰ συμβεβηκὸς οὖσαν τήν τε ἡδεῖαν ὀσμὴν καὶ τὴν λυπηράν (τῇ γὰρ ἐπὶ τὴν τροφὴν ἀναφορᾷ), ὧν καὶ πάντα τὰ ὄσφρησιν ἔχοντα τῶν ζῴων αἰσθάνεται, τὰ δὲ καθ' αὑτὰ δείξας τό τε ἡδὺ καὶ τὸ λυπηρὸν ἔχοντα, ὧν μόνον τὸν ἄνθρωπον ἀντιλαμβάνεσθαι διὰ τὸ καὶ δεῖσθαι μάλιστα τοῦτον τῆς ἀπὸ τῶν τοιούτων εὐωδίας θερμῆς οὔσης τὴν φύσιν καὶ ἐπικουρούσης τῇ περὶ τὸν ἐγκέφαλον ψυχρότητι πλείονι οὔσῃ ἐν τοῖς ἀνθρώποις διὰ τὸ καὶ | πλείονα καὶ ὑγρότερον τῶν 215 ἄλλων ζῴων κατὰ ἀναλογίαν τοῦ μεγέθους τοῦ σώματος ἐγκέφαλον αὐτὸν ἔχειν, καὶ εἰπὼν τῶν καθ' αὑτὰς ἡδειῶν ὀσμῶν, ὅσαι ἀπὸ τῶν ἀνθῶν, τὰ ἄλλα ζῷα μὴ αἰσθάνεσθαι, εἰ μὴ καὶ τρόφιμα αὐτοῖς εἴη, νῦν προστίθησιν ὅτι οὐδὲ τῶν ἀντικειμένων ταῖς ἁπλῶς ἡδείαις ὀσμαῖς δυσωδῶν,

1 πνεῦμα om. a (habet etiam M) 2 τὸ MAP: om. Va 3 καὶ—ῥινῶν om. T τῶν om. a (habet etiam M) μηδὲν et ἀναπνέον Thurot ex T, sed is modo mutilus erat 4 τῆς om. a ὀσφραντικοὺς MTA: ὀσφραντοὺς VPa 5 γινομένους Aa (corr. M) 6 ἀποκαλύψοντος Thurot (cf. v. 8 et 13): ἀποκαλύπτοντος Ta: ἀποκαλυφθέντος VAP τὸ om. V διὰ τὸ A 8 ἀνοίγοντος T 10 περὶ TP: παρὰ Va: om. M τῆς om. V αἰσθήσεως a (corr. M) ὁποίας V ὁρᾷ coni. Thurot, sed fort. καὶ περὶ τὴν ὄψιν add. vel e lin. 11 transpon. post ὁρᾶται 11 τούτων MTVA: τούτω P: τοῦτο a 11. 12 ἀποκαλυφθέντα a 12 ἐπικάλυμμα scripsi: ἀποκάλυμμα libri (*revelamen* T) 13 ἀποκαλύπτοντος T 17 ὀσφραντὰ Thurot: ὀσφραντικὰ TPa: ὀσφρητικὰ VA 18 ἀκολουθεῖ V 19 prius καὶ] ἢ T τῇ VA: ἔχει T: τίς Pa ἀναφορᾷ V (prius διαφορὰν?), A: ἀναφορὰ Pa: ἀναφοράν T ὧν καὶ] *quoniam* T (*quoniam etiam* ?) 21 ὧν] τὰ ὧν T 23 ἐπικυρούσης P 24 prius καὶ] *ipse* T alt. καὶ om. V ὑγρότητα V 26 αὑτὰς scripsi: αὐτὰ libri (T anceps) ἡδέων οἷον ὅσα coni. Thurot ὅσαι scripsi cum T: ὅσα ἢ VA: ὅσα ᾗ MP: om. a ἀπὸ] ἐκ a 28 οὐδὲ Thurot: οὐδὲν libri ἐγκειμένων V

αἵτινες καὶ αὐταὶ καθ' αὑτὰς ἀηδεῖς ὡς ἐκεῖναι ἡδεῖαι, οὐδὲν τῶν ἄλλων 215 ζῴων αἰσθάνεται. οὔτε γὰρ τῶν καθ' αὑτὰ ἡδειῶν αἴσθησιν ἔχει οὔτε τῶν ἀηδῶν, εἰ μὴ εἴη, † τί φησι, τῶν καθ' αὑτὰ ἀηδῶν τε καὶ δυσωδῶν τινα φθαρτικὰ αὐτῶν. ὡς γὰρ τῶν τροφίμων καὶ σωστικῶν καὶ κατὰ συμβεβηκὸς ἡδειῶν ὀσμῶν αἰσθάνεται, οὕτω καὶ ⟨τῶν⟩ φθαρτικῶν ἑαυτῶν, αἳ πάλιν αὐτοῖς κατὰ συμβεβηκός εἰσιν ἀηδεῖς, διότι φθείρουσιν αὐτά. |

Ἑξῆς δὲ πῶς οἷόν τε φθείρεσθαι αὐτὰ ὑπὸ ὀσμῶν τινων λέγει. ὡς 216 γὰρ οἱ ἄνθρωποι ὀσφραινόμενοι τῶν ἀνθράκων οὐχ ὑπὸ τῆς ὀσμῆς αὐτῆς, ἀλλ' ὑπὸ τῆς ⟨ἀπ'⟩ αὐτῶν φερομένης ἀτμίδος διὰ τῆς ἀναπνοῆς καρηβαροῦσί τε καὶ φθείρονται, οὕτω κἀκεῖνα ὑπό τε τῆς τοῦ θείου ἀναθυμιάσεως καὶ τῆς ἐν αὐτῷ δυνάμεως καὶ ὑπὸ τῆς τῶν ἀσφαλτωδῶν φθείρεται· διὸ καὶ φεύγειν δοκεῖ τὴν ἀπ' αὐτῶν ὀσμήν. οὕτω καὶ οἱ ὄφεις κερατίων θυμιωμένων (τοιαύτη καὶ ἡ βοτάνη ἣν πόλιον λέγουσιν), οὐ καθὸ δυσώδη ἐστὶ φεύγοντες τὴν ἀπ' αὐτῶν ὀσμήν, ἀλλὰ καθόσον ἐστὶν αὐτῶν φθαρτικά. εἰκότως δὲ περὶ αὐτῶν ἐποιήσατο τὸν λόγον· ἐπειδὴ γὰρ δοκεῖ τινα τῶν ζῴων φεύγειν τινὰς δυσωδίας, αἵ εἰσιν οὐκ ἀπὸ τροφῆς ἀλλὰ καθ' αὑτάς, ἦν δὲ ἀκόλουθον τῷ φεύγοντι τὰς καθ' αὑτὰς ἀη|δεῖς τὸ καὶ διώκειν τε καὶ αἰσθάνεσθαι τῶν καθ' αὑτὰς ἡδειῶν, 217 ἔδειξεν ὅτι ταύτας, οὐχ ᾗ ἀηδεῖς ἁπλῶς, ἀλλ' ᾗ φθαρτικαὶ αὐτῶν, φεύγουσιν. ὥστε κἀκείνων [ἐστὶν] ἅστινας διώκοιεν, ὡς τροφίμους ἂν καὶ ἡδείας διὰ τὴν τροφὴν διώκοιεν.

---

1 καὶ αὐταὶ TV: κατὰ A: καὶ ἅτε Pa: om. M   post αὐταὶ add. *velut* T   post αὑτὰς spat. XIII litt., tum ἐκείναις a: ἀντίκεινται ἐκείναις M: ἐκεῖναι A: ἐκείναις P, sed omnia haec additamenta ex genuinis codicis V verbis facile explicantur   ὡς—ἡδεῖαι V: om. TAP: spat. XV litt. a   2 οὔτε Thurot: οὐδὲ VA: οὐδὲν Pa: οὐ T   ἡδέων coni. Thurot   3. 4 εἴη—τινα] *si non fuerint alica secundum indelectabilia et fetentia* T   3 τί φησι VA: om. T: τίθησι Pa: φησὶ coni. Thurot: ᾗ φησι vel φύσει conicio   4 αὐτῶν MTV: αὐτὰ Pa   5 αἰσθάνεσθαι Aa (corr. M)   καὶ om. T   τῶν add. Thurot   φθαρτικαὶ V   ἑαυτῶν TVA: αἱ αὐτῶν αἰσθήσεις P: ἑαυτῶν αἰσθήσεις a: ἑαυτῶν δὲ αἰσθήσεις M   6 αἳ πάλιν om. M   διότι MV: διότι γὰρ TAP: διὸ a   7 ὑπὸ VA: ὑπὸ τῶν Pa   τινων om. a (habet etiam M)   9 ἀπ' T: om. MVAPa   αὐτῶν om. a (habet etiam M)   διὰ om. V   9. 10 καρηβαριῶσί a   10 καὶ om. A   ὑπὸ A: ἀπὸ VPa   11 ὑπὸ Thurot: ἀπὸ libri   alt. τῆς MVAP(T): om. a   12 ἀπ' om. T   13 κερατίων scripsi: κεράτων libri   14 οὐ TVa: om. AP   δυσώδη scripsi: δυσώδης APa: δυσώδεις V   ἐστὶ om. T   φεύγοντες scripsi: φεύγον^τ VP: φεύγοντα Ta: φεύγουσι M (sed v. 12 ad οὕτω potest subaudiri ποιοῦσι)   αὐτῆς Pa   15 φθαρτικόν APa   16 ἐπειδὴ] spat. v litt. V   τὴν δυσωδίαν ἥ ἐστιν T   17 ἀποστροφὴ a (corr. M)   δὲ om. T   ἀκολουθῶν a: ἀκολουθοῦν M   τῷ φεύγοντι] εἰ φεύγουσι ex T Thurot   18 τὸ] τε Pa   διώκειν scripsi: δοκεῖν libri   τε καὶ VAP: τε a: ἁπλῶς M: om. T   ἑαυτὰς P   ἡδειῶν om. T   19 ταύτας MTVA: ταυ^τ P: ταύτη a   οὐχ] χ erasum P   φθαρτικὰς a   αὐτῶν M: *ipsorum sunt* T: ἁπλῶς καὶ αὐτῶν VAP: ἀπ' a   20 κἀκείνας T   ἐστὶν (εἰσὶν M) om. T (ex dittographia vocis ἅστινας ortum)   ἅστινας APa(T): . . . τινας V   20 ἂν MTVA: om. Pa   21 διὰ τὴν τροφὴν MVAP: om. Ta   διώκοιεν VAP (*insequebantur* T): om. Ma

Σημεῖον δὲ παρέθετο τοῦ τὰς μὲν καθ' αὑτὰς δυσώδεις ὀσμὰς μὴ 217 φεύγειν αὐτὰ τὸ πολλὰς τῶν βοτανῶν δυσώδεις οὔσας τὰ μὲν μὴ φεύγειν, τὰ δὲ καὶ νέμεσθαι, τὸ ἐν ταῖς ὀσμαῖς ἡδὺ καὶ λυπηρὸν τῷ τροφίμῳ μόνον καὶ τῷ φθαρτικῷ παραμετροῦντα. ταῦτα γὰρ αὐτοῖς ἡδέα μόνα τῶν ὀσφραντῶν, ἃ πρὸς γεῦσιν ἢ πρὸς τὴν τροφὴν ὅλως συμβάλλεταί τι.

Ἀπορήσειε δ' ἄν τις εὐλόγως ἐκ τῶν νῦν εἰρημένων ὁρμώμενος, πῶς ἔν τε τῷ δευτέρῳ Περὶ ψυχῆς περὶ ὀσφρήσεως λέγων χειρίστην εἶπε τὸν ἄνθρωπον ταύτην | ἔχειν τὴν αἴσθησιν, ἔν τε τῷ πρὸ ὀλίγου μέλλων περὶ 218 τῶν χυμῶν λέγειν ἀποδιδοὺς αἰτίαν τοῦ ἐναργεστέρους ἡμῖν τοὺς χυμοὺς εἶναι τῶν ὀσφραντῶν εἶπε· "τούτου δὲ αἴτιον ὅτι χειρίστην ἔχομεν τῶν ζῴων τὴν ὄσφρησιν καὶ τῶν ἐν ἡμῖν αὐτοῖς αἰσθήσεων." πῶς γὰρ χειρίστην τῶν ἄλλων ζῴων, εἰ ἡμεῖς μὲν τῶν ἡδέων τῶν ἐν τοῖς ὀσφραντοῖς ἁπάντων αἰσθανόμεθα, τὰ δ' ἄλλα μόνων τῶν ἑπομένων τῷ τροφίμῳ χυμῷ; ὅτι τούτων ὧν καὶ τὰ ἄλλα ζῷα ὀσφραίνεται ὀσμῶν, ἃς εἶπε κατὰ συμβεβηκὸς ἔχειν τὸ ἡδύ τε καὶ ἀηδές, χείριστα αἰσθανόμεθα. οὔτε γὰρ ἀπὸ διαστήματος ἴσου οὔτε ὁμοίως πληκτικῶς. ὡς εἰ καὶ τῶν ἄλλων ἐκεῖνα ᾐσθάνετο, καὶ ἐν ἐκείνοις ἂν ἐπλεονέκτει τὸν ἄνθρωπον· οὐκ αἰσθάνεται δὲ τὰ ἄλλα ἐκείνων, ὅτι μηδὲ δεῖται αὐτῶν. |

p. 445^a4 Ἔοικε δὲ ἡ αἴσθησις ἡ τοῦ ὀσφραίνεσθαι περιττῶν οὐσῶν τῶν αἰσθήσεων. 219

Διὰ τούτων δείκνυσιν ὅτι ἡ ὄσφρησις μεταξύ πώς ἐστι τῶν τε ἁπτικῶν αἰσθήσεων, αἵ εἰσιν ἁφή τε καὶ γεῦσις, καὶ τῶν διά τινος ἄλλου μεταξὺ γινομένων, οἷαί εἰσιν ἥ τε ὄψις καὶ ἡ ἀκοή. πάνυ δὲ γλαφυρῶς ἐπεχείρησε πρὸς τὸ μέσην αὐτὴν εἶναι· ἐπειδὴ γὰρ πᾶς ἀριθμὸς περισσὸς μέσον τι ἔχει, περιττὸς δὲ καὶ ὁ τῶν αἰσθήσεων ἀριθμός, διὰ τοῦτο εὔλογον καὶ ἐν ταῖς αἰσθήσεσιν οὔσαις περισσαῖς εἶναί τινα μέσην αἴσθησιν, καὶ ἔστιν αὐτῶν ὄσφρησις. πῶς δέ ἐστι μεταξὺ ἀμφοτέρων πως μετέχουσα

---

1 σημείωσαι V 2 αὐτὰ TP: αὐτὸ V: αὐτὰς a: om. A τὸ P: τῷ V: *sed eo quod* T: τὰς a: om. A πολλὰς] ἀπὸ A φυσώδεις AP μὴ TV: om. APa 3 prius καὶ om. Ta ἐν supra scr. P λιπαρὸν Pa (corr. M) 4 μόνον TV: μόνων A: μόνῳ Pa 5 συμβάλλεται]· λαμβάνεται P 6 ἀπορήσοι V 7 δευτέρῳ Περὶ ψυχῆς] B 9 p. 421^a10 9 ἐναργέστερον A 10 εἶπε] v. supra p. 67,4 τῶν ⟨ἄλλων⟩ conicio, cf. v. 12 11 αἴσθησιν AP αὐτοῖς om. T 11. 12 χειρίστην T: χωρὶς VAPa 12 εἰ] ἢ V ἡδέων TAa: ἡδειῶν VP 13 μόνον T χυμῶν Aa 14 ante ὅτι add. καὶ A ante ὀσμῶν spat. vi litt., item post ὄσμων ii—iii litt. P, sed chartae difficultas causa fenestrarum ἃς MTVAP: οὓς a 15 αἰσθανόμεθα M: αἰσθάνεται TVAPa 16 ὡς εἰ] *sicut* T καὶ τὰ ἄλλα ζῷα ἐκείνων ex T Thurot, recte ut vid. 17 *sentiunt* T 18 post ἄλλα add. ζῷα T 19. 20 περιττῶν οὐσῶν] μεταξὺ P: om. T 19 περὶ τῶν VA[1] 20 οὐσῶν A: ὀσμῶν V τῶν V (Arist.): om. A 21 τούτου Ta 21. 22 τε ἁπτικῶν A: τε ἀστικῶν V: ἁπτικῶν τε Pa 23 γιγνομένων A 24 μέσον ut vid. A γὰρ om. V 25 τι om. T τοῦτο om. T 26 οὖσι V περιτταῖς Pa 27 αὐτῶν] αὕτη coni. Thurot πῶς] καὶ πῶς M, T (*et quomodo participat*) πως μετέχουσα legisse potest

λέγει· καθόσον μὲν γὰρ τὸ ὀσφραντὸν τῶν γευστικῶν χυμῶν ἐστι πάθος 219
τι, οἵ εἰσι γευστοὶ καὶ διὰ τοῦτο ἁπτοί, κατὰ τοσοῦτον κοινωνοίη ἂν ταῖς 11
δι' ἁφῆς αἰσθήσεσιν, ⟨ὅτι δι' ἁφῆς⟩ αἰσθανόμεθά πως καὶ αὐτῶν τῶν
γευστῶν. ἐν γὰρ τῷ ἁπτῷ γένει τὰ θρεπτικά· | καὶ γὰρ ἡ γεῦσις ἐδείχθη 220
ἐν τοῖς Περὶ ψυχῆς ἁφή τις οὖσα. μετέχει δὲ πάλιν καὶ κοινωνεῖ ταῖς
διὰ μέσων τινῶν γινομέναις αἰσθήσεσιν, ὧν ἐστιν ἥ τε ὄψις καὶ ἡ ἀκοή,
τῷ καὶ ταύτην δι' ἀέρος καὶ ὕδατος γίνεσθαι, δι' ὧν καὶ ἐκείνων ἡ ἀντί-
ληψις. εἰπὼν δὲ τῷ ἀκουστῷ, ἀντὶ τοῦ προσθεῖναι 'καὶ τῷ ὁρατῷ' εἶπε 5
τῷ διαφανεῖ· διὰ γὰρ τοῦ διαφανοῦς τοῦ κατ' ἐνέργειαν ἡ ὄψις.

Εἰπὼν δὲ ταῦτα, προστίθησιν ὅτι ἄρα καὶ εὐλόγως ἐκ τοιούτων
καὶ οὕτω γίνεσθαι τὰς ὀσμὰς εἰρήκαμεν· ἀμφότερα γὰρ ἐν τῷ λόγῳ περι-
έχεται, τά τε ἁπτὰ καὶ τὰ μεταξύ, δι' ὧν αἱ ἄλλαι αἰσθήσεις. κεῖται γὰρ 10
ἡμῖν ἡ ὀσμὴ γίνεσθαι ὑπὸ τῆς ἐγχύμου ξηρότητος (τοῦτο γὰρ προσυπα-
κούειν δεῖ τῇ ξηρότητι) ἐν τῷ ὑγρῷ, οἷον βαφή τις καὶ πλύσις οὖσα.
εἶπε δὲ εὐλόγως τὸ 'παρεικάσθαι' διὰ τὴν βαφήν τε καὶ πλύσιν· οὐ γὰρ
ἄντικρυς τοῦτο ἔστιν, | ἀλλὰ μετενήνεκται ἀπὸ τῶν διὰ τῆς πλύσεως 221
βαπτόντων τὸ ὑγρὸν ἐν τῷ † πλύνοντι· οὐ γὰρ δὴ ἐν ἀέρι γίνεται πλύσις
ἡ κυρίως λεγομένη. χυτὸν δὲ καὶ ὑγρὸν ἐκ παραλλήλου ἂν λέγοιτο· καὶ
γὰρ τὸ ὕδωρ καὶ ὁ ἀὴρ ὑγρά τε καὶ χυτά. ἢ εἴη ἂν ὑγρὸν μὲν τὸ ὕδωρ,
χυτὸν δὲ τὸν ἀέρα λέγων, ἐπειδὴ ἐξ ἀναθυμιάσεως ὁ ἀήρ, ἥτις χεομένων
τῶν ἐξ ὧν ἡ μεταβολὴ εἰς τοῦτον γίνεται. χεῖται γὰρ ἐπὶ πλέον τὸ ὕδωρ
εἰς ἀέρα μεταβάλλον τῷ ἀραιότερον εἶναι καὶ λεπτότερον τὸν ἀέρα. διὸ
καὶ ἐπὶ μείζονος ὄγκου· μείζων γὰρ τὸν ὄγκον ὁ ἐκ τοῦ ἴσου ὕδατος ἀήρ.

---

1 γευστικῶν TVP: γευστῶν A: θρεπτικῶν coni. Thurot (Arist.) 2 γευστικοὶ V κοινωνοίη scripsi: κοινωνεῖ V: κοινῶς MA: κοινὸν Pa: *velut* T 2. 3 ταῖς — αἰσθανόμεθα] *sensibus quia* (*qui* Thurot) *per tactum sentimus* T 3 ὅτι δι' ἁφῆς addidi (cf. T) 3. 4 αὐτῶν τῶν γευστῶν T: αὐτὰ ἁπτῶν V: αὐτοὶ ἁπτῶν A: αὔτως ἁπτῶν P: αὐτῶν ἁπτῶν a 4 ἁπτῷ] αὐτῷ Arist. libri EMYS 5 Περὶ ψυχῆς] B 10 p. 442a8 5 πάλιν καὶ κοινωνεῖ scripsi: πάλιν καὶ ὧν οἱ VA: πάλιν καὶ ὧν ἐν P: καὶ ὧν πάλιν ἐν a: πάλιν καὶ τῶν ἐν M 5. 6 καὶ κοινωνεῖ—αἰσθήσεσιν om. T 6 γινομέναις αἰσθήσεσιν VA (sic etiam T vid. habuisse; defectus enim homoeoteleuto vocum πάλιν et αἰσθήσεσιν explicatur): αἰσθήσεσι γινομέναις a: αἰσθήσεις γινομέναις P 8 ἀκουστῷ ex Arist. Thurot: ἀκουστικῷ libri τοῦ] τὸ V προθεῖναι VP 8. 9 εἶπε τῷ (τῷ om. Arist. codd. LSUP) διαφανεῖ ante ἀντὶ Pa 10 τοῦτο T ἄρα om. T καὶ om. Arist. codd. EMYS 11. 12 περέχεται Pa (*comprehendit* T): περιέχονται A: παρέχεται V 13 ἡμῖν MVA: *in nobis* T: om. Pa 13. 14 προσακούειν a (corr. M) 14 post οἷον rep. ὑπακούειν—οἷον (13. 14) TP τις] τε P 15 τὸ] τε a παρεικάσθαι MTVA: παρεικάσαι Pa: παρείκασται Thurot 16 μετήνεκται a 17 ἐν τῷ πλύνοντι] *in abluente* T: τῷ ἐναποπλυνομένῳ conicio (v. p. 74,3): ἐν τῷ πλυνομένῳ coni. Thurot 18 λεγομένη T: γινομένη libri, cf. Simpl. in libros De an. p. 154,1 ss. χυτὸν TPa (Arist.): χυμὸν MVA 19 χυτὴ A ἢ a (idem inest in χυτὴ A): om. TVP (M teste Thuroto) 21 εἰς τοῦτον A, V? (τοῦτ V), idem coni. Thurot: εἰς τοῦτο Pa: *in hiis* T 22 μεταβάλλων V τῷ] ὃ V 23 ἔστι μείζων ὁ ὄγκος coni. Thurot (ἐστὶ fort. recte) μείζων] μεῖζον Pa (corr. M) τὸν ὄγκον MTPa: τῶν ὄγκων VA ὁ ἐπὶ ἴσου ὕδατος a: ὁ ἐκ τοῦ ὕδατος τοῦ ἴσου MA

καθόσον μὲν οὖν ὑπὸ ξηρότητος ἡ γένεσις, αὕτη δὲ ἁπτή, κατὰ τοσοῦτον 221 ἂν ἁπτόν τι ἔχοι· καθόσον δὲ ἐν ὑγροῖς γίνεται, δι' ὧν ἥ τε ὄψις καὶ ἡ 11 ἀκοή, κατὰ τοῦτο δὲ εἴη ἂν ταὐτὸν ἔχουσα τοῖς διὰ μέσου τινὸς ἐκτὸς ὄντος γινομένοις αἰσθητοῖς. |

p. 445a14 Πῶς μὲν οὖν εἴδη δεῖ λέγειν καὶ πῶς οὐ δεῖ τοῦ 222 ὀσφραντοῦ, ἐπὶ τοσοῦτον εἰρήσθω.

Τουτὶ ὃ προέθετο. καὶ ἔστι τὸ εἰρημένον ἤτοι ὅτι εἴδη ταῦτα τῶν ὀσφραντῶν ἔχοι ἄν, ἅ ἐστιν ἀπὸ τῶν τροφίμων χυμῶν (ὅσα γὰρ εἴδη τῶν χυμῶν ἐκείνων, τοσαῦτα καὶ τῶν ὀσφραντῶν τῶν ἀπ' αὐτῶν, οὐχ ἁπλῶς δέ, ἀλλὰ κατὰ συμβεβηκός· κατὰ γὰρ τὴν ἐπὶ τοὺς χυμοὺς ἀναφορὰν διαφέρειν λέγομεν καὶ τὰς ὀσμάς), τὰ δ' ἁπλῶς ὀσφραντὰ καὶ καθ' αὑτὰ ἡδέα ἢ λυπηρὰ οὐκέτι ἐκεῖνα εἰς εἴδη διαιρεῖται· ἢ μᾶλλον ὅτι ἐν ἐκείνοις οὐκ ἔστι τοῖς ὀσφραντοῖς εἴδη καθ' αὑτά, ὅτι μηδὲ τὸ ἡδὺ καὶ τὸ λυπηρὸν τὴν ἀρχήν ἐστιν ἐν αὐτοῖς καθ' αὑτά (τοῦτο γὰρ καὶ ἔλεγόν τινες), ἐν οἷς δὲ καθ' αὑτὰ τό τε ἡδὺ καὶ τὸ λυπηρόν, ὧν εἶπε μόνον τὸν ἄνθρωπον αἰσθάνεσθαι, ἐν τούτοις ἂν εἴη καθ' αὑτὰ καὶ εἴδη ὀσφραντῶν. τὸ γοῦν | ἡδὺ καὶ λυπηρὸν ἐν τούτοις κατὰ τὴν τῶν ὀσφραντῶν φύσιν διακέκριται 223 καὶ τῷ εἴδει ἀλλήλων διαφέρει. ἐφ' ὧν μὲν γὰρ τὸ αὐτὸ τὸ νῦν μὲν ἡδὺ αὖθις καὶ λυπηρόν, οὐ κατ' εἶδος ταῦτα ἀλλήλων διαφέρει (ἀδύνατον γὰρ αὐτό τι αὑτοῦ τῷ εἴδει διαφέρειν)· ἐφ' ὧν δὲ διῄρηται ταῦτα τῇ οἰκείᾳ φύσει, ταῦτα ἀνάγκη κατ' εἶδος ἀλλήλων διαφέρειν. ὥστε εἰ μέν τις λαμβάνοι τὰς κοινὰς ὀσμὰς τοῖς ζῴοις (αὗται δέ εἰσιν αἱ ἀπὸ τῶν τροφίμων χυμῶν γινόμεναι), οὐκ ἂν εἴδη τῶν ὀσμῶν εἴ⟨η· εἰ δέ⟩ τις λαμβάνοι ⟨τὰς⟩ ἀνθρώποις ὡς ἰδίας ὑπαρχούσας, γίνοιτο † ἀνάγκη τῶν ὀσμῶν.

---

1 γεῦσις V 2 ἂν MTAP: γὰρ V: om. a ἔχοι TVA: ἔχῃ P: ἔχει a 3 ἀκοή in spatio om. V δὲ om. T (M teste Thuroto) τοῖς VAP: ταῖς a(T?) 3. 4 ἐκτὸς ὄντος om. a (habet etiam M) 4 γινομένοις αἰσθητοῖς (αἰσθητῶν A) VAP: αἰσθανομέναις αἰσθήσεσιν a: γινομέναις αἰσθήσεσιν (*sensibus*) ut vid. T 5 οὐ δεῖ Aa (Arist.): οὐ TP: δεῖ V 6 ἐπεὶ A 7 τουτὶ Ta: ταύτην VAP καὶ om. M ὅτι om. V 8. 9 ἔχοι—ὀσφραντῶν om. a (habet etiam M) 8 ἔχοι ἂν in spatio om. V ἅ ἐστιν] τὸ εἶναι M 11 alt. καὶ om. V ἑαυτὰ a 13 ὀσφρητικοῖς V: ὀσφρητοῖς P 13. 14 ὅτι—καθ' αὑτά om. A 13 alt. τὸ om. V 15 λυπηρὸν MT: ὀσφραντὸν VAPa 19 καὶ TVAP: δὲ a 20 αὐτόθι Aa αὑτοῦ VP ταῦτα διῄρηται a 22 λαμβάνει VP αἱ om. V εἴδη τῶν ὀσμῶν V: ἢ τῶν ὀσμῶν A: *etiam odorum* T: om. Pa 23. 24 εἰ—ὀσμῶν om. V 23. 24 εἴ⟨η· εἰ δέ⟩ τις λαμβάνοι Diels (ante εἴδη add. εἴη Thurot): εἴ τις λαμβάνοι a: εἴ τις λαμβάνει P: τις λαμβάνοι T: τίς λαμβάνοι ἥτις λαμβάνοι A 24 τὰς addidi ἀνάγκη TAPa: ἂν εἴδη bene coni. Thurot post ὀσμῶν add. ἡ διαίρεσις M cum nota: τοῦτο γὰρ δοκεῖ μοι λείπειν

p. 445a16 Ὁ δὲ λέγουσί τινες τῶν Πυθαγορείων, οὐκ ἔστιν εὔλογον. 223

Τὴν μὲν δόξαν τὴν ὅτι τὰ ὀσφραντά τινα, καθὸ ὀσφραντά ἐστι, τρέφει, λέγει τῶν Πυθαγορείων εἶναι. ἤδη μέντοι καὶ ἰατροί τινες ἐγένοντο τῆς δόξης ταύτης. ὅτι δὲ μὴ | εὔλογον τὴν ὀσμὴν τρέφειν δείκνυσι διὰ 224 τοῦ δεῖν μὲν τὴν τροφὴν σύνθετον εἶναι (τοιαῦτα γὰρ καὶ τὰ κυρίως τρεφόμενα)· οὔτε γὰρ ἁπλοῦν τι σῶμα τρέφει οὔτε ἁπλῶς, ὡς εἶπε καὶ ἐν τοῖς Περὶ ψυχῆς· οὐδὲ γὰρ τὰ φυτὰ ὕδατι τρέφεται μόνῳ. καὶ τοῦ μὴ εἶναι τὴν τροφὴν ἁπλοῦν σημεῖον παρέθετο τὰ περιττώματα ὄντα καὶ ξηρὰ καὶ ὑγρά. ἐπὶ μὲν οὖν τῶν ζῴων δηλόνοτι τὰ περιττώματα ταῦτα ἐντὸς γινόμενα οὕτως ἐκκρίνεται, ἐπὶ δὲ τῶν φυτῶν ἔξω φησὶ γίνεσθαι τὰ περιττώματα. εἴη δ' ἂν τὸ ἐπ' ἐκείνων περίττωμα ἤτοι τὸ δάκρυον τὸ ἀπορρέον ἀπ' αὐτῶν ἢ καὶ ἡ πρὸς ταῖς ῥίζαις εὑρισκομένη τεφρώδης καὶ γεώδης σύστασις· καὶ ἡ τῶν φύλλων ἔξω γινομένη μεταβολὴ εἰς γεώδη σύστασιν περιττωματική· ἀλλὰ καὶ ὁ φλοιὸς ἐν αὐτοῖς τοιοῦτον. καὶ ἡ πέψις δὲ τῶν καρπῶν ἐκτὸς αὐτῶν γίνεται, καὶ οὐχ ὥσπερ τοῖς ζῴοις ἐντός· εἶεν δ' | ἂν καὶ πεσσομένων τῶν καρπῶν αἱ ἀποκρίσεις αἱ 225 γινόμεναι ἐκτὸς αὐτῶν γινόμεναι. εἰ δὴ οὐχ ἁπλοῦν μὲν σῶμα ἡ τροφή, τὸ δὲ ὕδωρ ἁπλοῦν καὶ ὁ ἀήρ, δι' ὧν ἡ ὄσφρησις γίνεται, οὐκ ἂν εἴη τοῖς ὀσφραντοῖς τρεφόμενά τινα· ἁπλοῦν γὰρ ἀέρα οἷον ἀναπνέοντες καὶ ὀσφραινόμενοι δέχονται. τούτοις δὲ προστίθησιν ὅτι μηδὲ τὸ ὕδωρ (ἁπλοῦν δὲ τὸ ὕδωρ μόνον ἄμικτον ὂν ἄλλοις τισί) τροφὴ γίνεται τῷ [δὲ] δεῖν μὲν τὴν τροφὴν σύστασίν τινα ἐν τῇ θρέψει τε καὶ κατεργασίᾳ λαμβάνειν, μὴ δύνασθαι δὲ αὐτὸ καθ' αὑτὸ τὸ ὕδωρ συνίστασθαι· δεῖ γὰρ παχύτητά τινα ἔχειν σωματώδη τὸ συστησόμενον καὶ διὰ πέψεως μεταβληθησόμενον. διὸ

---

1 ὃ δὲ V (Arist.): εἰ δὲ ὃ TAP 3 τὴν μὲν δόξαν τὴν (τῶν A) TAPa: τὰ μὲν δόξαντα V τὰ VAPa: del. Thurot τινα om. V 4 τρέφει λέγει T: τρέφειν λέγει MA, e corr. P: τρέφει λεγόντων V: λέγει τρέφειν P[1]: τρέφειν λέγων a Πυθαγορείων εἶναι om. V (τῶν inest in λεγόντων) 5 μὴ δὲ A: δὲ T 6 τὴν om. V συνθετὴν Arist. codd. EMPSU[1] 7 τρέφοντα T, sed v. Arist. τρέφειν Pa 8 Περὶ ψυχῆς] Γ c. 12 p. 434b19? Thurot relegat ad librum De gen. et corr. II 8 p. 335a10—14 (cf. Philoponi Comm. p. 280,2 ss. V.) τοῦ a (T?): τῷ VAP 9 ⟨σῶμα⟩ σημεῖον conicio ὄντα TVA: πάντα ὄντα Pa 10 prius καὶ TV: ἢ M: om. APa alt. καὶ TVAPa: ἢ M οὖν om. T 11 ταῦτα] πάντα a 13 καὶ MVA: om. TPa 14 τὲ ἀφρώδης P γαιώδης V 15 γαιώδη V σύστασις V τοιοῦτος APa 16 ἐντὸς a 17 alt. αἱ om. Thurot 18 alt. γινόμεναι om. MT (Thurot) μὲν om. TA 19 τὸ δὲ ὕδωρ ἁπλοῦν V: om. TAPa καὶ] ἀλλ' Pa (corr. M) ὧν VAPa: οὗ MT 20 ὀσφραντοῖς MV: ὀσφρητοῖς APa γὰρ om. a ἀναπνέοντα V 21 an δεχόμεθα? τούτοις V (*huic* T): τοῦτον MA: τοῦτο Pa προτίθησιν P ὅτι TV: ὃ A: ᾧ Pa 22 μόνον post ὕδωρ lin. 21 transpon. Thurot (*solum autem aqua simplex* T cum codicibus graecis congruere vid.) ὂν ex. Arist. codd. LSUP (om. EMY) Thurot: ἐν libri τῷ δὲ TV: τὸ δὲ A: τόδε Pa: δὲ del. Thurot ἰδεῖν V: δεῖ a μὲν om. T 23 κατεργασίαν Pa 24 ἑαυτὸ P

καὶ κόπρον παραμιγνύουσιν οἱ γεωργοὶ καὶ ἀναταράσσουσι ταύτῃ ὑδρεύοντες τὰ φυτά· οὐδὲ γὰρ ἄλλως πρέμνον ἂν ἢ ῥίζα ἢ φλοιὸς | ἢ καρπὸς 226 γένοιτο. εἰ δὲ μηδὲ τὸ ὕδωρ μόνον τρέφειν οἷόν τε, ἧττον ἔτι ὁ ἀὴρ τρέφοι ἄν· λεπτότερος γὰρ οὗτος καὶ ἧττον σωμάτων σύστασιν δεχόμενος. τὰ δὲ πλεῖστα τῶν ὀσφραινομένων διὰ τούτου ὀσφρᾶται. εἴη δ' ἂν ἡ ἐπιχείρησις κατὰ τὸ μᾶλλόν τε καὶ τὸ ἧττον.

p. 445a23 Πρὸς δὲ τούτοις ὅτι πᾶσίν ἐστι τοῖς ζῴοις τόπος δεκτικὸς τῆς τροφῆς.

Καὶ διὰ ταύτης τῆς ἐπιχειρήσεως δείκνυσιν ὅτι μὴ τῇ ὀσμῇ τρέφεταί τινα ζῷα. πᾶσι γὰρ τοῖς ζῴοις ἐστί τις τόπος ἀποκεκριμένος ἐν τῷ σώματι, εἰς ὃν δέχεται τὴν τροφήν. οὗτος δέ ἐστιν ἡ κοιλία· αὕτη γὰρ ὑποδέχεται τὴν πρώτην τροφήν, ἐξ ἧς καὶ κατὰ μεταβολὴν πᾶν τὸ σῶμα τὴν χορηγίαν ἔχει, πρώτης τῆς καρδίας πεττούσης τὸ αἷμα καθαρῶς καὶ χορηγούσης αὐτὸ τοῖς ἄλλοις μέρεσιν. εἰ δὴ ἡ μὲν κοιλία δεκτικὴ τῆς τροφῆς (ἀπὸ ταύτης γὰρ ἡ χορηγία καὶ ἡ μεταβολή τε καὶ | ἀνάδοσις τῆς 227 τροφῆς τοῖς τρεφομένοις), τὸ δὲ πνεῦμα καὶ ἡ ὀσμὴ οὐκ εἰς τὴν κοιλίαν ἔρχεται, οὐκ ἂν εἴη τῶν τρεφόντων τοῦτο· ὅτι δὲ μὴ εἰς τὴν κοιλίαν ἡ ὀσμὴ μηδὲ ἔνθα ἡ τροφή, ἔδειξεν ἀπό τε τοῦ τὸ τῆς ὀσφρήσεως αἰσθητήριον περὶ τὴν κεφαλὴν εἶναι καὶ γίνεσθαι τὴν ὄσφρησιν μετὰ πνεύματος καὶ τοιαύτης ἀναθυμιάσεως· τὸ δὲ πνεῦμα τὸ ἀναπνεόμενον οὐκ εἰς κοιλίαν οὐδὲ ἔνθα ἡ τροφὴ φέρεται, ἀλλ' εἰς τὸν πνεύμονα. ὥστε εἴτε εἰς τὴν κεφαλήν, ἔνθα τὸ αἰσθητήριον τῆς ὀσφρησέως, φέροιτο, εἴτε εἰς πνεύμονα, ἔνθα τὸ ἀναπνεόμενον πνεῦμα, οὐκ ἂν εἴη τῶν τρεφόντων. εἰ δέ τινα τῶν ζῴων ἐκλυόμενά ποτε ὑπό τινων ὀσμῶν ἐπανίσταται, οὐκ ἂν εἴη σημεῖον τοῦτο τοῦ τρέφεσθαι. οὐ γὰρ μόνον ἡ τροφὴ ἐπανίστησιν ἀλλ' οὐδὲ ἡ ὀσμὴ μόνη, ἀλλὰ καὶ τοῦ ψυχροῦ ὕδατος πρόσκλυσις τονώσασα, καὶ ἂν πληγῇ τις· ἃ οὐδεὶς ⟨ἂν⟩ εἴποι τρέφειν. |

---

1 παραμιγνύουσιν MA: περιμιγνύουσιν P: ἀναμιγνύουσιν V: μιγνύουσιν a (T?) ταύτῃ TPa: ταύτην VA ὑδρέσοντες a: ὑδρεύσοντες M 2 ἄλλως MTVA: ἁπλῶς Pa πρέμνον ἂν Thurot: πρέμνον δὲ V: πρέμνον TA: πρέμνος a 3 μηδὲ TV: μηδὲν Pa: μὴ A 4 οὕτως a ἧττων V 5 τούτου TAa: τοῦτο VP 6 τε καὶ τὸ V: τε καὶ A: καὶ Pa 7 πᾶς V 9 ταῦτα V τῆς om. V τρέφεσθαι a (corr. M) 10 τινα] τὰ A πᾶσι—ζῴοις om. a (habet etiam M) τις om. V post τόπος add. καὶ a 11 δέχεται prius P ut vid., a: δέχονται VA, e corr. P: anceps T 12 πρώτην τροφήν TVP: πρώτην A: τροφήν a ἐξ ἧς AP: ἑξῆς TV: καὶ ἐξ ἧς a πᾶν om. V 13 πρῶτον V 14 δὲ a 15 χορήγησις V ἡ ἀνάδοσις A 18 prius ἡ om. Pa (habet etiam M) μηδὲ TVAP: μὴ a: om. M τε om. a 19 καὶ] *et sic* T 22 τὴν om. a φέροιτο post πνεῦμα T 25 τοῦτο om. T ἐπανίσταται Pa 26 ἀλλ' om. T τοῦ ψυχροῦ ὕδατος MA: τοῦ ὕδατος ψυχροῦ TV: τοῦ ὕδατος Pa πρόσκλυσιν Aa 27 πληγὴ Pa (*percussura* T) ἂν add. Thurot εἴπῃ a: εἰ, cetera in extremo versu evanuerunt P (om. ND)

Ἀλλ᾽ ὅτι μὲν τὸ ὀσφραντόν, καθὸ ὀσφραντόν ἐστιν, οὐ τρέφει, δῆλον 228 εἶναί φησι. προσέθηκε δὲ τὸ ᾗ ὀσφραντόν, ἐπεὶ κατὰ συμβεβηκὸς δύναται καὶ τὸ ὀσφραντὸν τρέφειν· τῇ γὰρ τροφῇ συμβέβηκεν ὀσφραντῇ εἶναι, ὡς προείρηται. ὅτι μέντοι τὰ ὀσφραντὰ τὰ ἁπλῶς καὶ τῇ ἑαυτῶν φύσει τοιαῦτα εἰς ὑγίειαν συμβάλλεται τοῖς ἀνθρώποις, καὶ διὰ τῆς αἰσθήσεώς φησιν εἶναι γνώριμον· ὑγιεινότερον γὰρ διάγουσιν οἱ ἐν ταῖς τοιαύταις ὀσμαῖς ἀναστροφὰς ποιούμενοι καὶ ἧττον ἁλίσκονται πάθεσί τισιν, ὡς γνώριμον γίνεται μάλιστα ἐν τοῖς λοιμώδεσι καταστήμασιν. ἀλλὰ καὶ ἐκ τῶν εἰρημένων δῆλον τοῦτο· ἥ τε γὰρ τῶν τοιούτων εὐωδία διὰ θερμότητα εὔκρατος, δι᾽ ἣν καὶ ὑφ᾽ ἧς ἡ πέψις ἡ ἐν αὐτοῖς, καὶ ὁ περὶ τὴν κεφαλὴν τόπος, μάλιστα τοῖς ἀνθρώποις ψυχρὸς ὢν διὰ τὴν τοῦ ἐγκεφάλου ὑγρότητα καὶ δεόμενος τοιαύτης ἐπικουρίας. καὶ ἔστι, φησίν, ἀνάλογον ὡς ὁ χυμὸς πρὸς τὸ θρεπτικὸν καὶ τὰ τρεφόμενα ἀναπληρῶν αὐτῶν τὴν κατὰ | τοῦτο ἔνδειαν τῇ προσκρίσει, οὕτω τὸ ὀσφραντὸν πρὸς 229 ὑγίειαν· πάλιν γὰρ αὖ τοῦτο εἰς τὴν ὑγίειαν συντελοῦν ἀναπληροῖ τῇ οἰκείᾳ θερμότητι τὴν περὶ τὴν κεφαλὴν πλεονάζουσαν ψυχρότητα.

p. 445b3 Ἀπορήσειε δ᾽ ἄν τις, εἰ πᾶν σῶμα εἰς ἄπειρον διαιρεῖται, ἆρα καὶ τὰ παθήματα τὰ αἰσθητά;

Εἰπὼν περί τε τῶν αἰσθητηρίων καὶ περὶ τῶν ἑκάστῃ αἰσθήσει ὑποκειμένων αἰσθητῶν, τίνα ποτὲ ὄντα ἐστὶν αἰσθητά (περὶ γὰρ τοῦ ἁπτοῦ αἰσθητοῦ, ὅτι γὰρ † σύγκριμα τούτου ὄψεσι τοῦτο, ἐν τοῖς Περὶ ψυχῆς εἴρηται· διὸ νῦν τὸν περὶ αὐτοῦ παρείασε λόγον), ἀπορεῖ τινα ἀπορίαν ἠρτημένην τῶν αἰσθητῶν. ζητεῖ γὰρ εἰ, ὥσπερ τὰ σώματα ἐπ᾽ ἄπειρον τέμνεται, οὕτω καὶ τὰ ἐν αὐτοῖς πάθη ⟨τὰ⟩ αἰσθητά. ἔστι δὲ τὰ αἰσθητὰ πάθη τῶν σωμάτων χρώματα, χυμοί, ὀσμαί, ψόφοι, βάρη κουφότητες, θερμό-

1 οὐ om. V 2 ᾗ a: om. VAP 2. 3 ᾗ—καὶ τὸ om. T 3 ἡ ... τροφὴ ... ὀσφραντὴ P 5 τοιαῦτα MTVA: αὐτὰ Pa ὑγείαν Pa 6 γνώριμα V 7 ἀναλίσκονται V (prius A) 10 εὔκρατος P: *bone contemperantie* T: ἄκρατος a: εὔκρατον MVA 13 ἐν τῷ θρεπτικῷ Arist. καὶ τὰ τρεφόμενα om. A 15 prius ὑγείαν a alt. ὑγείαν Pa ἀναπληροῖ a: ἀναπλη$^{ρ'}$ P: ἀναπληροῦν TA: ἀναπληρῶν V, fort. συντελεῖ ἀναπληροῦν scrib. 16 ψυχρότητα MTVA: θερμότητα ψυχρότητα P: θερμότητα καὶ ψυχρότητα a 17 ἄπειρα Arist. codd. EMYUP 18 alt. τὰ Pa: om. MVA 19 εἰπὼν περί T (sed post αἰσθητὰ add. *erunt* = εἴη): εἴη τῶν περὶ V: εἴη ὧν περὶ MA: ὧν περί Pa τε om. a *sensibus* T τῶν περὶ V 20 ποτὲ om. T ἐστὶν om. MA 21 αἰσθητοῦ TP: αἰσθητηρίου VAa σύγκριμα—τοῦτο om. T, corrupta esse vidit Thurot ὅτι γίνεται συγκρίματι τῆς ἁφῆς τοῦτο coni. Diels τούτου] τοῦ V Περὶ ψυχῆς] B 11 22 post ἀπορεῖ add. δὲ TPa (δὴ coni. Thurot) ἀπορίαν om. a (habet etiam M) 23 ὡς εἴπερ a (corr. M) τέμνεται TA: τέμνεσθαι V, e corr. ut vid. P, a 24 τὰ ἐν αὐτοῖς πάθη TAPa: τὰ (τὰ om. teste Duemmlero) ἐν τοῖς πάθεσιν V τὰ add. Thurot prius αἰσθητὰ VT: om. APa (de T v. infra) ἔστι (δὲ ex V addidi) τὰ αἰσθητὰ πάθη APa: ἔστι δὲ καὶ πάθος αἰσθητὸν V: *passiones* T (lacuna explicatur ex duplici αἰσθητά, ut archetypum codicis T utrumque αἰσθητὰ testetur) 25 ante τῶν add. ἄρα ex lin. 18 TAPa χυμοί, χρώματα T 25. 110,1 κουφότητες—ξηρότητες om. T

τητες ψυχρό|τητες, ὑγρότητες ξηρότητες, μαλακότητες σκληρότητες, καὶ 230 ὅσαι ἄλλαι ἁπταὶ ἐναντιώσεις. πάντα γὰρ ταῦτα αἰσθητὰ ὄντα πάθη τῶν σωμάτων ἐστίν· ἐκείνοις γὰρ συμβέβηκεν. ἀπορεῖ δή, πότερον καὶ ταῦτα συνδιαιρεῖται τοῖς σώμασι καὶ ἐπ' ἄπειρόν ἐστι διαιρετὰ ἢ ἵσταται ἡ τούτων τομὴ καὶ τέμνεται τὰ σώματα εἴς τινα, ἃ οὐκέτ' ἔχει πάθη ταῦτα, ἃ αἰσθητά ἐστί τε καὶ λέγεται. ἀπορεῖ δὲ περὶ τούτου, διότι δοκεῖ ἑκατέρου ὑποτεθέντος ἄτοπόν τι ἕπεσθαι. εἰ μὲν γὰρ συνδιαιρεῖται τοῖς σώμασι τὰ πάθη, τῷ ἕκαστον τῶν παθῶν τούτων κινητικὸν εἶναι τῆς αἰσθήσεως (ἕκαστον δὲ αὐτῶν ἅμα τέ ἐστι τοῦτο ὅ ἐστιν, οἷον λευκὸν ἢ μέλαν ἢ θερμὸν ἢ ψυχρὸν ἢ γλυκὺ ἢ πικρὸν ἤ τι τῶν ἄλλων, καὶ αἰσθητόν ἐστιν· τὸ δὲ αἰσθητόν ἐστι τῷ δύνασθαι κινεῖν τὴν αἴσθησιν, τουτέστι τῷ δύνα-|σθαι ἐνεργείᾳ αἴσθησιν αὐτοῦ γίνεσθαι. οὐ γὰρ πᾶν αἰσθητὸν ἐνεργείᾳ 231 ἐστὶν αἰσθητόν, οὐδ' εὐθὺ τῷ αἰσθητὸν εἶναι καὶ αἴσθησίς ἐστι κατ' ἐνέργειαν αὐτοῦ· ἅμα μέντοι αἰσθητόν ἐστι καὶ δύναμιν ἔχει τοῦ κινεῖν αἴσθησιν· εἰ γὰρ μὴ τοῦτο, οὐδ' αἰσθητόν), εἰ δὴ ἐπ' ἄπειρον συνδιαιρεῖται τοῖς σώμασι τὰ πάθη, καὶ ἡ δύναμις, καθ' ἣν κινητικὰ τῶν αἰσθήσεών ἐστιν, ἐπ' ἄπειρον καὶ ἡ κατ' ἐνέργειαν αἴσθησις αὐτῶν διαιρεθήσεται· πάντα γὰρ ἔσται μέγεθος, τουτέστι σῶμα αἰσθητόν· ἀλλ' εἰ πᾶν σῶμα αἰσθητόν, πᾶν μέγεθος ὁρατόν ἐστι καὶ αἰσθητόν. καὶ ὁτιοῦν μόριον τοῦ σώματος ὁρατόν· πᾶν δὲ τὸ ὁρώμενον μετὰ μεγέθους ὁρᾶται· πᾶν μέγεθος ἄρα ὁρατὸν ἔσται καὶ αἰσθητόν. οὐ γὰρ οἷόν τε λευκὸν μέν τι ὁρᾶν, οὐ ποσὸν δέ· ὥστε ἐν ὁπηλικῳοῦν μεγέθει χρῶμά ἐστι καὶ ὁρατόν, καὶ τὸ μέγεθος ἂν εἴη αὐτὸ ὁρατόν τε καὶ αἰσθητόν· οὕτω τε οὐδὲν ἂν εἴη σῶμα διὰ μικρότητα ἀναίσθητον. | ἀλλὰ μὴν δοκεῖ 232 ἔνια μεγέθη καὶ μόρια τοῦ σώματος ἐκφεύγειν τὴν αἴσθησιν. εἰ δὲ τοῦτο, οὐδ' ἂν πᾶν μόριον τοῦ σώματος ἐν αἰσθητῷ πάθει εἴη· εἵπετο γὰρ τῷ ἔχειν πάθος αὐτὸ τὸ καὶ αἰσθητὸν αὐτοῦ τὸ μέγεθος εἶναι.

Ἀγαγὼν δὲ τὴν πρώτην ὑπόθεσιν τὴν εἰ συνδιαιρεῖται τὰ πάθη τοῖς

---

2 ἁπλαῖ a 3 ἀπορρεῖ V δή TAP: δὲ Va ἐνταῦθα a 5 οὐκέτ' ἔχει Usener: οὐ κατέχει VAPa: *non habent* T ⟨τὰ⟩ πάθη coni. Thurot τοιαῦτα conicio 6 τούτων P 6. 7 ἑκα^τρ (ἑκατέρω A) ὑποταθέντι VA 7 ἄπορον V συνδιαιροῖτο VA, sed v. 15. 16. 28 8 ἕκαστα P τῶν] εἶναι V 9 δὲ cum T scripsi: τε VA: τε γὰρ Pa τούτω P: τούτων a 10 ψυχρὸν ἢ θερμόν P γλυκὺ ἢ ψυχρὸν T 11 τὸ δὲ αἰσθητόν ἐστι libri (T anceps): αἰσθητὸν δέ ἐστι Thurot prius τῷ MTV: τὸ APa alt. τῷ Ta: τὸ VAP 12 *actum sensitivi ipsius fieri* T 13 εὐθὺ VA(T): ἔνθα Pa: εὐθὺς Thurot τῷ TVA: καὶ τῷ Pa: καὶ τὸ M αἴσθησιν V 16 κινεῖται a (corr. M) 18 πᾶν A αἰσθητόν del. Thurot 19 post σῶμα add. ὁρατὸν Thurot (malim addere ὁρατὸν καὶ) • post alt. αἰσθητόν add. καὶ γὰρ αἰσθητὸν Thurot καὶ ⟨εἰ⟩ conicio 19. 20 alt. καὶ—ὁρατόν om. T 20. 21 μόριον—ἄρα om. Pa (habet etiam M) 21 ὁρατὸν ἄρα V 22 μέν om. T μέντοι P οὐ ποσὸν δέ TVAP: ποσόν δέ a: ποσὸν δὲ μή M: μὴ ποσὸν δὲ ex Arist. Thurot 24 οὐδὲν TVA: οὐδ' Pa σμικρότητα Aa 25. 26 ἐκφεύγειν—σώματος om. T 25 εἰ δὲ] οὐδὲ V 26 post ἂν add. πᾶν μόριον τοῦ σώματος ἐκφεύγη (sic)—οὐδ' ἄν, sed rursus del. P πᾶν errore del. P 27 τῷ M(T)VP: τὸ Aa τὸ] τῶ A 28 συνδιαιρεῖται a (v. ad v. 7): συνδιαιροῖτο TVAP

σώμασιν ἐπ' ἄπειρον ἐπὶ τὸ ἄτοπον τοῦτο τὸ παντὸς μορίου σώματος ἐπ' 232 ἄπειρον τεμνομένου πᾶν μέγεθος αἰσθητόν τε καὶ ὁρατὸν ἔσεσθαι, μέτεισιν ἐπὶ τὴν ἀντικειμένην ταύτῃ ὑπόθεσιν, τὴν λαμβάνουσαν μὴ συνδιαιρεῖσθαι τὰ πάθη τοῖς σώμασιν ἐπ' ἄπειρον, καί φησιν· εἰ γὰρ μὴ οὕτως, ἐνδέχοιτ' ἄν τι σῶμα μηδὲν ἔχον χρῶμα μηδὲ βάρος μηδ' ἄλλο τι τοιοῦτον πάθος. ἔστι γὰρ ὃ λέγει· εἰ γὰρ μὴ συνδιαιροῖτο τὰ πάθη ἐπ' ἄπειρον καὶ αὐτὰ τοῖς σώμασιν, εἴη ἄν τινα μόρια τοῦ σώματος τοῦ τεμνομένου σώματα καὶ αὐτὰ ὄντα μηδὲν ἔχοντα | μήτε χρῶμα μήτε βάρος 233 μήτε ἄλλο τι πάθος αἰσθητόν· ἀλλ' εἰ τοῦτο, ἔσται καὶ τὸ ἄλλο ὅλον μέγεθος συγκείμενον ἐξ οὐκ αἰσθητῶν οὐδ' ἐχόντων πάθος.

Ταῦτ' εἰπὼν ἐπιφέρει· ἀλλ' ἀναγκαῖον· οὐ γὰρ δὴ ἔκ γε τῶν μαθηματικῶν. τὸ γὰρ φυσικὸν καὶ αἰσθητὸν σῶμα ἀναγκαῖον καὶ διαιρεῖσθαι εἰς μέρη φυσικά. πᾶν δὲ φυσικὸν σῶμα σὺν πάθεσι καὶ σύγκειται ἐκ τοιούτων. εἰ γὰρ μὴ ἐκ τοιούτων εἴη συγκείμενον καὶ εἰς τοιαῦτα διαιρούμενον, εἴη ἂν ἐκ μαθηματικῶν σωμάτων τὰ φυσικὰ συγκείμενα· ἀπαθῆ γὰρ τὰ μαθηματικά. ἀλλὰ μὴν ἀδύνατον ἐκ τοιούτων λέγειν συγκεῖσθαι σώματα φυσικά τε καὶ αἰσθητά, τῷ ταῦτα, λέγω δὲ τὰ μαθηματικὰ σώματα, μηδ' ἐν ὑποστάσει εἶναι καθ' αὑτά, ἀλλὰ τῇ ἐπινοίᾳ χωριζόμενα τῶν παθῶν λαμβάνεσθαι. |

p. 445b15 Ἔτι τίνι κρινοῦμεν ταῦτα ἢ γνωσόμεθα; ἢ τῷ νῷ; 234 ἀλλ' οὐ νοητά.

Ταῦτά φησι τὰ ἀπαθῆ τε καὶ ἀναίσθητα σώματα. εἰ δ' εἴη τινὰ τοιαῦτα εἰς ἃ διαιρεῖται τὰ αἰσθητὰ σώματα, τίνι κρινοῦμέν τε καὶ γνωσόμεθα; πάντα μὲν γὰρ ἃ γινώσκομεν, ἢ νοητὰ ὄντα ἢ αἰσθητά, γινώσκομεν ἢ διὰ τοῦ νοεῖν αὐτὰ ἢ διὰ τοῦ αἰσθάνεσθαι αὐτῶν· δύο γὰρ ταῦτα κριτήρια ἡ φύσις ἡμῖν δέδωκεν ἐπὶ τὴν τῶν ὄντων γνῶσιν τῷ καὶ τὰ ὄντα ταύταις ταῖς διαφοραῖς διαιρεῖσθαι. ἀλλὰ μὴν τὰ μέρη τῶν

---

1 τοῦ σώματος a ἐπ' ἄπειρον—ἄτοπον TVA: ἐπὶ τὸ ἄπειρον Pa τοῦτο τὸ VAP(T): τοῦτο a: om. M 2 μέτεισιν] μέν τισιν T 3 ταύτην VP 4 εἰ] ἐὰν V 5 τι] εἶναί τι Arist. ἄλλο om. T 7 καὶ αὐτὰ AP: καὶ αὖ τις V: ἑαυτὰ a: om. MT 7. 8 εἴη—μηδὲν om. V 7 τινα μόρια TPa: μόριά τινα A 8 σώματα MT: σώματος A: om. Pa prius μήτε om. T 9 τὸ VAP: om. a ὅλον MV: ὅλως A: om. TPa 10 ἐξ οὗ καὶ αἰσθητὸν V οὐδ' TV: οὐδὲν APa πάθη V 11 ταῦτ' P: ταῦτα a: *hoc* T: om. VA γὰρ δὴ] *utique* T: γὰρ Arist. codd. LSU γε AP: τε V: om. T 12 alt. καὶ om. T 13 δὲ] γὰρ a σὺν πάθεσι TVP: σὺν πάθει A: συμπάρεστι a 14 σύγκειται APa: συγκεῖσθαι TV τούτων a εἰ] ἐὰν V 15 τοιαῦτο P 17 τὰ σώματα A τε om. V (τε φυσικὰ testatur Mau) τῷ ταῦτα MVA: om. Pa δὲ Ta: δὴ VAP 18 μηδ' TV: μηδὲν APa εἶναι] *possunt esse* T 20 *iudicamus* T prius ἢ TV: καὶ A: τε καὶ P *cognoscimus* T 21 ἀλλ' οὐ] *si enim* T 22 πάθη Pa δ' Pa: om. TVA 23. 24 *iudicamus et cognoscimus* T 24 γινόμενα V 26 καὶ om. T 27 ταῦτα V

σωμάτων ταῦτα τὰ ἀναίσθητά τε καὶ ἀπαθῆ οὐδετέρῳ τούτων ὑποπεσεῖται. 234 οὔτε γὰρ τῷ νῷ· οὐ γὰρ νοητὰ καθ' αὑτά. οὐδὲν γὰρ ὁ νοῦς τῶν ὑποκειμένων καθ' αὑτὸ ἐκτὸς ὄντων χωρὶς αἰσθήσεως νοεῖ· ἔστι γάρ τιν' ἃ ἐκτὸς ὄντα καθ' αὑτὰ [καὶ ἐκτὸς ὄντων χωρὶς αἰσθήσεως νοΐ] ὑφεστηκέναι οὐ πέφυκεν, ἄτομοι οὐσίαι ὄντα (τὰ γὰρ εἴδη τὰ τούτων καὶ τὰ κοινὰ οὐκ ἐκτὸς | ὑφέστηκεν οὐδὲ καθ' αὑτά· ἐν γὰρ τῷ νοεῖσθαι τὸ εἶναι τοῖς 235 κοινοῖς, ὥστε καὶ ὑπόστασις αὐτῶν ὡς τοιούτων ἐν τῷ νῷ καὶ οὐκ ἐκτός). εἰ δὲ μηδὲν τῶν οὕτως ὄντων χωρὶς αἰσθήσεως ὁ νοῦς νοεῖ, ταῦτα δὲ οὐκ αἰσθητά, οὔτ' ἂν ὁ νοῦς αὐτὰ οὔτε ἡ αἴσθησις κρίνοι. νοεῖ δὲ ὁ νοῦς τὰ αἰσθητὰ μετ' αἰσθήσεως, τῷ δύνασθαι αἰσθήσεως αὐτῶν γενομένης τὸν νοῦν αὐτῶν θεωρεῖν τήν τε πρὸς ἄλληλα διαφορὰν καὶ τὸ τί ἦν εἶναι ἑκάστου αὐτῶν καὶ πῶς ἔχει τὰ τοιαῦτα πρὸς τὸ καθόλου, καὶ τῷ διαλαμβάνειν ἁπάντων τῷ λόγῳ τό τε συμβεβηκὸς αὐτοῖς καὶ τὸ εἶδος τὸ ὑποκείμενον.

p. 445b17 Ἀλλ' εἰ ταῦτα οὕτως ἔχει, ἔοικε μαρτυρεῖν τοῖς τὰ ἄτομα ποιοῦσι.

Καὶ τοῦτο ἄτοπον προσφέρει τῇ δόξῃ τῇ εἰς ἀπαθῆ διαιρούσῃ τὰ αἰσθητὰ σώματα, τὸ ἔσεσθαι σύμφωνον τὸ λεγόμενον τοῖς τὰ ἄτομα μεγέθη ὑποτιθεμένοις. ᾧ γὰρ | ἐκεῖνοι χρῶνται λόγῳ, ἀνάγκη καὶ τοὺς ταῦτα 236 λέγοντας χρῆσθαι καὶ λύειν τὰ ἀπορούμενα πρὸς αὐτούς. λέγουσι δὲ οἱ τὰς ἀτόμους ὑποτιθέμενοι ἀπαθῆ τὰ ἄτομα σώματα ὄντα ἐν τῇ ποιᾷ πρὸς ἄλληλα συνθέσει τε καὶ σχέσει τὰ πάθη καὶ τὰς τοιαύτας ποιότητας ἀπογεννᾶν. τὸ αὐτὸ δὴ ἐξαναγκασθήσονται καὶ οὗτοι λέγειν· καὶ γὰρ τούτοις ἐν τῇ ποιᾷ συνθέσει τῶν ἀπαθῶν μερῶν τὰ πάθη τὰ ἐν τοῖς σώμασιν ὄντα γεννηθήσεται.

---

1 τὰ om. V   οὐδετέρῳ scripsi: οὐδενὶ τρόπω V: οὐδὲ πρὸ A: οὐδέπω Pa: οὐδέ τῷ M: *neque hiis* T   2 οὐδὲν om. T   2. 3 ὑποκειμένων TVA: ἐν ὑποκειμένῳ Pa   3 αὐτὰ conicio   νοεῖσθαι Pa   3. 4 ἔστι—ὑφέστηκεν MA (partim T): om. VPa, nisi quod V ὑφέστηκεν habet   3 τιν' ἃ Diels: τινὰ libri   4 καὶ ἐκτὸς—πέφυκεν om. T   καὶ—νοΐ interpolatum ex lin. 3 del. Diels   νοΐ A: νοή . . M (νοήσει) ὑφεστηκέναι scripsi: ὑφέστηκεν MVA   5 ante οὐ add. . . . . σθαι M (cf. ad v. 3) οὐ πέφυκεν om. V   post πέφυκεν add. ἀλλ' οὐχὶ Pa   6 ἐντὸς V   ἐν γὰρ om. T   7 prius καὶ MVA(T): ἡ Pa: καὶ ἡ Thurot   alt. καὶ om. a   8 δὴ coni. Thurot.   οὕτως om. a (habetetiam M)   ὄντων] *habentium* T   ταῦτα δὲ om. a (habet etiam M)   9 αὐτὸ V   αὐτὰ—αἴσθησις om. T   κρίνοι scripsi: κρίνει TA: κρίνη V: κρίνηι P: ἔτι κρινεῖ a   10 αὐτῶ Aa   10. 11 γινομένης V ut testatur Mau   11 αὐτὸν Pa   12 ἑκάστω Pa, sed v. Alex. De an. p. 87,24. 88,11 Br.   ἔχει Pa: ἔχοι TVA   13 prius τῷ] τὸ P   ἁπάντων τῷ λόγῳ om. T   15 ἀλλ'] ἅμα δ' Arist. codd. EMY: om. T   εἰ] ἀεὶ A   ἔχει οὕτως P post ἔχει add. ὡς A   17 διαιροῦσι a   18 prius τὸ] ὡς M   τὸ ἔσεσθαι] *quod sicut* T (*sit* Thurot)   19 τοὺς] τί P   22 τε om. V   23 δὴ om. a: δὲ M ἐξαναγκασθήσονται a (M)   24 μερῶν om. T   post ὄντα add. καὶ VA
25 γεννηθήσεται Thurot (*generabuntur* T): γενηθήσεται MVA: γενησθήσεται P: γενήσονται a

Ἃ εἰπὼν ἐπιφέρει ἀλλ' ἀδύνατα † ὧν ἐστι τὰ ἄλλα δυνατὰ τὰ ὑπ' 236
ἐκείνων λεγόμενα. ὃ καὶ αὐτοὶ εἴποιεν ἂν λύειν τὰ ἀπορούμενα θέλοντες· ἀδύνατα γὰρ ἐροῦσι καὶ αὐτοὶ ταὐτά γε ἐκείνοις λέγοντες. φησὶ δὲ εἰρῆσθαι περὶ τῶν τὰ ἄτομα ὑποτιθεμένων σώματα ὅτι ἀδύνατα λέγουσιν ἐν τοῖς Περὶ κινήσεως λόγοις, Περὶ κινήσεως λέγων τὰ τελευταῖα τῆς Φυσικῆς ἀκροάσεως, ἐν οἷς ὅτι μὴ οἷόν τε ἄτομον εἶναί τι μέγεθος δέδειχε. |

p. 445b20 Περὶ δὲ τῆς λύσεως αὐτῶν ἅμα δῆλον ἔσται [τε] καὶ 237
διὰ τί πεπέρανται τὰ εἴδη.

Περὶ τῆς λύσεως τῶν ἠπορημένων, ἃ ἦν, εἰ τὰ πάθη συνδιαιρεῖται τοῖς σώμασιν ἐπ' ἄπειρον διαιρουμένοις, ἄτοπον ἔσεσθαι τὸ πᾶν σῶμα καὶ μέγεθος αἰσθητὸν γίνεσθαι, καὶ μὴ συνδιαιρουμένων τὸ ἐξ ἀπείρων καὶ ἀπαθῶν συγκεῖσθαι τὰ σώματα, ἅμα, φησί, λύσομέν τε τὰ ἠπορημένα καὶ διὰ τῆς λύσεως τούτων δῆλον ποιήσομεν καὶ τὸ διότι πεπέρανται τὰ εἴδη τῶν καθ' ἑκάστην αἴσθησιν αἰσθητῶν, οἷον χρωμάτων, χυμῶν, ψόφων φθόγγων, ὀσμῶν καὶ τῶν ἁπτῶν ἁπάντων. τοῦτο γὰρ πρότερον μὲν προέλαβε καὶ αὐτὸ ὡς ὀφεῖλον ζητηθῆναι, νῦν δὲ συνάπτει τῶν ἠπορημένων τὴν λύσιν καὶ τὴν τούτου δεῖξιν ὡς οἰκείαν. εἰ γὰρ ἐπ' ἄπειρον ἡ τομὴ τῶν παθῶν, πότερον καθ' αὑτὰ οὕτως ὡς τὰ εἴδη αὐτῶν ἄπειρά τέ ἐστι καὶ καθ' αὑτὰ διαιρετὰ τὰ πάθη ἐπ' ἄπειρον, ἢ οὐ |
καθ' αὑτὰ οὐδὲ τῷ εἴδει ἡ ἐπ' ἄπειρον αὐτῶν τομὴ καὶ ὅλως ἡ εἰς μεγέθη, 238
ἀλλὰ κατὰ συμβεβηκός, τῷ γὰρ ἐν οἷς ἐστι διαιρουμένοις συνδιαιρεῖσθαι καὶ αὐτά; καὶ πρῶτον μὲν δι' ἣν αἰτίαν ἀνάγκη ὡρίσθαι τὰ εἴδη τῶν αἰσθητῶν λέγει· ἔπειτα τοῦτο συνάψει τῇ τῆς προκειμένης ἀπορίας λύσει καὶ δείξει πῶς χρήσιμον τὸ ἕτερον εἰς τὸ ἕτερον. ἡ δὲ δεῖξις αὕτη· ὧν ἐστιν ἔσχατά τινα, τουτέστιν ἐν οἷς τὰ πέρατα ὥρισται, ἀνάγκη τούτοις καὶ τὰ μεταξὺ τῶν τε ἐσχάτων καὶ τῶν περάτων ὡρίσθαι.

---

1 ἀλλ' ἀδύνατον TV (Arist. codd. MP) ὧν—δυνατὰ V: ὧν ἐστι τῷ ἀλλ' ἀδύνατα A: τὸ ἀλλ' ἀδύνατα Pa: om. T, fort. scrib. ὡς ἔστι (ὅ ἐστι Diels) τὰ ἄλλ' ἀδύνατα 2 ὃ TVAP: ἃ a ἐθέλοντες a 3 ἀδύνατον a ταὐτά Thurot: ταῦτα VAPa: *hoc* T δὲ om. V 4 τὰ om. A σωμάτων APa 6 τι om. a δέδειχε in spatio om. V, v. Phys. VI 1 (cf. Simpl. p. 925 D.) 7 δὲ] τε AP τε delevi cum Arist. codd. an τὸ scrib? v. v. 13 8 τί] τὸ VA 9 ἃ ἦν TAPa: ἣ ἦν M: ἃ μὲν V *erant ad impossibilia(?) simul dividi* (= ἐπὶ τὰ ἀπαθῆ συνδιαιρεῖσθαι) T εἰ τὰ scripsi: ἑπτὰ A: ἐπεὶ τὰ Pa: οὖν τὰ V 10 post ἄτοπον add. *enim* T 11 διαιρουμένοις P: διαιρουμένης a: συνδιαιρουμένης M τὸ] τῷ a 13 ποιήσομαι V 15 φθόγγων] *gustabilium* T ἁπάντων om. T μὲν ante γὰρ V 17 τῇ λύσει V καὶ] τε καὶ a τούτων a εἰ om. TA 19 ἄπειρά τε] ἀπείρατα V ἐστι T: εἶναι VAPa ἑαυτὰ P ἀδιαίρετα T 20 εἴδει] ἤδη a (corr. M) ἡ om. V 21 τῷ] τὸ Pa (corr. M) γὰρ om. T (habet etiam M), sed cf. p. 115,7 et p. 312,9 Th. 22 πρῶτα a (corr. M) ἣν om. T αἰτίαν] αὐτὰ V 23 τῆς τῆς (!) a 24 εἰς τὸ ἕτερον] om. V: εἰς ἕτερά τινα A δὲ om. T 25 ἔσχατά] ἕτερα TA post τινα add. δὲ V 26 ἀναγκαῖον Arist. codd. EMY, cf. p. 114,10 τὰ] τῶν V τε om. V (ut testatur Duemmler), a καὶ τῶν περάτων om. T ὥρισται V

ἔσχατα δὲ ἐν παντὶ γένει τἀναντία· καὶ ὥρισται τὰ ἐναντία, εἴγε τὰ 238 πλεῖστον διεστῶτα ἀλλήλων ἐναντία, τὸ δὲ πλεῖστον ὡρισμένον τι· ὥστε ἐν οἷς ἐναντία, ἐν τούτοις τὰ ἔσχατα ὥρισται. ἐν δὲ τοῖς αἰσθητοῖς πᾶσιν ἐναντίωσίς ἐστι, καὶ τοῦτο δείκνυσι καθ' ἕκαστον αἰσθητὸν προχειριζόμενος. τὰ ἄρα αἰσθητὰ ἅπαντα κατὰ τὸ εἶδος πεπέρανται. εἰ γὰρ ὧν τὰ ἔσχατα πεπέρανται, τούτων καὶ τὰ μεταξὺ πεπέρανται, | ἐν οἷς δέ 239 ἐστιν ἐναντία, τούτων τὰ ἔσχατα πεπέρανται, ἐν οἷς ἄρα ἐστὶν ἐναντίωσις, ταῦτα πεπέρανται· ἐν δὲ τοῖς αἰσθητοῖς πᾶσίν ἐστιν ἐναντίωσις· τὰ αἰσθητὰ ἄρα πάντα πεπέρανται. τὸ δὲ ‘ὧν τὰ ἔσχατα πάντα πεπέρανται, τούτων ἀνάγκη καὶ τὰ μεταξὺ πεπεράνθαι' νῦν μὲν ὡς γνώριμον λαμβάνει, ἔδειξε δὲ αὐτὸ ἐν τῷ πρώτῳ τῶν ὑστέρων Ἀναλυτικῶν. εἰ γὰρ μὴ εἴη γε αὐτὰ πεπερασμένα, ἀλλὰ ἐπ' ἄπειρον, οὐδ' ἂν τὰ ἔσχατα εἴη πεπερασμένα, μηδέποτε δυναμένων ἡμῶν ἐπὶ τὸ πέρας ἐλθεῖν τῷ τὰ μεταξὺ ἄπειρα εἶναι. ἔνεστι δὲ καὶ οὕτως ἐπιχειρήσαντας δεῖξαι ὅτι μὴ εἰς ἄπειρα εἴδη τέμνεται τὰ αἰσθητά· εἰ γὰρ ἀπείρων τῶν εἰδῶν ὄντων πᾶν εἶδος κατὰ ἀπείρων ἀτόμων κατηγορεῖται, ἀπειράκις ἄπειρα ἔσται τινά· εἰ δὲ κατὰ πεπερασμένων, πολλὰ ἄπειρα ἅμα ἔσται. τοῦτο δὲ ἀδύνατον· ἡ γὰρ παράθεσις τῶν ἑτέρων | τοῖς ἑτέροις περαίνοι ἂν αὐτά, καὶ ἔτι γίνοιτ' ἂν ἄπειρον ἀπείρου πλέον καὶ 240 ἔλαττον.

p. 445b27 Τὸ μὲν οὖν συνεχὲς εἰς ἄπειρα τέμνεται ἄνισα, εἰς δὲ ἴσα πεπερασμένα, τὸ δὲ μὴ καθ' αὑτὸ συνεχὲς εἰς πεπερασμένα εἴδη.

Διὰ τῶν νῦν εἰρημένων εἶπεν ἅμα τε λυθήσεσθαι τὴν ἀπορίαν καὶ δειχθήσεσθαι ὅτι τὰ εἴδη τῶν αἰσθητῶν πεπέρανται. λύσει μὲν γὰρ τὴν ἀπορίαν δείξας, πῶς τῇ ἐπ' ἄπειρον διαιρέσει τῶν συνεχῶν συνδιαιρεῖσθαι

1 καὶ—ἐναντία om. a (habet etiam M) γε] τε a (corr. M) 2 πλεῖστα V τι TVP: τί ἐστιν A: om. a 3 tert. ἐν] prius ἂν P 4 πᾶσιν M: πάθεσιν TVAPa, sed. v. v. 5 et 8 et Arist. 6 alt. τὰ om. V 6. 7 δέ—ἐν οἷς om. TPa (habet etiam M) 7 ἐναντίωσις V ἐναντία A 8 πεπέρανται ταῦτα a πάθεσιν a ἐστι πᾶσιν V ἐναντία A 9 prius πάντα om. a τὰ ἔσχατα om. T 10 καὶ om. T μὲν ὡς] *autem* T ἔδειξαν V 11 δὲ] *enim* T τῶν] τῷ V ὑστέρων Ἀναλυτικῶν] A 19—22 12 ἄπειρον ⟨τέμνοιτο⟩ coni. Thurot, sed v. e. gr. Arist. p. 1074a29 ἂν τὰ VP(T): ἂν αὐτὰ A(?): αὐτὰ a 13 τὰ om. a (habet etiam M)

14 ἐπιχειρήσαν P: ἐπιχειρήσαντα a: *argumentantes* T 15 εἰ γὰρ—κατηγορεῖται M: εἰ γὰρ πᾶν εἶδος κατὰ πλειόνων ἀτόμων κατ. V: εἰ γὰρ πᾶν εἶδος κατὰ πλειόνων ἀπείρων τῶν εἰδῶν ὄντων εἰ μὲν καὶ ἕκαστον εἶδος κατὰ ἀπείρων ἀτόμων (ἀτ. ἀπ. A) κατ. (κατηγορηθήσεται T) AT: εἰ γὰρ πᾶν εἶδος κατὰ ἀπείρων ἀτόμων κατ. Pa: plures excogitari possunt textus constituendi rationes vix codici M praeferendae 17 ἅμα om. A 18 περαίνοι—ἔτι om. T ἄπειρον om. TPa (habet etiam M) 20 ἄπειρον V 21 τὸ] *quorum* T αὐτὰ VA συνεχὲς] *in continuum* T 23 τῶν νῦν εἰρημένων a: τοῦτο τὸ νῦν εἰρημένον TVAP: τούτου τοῦ νῦν εἰρημένου conicio ῥηθήσεσθαι prius V 24 *solvitur* T μὲν om. T

δύναται τὰ πάθη, καὶ πῶς τῶν αἰσθητῶν τὰ μέρη πάντα αἰσθητά τε καὶ 240 οὐκ αἰσθητά. τὰ δὲ εἴδη τῶν αἰσθητῶν οὐκ ἔσται ἄπειρα, εἰ καὶ συνδιαιροῖτο ἐπ' ἄπειρον, διὰ τὰ προειρημένα· ἐν οἷς γάρ ἐστιν ἐναντία, τούτων ἀνάγκη καὶ τὰ μεταξὺ εἴδη τῶν ἐναντίων ὡρίσθαι. οὐδὲ γὰρ καθ' αὑτὰ διαιρεῖται οὕτως, ἀλλὰ κατὰ συμβεβηκός, συνδιαιρούμενα τούτοις ὧν ἐστι τὰ πάθη. ἄτοπον γὰρ ἦν τὸ εἴδη | τινὰ τῶν αἰσθητῶν μὴ λέγειν αἰσθητὰ 241 εἶναι, ὃ συνέβαινεν ἐν τῇ ἐπ' ἄπειρον τῶν σωμάτων διαιρέσει, τῷ γὰρ καὶ τὰ αἰσθητὰ συνδιαιρούμενα αὐτοῖς εἰς εἴδη διαφέροντα διαιρεῖσθαι. δείκνυσιν οὖν, τίνι διαφέρει ἡ τῶν συνεχῶν διαίρεσις τῆς τῶν μὴ συνεχῶν διαιρέσεως, ὁποῖά ἐστι καὶ τὰ πάθη τὰ ἐν τοῖς σώμασι. τὰ μὲν δὴ συνεχῆ τέμνεσθαί φησιν, εἰ μὲν εἰς ἴσα τέμνοιτο, εἰς πεπερασμένα, τὴν δὲ ἐπ' ἄπειρον αὐτῶν γίνεσθαι διαίρεσιν κατὰ τὴν εἰς ἄνισα τομήν, ὡς ἔδειξε καὶ ἐν τῇ Φυσικῇ ἀκροάσει, καὶ εἶναι ἀμφοτέρας τὰς διαιρέσεις καθ' αὑτὰ τῶν συνεχῶν τὰς εἰρημένας, τῶν δὲ μὴ συνεχῶν, ὁποῖά ἐστι τὰ αἰσθητὰ καὶ ὅλως τὰ πάθη, τὴν καθ' αὑτὰ διαίρεσιν εἰς πεπερασμένα εἴδη γίνεσθαι· εἰς γὰρ εἴδη, ἀλλ' οὐκ εἰς μεγέθη, ἡ τῶν μὴ συνεχῶν διαίρεσις· τὰ δὲ εἴδη τούτων πεπέρανται, ὅτι καὶ ἐναντίωσίς ἐστιν ἐν αὐτοῖς. |

Ὅτι μὲν οὖν πᾶν συνεχές, εἰ εἰς ἴσα διαιροῖτο, εἰς πεπερασμένα 242 διαιρεθήσεται, δῆλον. πᾶν μὲν γὰρ συνεχὲς πεπερασμένον (δέδεικται γὰρ ὅτι μηδέν ἐστιν ἐνεργείᾳ ἄπειρον)· τὸ δὲ πεπερασμένον πᾶν καταμετρεῖται ὑπὸ παντὸς μορίου αὐτοῦ. καὶ γὰρ εἰ τὸ τελευταῖον καταμετροῦν αὐτὸ μὴ συναπαρτίζοιτο αὐτῷ, ἀλλ' ὑπερβάλλοι αὐτό, οὐδὲν ἧττον κατεμέτρησεν αὐτό· εἰ δὲ κατεμέτρησε, δῆλον ὅτι πεπερασμένα ἂν εἴη ἐν αὐτῷ τὰ τηλικαῦτα, ἡλίκον ἐστὶ τὸ καταμετροῦν αὐτό. εἰς μὲν οὖν ἴσα πεπερασμένα πᾶν συνεχὲς τέμνεται διὰ τοῦτο· ἡ δὲ εἰς ἄπειρον διαίρεσις τῶν συνεχῶν γίνεται κατὰ τὰς ἀνίσους διαιρέσεις ἀεί. εἰ ⟨γὰρ⟩ τοῦ ἀφαιρουμένου

2. 3 συνδιαιρεῖ τῷ V: διαιρεῖτο a (corr. M) 3 προκείμενα V γὰρ] δὲ V ἐστιν ἐναντίων P τούτοις A 4 post μεταξὺ add. ὡρίσθαι· ἐν δὲ τοῖς εἴδεσι τῶν αἰσθητῶν ἐστιν ἐναντίωσις· ἀνάγκη ἄρα καὶ τὰ μεταξὺ add. Thurot ἐναντίων TVAP: αἰσθητῶν a (Thurot) ὡρίσθαι a: εἰρῆσθαι TAP: πεπέρανθαι V οὐδὲν P: *non* T κατὰ ταῦτα VA 5 συνδιαιρούμενα] διαιρουμένοις a 6 αἰσθητικῶν APa 7 ὃ V: *ut* T: ὃ καὶ Pa: om. A ταῖς et διαιρέσεσι A τῷ T: τὸ VAPa γὰρ cf. p. 113,21 8 αὐτῶν V εἰς om. a (habet etiam M) 9 οὖν TVA: ἐν τῷ Pa 9—12 τῆς τῶν—διαίρεσιν om. A 11 μὲν corr. ex μὴ P: μὴ a (corr. M) 13 prius καὶ om. T τῇ Pa: om. VA Φυσικῇ ἀκροάσει] Θ 8 p. 263a? (Thurot dubitanter ad Z 2 p. 233a 10ss. relegat) καθ' αὑτὰ Thurot: καθ' αὑτὸ VAPa: om. T 14 τὰς εἰρημένας τῶν συνεχῶν T ut vid: unde defectus, quem infra adnotabo, facilius explicatur τῶν et μὴ συνεχῶν om. T 15 καθ' αὑτὰ Thurot: καθ' αὑτὸ libri 16 γενέσθαι prius A: γίγνεσθαι a μὴ om. T 18 συνεχὲς πᾶν V εἰ—διαιροῖτο TVA: εἰς ἴσα διαιρούμενον Pa 19 μὲν om. T alt. γὰρ] μὲν γὰρ Pa 22 συναπαρτίζοιτο A: *commensuretur* T: συνδιαρπάζοιτο V: συναρπάζοιτο P: συναρμόζοιτο a αὐτῷ] αὐτὸ V ἀλλ'] *sed neque* T οὐδὲν] *vel* T 24 εἰς MT: εἰ VA: ἢ Pa μὲν οὖν MVAPa: *enim* T ἴσα MT: εἰς ἴσα VAPa 26 συνεχῶς a εἰ ⟨γὰρ⟩ τοῦ Diels: *si igitur* T: εἴτ' οὖν VAPa ἀφαιρουμένου TV: ἀφαιρούμενος a: ἀφαιρούμενον A: ἀφαιρου^{μν}' (!) P (ἀφαιρούμενος ND)

τοσοῦτον ἀφαιροῖτο ὁπόσον ἦν αὐτὸ ἀφ' οὗ ἀφῃρέθη, εἴγε, καθ' ὃν λόγον
ἔφθασεν διῃρῆσθαι τὸ ὅλον, κατὰ τοῦτον καὶ τὸ μόριον αὐτοῦ διῄρηται
καὶ τὸ τούτου πάλιν μόριον ὁμοίως, ἐπ' | ἄπειρον ἡ διαίρεσις ἔσται. τοῦ 243
μὲν οὖν συνεχοῦς ἡ διαίρεσις τοιαύτη· τοῦ δὲ μὴ καθ' αὑτὸ συνεχοῦς,
ὁποῖαί εἰσιν αἱ αἰσθηταὶ ποιότητες, αἱ διαιρέσεις εἰς πεπερασμένα εἴδη γίνονται,
εἰ διαιροῖντο καθ' αὑτάς, ὡς δέδεικται.

Ἦν δὲ τὸ ἀπορούμενον, εἰ, ὥσπερ τὰ σώματα ἐπ' ἄπειρον διαιρεῖται,
οὕτω καὶ τὰ πάθη αὐτῶν. τοῦτο δὲ δεικνὺς λέγει ὅτι καθ' αὑτὰ μὲν ἡ
τῶν παθῶν διαίρεσις εἰς πεπερασμένα γίνεται εἴδη. τὰ γὰρ πάθη τῶν
σωμάτων ταῦτα τὰ αἰσθητὰ εἴδη ἐστί, καὶ οὐ μεγέθη οὐδὲ συνεχῆ καθ'
αὑτά· διὸ καὶ ἡ διαίρεσις αὐτῶν εἰς πεπερασμένα γίνεται. τῷ δὲ πάθη
εἶναι τῶν συνεχῶν καὶ ἐν τοῖς συνεχέσιν ὑπάρχειν καὶ ἐν τούτοις τὸ εἶναι
ἔχειν, κατὰ συμβεβηκὸς ἂν ἐκείνοις συνδιαιροῖτο, καὶ δῆλον ὅτι, ὡς ἂν
ἐκεῖνα | διαιροῖτο, καὶ ταῦτα αὐτοῖς συνδιαιρεθήσεται. ἐπεὶ τοίνυν δυνάμει 244
ἐπ' ἄπειρον διαιρετὸν τὸ συνεχές ἐστι, εἴη ἂν καὶ τὰ πάθη κατὰ συμβεβηκὸς
ὁμοίως ἐκείνῳ διαιρετὰ ἐπ' ἄπειρον δυνάμει. δεῖ οὖν, φησίν, ἐν τοῖς
αἰσθητοῖς τοῖς ἐν συνεχείᾳ οὖσι λαμβάνειν ὅτι τὸ δυνάμει καὶ τὸ ἐνεργείᾳ
ἕτερον (ἄλλο γὰρ τὸ ἐνεργείᾳ αἰσθητῷ εἶναι καὶ ἄλλο τὸ δυνάμει),
καὶ ὡς τὰ μέρη τοῦ συνεχοῦς ἐν τῷ ὅλῳ δυνάμει, καὶ τὰ τῶν μορίων
πάθη ἅ ἐστιν αἰσθητὰ δυνάμει ἐστὶν αἰσθητά, ὄντων τῶν μορίων ἐν τῷ
ὅλῳ. ὅλη μὲν οὖν ἡ κέγχρος αἰσθητὴ καθ' αὑτήν (καθ' αὑτὴν γὰρ καὶ
ἔστι), τὸ δὲ μυριοστὸν μέρος τῆς κέγχρου δυνάμει ἐστὶν αἰσθητὸν τῷ
μὴ εἶναι καθ' αὑτό, ἀλλ' ἐν τῇ κέγχρῳ οὔσῃ συνεχεῖ. ἐπέρχεται μὲν
γὰρ καὶ τοῦτο ἡ ὄψις, ὅταν τὴν κέγχρον βλέπῃ, οὐ μὴν καθ' αὑτὸ αὐτὸ
ὁρᾷ, ἀλλὰ ὡς ἐν τῷ ὅλῳ ὄν. ὁμοίως ἔχει καὶ περὶ τοῦ ἐν τῇ διέσει

---

1 τοσοῦτον APa: τοσούτου TV ἀφαιροῖτο TVA: ἀφῃρεῖτο M: ἀφαιρείτω Pa αὐτοῦ T: αὐτὸ τοῦ coni. Thurot εἴ γε Thurot: *si quidem* T: ἂν γὰρ VAPa 2 τοῦτο V τὸ TVA: om. Pa 3 πάλιν] πᾶν T μορίων M 4 τοιαύτη] αὕτη a καθ' αὑτὸ A (T): καθ' αὑτὰ V: om. Pa 5 αἰσθητικαὶ a alt. αἱ V: εἰς Pa: εἰ T: ἐκ MA διαιρέσεις TVPa: διαιρέσεως MA εἰς V: εἰσὶ APa (*fiant* T) γίνονται V: γίνοιτο A (*fiet* T): γίνοιντο P: γίγνοιν a: om. M: γίνοιντ' ἂν coni. Thurot 6 διαιροῖτο T 7 δὲ MTA: δὴ Pa: om. V 9 *in species fit finitas* T γίνεται εἴδη VA: εἴδη γίνεται Pa 10 εἴδη om. T οὐδὲ om. T 11 παθητὰ AP: παθητικὰ a (corr. M) 13 ἐκείνοις] ἐκείνους A ὅτι ὡς ἂν] *sicut* T 14 ἐκεῖνα] ἐκείνων V διαιροῖτο P: *condividantur* T: διαιρεῖτο a: διαιρεῖται M: δαιρῆται A (quod ne probes, cf. p. 121,25): διῄρηται V 14. 15 δυνάμει — ἐστι V (nisi quod post δυνάμει rep. ἐστιν): ἐπ' ἄπειρον διαιρεῖται ὧν (ὃν T) τὸ συνεχές ἐστι τὸ (τὸ om. A, T?) δυνάμει TAPa 15. 16 εἴη — δυνάμει om. T 16 ἐκείνω A: ἐκεῖνα P: ἐκείνοις Va 17 αἰσθη῀ τ P τοῖς om. a (habet etiam M) ἐν] ἐν τῇ a, fort. recte (v. p. 117,19) 18 prius τὸ om. a (habet etiam M) ἐναργεία αἰσθητὸν V *sensibile esse et dicendum potentia* T 21 οὖν VA: *igitur* T: γὰρ a: om. P καθ' αὑτήν om. T καὶ om. a 22 δὲ T: γὰρ VAPa τῷ] τὸ a (corr. M) 24 αὐτὸ καθ' αὑτὸ V αὐτὸ om. a (habet etiam M) 25 ὄν TVAP: ὄντι a: ὄντι μέρος M post ὁμοίως add. δὲ T ἐν τῇ Pa (Arist.): *in* T: ἐν V: om. A διέσει TPa: διέπει V: διαιρέσει A

φθόγγου· τοῦ μὲν παντὸς | μέλους συνεχοῦς ὄντος, οὗ μόριον ὁ ἐν τῇ 245 διέσει φθόγγος, καθ' αὑτὸ ἀκούει ἡ ἀκοή, δυνάμει δὲ τοῦ ἐν τῇ διέσει, ὅτι μόριον ἐκείνου. εἰπὼν δὲ συνεχοῦς ὄντος τοῦ μέλους ἀκούει παντὸς ἡ ἀκοή, τὸ δὲ διάστημά φησι τοῦτο τὸ τῆς διέσεως, ὃν μόριον τοῦ μέλους καὶ μεταξὺ ὂν τῶν ἐσχάτων, τουτέστι τοῦ ὅλου διαστήματος τοῦ μέλους (τοῦτο γάρ ἐστι τὸ τοῦ μεταξὺ πρὸς τοὺς ἐσχάτους) λανθάνειν (τὸ γὰρ μεταξὺ ὂν τῶν ἐσχάτων φθόγγων μόριόν ἐστι τοῦ ἀκουομένου παντὸς μέλους) τῷ ἐν τῷ ὅλῳ εἶναι, αὐτὸ καθ' αὑτὸ οὐκ αἰσθητὸν τότε ἐνεργείᾳ ὄν, ὅτι μηδὲ ἔστι καθ' αὑτό.

Εἰπὼν δὲ ἐπὶ τοῦ ὁρατοῦ καὶ ἐπὶ τοῦ ἀκουστοῦ τὰ μόρια τὰ ἐν τοῖς ὅλοις λανθάνειν τῷ μὴ εἶναι ἐνεργείᾳ αἰσθητὰ μηδὲ καθ' αὑτά, ὅταν ᾖ ἐν τοῖς ὅλοις, ἀλλὰ δυνάμει, ὁμοίως φησὶν ἔχειν καὶ ἐπὶ τῶν ἄλλων αἰσθητῶν· τὰ γὰρ μικρὰ | μόρια τὰ ἐν τοῖς αἰσθητοῖς δυνάμει εἶναι αἰσθητά, ἐνεργείᾳ 246 δὲ μή, ὅτι μηδὲ τὴν ἀρχὴν κεχώρισται μηδὲ ἔστι καθ' αὑτά. οὐδὲ γὰρ ἡ ποδιαία ἐνεργείᾳ ἐστὶν ἐν τῇ δίποδι συνεχεῖ οὔσῃ, ἀλλὰ δυνάμει· ἐνεργείᾳ δὲ τότε γίνεται ἡ ποδιαία, ὅταν χωρισθῇ καὶ καθ' αὑτὴν ληφθῇ χωρισθεῖσα τῆς πρὸς τὴν ἑτέραν συνεχείας.

Εἰπὼν δὲ τὰ μόρια τὰ ἐν τοῖς ὅλοις δυνάμει [τε] αἰσθητὰ εἶναι τῷ δυνάμει καὶ εἶναι ἐν τῇ συνεχείᾳ τῇ τῶν ὅλων, ἐφεξῆς ζητεῖ, εἰ χωρισθέντα τῆς συνεχείας πάντα δύναται καθ' αὑτὰ αἰσθητὰ γίνεσθαι, ἤ, εἰ μὴ τοῦτο, πῶς ἐν τῷ ὅλῳ ὄντα δυνάμει λέγοιτ' ἂν εἶναι, καί φησιν ἐνδέχεσθαι μέν, εἰς τὰ τηλικαῦτα τῆς διαιρέσεως γινομένης, μηδὲ μένειν ἔτι τὰ μόρια τὰ τηλικαῦτα ἐπὶ τῆς οἰκείας φύσεως, ὡς μὴ μένειν ἔτι ἀφαιρεθὲν τὸ μυριοστὸν τῆς κέγχρου μέρος ἔτι μέρος κέγχρου καὶ τὸ πάθος ὃ εἶχεν ὂν ἐν τῇ | κέγχρῳ, ἀλλ' ἀναλύεσθαι καὶ μεταβάλλεσθαι εἰς τὸν περιέχοντα 247 ἀέρα, ὡς μεταβάλλον ἐκείνου πάλιν γίνεσθαι συνεχὲς μόριον. ὡς γὰρ ὁ

1 μὲν ⟨γὰρ⟩ coni. Thurot 1—3 οὗ—ὄντος om. V 1. 2 ὁ ἐν—ἀκοή om. T 2 καθ' AP: οὐ καθ' a αὐτὸν ἀκούσεται ἡ ἀκοή coni. Thurot ἀκούει ἡ ἀκοή scripsi (cf. v. 3. 4): ἀκούεται ἀκοῇ APa *aitem qui in dyesi* T 4 ante prius τὸ add. ἢ TAP δὲ om. A (del. Thurot), sed v. Arist. φησὶ τὸ δὲ διάστημα V διαιρέσεως TVP 5. 6 καὶ—μέλους om. T 5 τῶν ἐσχάτωκ Thurot: τοῦ ἐσχάτου libri 6 τούτου a λανθάνειν v. 8 post μέλους transponit Thurot 7 ὄντων T 8 τῷ] τῶν APa post ὅλῳ add. καὶ Pa καθ' αὑτὸ om. T 9 ὂν V: om. TAPa 10 prius ἐπὶ om. a (habet etiam M) alt. ἐπὶ om. TV 11 λανθάνειν] ὑπὸ V 12 φησὶν om. T τῶν om. V 14 μή] μηδὲ V ὅτι] spat. VII litt. V aut cum Thuroto μήτε . . . μήτε scrib. aut μὴ pro priore μηδὲ cum T μηδέ ἐστι om. T οὐ a (οὐδὲ etiam M) 15 τῇ] τῶ A οὖσα A 16 p. 446a6 μὴ cum EMYP legit 17 τὴν om. A ἑτέρας M 18 δὲ om. T τὰ ἐν om. a (habet etiam M) ἄλλοις A τε del. Thurot 19 καὶ MVA: om. TPa ἐν TV: εἰς τὸ ἐν A: ὅσα ἐν Pa ὅλων TV: ὅλων ἢ A: ὅλων ἡ Pa εἰ] ἢ V 20 δυνάμει V γίνεσθαι MTVA: εἶναι Pa 21 ἐνδέχεται a 22 γινόμενα a 23 μὴ om. a (habet etiam M) ἔτι del. Thurot ἀφερεθὲν a 24 alt. μέρος] μέρη V τὸ πάθος Pa: τοῦ πάθους MTVA: τὸ πάθος μέρος τοῦ πάθους fort. scrib., certe intellegendum 25 εἰς τὰ περιέχοντα Arist. 26 ὡς μεταβάλλον om. T μεταβάλλον VA: μεταβάλλου P: μεταβάλλοντος a πάλιν] *tocius* T: cf. p. 116,3

κύαθος τοῦ οἴνου εἰς τὴν θάλασσαν ἐγχυθεὶς οὐ φυλάσσει τὴν αὑτοῦ φύσιν, 247
ἀλλ' εἰς τὴν τῆς θαλάσσης οὐσίαν μεταβάλλει, οὕτω καὶ τὰ τῶν αἰσθητῶν 5
μόρια τηλικαῦτα εὔλογον χωριζόμενα, εἰς οὕτω μικρὰ διαιρουμένου τοῦ
ὅλου, εἰς τὸ περιέχον ἀναλύεσθαι· ὥστ' οὐδ' οὕτως ἂν εἴη καθ' αὑτά,
ἀλλὰ μέρη τούτων εἰς ἃ ἀνελύθη.

Οὐ μὴν ἀλλ' εἰ καὶ μὴ φθείροιτο, ἀλλὰ μένοι, οὐδ' οὕτως ἂν εἴη
ἐνεργείᾳ αἰσθητόν, ἀλλὰ καὶ τότε δυνάμει· πάντα μὲν γὰρ τὰ ἐν τοῖς 10
ὅλοις μέρη, ἔστ' ἂν ἐν τοῖς ὅλοις ᾖ, δυνάμει ἐστὶν αἰσθητὰ καὶ οὐκ ἐνεργείᾳ·
καὶ γὰρ τὰ μέρη τοῦ ὅλου οὕτως ἔχει τὸ εἶναι. οὕτω δὲ καὶ τῶν μορίων
τὰ τηλικαῦτα, ὡς διὰ μικρότητα διαφεύγειν τὴν αἴσθησιν, καὶ χωρισθέντα
τῶν ὅλων φυλάσσει τὸ δυνάμει, ὅσον μὲν ἐπὶ τῇ αὑτῶν φύσει αἰσθητὰ
ὄντα | καὶ ἔχοντα τὸ πάθος (καὶ γὰρ ἐν τῷ ὅλῳ ὄντα αἰσθητὰ ἦν, † ἐπεὶ 248
οὖν ἡ ὄψις, εἰ καὶ μὴ καθ' αὑτά), διὰ δὲ σμικρότητα τὴν αἴσθησιν δια-
φεύγοντα. τούτου δὲ αἴτιον, ὅτι ἡ ὑπεροχὴ τῆς αἰσθήσεως οὐ καθ' αὑτὴν
αἰσθητή, τουτέστιν οὐ πᾶν μόριον τοῦ αἰσθητοῦ αἰσθητόν ἐστι καθ' αὑτό· 5
ὑπεροχὴν γὰρ αἰσθήσεως εἴη ἂν λέγων ἀντὶ τοῦ κατ' ἐνέργειαν. ὑπεροχὴ
δὲ τοῦ αἰσθητοῦ εἴη ἂν μόριον, οὗ ἀφαιρεθέντος τὸ καταλειπόμενον ἔτι
αἰσθητὸν ἐνεργείᾳ μένει. εἰ τοῦτο οὖν τὸ μόριον τὸ ἀπὸ τοῦ αἰσθητοῦ
ἀφαιρούμενον οὐ πᾶν ἐστι, μονωθὲν καὶ χωρισθὲν τοῦ ὅλου, καθ' αὑτὸ
αἰσθητόν, ἀλλὰ δυνάμει, ⟨δυνάμει⟩ μὲν εἴη ἂν καὶ τότε αἰσθητόν, ἐνεργείᾳ 10
δὲ οὔ. καὶ γὰρ καὶ ὅτε ἐν ὅλῳ ἦν τῷ ἐνεργείᾳ αἰσθητῷ, οὐ καθ' αὑτὸ
ἦν αἰσθητόν. ἀλλ' οὐ διὰ τοῦτο οὐδὲν αἰσθητὸν ἦν.

Ἢ τὸ λεγόμενον τοιοῦτόν ἐστιν· ὡς γὰρ ἡ ἀκριβε|στέρα αἴσθησις 249
ὑπερέχει τινὶ δυνάμει αἰσθητικῇ τῆς ἧττον ἀκριβοῦς (οὐ γὰρ κατ' ἄλλο τι
ἡ ὑπεροχὴ τῆς ἀκριβεστέρας αἰσθήσεως ἢ κατὰ δύναμιν αἰσθητικήν), οὐ
μὴν καθ' αὑτὴν ἡ ὑπεροχὴ αὐτὴ γινομένη αἴσθησίς ἐστι (τὸ γὰρ αἰσθητὴ
εἶπεν ἀντὶ τοῦ αἰσθητική· οὐ γὰρ εἴ τις τοσαύτην ἔχουσα δύναμιν, ὅση 5
ἐστὶν ἡ αἰσθητικὴ ὑπεροχὴ ἐν τῇ ἀκριβεστέρᾳ αἰσθήσει, ἤδη καὶ αἰσθά-

1 θάλατταν a ἐκχυθεὶς Arist. φυλάσσει] *servabit* T αὐτοῦ libri
2 τῆς om. V θαλάττης a 3 μόρια ⟨τὰ⟩ coni. Thurot τηλικαύτης a ἄλογον V
3. 4 διαιρουμένου—εἰς om. T, sed post ἀναλύεσθαι add. *si possit per totım* διαιρούμενα a (corr. M) 5 ἀνελήλυθε V 7 ἀλλὰ om. T 8 ἔστ'] *erunt* T ἢ T 9 γὰρ] πάντα a (corr. M) 10 τὰ om. V σμικρότητα a
11 τῶν] εἶναι a φυλάσσει A: φυλάσσοι V: φυλάσσειν Pa: φυλάξει T ὅσω Pa αὐτῶν libri φύσιν a (corr. M) 12. 13 ἐπεὶ οὖν] ἔπεισι γοῦν conicio v. p. 116,23 et Arist. p. 446a1 13 ἡ ὄψις] τὰ αἰσθητά Pa καὶ om. a (habet etiam M)
13. 14 διαφεύγειν M 14 αἰτίαν V 15 αἰσθητή TPa: αἰσθητὰ V: αἰσθητήν A 16 αἴσθησις A κατ' ἐνέργειαν corruptum censet Thurot, αἰσθητοῦ subandi 18 αἰσθητήριον a (corr. M) ἐναργείᾳ V 19 οὐ πᾶν ἐστι] spat. VI litt. T καὶ] κἂν V
20 δυνάμει addidi μὲν scripsi: μένει TVAP: μένειν a: om. M 21 καὶ γὰρ] οὐ γὰρ a ὅτι a τῷ VA: τὸ P: om. a: τῶν M αἰσθητῷ VA: αἰσθητῶν M: αἰσθητὸν Pa 22 οὐδὲ ⟨δυνάμει⟩ conicio ἦν αἰσθητόν V 25 ἡ om. V
26 κατ' αὐτὴν APa αὐτὴ MVA: αὐτῇ P: αὐτοῦ a: om. T: αὕτη Thurot γενομένη A αἰσθητῇ TP (αἰσθητικὴ V huc refert Duemmler) αἰσθητικὴ V (ut testatur Mau) A: αἰσθητικοῦ TPa 27 ἔχει MA 28 ἡ om. V αἰσθητικὴ ὑπεροχὴ V: ὑπεροχὴ αἰσθητικὴ MA: ὑπεροχὴ T: αἰσθητικὴ Pa

νεσθαι ἂν δύναιτο· καίτοι αὔξει τὴν αἴσθησιν τῇ προσθήκῃ· δυνάμει γὰρ 249 ἐν τῇ ἀκριβεστέρᾳ αἰσθήσει ἡ ὑπεροχὴ ἐνυπάρχει, καὶ ἔστιν αἴσθησις δυνάμει, ἀλλ' οὐχ οὕτως ὥστε καὶ χωρισθεῖσα καθ' αὑτὴν αἴσθησις εἶναι), οὕτως καὶ ἐν τοῖς αἰσθητοῖς ἔνια τῶν μορίων οὕτως ἐστίν, ἐν τῷ ὅλῳ ὄντα, δυνάμει αἰσθητά, ὡς ὄντα μὲν ἐν τῷ ὅλῳ συντελεῖν τι αὐτῷ πρὸς τὸ αἰσθητῷ εἶναι, χωρισθέντα μέντοι καὶ καθ' ἑαυτὰ γινόμενα μὴ εἶναι αἰσθητὰ δι' ὑπερ|οχήν. ⟨ὑπεροχὴν⟩ γὰρ καὶ αἰσθήσεως λέγοι ἂν καὶ τὴν ἐν 250 τῇ ἀκριβεστέρᾳ γινομένην πρὸς τὴν ἧττον ἀκριβῆ. ὁρᾷ μὲν γάρ τι πλέον ἡ ἀκριβεστέρα αἴσθησις, ἀλλ' οὐχ οὕτως ὡς ὑπερβάλλουσα οὐχ ὁμοίως αὐτὸ οὐχ ὁρᾶν τῇ ἀκριβείᾳ, ἀλλ' ἀκριβέστερον. λίαν δὲ ἀνυσίμως ἔδειξε τὸ προκείμενον τῇ τῆς αἰσθήσεως ὑπεροχῇ χρησάμενος καὶ τὴν ὁμοιότητα δείξας αὐτῶν. ὡς γὰρ ἡ ὑπεροχὴ τῆς ἀκριβεστέρας αἰσθήσεως συντελοῦσα εἰς τὴν αἴσθησιν τῷ ἔχοντι χωρισθεῖσα οὐκ ἔστιν αἴσθησις καθ' αὑτήν, οὕτως οὐδὲ τὸ τηλικοῦτον μόριον τοῦ αἰσθητοῦ χωρισθὲν ἔσται καθ' αὑτὸ αἰσθητόν, ἀλλ' ὁμοίως μὲν αἰσθητόν, ὡς ἦν καὶ ὅτε ἦν ἐν τῷ ὅλῳ· δυνάμει γὰρ καὶ τότε· οὕτως γὰρ ἡ ὑπεροχὴ τῆς ἀκριβεστέρας αἰσθήσεως καθ' αὑτὴν λαμβανομένη αἴσθησις δυνάμει τῷ προστεθείσης ἄλλης δυνάμεώς τινος αἴσθησις γίνεσθαι. οὐ μήν, ἐπεὶ μὴ καθ' αὑτὸ αἰσθητόν ἐστι χωρισθέν, διὰ τοῦτο ἀναίσθητον καὶ ἀπαθὲς | ἔσται· ἀλλ' ἔσται καθ' 251 αὑτὸ ὂν δυνάμει αἰσθητόν· ἔχει μὲν γὰρ τὰ πάθη τὰ αἰσθητά, διὰ δὲ σμικρότητα ἐκπέπτωκε τοῦ καθ' αὑτὸ κινεῖν τὴν αἴσθησιν δύνασθαι. ἐνεργείᾳ δὲ αἰσθητὸν ἔσται ἄλλοις ὁμοίοις προσγενόμενον. ὅταν γὰρ ἀθροισθῇ ταῦτα ἃ κατ' ἰδίαν ὄντα καὶ κεχωρισμένα δυνάμει μόνον ἦν αἰσθητά, δι' ἀσθένειαν μὴ δυνάμενα τὴν αἴσθησιν κινεῖν ἐνεργείᾳ, καὶ γένηται ἐξ αὐτῶν τηλικοῦτον ὡς δύνασθαι κινεῖν ταύτην, † δι' ὧν ἡ κατ'

1 δύναιτο Thurot: δύναται libri   καὶ αὔξειν Pa (corr. M)   1—3 τὴν αἴσθησιν— ὥστε om. a(M)   2 ἐνυπάρχει] ἐν ὑπεροχῇ V   αἴσθησίς ἐστι P   3 καὶ] *est* T (*sit* Thurot, corr. *et*)   κατ' αὐτὴν APa   αἴσθησιν VPa   εἶναι om. T   4 ante alt. ἐν add. ὡς a   5 αἰσθητὰ δυνάμει V   6 τὸ] τῷ Va   καὶ om. T   αὐτὰ a   7 adhuc ante δι' interpungebant, quare δι' ὑπεροχὴν suspecta habet Thurot   ὑπεροχὴν addidi   καὶ αἰσθήσεως V: αἰσθήσεως Pa: καὶ αἴσθησιν MTA   7. 8 ἐν τῇ ἀκριβεστέρα Pa: ἐν τῷ ἀκριβεστέραν V: ἐν τῷ ἀκριβεστέρῳ A: ἀκριβεστέραν T

8 γενομένην P   ὁρῶμεν a   μὲν om. MT   9 οὐχ οὕτως ὡς Pa: οὐ τοῦ ὡς V: οὐ τούτῳ A: *non hoc ut* T   ὑπερβάλλουσα—ἀκριβέστερον corrupta censet Thurot   οὐχ ὁμοίως om. M   αὐτὰ V   10 οὐχ om. M   ὁρᾶν τῇ scripsi (cf. v. 3): ὁρᾷ τῇ TVPa: ὁρατῇ A   δὲ] γὰρ A   ἀνυσίμως om. T   12 ἀκριβεστάτης V   13 τοῦ ἔχοντος Pa (corr. M): om. T   καθ' αὑτήν om. T   αὐτὰ V   14 ante οὕτως add. καὶ A   αὐτὰ V   15 μὲν om. V   16 αἰσθήσεως om. Ta (habet etiam M)   17 αὐτὰ V   αἴσθησιν V   δυνάμει TVA: δυνάμει ἐστὶ Pa   18 τινὰ a (corr. M)   αἴσθησιν Aa (T anceps)   αὐτὰ V   19 *propter hoc et sensibilis* T   20 alt. τὰ V: om. APa   22 ἄλλοις ὁμοίοις Thurot: ἄλλοις ὁμοίως MTV: ἄλλως ὁμοίως A: ἀλλ' οὐχ ὁμοίως Pa   προσγενόμενον prius V, Pa (Arist.): προσγινόμενον (T)V²A   23 καὶ om. a   24 δυνάμεθα A   24. 25 καὶ γένηται VA (*et fiat* T): γίνεται Pa   25 τηλικοῦτον—ταύτην] *actu* T   ταύτην scripsi: ταῦτα VA: αὐτὰ Pa: αὐτὴν Thurot   δι' ἡνωμένων conicio, corruptum δι' ὧν alterius corruptelae γίνεται causa   ἡ om. a

ἐνέργειαν αἴσθησις γίνεται. οὐ γὰρ ἐν ποιότητι μόνῃ, ἀλλὰ καὶ ἐν ποσότητι 251
τῆς δυνάμεως ἡ ὑπὸ τοῦ αἰσθητοῦ τότε κίνησις γίνεται ἐνεργείᾳ αἰσθητή, οὐχ ὡς ἑκάτερον αὐτῶν κατ' ἰδίαν ὂν αἰσθητόν, ἀλλ' ὡς διὰ τὴν σύνθεσιν συντελοῦντα τῷ ὅλῳ τῷ [τε] ἐξ αὐτῶν εἰς τὸ δύνασθαι κινεῖν τὴν κατ' ἐνέργειαν αἴσθησιν. οὕτω γὰρ καὶ ἐν τῷ ὅλῳ ὄντα δυνάμει αἰσθητά, οὐχ| ὡς ἐνεργείᾳ δυνάμενά ποτε γίνεσθαι καθ' αὑτά, ἀλλ' ὡς μέρη. μέρη 252
γὰρ ἦν τοῦ καθ' αὑτὸ αἰσθητοῦ, καὶ εἴη ἂν τῆς δυνάμεως αὐτῶν τῆς πρὸς τὴν αἴσθησιν, ἣν ἔχει κεχωρισμένα ἐνεργείᾳ, † ἡ ὑστέρα δύναμις, καθ' ἣν ἐν τῷ ὅλῳ ὄντα καὶ μέρη δυνάμει ἐλέγετο αἰσθητὰ εἶναι. τότε γὰρ αὐτῶν ἡ αἴσθησις ἀντιλαμβάνεταί πως καὶ ἐνεργεῖ περὶ αὐτά, εἰ καὶ μὴ ὡς καθ' αὑτὰ ὄντα κεχωρισμένα.

Δείξας δὲ ταῦτα ἐπιφέρει· ὅτι μὲν οὖν ἔνια μεγέθη καὶ πάθη λανθάνει καὶ διὰ τίνα αἰτίαν καὶ πῶς αἰσθητὰ καὶ πῶς οὔ, εἴρηται, τῷ μὲν μεγέθη ‘καὶ πάθη’ προσθείς· οὐ γὰρ τῷ ἀπαθῆ εἶναι ἔνια μεγέθη λανθάνει τὴν αἴσθησιν [οὕτως γάρ], ἀλλὰ καὶ τὰ πάθη, ὡς τὰ μεγέθη, λανθάνει τὸ δὲ καὶ διὰ τίνα αἰτίαν, ὅτι οὐ διὰ τὸ [μὴ] ἀπαθῆ τε καὶ χωρίς τινος αἰσθητῆς διαφορᾶς εἶναι λανθάνει τὴν αἴσθησιν (οὕτω γὰρ γίνε|ται τὸ ἀπορηθὲν τὸ ἐξ ἀναισθήτων καὶ ἀπαθῶν τὰ πάθη 253
τε καὶ τὰ αἰσθητὰ γίνεσθαι, ὡς ἐδόκει τοῖς ἀτόμους ἀρχὰς ὑποτιθεμένοις), ἀλλὰ τῷ ἔχειν μέν, ἐλάττω μέντοι εἶναι ἢ ὡς κινεῖν τὴν αἴσθησιν καθ' αὑτὰ ὄντα δύνασθαι. διὰ τοῦτο γὰρ οὔτε πάντα αἰσθητά, εἰς ἄπειρον γινομένης τῆς διαιρέσεως, οὔτ' ἔστι τινὰ μόρια τῶν αἰσθητῶν ἀναίσθητα καὶ ἀπαθῆ τῇ αὐτῶν φύσει. ὅταν μὲν οὖν ταῦτα τὰ καθ' αὑτὰ διαλανθάνοντα τὴν αἴσθησιν ἐνυπάρχῃ τινὶ καὶ ἅμα τοσαῦτα ὡς ἤδη κινεῖν τὸ ἐξ

---

1 μόνῃ MTVA: μόνον Pa 2 τῆς om. A ἡ om. a ἀπὸ coni. Thurot τότε om. T 3 συνήθειαν A 4 συντελοῦντα TVP: συντελοῦνται A: συντελοῦν a 4. 5 τῷ τε—τῷ ὅλῳ om. Pa (habet etiam M) τε delevi (v. p. 121,1), intercidit simul cum τῷ in margine desecto M κινεῖν om. V 5 post αἴσθησιν add. ἐντιθεμένῳ M 7 alt. τῆς Pa: τῇ V: τὴν A 8 κεχωρισμένην Pa ἡ ὑστέρα] προτέρα ἡ coni. Thurot: πρεσβυτέρα ἡ conicio aut ἐνέργεια ἡ (cf. v. 10) 9 καὶ om. a μέρει A ante εἶναι add. ὄντα Pa (om etiam M) 10 ἐνεργείᾳ (*actu*) T καὶ εἰ V 11 post ὄντα add. καὶ Thurot 14 τῷ μὲν μεγέθη MAPV (μεγέθ' V): τῷ μεγέθει a: *magnitudinibus* T καὶ πάθη TAa: ὅτι καὶ πάθη P: τὸ πάθος V: τὸ καὶ πάθη conicio προσθείς VAP (*apponent* corr. in *apponens* T): προσέθηκεν a 14—16 οὐ γὰρ—λανθάνει] *sicut enim quedam magnitudines que sine passione sunt latent sensum, sed et passiones et magnitudines accipit* T 14. 15 τῷ—γὰρ] μόνα τὰ μεγέθη λανθάνει τὴν αἴσθησιν e. gr. coni. Thurot, traditam lectionem ex sequentibus interpolatam censens 14 ἀπαθεῖ V 15 οὕτως γάρ (cf. v. 18) delevi ἀλλὰ TPA: ἂν Va 16 λανθάνοι a τὸ] *hec* T οὐ A²Pa: μὴ A¹: om. TV 16. 17 *propter ea que sine passione* T 16 μὴ del. Thurot (cf. T) 17 αἰσθητῆς τινος TP 18 παθῶν a 20 τῷ ἔχειν μέν Aa (τὰ πάθη subaudi): τῷ ἔχειν μὴ P: *in humido* (*in habendo* Thurot) T: τῷ ἔχειν V ἔλαττον A μέντοι a: *quidem secundum* T: μὲν τὸ VAP 21 αὐτὰ V: αὐτὸ APa δύνασθαι om. T ut vid. ἄπορον A 22 οὔτ' ἔστι MTAP: οὔτε Va 23 τὰ bis habet P 24 ἐνυπάρχει V (Alex. vid. comprobare Arist. codd. LSU ἐνυπάρχῃ τούτῳ τοσαῦτα) τοιαῦτα A τὸ TV, v. 4: τὰ APa

αὐτῶν τὴν αἴσθησιν δύνασθαι καὶ μὴ μόνον ᾖ αἰσθητὰ τὰ ἐξ αὐτῶν 253 δυνάμει, οὕτως ἔτι ἐν τῷ ὅλῳ ὄντα συντελεῖ τι τῷ ὅλῳ πρὸς τὴν ἐκείνου αἴσθησιν, ἀλλ' οὐ δυνάμει οὕτως ἐν τῷ ὅλῳ αἰσθητὰ ὡς, ἂν χωρισθῇ, δύνασθαι καὶ καθ' αὑτὰ αἰσθητὰ εἶναι.

Ὅταν δὲ τὰ μόρια τοῦ συνεχοῦς τε καὶ αἰσθητοῦ μεγέθους τηλικαῦτα ᾖ, ὡς | μὴ μόνον συντελεῖν τῷ ὅλῳ πρὸς τὸ εἶναι αἰσθητῷ τῷ καὶ αὐτὰ 254 εἶναι ὄντα ἐν αὐτῷ δυνάμει αἰσθητά, ἀλλὰ καὶ χωρισθέντα καθ' αὑτὰ ἐνεργείᾳ αἰσθητὰ εἶναι, ἀναγκαῖον ταῦτα τὰ μεγέθη πεπερασμένα κατὰ ἀριθμὸν εἶναι ἐν τῷ μεγέθει· οὐ γὰρ οἷόν τε εἰς τηλικαῦτα ἄπειρα μεγέθη διαιρεῖσθαι ⟨τὸ⟩ πεπερασμένον. αἱ γὰρ εἰς τοιαῦτα διαιρέσεις ὅμοιαι τῇ εἰς ἴσα· οὐ γὰρ ἔτι εἰς ἐλάττω ὁ οὕτω διαιρῶν διαιρεῖ. διττὸν γὰρ τὸ δυνάμει αἰσθητόν, τὸ μέν, ὅτι ἐν τῷ ὅλῳ ἐστὶ καὶ μηδέπω κεχώρισται, δυνάμενον καὶ χωρισθὲν ἐκείνου καθ' αὑτὸ αἰσθητὸν εἶναι, τὸ δὲ ὅτι συντελεῖ τῷ ὅλῳ πρὸς τὸ εἶναι αἰσθητῷ, οὐκ ὂν καθ' αὑτὸ ἐνεργείᾳ αἰσθητὸν οὐδέποτε. τὰ δὴ οὕτως δυνάμει αἰσθητὰ ἐν τῷ ὅλῳ ὡς καὶ καθ' αὑτὰ αἰσθητὰ δύνασθαι εἶναι πεπερασμένα γίνεται, ὡς ἐγίνετο καὶ ἡ εἰς ἴσα αὐτῶν διαίρεσις. οὐ γὰρ εἰς ἄπειρα αἰσθητὰ ἐνεργείᾳ οἷόν τε τὸ συνεχὲς διαιρεῖσθαι, ὥσπερ οὐδὲ | εἰς ἴσα. ὡς οὖν τὰ ἄπειρα μέρη ἐν τῷ 255 συνεχεῖ δυνάμει μέν ἐστιν, ἐνεργείᾳ δὲ οὐδέποτε, οὕτως καὶ τὰ αἰσθητὰ τὰ κατὰ τὴν ἐπ' ἄπειρον τομὴν διαιρούμενα δυνάμει μὲν ἔσται αἰσθητά, ἐνεργείᾳ δὲ αἰσθητὰ οὐδέποτε καθ' αὑτὰ γίνεται. ὡς δὲ τὰ τηλικαῦτα μέρη τοῦ συνεχοῦς πεπερασμένα τῷ ἀριθμῷ, οὕτω καὶ τὰ ἐν αὐτοῖς ὄντα αἰσθητὰ πάθη, τῷ τὴν τούτων διαίρεσιν τὴν οὕτω γινομένην κατὰ συμβεβηκὸς γίνεσθαι καὶ οὐ καθὸ ἦν αὐτῶν ἡ κατ' εἴδη διαίρεσις, συνδιαιρούμενα τοῖς μεγέθεσιν, ὡς ἂν ἐκεῖνα ἔχοι τὸ ἄπειρόν τε καὶ πεπερασμένον, οὕτω καὶ αὐτὰ ἔχει, κατὰ συμβεβηκὸς μέντοι. ἔδειξεν οὖν ὅτι μήτε πᾶν μόριον τοῦ αἰσθητοῦ αἰσθητὸν ἐνεργείᾳ μήθ' ὅτι ἐξ ἀναισθήτων καὶ ἐξ

---

1 καὶ μὴ om. M ᾖ VAPa: ἐστιν M: om. T: εἶναι conicio αἰσθητὸν τὸ ἐξ conicio τὰ om. a ἐξ αὐτῶν om. M 2 ἔτι TVP: ἔστι A: ὡς M: om. a ἐκείνου Thurot (cf. p. 116,16): ἐκείνων libri 4 δυνάμει V 5 μεγέθη A 6 ᾖ MTVA: καὶ Pa μόνως Pa (corr. M) πρὸς τὸ εἶναι M (cf. v. 14 et p. 119,5): τὸ εἶναι VAPa (*quod sit* T) καὶ MVAP: om. Ta 7 ὄντα εἶναι V 8 αἰσθητὰ ἐνεργείᾳ V πεπερασμένως M 9 εἰς] εἰ a 10 τὸ add. Thurot πεπερασμένα Pa 12. 13 κεχώρισται scripsi: κεχωρίσθαι libri 14 αἰσθητὸν Pa(T) ὂν M(T?): ὂν τὸ VA: ὄντω P: ὄντα a αὐτὰ Pa (corr. M) 15 ὡς om. a (habet etiam M) 16 ἐγένετο a ἡ V, e corr. A: om. Pa: εἰ T 16. 17 καὶ εἰ εἰς ἴσα αὐτὰ ἦν ἡ conicio (*esset* add. T), ἡ iam Thurot add. 19. 20 ἐστιν —μὲν om. T 20 τὰ om. a (habet etiam M) ἐστιν V 21 ὡς] οὐ a 23 πάθους Pa (corr. M) τῷ] κατὰ Pa (corr. M) prius τὴν] spat. ιv litt. V γινομένων a (corr. M) 24 καὶ] δὲ Pa (corr. M) αὐτῷ Pa: αὐτοῖς M 24. 25 συνδιαιρούμενα TA: συνδιαιρουμένη VPa 25 ἔχῃ a (sed v. p. 116,14) 26 αὐτὸ V ἔχει TAP: ἔχοι V: ἔχῃ a μέν τι A πᾶν μήτε V 27 αἰσθητὸν MA: om. TVPa μήθ'] μηδ' Pa ὅτι del. Thurot καὶ ἐξ om. T

ἀπαθῶν τὰ αἰσθητὰ καὶ τὰ πάθη, καὶ ἐτήρησε τὸ πᾶν μόριον τοῦ αἰσθητοῦ αἰσθητὸν εἶναι τῇ αὑτοῦ φύσει.

Οὐ μήν, εἰ | ἔστι τι ἀναίσθητον μέγεθος καθ' αὑτό, ἤδη ἔστι καὶ 256 μέγιστόν τι ἀναίσθητον καὶ ἐλάχιστον αἰσθητόν. τῷ γὰρ ἐπ' ἄπειρον εἶναι τοῦ μεγέθους τὴν διαίρεσιν, ὡς δέδεικται, καὶ τοῦ μεγέθους τὸ μέρος μέγεθος εἶναι, πᾶν μὲν τὸ ἀπὸ τοῦ ληφθέντος ὡς ἐλαχίστου αἰσθητοῦ ἀφαιρούμενον, ⟨ὡς⟩ εἶναι ἀνεπαίσθητον μέγιστον τὸ μετὰ τὴν ἀφαίρεσιν, διαιρετὸν ἔσται. διαιρουμένου δὲ αὐτοῦ καὶ προστιθεμένου καθ' ἕκαστον τῶν μορίων αὐτοῦ τῷ ⟨ἀνεπ⟩αισθήτῳ γενομένῳ μετὰ τὴν ἀφαίρεσιν τούτου, εἰ μὲν μένοι ἀνεπαίσθητον ἔτι προστιθεμένων τούτων, οὐκ ἦν μέγιστον ἀνεπαίσθητον τὸ μετὰ τὴν ἀφαίρεσιν. εἰ δὲ αἰσθητὸν γίνοιτο καθ' ἑκάστην προσθήκην, ἐλάχιστον αἰσθητὸν ἀφ' οὗ ἀφαιρεθὲν τοῦτο τὸ τεμνόμενον καὶ προστιθέμενον ποιήσει τὸ ἀνεπαίσθητον· καὶ γὰρ † μέρους αὐτοῦ ἀφαιρεθέντος προστεθὲν αὐτῷ καὶ οὕτω | ποιεῖ αὐτὸ αἰσθητόν· ὥστ' οὐκ ἦν 257 ὅλον τὸ μετὰ τοῦ ἀφῃρημένου ἐλάχιστον αἰσθητόν. καὶ τοῦτο ἔνεστι δεικνύναι ἐπὶ πάσης ἀφαιρέσεως. ὥστ' εἰ καὶ ἔστι τι ἀνεπαίσθητον, ἀλλ' οὐ μέγιστον, ὥσπερ οὐδέ τι αἰσθητὸν ἐλάχιστον, εἰ καὶ ἔστι τι ἀνεπαίσθητον· ἔτι δὲ εἰ πᾶν μέγεθος δυνάμει ἐστὶν αἰσθητόν (τὸ γὰρ ἀνεπαίσθητον οὐ τῇ ἑαυτοῦ φύσει τοιοῦτον, ἀλλὰ διὰ τὴν τῆς αἰσθήσεως ἀσθένειαν),· οὐκ ἂν εἴη ἀνεπαίσθητόν τι μέγεθος τῇ αὑτοῦ φύσει· ὥστε οὐδὲ μέγιστον. εἰ δὲ μήτε ἐλάχιστόν τί ἐστιν αἰσθητὸν τῇ αὑτοῦ φύσει μήτε μέγιστον ἀνεπαίσθητον, οὐδ' ἂν ἐλάχιστόν τι ὂν τῇ αὑτοῦ φύσει μέγεθος δεικνύοιτο, ὡς οἴεται ὁ Διόδωρος δεικνύναι.

---

1 τετήρηκεν a 2 ante αἰσθητὸν add. τὸ A αὐτοῦ libri 3 ss. cf. Epicurea p. 17,1 ss. U. 3 τι om. Pa (habet etiam M) αὐτὰ V 4 αἰσθητόν om. T 5 μέρος om. Pa (habet etiam M) 6 μὲν TVPa: μὲν γὰρ A: om. M 6. 7 ἐλάχιστον αἰσθητὸν ἀναφαιρόμενον V 7 ὡς addidi εἶναι om. M μέγιστον V: *magnum* T: μέγιστον γένηται A: μέγεθος Pa: om. M τὸ VA (*quod ... erit* T), cf. v. 11: τῷ Pa: om. M 7. 8 διαιρετὸν ἔσται MV: ἀδιαίρετον ἔσται T: διαιρετὸν εἶναι A: διαιρετῷ εἶναι P: διαιρετὴν εἶναι a 8 προστιθεμένων M 9 αὐτοῦ TAP: αὐτῷ Va ἀνεπαισθήτῳ scripsi: αἰσθητῷ libri γενόμενον V 10 μένοι e corr. A (*maneat* T): μένη V: μένει Pa, sed cf. v. 11 ἦν] *erit* T *magnum* T 11 γίνοιτο AP: γένοιτο Va 12 τοῦτο] *habet* T 13 ποιήσοι V: *faciant* T μέρος αὐτοῦ ἀφαιρεθὲν coni. Thurot: μέρος τοῦ ἀφαιρεθέντος conicio 14 προστεθὲν TVPa, e corr. A: προστιθὲν prius A: καὶ προστεθέντος M καὶ om. M, fort. recte *ipsi* T 14. 15 ὥστ'—αἰσθητόν om. A 15 ὅλον τὸ TVP: τὸ ὅλον a μεταξὺ Pa 16 δείκνυσθαι TA ἐπὶ] καὶ ἐπὶ a εἰ om. Pa (habet etiam M) 16—18 ἀλλ'— ἀνεπαίσθητον om. Pa (habet etiam M) 17 *magnum* T τι scripsi: τὸ VA: om. T 17. 18 εἰ—ἀνεπαίσθητον del. Thurot 18 ἔτι] ἔστι A 18. 19 ἔτι — ἀνεπαίσθητον om. T 19 αἰσθήσεως MTVP: φύσεως Aa 20 αὐτοῦ libri post φύσει add. ἀνεπαίσθητον, tum spat. M 20. 21 ὥστε—φύσει om. Pa (habet etiam M) 21 μέγιστον V: μέγα MTA αὐτοῦ VA: om. M (... M teste Thurot) 22 μέγα T οὐδ' Thurot: οὔτ' VAPa αὐτοῦ libri 23 Διόδωρος] Cronus v. Zeller II 1[4] p. 267[2], eisdem verbis utitur Simpl. in Phys. p. 926,20 D. δεικνύσθαι A

p. 446a 20 Ἀπορήσειε δ' ἄν τις, εἰ ἄρα ἀφικνοῦνται τὰ αἰσθητὰ ἢ αἱ κινήσεις αἱ ἀπὸ τῶν αἰσθητῶν.

Ἡ ἀπορία νῦν ἐστιν, εἰ πάντα τὰ αἰσθητὰ πρὸ τοῦ τῇ αἰσθή|σει προσ- 258 βάλλειν πρῶτον ἐν τῷ ἡμίσει τοῦ διαστήματος τοῦ μεταξὺ τῆς τε αἰσθήσεως καὶ αὐτοῦ γίνεται. τοῦτο γὰρ ἐπὶ μέν τινων αἰσθητῶν γνώριμον, ὡς ἐπί τε τῶν ψόφων καὶ ἐπὶ τῶν ὀσμῶν. οὔτε γὰρ εὐθὺ τῷ γενέσθαι τὸν ψόφον ἡ ἀκοή (ἀμέλει οἱ πόρρωθεν ὄντες τῶν πλησίον βραδύτερον ἀκούουσιν, ὡς ἐν χρόνῳ πλείονι φερομένου τοῦ αἰσθητοῦ πρὸς αὐτοὺς διὰ ⟨τὸ διὰ⟩ πλείονος διαστήματος φέρεσθαι), ἀλλὰ καὶ ἐπὶ τῶν ὀσμῶν ὅμοιον τὸ γινόμενον· οὐ γὰρ εὐθὺ τῷ τὸ εὐῶδες παρενεχθῆναι ἡ ὄσφρησις, οὐδὲ κατὰ ταὐτὸν οἵ τε ἐγγὺς αὐτοῦ καὶ οἱ πόρρω αἰσθάνονται. ἐπὶ μὲν οὖν τούτων γνώριμον· ζητεῖσθαι δὲ ἄξιον, εἰ καὶ ἐπὶ τῆς ὄψεως οὕτως, εἰ καὶ δεῖ ἐνεχθῆναί τι ἀπὸ τοῦ ὁρατοῦ καὶ τοῦτο ἐν χρόνῳ τῷ τὸ φερόμενον πᾶν διάστημα ἐν χρόνῳ κινεῖσθαι.

Ἡ μὲν ἀπορία αὕτη. εἶπε δὲ τὸ ἄρα ἀφικνοῦνται ἢ τὰ αἰσθητὰ | 259 ἢ αἱ κινήσεις αἱ ἀπὸ τῶν αἰσθητῶν, ὅτι τοῖς μὲν ἐδόκουν ἀπόρροιαί τινες ἀπὸ τῶν αἰσθητῶν πρὸς τὰς αἰσθήσεις φέρεσθαι καὶ εἶναι τούτων τὴν αἴσθησιν (κατὰ δὴ τούτους αὐτὰ τὰ αἰσθητὰ ἀφικνεῖται πρὸς τὰς αἰσθήσεις), τοῖς δὲ ἀπὸ τῶν αἰσθητῶν οὐδὲν ἀπορρεῖν οὐδὲ φέρεσθαι δοκεῖ, κινεῖσθαι δέ πως τὸ μεταξὺ τοῦ τε αἰσθητοῦ καὶ τῆς αἰσθήσεως καὶ διατίθεσθαι ὑπ' αὐτοῦ τῷ ταύτης εἶναι τῆς φύσεως, ὡς ἔδειξεν αὐτὸς γινόμενον τὸ αἰσθάνεσθαι. ἐπεὶ τοίνυν διάφορος μὲν ἡ περὶ τοῦ αἰσθάνεσθαι δόξα, οὐ πρόκειται δὲ αὐτῷ νῦν περὶ τοῦ πῶς τὸ αἰσθάνεσθαι γίνεται λέγειν, τὴν ἀπορίαν κοινὴν ποιεῖ· εἴτε γὰρ οὕτως εἴτε ἐκείνως γίνεται, ἀπορήσειεν ἄν τις, εἰ ἐν τῷ μεταξὺ πρῶτον ἢ τὸ αἰσθητὸν ἢ ἡ ἀπὸ τοῦ

---

1 εἰ ἄρα TVP: ἄρα A (Arist.) cf. v. 15 2 ἢ ante τὰ add. Arist. cf. v. 15 alt. αἱ TAP: om. V αἱ ἀπ' αὐτῶν P 3. 4 προσβάλλειν Ta: προβάλλειν VAP 4 ἡμίσυ a 5 αὐτῶν coni. Thurot post γὰρ add. καὶ a ὡς om. a (habet etiam M) alt. ἐπί om. V 7 τῶν] τῷ V πλησίων V 9 διὰ τὸ addidi φέρεσθαι del. Thurot: *feratur* T 10 εὐθὺς a τῷ τὸ P: τῷ MA: τὸ Va κατενεχθῆναι V αἴσθησις a (corr. M) 11 κατὰ] μετὰ V κατ' αὐτόν A: κ. . . αὐτὸν (post κ ras.) corr. in κατὰ αὐτὸν P 12 alt. καὶ εἰ e T Thurot 13 δεῖ ἐνεχθῆναι TA: δὴ ἐνεχθῆναι V: διενεχθῇ Pa ταῦτα V ἐν VA: ἐν τῷ Pa 15 μὲν] δὲ T: δὴ coni. Thurot ἀφικνεῖται VA 16 alt. αἱ] ἡ V: ἢ A 16. 17 ὅτι—αἰσθητῶν om. T 17 φέρεσθαι om. a (habet etiam M) 17. 18 *et est horum sensus* T 18 δὲ a τούτοις Va 18. 19 τὴν αἴσθησιν A 19 ἀπορρεῖν Aa: ἀπορρεῖ TVP φέρεσθαι M: φαίνεσθαι TVAPa 20 τε om. Pa (habet etiam M) 21 ταύτην V αὐτὸς] *ipsum* T 21. 22 γινόμενον om. T 22 ἡ περὶ τοῦ αἰσθάνεσθαι μὲν διάφορος V 23 *proponit autem ipse* T γίνεσθαι Pa (corr. M) 24 post οὕτως add. νῦν A 25 ἀπορήσοι P: ἀπορῆσαι corr. in ἀπορήσῃ A εἰς τὸ μεταξὺ (Arist.) conicio aut p. 124,1 γίνεται (cf. 124,8) πρῶτα V ἡ om. Pa (habet etiam M)

αἰσθητοῦ κίνησις ἔρχεται. εἶτα πρῶτον ὅτι εὔλογον οὕτως ἐπὶ πασῶν τῷ ἐπὶ τῆς ἀκοῆς οὕτως ἔχειν καὶ ἐπὶ τῆς ὀσφρήσεως συνίστησιν. |

Ἐπὶ δὲ τῆς ὄψεώς φησι ζητεῖσθαι τοῦτο, εἰ καὶ ἐπὶ ταύτης οὕτω 260 γίνεται, ὥσπερ Ἐμπεδοκλεῖ δοκεῖ· λέγει γὰρ ἐκεῖνος τὸ ἀπὸ τοῦ ἡλίου φῶς πρῶτον ἐν τῷ μεταξὺ τοῦ ἡλίου καὶ τῆς γῆς γίνεσθαι, εἶθ' οὕτως ἐν τῇ γῇ. τῆς δ' αὐτῆς δόξης καὶ Δημόκριτός ἐστι καὶ πάντες καθ' οὓς ἀπὸ τῶν ὁρατῶν ἀπορρέον τι φέρεται πρὸς τὴν ὄψιν. καί φησιν ὅτι εὔλογον εἶναι δόξει τὸ πρῶτον ἐν τῷ μεταξὺ γίνεσθαι τὸ ὁρατόν. ἡ γὰρ κίνησις γίνεται ἢ αὐτοῦ τοῦ ὁρωμένου ἢ ἄλλου τινὸς ὑπ' αὐτοῦ· πᾶσα δὲ κίνησίς ποθέν ποι καὶ ἐν χρόνῳ· πᾶς δὲ χρόνος διαιρετός. ἐν ⟨οὖν⟩ τῷ ἡμίσει τοῦ χρόνου τοῦ ἐν ᾧ ἠνέχθη τὸ ὁρώμενον ἢ τὸ ἀπ' αὐτοῦ πάθος καὶ ἡ κίνησις ἡ ἐγγινομένη τῷ μεταξὺ πρὸς τὴν ὄψιν εἴη ἂν ἐν τῷ ἡμίσει ἢ ἔν τινι μεταξὺ τοῦ διαστήματος, ὃ ἐφέρετο καὶ δι' οὗ ἐκινεῖτο, καὶ οὐδέπω πρὸς τῇ ὄψει· φερόμενον ἄρα πρὸς αὐτὴν οὐδέπω ἑωρᾶτο. ὥστε | καὶ ἡ 261 ἀκτὶς ἡ ἀπὸ τοῦ ἡλίου οὕτως, ὥς φησιν Ἐμπεδοκλῆς, ὁρᾶται, οὐκ εὐθὺ τῷ τὸν ἥλιον ἀνατεῖλαι οὐδὲ ἅμα ὑπὸ πάντων οἷς ἀνέτειλεν, ἀλλ' ἐν χρόνῳ καὶ ἐν πλείονι τοῖς πορρωτέρω οὖσιν. ἔλαβε δὲ τὸ εὔλογον εἶναι οὕτω γίνεσθαι, εἰ διὰ κινήσεως γένοιτο, δεικνὺς ὅτι, εἰ μὴ οὕτως γίνοιτο τὸ ὁρᾶν, ἔτι οὐδὲ μετὰ κινήσεως ἔσται.

p. 446b2 Καὶ εἰ ἅπαν ἀκούει ἅμα καὶ ἀκήκοε καὶ ὅλως αἰσθάνεται καὶ ᾔσθηται.

Εἰπὼν ὅτι δοκεῖ εὔλογον εἶναι τὸ πρῶτον ἐν τῷ μεταξὺ τὸ αἰσθητὸν γίνεσθαι φερόμενον πρὸς τὰς αἰσθήσεις πρὸ τοῦ ἡμᾶς αἰθάνεσθαι αὐτοῦ καὶ τοῦτο ὥσπερ ἐπὶ τῶν ἄλλων αἰσθήσεων, οὕτως δὲ καὶ ἐπὶ τῶν ὁρατῶν,

---

1 πρῶτα V: deleam quippe ex p. 123,25 illatum τῷ Diels: τῶν libri 1. 2 οὕτως ἐπὶ πασῶν τῶν ⟨αἰσθήσεων ἔχειν διὰ τοῦ⟩ ἐπὶ τῆς ἀκοῆς οὕτως ἔχειν coniciebam 1 οὕτως 1. 2 τῶν ἐπὶ A: ὥσπερ Pa 1. 2 πασῶν—prius ἐπὶ om. M 1 παθῶν T VA (*sit* corr. in *sic* T): τῶν ἀπὸ Pa: ἐπὶ τῶν V: om. T 2 καὶ om. T 3 ταύτην V 5 πρῶτα V: *primo* T ἐν τῷ μεταξὺ] *intermedio* T (*in* add.) 6 αὐτοῦ MA ἐστι om. A 8 δοκεῖ T ὁρατόν Thurot: ὁρᾶν VAPa: *videri* T 9 prius αὐτοῦ MTA: ἀπὸ VPa 9. 10 *motus enim omnis alicui de quo et in tempore* T 10 καὶ om. Pa (habet etiam M) οὖν add. Thurot ἡμίσυ a 11 alt. τοῦ MVA: om. Pa 12 ἐγγινομένη MVA: γινομένη Pa (*factus*) T ante prius τῷ add. ἐν Pa(T?) ἡμίσυ a: ἡμῖν P 13 ὃ APa (more Aristotelico): ᾧ V: ἐν ᾧ Thurot (*in quo* T) 14 τὴν ὄψιν MA ἀέρα Ma πρὸς—οὐδέπω] . . . αὐτὴ M ἑωρᾶτο M(T) Arist.: ὡρᾶτο VP: ὁρᾶτο Aa 15 post ἡλίου add. εἰ V ὁρᾶται MT: ὁρᾶτο Aa: ὡρῶτο V: ὡρᾶτο P εὐθὺς a 16 τῷ] τὸ V ἀνέτειλεν V: ἀνέτειλλειν aA(?): ἀνέτελλεν P: *oritur* P 17 καὶ ἐν V (ut testatur Mau), P: καὶ Aa: om. T ἔλαβε δὲ] ἔλαττον V 18 prius εἰ om. a (habet etiam M) γένοιτο V: δείκνυτο A: ἐδείκνυτο MP: *ostendatur* T: spat. x litt. a: γίνοιτο conicio γένοιτο V 20 εἰ om. T ἅμα ἀκούει T Arist. praeter L cf. p. 125,20. 24 post ὅλως add. *sentiet et* T 21 καὶ] ἢ T 22 post ὅτι add. οὐ Pa δοκεῖ om. V πρῶτον] πρῶτα καὶ V post μεταξὺ add. καὶ Pa (om. etiam M) 23 *ad sensum* T 24 δὲ om. MV

προστίθησι τούτῳ τὸ ὅτι * * * οὐδὲν γὰρ διαφέρει τὸ μὴ γένεσιν τοῦ αἰσθάνεσθαι εἶναι πρὸς τὸ μὴ χρόνον τινὰ γίνεσθαι, ἐν ᾧ τὰ αἰσθητὰ ἐπὶ τὰς αἰσθήσεις φέρεται. τῶν γὰρ οὐκ ἀεὶ ὄντων τὰ μὲν ὅσα διὰ | γενέσεως 262 εἰς τὸ εἶναι πρόεισιν οὐχ ἅμα γίνεταί τε καὶ ἔστιν, ἀλλὰ προϋπάρχει τῆς οὐσίας ἡ γένεσις αὐτῶν. διὸ καὶ ἔστι μέν τι αὐτῶν, ὅτε γίνεται, ἔστ' ἂν ᾖ γινόμενον. τά τε γὰρ κατὰ φύσιν γινόμενα οὕτως γίνεται (οἷον ἵππος οὐχ ἅμα γίνεταί τε καὶ ἔστιν, ἀλλ' ἕως ἂν γένηται, οὐδέπω μέν ἐστιν ἵππος, ἔστι δέ τι αὐτοῦ), ἀλλὰ καὶ τὰ κατὰ τέχνην· οἰκία τε γὰρ οὕτως καὶ ἱμάτιον καὶ ὑπόδημα. τότε γὰρ ἔστι ταῦτα, ἃ λέγεται γίνεσθαι, ἔστ' ἂν τοῦ γίνεσθαι παύσηται· ἔστ' ἂν δὲ γίνηται, ἔστι μέν τι αὐτῶν, οὐ μὴν αὐτά γε.

Ἔστι δέ τινα ἃ οὐ διὰ γενέσεως εἰς τὸ εἶναι πρόεισιν ἐκ τοῦ μὴ εἶναι, οὐδὲ ἔστιν αὐτῶν εἰπεῖν ὅτι μέρος μέν τι ἔσ ν, οὐ μέντοι δὲ συμπεπλήρωται οὐδὲ ἔστιν ὅλα τῷ γίνεσθαι ἔτι καὶ τι δεῖσθαι χρόνου τινὸς πρὸς τὴν τελείωσιν· παντὸς γὰρ γένεσις ἐν χρόνῳ γίνεται. τοιοῦτόν ἐστιν | 263 ἡ ἀφή· οὐ γὰρ ἔστι γένεσις ἀφῆς· οὐ γὰρ ἐν ἄλλῳ μὲν χρόνῳ γίνεται ἡ ἀφή, ἐν ἄλλῳ δὲ ἔστιν, ἀλλ' ἅμα ἤρξατό τε καὶ εὐθὺ ἔστιν ἀφή, καὶ οὐκ ἔστιν εἰπεῖν ὅτι ἐστι μέν τι τῆς ἀφῆς, οὐδέπω δὲ ἔστιν ἡ ἀφή, ἀλλ' ἔτι γίνεται. τῶν δὴ τοιούτων καὶ ἡ ἐνέργεια ἡ κατὰ τὰς αἰσθήσεις ἐστίν· οὐ γὰρ ἔστι γένεσις αὐτῶν, ἀλλ' ἥ τε ἀκοὴ ἅμα τε ἀκούει καὶ ἀκήκοε, καὶ οὐκ ἔστιν εἰπεῖν ὅτι ἔστι μέν τι τῆς ἀκοῆς, γίνεται δὲ καὶ οὐδέπω ἔστιν ἀκοή· ἀλλ' ὡς τῆς ἀφῆς πᾶν τὸ ληφθὲν μόριόν ἐστιν ἀφὴ καὶ οὐκ ἔστιν εἰπεῖν τοῦτο ἀφῆς μέν τι εἶναι, μηδέπω δὲ ἀφήν, ὁμοίως δὲ καὶ τῆς ἡδονῆς, οὕτω δὲ καὶ ἐπὶ τῆς ἀκοῆς ἔχει· ἅμα γὰρ ἀκούει καὶ ἀκήκοε· πᾶσα γὰρ ἐνέργεια αὐτῆς ἀκοὴ καὶ πᾶν μόριον· διὸ τὸ ἀκοῦον εὐθὺ τῷ ἀκούειν ἀκήκοεν. ὁμοίως καὶ ἐπὶ τῶν ἄλλων τῶν κατὰ τὰς αἰσθήσεις ἐνεργειῶν· | ἀθρόαι γὰρ αἱ ἐνέργειαι αὐτῶν καὶ ἀντιλήψεις καὶ οὐ δεόμεναι εἰς τελείω- 264

---

1 προτίθησι V τούτω TAPa: τοῦτο V τὸ om. Thurot (T articulum non vertit) ὅτι del. Usener, idem lacunam agnovit, in qua olim lemma p. 124,20 exstabat γὰρ om. T 2 γενέσθαι a 4 τε] τι P τε καὶ ἔστιν om. T προυπάρχειν a 5 ὅτε] ὅτι T ἔστ' ἂν] *quando* T, item infra v. 9. 10 6 τε om. V γάρ] *vero* T 7 τε] τι APa οὔπω A 8 τὰ om. Pa τέχνην VAa: τὴν τέχνην P 9 ἱμάτιον] ἱμάτια a (corr. M) 9. 10 ἔστ'—παύσηται om. a 10 τοῦ] τοῦτο P γίνηται A, e corr. P: γένηται a, prius P: γίνεται V αὐτοῦ Pa 11 γε a: γίνεται VAP: *sunt* T 12 οὐ om. V 13 ss. cf. Alex. De an. II 143,24 ss. Br. 13. 14 ἔστιν—δεῖσθαι om. Ma (nisi quod M habet δεῖται) 13 μέρος post ἔστιν V δὲ om. T? 13. 14 συμπλήρωται V 14 δεῖται M 15 πάντως Pa γένησις V ἐν—ἐστιν om. T 16 ἔστι—οὐ γὰρ om. T 17 εὐθύς Aa 19 δὲ Ta (corr. M) alt. ἡ MVA: καὶ ἡ TPa 20 prius τε] γε coni. Usener (τε non vertit T) alt. τε APa: τε καὶ V: om T: καὶ Usener, recte ut vid. 21 δὲ] δέ τι M; δ' ἔτι coni. Usener 22 πᾶν] παρὰ a 23 τοῦτο] *hic* T (*hoc* Thurot): τὸ conicio 24 πᾶσα TVA: ταῦτα Pa 25 αὐτοῦ V ἀκοὴ TVA: ἀκούει Pa; ἀκούειν coni. Usener διὰ Aa τὸ ἀκοῦον TA (coni. Usener): τὸ ἀκούειν VPa εὐθὺ VAP(T): οὐκ εὐθὺς a 26 post ὁμοίως add. δὲ a κατὰ τὰς αἰσθήσεις] *sensus* T 27 δέομαι V

σιν χρόνου. πρὸς μὲν γὰρ τὸ τοσαῦτα ἀκοῦσαι ἢ τοσαῦτα ἰδεῖν ἢ τοσού- 264 των γεύσασθαι χρόνου δεῖ, πρὸς δὲ τὸ ἁπλῶς ἰδεῖν ἢ ἀκοῦσαι ἢ γεύσασθαι οὐκέτι. ἀλλ' οὖν εἰ καὶ οὕτως ἔχουσιν αἱ αἰσθήσεις, οὐδὲν κωλύει τὰ αἰσθητὰ πρὸ τοῦ πρὸς ταῖς αἰσθήσεσιν εἶναι ἐν τῷ μεταξύ που εἶναι, ὡς μὴ ἅμα τῇ ἐκείνων κινήσει καὶ τὰς αἰσθήσεις κινεῖσθαι ὑπ' αὐτῶν. ὡς γὰρ ἐπὶ τῆς ἁφῆς τὰ μέλλοντα ἅψεσθαι, ὅτε φέρεται πρὸς ἄλληλα, οὔπω ἅπτεται ἀλλήλων [εἰ] καὶ μή ἐστι τι τῆς ἁφῆς τότε, οὕτω καὶ ἐπὶ τῶν ἄλλων αἰσθήσεων ἔχειν οἷόν τε, καὶ ἐπ' ἐνίων γε φανερὸν τοῦτο. οὐ γὰρ ὁ ψόφος εὐθὺ τῷ γενέσθαι που ἤδη πρὸς τῇ ἀκοῇ ἐστιν, ἀλλὰ μετὰ τὸ γενέσθαι ἡ ἀκοὴ αὐτοῦ, ὅταν ἐνεχθῇ πρὸς αὐτήν, ἀντιλαμβάνεται. | διὰ 265 τοῦτο γοῦν οὐδὲ κατὰ ταὐτὸν ἀκούουσιν αὐτοῦ οἵ τε ἀπ' ἐλάττονος ὄντες διαστήματος καὶ οἱ ἀπὸ πλείονος· ὕστερον γὰρ οἱ ἀπὸ πλείονος. σημεῖον δὲ παρατίθεται τοῦ μὴ ἅμα γίνεσθαί τε τὴν πληγὴν καὶ ἀκούεσθαι τὸ τοὺς τῶν λεγόντων πορρωτέρω ἀφεστῶτας ἀκούειν μὲν ψόφου τοῦ ἐκ τῆς φωνῆς, μὴ ἀκούειν δὲ τὸ ῥηθέν, διὰ τὸ ἐν τῷ μεταξὺ [τουτέστι] μετασχηματίζεσθαι [τὰ γράμματα] τὰ ἐκ τῶν γραμμάτων καὶ τῶν ἐξ αὐτῶν συγκειμένων λόγων γινόμενα ἐν τῷ ἀέρι σχήματα ὑπὸ τῆς πληγῆς καὶ μὴ τοιούτους ἀφικνεῖσθαι τοὺς ψόφους πρὸς τὴν ἀκοήν, ὁποίους αὐτοὺς οἱ λέγοντες ἐσχημάτισαν. εἴτε δὴ τῷ τὸ σχῆμα ὑπαλλάττεσθαι αὐτῶν ἐν τῇ φορᾷ εἴτε τῷ ἐκλύεσθαι τὸν τόνον τῆς πληγῆς, ὡς Στράτων λέγει (οὐ γάρ φησιν ἐν τῷ σχηματίζεσθαί πως τὸν ἀέρα τοὺς διαφόρους ψόφους γίνεσθαι, ἀλλὰ τῇ τῆς πληγῆς ἀνισότητι), ἀλλ' οὖν, ὁποτέρως ἂν γίνηται τὸ μὴ οὕτως ἀκούεσθαι, ὡς γίνετα ἡ φορά, [καὶ] τῷ ἐν τῷ μεταξὺ διαστήματι, | δι' οὗ 266 φέρεται, [τῷ] διαδέχεσθαι τὴν πληγὴν ἄλλον ἐξ ἄλλου ἀέρα τοῦτο γίνεται.

Εἰπὼν δὲ ταῦτα περὶ τοῦ ψόφου, περὶ τῶν ἄλλων αἰσθητῶν ὡς ὁμοίως

1 τὸ om. a prius τοσαῦτα MA: τοσοῦτ^ω V: τοσούτου P: τοσοῦτον Ta 1. 2 τοσούτων Thurot: τοσούτῳ M: τοσοῦτον TAPa: ἀκοῦσαι ἢ V 2 post prius γεύσασθαι add. ἢ ἐπὶ τοσοῦτον TA (om. etiam M) χρόνου—γεύσασθαι om. VPa χρόνου δεῖ scripsi: χρόνου ἰδεῖν TA: χρόνου δεῖται M πρὸς om. T 3 οὖν om. T 4 πρὸ τοῦ om. A πρὸς] πρὸ a (corr. M) 4. 5 που—μὴ] spat. VII litt. V 6 ἅψεσθαι a: *tangere* T: ἅψασθαι VAP οὔπω TVA: οὕτως P: τότε a 7 εἰ cum Usenero del. aut εἰ καὶ μή ἐστι πόρρω τῆς e. gr. scrib. *aliquis tactus* T ποτὲ A 8 ἄλλως A αἰσθήσεται Pa (corr. M) ἔχειν TVA: om. Pa: post οἷόν τε M οἷόν τε MAP (ον in rasura excidit P) a: οἴονται TV γε om. a 9 εὐθὺς Pa που ἤδη V: σπουδῇ APa: om. T 10 αὐτὰ a (corr. M) 11 κατ' αὐτὸν a αὐτοῦ Thurot (T?): αὐτῆς VAPa: εὐθὺς M ἐλάττονες A 12 ὕστερον—πλείονος om. A οἱ VP: om. a 13 ἀκούειν T 14 τῶν om. a (habet etiam M) πορρώτερον ut vid. P 15 τουτέστι APa: δεῖ T (διαστήματι Diels): om V (del. Usener) σχηματίζεσθαι A 16 τὰ γράμματα del. Usener *litteras et compositum sermonem ex litteris et factas in aere* T συγκ.] γινομένων V 19 εἴτε δὴ MTAP: εἰ δὲ δὴ V: εἴτε δὲ a τῷ τὸ (T)VP: τῷ M: τὸ Aa φρουρᾷ a (corr. M) 20 Στράτων] v. Diels, *Berl. Sitzungsberichte* 1893 p. 114 22 οὖν om. T ὁπότερον a γένηται a τὸ Usener: τῶ Pa: τοῦ MVA 22. 23 *quod non sic audiatur* T 23 ἀναφορά Pa καὶ TVA: ἀλλὰ Pa: αἰτία ἐστὶ M: delevi, sed fort. v. 22 ὁπότερον ἂν γίνηται τοῦ μὴ—φορά, ⟨αἴτιον⟩ scrib., cf. p. 276,6 Th. prius τῷ om. A 24 τῷ] τὸ V: del. Thurot τῆς πληγῆς a (τὴν πληγὴν etiam M): om. T ἀέρος T γίνεσθαι Pa 25 post ψόφου add. καὶ Pa

τοῖς ψόφοις γινομένων κατ' ἐνέργειαν αἰσθητῶν οὐδὲν διαπορεῖ, περὶ δὲ τῆς 266 ὄψεως καὶ τῶν ὁρωμένων ἀπορεῖ καί φησιν· ἆρα οὖν οὕτω καὶ τὸ χρῶμα καὶ τὸ φῶς; οὐ γὰρ δὴ τῷ πῶς ἔχειν τὸ μὲν ὁρᾷ, τὸ δὲ ὁρᾶται, ὥσπερ ἴσα ἐστίν· οὐδὲν γὰρ ἂν ἔδει που ἑκάτερον εἶναι. διὰ τούτου πιθανῶς τὸ μὴ κατὰ σχέσιν τῶν ὁρώντων πρὸς τὰ ὁρώμενα τὸ ὁρᾶν γίνεσθαι συνίστησιν. ἐπειδὴ γὰρ τὰ κατὰ σχέσιν τὴν πρὸς ἄλληλα τοῖα ἢ τοῖα γινόμενα οὔτε κινήσεως οὔτε χρόνου δεῖται, ὅτι μὴ οἷόν τε οὕτω λέγειν τὸ ὁρᾶν γίνεσθαι πιθανῶς ἐπεχείρησεν ἀπὸ τῶν πρός τι καὶ κατὰ σχέσιν τὴν πρὸς ἄλληλα ὄντων, ὁποῖα τὰ μὴ ποιᾶς θέσεως | τῆς πρὸς ἄλληλα δεόμενα πρὸς τὸ τοιαῦτα εἶναι· οὐ γὰρ οὕτως ἢ ἐνταῦθα 267 κείμενα ἴσα, ἄλλως δὲ ἢ ἀλλαχοῦ τεθέντα οὐκ ἴσα. οὐχ οὕτως ἐστὶ τὸ ὁρᾶν, ἀλλὰ δεῖται καὶ θέσεως ποιᾶς. πιθανῶς δέ, ὡς εἶπον, ἐπεχείρησεν· οὐ γὰρ πάντα τὰ κατὰ σχέσιν τὴν πρὸς ἄλληλα ἢ ὄντα ἢ γινόμενα ὁμοίως ἐστί· τὸ γὰρ δεξιὸν τὴν σχέσιν ἔχει ἐν ποιᾷ θέσει. δεικνὺς δὲ ὅτι μή ἐστι κατὰ σχέσιν τὸ ὁρᾶν, λέγει ὅτι τὰ μὲν ἴσα, ἔνθα ἂν ᾖ, τὴν αὐτὴν σχέσιν ἔχει πρὸς ἄλληλα· οὐ γὰρ ἐνταῦθα μὲν ὄντα τὰ ἴσα ἴσα ἐστίν, μετενεχθέντα δὲ οὐκ ἔστιν, ἀλλὰ ἄν τε ἅμα ᾖ ἄν τε κεχωρισμένα, τὰ ἴσα ἴσα ἐστίν. ὁμοίως καὶ τὰ ὅμοια. ἀλλὰ καὶ τὰ ἄνισα τοιαῦτα. οὐχ οὕτω φησὶν ἔχειν καὶ τὴν κατὰ τὴν ὄψιν αἴσθησιν, ὡς μηδὲν αὐτῇ διαφέρειν τὴν θέσιν τῶν ὁρωμένων καὶ τὸ διάστημα πρὸς τὸ ὁρᾶν· οὐ γὰρ πάντα τὰ ὁρατὰ ὁρᾷ | οὐδὲ τὰ ὅπου δὴ ὄντα ἢ ὁπωσοῦν. τοῦτο δὲ λέγει συνη- 268 γορῶν πιθανῷ ὄντι τῷ δοκεῖν καὶ τὰ ὁρατὰ φέρεσθαι ἐπὶ τὴν ὄψιν, ὥσπερ καὶ τὰ ἄλλα, * * * (οὐ γὰρ ὡς τὰ ἴσα πρὸς ἄλληλα ἔχει, οὕτω καὶ πάντα τὰ πρός τι· τὸ γὰρ δεξιόν, ὡς εἶπον, ποιᾶς θέσεως χρείαν ἔχει πρός τι ὄν, ὁμοίως καὶ τὸ ἔμπροσθεν καὶ τὸ ὄπισθεν καὶ τὸ ἄνωθεν καὶ τὸ κάτωθεν), ἀλλ' ὡς οὐ τούτων τῶν πρός τι δυναμένης τῆς ὄψεως εἶναι,

---

1 γιγνομένων a: γινομένοις V οὐδεὶς e corr. ut vid. P, a (corr. M) ἀπορεῖ Pa: *dubitat* T 1. 2 περὶ—ἀπορεῖ καί om. a (habet etiam M) 2 οὖν om. T 3 ἔχει V 4 ἴσόν V: *in que* T ἂν om. Arist. codd. LSU 5 διὰ TV: διὰ γὰρ APa τοῦ' V: τοῦτο TAPa ante τὸ add. πρὸς TVP 5—9 τῶν—σχέσιν om. A 6 γὰρ om. a 7—9 prius τοῖα—ἄλληλα om. V 7 bis οὔτε Thurot: οὐδὲ Pa 9 τὴν P: om. a ὄντα V: *etiam* T ὁποῖα τὰ μὴ] ἃ αὐτῆς V θέσεως TV, coni. Usener: διαθέσεως APa 10 δεόμενα MTP: δεῖται V: ἐσόμενα Aa τὸ V: τὰ APa εἶναι V: om. TAPa οὐ γὰρ οὕτως ἢ V: ταῦτα γὰρ οὐχ οὕτω τὰ APa: *hec quidem non ut nequaquam* T 11 οὐχ om. Pa οὕτως] *tamquam* T ἐστὶ Thurot: ἔτι libri post ἔτι add. καὶ V 12 θέσεως Usener: αἰσθήσεως libri ποιᾶς] *aliqualiter* T εἰπεῖν ut vid. T ἐπεχείρησεν Aa (cf. v. 8): ἠπόρησεν TVP: ἠπόρει prius P 13 prius ἢ om. Pa 14 ἐστί om. T *dextrum enim secundum habitudinem in aliquali positione existens* T cf. v. 24 et p. 277,2 Th. et Alex. De an. II 143,13 ss. Br. Quaest. p. 16,13 ss. Br. δείκνυσι T δέ V: om. TAPa 15 λέγων T ᾖ] εἴη V 16 μὲν Usener: μόνον libri 16—18 μετενεχθέντα—ἴσα ἐστίν om. Pa (habet etiam M) 17 alt. ἴσα om. T 18 post οὕτω add. δὲ Thurot 19 κατὰ] καὶ V ὄψιν om. a (habet etiam M) 22 τῷ] τὸ VP 23 post ἄλλα add. ἴσα MT (an αἰσθητά?) καὶ οὐχ ὡς τοῦ ὁρᾶν οὐκ ὄντος τῶν πρός τι supplet Thurot 25 post ὁμοίως add. δὲ Ta 26 τὸ Aa: om. VP

ἅ γε οὐδὲν δέεται θέσεώς τε καὶ διαστήματος, ἐπεὶ ἐν σχέσει γε ποιᾷ αὐτῷ 268 δοκεῖ καὶ τὸ ὁρᾶν εἶναι τοῦ τε ὁρῶντος καὶ τοῦ ὁρωμένου. ἢ δεῖται μὲν τὸ ὁρᾶν σχέσεώς τινος, οὐ μὴν ἐν τῇ σχέσει τὸ ὁρᾶν (τὸ δὲ δεξιὸν ἐν τῇ σχέσει)· ἀλλὰ καὶ δύναμίν τινα εἶναι τὴν ἀντιληπτικὴν τῶν ὁρωμένων· ἄνευ γὰρ ταύτης οὐδὲν ὄφελος πρὸς τὸ ὁρᾶν τῆς σχέσεως. διὸ τὸ μὲν ἐν τῷ διαφαίνειν καὶ κατὰ σχέσιν, τὸ δὲ ὁρᾶν οὐκέτι κατὰ σχέσιν. | 269

Εἰπὼν δὲ ταῦτα καὶ διαπορήσας λέγει· ἢ περὶ μὲν τὸν ψόφον καὶ τὴν ὀσμὴν τοῦτο συμβαίνειν εὔλογον. ὥσπερ γὰρ ὁ ἀὴρ καὶ τὸ ὕδωρ συνεχῆ μέν, ἀλλ' ὅμως μεμέρισται τούτων ἡ κίνησις. διὸ καὶ ἔστι μὲν ὡς τὸ αὐτὸ ἀκούει ὁ πρῶτος καὶ ὁ ὕστερος καὶ ὀσφραίνεται, ἔστι δὲ ὡς οὔ. βούλεται δὲ διὰ τούτων διαφοράν τινα δεῖξαι πρὸς τὰς ἄλλας αἰσθήσεις τῆς ὄψεως, καὶ ὅτι ἐπ' ἐκείνων μὲν ἀληθὲς τὸ πρὸ τοῦ εἶναι πρὸς τῇ αἰσθήσει τὰ αἰσθητὰ φέρεσθαι πρὸς αὐτὴν καὶ χρόνον τινὰ ἐν μέσῳ τῆς φορᾶς αὐτῶν γίνεσθαι, ἐπὶ δὲ τῶν ὁρατῶν οὐχ οὕτω. λέγει δέ· ὅ τε ἀὴρ καὶ τὸ ὕδωρ, τὰ μεταξὺ τῆς τε ἀκοῆς καὶ τῆς ὀσφρήσεως, δι' ὧν τό τε ἀκούειν καὶ τὸ ὀσφραίνεσθαι γίνεται αὐτῶν πασχόντων καὶ κινουμένων ὑπὸ τῶν αἰσθητῶν, ὁμοίως ἀλλήλοις συνεχῆ ἐστι, τὸ μὲν ὕδωρ δηλονότι τῷ ὕδατι, ὁ δὲ ἀὴρ τῷ ἀέρι (σώματα γάρ, καὶ ὥσπερ ὁ ἀὴρ συνεχὴς ἑαυτῷ, οὕτω καὶ τὸ ὕδωρ ἑαυτῷ), αἱ μέντοι κινήσεις αἱ ἐν αὐτοῖς γινόμεναι μεμερισμένως καὶ κατὰ μέρος γίνονται, πρώτου τοῦ πρώτου μέ|ρους διατιθεμένου ὑπὸ τῶν 270 αἰσθητῶν, εἶθ' οὕτως διαδόσεως τῆς κατὰ τὴν κίνησιν γινομένης, ἀεὶ ὑπὸ τοῦ πρώτου παθόντος μορίου πάσχοντος τοῦ μετ' αὐτὸ καὶ οὕτω τοῦ πάθους καὶ τῆς κινήσεως μέχρι τῶν αἰσθητηρίων διαδιδομένης. καὶ δὴ ὁ μέν τις πρῶτον ἀκούει τοῦ αὐτοῦ ψόφου, ὁ δὲ ὕστερον, ὁ μὲν κατὰ τὸ πρῶτον

---

1 ἅ γε] *velit* T οὐδεὶς a δέεται MVAP (*indiget* T): λέγεται a θεάσεως P: διαθέσεως a (ut vid. M) σχέσει γε om. T ποιᾷ αὐτῷ Ta: ποιᾶ αὐτὸ P: αὐτῶ ποιᾶ V: αὐτὸ ποιᾶ A 2 *videnti sed et visibilis* T ἢ] εἰ P: καὶ a 3 τὸ δὲ δεξιὸν] *aut* T 4 δεῖ post καὶ add. Thurot, sed v. Usener l. c. p. 438a 5 ταῦτα V τῇ σχέσει A alt. τὸ] τὰ (*hec*, corr. *hoc* Thurot) T, fort. relatum ad τῶν ὁρωμένων 6 διαφανεῖ a 7 καὶ om. T ἢ] εἰ T 8 γὰρ TP (Arist.): γὰρ καὶ VA 9 ἀλλ'— τούτων] ἀλλ' ὅμως μ. ἀμφοτέρων Arist. codd. LSU (cf. p. 129,2): μεμέρισται δ' ἀμφοτέρων Arist. codd. EMY 10 post ἀκούει add. *et* T ὁ ὕστερος] ὕστερος P 11 ὡς om. T alt. δὲ om. Pa 12 ante τῆς add. καὶ A 13 τὸ om. a αὐτὴν A(T): αὐτὰ V: αὐτὸν Pa 14 ἐπὶ om. T 15 δὲ] δὴ TPa ὅ τε scripsi: ὅτε MT: ὅτι V: ὁπότε APa τὰ om. a (habet etiam M) τε om. A 17 post αἰσθητῶν add. εἶθ' οὕτω διαδόσεως τῆς κατὰ τὴν κίνησιν Pa (om. etiam M) v. 22 ὁμοίως om. M 18 ante ἀέρι add. ἐν V σῶμα V 20 alt. αἱ TV: καὶ APa: om. M ἑαυτοῖς V γινόμενοι V μεμερισμέναι a 20. 21 κατὰ μέρος om. T 21 μέρη V πρώτου τοῦ πρώτου VA(T): πρὸ τοῦ τοῦ πρώτου P: τοῦ πρώτου M: πρὸ τοῦ a μέρους om. V διατιθεμένων Va (corr. M) 22 εἶθ'—κίνησιν hic om. Pa (habet etiam M), cf. ad v. 17 τῆς διαδόσεως M τὴν om. V post κίνησιν add. ὁμοίως M post γινομένης add. καὶ M 22. 23 *semper a prima parte ad eam que post, et sic* T 23 post alt. τοῦ add. καθ' αὐτὸ a (om. etiam M) μεθ' (!) P 24 μέχρις P τῶν αἰσθητηρίων M: τῶν αἰσθητῶν VAPa: *sensum* T

25 πρῶτος et ὕστερος conicio (πρῶ$^{\tau}$ P)

κινούμενον μόριον ὧν ἢ τοῦ ἀέρος ἢ τοῦ ὕδατος πρῶτος, ὁ δὲ κατὰ τὸ 270 ὕστερον ὕστερος. τοῦ δὲ ἀμφοτέρων, τοῦ τε ὕδατος καὶ τοῦ ἀέρος, δι' ὧν γίνεται τό τε ὀσφραίνεσθαι καὶ τὸ ἀκούειν, τὸ πάθος καὶ τὰς κινήσεις τὰς ἀπὸ τῶν ἀκουστῶν καὶ ὀσφραντῶν διῃρῆσθαι καὶ κατὰ πλείω γίνεσθαι μόρια ἅμα σημεῖον παρατίθεται τὸ πλείους αἰσθάνεσθαι τῶν αὐτῶν, καὶ τοὺς μὲν πρώτους, τοὺς δὲ ὑστέρους. διὸ καὶ πῶς μὲν τοῦ αὐτοῦ ἀκούουσί τε καὶ ὀσφραίνονται, ἔστι δὲ ὡς οὐ τοῦ αὐτοῦ.

Γράφεται | καὶ οὕτως· ὥσπερ γὰρ ὁ ἀὴρ καὶ τὸ ὕδωρ συνεχῆ μέν, 271 μεμέρισται δὲ ἀμφοτέρων ἡ κίνησις. καὶ οὕτω λέγοι ἂν τῷ * * * ὥσπερ γὰρ ὕδωρ καὶ ἀήρ, καὶ τὸ ὕδωρ δὲ παρατίθεται, ὅτι ὀσμὴ καὶ δι' ὕδατος. τὸ μὲν οὖν † τὰ μόρια κατὰ κίνησιν γίνεσθαι τοῦ τε ἀέρος καὶ τοῦ ὕδατος ἐν ταῖς τῶν αἰσθητῶν διαδόσεσιν ὅμοιον (διὸ καὶ ἀμφότεραι αἱ αἰσθήσεις ἐν χρόνῳ τῶν αἰσθητῶν ἀντιλαμβάνονται)· διαφορὰ δὲ τῆς ἐπὶ τῶν ψόφων καὶ τῆς ἐπὶ τῶν ὀσφρητῶν κινήσεώς ἐστιν, ὅτι ἐπὶ μὲν τῶν ὀσφραντῶν τὸ πρῶτον κινηθὲν ὑπὸ τῆς ὀσμῆς μόριον φυλάσσον ἐν αὑτῷ τὸ πάθος διαδίδωσι καὶ τῷ μεθ' αὑτό (διὸ εἰ καὶ πρῶτοι οἱ πλησίον τῆς ὀσμῆς ὤσφραντο, ἀλλὰ καί, ὅτε οἱ πόρρω ἀντιλαμβάνονται τῆς ὀσμῆς, καὶ οἱ πλησίον ἔτι μένουσιν ὀσφραινόμενοι), ἐπὶ δὲ τοῦ ψόφου οὐχ οὕτως, ἀλλὰ μεταδίδοται ὑπὸ τοῦ πρώτου μέρους τῷ μετ' αὐτὸ ἡ κίνησις, οὐ μένουσα ἐν τῷ | πρώτῳ κινηθέντι μέρει. διὸ ἄλλοτε ἄλλοι εἰσὶν οἱ ἀκούοντες. 272 ἔοικε γὰρ τὸ μὲν φορᾷ μᾶλλον αὐτῶν, τὸ δὲ ἀλλοιώσει.

Εἰπὼν δὲ τὸ ἔστι μὲν ὡς τὸ αὐτὸ ἀκούει ὁ πρῶτος καὶ ὁ

---

1 ὧν om. a πρῶτος TA, πρῶτ VP: πρῶτον a post δὲ add. καὶ Aa τὸ] τοῦ V 2 ὕστερος] *posterius* T δὲ ⟨δι'⟩ coni. Thurot ἀμφοτέρου Pa 3 τὸ πάθος καὶ VA: *passum* T: καὶ Pa: τὰ πάθη καὶ aut τὸ πάθος καὶ τὴν κίνησιν τὴν exspecto, cf. p. 124,11. 131,7 5 ἅμα] ἄλλο V παρατίθενται a 6—8 αὐτοῦ—ὕδωρ om. a (αὐτοῦ—αὐτοῦ habet M) 7 ὡς VAP: καὶ M: om. T 8 ὁ ἀὴρ καὶ τὸ ὕδωρ P: ὕδωρ TVA συνέχει A 8. 9 συνεχῆ — κίνησις om. M, sed in superiore mg. habet ὥσπερ γὰρ τὸ ὕδωρ καὶ ὁ ἀὴρ συνεχῆ μὲν ἀλλ' ὅμως μεμέρισται ἀμφοτέρων ἡ κίνησις 8 μέν P (de M cf. supra): om. TVA: spat. vi litt. a 9 de textu v. ad p. 128,9 δὲ Pa(T): δ' A: δι' V ἀμφότεραι P: ἀμφότερα a ἡ κίνησις Thurot: αἱ κινήσεις libri λέγοι ἂν V: *dicit* T λέγει ποιὰν A: λέγει ποίαν Pa τῷ om. T spat. vi litt. M a, iii vel iv litt. A: lacunam non significant TVP 10 alt. καὶ om T *et fit per aquam* T (ὕδατος ⟨γίνεται⟩ Thurot) 11 τὸ] τῷ M κατὰ μόρια τὴν κίνησιν conicio (sim. Thurot) cf. v. 4 et p. 128,20 12 ὅμοια Pa αἱ om. V 13 ἐν τῷ χρόνῳ Pa διάφορον A post ἐπὶ add. τῆς A τὸν ψόφον V 14 τῆς ἐπὶ M: ἐπὶ τῆς VAPa ὀσφρητικῶν a: ὀσφραντῶν conicio alt. ἐπὶ om. a (habet etiam M) ὀσφραντῶν A: ὀσφρητῶν VPa 15 ὁρμῆς P αὐτῷ VPa: ἑαυτῷ A 16 μεθ' αὐτὸ (!) P: μετ' αὐτὸ TVA: μεθ' ἑαυτὸ a εἰ om. a πρῶτοι VA: *primum* T: πρώτως Pa 16—18 τῆς ὀσμῆς — πλησίον om. Pa 16 τῆς ὀσμῆς MTV: τῶν ὀσμῶν A 17 ὤσφραντο V: ὄσφρανται A (M. teste Thuroto): ὄσφραντον M: *odorant* T (ὀσφραίνονται Thurot): ὠσφροντο conicio ἀλλὰ καὶ ὅτε MTA: ἀλλ' ὅτε καὶ V: ἀλλὰ καὶ Thurot 19 μεταδίδωται a μέρους om. V 20 ἄλλοθι coni. Thurot *alii alias* T 22 τοῦ αὐτοῦ M, sed cf. p. 130,4 et p. 128,10 alt. ὁ VA: om. Pa

ὕστερος καὶ ὀσφραίνεται, ἔστι δὲ ὡς οὔ, πρὸ τοῦ λέγειν πῶς ἐπὶ τῆς 272 ὄψεως ἔχει καὶ ὅτι μὴ ὁμοίως ἐπὶ τούτων, λεγομένην τινὰ ἀπορίαν περὶ τῶν αἰσθήσεων ἱστορεῖ, ἧς δείξει λύσιν οὖσαν τὴν προειρημένην τὴν ἔστι μὲν ὡς τὸ αὐτὸ ἀκούει ὁ πρῶτος καὶ ὁ ὕστερος καὶ ὀσφραίνεται, ἔστι δ' ὡς οὔ. τοῦ γὰρ ἀπορουμένου τούτῳ λύσει χρήσεται. ἡ δὲ ἀπορία τοιαύτη δοκεῖ· ἀδύνατόν φησιν ⟨ἄλλον⟩ ἄλλῳ τὸ αὐτὸ ἀκούειν ἢ ὁρᾶν ἢ ὀσφραίνεσθαι. εἰ γὰρ οἱ κεχωρισμένοι ἀλλήλων κατὰ ταὐτὸ εἶεν ἀντιλαμβανόμενοί τε καὶ αἰσθανόμενοι ἑνός τινος καὶ τοῦ αὐτοῦ κατ' ἀριθμόν, εἴη ἂν ἐκεῖνο τὸ οὗ αἰσθάνονται αὐτὸ αὑτοῦ χωρίς, | εἰ κατὰ τὸ αὐτὸ 273 ἐν τοῖς διαφέρουσιν εἴη τόποις. ἧς ἀπορίας παρατίθεται τὴν λύσιν λέγων τοῦ μὲν πρώτου κινήσαντος τὸ μεταξύ, εἴτε ὕδωρ μεταξὺ εἴτε ἀὴρ εἴη, ἅπαντας τοῦ αὐτοῦ κατ' ἀριθμὸν αἰσθάνεσθαι· εἰ γὰρ εἴη κώδων ἡ ἠχοῦσα, ταύτης πάντας ἀκούειν μιᾶς οὔσης, εἴτε λιβανωτὸς ὁ θυμιώμενος, τούτου πάντας ὀσφραίνεσθαι, εἴτε πῦρ εἴη τὸ θερμαῖνον ἢ ὁρώμενον, καὶ τούτου πάντας τοῦ αὐτοῦ αἰσθάνεσθαι τοὺς ὑπ' αὐτοῦ θερμαινομένους διὰ τῆς ἁφῆς ἢ τοὺς ὁρῶντας αὐτό· δι' οὗ δὲ ἡ ἐκείνων ἀντίληψις, οὐκέτι τοῦτο πᾶσι ταὐτὸν κατ' ἀριθμὸν εἶναι, ἀλλ' ἑκάστῳ ἄλλο τὸ προσεχὲς καὶ ἴδιον μέρος τοῦ ἀέρος ἢ τοῦ ὕδατος, δι' οὗ μεταξὺ ὄντος ἡ ἐκείνων ἀντίληψις· εἴδει γὰρ μόνον ταὐτὸ τοῦτο. τὸν γὰρ αὐτὸν κατ' εἶδος ψόφον ἢ τὴν αὐτὴν ὀσμὴν ἢ τὸ θερμὸν κατ' | εἶδος παθόντα ταῦτα διαγγέλλει τε καὶ διαδίδωσι ταῖς αἰσθήσεσιν, ἄλλη κατ' ἄλλο μόριον αὐτοῦ. οὕτως δὲ γινομένης τῆς τῶν αἰσθητῶν 274 ἀντιλήψεως, οὐδὲν ἄτοπον ἅμα τοὺς αὐτοὺς τὸ αὐτὸ καὶ ὁρᾶν καὶ ὀσφραίνεσθαι καὶ ἀκούειν τοῦ αὐτοῦ, καὶ ὑγιὲς τὸ προειρημένον τὸ 'ἔστι μὲν ὡς τοῦ αὐτοῦ αἰσθάνεσθαι, ἔστι δ' ὡς οὔ.'

Διό, φησίν, οὔτε σώματα ταῦτα, λέγων τὰ αἰσθητά, τὸν ψόφον, τὴν ὀσμήν, τὸ χρῶμα, τὴν θερμότητα, ἀλλὰ πάθη καὶ κινήσεις, οὔτε χωρὶς σώματος· τούτου γὰρ καὶ ἐν τούτῳ πάθη. διὸ πάσχοντος τοῦ μεταξὺ σώματος καὶ διατιθεμένου πως ὑπὸ τῶν αἰσθητῶν αἱ κατὰ τὰς αἰσθήσεις

---

2 ἐπὶ ταύτης vel ⟨ὡς⟩ ἐπὶ conicio περὶ TVPa (Arist.): ἐπὶ MA 3 δόξει a τὸ προειρημένον τὸ conicio, cf. v. 5 τούτῳ et v. 23 4 τοῦ αὐτοῦ M alt. ὁ VA: om. Pa 5 ταύτῃ M 6 ἄλλον ex Arist. add. Thurot prius ἢ] καὶ T Arist. codd. EMY alt. ἢ] καὶ Arist. 7 ταὐτὸ a: τοῦτο ἂν TA: τοῦτο VP post ταὐτὸ add. τούτων a post εἶεν add. ἂν VP 8 τοῦ αὐτοῦ Thurot (*idem* T): αὐτοῦ τοῦ VAPa 9 αἰσθάνονται MV, e corr. P: αἰσθάνεται Aa, prius P *idem a se ipso* T αὐτοῦ VAa 10 διαφόροις A εἴη] *fiunt* T ἀπορίαν V λέγων om. Pa 11. 12 *primum quidem movens intermedium, cum sit intermedium aqua sive aer, omnes* T 12 ἅπαντα V εἴη κώδων] *fiunt* T 12. 13 ἔχουσα ταῦτα Pa (corr. M) 13 πάντα Aa 14 πάντως P ὀσφραίνεται P 15 ἀπ' αὐτῶν V 16 διὸ οὐδὲ TAP[1] 17 εἶναι] ἐστι ex T Thurot, sed v. ad p. 53,27, et v. 12 ss. infinitivos mutavit T τὸ] τε V 18 ἢ MTAP: om. Va ἡ om. V 19 ταυτὸ a τοῦτον VA alt. ἢ VP[2]a: om. TAP[1] 19. 20 τὸ θερμὸν κατ' εἶδος TPa: κατ' εἶδος τὸ θερμὸν A: τὸ θερμὸν V: an τὸ ⟨αὐτὸ⟩ θερμόν? 20 ταῦτα] sc. τὰ μεταξὺ 21 ἀλλ' ἢ V 22 ἅμα τοσούτους conicio prius καὶ om. Pa 23 τοῦ αὐτοῦ om. T προκείμενον A 24 τοῦ] αὐτοῦ V αἰσθάνεται conicio 25 διὸ a: δι' ὧν TVAP ταῦτα om. V post ταῦτα add. δεῖ M λέγειν Ma ἐσθητὰ V 26 οὔτε P[2]a: οὐ VATP[1]: οὐδ' Arist. EMY 27 ante ἐν add. τὰ a 28 αἱ] οὐ A

ἀντιλήψεις. εἴτε γὰρ σώματα ἦν τὰ ὧν αἰσθανόμεθα, οὐχ οἷόν τε ἂν ἦν πλείους τοῦ αὐτοῦ καὶ ἑνὸς κατ' ἀριθμὸν αἰσθάνεσθαι ἅμα (ἦν γὰρ ⟨ἂν⟩ αὐτὸ αὑτοῦ χωρὶς τὸ αἰσθητόν, εἰ σῶμά γε ὂν ἅμα ἐν πλείοσιν ἐγίνετο καὶ διαφέρουσιν), εἴτ' | ἄνευ σώματος, πάλιν οὐχ οἷόν τε αὐτῶν τὴν 275 ἀντίληψιν γίνεσθαι. ἡ γὰρ κίνησις, δι' ἧς ἡ ἀντίληψις, σώματος, ἀλλὰ καὶ ἡ διαίρεσις μεγέθους, καθ' ἣν διαίρεσιν συνδιαιρουμένων τῶν παθῶν τῷ σώματι τῶν αὐτῶν πλείους αἰσθάνονται. τῷ γὰρ πάθη εἶναι καὶ κινήσεις τὰ αἰσθητὰ ἐν σώματι γινόμενα, τούτῳ πλείους ἅμα αὐτῶν αἰσθάνονται, ἅμα πασχόντων τῶν σωμάτων ὑπὸ τῶν ποιούντων τὰ πάθη κατὰ διαφέροντα μόρια.

p. 446b27 Περὶ δὲ τοῦ φωτὸς ἄλλος λόγος· τῷ εἶναι γάρ τι τὸ φῶς ἐστιν, ἀλλ' οὐ κίνησίς τις. ὅλως.

Εἰπὼν περὶ μὲν τὸν ψόφον καὶ τὴν ὀσμὴν εὐλόγως συμβαίνειν τὸ ταῦτα πρὸ τοῦ τὴν αἴσθησιν κινεῖν ἐν τῷ μεταξὺ γίνεσθαι τῷ κινήσεως καὶ φορᾶς καὶ διαδόσεώς τινος τοῦ αἰσθητοῦ διὰ τοῦ μεταξὺ τοῦ συνεχοῦς σώματος γινομένης τὴν ἀντίληψιν αὐτῶν καὶ τὴν αἴσθησιν γίνεσθαι (διὸ καὶ ἐν χρόνῳ ἡ τούτων αἴσθησις), οὐχ ὁμοίως φησὶν οὕτω γίνεσθαι καὶ τὸ φῶς ἐν τῷ | διαφανεῖ καὶ τῷ μεταξὺ σώματι τοῦ τε ἀφ' οὗ τὸ φῶς καὶ 276 τῆς ὄψεως. ὁ δ' αὐτὸς λόγος καὶ περὶ χρώματος.

p. 446b27 Τῷ γὰρ ἐνεῖναί τι τὸ φῶς ἐστιν, ἀλλ' οὐ κίνησίς τις.

Ἔστι δὲ ὃ λέγει ὅτι οὐχ ὡς ἐπὶ τοῦ ψόφου καὶ τῆς ὀσμῆς κινούμενον τὸ μεταξὺ σῶμα κατὰ διάδοσιν τοῦ πάθους, ἄλλοτε ἄλλου τοῦ πάσχοντος

---

1 ἀντίληψις A post ἀντιλήψεις add. γίνεται P, γίνονται a εἴτε γὰρ VA: *si enim* T: οὔτε γὰρ εἰ Pa οὐχ V: om. TAPa 1. 2 ἦν πλείους scripsi (cf. v. 8): ἦν πλείω V: ἦν πλείω ὡς T: ἢ πλείω ὡς AP¹a: ἢ πλείονας P² 2 ἂν add. Thurot 3 αὐτοῦ libri γε TV: τε APa ὂν MTA: ὢν V: ἦν Pa ἐγένετο a 4 διαφέρει A εἴτ' TVA: οὔτ' Pa οὐχ V: om. TAPa ante αὐτῶν add. *esset* T 5 prius ἡ Pa: om. VA σῶμα T 5. 6 καὶ ἡ] καθ' ἣν A 6 μεγέθους—διαίρεσιν om. A διαίρεσιν MVP: διαιροῦσι a συνδιαιρουμένων MTAP (sed συν in ras. P²): συνδιαιρουμένου V: spat. v litt., tum διαιρουμένων δὲ a 7 τῷ—κινήσεις] *et passiones enim esse motus esse* T 8 σώματι] τῷ στόματι V 9 ἅμα] *vel* T post κατὰ add. τὰ A 11 ἐνεῖναι ex v. 20 et p. 132,8 conicio (sic Arist. cod. P, *inesse* T, sed hac praep. saepe instrumentalem vertit) τι om. T 12 τὸ φῶς AP Arist. codd. LPSU (cf. v. 20): φῶς V (Arist. EMY) cum ὅλως ad sequens enuntiatum pertineat, patet lemma decurtatum esse τις om. Arist. codd. EMYU 13 ἀλόγως V 13. 14 τὸ ταῦτα P: τοσαῦτα V: τὰ τοιαῦτα A: ταῦτα a: *hoc* T 14 ἐν τῷ] τὸ M alt. τῶ TVA: τὸ P: τῆς a 16 ante prius τὴν add. *et sicut* T αὐτῶν bis habet V 17 καὶ om. T 18 οὗ VA: οὗ ἐστι T: οὗ τί Pa 19 λόγος TPa: om. VA 20 ἐνεῖναι A (cf. ad v. 11): ἐν εἶναι P: ἓν εἶναι TV ἐστιν om. A 22 τὸ om. a (habet etiam M) κατὰ διάδοσιν] μεταδιδόασι P ἄλλοθι coni. Thurot cf. p. 129,20

αὐτοῦ μέρους ὄντος, τῆς αἰσθήσεως αὐτῶν αἴτιον γίνεται, οὕτω δὲ καὶ ἐπὶ 276 τοῦ φωτὸς καὶ τῶν ὁρατῶν. οὐ γὰρ διὰ κινήσεως ὁ ἀὴρ καὶ τὸ διαφανὲς φωτίζεται, ἀλλ' ἀθρόον ἐκ δυνάμει διαφανοῦς ἐνεργείᾳ διαφανὲς γίνεται καὶ πεφωτισμένον, ἔχον ἐξ οὐκ ἔχοντος γινόμενον, οὐ διὰ τὸ λαμβάνειν τε καὶ κινεῖσθαι. σχέσει γὰρ καὶ παρουσίᾳ τῇ τοῦ φωτίζοντος πρὸς τὸ πεφυκὸς φωτίζεσθαι τὸ φῶς, ὡς ἐν τοῖς Περὶ ψυχῆς εἴρηται. τοῦτο γάρ ἐστι τὸ εἰρημένον ἐκεῖ τὸ 'παρουσία | πυρὸς ἢ τοῦ φωτίζειν πεφυκότος ἐν δια- 277 φανεῖ', ἣν παρουσίαν διὰ τοῦ ἐνεῖναι ἐδήλωσεν. ὡς γὰρ τὸ δεξιόν τινος οὐ διὰ κινήσεως δεξιὸν γίνεται οὐδὲ διὰ γενέσεως, ἀλλὰ τῇ τοῦ πρὸς ὃ δεξιόν ἐστι ποιᾷ σχέσει πρὸς αὐτὸ ἀθρόως οὐκ ὂν πρότε ν δεξιὸν γίνεται δεξιόν, οὕτω καὶ τὸ δυνάμει διαφανὲς ἐνεργείᾳ γίνεται τοιοῦτον ἀθρόως μεταβάλλον τῇ τοῦ φωτίζειν πεφυκότος αὐτὸ πρὸς αὐτὸ σχέσει ποιᾷ. πᾶν γὰρ ὅσον δύναται ὑπὸ τῆς τοιαύτης σχέσεως τοῦ φωτίζοντος ἐνεργείᾳ γενέσθαι διαφανὲς καὶ πεφωτισμένον ἀθρόως φωτίζεται, οὐκ ἀρξάμενον πρῶτον ἀπὸ τοῦ πλησίον τῷ φωτίζοντι καὶ κατὰ διάδοσιν καὶ κίνησιν ἐν χρόνῳ ἐπὶ τὰ πορρωτέρω μέρη διεξιόν, ὡς εἶχεν ἐπὶ τοῦ ψόφου καὶ τῆς ὀσμῆς.

Ὃ δὲ πρῶτον ὡς δυνάμενον λέγεσθαι περὶ τοῦ ὁρᾶν εἶπε, νῦν αὐτὸς τοῦτο κατασκευάζει εἰς † δὲ τοῦτο διὰ βραχέων περὶ [τε] τὸ εἰρημένον παραμυθεῖσθαι | δι' ἄλλων τινῶν ὅτι μὴ ἀδύνατον. οὐδὲ γὰρ ἐπὶ κινήσεως, 278 φησί, πάσης ὁμοίως ἔχει. οὐ γὰρ ὁμοίως ἥ τε ἀλλοίωσις ἔχει καὶ ἡ φορά, τουτέστιν ἡ κατὰ τόπον κίνησις, γίνεται, τοῦ φερομένου πρῶτον ἐν τῷ μεταξὺ γινομένου. φορᾷ δὲ ἔοικε καὶ ἡ ἐπὶ τοῦ ψόφου γινομένη κίνησις, ὁμοίως καὶ ἡ κατὰ τὴν ὄσφρησιν. διὸ εὐλόγως αἱ τούτων ἀντιλήψεις ἐν χρόνῳ· γεγονότος γὰρ τοῦ ψόφου οὐδέπω ἀντίληψις, καὶ τοῦ ὀσφραντοῦ ὄντος ὅθεν οἷόν τέ ἐστιν αὐτοῦ ὀσφραίνεσθαι, οὐδέπω αὐτοῦ ἡ ὄσφρησις

1 αὐτῶν] αὐτὸ A γίνεται Thurot (*sit* T corr. *fit* Thurot): γίνεσθαι VAPa δὲ om. T 3 *totum potentia dyafanum actu* T ἐκ] εἰς V post διαφανὲς add. ὂν V 4 ἔχον TVPa: ἔχον καὶ A: οὕτως M γινομένου Pa 5 καὶ παρουσία P: οὐκ οὐσία TAa: ἑκουσία V φωτίζονται A πρὸς MTVP: om. Aa 6 post φῶς add. *est* T Περὶ ψυχῆς] B 7 p. 418b 16 7 πυρὸς] φωτὸς a (corr. M) 8 ἥνπερ οὐσίαν A (*quam quidem substantiam* T) ἐνεῖναι MTAP: ἓν εἶναι V: εἶναι a (Arist.) 9 γενέσεως ex κινήσεως corr. P ὃ] τὸ a (corr. M) 10 γίνεται Pa: νῦν ἔσται VA: *erit* T 11 post οὕτω add. δὲ A 12 τοῦ φωτίζειν πεφυ in foramine perierunt, suppl. m. rec. τοῦ ἐνεργεία φωτίζειν π (?)P alt. αὐτὸ] αὐτὰ V: αὐτῶ P 13 ως τοῦ φωτ. ἐν. perierunt, ως τοῦ φωτὸς ἐνεργεία γι m. rec. P 14 ἀθρόαν A πρῶτα V 14. 15 ἀπὸ τοῦ—φωτί suppl. m. rec. P, in quibus male πλησιάζειν 15 ἐπὶ] καὶ Pa (corr. M): *postea* T 16 δεξιὸν P εἶχεν—ψοφο recte suppl. m. rec. P 17 δὲ] καὶ V *impossibile* T (om. ὡς) post νῦν add. *autem* T αὐτὸ a 18 *ad hoc autem quod brevia* T ὡς δέον τοῦτο conicit Diels βραχέος Pa παρά a (corr. M) τε del. Thurot (om. T?) 19 παραμυθεῖται Pa ἀδυνάτοις TA οὐδὲ] οὐ T 20 alt. ἔχει om. T, 21 κίνησις, ⟨ἥτις⟩ conicio πρῶτα V 22 γινο(μν') P: γινομένη a φορᾷ MTAP: φορᾶς V: διαφέρειν a 23 ὁμοίως] *sed* T τὴν VP: om. Aa ἀλόγως V 25 post ὅθεν add. εἰ P ἐστιν om. a prius αὐτοῦ fort. del. ἡ αὐτοῦ a

ἔστιν, ἀλλὰ χρόνου δεῖται. διὸ οὐκέτι φησὶ τὴν κατὰ ἀλλοίωσιν κίνησιν 278 ὁμοίως γίνεσθαι ἐπὶ πάντων τῇ φορᾷ· ἐνδέχεται γὰρ ἀθρόον τι ἄρξασθαι τῆς ἀλλοιώσεως πᾶν, καὶ μὴ τὸ ἥμισυ αὐτοῦ μηδὲ τὸ μόριον πρῶτον, ὡς γίνεσθαι μὲν καὶ ταύτην ἐν χρόνῳ. οὐδὲ γὰρ εἰ ἀθρόον ἤρξατο τῆς ἀλλοιώσεώς τε καὶ τῆς πήξεως, ἤδη καὶ εὐθὺ τῷ | ἄρξασθαι πέπηγε τὴν 279 πῆξιν ἣν πήγνυται, αλλὰ χρόνου δεῖται.

Εἰπὼν δὲ μὴ κατὰ ἡ ν τῶν μερῶν διάδοσιν ἡ ν ἀλλοίωσιν γίνεσθαι πάντως (εἶναι γάρ τι μέγεθος ἀθρόως ἀρχόμενον), προστίθησιν ὅτι ʽκαὶ ἐπὶ τούτων μέντοι, εἰ πολὺ εἴη τὸ ἀλλοιούμενον οἷον τὸ θερμαινόμενον ἢ πηγνύμενον, οὐ πᾶν ἅμα ἄρχεται, ἀλλὰ τὸ ἐχόμενον ὑπὸ τοῦ ἐχομένου μέρους πάσχει τε καὶ ἀλλοιοῦται, ἀλλ' οὐ πᾶν ἀπὸ τοῦ πρώτου ἀλλοιοῦντος, μέρος μέντοι ἀθρόον ἀπ' ἐκείνου ἤρξατο τῆς ἀλλοιώσεως'. ταύτην δὲ ἡ ν εἰκόνα παρέθετο, οὐκ ἀλλοίωσιν λέγων εἶναι τὸ φωτίζεσθαι (οὐ γὰρ οὕτως αὐτῷ δοκεῖ), ἀλλὰ βουλόμενος λαβεῖν ὅτι καὶ ἀθρόα τινὰ ὅλα δύναται μεταβάλλειν, καὶ οὐ πάντως, εἴ τι μεριστόν ἐστι, δεῖ αὐτὸ ἀπό τινος μορίου ἀρξάμενον μεταβάλλειν. εἰ οὖν ἐπὶ τῆς ἀλλοιώσεως κινήσεως οὔσης καὶ ἐν χρόνῳ γινομένης ὅμως οὐδὲν κωλύει ἀθρόον τι μέρος ἄρξασθαι τῆς μεταβολῆς, οὐδὲν παράδοξον τὸ καὶ τὸ φωτιζόμενον ἀθρόον λέγειν | πᾶν 280 δέχεσθαι τὸ φῶς, μὴ διὰ κινήσεως τοῦ φωτίζεσθαι γινομένου. ὅτι γὰρ μὴ διὰ τοῦτο τὴν ἀλλοίωσιν παρέθετο, ὡς καὶ τοῦ φωτίζεσθαι ἀλλοιώσεως οὔσης, σημεῖον εἶπεν αὐτός· οὐ μὴν ἀλλ', ἂν ᾖ πολὺ τὸ θερμαινόμενον ἢ πηγνύμενον, τὸ ἐχόμενον ὑπὸ τοῦ ἐχομένου πάσχειν. φωτίζεσθαι δέ, ἂν πολὺ τὸ φωτιζόμενον ᾖ, οὐ τόδε πρῶτον ὑπὸ τοῦ φωτίζοντος, ἀλλ' ὅσον ἂν ᾖ τὸ φωτίζεσθαι δυνάμενον ἐν τῇ τοιᾷδε σχέσει τοῦ φωτίζοντος τῇ πρὸς αὐτό, τοῦτο ἅμα πᾶν φωτίζεται ὑπ' ἐκείνου, καὶ οὐκ ἔστι τι μόριον, ὃ νῦν μὲν οὐ πεφώτισται, μετ' ὀλίγον δέ, μένοντος τοῦ φωτίζοντος τοῦ αὐτοῦ τε καὶ ἐν τῷ αὐτῷ.

---

1 φησὶ om. T τὴν] τὰ Ma κινούμενα M 3 καὶ] *ut et* T μὴ om. a (habet etiam M) 4 μὲν vid. del. εἰ MVP: om. Aa 5 alt. τῆς om. a alt. καὶ MTVA: om. Pa εὐθὺς a 7 δὲ om. T τὴν τῶν om. V μερῶν] καιρῶν TA διάθεσιν A 8 γὰρ εἶναι ex T Thurot, ante πάντως interpungens ἀρχομένου V καὶ om. T 9 εἰ om. TA 10 ἄρχεται P: ἔρχεται TVAa 11 μέρος TV πάθει V 12 ἀθρόως V ἀπ' Thurot: ὑπ' VAPa 13 εἶναι post φωτίζεσθαι a (T) 14 τὸ] τῷ a ante δοκεῖ add. *esse* T λαλεῖν V καὶ om. Ta (habet etiam M) 15. 16 καὶ οὐ—μεταβάλλειν om. V 15 δεῖ] δι' A ἀπό om. T 16 μεταβάλλει A καὶ om. V 17 ὅμως Thurot: ὁμοίως libri *simul per totam aliquam parte*ı T 18 post οὐδὲν add. γὰρ Pa alt. τὸ om. a ἄθρων A 19 δέχεσθαι Pa: δὲ δεδέχθαι VA: *susceptibile* T 20 ὡς VP: *quia* T: om. Aa καὶ τοῦ φωτίζεσθαι om. T 21 αὐτός TV: αὐτὸ MA: om. Pa οὐ—ᾖ] *quin immo non* T ἀλλ' ἂν ᾖ Pa: ἀλλὰ μὴ VA: ἀλλ' ἐνίοτε ἂν ᾖ M 22 πάσχειν Pa: om. TVA: πάσχει Arist. codd. praeter EM 23 φωτίζεται M δέ Pa: om. TVA οὐ τόδε Pa: τοῦτο δὲ TVA 23. 24 τοῦ φωτίζοντος om. a 25 φωτίζεσθαι a (corr. M) ὑπ' ἐκείνου om. T 26 μόριον ὃ νῦν bis habet a μὲν οὐ TVAP: οὐ μὲν M: οὐ a μετ'] *non* T

Ὧι δὴ ἐχρήσατο ἐκ τοῦ παραδείγματος, ἔστι τὸ ἀθρόον τι μεταβάλλειν μέρος τοῦ ἀλλοιουμένου ὑπὸ τοῦ ἀλλοιοῦντος, † ἣ εἶπεν οὕτως· τὸ δὲ πρῶτον ὑπ' αὐτοῦ τοῦ ἀλλοιοῦντος μεταβάλλει, καὶ ἀνάγκη ἅμα ἀλλοιοῦσθαι | καὶ ἀθρόον· τοῦτο γὰρ ἦν αὐτῷ πρὸς τὸ προκείμενον 281 χρήσιμον, ἐπειδὴ καὶ ἡ ὄσφρησις ἀλλοιουμένου γίνεται τοῦ μεταξύ. ἴσως γὰρ οὐδὲ ἐκεῖνο ἀληθὲς τὸ πᾶν ἀθρόον τῆς ἀλλοιώσεως ἄρχεσθαι. μόριον μὲν γάρ τι τοῦ παντὸς ἀθρόον ἄρχεσθαι ὑγιές, τὸ δὲ πᾶν οὐκέτ' ἂν δόξαι, εἴ γε δεῖ, ὡς εἴρηκεν ἐν τῇ Φυσικῇ ἀκροάσει, παντὸς τοῦ κινουμένου τὸ μέν τι μόριον εἶναι ἐν τῷ ἐξ οὗ, τὸ δὲ ⟨ἐν τῷ⟩ εἰς ὅ· διὰ γὰρ τούτου πᾶν τὸ κινούμενον ἐδείχθη διαιρετὸν ὄν.

Ὅτι δὲ ἐν σχέσει τὸ φῶς, ἀλλ' οὐκ ἐν ἀλλοιώσει, δῆλον ἀπὸ τοῦ τὰ μὲν ἀλλοιούμενα οὐκ εὐθὺ τῷ τὸ ἀλλοιοῦν ἀπελθεῖν πεπαῦσθαι τοῦ ἐγγενομένου πάθους ἐν αὐτοῖς ὑπ' αὐτοῦ (οὐ γὰρ τοῦ θερμαίνοντος ἀπελθόντος εὐθὺς καὶ τὸ θερμαινόμενον ὑπ' αὐτοῦ τῆς ἐγγενομένης ὑπ' ἐκείνου θερμότητος αὐτῷ παύεται), τὰ δὲ κατὰ τὴν πρός τι σχέσιν ὄντα τοιαῦτα, ἀπελθόντος τοῦ πρὸς ὃ ἡ σχέσις, συμπαύεσθαι καὶ ταῦτα | τοῦ ἔτι εἶναι 282 ἐν τῇ πρὸς ἐκεῖνο σχέσει· υἱοῦ γὰρ ἀποθανόντος πέπαυται καὶ ὁ πατὴρ πατὴρ ὤν, καὶ τοῦ ἀριστεροῦ ἀπελθόντος ὁ δεξιὸς οὐκέτι δεξιός ἐστιν. οὕτω δὲ ἔχει καὶ τὸ φῶς· συναπέρχεται γὰρ ἀθρόον τῷ φωτίζειν πεφυκότι.

Εἰπὼν δὲ διὰ βραχέων ταῦτα, λέγει· ἦν δ' ἂν καὶ τὸ γεύεσθαι ὥσπερ ἡ ὀσμή, εἰ ἐν ὑγρῷ ἦμεν. ἔστι δὲ ὃ λέγει· ὡς ἐπὶ τῆς ὀσμῆς, πόρρω ὄντος τοῦ τὴν ὀσμὴν ἔχοντος, αἰσθανόμεθα αὐτοῦ τῷ τὸν μεταξὺ ἀέρα καὶ τὸ ὕδωρ πάσχειν ὑπ' αὐτοῦ καὶ τὸ πάθος διαδιδόναι τῇ αἰσθήσει, οὕτω, φησί, καὶ ἐπὶ τῆς γεύσεως εἶχεν ἄν, εἰ ἦμεν ἐν ὑγρῷ, τουτέστιν ἐν ὕδατι, καὶ δι' ἐκείνου τὴν ἀντίληψιν τῶν χυμῶν ἐποιούμεθα. δεχόμενον γὰρ

1 ὧ δὴ TAPa: δὴ ὧ V   ἐκ τοῦ παραδείγματος] παραδείγματι T   ἔστι] ὅ ἐστι Pa   μεταβάλλειν om. T   2 τοῦ ἠλλοιωμένου M: *eius quod illuminatur* T   2. 3 ἣ—ἀλλοιοῦντος om. (habet etiam M)   2 ἣ] καὶ coni. Thurot: an ⟨δ⟩ καὶ? fort. lacuna statuenda   3 ἀλλοιουμένου V   μεταβάλλειν prius P (Arist. codd. EMP)   3. 4 μεταβάλλει—ἀλλοιοῦσθαι om. T   3 οὐκ post καὶ add. Arist. codd. EMY   4 γὰρ om. a   5 ἡ om. V   ἀλλοιουμένου TAa: ἀλλοιουμένη VP   γίνεται om. a   6 γάρ] δὲ T   οὐδὲν ἐκείνου a   ἀληθὲς om. T   7 μὲν γάρ] *tamen* T   δόξη Pa: *videbatur* T   8 εἴ γε δεῖ Thurot (*si vero oportet* T): εἴ γε δὴ MVP: εἴτε δεῖ A: εἴτε δὴ a   εἴρηκεν V: ἔοικεν TAPa: ἔδειξεν M   8 Φυσικῇ ἀκροάσει] Z 4 p. 234b10 ss. cf. quae Simpl. p. 968 D. ex Alex. adnotat   9 ιον αὐτοῦ εἶναι ἐξ male suppl. m. rec. P   τὸ δὲ] ὁ δὲ V   ἐν τῷ T: om. VAPa   τούτου Ta: τοῦ VAP   11 ν σχέσει φησὶν ἀλλ' suppl. m. rec. P   12 εὐθὺς a   τὸ om. a   ελθεῖν πέπαυται suppl. m. rec. P   πεπαῦσθαι VA: πέπαυται a: παύεσθαι Thurot (*quod—cessant* T)   13 ἐγγενομένου MTVAP: ἀλλοιουμένου a   ὑπ' αὐτοῦ om. T   θερμάναντος V   14 ἐγγινομένης V   16 ἀπελθόντα V   συμπαύεταί e. T Thurot   17 παύεται Ta   καὶ] *esse* T   18 καὶ τοῦ om. a (habet etiam M)   post δεξιός add. καὶ Pa, ὁ δεξιὸς οὐκέτι δεξιὸς add. V   20 ἦν γὰρ καὶ V   γενέσθαι V   21 εἰ Arist.: ἡ V: om. TAP   ἦμεν MV: ἡ μὲν A: om. TP   ὡς om. V   ἐπὶ] περὶ V   22 αὐτῶ A   22. 23 ἀέρα μεταξὺ V   24 γενέσεως V   ἂν om. Pa   ἦμεν V (post ὑγρῷ M): ἡ μὲν A: μὲν T: μὴ P: om. a   24. 25 ἐν τῷ ὕδατι A   25 *facimus* T

ἂν τὸ ὕδωρ τὴν ἀπὸ τῶν χυμῶν ποιότητα διὰ τοῦ γεύεσθαι αἴσθησιν ἡμῖν παρεῖχε τῶν γευστῶν πρὸ τοῦ ἐντυχεῖν ἐκείνοις, ὥσπερ καὶ ἐπὶ τοῦ ὀσφραντοῦ ποιεῖ. νῦν δὲ τοῦτο οὐ γίνεται. ὁ ⟨γὰρ⟩ ἀὴρ ὀσμῆς μέν ἐστι δεκτικός, ἐν ᾧ ἐσμεν, ⟨καὶ πέφυκε⟩ * * * | χυμῶν πάσχειν, ἀλλ' οὐ παντὸς ὑγροῦ, 283 ἐπεὶ καὶ ὁ ἀὴρ ὑγρός. εὐλόγως δή, φησί, διὰ τὰ εἰρημένα ὧν ἐστιν αἰσθητῶν ἀντίληψις διά τινος μεταξύ, ταῦτα ⟨τὰ⟩ μεταξὺ οὐχ ἅμα πάντα πάσχει, οὐδ' ἅμα ἀεὶ δι' αὐτῶν ἀντιλήψεις τε καὶ αἰσθήσεις γίνονται, ἀλλ' ἐν χρόνῳ, πλὴν ἐπὶ τοῦ φωτὸς καὶ τῶν ὁρατῶν. διὰ τί δὲ εὐλόγως; ἢ ὅτι ἐκεῖνα μὲν τὰ αἰσθητὰ διὰ κινήσεως καὶ πάθους ἐγγίνεται, τοῦ μεταξὺ ἀλλοιουμένου καὶ πάσχοντος αὐτοῦ, διὸ καὶ ἐν χρόνῳ ἀπὸ τοῦ κινήσαντος τὸ πάθος τὸ ἐγγινόμενον διαδίδοται· τὸ δὲ φῶς καὶ τὰ χρώματα οὐ διὰ κινήσεως (ἐν ποιᾷ γὰρ σχέσει τοῦ φωτίζοντος πρὸς τὸ φωτιζόμενον τὸ φῶς), διὸ καὶ ἅμα πᾶν τὸ διαφανὲς φωτίζεται. οὕτως δὲ γινομένου τοῦ φωτὸς ἀχρόνως εὐλόγως καὶ τὸ ὁρώμενον ἀχρόνως τῇ ὄψει προσβάλλει, | 284 ὡς γίνεσθαι οὐ μόνον τὸ ὁρᾶν ἀχρόνως (τοῦτο γὰρ ἐδείχθη πάσαις ταῖς αἰσθήσεσιν ὑπάρχον), ἀλλὰ καὶ τὸ αἰσθητὸν ἀθρόως καὶ χωρὶς χρόνου προσπίπτειν τῇ ὄψει. αἱ γὰρ ἀπὸ τῶν χρωμάτων κινήσεις ἐν τῷ διαφανεῖ τῷ κατ' ἐνέργειαν ὁμοίως γίνονται, ὡς τὸ φῶς ἐν τῷ διαφανεῖ † ἐδήλωσεν αὐτὸς εἰπών· διὰ τὸ αὐτὸ δὲ καὶ περὶ τοῦ ὁρᾶν· τὸ γὰρ φῶς ποιεῖ τὸ ὁρᾶν. εἰ γὰρ ἐκεῖνο μὴ διὰ κινήσεως μηδ' ἐν χρόνῳ γίνεται ἐν τῷ διαφανεῖ, οὐδ' ἂν τὸ ὁρᾶν γίνοιτο ἐν χρόνῳ. διὸ καὶ εὐθὺς ἀναβλέψαντες ὁμοίως τά τε ἐγγὺς ὁρῶμεν καὶ τὰ πόρρω.

p. 447a12 Ἔστι δὲ ἀπορία καὶ ἄλλη τις τοιάδε περὶ τὰς αἰσθήσεις, πότερον ἐνδέχεται ἅμα δύο αἰσθάνεσθαι ἐν τῷ αὐτῷ καὶ ἀτόμῳ χρόνῳ.

Ἡ μὲν ἀπορία ἣν ἀπορεῖ σαφής. ζητεῖ γὰρ εἰ ἅμα πλειόνων ἔστιν

1 ἂν om. T 2 *exhibet* T ὥσπερ VA: ὡς Pa τοῦ ὀσφραντοῦ ποιεῖ scripsi: τῶν ὀσφραντῶν ποιεῖ A: τοῦ ὀσφραντοῦ ποιεῖν V: τοῦ ὀσφραντοῦ ἔχει a: ποιεῖν P: *in odorabili fit* T 3 γὰρ add. M γευστικὸς a (corr. M) 4 ἐσμεν om. V καὶ πέφυκε add. M ἐσμεν, ⟨ἀλλ' οὐ⟩ χυμῶν ⟨οὐδὲ πέφυκε⟩ πάσχειν ὑπὸ παντὸς ὑγροῦ coni. Thurot: ἐσμεν, καὶ πέφυκε ⟨ὑπὸ ὑγροῦ τοῦ ἐγ⟩χύμου πάσχειν e. gr. conicio χυμῶν VP: χυμῶ MAa: χυμὸν T οὐ] οὐχ ὑπὸ M 5 δὲ V 6 τὰ add. Thurot alt. μεταξὺ om. M fort. recte (v. Arist.) πάντα om. Arist. LSU 8 εὔλογον a (corr. M) 9 ante διὰ add. τὸ V τοῦ a: τοῖς VAP: καὶ τοῖς T 10 ἀλλοιουμένους V 11 alt. τὸ om. Aa ἐγγενομένον A δὲ] *enim* T 12 γὰρ σχέσει TPa: σχέσει γὰρ VA alt. τὸ om. P 14 καὶ—ἀχρόνως om. a (habet etiam M) ἀχρόνως om. A προσβάλλει MTA: προσβάλλειν VPa 15 τὸ] prius τοῦ P 15. 16 ταῖς αἰσθήσεσι πάσαις Pa 17 προσπίπτειν M: προσπίπτων V: προσπίπτει a: προσπίπτον TAP αἱ γὰρ VAPa: ὅτι δὲ αἱ M, fort. recte 18 τῷ κατ'—διαφανεῖ om. A post διαφανεῖ add. τῷ κατ' ἐνέργειαν a ⟨ὃ⟩ ἐδήλωσεν conicio 19 αὐτὰ εἰπών V περὶ] ἐπὶ Arist. EMY γὰρ] *autem* T 19. 20 φῶς—ὁρᾶν om. T 21 γίνοιτο a: γίνηται A: γένοιτο VP: *fiet* T 21. 22 ἀναβλέψαντος V 22 pro τὰ bis τὸ Pa 23 καὶ ἄλλη τις ἀπορία P: τις ἀπορία καὶ ἄλλη Arist. EMY τις] om. A περὶ αἰσθήσεως Arist. codd. EMYS 24 δυεῖν ἅμα Aristot. codd. EMYSU (δυοῖν M) δύνασθαι ante αἰσθάνεσθαι male add. Arist. codd. EY (Biehl)

αἰσθάνεσθαι, ὡς ἐν τῷ αὐτῷ χρόνῳ πλειόνων τινῶν αἰσθητῶν ἀντίληψιν γίνεσθαι, ἢ οὐχ οἷόν τε. τὸ δὲ ἀτόμῳ χρόνῳ εἶπεν οὐχ ὡς ἀδιαιρέτῳ (οὐ γὰρ ἔστιν ἀδιαίρετος χρόνος), ἀλλὰ μὴ τούτου ἐν ᾧ | αἰσθανόμεθα 285 χρόνῳ ἐν μέρει μέν τινι αὐτοῦ τοῦδε αἰσθάνεσθαι, ἐν ἄλλῳ δὲ ἄλλου, ἀλλ' ἐν τῷ αὐτῷ χρόνῳ πλειόνων. μέλλων δὲ ἐπιχειρεῖν πρῶτον ἐνδόξως εἰς τὸ μὴ οἷόν τε εἶναι λαμβάνει τινὰ καὶ τίθησιν ὡς ἐναργῆ, δι' ὧν κατασκευάσει ὅτι καὶ τὰ πλείω αἰσθητὰ ἐμποδίζει ἀλλήλοις, πρῶτον μὲν τὸ ἀεὶ τὴν μείζω κίνησιν ἐκκρούειν τὴν ἐλάττω, οὗ παρέθετο πίστιν τὸ πολλάκις ὑπὸ τοὺς ὀφθαλμούς τινων τιθεμένων ἢ φερομένων μὴ αἰσθάνεσθαί τινας, ὅταν τύχωσιν ἢ σφόδρα τι ἐννοοῦντες ἐν ἑαυτοῖς ἢ φοβούμενοι ἢ ἀκούοντες μεγάλου ψόφου (ἡ γὰρ περὶ ἄλλα σύντονος ἐνέργεια τῆς ψυχῆς κωλύει τὰς ἐλάττους ἀντιλήψεις ἐν αὐτῇ γίνεσθαι). τὸ δὲ δεύτερον τίθησι τὸ μᾶλλον ἔστιν αἰσθάνεσθαι ἀμιγοῦς καὶ ἀκράτου καὶ καθ' αὑτὸ ὄντος | 286 ἢ μεμιγμένου καὶ κεκραμένου πρὸς ἄλλο, ὃ πάλιν ἐναργῶς ἔδειξεν οὕτως ἔχον ἐπὶ παραδειγμάτων οἴνου ἀκράτου τε καὶ ὕδατι κεκραμένου, ὁμοίως καὶ μέλιτος, ὁμοίως καὶ λευκοῦ ἀκράτου καὶ ἄλλῳ μεμιγμένου τινὶ χρώματι, ὁμοίως καὶ νήτης αὐτῆς τε καθ' αὑτὴν λαμβανομένης καὶ μεμιγμένης τῇ ὑπάτῃ ἢ ἄλλῳ τινὶ φθόγγῳ ἢ τῇ διὰ πασῶν συμφωνίᾳ· ἐπὶ πάντων γὰρ τούτων τε καὶ τῶν τοιούτων εἰλικρινεστέρα τε καὶ ἀκριβεστέρα ἡ αἴσθησις ἁπλῶν λαμβανομένη τῶν αἰσθητῶν ἢ εἰ εἴη συγκείμενα καὶ κεκραμένα ἀλλήλοις.

Οὗ τὴν αἰτίαν παρέθετο· διὰ γὰρ τὸ ἀφανίζειν ἄλληλα ἀφανέστερα ἕκαστα γίνεται ἐν τῇ μίξει τῇ πρὸς ἄλληλα. εἰπὼν δὲ ἀφανίζειν ἕκαστα ἐν τῇ μίξει, ἐν τίσιν ἡ μῖξις γίνεται καὶ τίνα ἐστὶ τὰ ἀφανίζοντα ἄλληλα

---

2 τὸ] τῶ V   ἀδιαιρέτω MVP²: διαιρέτω TAP¹: ἀδιαίρετος a   4 χρόνον M: om. a: χρόνου conicio   ἐν μέρει VP¹(?)a: ἐμέρισε TA: ἐμμένει P²   μέν V: om. TAPa   αὐτοῦ V: om. TAPa   ἐν — ἄλλου V: om. TAPa   ἀλλ'] *sed et* T   5 χρόνω MVA: πρώτω TPa   6 ἐνεργῆ V   δι' ὧν MVA: ὧν T: δὲ ὄντα Pa   κατασκευάσει VA: κατασκευάζει MTPa   7 καὶ τὰ MA: κατὰ TPa (tum spat. xi titt. a): τὰ V   πρῶτον MV: πρῶτα APa: *primo* T   τὸ VPa: τῶ A: *quod* T   7. 8 τὴν κίνησιν τὴν μείζω Pa   9 ὑποφερομένων ὑπὸ Alex. legit cum Arist. LSU (τὸ ἐπιφερόμενον ἐπὶ EMY)   10 τύχωσι σφόδρα Pa (corr. M) Arist.   αὐτοῖς Pa   11 ἡ] ὁ V   τὰ ἄλλα A   σύντονος TP²a: σύντομος VAP¹   12 κολούει Pa (corr. M)   ἐλάττονας a   δὲ om. V   ante τίθησι add. τι T   alt. τὸ a(T): τῶ V: τῶν AP (V ut testatur Mau) . 13 ἀκρατοῦς VA   alt. καὶ om. TA   ἑαυτὸ A   14 ὃ] ἢ P¹   πάλαι ἐνεργῶς V   15 παραδείγματι a (corr. M)   ἀκράτου om. a (habet etiam M)   τε MAP: om. Va   ὕδατος Va   16 ὁμοίως TVA: om. Pa   λευκοῦ MTV: λευκοῦ καὶ APa   ἄλλῳ M (cf. v. 18): ἄλλου TVAPa   τινι MA: τῶ P²a (T ut vid.): τε V(P¹?)   16. 17 χρώματος V   17 νήττης (!)V: ἡ τῆς TAa: τῆς νήτης M: ἡ τῆς νήτης P   αὐτῆς τε M(T)VA: τὲ P: spat. xviii litt. a   ante καθ' add. καὶ Pa (om. etiam M)   19 τε om. a   εἰλικρινεστάτη prius P   20 ἁπλῶν TVA: ἁπλῶς Pa   *accipiens* T, male ἀντιλαμβανομένη Thurot, cf. v. 17   ἢ εἰ MTA: ἢ VP: εἰ a   εἴη] ἢ A   22 ἀλλή^λ P   ἀφανέστερα MTVA: ἐμφανέστερα P: ἐμφανέστερον a   24 ἀφανίζεσθα T: fort. recte, vel ⟨ἄλληλα⟩ ἕκαστα scrib.

ἐν τῇ μίξει τῷ ἐν μέσῳ που | καθίστασθαι τὸ μεμιγμένον καὶ τὴν εἰ- 287
λικρίνειαν ἀποβάλλειν ἕκαστον τῶν ἐν τῇ μίξει, ἐδήλωσε προσθείς· τοῦτο
δὲ ποιεῖ ἐξ ὧν ἕν τι γίνεται. ταῦτα δὲ μίγνυταί τε ἀλλήλοις καὶ
ἀφανίζει ἄλληλα ἐν τῇ μίξει, ἐξ ὧν μιγνυμένων ἕν τι δύναται γίνεσθαι.
οὐ γὰρ πᾶν παντὶ μικτόν, ἀλλὰ χυμοὶ μὲν χυμοῖς, ψόφοι δὲ ψόφοις, χρώματα
δὲ χρώμασι, θερμότητες δὲ καὶ ψυχρότητες ἀλλήλαις καὶ ξηρότητες καὶ
ὑγρότητες, ὁμοίως καὶ αἱ ἄλλαι ἐναντιώσεις. οὐ γὰρ μίγνυται ψόφος χρώματι
οὐδὲ χυμὸς ψόφῳ· οὐδὲ γὰρ δύναται ἕν τι ἐκ τῆς τῶν τοιούτων συνθέσεως
γίνεσθαι. καθόλου γὰρ τὰ διαφόροις αἰσθήσεσιν αἰσθητὰ ἄμικτα τῷ εἶναι
ἑτερογενῆ. ὁμογενῶν γὰρ καὶ ἐν ὁμογενέσιν ἡ μῖξις· τῶν γὰρ ἐναντίων
καὶ τῶν μεταξύ. ἔχει δὴ κείμενον ὅτι τὰ αἰσθητὰ ἄλληλα ἐμποδίζει, τὰ
μὲν διαφέροντα, ὡς μηδὲ αἴσθησιν γί|νεσθαι τῶν ὅλων † ἐλαττόνων, τὰ 288
δὲ ὁμογενῆ καὶ μιγνύμενα τῷ ἔλαττον ἐν τῇ μίξει αἰσθητὰ εἶναι τὰ
μεμιγμένα ἀλλήλοις τῶν ἀμιγῶν. τούτοις δὴ χρώμενος πειρᾶται δεικνύναι
ὅτι μὴ οἷόν τε ἅμα δύο τινῶν αἴσθησιν γίνεσθαι.

Προστίθησι δὲ τούτοις ὅτι οὐδέ, ὅτε ἡ ἐλάττων ὑπὸ τῆς σφοδροτέρας
ἀφανίζεται ἐκκρουομένη, οὐδὲ τότε τῆς μείζονος εἰλικρινὴς ἡ ἀντίληψις
γίνεται. εἰ γὰρ ἡ μείζων κίνησις ἐκκρούει τὴν ἐλάττω ἐπισκοτοῦσα αὐτῇ
(διὰ τοῦτο γὰρ καὶ φοβούμενοι σφόδρα οὐχ ὁρῶμεν), ἀλλὰ καὶ ἐν τῇ μίξει
τῇ πρὸς ἄλληλα οὐχ ὁμοία ἡ ἀντίληψις, ἀνάγκη ἄρα, ἂν ἅμα ᾖ τινων
αἴσθησις γινομένη, τοῦ μὲν μᾶλλον κινεῖν δυναμένου, τοῦ δὲ ἧττον, καὶ
αὐτὴν τὴν τοῦ μᾶλλον αἰσθητοῦ ἐν τῇ κοινωνίᾳ τῇ πρὸς ἄλλο τι αἰσθητόν,
εἰ καὶ ἔλαττον εἴη ἐκείνου, ἧττον γίνεσθαι ἢ εἰ μόνον αὐτοῦ ἐγίνετο ἡ
αἴσθησις. ἀφαιρεῖται γάρ τι ἀπ' αὐτῆς ἐν τῇ πρὸς τὴν ἐλάττω | μίξει· 289
κεῖται γὰρ τὸ πάντα ἁπλᾶ καὶ ἄμικτα ὄντα μᾶλλον αἰσθητὰ εἶναι.

* * * Τὸ ἴσως τοῖς πρώτοις ληφθεῖσιν ἀκόλουθον ὡς ἑπόμενον τοῦτο

---

1 ἐν τῇ μίξει om. T τῶν ἐμμέσων τοῦ (οὐ a) Pa (corr. M) καθίστασθαι] *constituunt* T ante τὸ spat. XVI litt. a, μεμιγμένων add. M 2 ἕκαστα Pa ἐν τῇ μίξει TVPa: μεμιγμένων A (huc fortasse rectius refertur quod ad v. 1 ex M adnotatum est) 3 δὲ ποιεῖ] ποιεῖν P ποιεῖται V alt. δὲ] an δή? 4 μεμιγμένον a 5 χυμὸς et ψόφος a 6 θερμότητι A δὲ T: τε VAPa ψυχρότητι A 6. 7 ξηρότητι καὶ ὑγρότητι A 7 post ἄλλαι add. αἱ V 8 ἐν τῇ et συνθέσει V συνθήκης A 9 γὰρ om. V διάφορα ut vid. A τῷ] τοῦ A 10 ὁμοιογενέσιν a ante τῶν add. καὶ M 11 δὲ Pa post αἰσθητὰ add. μᾶλλον P ἄλληλα ἐμποδίζει TVA: ἐμποδίζει ἄλληλα Pa, sed illud μᾶλλον codicis P veri ordinis vestigium 12 ὡς] τῷ Thurot τῶν ὅλως ἀλλογενῶν conicio ὅλων TAP: ὅλως V: ἄλλων a 13 μιγνύμενα VAP: *mixtura* T: μεμιγμένα a τῷ] τὸ Pa (corr. M) ante τὰ add. *et* T (fort. *ea*) 14 δὴ TV: δὲ APa 16 οὐδέ om. Pa, sed vestigium latet in corruptela ex P infra adnotata ὅτε] οὔτε P[1] ἡ om. V σφοδρότητος VP 17 post ἀφανίζεται add. ἡ P, del. P[2] ut vid. ἐκκρουόμενος V post τῆς add. μίξεως TA 18 ἐπισκοτοῦσαν a αὐτὴν P 19 prius καὶ Aa: om. TVP alt. καὶ om. T 22 τι] τε V 23 ἥττονα coni. Thurot 24 μίξει TA: μίξιν VPa 26 τὸ TV: τὰ A: τὸ δὲ Pa, sed lemma Aristoteleum p. 447a25. 26 olim extabat ἀκόλουθα A: om. T τοῦτο] om. T: τούτοις conicio 26. 138,1 πάλιν τοῦτο A

πάλιν λαμβάνει τό, ἂν ἴσαι ὦσί τινες αἰσθήσεις, τουτέστιν ἐπὶ ἴσων αἰσθητῶν, διαφερόντων δὲ καὶ ὑπὸ διαφόρους αἰσθήσεις, τὸ μηδετέρου αὐτῶν αἴσθησιν ἔσεσθαι. εἰ γὰρ τῆς μείζονος αἰσθήσεως ἀφῄρει τὴν † ἐλάττω καὶ ἠφάνιζε μία γινομένη αὐτῇ, κἂν ὦσιν ἴσαι ἀμφότεραι διαφόρων οὖσαι αἰσθητῶν, ἀφανιοῦσιν ἡ ἑτέρα τὴν ἑτέραν ὁμοίως. ἁπλᾶ μὲν γὰρ † ἐξ ἴσου κἂν εἶεν ἐξ ἀμφοτέρων ἅμα γινομένων· ἡ γὰρ ἁπλῆ αἴσθησις ἁπλοῦ αἰσθητοῦ. λείπεται ἄρα ἢ μηδ' ὅλως γίνεσθαι αἴσθησιν ἢ μικτήν τινα καὶ ἀπ' ἀμφοῖν μίαν. ἀλλὰ τοῦτο γίνεται ἐπὶ τῶν μίγνυσθαι δυναμένων ἀλλήλοις, ὥσπερ ἐπὶ τῶν κιρναμένων· | ἐπὶ γὰρ μεμιγμένων ἡ τοιαύτη αἴσθησις. ἐκ μὲν 290 γάρ τινων αἰσθητῶν μεμιγμένων γίνεταί τι, ἐκ δὲ ἐνίων οὐδὲν γίνεται τῷ μηδὲ τὴν ἀρχὴν αὐτὰ μικτὰ εἶναι, ὡς προειρήκαμεν· τοιαῦτα γὰρ τὰ ὑπὸ τὰς διαφόρους αἰσθήσεις. μικτὰ γὰρ τὰ ὁμογενῆ καὶ τὰ ὑπὸ τὴν αὐτὴν αἴσθησιν· τοιαῦτα δὲ ὧν τὰ ἔσχατα ἐναντία εἰσὶν ἀλλήλοις. ἔσχατα γὰρ ἐν ἑκάστῳ τὰ πλεῖστον ἀλλήλων διεστῶτα, τὰ δὲ πλεῖστον ἀλλήλων ἐν τοῖς ὁμογενέσι διεστῶτα ἐναντία. ταῦτα δὲ ἀλλήλοις μίγνυται· ἐκ μὲν γὰρ λευκοῦ καὶ μέλανος μιγνυμένων ἕν τι γίνεται ἅμα, ἀλλὰ καὶ ἐκ τῶν μεταξὺ τούτων πρὸς ἄλληλά τε καὶ πρὸς ταῦτα μεμιγμένων· ἐκ δὲ λευκοῦ καὶ ὀξέος οὐχ οἷόν τε ἕν τι γίνεσθαι (εἰ μὴ εἴη τὸ ὀξὺ μέλαν ἢ φαινόμενόν τι ἄλλο χρῶμα, καθ' ὃ ἡ μῖξις αὐτοῦ πρὸς τὸ λευκὸν ἔσται) ἀλλ' ἢ κατὰ συμβεβηκός. | ἢ εἴη ἂν κατὰ συμβεβηκὸς μεμιγμένον τὸ 291 λευκὸν καὶ τὸ ὀξὺ καὶ ἕν τι ἄμφω, εἰ ἅμα τινὶ ἄμφω εἴη συμβεβηκότα, τὸ λευκὸν καὶ τὸ ὀξύ, ὡς τὸ λευκὸν ⟨ὀξὺ⟩ καὶ τὸ ὀξὺ ⟨λευκὸν⟩ εἶναι. ἀλλ' οὐχ οὕτως ταῦτα ἓν ὡς ἡ ἐξ ὀξέος καὶ βαρέος συμφωνία· ταῦτα γὰρ καθ' αὑτὰ μικτά· ὁμογενῆ γὰρ καὶ ὑπὸ αἴσθησιν μίαν.

---

1 λαμβάνει (*accepit* T) τὸ TVA: λαμβάνοιτο Pa ἂν om. T post τινες add. αἱ P ἐπεὶ P¹ 2 διαφόρου A αἰσθήσεις] αἰσθήσεως ἐστὶ A post αἰσθήσεις add. ἀχθέντων M τὸ μηδετέρου (τῶ μηδὲν ἕτερον P) αὐτῶν αἴσθησιν TVAP: τῷ μηδὲν πρὸς αἴσθησιν αὐτῶν a 3 εἰ] ἡ a ἡ μείζων αἴσθησις coni. Thurot *auferat* T ἀφῄρει τι ἡ ἐλάττων conicio, v. p. 137,24 ἠφανίζετο a: *exterminet* T 4 γενομένη A αὐτή T ἴσαι ὦσιν Aa 5 ἁπλῆ μὲν γὰρ αἴσθησις οὐκ ἂν εἴη conicio v. Arist. γὰρ TA: om. VPa 6 γινόμενα M 7. 8 αἴσθησιν—μίγνυσθαι om. A 7 ἀπ' Thurot.: ἐπ' libri 8 γίγνεται a ὥσπερ] εἴπερ καὶ a 9 κιρναμένων M(T)AP: κιρνωμένων V: spat. xx litt. a ἐπὶ et μεμιγμένων om. T post γὰρ add. τῶν Pa 9. 10 μὲν γὰρ om. T 10 μεμιγμένων om. V 11 μηδὲ om. M μικτὰ V: ἄμικτα TAPa εἶναι om. T 11. 12 τὰ ὑπὸ] spat. xviii litt. a 12 γὰρ om. T ὁμοιογενῆ V 13 ἐναντία] ἓν male Arist. codd. EMY ἐστὶν a, fort. recte 14 ἔσχατα—διεστῶτα om. T πλείστων V 15 ὁμοιογενέσι V δὴ coni. Thurot 16 μὲν om. TM μεμιγμένων a (T anceps) 18 γενέσθαι a (Arist. codd. EMP) 18. 19 εἰ—ἔσται suspecta habet Thurot, equidem parenthesis signa posui 19 καθὰ V αὐτοῦ scripsi: αὐτῶν libri 20 ἢ εἴη ἂν VA: *autem* (corr. *aut*) *utique erit* T: εἰ εἴη ἂν M: εἴη ἂν Pa 21 post ὀξὺ add. ὡς τὸ λευκὸν A post alt. καὶ add. τὸ ὀξὺ εἶναι, sed rursus del. A καὶ ἕν — ὀξύ (22) om. V 22 ὀξὺ et λευκὸν add. Thurot, vel τὸ ⟨αὐτὸ⟩ λευκὸν καὶ [τὸ] ὀξὺ scrib. 23 ἓν ὡς scripsi (cf. Arist.): ἐν ὧ TVAPa: ὡς ἐν ὧ M

Ταῦτα δὲ εἰπὼν ἐπιφέρει ὡς ἐκ τῶν κειμένων δεδειγμένου τοῦ μὴ οἷόν τε εἶναι τῶν διαφόρων αἰσθητῶν ἅμα αἰσθάνεσθαι. ἢ γὰρ ἴσαι ἔσονται αἱ ἀπ' αὐτῶν κινήσεις ἢ ἡ ἑτέρα ὑπερέξει. ἀλλ' εἰ μὲν ἴσαι, ἀφανιοῦσιν ἀλλήλας· εἰ γὰρ οὐδὲ τῆς μείζονος οἷόν τε εἰλικρινῶς αἰσθάνεσθαι, ὅταν μετ' ἄλλης τινὸς ἐλάττονος γένηται, ὅταν ἴσαι ὦσι, δῆλον ὅτι ἀφανιοῦσιν ἀλλήλας· οὐ γὰρ δὴ μιχθεῖσαι ἕν τι ποιήσουσιν αἰσθητόν. εἰ δὲ ἡ ἑτέρα ὑπερέχοι, ταύτης μόνης ἀντίληψις ἔσται· κεῖται γὰρ ὅτι ἡ μείζων κίνησις ἀφανίζει τὴν ἐλάττω. | 292

p. 447b6 Ἔτι μᾶλλον ἅμα δυοῖν αἴσθοιτο ἂν ἡ ψυχὴ τῇ μιᾷ αἰσθήσει ὧν μία αἴσθησις.

Καὶ διὰ ταύτης τῆς ἐπιχειρήσεως δείκνυσιν ὅτι μὴ οἷόν τε πλειόνων ἅμα αἰσθητῶν αἰσθάνεσθαι, τῶν διαφόροις αἰσθήσεσιν αἰσθητῶν. ποιεῖται δὲ τὴν ἐπιχείρησιν κατὰ τὸ μᾶλλον καὶ τὸ ἧττον. λέγει γὰρ ὅτι ἅμα ἡ ψυχὴ πλειόνων ⟨ἂν μᾶλλον⟩ αἴσθοιτο τῶν κατὰ τὴν αὐτὴν αἴσθησιν αἰσθητῶν ἢ τῶν ταῖς διαφόροις αἰσθήσεσι. τὸ δὲ τῇ μιᾷ αἰσθήσει εἶπεν ἀντὶ τοῦ 'μιᾷ ἐνεργείᾳ καὶ ἅμα γινομένῃ'. τὸ δὲ ὧν μία αἴσθησις συναπτέον τῷ ἅμα δυοῖν αἴσθοιτο ἂν ἡ ψυχή· τούτῳ γὰρ ἕπεται τὸ ὧν μία αἴσθησις. ὃ κατασκευάζων λέγει· μᾶλλον γὰρ ἡ κίνησις τῆς μιᾶς αὐτὴ ἑαυτῆς ἢ τοῖν δυοῖν, οἷον ὄψεως | ἀκοῆς ἴσον [ἐστὶ] τῷ 293 'μᾶλλον γὰρ ἡ κίνησις ἡ τῆς μιᾶς αἰσθήσεως ἅμα καὶ μία ἢ αἱ τῶν δύο αἰσθήσεων'. ἔστι δὲ ὃ λέγει ὅτι μᾶλλον μία καὶ ἡ αὐτὴ ἡ τῆς μιᾶς αἰσθήσεως ἐνέργεια δύναται εἶναι ἢ αἱ τῶν πλειόνων· ὥστε ἃς μᾶλλον ἐνδέχεται δι' ὁμοιότητα μίαν εἶναι, αὗται ἂν μᾶλλον ἅμα γίνοιντο ἢ αἱ πλεῖον ἀλλήλων κεχωρισμέναι.

---

2 ἔσονται MTVA: εἰσὶν Pa 3 ἡ MA: om. VPa 3. 4 *pertingunt* T, vid. corr. in *exterminabunt* 4 οὐδὲ TV: οὐδὲν APa τῆς] τοῦ V 5 ἄλλου V post τινὸς add. ἐξ a γένηται prius P,a 6 ποιήσουσιν TPa: ποιοῦσιν VA 7 ὑπερέχοι TV: ὑπερέχει Pa: ὑπερέξει A ἀντίληψιν V post κίνησις add. τε V 9 ἔτι A (Arist. codd. LSU): εἰ ἔτι T: ἔτι εἰ VPa (Arist. P): ἐπεὶ Arist. EMY δυεῖν Arist. codd. EY ἂν om. TPa ἡ ψυχὴ] *si omnia* T (*anima* Thurot) 11 διὰ ταύτης T: δι' αὐτῆς VAPa 12 τῶν VA: ταῖς Pa: τῶν ταῖς M αἰσθήσεσιν] *sensibilibus* T αἰσθητῶν om. a (habet etiam M) 13 κατὰ om. V alt. τὸ A: om. VPa, sed v. p. 108,6 14 ἂν μᾶλλον add. Thurot 15—17 τῇ μιᾷ—ἕπεται τὸ om. Pa (habet etiam M) 15 τῇ om. M 16 τὸ] *hec* T 17 τῷ] *hoc* T ante ἂν add. τι TA τὸ] *hec* T 18 ὃ V: om. TAPa post κατασκευάζων add. δὲ τοῦτο M post γὰρ add. ἅμα M (Arist.), sed v. v. 20, ubi verbis ἅμα καὶ μία Alex. illud αὐτὴ interpretari videtur 19. 20 τῆς μιᾶς om. a (habet etiam M) αὐτὴ ἑαυτῆς] ταύτης Arist. codd. EMY αὕτη A ἑαυτῆς Aa: *sui ipsius* T: αὐτῆς V (Arist. SU): αὑτῆς P (Arist. PL) οἷον MTAP: om. Va (Arist. codd. EMY) ὄψεως καὶ ἀκοῆς Ma (Arist.) ἴσον ἐστὶ τῶ (τὸ V) Va (ἐστὶ delevi): *equivalet huic* T: τὸ δὲ A: τοῦτο δὲ ἴσον ἐστὶ τῶ M: τὸ δὲ, tum μᾶλλον—ἀκοῆς ex v. 18. 19 rep. (hic τῆς μιᾶς et οἷον om., habet ἑαυτῆς et καὶ post ὄψεως) P 20. 22 ἅμα—αἰσθήσεως in mg. V 20 *et unius quamdiu duorum. est autem* T καὶ μίαν V ἢ] καὶ a (corr. M) αἱ APa: ἡ V 22 εἶναι δύναται Pa ἢ αἱ—ἐνδέχεται (23) om. T αἱ om. a (habet etiam M) 24 πλεῖστον a: πλειόνων P

Εἰς δὲ τοῦτο ἀγαγὼν τὸν λόγον μετὰ ταῦτα δείκνυσιν ὅτι μὴ οἷόν τε τὴν μίαν αἴσθησιν πλειόνων ἅμα αἰσθάνεσθαι, ᾧ ἀκολουθήσει τὸ μηδὲ κατὰ τὰς διαφόρους αἰσθήσεις ἅμα δύνασθαι αἰσθάνεσθαι. τῇ γὰρ αὐτῇ αἰσθήσει φησὶν ἀδύνατον εἶναι ἅμα δύο τινῶν ᾐσθῆσθαι κεχωρισμένων καὶ μενόντων δύο. μεμιγμένων μὲν γὰρ καὶ οἷόν τε τῷ μηδὲ εἶναι τὰ μεμιγμένα ἔτι πλείω, ἀλλὰ ὡς ἑνὸς αἰσθάνεσθαι τῶν μεμιγμένων. τοῦ δὲ τῶν ἀμίκτων | ἅμα μὴ δύνασθαι αἰσθάνεσθαι τὴν αἴσθησιν ἀπόδειξιν 294 φέρει τὸ τοῦ ἑνὸς κατ' ἀριθμὸν μίαν κατ' ἀριθμὸν αἴσθησιν εἶναι. τοῦτο γὰρ σημαίνει τὸ ἡ δὲ μία ἅμα αὕτη· ἡ γὰρ μία ἐνέργεια τῆς αἰσθήσεως καὶ ἐν τῷ αὐτῷ χρόνῳ καὶ ἅμα γίνεται. τῶν δὴ μεμιγμένων ἅμα αἰσθάνεται ἡ αἴσθησις ἐξ ἀνάγκης, ὅτι τε ἐκεῖνα ἓν καὶ τοῦ ἑνὸς κατὰ ἀριθμὸν αἰσθητοῦ μία ἡ ἐνέργεια κατ' ἀριθμὸν ἡ τῆς αἰσθήσεως· τοῦ μὲν γὰρ ἑνὸς κατ' ἀριθμὸν μία κατ' ἐνέργειαν ἡ αἴσθησις. ἃ δὲ οὐ κατ' ἀριθμὸν τὸ ἕν, ἀλλὰ κατ' εἶδος ἢ γένος ἔχει, ὥσπερ τὸ λευκὸν καὶ τὸ μέλαν (ταῦτα γὰρ εἴδει ταὐτά), τούτων μία αἴσθησις, οὐχ ἡ κατ' ἐνέργειαν, ἀλλὰ ᾗ δυνάμει τε καὶ κατὰ δύναμιν μία. πᾶσαι γὰρ αἱ τῆς ὄψεως ἐνέργειαι δυνάμει ἅμα ἀλλήλαις, ὅτε δύναται ἡ ὄψις αὐτὰς ἐνεργεῖν. μία γὰρ αἴσθησις ἡ μὲν | κατ' ἐνέργειάν ἐστιν, ἡ δὲ κατὰ δύναμιν. τῇ οὖν 295 κατὰ δύναμιν μιᾷ τῷ γένει τῶν αὐτῶν αἰσθητῶν αἰσθάνεται ἡ ψυχή.

Λαβὼν δὲ τὸ τοῦ ἑνὸς κατ' ἀριθμὸν αἰσθητοῦ μίαν εἶναι τὴν κατ' ἐνέργειαν αἴσθησιν. ἀντιστρέφει αὐτὸ καὶ λέγει καὶ τὴν μίαν κατ' ἐνέργειαν αἴσθησιν ἑνὸς κατ' ἀριθμὸν ἔσεσθαι αἰσθητοῦ· ἡ μία ἄρα ἐνέργεια ὡς ἑνὸς καὶ μεμιγμένου. τῶν πλειόνων αἰσθητῶν † ἀεὶ πλείονα αἰσθάνοιτο ἄν, εἰ ἅμα αὐτῶν αἰσθάνοιτο. εἰ δὲ μὴ εἴη μεμιγμένα, δύο ἂν καὶ αἰσθήσεις καὶ ἀντιλήψεις γίνοιντο αὐτῶν καὶ τοσαῦται, ὅσα τὰ ὁμογενῆ μὲν αἰσθητά,

---

1 ἀγαγὼν τὸν λόγον V: om. TAPa 2 ᾧ om. T *consequitur* T 3 δύναται V (T, nisi v. 2 pro *hec* (= τὸ) scrib. *quod*) 3. 4 (τὴν) γὰρ αὐτὴν αἴσθησιν M 4 δύο ἅμα A ᾐσθῆσθαι VAP (cf. p. 310,5 Th.): *sentire* T (Arist. p. 447b10 αἰσθάνεσθαι, sed αἴσθεσθαι Arist. P): om. a καὶ] ἢ Pa 5 μὲν MTAP: om. Va καὶ MTA: om. VPa μηδὲν Pa (corr. M) 5. 6 τὰ μεμιγμένα MTVA: om. Pa 6 ἀλλὰ ὡς ἑνὸς MTVA: ἀλλὰ ὡς ἓν P: ὡς ἓν a ante τῶν add. *adhuc* T 8 κατὰ τὸν ἀριθμὸν Pa μίαν κατ' ἀριθμὸν om. T 9 δὲ ἡ V αὐτῇ Pa: αὕτη A (Arist. codd. EPY): αὐτὴν V: *hic* T (*huic* Thurot) τῆς αἰσθήσεως MTV: τῶν αἰσθήσεων APa 10 post δὴ add. μὴ A 11 αἰσθάνεται] αἰσθητῶν A ἐξ ἀνάγκης om. a 12 αἰσθητῇ V αἰσθητοῦ—ἑνὸς κατ' ἀριθμὸν (13) om. Aa ἡ P: om. V καριθμὸν V ἡ τῆς VP: μιᾶς male Thurot ex T, in quo iunge: *unius quid* (corr. *quidem*) *enim* 13 ἡ Pa: om. VA οὐ] οὐδὲ P 14 ἔχει] *ut* T 15 εἴδει TVP: εἴδη Aa: γένει M ταὐτὰ] ταῦτα MV ante τούτων add. δὲ V 16 ante κατὰ add. ἡ T πᾶσαι om. T 17 ἀλλήλοις A 18 ἐστιν om. T τῇ—δύναμιν (19) om. a (habet etiam M) οὖν] ἦν M 19 μία Pa ante τῷ fort. add. τῶν (cf. p. 141,18) τῷ γένει τῶν Pa: τῶν γενικῶν MTVA 20—22 αἰσθητοῦ—ἀριθμὸν om. a (habet etiam M) 21 ἀντιστρέφει MTAP: ἀντιστρέφων δὲ V 22 ἔσεσθαι] γενέσθαι a 23 ante τῶν add. ἐκ T ἀεὶ πλείονα] om. M: τῷ μηκέτι εἶναι πλείονα e. gr. conicio, cf. v. 5

24 εἰ om. M post αἰσθήσεις add. τε VP 25 τοσαῦται M, τοσαῦτ VP: τοσαῦτα Aa ὁμοιογενῆ V μὲν MVAP: om. Ta

⟨μὴ⟩ μεμιγμένα δὲ ἀλλήλοις. ἀλλ' ἀπὸ τῆς μιᾶς κατ' ἀριθμὸν δυνάμεως τῆς ἐν ἀτόμῳ γινομένης χρόνῳ μίαν τὴν ἐνέργειαν ἀνάγκη εἶναι. τῆς γὰρ κατ' ἀριθμὸν μιᾶς | δυνάμεως ἡ εἰσάπαξ γινομένη μία χρῆσίς τε καὶ 296 ἐνέργεια κατ' ἀριθμόν, τουτέστιν ἑνὸς ἀντίληψις. οὐκ ἄρα ἐν τῷ αὐτῷ χρόνῳ ἅμα ἀμφοτέρων ἡ μία κατ' ἐνέργειαν αἴσθησις ἀντιλήψεται· δύο μὲν γὰρ αἱ τῶν δύο ἀντιλήψεις, ἡ δὲ μία ἐνέργεια ἑνὸς ἀντιληπτική. κατασκευάσας δὲ τὸ μὴ δύνασθαι τῇ μιᾷ αἰσθήσει πλειόνων ἅμα ἀντιλαμβάνεσθαι κατὰ τὸ αὐτό, ἀκόλουθον τῷ τεθέντι ἐπιφέρει τὸ ἧττον ἔτι δυνήσεσθαι τὴν ψυχὴν κατὰ τὸ αὐτὸ τῶν πλείοσιν αἰσθήσεσιν αἰσθητῶν αἰσθάνεσθαι.

p. 447b24 Φαίνεται γὰρ τὸ μὲν ἓν τῷ ἀριθμῷ ἡ ψυχὴ οὐδενὶ ἑτέρῳ λέγειν ἀλλ' ἢ τῷ ἅμα, τὸ δὲ τῷ εἴδει ἓν τῇ κρινούσῃ αἰσθήσει καὶ τῷ τρόπῳ.

Καὶ τοῦτο εἰς πίστιν τοῦ τὴν μίαν ἐνέργειαν τῆς αἰσθήσεως ἑνὸς κατ' ἀριθμὸν ἀντιληπτικὴν εἶναι παρατίθεται τὸ τὸ μὲν ἓν τῷ ἀριθμῷ ἐπικρίνειν αὐτὴν οὐδενὶ ἑτέρῳ ἢ τῷ χρόνῳ. τῷ γὰρ ἅμα καὶ ἀδιαιρέτου αὐτοῦ | 297 χρόνῳ ἀντιλαμβάνεσθαι ἓν αὐτὸ κατ' ἀριθμὸν κρίνει· ὥστε πάντα ὅσα γινώσκει ἡ αἴσθησις ἐν ἀδιαιρέτῳ χρόνῳ ὡς ἓν κατ' ἀριθμὸν γινώσκει. τὰ δὲ τῷ εἴδει ταὐτά τε καὶ ἕν, ὁμοίως δὲ καὶ τὰ τῷ γένει (εἶδος γὰρ νῦν ἐπὶ τῶν αἰσθητῶν καὶ τὸ γένος λέγει) τῇ τε κρινούσῃ αἰσθήσει ἐπικρίνειν φησὶν αὐτὴν καὶ τῷ τρόπῳ τῆς ἀντιλήψεως, τῇ μὲν κρινούσῃ αἰσθήσει τὰ τῷ γένει ταὐτά, τῷ δὲ τρόπῳ τῆς ἀντιλήψεως τὰ τῷ εἴδει. τὰ μὲν γὰρ ὑπὸ τῆς αὐτῆς αἰσθήσεως κρινόμενα ὁμογενῆ, τὰ μὲν ὑπ' ὄψεως ἀλλήλοις, τὰ δὲ ὑπὸ ἀκοῆς ἀλλήλοις· πάλιν ὁμοίως καὶ ἐπὶ τῶν ἄλλων. οὕτω μὲν οὖν τὰ τῷ γένει ταὐτὰ τῇ κρινούσῃ αἰσθήσει ὁρίζεται, τὰ δὲ

---

1 μὴ T: om. VAPa   ἀπὸ] an ἐπὶ? (κατὰ Arist.)   2 ἐν om. T   3 ἅπαξ Pa (εἰσάπαξ etiam M et Arist.)   χρῆσις] *sensus* T (*usus* Thurot)   4 ἀντίληψιν V   5 ἅμα om. a (habet etiam M)   post μία add. ἡ a   6. 7 κατασκευάσασθαι V   7 τὴν μίαν αἴσθησιν T   ἅμα om. a (habet etiam M)   8 τιθέντι V   δυνήσεσθαι TVPa: δύνασθαι MA   9 αἴσθησιν V   αἰσθητῶν] *per sensibilia* T   10 γὰρ] δὲ a (corr. M)   ἓν APa (post ἀριθμῷ Arist.): ἐν TV (post ἀριθμῷ T)   ἡ ψυχὴ P (Arist.): ἡ ψυχὴ ἢ T: ἡ ψυχὴ ἐν a: ἐν ψυχῇ ἢ VA   11 ἀλλ' ἢ] *enim nisi* T   ἓν P(T): ἐν MVA: om. a   κρινούσῃ MPa: κρίσει οὔσῃ τῇ V (*iudicio existente* T): κρίσει ἔσῃ τῇ A   12 αἰσθητῇ V   14 παρέθετο Pa   prius τὸ T (*scilicet*) VA: τῷ Pa   ἓν TP: ἐν Aa: ἓν ἐν V   post ἀριθμῷ add. οὐκ ἄλλῳ τινὶ Pa   15 αὐτὸν a (corr. M)   οὐδενὶ ἑτέρῳ V: om. TAPa   τῷ χρόνῳ] *specie* T   ἀδιαιρέτου V: ἀδιαιρέτῳ TAPa   καὶ ⟨ἐν⟩ ἀδιαιρέτῳ αὐτοῦ τῷ χρόνῳ coni. Thurot   αὐτοῦ] om. M: *ipsa suis* corr. in *ipsius* T   16 χρόνῳ MV: χρόνου TA: τοῦ χρόνου Pa   ὅσα πάντα P   17 γινώσκει ἡ Pa: γινομένη TVA   ἓν et γινώσκει M: ἑνὸς (*unus* T) et γίνεται TVAPa   18 τῷ] τινὶ TA   ταῦτα TV   19 τε TVAP: om. a   19. 20 ἐπικρίνειν— αἰσθήσει TPa: om. VA   21 ταῦτα V   21. 22 τῷ δὲ—αἰσθήσεως om. Pa (habet etiam M, sed ante ἐπικρίνειν)   21 alt. τὰ MTV: om. a   tert. τὰ T (? *hec*) V: ταῦτα A (T?): spat. VI litt., tum τα M: fort. ταὐτά. τὰ   22 ὁμογενῆ TPa: ὁμοιογενῆ VA   μὲν τὰ Ta   post alt. ὑπὸ add. τῆς MA   23 ὑπὸ τῆς ἀκοῆς A   ἀλλήλων V   24 τὰ δὲ om. T

τῷ εἴδει πάλιν ταὐτὰ ἀπὸ τῶν ὁμογενῶν διαιρεῖ τῷ τρόπῳ τῆς ἀντιλήψεως
αὐτῶν. ἡ αὐτὴ μὲν γὰρ | αὐτῶν ἀντιλαμβάνεται, οὐχ ὁμοίως δέ. ἑκάστη 298
μὲν γὰρ αἴσθησις τῶν καθ' αὑτὴν ἐναντίων ἐστὶ κριτική. ὄψις λευκοῦ καὶ
μέλανος, γεῦσις γλυκέος καὶ πικροῦ, ἀκοὴ ὀξέος καὶ βαρέος, ὁμοίως δὲ καὶ
αἱ ἄλλαι. τὸ γὰρ μέλαν καὶ τὸ λευκόν, ὅτι ταὐτά ἐστι τῷ γένει, κρίνει
τῷ τὴν μίαν αἴσθησιν αἰσθάνεσθαι· τῷ δὲ κατὰ διαφέροντα τρόπον καὶ
κατὰ διάφορον πάθος αὐτῶν αἰσθάνεσθαι κρίνει ἕτερα ὄντα ἀλλήλων τῷ
εἴδει. δῆλον δὲ ὅτι καὶ τῷ διαφέροντα τὸν χρόνον εἶναι καὶ ἡ κατὰ τὸν
χρόνον διαφορὰ περιείληπται ἐν τῷ τρόπῳ τῆς ἀντιλήψεως. εἴη δ' ἂν
καὶ τὰ τῷ εἴδει ταὐτὰ κρινόμενα τῇ τε κρινούσῃ αἰσθήσει οὔσῃ τῇ αὐτῇ
καὶ τῇ τοῦ χρόνου διαφορᾷ μόνῃ.

Ἔστι δὲ τὰ ἐναντία ἀλλήλοις ὁμογενῆ μέν, οὐ μὴν ἔτι ὁμοειδῆ· ἕτερα
γὰρ τῷ εἴδει τὰ ἐναντία ἀλλήλοις. τούτων δὲ τὰς διαφορὰς ἐπικρίνει τῷ
τρόπῳ τῆς ἀντιλήψεως. οὐ γὰρ ὁμοίως ἡ ὄψις λευκοῦ καὶ μέλανος ἀντι-
λαμβάνεται, ἀλλὰ τοῦ μὲν ὡς ἕξεως, τοῦ δὲ ὡς στερήσεως. ἐν ἅπασι γὰρ | 299
τοῖς ἐναντίοις τὸ μὲν ὡς ἕξις ἐστί, τὸ δὲ ὡς στέρησις τούτου. κρίνει μὲν
οὖν τὸ λευκὸν καὶ τὸ μέλαν ἕτερα ὄντα ἀλλήλων τῷ εἴδει ἡ αὐτὴ αἴ-
σθησις· ἡ γὰρ ὄψις τῇ κατὰ τὴν ἀντίληψιν διαφορᾷ καὶ τῷ τρόπῳ. ὁμοίως
καὶ τὸ γλυκὺ καὶ τὸ πικρὸν διαφέροντα καὶ αὐτὰ κατ' εἶδος ὄντα ἡ γεῦσις
κρίνει. ὥστε οὐδέπω ἱκανὸν πρὸς τὸ τῷ εἴδει τινὰ ταὐτὰ εἶναι τὸ τῇ
αὐτῇ αἰσθήσει αἰσθητὰ εἶναι· τῷ δὲ τρόπῳ τῆς ἀντιλήψεως τὰ τῷ εἴδει
ταὐτὰ κρίνεται ὑπὸ τῆς οἰκείας αἰσθήσεως. ὁμοειδῆ γὰρ τῶν ὑπὸ τὴν
αὐτὴν αἴσθησιν ἀλλήλοις ὧν ὡς ἕξεών τινων ἀντιλαμβάνεται, καὶ πάλιν αὖ
ἀλλήλοις ὁμοειδῆ ὧν ὡς στερήσεων. τῶν δὲ τοιούτων ἡ κρίσις κατὰ τὴν
τοῦ χρόνου διαφορὰν μόνην γίνεται. τῶν δὲ μεταξὺ τὰ μὲν τούτοις, τὰ δὲ
ἐκείνοις προσνέμοιτο ἄν, κατὰ τὴν τοῦ πλείονος ἐν αὐτοῖς μῖξιν τῆς νομῆς
γινομένης.

Ὁμοίως δέ φησιν ἀλλήλαις | τὰς αἰσθήσεις τὰ σύστοιχα ἀλλήλοις αἰ- 300
σθάνεσθαι. οὐ γὰρ ἄλλως μὲν ἡ ὄψις ἕξεως καὶ στερήσεως τῶν ἐναντίων

---

2 αὐτὴ] ἁπτὴ Pa αὐτῶν] ἁπτῶν Pa 3 μὲν MVA: om. TPa ἐναντία V ἡ ὄψις a καὶ] τε καὶ a 4 ψεῦσις V 6 τῷ δὲ V: καὶ τῷ MTA: τῷ Pa τόπον V 7 διάφορα V κρίνει — εἴδει (8) V: om. TAPa 8 τῷ M, corr. in τὰ ut vid. P: om. VAT (? *palam autem quod et differens tempus fit*) 9 εἴη — ἀντι-λήψεως (14) ante ἀλλὰ v. 15 V 10 τε om. a (habet etiam Ald.) 12 ὁμογενῆ — ἀλλήλοις (13) om. A 13 ἀλλήλοις VP: ἀλλήλων a ἐπικρίνει MTVP: μὲν κρίνει Aa 14 τόπῳ V 15 ἕξεως] ὀξέος Pa (corr. Ald.) 16 bis τῷ pro τὸ P 17 οὖν om. Pa 18 τόπῳ V 19 prius καὶ τὸ MTVAP: τῷ a διαφέρονται A 20 τινὰ om. A 21 αὐτοῦ V αἰσθητὴν Pa (corr. Ald.) 22 post ταὐτὰ add. τῷ αὐτῷ ὄντι Thurot ὁμοιοειδῆ V 23 ὀξέων V ἀντιλαμβάνεται] ἀντιλαμβάνειν τε V αὖ] ἂν Ta 24 ὁμοιοειδῆ V ὧν] *quorum quedam* T (fort. legit στερήσεών τινων, cf. v. 23) ἡ Pa: om. VA 25 τοῦ om. V τούτοις] τοῖς A: τούτου P 26. 27 τῆς νομῆς μῖξιν ἐν αὐτοῖς γινομένης M 26 ἐν αὐτῷ V: om. Pa 26. 27 τῆς νομῆς γινομένης TVA (cf. Ald.): ἐκείνοις γινομέ-νοις Pa 28 ἀλλήλαις Thurot (cf. p. 143,3): ἀλλήλοις VAPa (ἀλλήλους prius ut vid. P) στοιχεῖα a (corr. Ald.) ἀλλήλοις V: ἀλλήλων APa 29 ἄλλως μὲν ἡ Pa: ἡ μὲν TVA ὄψεως V ἕξεως om. V

ἀντιλαμβάνεται, ἄλλως δὲ ἡ ἀκοὴ τῶν ἐν αὐτῇ ἐναντίων, καὶ ἄλλως πάλιν ἡ γεῦσις καὶ τῶν ἄλλων ἑκάστη, ἀλλὰ πᾶσαι τῶν ὑφ' ἑαυτὰς ἐναντίων ὁμοίως ἀλλήλαις καὶ ἀνάλογον· τῶν γὰρ συστοίχων ἀλλήλοις σύστοιχοι καὶ αἱ ἀντιλήψεις τε καὶ αἰσθήσεις. ὡς γὰρ ἐν χρώμασι τὸ λευκόν, οὕτως ἐν χυμοῖς τὸ γλυκύ· διὸ καὶ ὁμοίως ἡ γεῦσις γλυκέος ἀντιλαμβάνεται, ὡς ἡ ὄψις λευκοῦ. πάλιν ὡς τὸ μέλαν ἐν χρώμασιν, οὕτω τὸ πικρὸν ἐν χυμοῖς· στερήσεις γὰρ ἄμφω. οὕτω δὲ αὐτῶν καὶ αἰσθήσεις αἱ οἰκεῖαι ἀντιλαμβάνονται· ὥστε ὁμοίως ἡ ὄψις μέλανος καὶ ἡ γεῦσις πικροῦ.

p. 448a1 Ἔτι εἰ τῶν ἐναντίων κινήσεις αἱ ἐναντίαι.

Καὶ διὰ ταύτης τῆς ἐπιχειρήσεως δείκνυσιν ὅτι μὴ οἷόν τε τὴν αὐτὴν αἴσθη|σιν ἅμα πλειόνων αἰσθάνεσθαι. εἰ γὰρ διὰ κινήσεως μέν τινος 301
αἰσθήσεις καὶ κινήσεις τινές, ἐναντίαι δὲ κινήσεις αἱ ὑπὸ τῶν ἐναντίων, ἀδύνατον δὲ ἅμα τὰ ἐναντία εἶναι ἐν τῷ αὐτῷ χρόνῳ, ἀδύνατον ἂν εἴη καὶ τῶν ἐναντίων αἰσθάνεσθαί τινα αἴσθησιν ἐν τῷ αὐτῷ χρόνῳ. ἅμα γὰρ ⟨ἂν⟩ τὰς ἐναντίας κινοῖτο κινήσεις. ὡς δὲ τῶν ἐναντίων ἅμα ἀδύνατον αἰσθάνεσθαι τὴν αὐτὴν αἴσθησιν, οὕτω καὶ τῶν μὴ ἐναντίων. ἔστι δὲ τὰ μεταξὺ τῶν ἐναντίων ταῦτα· καὶ γὰρ τούτων τὰ μὲν τοῦδε τῶν ἐναντίων, τὰ δὲ τοῦ ἑτέρου ἐστίν, ὡς προειρήκαμεν· μίξει γὰρ τῶν ἐναντίων τὰ μεταξύ, καὶ οὗ ἂν πλεῖόν τι τῶν ἐναντίων ἔχῃ, τούτῳ συντάσσεται. ὥστε οὐδὲ τῶν μεμιγμένων τε καὶ μεταξὺ ὄντων ἅμα πλείονων ἡ αἴσθησις ἀντιλήψεται, φαιοῦ, ἂν τύχῃ, καὶ ἐρυθροῦ, ἢ τοῦ διὰ πασῶν καὶ τοῦ διὰ πέντε. ἐναντιώσεις γὰρ καὶ ἐν τούτοις οὖσι μικτοῖς, εἴγε ὁ μὲν διὰ πέντε φθόγγος ἔχει | οὕτως, ὡς περιττὸς πρὸς ἄρτιον (ὡς γὰρ τρία πρὸς δύο), ὁ 302
δὲ διὰ πασῶν ἔμπαλιν, ὡς ἄρτιος πρὸς περιττόν· ὡς γὰρ δύο πρὸς ἕν. ἅμα δὲ οὐχ οἷόν τε αἰσθάνεσθαι ἀναλογίας περιττοῦ πρὸς ἄρτιον καὶ ἔμπαλιν ἀρτίου πρὸς περιττόν.

Εἰπὼν δὲ μηδὲ τῶν μεμιγμένων τε καὶ μεταξὺ ὄντων ἅμα πλειόνων

---

1 αὐτῷ a 2 πᾶσα a ἑαυτὰς MV: αὐτὰς A: ἑαυτῶν a: αὐτὸ P 3 ἀλλήλοις A στοιχείων Va (corr. M) ἀλλήλαις a (corr. M) σύστοιχαι V 4 alt. καὶ] καὶ αἱ V χρώματι TP 5 ἡ γεῦσις ὁμοίως V 6 χρώματι A 7 στέρησις T καὶ] καὶ αἱ a 8 ὁμοίως—πικροῦ TAP (nisi qnod πικροῦ ἡ γεῦσις P): ὁμοίως ἡ γ. π. καὶ ἡ ὄψις μ. V: ἡ ὄψις ὁμ. μ. καὶ πικροῦ ἡ γ. a 9 ἔτι εἰ V (Arist. codd. ULP cf. v. 11): ἔτι δὲ TP: ἐπὶ δὲ A: ἔτι Arist. codd. EMYS αἱ] ante τῶν ἐναντίων Arist. 10 μὴ om. T 12 καὶ κινήσεις TVA: om. Pa ἀπὸ V (coni. Thurot) 13 ante ἐν add. ἅμα V ἀδύνατον—χρόνῳ (14) om. a (habet etiam M) 14 καὶ om. T 15 ἂν addidi (post κινοῖτο Thurot) 16 τὰ μὴ ἐναντία V τὰ] τὸ A 17 τοῦδε τῶν om. V ἐναντία V 18 τούτου ἕτερά a προειρήκαμεν] p. 142,25 alt. τὰ] τὸ A 19 ἐὰν Pa 20 οὐδὲ MP: οὐδὲν TVA: οὐδεὶς a 20. 21 *suscipit* T 23 φθεγγόμενος Pa (corr. M) ἔχει] ἔστιν a 24 ὡς] ἕως V 25 δὲ om. V ἀναλόγως V περιττοῦ post ἄρτιον V: om. a (habet etiam M) 26 ἀρτίου πρὸς περιττόν om. T 27 εἰπὼν δὲ (γὰρ A) μηδὲ MA: εἰπὼν δὲ μὴ V: *et cum dixisset neque* T: om. Pa τε καὶ om. T

αἴσθησιν γίνεσθαι, προσέθηκεν ἐὰν μὴ ὡς ἓν αἰσθάνηται· οὕτως δὲ ὁ λόγος ὁ τῶν ἄκρων εἷς γίνεται, ἄλλως δ' οὔ. ἔστι δ' ὃ λέγει ὅτι πλειόνων μὲν οὕτως ὡς κεκραμένων καὶ μεμιγμένων ἀλλήλοις αἰσθάνεται ἅμα· ὡς γὰρ ἑνὸς αἰσθάνεται τοῦ φαιοῦ, καίτοι ἐκ τῶν ἐναντίων συγκειμένου. ἀλλ' ἐν τῇ τοιαύτῃ μίξει εἷς τις λόγος ἐκ τῆς τῶν ἄκρων τε καὶ ἐναντίων μίξεως γίνεται καὶ μία τις φύσις καὶ ἓν πρᾶγμα. ὥστε, ἐπεὶ ἕν τί ἐστι τὸ ἐκ τῆς μίξεως γεγονός, αἰσθάνεται τοῦ οὕτω μεμιγμένου ἅμα· ὡς γὰρ ἑνός. ὡς μέντοι κεχωρισμένων ἢ τῶν ἐξ ὧν τὸ φαιὸν μέμικται ἢ τῶν | μεμιγμένων ἤδη ἀλλήλοις, ὡς ἔχει τὸ φαιὸν καὶ τὸ ἐρυθρόν, οὐκέτι 303
ἅμα ἀντιλαμβάνεται. τὸ δὲ ἔσται γὰρ ἅμα ὁ μὲν πολλοῦ πρὸς ὀλίγον ἢ περιττοῦ πρὸς ἄρτιον, ὁ δὲ ὀλίγου πρὸς τὸ πολὺ ἢ ἀρτίου πρὸς περιττὸν εἴρηκεν ἐπὶ τῶν αἰσθητῶν τῶν τοιούτων, ἅ ἐστι μεταξύ. ἔσται μὲν γὰρ καὶ τούτων ἕκαστον μεμιγμένον, οὐ μέντοι ὡς ἕνα λόγον ἔχειν αὐτά πάντα. τὸ μὲν γὰρ αὐτῶν ἕξει, ὡς πολὺ μὲν ἔχειν τοῦ λευκοῦ, ὀλίγον δὲ τοῦ μέλανος, ὡς τὸ ἐρυθρόν, τὸ δ' ἔμπαλιν, ὡς τὸ φαιόν, καὶ πάλιν ἐπὶ τῶν φθόγγων ὁ μὲν περισσοῦ πρὸς ἄρτιον, ὡς ὁ διὰ πέντε, ὁ δὲ ἀρτίου πρὸς περισσόν, ὡς ὁ διὰ πασῶν, οἵτινες διαφέροντες ἀλλήλων λόγοι καὶ ὑπεναντίοι. ἀλλ' οὐκ ἴσως τὸ φαιὸν ἕνα τινὰ λόγον ἔχει, καίτοι σύνθετον, ὁμοίως καὶ ὁ διὰ πέντε φθόγγος.

p. 448a 13 Εἰ οὖν πλεῖον ἀπέχει ἔτι ἀλλήλων καὶ διαφέρει τὰ συστοίχως μὲν λεγόμενα.

Λαβὼν τὸ μᾶλλον δύνασθαι | τὴν μίαν αἴσθησιν πλειόνων οἰκείων αἰ- 304
σθητῶν ἅμα ἀντιλαμβάνεσθαι, αἰσθήσεως ἑκάστης οἰκείου τινὸς αἰσθητοῦ ἀντιλαμβανομένης, καὶ δείξας ὅτι μὴ οἷόν τε ἅμα πλειόνων τὴν μίαν ἀντιλαμβάνεσθαι ἢ πλείους ἅμα γίνεσθαι αἰσθήσεις, ⟨αἰσθήσεως⟩ ἑκάστης οἰκείου

1 *sensus* T ἐὰν] ἂν Arist. codd. EMYL μὴ ὡς ἓν VPa (Arist.): μήπω TA οὗτος TAP 1. 2 δ' εἷς λόγος ὁ (om. EMY) τῶν ἄκρων γίνεται Arist. δὲ ὁ] δ' εἷς conicio ex Arist. 2 alt. ὁ om. a, habet etiam T εἷς Pa: om. TVA, fort. recte (v. ad. v. 1) οὔ] οὖν A 3 ὡς om. Aa κεκρυμμένων A μιγμένων V 4. 5 συγκειμένων A 5 τις om. A 6 φύσις om. T ἐπεὶ om. A 6. 7 ἕν τί] ὄντι A 8 ὡς γὰρ ἑνός VAPa: *sic enim unum* T μέντοι V: *enim* T: μὲν ἤτοι (τι add. M) MA: μέν τι Pa κεχωρισμένων V: κεχωρισμένον TAPa τῶν ὀξέων τὸ T 9 ἀλλήλων V 10 ἀντιλαμβάνεται ἅμα V ἀντιλαμβάνηται a (corr. M) *hec* T ὁ Pa: *ut* T: om. VA πρὸς ὀλίγον πολλοῦ V 11 ὁ a: τὸ VAP: om. T τὸ cum Aristot. vid. del. πρὸς AP: πρὸς τὸ Va 13 ἔχειν Thurot: ἔχει libri (*quod—habeant* T) 14 αὐτὰ πάντα VA: ταῦτα πάντα T: πάντα αὐτὰ Pa ἔχειν MVAP (ν supra scr. P): ἔχει Ta 16 περιττὸς V 17 ἀρτίου TPa: ἄρτιος VA περιττόν APa 18 καὶ ὑπεναντίοι λόγοι V 19 post σύνθετον add. ὄν Thurot καὶ ὁ] *et propter quod* T 20 ἔτι ἀπέχει Arist. codd. EMYU 20. 21 συστοίχων A: σύστοιχα P 23 ante αἰσθήσεως add. καὶ a (om. etiam M) 23. 24 *quam sensus unusquisque—suscipere* T 24 ἀντιλαμβανομένου V πλειόνων om. A 25 αἰσθήσεις ⟨αἰσθήσεως⟩ Thurot (quod subaudiri vix potest propter duplicem vocis sensum): αἰσθήσεις TVAP: αἰσθήσεως a

τινὸς αἰσθητοῦ ἀντιλαμβανομένης, ἐπιφέρει τοῖς κειμένοις τὸ ἀκόλουθον τὸ 304 μηδὲ ἃ ἧττον ἐνδέχεται ἅμα δύνασθαι γίνεσθαι ἅμα. εἰ γὰρ πλεῖον ἀλλήλων 6 διαφέρει τὰ μὴ ὁμογενῆ τῶν ὁμογενῶν (τοῖς μὲν γὰρ ἡ κατὰ τὸ γένος ὑπάρχει ταυτότης τε καὶ ὁμοιότης, τὰ δὲ καὶ ταύτης ἐστέρηται. ἔστι δὲ τῶν μὴ ὁμογενῶν τὰ μὲν σύστοιχα ἀλλήλοις καθ' ἑκάστην αἴσθησιν, τὰ δὲ οὐ σύστοιχα μέν, ὁμοίως δὲ ἔχοντα πρὸς ἄλληλα· τῶν ταῖς διαφόροις 10 αἰσθήσεσιν αἰσθητῶν σύστοιχα μὲν αἱ μὲν ἕξεις ταῖς ἕξεσιν, αἱ δὲ στερήσεις πάλιν ἀλλήλαις, οὐ σύστοιχα δὲ αἱ ἕξεις τῶν ἄλλῃ | αἰσθήσει αἰσθητῶν 305 τῇ στερήσει τῶν ὑπ' ἄλλην αἴσθησιν. ὃ καὶ αὐτὸς ἐδήλωσεν εἰπὼν τὸ γλυκὺ καὶ τὸ λευκὸν καλῶ σύστοιχα, γένει δ' ἕτερα. ὁμογενῆ γὰρ τὰ ἐναντία· ὑπὸ γὰρ γένος τε ταὐτὸν καὶ μίαν αἴσθησιν· πλείων γὰρ διάστασις τῷ γλυκεῖ πρὸς τὸ λευκὸν ἢ τῷ λευκῷ πρὸς τὸ μέλαν, καὶ ἔτι 5 πλείων τῷ γλυκεῖ πρὸς τὸ μέλαν ἢ πρὸς τὸ λευκόν· τὸ μὲν γὰρ λευκὸν καὶ μέλαν ὁμογενῆ, τὸ δὲ γλυκὺ καὶ τὸ λευκὸν ἀνομογενῆ μέν, σύστοιχα δέ, τὸ δὲ γλυκὺ καὶ τὸ μέλαν οὔτε ὁμογενῆ οὔτε σύστοιχα), εἰ οὖν τῶν ὁμογενῶν ἀδύνατον ἅμα πλειόνων αἰσθάνεσθαι, ἔτι ἂν ἧττον ἐνδέχοιτο τῶν ἀνομογενῶν καὶ ὑπὸ διαφόρους αἰσθήσεις συστοίχων ἅμα ἀντιλαμβάνεσθαι 10 πλειόνων, καὶ ἔτι ἧττον, εἰ πρὸς τῷ ἀνομογενῆ εἶναι μηδὲ σύστοιχα εἴη.

p. 448a16 Τὸ γλυκὺ δὲ τοῦ μέλανος πλεῖον ἔτι τῷ εἴδει διαφέρει ἢ τὸ λευκόν.

Καταλληλότερον καὶ σαφέστερον ἂν ἡ λέξις ἔχοι, εἰ εἴη | γεγραμμένον 306 ἢ τοῦ λευκοῦ, ἵνα ᾖ τὸ γὰρ γλυκὺ τοῦ μέλανος πλέον ἔτι τῷ εἴδει διαφέρει ἢ τοῦ λευκοῦ. τὸ δέ, ὅτι τὸ μὲν λευκὸν σύστοιχον (ἑκάτερον γὰρ αὐτῶν ἐν τῷ οἰκείῳ γένει ὡς ἕξις ἦν), τὸ δὲ μέλαν στέρησις ὂν οὐδὲ σύστοιχον ἔτι ἐστὶ τῷ γλυκεῖ.

---

2 μηδένα ἧττον Pa (corr. M) δύνασθαι MTVA: om. Pa γινώσκεσθαι coni. Thurot alt. ἅμα TV: om. APa 3 ὁμοιογενῶν V τὸ MAP: om. Va 4 τὰ] τὸν A 5 ὁμοιογενῶν V 6 μέν scripsi: μόνον libri ὁμοίως δὲ A: τὰ ὁμοίως δὲ V: τὰ ὁμοίως Pa: *hec aute similiter* T 6. 7 τῶν—αἰσθητῶν deleam 6 διαφοραῖς V 8 οὐ om. T αἱ ἕξεις MTVA: om. Pa 9 στερήσει] *privationi enim* T, fort. corr. *privationibus* et Alexandro ταῖς στερήσεσι restituendum τῶν] εἶναι V ἄλλην scripsi: ἀλλήλων libri: ἄλλας coni. Thurot αἴσθησιν V (*sensu* T): αἰσθήσεων APa: αἰσθήσεις coni. Thurot αὐτὸς TPa: αὐτὸ VA 10 καλῶ Pa (Arist. codd. LSUP): καλῶν VA: καλῶς T (ἀλλ' ὡς Arist. codd. EMY) 11 πλειόνων V 12 τὸ γλυκὺ V τῷ λευκῷ] τὸ λευκὸν V 13 πλείων Aa: πλείω P: πλεῖον T: πλειόνων V τὸ γλυκὺ V 14 ⟨τὸ⟩ μέλαν conicio ἀνομοιογενῆ a 15 ὁμοιογενῆ a 16 ante ἔτι add. οὐκ T 17 ἀνομοιογενῶν VPa καὶ om. T ὑπὸ διαφόρους αἰσθήσεις Thurot (*sub differentibus sensibus* T): ὑπὸ διαφόρων αἰσθήσεων VAPa συστοίχως V 18 post τῶ add. μὴ V ἀνομοιογενῆ V εἴη TA: εἶναι VPa 19 δὲ γλυκὺ P 20 τὸ λευκόν etiam Arist. codd. EMYP, τοῦ λευκοῦ recte LSU 21 ἀκαταλληλότερον a καὶ TVA: οὖν καὶ Pa 22 ante ἢ add. καὶ τὸ τοῦ μέλανος V ἢ τοῦ λευκοῦ TV: καὶ τὸ ἢ τοῦ λευκοῦ A (καὶ τὸ solum restat vestigium interpolationis modo e V adnotatae): καὶ τὸ ἢ λευκοῦ Pa ἵνα om. T γὰρ om. V τῶ εἴδει om. V 23 διαφέρον V prius τὸ] τοῦτο Thurot (*hoc* T) τὸ δὲ ⟨αἴτιον⟩ conicio alt. τὸ in τῶ corr. A 24 ὡς om. V οὐδὲν P

p. 448a19 Ὃ δὲ λέγουσί τινες τῶν περὶ τὰς συμφωνίας, ὅτι οὐχ 306 ἅμα μὲν ἀφικνοῦνται ⟨οἱ ψόφοι, φαίνονται⟩ δέ.

Κατασκευάσας δι' ὧν ἐπικεχείρηκε τὸ μὴ δύνασθαι ἅμα πλειόνων αἴσθησιν γίνεσθαι, ᾧ χρώμενοί τινες πειρῶνται δεικνύναι τὸ μὴ γίνεσθαι μὲν ἅμα πλειόνων αἴσθησιν, φαίνεσθαι δέ, τοῦτο τίθησι καὶ δείκνυσι ψεῦδος ὄν, ἐνδεικνύμενος ὅτι μὴ ταύτῃ οἷόν τε τῇ λύσει προσχρωμένους δεικνύναι ὅτι μὴ ἅμα πλειόνων αἰσθανόμεθα. ἦν δὲ τὸ λεγόμενον τὸ τὰ δοκοῦντα αἰσθητὰ ἅμα κινεῖν τὴν αἴσθησιν μὴ ἅμα μὲν κινεῖν, | ἀλλ' ἐν χρόνοις διαφόροις, 307 τῷ δὲ εἶναι τοὺς μεταξὺ χρόνους ἀνεπαισθήτους ταύτῃ δοκεῖν ἅμα γίνεσθαι. δείκνυσι δὴ τοῦτο ψεῦδος ὂν διὰ τοῦ δεῖξαι ὅτι μηδὲ εἷς ἐστι χρόνος ἀναίσθητος τῇ αὑτοῦ φύσει. χρήσιμον δὲ τοῦτο δειχθὲν εἴη ἂν καὶ πρὸς τὰ ἐφθακότα περὶ τῆς ὄψεως εἰρῆσθαι, ὅτι μήτε τὸ φῶς χρόνῳ ὁρᾶται μήτ' ἄλλο τι τῶν ὁρατῶν· ἅμα γὰρ ἀναβλέψαντες καὶ τὰ ἐγγὺς ὁρῶμεν καὶ τὰ πόρρω. ὃ ἀναιρεῖσθαι δύναιτο ἄν, εἰ εἴη κείμενον τὸ εἶναί τινας ἀναισθήτους χρόνους· λέγοιτο γὰρ ἂν ὅτι μὴ ἅμα μὲν ὁρῶμεν, δοκοῦμεν δὲ διὰ τοὺς ἀναισθήτους χρόνους. τίθησι δὴ πρῶτον τὴν δόξαν καὶ μνημονεύει τῶν ἁρμονικῶν καὶ τῶν περὶ τὰς συμφωνίας, ὡς ἐκείνων χρωμένων τῇ δόξῃ ταύτῃ καὶ λεγόντων ὅτι μὴ ἅμα μὲν οἱ ἀπὸ τῶν ἡρμοσμένων ὀργάνων καὶ κρουομένων συμφώνως ἀφικνοῦνται ψόφοι πρὸς | τὴν ἀκοήν, 308 ἀλλ' ἐν διαφόροις χρόνοις, φαίνονται δὲ ἅμα γίνεσθαι καὶ εἷς τις ἦχος ἐξ ἁπάντων καὶ μὴ διαλείπειν ἡ ἀκοή, ἀλλ' ὡς συνεχοῦς ἀκούειν τοῦ ψόφου διὰ τὸ ἀναισθήτους εἶναι τοὺς μεταξὺ τῶν φερομένων ἐπ' αὐτὴν ψόφων χρόνους. χρῶνται δὲ τοῖς ἀναισθήτοις χρόνοις καὶ οἱ κατὰ εἰδώλων ἐμπτώσεις τὸ ὁρᾶν γίνεσθαι λέγοντες. τοῦτο οὖν, φησίν, ἐξεταστέον, εἴτε ὀρθῶς λέγεται εἴτε μή. καὶ τοῦ δεῖν ἐνταῦθα αὐτὸ ἐξετάζεσθαι τὴν αἰτίαν παρέθετο.

p. 448a22 Τάχα γὰρ ἂν φαίη τις καὶ νῦν παρὰ τοῦτο δοκεῖν ἅμα ὁρᾶν καὶ ἀκούειν, ὅτι οἱ μεταξὺ χρόνοι λανθάνουσιν.

Εἰ γὰρ τοῦτο οὕτως ἔχοι, εἴη ἂν λύσις τῶν ἀπορεῖσθαι δυναμένων πρὸς ἃ κατεσκεύασεν ὡς νῦν δεικνὺς ὅτι μὴ οἷόν τε ἅμα πλειόνων

---

2 οἱ—φαίνονται ex Arist. addidi, ut δέ stare possit 3 ante ἅμα add. μὲν M 4 μὴ] μᾶλλον a (corr. M) γίνεσθαι] δύνασθαι V 5 δείκνυσι καὶ τίθησι V καὶ om. P δεικνύναι P 6 προσχρώμενος V 7 πλειόνων ἅμα A 8 χρόνοις διαφόροις MTVP: χρόνοις a: χρόνῳ διαφόρῳ A 9 τῷ TAP: τὸ MVa δοκοῦν A 10 δὴ TVP: δὲ Aa post τοῦτο add. τὸ V 11 αὑτοῦ libri εἴη ἂν καὶ MTVA: εἴη ἂν P: εἰ κἂν a 12 πεφθακότα Pa εἰρῆσθαι] p. 131,21 ss. μηδὲ A μήτ' Thurot: μηδ' VAPa 13 τι om. T ἀναβλέψαντα V 14 ὃ TPa: ἃ VA δύναται V εἰ TA: om. VPa 15 λέγοιτο—χρόνους (16) om. a (habet etiam M) ἂν om. V, s. s. P 16 δὴ TVP: δὲ Aa ⟨ταύτην⟩ τὴν conicio 18 ταῦτα V ὅτι MTVA: om. Pa 21 ἀκούει a 22 ψόφον χρόνον V 23 κατὰ VA: κατὰ τῶν P: κατὰ τὰς τῶν a 25 αὐτὰ V 26 περὶ τούτοις V: *iterum hoc* T 27 λαμβάνονται A 28 ἔχοι TAP: ἔχει Va ἂν λύσις V (*utique ergo* T): λύσις ἂν A: ἂν Pa 29 ὡς] an καὶ? ἅμα—οἷόν τε (147,2) om. V

αἰσθάνεσθαι. ἀποροῖτο μὲν γὰρ ἄν, πῶς δοκοῦμεν ἅμα πλειόνων αἰσθάνεσθαι, εἰ μὴ τοῦτο οἷόν τε. λύοιτο δ' ἂν ἐν τῇ τῶν μεταξὺ χρόνων ἀναισθησίᾳ, εἰ εἴη τις χρόνος ἀναίσθητος. εἰ δὲ μηδεὶς χρόνος τοιοῦτος, ἄλλῳ τινὶ χρηστέον, | ἀλλ' οὐ τούτῳ. ὅτι οὖν μηδένα χρόνον ἐνδέχεται ἀναίσθητον 309 εἶναι, δείκνυσι. δεῖ δὲ ἡμᾶς προλαβεῖν ὅτι ὁ χρόνος αἰσθητὸν οὐ καθ' αὑτό ἐστιν. οὐ γάρ ἐστιν ὁ χρόνος ὑποκειμένη τις φύσις ἧς αἰσθανόμεθα, ἀλλὰ τῷ τῶν ἐν αὐτῷ γινομένων τε καὶ ὄντων αἰσθάνεσθαι ἡμᾶς, τούτῳ καὶ ὁ χρόνος αἰσθητός ἐστιν. εἴη ἂν οὖν ἀναίσθητος χρόνος οὗτος, ἐν ᾧ μηδενὸς οἷόν τε τῶν ἐν αὐτῷ γινομένων αἴσθησιν γίνεσθαι. εἰ δὲ μηδεὶς εἴη τοιοῦτος, ἀλλ' εὑρίσκοιτο ἐν παντὶ μορίῳ χρόνου αἴσθησίς τινος τῶν ἐν αὐτῷ γινομένων οὖσα, οὐδεὶς ἂν εἴη χρόνος ἀναίσθητος. οὐ γὰρ εἴ τινα τῶν γινομένων ἐν χρόνῳ ἀναίσθητά ἐστι, διὰ ταύτην τὴν αἰτίαν καὶ ὁ χρόνος ἀναίσθητος ὁ ἐν ᾧ ταῦτα γίνεται. ἀλλ' εἰ μὲν ἐν τῷ αὐτῷ χρόνῳ, ἐν ᾧ τὰ ἀναίσθητα ἔστι τε καὶ γίνεται, μηδενὸς ὅλως οἷόν τε | 310 αἰσθέσθαι, εἴη ἂν οὗτος ὁ χρόνος ἀναίσθητος· εἰ δὲ ἄλλων τινῶν ἐν τῷ αὐτῷ χρόνῳ αἰσθανοίμεθα, οὐ διὰ τὸν χρόνον ⟨ἂν⟩ ἀναίσθητα ἐκεῖνα εἴη οὐδ' ἂν ὁ χρόνος δι' ἐκεῖνα ἀναίσθητος λέγοιτο. δύναται γὰρ ἀναίσθητά τινα καὶ ἐν ἐνιαυτῷ ὅλῳ κινεῖσθαι, ὧν τῆς κινήσεως οὐκ ἔστιν ᾐσθῆσθαι, οἷον εἰ εἴη τινὰ διὰ σμικρότητα ἐκπίπτοντα τὴν αἴσθησιν σώματα· ἀλλ' οὐ διὰ τοῦτο ὁ τοσοῦτος χρόνος ἀναίσθητος, ἀλλ' αἰσθητός, ὅτι ἄλλων τινῶν αἰσθανόμεθα ἐν αὐτῷ. ἂν δὴ δείξῃ ἐν παντὶ χρόνῳ αἴσθησίν τινος ἔχοντας ἡμᾶς, εἴη ἂν ἀνῃρηκὼς τὸ εἶναί τινα χρόνον ἀναίσθητον. ὅτι οὖν παντὸς ἐνδέχεται ἡμᾶς αἰσθάνεσθαι χρόνου, τουτέστιν ἐν παντὶ χρόνῳ αἰσθάνεσθαί τινος, οὕτω δείκνυσιν· εἰ, ὅτε τις ἑαυτοῦ αἰσθάνεται αἰσθανομένου καὶ ἐν χρόνῳ, ἀδύνατον τότε λανθάνειν αὐτὸν ἑαυτὸν ὅτι ἔστι τε καὶ αἰσθάνεται, ἀδύνατον

1 ἀποροῖτο—αἰσθάνεσθαι om. T ἀποροῖτο A: ἀπορεῖται Pa ἄν AP: om. a ἅμα hic habet (habebat T, sic enim defectus homoeoteleuto explicatur): post αἰσθάνεσθαι Pa 4 οὖν ὅτι V 5 προλαβεῖν TAP: προσλαβεῖν Va ὅτι TVA: ὅτι εἰ Pa αἰσθητὸν APa: αἰσθητὸς V: anceps T 6 αὐτόν Thurot οὐ γάρ ἐστιν MTVA: om. Pa ἧς V (coni. Thurot): ᾗ T: ἡ Aa: ἣ P 7 post ὄντων add. καὶ V τούτου V 8 αἰσθητόν A ἂν om. A ante alt. χρόνος add. ὁ Thurot ἐν ᾧ Pa: *eo quod* T: εἰ VA 11 ἐν τῷ γινομένῳ a (corr. M) οὐσιῶν V εἴη om. A 12 τινα TVPa: τινος MA ἀναίσθητός MA 13 alt. ἐν om. a (habet etiam M) 14 αἰσθητὰ V prius τε—χρόνῳ (16) om. a (habet etiam M) prius τε om. A 15 αἰσθέσθαι MA: αἰσθάνεσθαι VP: *sentire* T 15. 16 τινῶν χρόνων ἐν ταυτῷ P 16 post χρόνῳ add. καὶ M αἰσθανόμεθα Ma οὐ] ὁ A ἂν addidi (post ἐκεῖνα Thurot) ἀναισθητάς ut vid. V 18 ἐν MTVP: om. Aa *sentire* T, sed cf. p. 140,4 19 μικρότητα V τῆς αἰσθήσεως conicio σώματα] τοῦ σώματος V 20 post τοῦτο add. *tantum* T τοιοῦτος a 21 post prius ἐν add. τῷ V δὴ om. V παντὶ om. T 22 τινὰ ἔχοντα V ἔχοντος A ἀφηρηκὼς V χρόνον τινὰ Pa 23 post οὖν ras. π litt. V παντὶ V 24 αἰσθανόμεθα V 25 ἑαυτοῦ αἰσθάνεται Pa: ἑ. αἰσθάνεσθαι A: αἰσθάνεσθαι ἑαυτῷ V: ἑαυτοῦ T 25. 26 αἰσθάνεται—ἑαυτὸν om. T 25 ἐν ⟨τούτῳ τῷ⟩ coni. Thurot 26 αὐτὸν om. V ὅτι TVP: ὅτε Aa

ἄρα εἶναί τινα χρόνον ἀναίσθητον. ὃ κατασκευάζει ἐκ τοῦ, εἰ εἴη τις ἀναί|σθητος χρόνος, ἔσεσθαι αὐτὸν καὶ ἐν τούτῳ τῷ συνεχεῖ χρόνῳ ἐν 311 ᾧ τις αἰσθάνεται αἰσθανομένου ἑαυτοῦ, εἰ δὲ τοῦτο, ἐν τούτῳ τὸν αἰσθανόμενον μήτε τούτων αἰσθήσεσθαί τινος ὧν αἰσθάνεται μήτε αὑτοῦ αἰσθανομένου καὶ ὄντος. εἰ γὰρ εἴη τοιοῦτον, δῆλον ὡς ἐν ἐκείνῳ τῷ χρόνῳ λήσεταί τις αὑτὸν καὶ ὅτι αἰσθάνεται καὶ ὅτι ἔστι, καὶ οὐκ αἰσθήσεται ὄντος ἑαυτοῦ· ὥστε ἐν ᾧ χρόνῳ αἰσθάνεται τις ἑαυτοῦ αἰσθανομένου, καὶ οὐκ αἰσθήσεται οὔτε ὄντος ἑαυτοῦ οὔτε αἰσθανομένου· ὃ ἀδύνατον· πᾶς γάρ, ὅτε αἰσθάνεται, ἑαυτοῦ ὄντος τε καὶ αἰσθανομένου συναισθάνεται. ὁμοίως δέ, ὡς ἐφ' ἑαυτοῦ, κἂν ἄλλου αἰσθανομένου αἴσθηταί τις, ἀδύνατον, κἀκείνου ὅτε αἰσθάνεταί τις αἰσθανομένου, μὴ αἰσθάνεσθαι καὶ ὅτι ἔστιν ⟨καὶ ὅτι⟩ αἰσθάνεται, ἀλλὰ διαλείπειν τινὰ χρόνον καὶ μὴ αἰσθάνεσθαι ὄντος αὐτοῦ. εἰ δὲ μηδεὶς | ἔστι χρόνος, 312 ἐν ᾧ ἐνεργοῦντες καὶ αἰσθανόμενοι λανθάνομεν ἑαυτοὺς ὅτι ἔσμεν, οὐδεὶς ἂν εἴη τῇ ἑαυτοῦ φύσει χρόνος ἀναίσθητος. οὐ γὰρ εἰ κοιμώμενοι λανθάνομεν ἑαυτοὺς ὅτι ἔσμεν, ἀναίσθητος οὗτος ὁ χρόνος· ἄλλοι γὰρ ἐν ἐκείνῳ τῷ χρόνῳ αἰσθάνονται, καὶ ἡμεῖς δέ, ἐὰν ἐγρηγορότες ὦμεν. οὐ γὰρ ὑπὸ τῶν οὐκ αἰσθανομένων ἀναίσθητος κρίνεται χρόνος ἢ ὅλως τι ἀναίσθητον· πάντα γὰρ ἐκείνοις ἀναίσθητα, καὶ χρώματα καὶ ψόφοι καὶ ὀσμαὶ καὶ χυμοὶ καὶ τὰ ἁπτά.

p. 448a30 Ἔτι οὐκ ἂν εἴη οὔτε χρόνος οὔτε πρᾶγμα οὐδὲν ὃ αἰσθάνεται ἢ ἐν ᾧ μὴ οὕτως, ὅτι ἐν τούτου τινὶ ἢ ὅτι τούτου τι ὁρᾷ, εἴπερ ἔστι τι μέγεθος καὶ χρόνου καὶ πράγματος ἀναίσθητον.

Καὶ διὰ ταύτης τῆς ἐπιχειρήσεως ἔτι ταὐτὸν δείκνυσιν, ὅτι γὰρ

1 εἰ om. V 2 ἔσεσθαι (καὶ add. M) MTVAP: ἕπεται καὶ a καὶ ante alt. ἐν add. T 3 αἰσθανομένου scripsi: αἰσθανόμενος TVAPa: μὴ αἰσθανόμενον M 4 prius μήτε V: μηδὲ A: *neque* T: μηδὲν Pa αἰσθάνεσθαί τινα Pa αὐτοῦ libri 5 τοιοῦτον MTVAP: τοσοῦτον καὶ a 6 λήψεται V αὐτὸν A: αὐτῶν V 7 αἰσθάνεται A ὥστε—ἑαυτοῦ (8) om. Aa ὥστε VP: ὥστε καὶ T 8 καὶ V: om. TP ὅπερ a 9 ante ἑαυτοῦ add. οὐχ TVA (an ὁμοῦ?) 10 δέ TVA: δὲ καὶ Pa αὐτοῦ P κἂν MTA: καὶ VPa αἰσθανόμενος coni. Thurot 11 ὅτε] οὕτως V αἰσθανομένου V: αἰσθανόμενος TAPa: αἰσθανόμενον coni. Thurot μὴ TVA: μηδὲν Pa 12 καὶ ὅτι addidi αἰσθάνεται scripsi: αἰσθάνεσθαι libri 13 εἰ] οὐ V 13 ss. eodem argumento utitur Alex. apud Simpl. in Phys. p. 753,18 ss. D ἔσται V 14 ἐνεργοῦνται V λανθανόμενοι V αὐτοὺς A 15 αὐτοῦ P: αὑτοῦ a 15. 16 λανθάνοιμεν P 16 οὗτος MTVA: ἄρα οὗτος Pa 17 ἦμεν VP 18 ὑπὸ Thurot: ἀπὸ libri οὐκ T (*scientibus non*) VAP: om. a αἰσθομένων P ἀναίσθητος om. Pa ὁ χρόνος Aa ἢ] εἰ M τι T: τί APa: τι δὲ V 19 γὰρ ἐκείνοις VP: γὰρ ἐν ἐκείνοις TAa: γὰρ ἐν ⟨ἐκείνῳ⟩ ἐκείνοις Thurot αἰσθητά T 20 ἁπτά] αἰσθητά T 21 ὃ] ὃ μὴ Arist. codd. EMY 22 ᾧ] ᾧ εἰ Arist. codd. SU ὅτι TP (Arist.): ὅτε VA τούτω V ἢ ὅτι] ὅτε V: om. Arist. codd. LSU[1] 23 prius τι om. A (Arist. codd. LU[1]) χρόνος καὶ πράγματα V 23. 24 αἰσθητὸν VA 25 ταῦτα V γὰρ om. M cf. ad p. 113,21

μηδεὶς χρόνος ἐστὶν ἀναίσθητος, συναποδείκνυσί τε αὐτῷ ὅτι μηδὲ μέγεθός 312 τι καὶ μέρος αἰσθητοῦ ἀναίσθητον οἷόν τε εἶναι τῇ αὑτοῦ φύσει. ἕπεται γὰρ ταῦτα ἀλλήλοις· καθ' οὓς γὰρ ἀναίσθητά τινα καὶ ἀμερῆ σώματα ἔστι τῇ αὑτῶν | φύσει, κατὰ τούτους καὶ κινήσεις εἰσὶν ἀναίσθητοι καὶ χρόνοι. 313 ἡ δὲ δεῖξις ἀσαφῶς μὲν εἴρηται, ἐκλαβόντι δὲ τὴν διάνοιαν εἴη ἂν τοιαύτη· εἰ ἔστι μόριόν τι τοῦ χρόνου ἢ τοῦ μεγέθους ἀναίσθητον, οὔτε χρόνος τις ἔσται, ἐν ᾧ αἰσθανόμεθα, οὔτε μέγεθός τι, οὗ αἰσθανόμεθα, ἁπλῶς καὶ κυρίως· ἀλλ' ἐν παντὶ χρόνῳ, ἐν ᾧ λέγομεν αἰσθάνεσθαι, οὕτως ἐσόμεθα αἰσθανόμενοι, οὐχ ὅτι ἐν τούτῳ, ἀλλ' ὅτι τῶν τούτου τινί, καὶ παντὸς μεγέθους αἰσθησόμεθα, οὐχ ὅτι τούτου αἰσθανόμεθα (οὐδενὸς γὰρ ὅλου αἰσθησόμεθα), ἀλλ' ὅτι τῶν τούτου τινός. ἀλλὰ μὴν ὅσα ἐν χρόνῳ λεγόμεθα αἰσθάνεσθαι οὕτω τῷ ἐν μορίῳ τινὶ αὐτοῦ αἰσθάνεσθαι ἢ μεγέθη τῷ μὴ ὅλων, ἀλλὰ μορίων τινῶν αὐτῶν αἰσθάνεσθαι, διὰ τοῦτο ἀληθεύομεν, ὅτι ἔστι τις πρῶτος χρόνος τοῦ ἐν ᾧ αἰσθανόμεθα παντί, καὶ ἐπὶ τοῦ μεγέθους, ὅτι ἔστι τι μόριον | τούτου οὗ πρώτου καὶ παντὸς αἰσθανόμεθα. 314 πᾶν γὰρ τὸ κατά τι καὶ κατὰ μόριον ἀληθὲς τότε ἐστὶν λαβεῖν, ὅταν ᾖ λαβεῖν ἐκείνου μόριόν τι, ὃ πρῶτον τοιοῦτόν ἐστι. λευκόν τε γὰρ κατὰ μόριον τότε ἀληθές ἐστιν, ὅταν ᾖ τι μόριον αὐτοῦ λαβεῖν, ὃ μηκέτι λαβεῖν κατ' ἄλλο καὶ κατ' ἄλλο μόριον λευκόν ἐστιν, ἀλλ' ἁπλῶς τε καὶ πρώτως· καὶ κινεῖσθαι κατὰ μόριον τότε λέγεται ἀληθῶς, ὅταν ᾖ τι μόριον αὐτοῦ λαβεῖν, ὃ πᾶν, ἀλλ' οὐ κατὰ μόριον αὐτοῦ κινεῖται. ἐν οἷς γὰρ οὐδέν ἐστι μόριον, καθ' οὗ τὸ κατηγορούμενον ὅλου ὡς κατὰ μόριον αὐτοῦ ὑπάρχον ὅλου τε καὶ πρώτως κατηγορηθήσεται, ⟨κατηγορηθήσεται⟩ τούτων οὐκ ἀληθῶς τὸ κατὰ μόριον αὐτοῖς ὑπάρχειν ἐκεῖνο ὃ κατηγορεῖται. ὡς οὖν ἐπὶ τῶν ἄλλων, οὕτω καὶ ἐπὶ τῶν προκειμένων ἕξει. εἰ γὰρ μηδὲν εἴη τοιοῦτον μήτε ἐν χρόνῳ μήτε ἐν αἰσθητῷ, ἐν ᾧ πρώτῳ αἰσθησόμεθα ἢ | οὗ πρώτου, οὐδ' ἂν τὸ κατὰ μόριον τοῦ χρόνου αἰσθάνεσθαι ἢ μορίου 315 τινὸς τοῦ μεγέθους ἀληθὲς εἴη· ἀναιρουμένου γὰρ τοῦ πρώτως ἀναιρεῖται καὶ τὸ κατ' ἄλλο. ἀλλὰ μὴν ἀναιρεῖται τὸ πρώτως, εἰ χρόνος

---

1 τε om. T αὐτὸ P μήτε V 2 αὐτοῦ libri 3 τινι P 4 αὐτῶν libri 5 ἐκλαβόντες V 8 παντὶ ⟨τῷ⟩ coni. Thurot λεγόμεθα coni. Thurot 9 τῶν VAPa: ἐν M: om. T, v. ad p. 152,25. 154,3. 7 10 οὐχ] ἀλλ' A 10. 11 αἰσθανόμεθα—ὅλου om. Aa 11 τῶν om. TV 11. 12 ἐν χρόνῳ om. T 12 λέγομεν T, fort. recte, v. v. 8 οὕτω τῶ TP: οὕτω τῶν V: οὕτως A: οὐ τῷ a 13 μεγέθη V (*magnitudinem* T, sed ὅλων legit): μεγέθει Aa, e corr. P 14 ἀληθὲς μὲν V χρόνος om. Pa παντὶ] παντ' V: om. T, ne παντὸς conicias, cf. p. 154,2 16 post alt. κατά add. τι a 17 πρώτως V τε om. V 18 ἀληθῶς conicio aut alt. λαβεῖν post ἔστιν transpon. αὐτοῦ om. T ὃ μηκέτι λαβεῖν om. A 18—21 ὃ—λαβεῖν om. a (habet etiam M) 19 τε] ὥστε M 19. 20 καὶ π..... κεκινῆσθαι M 21 πᾶν TVA: μὴ πᾶν Pa ἀλλ' οὐ TVA: ἀλλὰ Pa: ἀλλ' ἢ οὐ M ἐν οἷς scripsi: ἑνὸς TVA: ἔνθα Pa 22 ὑπάρχον MTA: ὑπάρχει VPa 23 ὅλως T alt. κατηγορηθήσεται addidi: ἐπὶ add. Thurot (*de his* T) 24 ἀληθὲς M, sed v. superiorem notam 26 alt. μήτε om. T πρώτως V 27 οὐ P: τοῦ V οὐδ' ἂν TA: οὐδὲν VPa τὸ] τὰς TV 28 εἴη ἀληθές Pa

τις εἴη ἀναίσθητος ἢ μέγεθος· πᾶς γὰρ ὁ λαμβανόμενος χρόνος ἕξει 315 τινὰ ἐν αὐτῷ μόρια ἀναίσθητα, ὥστε ἐν οὐδενὶ οὕτως αἰσθησόμεθα, ὡς πρώτως ἐν αὐτῷ αἰσθάνεσθαι, ἀλλ' ὡς ἔχοντι ἐν αὐτῷ μόρια ἐν οἷς αἰσθανόμεθα. ὁμοίως καὶ πᾶν μέγεθος ἕξει τινὰ μόρια ἀναίσθητα, ὥστε οὐδὲ μεγέθους τινὸς αἰσθησόμεθα τῷ ὅλου αἰσθάνεσθαι, ἀλλὰ τῷ ἔχειν τινὰ μόρια αὐτοῦ αἰσθητά. οὔτε ἄρα ἐν χρόνῳ πρώτῳ τινὶ αἰσθησόμεθα οὔτε πρώτως τινὸς αἴσθησιν ἕξομεν· μὴ ⟨ὄντος δὲ τοῦ⟩ πρώτως τινός, οὐδέ τινος κατ' ἄλλο τῶν ἐν οἷς οὐκ ἔστι τὸ πρώτως. οὔτε ἄρα ἐν χρόνῳ αἰσθησόμεθα οὔτε μεγέθους τινός. ὅτι δέ, εἰ ἔστι χρόνος τις | ἀναίσθητος ἢ μέγεθος τῇ αὐτοῦ φύσει, οὔτε ἐν χρόνῳ τινὶ πρώτῳ οὔτε 316 μεγέθους τινὸς πρώτως αἰσθησόμεθα, αὐτὸς οὕτω δείκνυσιν.

p. 448b4 Εἰ γὰρ τὴν ὅλην ὁρᾷ, καὶ αἰσθάνεται τὸν αὐτὸν συνεχῶς χρόνον οὕτω τῷ ἐν τούτου τινί. ἀφῃρήσθω τὸ ΓΒ, ἐν ᾧ ⟨οὐκ⟩ ᾐσθάνετο.

Διὰ γὰρ τούτων τὸ προκείμενον δείκνυσιν ἐπὶ στοιχείων, ὅτι μήτε τις χρόνος πρώτως ἔσται ἐν ᾧ τις αἰσθήσεται μήτε αἰσθητόν τι ὃ μὴ τῷ τῶν τούτου τι αἰσθητὸν εἶναι αἰσθητόν ἐστιν, ἀλλὰ καθ' αὑτό. σφόδρα δὲ ἐπιτετμημένως τὴν δεῖξιν ποιεῖται. ὃ δὲ λέγει τοιοῦτόν ἐστιν· εἰ ἔστι τις ἀναίσθητος χρόνος, δῆλον ὅτι καὶ ἐν τούτῳ ἔσται ἀναίσθητός τις χρόνος, ἐν ᾧ συνεχῶς αἰσθανόμεθά τινος· ἔσται οὗτος ὁ ΑΒ. ὁμοίως καὶ εἰ ἀναίσθητον ἔστι τι, τοῦ αἰσθητοῦ μέρος ἔσται, καὶ ἐν τούτῳ, οὗ αἰσθανόμεθα ἐν τῷ ΑΒ χρόνῳ, ἀναίσθητά τινα μόρια ἔσται. καὶ τούτου, οὗ αἰσθανόμεθα ἐν τῷ ΑΒ χρόνῳ, τὸ μέγεθος ΑΒ. τοῖς γὰρ αὐτοῖς |

2 αὐτῷ libri *qιaιe neqιe in in (!) nιllo aliqualiter sentiemus* T οὕτως MA: ὅπως VP: πῶς Ta 3 αὐτῷ APa 3. 4 ἐν οἷς αἰσθανόμεθα TVAP: ἀναίσθητα a 5 οὐδὲν P μέγεθος V prius τῷ] τοῦ V alt. τῷ MTA: τοῦ VPa 6 αὐτοῦ libri *sentimus* T 7 ante μὴ add. ἀλλ' εἰ Thurot ὄντος δὲ τοῦ addidi, cf. p. 153,19. 155,18 τινός om. T 8 οὐδέ τινος Thurot: μηδέ τινος οὐδέ τινος Aa: μηδέ τινος V: *neqιe* T 10 αὐτοῦ libri 11 πρώτον (sic) A 12 αὐτὸν om. P 13 συνεχῆ V οὕτω τῷ (sic V: τοῦ A: *eius qιod* T: τὸ P: an ὅτι ex p. 151,22?) ἐν τούτου (του with τ' above V, τούτῳ ceteri) τινί libri (Arist. codex P, nisi quod τὸ pro τῷ): οὐ τῶν (τῶι E) νῦν τούτων τινί Arist. codd. EMY: οὕτως ὅτι ἐν τούτου τινί κτλ. Arist. LSU τὸ γβ TVa (Arist. codd. LSU): τὸ γω A: τοῦτο γὰρ P: ἡ τὸ γβ Arist. EMYP 14 ᾧ] ἧ Arist. EMYP οὐκ ex Arist. EMYL addidi v. p. 152, 2. 15 τούτου TV 16 αἰσθάνεται Pa, fort. recte, nisi v. 17 ἔσται scribas (cf. 153,18) ὃ VP: *eo qιod* T: ᾧ Aa τῷ τῶν MA: τῶν VPa: *eo quod* T 17 τι TV: om. APa prius αἰσθητῶν Pa ἐστιν MTVA: om. Pa 18 ἐπιτετμημένην V: *fit* T ἔστι] δὲ V 19 alt. τις om. A 20 ἐν ᾧ—τινος iterum habet ante δῆλον v. 19 T ᾧ om. T, habet in interpolatione modo adnotata ante τινὸς add. α—β V ἔσται—ὁ αβ TVA: ἔσται. οὕτως οὖν Pa: οὕτως M 21 εἰ om. T ἔστι τι TA: ἔστι V: τί ἐστι Pa μέρους Pa post ἔσται add. α—β V 22. 23 ἀναίσθητά—χρόνῳ MPa: om. TVA propter homoeotelenton 22 αβ] αὐτῷ Pa ἔσται M: ἔστω Pa 23 ⟨οὖν⟩ οὗ conicio prius αβ scripsi: αὐτῷ Pa ante τὸ add. ἔσται T, fort. recte alt. αβ MTVA: αὐτό Pa

στοιχείοις χρῆται καὶ ἐπὶ τοῦ χρόνου καὶ ἐπὶ τοῦ αἰσθητοῦ. θηλυκῶς δὲ 317 ἐκφέρει τὸ αἰσθητὸν ὃ λαμβάνει μέγεθος, λέγων ἐν ταύτης τινὶ ἢ ταύτης τι, ἐπὶ γραμμῶν τε τὴν δεῖξιν ποιούμενος καὶ ὄντος καὶ τοῦ χρόνου γραμμῆς, ἐφ' ἧς πρώτως ΑΒ, καὶ τοῦ μεγέθους ὁμοίως. εἰπὼν δὲ εἰ γὰρ τὴν ὅλην ὁρᾷ ἐπὶ τοῦ ὁρωμένου μεγέθους, ἐπὶ τοῦ χρόνου πάλιν τὰ αὐτὰ λέγων οὕτως εἶπε· καὶ αἰσθάνεται τὸν αὐτὸν συνεχῶς χρόνον, ἀντὶ μὲν τοῦ ὁρᾶν τὸ αἰσθάνεσθαι, ἀντὶ δὲ τοῦ ὅλου τὸν αὐτὸν συνεχῶς χρόνον· ἴσον γὰρ τοῦτο τῷ ὅλῳ τινὶ χρόνῳ. ἃ λαβὼν ἀφαιρεῖ ἀπὸ τοῦ χρόνου τοῦ ΑΒ τὸ ΓΒ. τὸ μὲν οὖν ἐν ταύτης τινὶ ἐπὶ τοῦ χρόνου καὶ τῆς κατὰ τοῦτον γραμμῆς, λέγει δὲ τὸ ταύτης τι ἐπὶ τῆς τοῦ ὁρωμένου μεγέθους.

Πῶς δὲ τὸ ὁρώμενον κατὰ μέρος ὁρᾶται ἔδειξεν ἐπὶ τῆς γῆς, ὥσπερ τὸν χρόνον ἐπὶ τοῦ ἐνιαυτοῦ· τὴν μὲν γὰρ γῆν ὁρᾷ | τις, ὅτι τόδε τι 318 μέρος αὐτῆς, ἐν δὲ τῷ ἐνιαυτῷ βαδίζει, ὅτι ἐν τῷδε τῷ μέρει αὐτοῦ. τὸ δὲ οὐκοῦν ἐν ταύτης τινὶ ἢ ταύτης τι ἐξηγητικόν ἐστι τοῦ πῶς λέγεται τὸ ἐν τούτου τινί, ὡς ἂν εἰ ἔλεγεν· οὐκοῦν τοιοῦτόν ἐστι τὸ ἐν ταύτης τινὶ καὶ ταύτης τι, ὁποῖον δή ἐστιν, ὅταν ἐπὶ τῆς γῆς λέγωμεν ὅτι ὁρᾶται ἁπλῶς· τῷ γὰρ μόριον αὐτῆς ὁρᾶσθαι οὕτω λέγεται ὁρᾶσθαι ἡ γῆ· ὁμοίως καὶ ἐν τῷ ἐνιαυτῷ λέγεται τῷδε τὰ Ὀλύμπια, ὅτι ἐν τῷδε τῷ μορίῳ αὐτοῦ. εἰ οὖν τις ὅλης τῆς ΑΒ ἐν τῷ ΑΒ χρόνῳ συνεχῶς αἰσθάνεται, ἔχει δὲ ὁ χρόνος ἐν αὐτῷ μόριά τινα ⟨ἀν⟩αίσθητα (τούτου γὰρ δηλωτικὴ ἡ λέξις ἡ λέγουσα οὕτως ὅτι ἐν τούτου τινί), εἰ δὴ ἔχει ὁ ΑΒ χρόνος, ἐν ᾧ συνεχῶς κεῖται [τι] αἰσθάνεσθαί τινος, ἀναίσθητά τινα ἐν αὐτῷ, ἀφῃρήσθω ταῦτα· | καὶ ἔστω τοῦτο τὸ ΓΒ μέρος τοῦ 319

2 αἰσθητὸν Pa: ἀναίσθητον TVA λέγει V 3 ταύτης] ταῦτα V τι V Arist. (cf. v. 11 et 15): πῶς TAPa γραμμῆς a τὴν—ποιούμενος καὶ om. T 4 ἀφ' T πρώτως Pa: πρῶτος MA: πρῶτον V (*primum* T) ΑΒ Thurot: β TVA: ω P: om. a· 5 εἰ] οὐ V 7 συνεχῆ V ἀντὶ μὲν om. T 7. 8 prius ἀντὶ—χρόνον om. VA 7 ἀντὶ δὲ τοῦ ὅλου] *aute r per totu i* T 8 τῷ] τὸ V ἃ] ὃ V 9 ΑΒ] αὐτοῦ Pa γβ MV (*g d* T): γω A: γὰρ Pa τὸ μὲν οὖν] ὃ μὲν ex T Thurot 9. 10 ταύτης τινὶ scripsi: ταύτῃ ἐστιν libri 10 τοῦτο Pa λέγει δὲ τὸ Pa: λέγει τὸ δὲ TA: λέγων τόδε V 11 τι MTVA: om. Pa τῆς τοῦ A: τῆς V: τοῦ Pa 12 τὸ MVA: om. Pa 13 τόδε τι] *aliquam* T: τοδὶ ex Arist. et p. 153,1 conicio 14 τῳδὶ τῷ Arist. codex E: *aliqua* T τῷ hic et v. 20 Thurot propter praecedens τι, de quo v. quod modo adnotavi 15 οὐκ ὂν V τι MTVA: om. Pa 16 τούτου Thurot, cf. p. 150,13. 152,4: τούτῳ libri (τοῦ V) 17 τινι καὶ ταύτης om. T ὁποῖα Aa δή Thurot: δέ libri τῆς om. A 18 ὅτι MTVAP: τὸ a αὐτοῦ V 19 τῷδε] τὸ δὲ P: om. T, fort. recte 20 τις TP: τῆς VAa ὅλης τῆς ΑΒ om. T 21 συνεχῆ V αὐτῷ libri τινα om. V ἀναίσθητα Thurot: αἰσθητά libri 22 ὅτι V: *eius quod* T: τοῦ APa: om. M: τῷ coni. Thurot (cf. p. 150,13), sed dubium est, utrum ad Arist. p. 448b5 an ad 448b2 respiciat τούτου a: τούτῳ TVP: τῶ A (cf. ad v. 16) 22. 23 εἰ δὴ T: εἴδη A: εἰ δὲ V: ἤδη Pa 23 *si igitur* AB *habet tempus* T ὁ Thurot: ὅτι ὁ V: ἡ Pa: om. A χρόνον Pa(T?) τι om. T 24 αὐτῷ libri ἔστω V: ἤτω A: *sit* T: εἰ Pa: ἢ M

ΑΒ χρόνου. ἀφαιρεθέντος ⟨δὴ⟩ δῆλον ὅτι ἐν τῷ καταλειπομένῳ τῷ ΑΓ 319 τοῦ αὐτοῦ αἰσθήσεται. ἐν γὰρ τούτῳ τῷ μορίῳ ἀναισθήτῳ ὄντι οὐδενὸς ᾐσθάνετο, οὐδὲ τὸ † συνημμένον τῷ χρόνῳ, ἐν ᾧ ᾐσθάνετο, ἐν τούτῳ τι αἰσθάνεται τῷ ἐν τούτου τινὶ αἰσθάνεσθαι· τοῦ γὰρ ΑΒ χρόνου μόριον τὸ ΑΓ, ἐν ᾧ αἰσθάνεται τούτου †, οὐχ ἐν τῷ † Β χρόνῳ αἰσθάνεσθαι ἔκειτο. ἀσαφῆ δὲ τὴν λέξιν ἐποίησεν αὐτὸς τόν τε χρόνον θηλυκῶς σχηματίσας καὶ συμπλέξας ἅμα καὶ τὴν ὁρωμένην γῆν, ὡς τοῦ αὐτοῦ συμβαίνοντος καὶ ἐπὶ τοῦ ὁρωμένου, ὅπερ ἐδείχθη καὶ ἐπὶ τοῦ χρόνου, ἐν ᾧ ἐτέθη ὁρᾶσθαι τὸ ὁρώμενον ἔχον ἐν ἑαυτῷ ἀναίσθητα. ἀφαιρεθέντων οὖν τούτων (ἔστω πάλιν τὸ ΓΒ) τὸ καταλειπόμενον ὁμοίως καὶ ὡς τὸ αὐτὸ ὁραθήσεται, τῷ τὰ ἀναίσθητα μόρια μηδέ, ὅτε ἦν σὺν τῷ ὅλῳ, συντελεῖν τι εἰς τὴν γινομένην αἴσθησιν αὐτοῦ. ὅλον ἄρα τὸ ΑΒ ἑωρᾶτο οὐ καθ' αὑτό, | ἀλλὰ τῷ τῶν τούτου τι ὁρᾶσθαι. 320

Καὶ τὸ μὲν δεικνύμενον τοῦτο. αὐτὸς δὲ οὕτως εἴρηκεν οὐκοῦν ἐν ταύτης τινὶ ἢ ταύτης τι, τὸ μὲν ταύτης τινὶ τῆς κατὰ χρόνον διαστάσεώς τε καὶ συνεχείας λέγων, τὸ δὲ ταύτης τι τῆς τοῦ ὁρωμένου διαστάσεως. ἔστι γὰρ τὸ συμπέρασμα τῶν δεδειγμένων τὸ μήτε ἐν τῇ κατὰ χρόνον διαστάσει τῇ ΑΒ ὅλῃ ὁρᾶν τὸ ὁρῶν, ἀλλ' οὕτως ἐν ταύτῃ ὡς ἐν ταύτης τινί, μήτε τὴν τοῦ ὁρωμένου διάστασιν τὴν ΑΒ ὅλην ὁρᾶσθαι, ἀλλὰ τῷ ταύτης τι. ἀφ' ἑκατέρας γὰρ διαστάσεως ἀφαιρεθείσης τῆς ΓΒ διαστάσεως ἀναισθήτου οὔσης ἡ καταλειπομένη διάστασις οὐδὲν ἐμειοῦτο, οὔτε ἡ ἐν χρόνῳ καθ' ἣν ἑώρα οὔτε ἡ ἐν τῷ ὁρατῷ ἥτις ἦν ὁρωμένη.

Εἰπὼν δὲ διὰ βραχέων ταῦτα ὑπομιμνήσκει ἡμᾶς πῶς λέγεται τὸ κατ' ἄλλο ὁρᾶσθαί τι καὶ μὴ πρώτως μηδ' ἐν χρόνῳ | πρώτῳ, ἀλλὰ τῷ τῶν 321 τούτου τινί, δεικνὺς ὅτι τὸ ἐπὶ τῶν δεδειγμένων συμβαῖνον ὅμοιον τούτοις

---

1 ἀφαιρεθέντος TVA: ἀφαιρεθῇ Pa   δὴ addidi   ἐκ τοῦ καταλειπομένου A   alt. τῷ MA: τοῦ TVPa   ΑΓ] *a d* T   3 τὸ ⟨ΓΒ συντελεῖ τι⟩ et ⟨εἰ⟩ ἐν conicio; τὸ om. et συνημμένου coni. Thurot   συνειλημμένον V   4 τῷ M: τοῦ VAPa: om. T   τούτω a (corr. M)   χρόνου om. T   5 τὸ μόριον Pa   τὸ ΑΓ om. T   τούτου οὐχ MVAP: *hoc enim* T: τούτῳ οὐχ a: τοῦ ΑΒ· οὐ γὰρ conicio   ⟨καὶ τοῦ αβ μεγέθους τὸ μόριον οὗ αἰσθάνεται⟩· τούτου γὰρ ἐν τῷ αβ coni. Thurot   β TVA: ᾧ a (cf. ad p. 151,4. 9): ō P: γβ conicio   6 αὐτὴν V   7 χρωματίσας V   alt. καὶ om. T   9 ἔχων A   αὐτῷ a   10 οὖν Pa: om. MTVA   πάλιν] *igitur* T   ΓΒ] αγ Thurot, quod distinctione mutata improbo   12 τελεῖν Pa (corr. M)   τι om T   τὴν τῶν γινομένων A   13 τῷ τῶν MVAP: τῷ Ta   14 δὲ εἴρηκεν οὗτος V   15 *hoc quidem in hoc aliquo* T (μὲν ⟨ἐν⟩ Thurot)   τὸν χρόνον Pa   16 τε om. a (habet etiam M)   συνέχει V   λέγων om. T   18 χρόνον V: τὸν χρόνον APa   τὴν αβ ὅλην a   τὸ ὁρῶν TVA: τὸ ὁρᾶν P: om. a   οὕτως V: ὅπως TAPa   19 ὡς V: ἔστω APa: ἐστὶν M (*fit* T): τῷ conicio   ταύτη V   20 τῷ om. T   ἐφεκάτερα a (corr. M)   γὰρ ⟨τῆς⟩ coni. Thurot   22—24 ἥτις—τῶν δὲ om. T   24 Εἰπὼν scripsi: τῶν libri; *breviter aute*ı *hoc exponens nobis* T: [τῶν δὲ] διὰ βραχέων ⟨δὲ⟩ ταῦτα ⟨ἐκτιθέμενος⟩ ὑπομιμνήσκει Thurot coniciebat   25. 26 τῷ—τινί] *eo qiod horum* T   25 τῷ τῶν VP(T): τῶν Aa: τῷ ἐν Thurot, v. ad p. 149,9

ἐστί. λέγει γάρ· ὥσπερ τὴν γῆν ὁρᾷ ὅλην, ὅτι τοδὶ αὐτῆς, καὶ ἐν τῷ ἐνιαυτῷ βαδίζει, ὅτι ἐν τῷδε τῷ μέρει αὐτοῦ· ὡς γὰρ ἐπὶ τούτων ἔχει, οὕτω γίνεται καὶ ἐπὶ παντὸς χρόνου, ἐν ᾧ τις αἰσθάνεται, καὶ ἐπὶ παντὸς μεγέθους, οὗ τις αἰσθάνεται. ἃ ἐν μέσῳ θεὶς ὧν ἔλαβε συμπερασμάτων διὰ τοῦ οὐκοῦν ἐν ταύτῃς τινὶ ἢ ταύτης τι, τὴν αἰτίαν ἀποδίδωσι λέγων· ἀλλὰ μὴν ἐν τῷ ΒΓ οὐδὲν αἰσθάνεται. τῷ ἄρα ἐν τούτου τινὶ τοῦ ΑΒ χρόνου αἰσθάνεσθαι ἐν τῷ ΒΓ μορίῳ οὐκ αἰσθάνεται. αἰσθάνοιτο ἂν ⟨οὖν⟩ ἐν τῷ ΑΒ χρόνῳ οὕτως αἰσθανόμενος, ὅτι ἐν μορίῳ τοῦ χρόνου αἰσθάνεσθαι λέγεται τοῦ ὅλου, οὐχ ὡς ἐν μορίῳ τοῦ χρόνου μορίου τοῦ αἰσθητοῦ αἰσθανόμενος, ἀλλ' ὡς ἐν τῷ μορίῳ τοῦ ὅλου. δείξας δὲ τοῦτο, τὸ ἑπόμενον καὶ ἐπὶ τοῦ ΑΓ χρόνου, ὃς ἦν μόριον τοῦ χρόνου, ἐν ᾧ ἐδόκει αἰσθανόμενος τοῦ ὅλου ἐν τῷ ὅλῳ αὐτῷ αἰσθά|νεσθαι 322 (πάλιν γὰρ ἐπεὶ καὶ ἐν τούτῳ ἐστί τινα ἀναίσθητα μέρη, ἀφαιρεθέντων ἐκείνων ⟨ἐν⟩ τῷ καταλειπομένῳ μέρει αὐτοῦ ἔσται αἰσθανόμενος, ὥστε οὐκ ἐν τῷ ὅλῳ πρώτως) εἰπών, τὸ ἐπὶ πάντων τοῦτο ἔσεσθαι τῶν τε χρόνων καὶ τῶν ὁρωμένων ἐδήλωσεν εἰπών· αἰεὶ γὰρ ἐν τινὶ καὶ τινός, ὅλου δὲ οὐκ ἔστιν αἰσθάνεσθαι. ὃ εἴη ἂν δεικτικὸν τοῦ μήτε χρόνον τινὰ ἔσεσθαι, ἐν ᾧ πρώτως αἰσθησόμεθά τινος, μήτε αἰσθητόν, οὗ πρώτου καὶ ὅλου αἰσθησόμεθα. μὴ ὄντος δὲ τοῦ πρώτως οὐδὲ τὸ κατ' ἄλλο ἂν εἴη· τὸ γὰρ κατ' ἄλλο ἀληθές, ὅτι ἔστι τι, ὃ πρῶτον καὶ καθ' αὑτὸ τοιοῦτόν ἐστιν.

Ἢ διὰ τὸ [μὴ] ἔχειν ἐν αὑτῷ αἰσθητά τινα τὸν χρόνον, ἀληθὲς τὸ γίνεσθαι τὴν αἴσθησίν τινος ἐν αὐτῷ τῷ ἐν τούτου τινὶ αἰσθάνεσθαι. εἰ δὲ τοῦτο ἀληθές, ἔσται ἀφαιρεῖν τι ἀεὶ | αὐτοῦ καὶ ζητεῖν πῶς ἐν πρώτῳ 323 αὐτῷ αἰσθάνεται, οὐ τὰ ἀναίσθητα τοῦ χρόνου χωρίζοντας, ὅτι μηδὲ οἷόν τε, ⟨ἀλλ'⟩ ἄλλο μόριόν τι ἀπ' αὐτοῦ ἀφαιροῦντας, ἐπεὶ ἐφ' οὗ ἀληθὲς τὸ κατὰ μόριον εἶναί τι, ἀληθὲς ἐπὶ τούτου καὶ τὸ ἀφαιρεῖσθαί τι μόριον, καθ' ὃ τοιοῦτον τὸ ὅλον. * * * δύναται τὸ ΓΒ ἀπὸ τοῦ ΑΒ χρόνου παντός,

1 τοδὶ αὐτῆς ex Arist. Thurot (*aliquid ipsius* T): τε δι' αὐτῆς VAP: δι' αὐτῆς a: αὐτῆς τι M   1. 2 καὶ—αὐτοῦ om. T   3 γίνεται om. T   τις om. V   4 ἔλαβε om. T   4. 5 συμπέρασμα τῶν Pa   5 διὰ τοῦ Thurot: δι' αὐτοῦ libri   7 τούτω TA   αἰσθάνεσθαι om. VA   7—9 ἐν τῷ—αἰσθάνεσθαι om. T   8 οὖν add. Thurot   αἰσθανόμεθα V   9 αἰσθάνεται λέγων V   τοῦ ὅλου om. T   9. 10 οὐχ—ὅλου om. a (habet etiam M)   10 αἰσθητοῦ T: αἰσθανομένου MVAP   11 τούτων V   τὸ om. Aa   ΑΓ Thurot: αβ libri   12 τοῦ ὅλου om. T   αὐτοῦ a (corr. M)   13 πάλιν om. T   γὰρ om. M   ἀναίσθητα M: αἰσθητὰ TVAPa   14 ἐν add. Thurot   16—20 repetuntur p. 155,15—19   17 αἰσθέσθαι A: om. T   ὃ TVA: ἢ P: ᾗ a   μήτε et τινὰ] *multum* T (*neque ullum?*)   18 ἔσεσθαι MV (*sit* T): αἰσθέσθαι APa   18. 19 τινος—αἰσθησόμεθα om. Pa (habet etiam M)   18 τινος om. T   21 μὴ del. Thurot   ἐν αὑτῷ] ἐνταῦθα a (corr. M): om. T   22 *sensus* T   ἐν αὐτῶ τινος Pa   τούτω V   23 ἐστιν A   post ἔσται add. τε a   τι ἀεὶ scripsi: τὸ ἀεὶ T: τι δεῖ ἀεὶ V: τὸ δεῖ ἀεὶ A (sed ἀεὶ ex αὐ corr.): τὸ ἔστιν ἀεὶ Pa: τὸ αἰσθητὸν ἀεὶ coni. Thurot   24 αὐτῷ om. V   αἰσθάνεσθαι Pa (corr. M)   οὐ Thurot: οὗ VAPa: om. T   χωρίζονται V   μηδὲ] μὴ TV   25 ἀλλ' addidi   25. 26 ἀπ'—τι om. T   25 αὐτοῦ V: αὐτῶν APa   26 τούτω P   26. 27 *secundum quam quale autem totum* T   27 ⟨οὐ γὰρ ὡς⟩ δύναταί ⟨τις⟩ conicio

ἐν ᾧ τις ἔκειτο αἰσθάνεσθαι, τῷ ἐν μέρει τινὶ αἰσθάνεσθαι αὐτοῦ, ἀφαιρεῖν, 323 οὕτω τὸ ἐν ᾧ οὐκ ᾐσθάνετο αὐτοῦ μέρει· οὐδὲ γάρ ἐστι τοῦτο ἀποκρίνεσθαι καὶ χωρίζεσθαι. ἀλλ' ἐπεὶ ἐν τῷ ὅλῳ κεῖται αἰσθάνεσθαι τῷ ἐν τῷ τῶν τούτου τινί, μέρος αὐτοῦ λαβὼν τὸ ΓΒ ὁρᾷ εἰ ἐν τούτῳ πρώτῳ δύναται αἰσθάνεσθαι, εἶτα λέγει ὅτι μὴ οἷόν τε μηδὲ ἐν τῷ ΓΒ οὕτως αἰσθάνεσθαί τινος, ὡς ἐν πρώτῳ τούτῳ. εἰ γάρ εἰσι χρόνοι τινὲς ἀναίσθητοι, καὶ ἐν τῷ ΓΒ ἔσονται, ὥστε καὶ ἐν τούτῳ αἰσθήσονται οὕτως, ὡς ἐν τῷ τῶν τούτου τινὶ | καὶ ἐν τῷ ΑΒ ἄρα ἐλέγετο τὸ αἰσθάνεσθαι. ὡς δὲ ἐπὶ τοῦ ΓΒ 324 μορίου τοῦ ΑΒ χρόνου ἔχει, οὕτως ἔχει καὶ ἐπὶ τοῦ ΑΓ μορίου αὐτοῦ. οὐδὲ γὰρ ἐν ἐκείνῳ ὅλῳ οὐδὲ πρώτῳ αἰσθήσεται, ἀλλὰ τῷ ἐν μορίῳ αὐτοῦ, καὶ τοῦτο ἐφ' ἑκάστου τῶν λαμβανομένων μορίων. οὐδεὶς γὰρ εὑρεθήσεται χρόνος, ἐν ᾧ πρώτῳ τις αἰσθήσεται. ἀεὶ γὰρ αἱ εἰς ἐλάττω διαιρέσεις τοῦ χρόνου πρὸς τὸ μὴ λανθάνειν τὸ ἐν ᾧ πρώτῳ τὸ αἰσθανόμενον αἰσθήσεται καὶ * * * τοῖς ἀναισθήτοις χρόνοις, εἴπερ ἄρα τινές εἰσι τοιοῦτοι, πρὸς ἐκεῖνο. ὅτι δὲ μὴ οἷόν τε εἶναί τινας ἀναισθήτους χρόνους δεικνύοιτο ἂν καὶ διὰ τοῦ μὴ εἶναι τὸν χρόνον τῶν ὑπομενόντων, ἀλλὰ τῶν ἐν τῷ γίνεσθαι τὸ εἶναι ἐχόντων. εἰ γὰρ οὐχ ὑπομένει ὁ πρῶτος τὸν δεύτερον ὥστε ἀθροισθῆναί τινα ἐξ αὐτῶν, ἀλλὰ κατὰ ἀναίσθητόν τι μόριον ἡ πάροδος αὐτοῦ, ὁ πᾶς ἂν χρόνος ἀναίσθητος εἴη. ἐπὶ μὲν γὰρ τοῦ μεγέθους δύναται ἀναισθήτῳ τινὶ διὰ | σμικρότητα ὑπομένοντι προσγενόμενον ἀναίσθητον ὁμοίως ἄλλο 325 αἰσθητὸν τὸ ὅλον ποιήσασθαι· ἐπὶ δὲ τοῦ χρόνου οὐκέτι οἷόν τε τοῦτο τῷ τοῦ δευτέρου παριόντος φθείρεσθαι τὸ πρὸ αὐτοῦ.

Ἀφῃρήσθω τὸ ΓΒ, ἐν ᾧ ᾐσθάνετο, τουτέστιν ἀπὸ τοῦ χρόνου τοῦ ἐν ᾧ ᾐσθάνετο. ὃ ἀφελὼν δείξει πάλιν ἐπὶ τοῦ ΓΒ τοῦ ἀφῃρημένου ἀπὸ τοῦ ΑΒ ὅτι καὶ ἐπὶ τούτου ἀληθὲς ἔσται τὸ ἐν τούτου τινὶ αἰσθάνεσθαι, ὁμοίως καὶ ἐπὶ τοῦ μεγέθους τὸ τούτου τινὸς αἰσθάνεσθαι. εἰπὼν

---

1 ἔκειτό τις Pa τις fort. post δύναται (153,27) transpon. cf. v. 4 et p. 152,6, sed v. etiam p. 347,6 Th. τῷ] τὸ A ἀφαιρεῖσθαι coni. Thurot, sed v. ad p. 153,27 2 ante οὕτω add. ἀλλ' οὐχ Thurot, sed v. ad v. p. 153,27 τὸ] τῷ V 2. 3 ἐστὶ τοῦτο ἀποκρίνεσθαι καὶ χωρίζεσθαι V: ἔτι τοῦτο ἀποκρίνεται καὶ χωρίζεται TAPa 3 αἰσθάνεται prius P 3. 4 τῷ ἐν τῷ τῶν MA: τὸ ἐν τῷ τῶν Pa: ἐν τῷ τῶν V: τῷ ἐν T 4 ante τινί add. αἰσθάνεσθαι MA τινί] τι ἢ a (corr. M) ὁρᾶν V εἰ om. T 5 μὴ Pa: μήτε TVA μηδὲ V: μήτε A: *neque* T: μηδὲν P: τι μηδὲν a 6 καὶ om. T 7 ὡς MTVAP: om. a ἐν τῷ τῶν VAP: ἐν τῷ a: *in* T τούτου TAP: τούτω V: τούτων a 8 ⟨ὡς⟩ καὶ conicio γβ T: βγ APa: αγ V 9 ἐπὶ om. T 10 οὐδὲν Pa αἰσθητικῷ a (corr. M) τῷ] τὸ Pa (corr. M) post ἐν add. τῷ A 12 αἱ om. Pa (habet etiam M) *minori* T 13 primum τὸ] τῷ Pa alt. τὸ om. Thurot (T?) καὶ ⟨τίς διαφορά⟩ e. gr. conicio 14 ὅτι] *quid* T 14. 15 μὴ δὲ Pa (corr. M) 15 *ostendet* T 17 ὥστε] τῷ V: *impossibile* T 18 τινὰς Pa ἀναισθήτου APa πάροδος TVP: παράδοσις A: πρόοδος a 21. 22 τῷ τοῦ (T)V: τῷ A: τὸ τοῦ Pa 22 παρόντος A τὸ om. Pa (habet etiam M) 23 post ᾧ add. οὐκ M, quod in hac altera interpretatione cum Arist. SU omisit Alex. 24 prius τοῦ om. a (habet etiam M) γβ MTV: γω AP: γα a 25 καὶ MVAP: om. Ta ἔσται MTVA: ἐστὶ Pa τὸ] τῷ M τούτου T: ταύτῃ VA: αὐτῇ P: αὐτῷ a 26 ὁμοίως — αἰσθάνεσθαι om. a καὶ] δὲ καὶ M τὸ] τῷ M

γὰρ διὰ μέσου πῶς λέγεταί τι ὁρᾶν ὅλον, ⟨ὅτι⟩ ἀπὸ μέρους, καὶ ἐν χρόνῳ 325 τινί, ὅτι ἐν μέρει, καὶ γνώριμα ταῦτα ποιήσας διὰ παραδειγμάτων ἐπήνεγκεν ἀλλὰ μὴν ἐν τῷ ΒΓ οὐδὲν αἰσθάνεται, τὴν αἰτίαν λέγων, δι' ἣν εἶπεν ἐπὶ τοῦ ΓΒ πρὸ ὀλίγου τὸ οὐκοῦν ἐν ταύτης τινὶ ἢ ταύτης τι. ὅτι γὰρ | ἐν τῷ ΓΒ τῷ ἀφῃρημένῳ οὐδενὸς πρώτως αἰσθάνεται, διὰ τοῦτο καὶ 326 ἐπὶ τούτου ῥηθήσεται τὸ ἐν τούτου τινί, ὥσπερ καὶ ἐπὶ τοῦ ΑΒ ὅλου ἐλέγετο. τῷ οὖν ἐν μέρει τινὶ τοῦ ΓΒ χρόνου τοῦ ΑΒ αἰσθάνεσθαι μεγέθους, τούτῳ ῥηθήσεται ἐν τῷ ΓΒ αἰσθάνεσθαι χρόνου τοῦ ὅλου καὶ τὴν ὅλην, τουτέστι τὸ μέγεθος καὶ τὴν γραμμήν. δείξας δὲ τοῦτο, τὸν αὐτὸν λόγον φησὶ ῥηθήσεσθαι καὶ ἐπὶ τοῦ ΑΓ, ὃ ἦν τὸ ἕτερον μόριον τοῦ ΑΒ χρόνου παντός· οὐδὲ γὰρ ἐν τούτῳ πρώτῳ αἰσθήσεται τῆς ΑΒ, ἀλλὰ τῶν μορίων τινί. ἀεὶ γὰρ ὃ ἂν λάβωμεν μόριον ἢ τοῦ χρόνου ἢ τοῦ μεγέθους, ἐν τινὶ χρόνῳ ἐσόμεθα αἰσθανόμενοι καὶ τινὸς μεγέθους, ὅλως δὲ ἐν χρόνῳ τινὶ ἢ ὅλως μεγέθους τινὸς οὐδέποτε. τοῦτο γὰρ ἐπὶ πάντων τῶν ὁρωμένων ἐδήλωσεν εἰπών· ἀεὶ γὰρ ἐν τινὶ καὶ τινός, ὅλου δὲ οὐκ ἔστιν αἰσθάνεσθαι. ὃ | εἴη ἂν δεικτικὸν τοῦ μήτε χρόνον τινὰ ἔσεσθαι, ⟨ἐν⟩ ᾧ 327 πρώτως αἰσθησόμεθά τινος, μήτε αἰσθητόν, ὅτου πρώτου καὶ ὅλου αἰσθησόμεθα. μὴ ὄντος δὲ τοῦ πρώτως, οὐδὲ τὸ κατὰ ἄλλο ⟨ἂν εἴη· τὸ γὰρ κατ' ἄλλο⟩ ἀληθές, ὅτι ἔστιν αὐτοῦ ὃ πρῶτον καὶ καθ' αὑτὸ τοιοῦτόν ἐστι.

p. 448b12 Ἅπαντα μὲν οὖν αἰσθητά ἐστιν, ἀλλ' οὐ φαίνεται.

Δείξας ὅτι μηδέν ἐστι τῇ αὑτοῦ φύσει ἀνεπαίσθητον μόριον τοῦ αἰσθητοῦ, ὃ καὶ ἐν τοῖς ἔμπροσθεν ἔδειξεν (ἐμνημόνευσε γὰρ ὅτι μηδὲν τῇ αὑτοῦ φύσει μόριον αἰσθητοῦ ἀνεπαίσθητόν ἐστι καὶ ἀπαθές· καὶ γὰρ μυριοστὸν μέρος τῆς κέγχρου αἰσθητόν ἐστι, καὶ ὁρᾷ αὐτὸ ἡ ὄψις, ὅτε τὴν κέγχρον ὁρᾷ, οὐ μὴν καθ' αὑτὸ οὐδὲ ἡλίκον ἐστί), τοῦ αὐτοῦ τούτου καὶ νῦν ἡμᾶς ὑπομιμνήσκει λέγων ἅπαντα μὲν τὰ μόρια τοῦ αἰσθητοῦ αἰσθητὰ εἶναι, οὐ

---

1 γὰρ TVA: δὲ Pa *medium per qiod videtur aliquid videre* T ὁρᾶν VA: τὸ ὁρᾶν Pa: ὁρᾶν τὸ M ὅτι M: om. TVAPa 2 τινί om. M 3 γβ T: κγ A οὐδὲ a λέγει M 4 τοῦ] τὸ Pa βγ Ta, prius P bis ταύτη P τινὶ] ἦν A 5 γβ V: βγ TPa: κγ A τούτου a 6 τὸ] τῷ M ἐν] ἐκ V τούτου MTVAP: τούτῳ a 7 τῷ om. T γοῦν A γω AP ΑΒ] ΓΒ coni. Thurot 8 τοῦτο a (T anceps) γω A χρόνῳ conicio 9 δεῖξαι A 11 οὐδὲν Pa τῆς TAPa: τοῦ V post ἀλλὰ add. ἐν M 12 ἀναλάβωμεν P: ἀναλαβὼν μὲν TA prius ἢ MTVAP: ἐκ a 13 post alt. ἐν add. τῶ V 14 τινὶ om. M τινὸς om. M post γὰρ add. καὶ P ὁρωμένων TVPa (v. p. 153,16): εἰρημένων MA 15 γὰρ om. a (habet etiam M) ἐν om. T 16 ἐν ᾧ T: ὡς VAP: ᾧ a 17 αἰσθανόμεθα V ὅτου a: ὅτι VAP (T anceps) 18. 19 ἂν—ἄλλο c p. 153,20 addidi 19 αὐτοῦ P: ἑαυτοῦ TVa: τι (cf. p. 153,20) αὐτοῦ aut πρὸ αὐτοῦ conicio ὃ] καὶ A ante τοιοῦτον add. τὸ P 21 *nulla natura est* T αὐτοῦ VAa ἀναίσθητον V 22 ἔμπροσθεν] p. 445b31 ss. μηδὲν om. a αὐτοῦ libri 24 τῆς ex τοῦ corr. P post κέγχρου add. μηδὲν a 25 καὶ om. T 26 ἀναμιμνήσκει Pa τοῦ αἰσθητοῦ om. T εἶναι om. V

μὴν φαίνεσθαι ἡλίκα ἐστὶν τὴν ἀρχὴν [ὁρᾶσθαι] αὐτὰ καθ' αὑτά. ὅτι γὰρ | οὐκ ἀνάγκη πάντα ὅσα ὁρᾶται εὐθὺς καὶ ἡλίκα ἐστὶν ὁρᾶσθαι παρατίθεται 328 τόν τε ἥλιον καὶ τὸ τετράπηχυ μέγεθος, ἃ ὁρῶσα ἡ ὄψις οὐκέτι καὶ τὰ μεγέθη αὐτῶν ἡλίκα ἐστὶν ὁρᾷ, ἀλλ' ἐνίοτε ἐκ πλείονος αὐτῇ διαστήματος ἀδιαίρετα φαίνεται τὰ ὁρώμενα· καίτοι οὐδὲν εἶδεν ἀδιαίρετον· τὰ δὲ χρώματα ἡ ὄψις ὁρᾷ ἐν σώμασιν ὄντα. τὴν δὲ αἰτίαν φησὶν ἐν τοῖς ἔμπροσθεν εἰρῆσθαι περὶ τούτου, οὐ περὶ τοῦ τὸν ἥλιον ὁρᾶσθαι μέν, μὴ ἡλίκος δέ ἐστιν ὁρᾶσθαι λέγων, οὐδὲ τοῦ τὰ ἀπὸ πλείονος διαστήματος ὁρώμενα ἐνίοτε ἀδιαίρετα φαίνεσθαι (τούτῳ γὰρ ἐχρήσατο ὡς ἐναργεῖ πρὸς δεῖξιν ὅτι οὐκ ἀνάγκη τὰ ὁρώμενα καὶ ἡλίκα ἐστὶν εὐθὺς ὁρᾶσθαι)· ἀλλά φησι τὴν αἰτίαν εἰρῆσθαι τοῦ τὰ μόρια τὰ ἐν τοῖς ὅλοις ὁρωμένων τῶν ὅλων ὁρᾶσθαι μέν, | μὴ ἡλίκα δέ ἐστιν. ἔστι δ' αὕτη ἣν ἐν τοῖς ἐπάνω εἴρηκεν, 329 ὅτι μηδὲν αὐτῶν καθ' αὑτὸ ὁρᾷ ἡ ὄψις ἐν τῷ ὅλῳ, ἀλλ', ὡς ἔφην, ἔπεισι μὲν καὶ τούτων ἕκαστον ᾧ καὶ προσβάλλει [καίτοι ἡ] τὸ ὅλον ὁρῶσα, οὐ μὴν καὶ καθ' αὑτὸ ἕκαστον τούτων ὁρᾷ οὐδὲ ἡλίκον ἐστίν, ὅτι μηδὲ ὁρατὸν τὸ τηλικοῦτόν ἐστι καθ' αὑτό. ἢ ὑπομιμνήσκει ἡμᾶς οὗ ἐν τοῖς ἐπάνω εἶπε περὶ τοῦ πάντα τὰ ὁρώμενα μετὰ μεγέθους ὁρᾶσθαι· εἶπε γὰρ ἀδύνατον λευκὸν μὲν ὁρᾶν, μὴ ποσὸν δέ· εἰ δὲ πᾶν τὸ ὁρώμενον ποσόν, οὐδὲν ἀδιαίρετον ἂν εἴη ὁρώμενον. συναποδείξας δὲ τῷ μὴ εἶναι χρόνον ἀναίσθητον τὸ μηδὲ μέρος τι τοῦ αἰσθητοῦ ἀναίσθητον εἶναι, ὃ ἦν αὐτῷ δεδειγμένον ἤδη, συγκεφαλαιοῦται τὸ δεδειγμένον λέγων· ὅτι οὐδείς ἐστι χρόνος ἀναίσθητος, ἐκ τούτων φανερόν.

Εἰπὼν δὲ καὶ δείξας ταῦτα, | ἐπάνεισιν ἐπὶ τὸ προκείμενον καὶ τὰ 330 αὐτῷ προηπορημένα, οὗ χάριν καὶ τούτων ἐμνημόνευσεν ἐν τῷ μεταξύ. ἦν δὲ τὸ ζητούμενον, εἰ οἷόν τε ἅμα πλειόνων αἰσθάνεσθαι ἢ τῇ αὐτῇ

---

1 φαίνεσθαι TAP: φαίνεται V: καὶ a ἡλικία a (corr. M): *qiantas* T ὁρᾶσθαι τὴν ἀρχὴν Pa ὁρᾶσθαι (*videre* T) delevi, interpolatum ut vid. ex v. 2 καθ' αὑτά om. T 2. 3 καὶ ἡλίκα—οὐκέτι om. a (habet etiam M) 2 καὶ TMAP: om. V παρατίθενται V 3 ὁρᾶν V καὶ om. T 3. 4 τὰ μεγέθη MA: τὸ μέγεθος TVPa 4 ἡλίκον Pa ὁρᾷ MTA: ὁρᾶν VPa αὑτοῦ A 5 εἶδεν Thurot (cf. Arist. p. 448b 15): εἶπεν libri 6 σώμασιν TVP: σώματι Aa 7 εἰρῆσθαι a: γενέσθαι TVAP (an λέγεσθαι?) οὐ περὶ om. A ἡλίκον Pa: *qualiter* T 8 ἐστιν om. a τοῦ τὰ Thurot (qui ante τοῦ e T add. περὶ): ταῦτα Pa: τοῦ V: τὰ A: *de eo quod videtur* T 9 ἐνεργεῖ V 10 εἰσὶν V 11. 12 *partes visibilium totorum que in totis videntur quidem* T 11 alt. τὰ om. V ὁρωμένων AP: ὁρώμενα Va τῶν ὅλων TVP: τῶν ἄλλων A: τῷ ὅλῳ a 12 αὐτὴ TA: αὕτη e corr. P ἐπάνω] p. 445b 31 ss. 13 αὐτῶν TVP: αὐτὸ Va ἡ ὄψις ὁρᾶν V ἔφην VAPa (p. 116,23. 118,12): ἔφη T ἔπεισι om. T 14 ᾧ a: ὃ TVP, e corr. A καὶ om. T καίτοι ἡ AP (*et quidem* T): καίτοι εἰ Va: interpolatum ex Arist. p. 446a 1 agnovit Usener 15 καὶ om. T ὅτι] *sed quia* T 16 ᾗ a (corr. M) ἐπάνω] p. 445b 10 17 εἶπε γὰρ TVA: καὶ γὰρ M: om. Pa 19 συναποδείξει V 20 αὐτὸ P 21 ἤδη—δεδειγμένον om. T οὐθεὶς Arist. codd. EMYP, οὐκ LSU 22 ἀναίσθητος om. P τούτου Arist. codd. LSUY 23 ante δείξας add. μὴ P 23. 24 καὶ τὰ—προηπορημένα] *et ad ab ipso dubitata* T 23 καὶ MT: om. VAPa: κατὰ conicio 24 αὐτῷ scripsi e T (in quo *ab ipso* = αὐτῷ etiam v. 20): ταυτῶ A, ut vid. V: ταυτὰ Pa προειρημένα a 25 πλειόνων om. V

αἰσθήσει ἢ διαφόροις. ὃ ζητῶν ἐπιχειρήσας εἰς τὸ μὴ οἷόν τε εἶναι δι' 330 ἐνδόξων, νῦν ἐπὶ τὸ ὅπως ἔχει λέγειν μέτεισι καὶ πῶς οἷόν τε γίνεσθαι τὴν τῶν πλειόνων ἅμα αἴσθησιν. ἐναργὲς γὰρ εἶναι τοῦτο δοκεῖ. εἰπὼν δὲ εἰ ἅμα πλειόνων αἰσθάνεσθαι ἐνδέχεται ἢ οὔ, πῶς τὸ ἅμα λέγει ἐξηγούμενός φησι τὸ μὲν ἅμα λέγω ἐν ἑνὶ καὶ ἀτόμῳ χρόνῳ πρὸς ἄλληλα, τὸ πρὸς ἄλληλα προσθείς, ἵνα μή τις αὐτὸν ὑπολάβῃ λέγειν ἄτομόν τινα χρόνον, ἀλλὰ τὸ οὕτως ἄτομον, ὡς πρὸς ἄλληλα τὰ ὧν ἡ αἴσθησις ἄτομον αὐτὸν καὶ εἶναι καὶ μὴ διαιρεῖσθαι αὐτὸν κατὰ τὰ ὧν αἰσθανόμεθα, ὡς ἐν μὲν τούτῳ τῷ μέρει αὐτοῦ τοῦδε ἡμᾶς αἰσθάνεσθαι, ἐν δὲ τῷδε τοῦδε, ἀλλ' ἐν ἅπαντι τῶν πλειόνων ὁμοίως. | 331

p. 448b20 Πρῶτον μὲν οὖν ἆρ' ὧδε ἐνδέχεται, ἅμα μέν, ἑτέρῳ δὲ τῆς ψυχῆς αἰσθάνεσθαι;

Ζητῶν πῶς οἷόν τε λέγειν ἅμα πλειόνων αἰσθάνεσθαι ἡμᾶς, ἐπεὶ δοκεῖ τὸ τοῦτο γίνεσθαι ἐναργὲς εἶναι, πρῶτον τίθησι τὸ εἰ ἐνδέχεται λέγειν οὕτως ἅμα πλειόνων ἡμᾶς αἰσθάνεσθαι, τῷ ἅμα μὲν καὶ ἐν τῷ αὐτῷ χρόνῳ πάντων, ἑτέρῳ δὲ καὶ ἑτέρῳ τῆς ψυχῆς, ὡς τῶν διαφερόντων διαφερούσαις δυνάμεσιν αἰσθανομένων ἡμῶν κατὰ τὸ αὐτό. ἐξηγούμενος δὲ τὸ ἀτόμως πάλιν πῶς εἶπεν· καὶ οὕτως ἀτόμῳ, ὡς παντὶ ὄντι συνεχεῖ. εἰπὼν γὰρ τὸ δὲ ἅμα λέγω ἐν ἑνὶ καὶ ἀτόμῳ χρόνῳ, μνημονεύσας τοῦ ἅμα πάλιν διὰ τοῦ εἰπεῖν πρῶτον μὲν ἆρ' ὧδε ἐνδέχεται, ἅμα μέν, ἑτέρῳ δὲ τῆς ψυχῆς, ἐπεὶ τὸ ἅμα ἔκειτο εἶναι ἴσον τῷ ἐν ἀτόμῳ χρόνῳ, πῶς ἅμα καὶ πῶς ἐν ἀτόμῳ λέγει χρόνῳ προσέθηκεν· ὡς γὰρ παντὶ ἐν ᾧ αἰσθά|νεται χρόνῳ τῶν ἑτέρων ταῖς διαφερούσαις δυνάμεσιν ἑνὶ καὶ 332 συνεχεῖ λαμβανομένῳ, καὶ μὴ ἐν ἄλλῳ μὲν αὐτοῦ τῆς τοῦδέ τινος αἰσθήσεως γινομένης, ἐν ἄλλῳ δὲ τῆς τοῦδε· γράφεται καὶ οὐ τῷ ἀτόμῳ.

---

1 post ζητῶν spat. xxv litt. a, καὶ M ἐπιχειρήσας APa: ἐπιχειρήσεις V: *argumentatus est* T εἶναι Ta: om. VAP 2 ἐνδόξων] *opposita* T (*opinabilia* coni. Thurot) νῦν] *nunc autem* T ἔχει om. V ἔπεισι V καὶ πῶς] καίπερ V 3 γὰρ om. V εἶναι τοῦτο δοκεῖ VA: εἶναι δοκεῖ τοῦτο Pa: *videtur hoc esse* T τοῦτο in τούτω corr. P εἰπὼν δὲ om. V 4 λέγει MTV: λέγειν A: om. Pa 5 φησι] *et dicens* T λέγων P ἑνὶ κατὰ ὁμοχρόνω V 6 post τὸ add. μὴ V πρὸς ἄλληλα om. T 7 τὸ οὕτως ἄτομον del. Thurot (idem v. 8 ⟨οὕτως⟩ ἄτομον καὶ αὐτόν) 7. 8 ὡς πρὸς—ἄτομον om. T 8 ἄτομον om. V μὴ om. V alt. αὐτὸν om. V 10 ὁμοίως om. V 11 *primo igitur similis* (*si sic* Thurot, cf. ad v. 20), *contingit* T οὖν om. V 13 ζητῶν om. T λέγειν] λαβεῖν V ἡμᾶς om. a (habet etiam M) 14 prius τὸ Pa: om. VA 15 τῷ TVA: τὸ Pa, prius A 16 post ψυχῆς add. μορίω Pa 17 ἡμῶν om. V ἀτόμῳ conicio 18 καὶ Pa: ἀεὶ TVA: λέγει· καὶ coni. Thurot καὶ οὐ τῷ ἀτόμῳ, οὕτω δὲ ἀτόμῳ (ἄτομον, ἄτομα) male Arist. codd. EMYP 18. 19 ὡς—ἀτόμῳ om. V 19. 20 πάλιν τοῦ ἅμα Pa 20 ἆρ' ὧδε] *si sic* T 21 τῆς om. V ἐν om. T 23 διαφόροις A: διαφορούσαις a 24 λαμβανομένων A αὐτῶ A 25 καὶ] δὲ καὶ T ⟨καὶ οὕτω⟩ καὶ οὕτως coni. Thurot, sed v. ad v. 18 οὐ τῶ V (*non in* T): οὕτω A: οὕτως Pa ἀτόμων coni. Thurot

κἂν ᾖ αὕτη ἡ γραφὴ †, λέγων περὶ τούτου οὗ αἰσθανόμεθα ὅτι οὐχ οὕτως 332 ἐνί τινι αἰσθανόμεθα ἅμα πλειόνων, ὡς ἀτόμων τῇ αὐτῶν φύσει, ἀλλ᾽ ὡς ἑνὶ παντὶ ὁμοίως ἁπάντων. οὐ γὰρ ἑνὶ μέρει καὶ ἀτόμῳ τῆς ψυχῆς πάντων αἰσθανόμεθα, ἀλλ᾽ ὡς παντὶ τούτῳ ᾧ αἰσθανόμεθα ἑνὶ ὄντι καὶ συνεχεῖ αὐτῷ ἐκ διαφερόντων συγκειμένῳ μερῶν.

Ὅτι δὲ μὴ οἷόν τε οὕτω πλειόνων ἅμα αἰσθάνεσθαι ἑξῆς δείκνυσι διὰ τοῦ, εἰ οὕτω γίνοιτο ἡ τῶν πλειόνων αἴσθησις, ὡς ἄλλῳ καὶ ἄλλῳ μορίῳ τῆς ψυχῆς τῶν πλειόνων γίνεσθαι τὴν ἀντίληψιν, ὅταν πλειόνων ὁμοειδῶν ἅμα αἰσθανώμεθα, πλείω μέρη ἔσεσθαι αἰσθητικὰ ὁμοειδῆ ἀλλήλοις· οἷον εἰ πλείω εἴη τὰ ὁρώμενα, πλείω ⟨ἂν⟩ μέρη εἴη τὰ ὁρατικὰ καὶ ταῦτα ὁμοειδῆ ἀλλήλοις· | ὁμοειδῶν γὰρ ὄντων τῶν αἰσθητῶν ὁμοειδῆ ἂν καὶ τὰ 333 μέρη τὰ οἷς αἰσθανόμεθα αὐτῶν εἴη. εἰ γὰρ εἴη πλείω ἅμα ὁρῶν τις, εἴη δὲ ἄλλου ἄλλῳ αἰσθανόμενος, πλείω μέρη ἔσται τῆς ὄψεως, τουτέστι πλείους αἰσθήσεις καὶ ὄψεις πλείους ὁμοειδεῖς ἀλλήλαις ἔσονται τῷ καὶ τὰ αἰσθητὰ ὁμογενῆ ἀλλήλοις εἶναι· ὁρατὰ γὰρ πάντα. τῶν γὰρ ἐν τῷ αὐτῷ γένει ἡ αὐτὴ κατ᾽ εἶδος αἴσθησις.

Ἀπορήσας δὲ καὶ δείξας διὰ τῶν τῇ αὐτῇ αἰσθήσει αἰσθητῶν τὸ λειπόμενον ἄτοπον, εἴ τις λέγοι πλειόνων ἡμᾶς αἰσθάνεσθαι, ἄλλῳ μορίῳ τῆς ψυχῆς καὶ ἄλλῃ δυνάμει ἄλλου, ἑξῆς προσιστάμενος πρὸς τὸ ἠπορημένον, τὸ πλείους ὄψεις ὁμοειδεῖς ἔσεσθαι, εἰ πλείω τις καὶ διαφέροντα ἅμα ὁρῴη, ⟨λέγει⟩· εἰ δὲ | ὅτι ὄμματα δύο, φαίη τις, οὐδὲν κωλύει οὕτω καὶ 334 ἐπὶ τῆς ψυχῆς. διὰ γὰρ τῆς λέξεως ταύτης ἐστὶν ὃ λέγει τοιοῦτον· εἰ δέ τις, φησί, λέγοι, ὡς ἐπὶ τῆς ὄψεως διὰ πλειόνων αἰσθητηρίων ὁμοειδῶν ὁρῶμεν (διὰ γὰρ δύο ὀφθαλμῶν), οὕτω καὶ τὴν ψυχὴν πλείους δυνάμεις ὁμοειδεῖς ἔχειν μὴ κεκωλῦσθαι, αἷς ἅμα τῶν ὁμοειδῶν αἰσθάνεται, τοῦτο θεὶς ὡς δυνάμενον λέγεσθαι πρὸς τὸ ἠπορημένον, ἐλέγχει αὐτὸ δεικνὺς ὅτι οὐχ ὅμοιον τὸ παραβεβλημένον, λέγων ὅτι ἴσως ἐκ μὲν τούτων ἕν τι

---

1 *et quidem eadem scriptura* T ᾖ] ἡ TA αὐτὴ libri ἡ V: om. APa λέγων] ἀληθής, λέγει vid. scrib. (λέγει iam Thurot) οὗ om. V ante ὅτι add. λέγων Pa (om. etiam M) 2 ἐνί Pa: ἐν ἐνί MTVA ὡς om. A αὐτοῦ V 3 prius ἑνὶ Thurot: ἐν libri ὁμοίω P ἁπάντων MA: πάντων VPa 4 ᾧ] *quod* T 5 ἐκ] ἐν V συγκειμένῳ T: συγκειμένων VAPa 6 μὴ δὲ A ἐξ ἧς P 7 τοῦ TA: τὸ MVPa εἰ οὕτω TPa: ἢ οὕτω V: εἰπὼν A: εἰπεῖν εἰ οὕτω M γένοιτο a (corr. M) 8 γενέσθαι Pa τὴν om. a (habet etiam M) 8. 9 ἅμα ὁμοειδῶν a 9 ἔσεσθαι—μέρη (10) om. T 9—11 οἷον εἰ—ἀλλήλοις MA (εἴη—ἀλλήλοις T): om. VPa 10 ἂν addidi εἴη] ἔσται Thurot 11 τὰ] αὐτὰ V 12 εἶεν πλείους M: *sunt plures* T ὁρῶν τις VP: ὁρῶντες TAa 13 ἄλλου ἄλλῳ TPa: ἄλλῳ ἄλλου VA μέρος a 14 ἀλλήλαις om. T 15 ὁμογενῆ ἀλλήλοις] *invicem talia* T 17 ἀποδείξας δὲ Pa (corr. M) δὲ] *et* T καὶ δείξας om. T 17. 18 ἑπόμενον conicio 18 λέγει P 19 προσιστάμενος TV: προιστάμενος Aa: anceps P 21 λέγει add. Thurot ὅτι] ὅτι ὡς Arist. libri EMY, ὅτι καὶ P, καὶ ὅτι LSU δύο ὄμματα Arist. codd. praeter LP κωλύει TVA (Arist. codd. EY): κωλύειν Pa (Arist. codd. MLSUP) 21. 22 οὕτω—ψυχῆς om. A 22 ἐν τῇ ψυχῇ Arist. 23 φησί om. V λέγει VP 25 ἔχειν om. V 27 οὐχ V: εἰ TAP: εἰ μὲν a περιβεβλημένον V λέγων om. M ἐκ] εἰς V

γίνεται, τῶν ὄψεων λέγων, καὶ μία ἡ ἐνέργεια ἡ ἀμφοτέρων (ἑνὸς γὰρ 334 κατ' ἀριθμὸν ἡ δι' ἀμφοτέρων ἀντίληψις καὶ ἅμα· τὸ δὲ ἴσως προσέθηκεν, ὅτι μηδέν πω περὶ τούτου διώρισται), ἐκεῖ δέ, εἰ μὲν ἓν τὸ ἐξ ἀμφοῖν, ἐκεῖνο τὸ αἰσθανόμενον ἔσται, εἰ δὲ χωρίς, οὐχ ὁμοίως ἕξει. δείκνυσιν ὅτι μὴ ὅμοιον τό τε ἐπὶ τῶν ὀφθαλμῶν δύο ὄντων καὶ τὸ ἐπὶ τῆς ψυχῆς καὶ τῶν πλειόνων δυνάμεων. ἐπὶ μὲν γὰρ τῶν ὀφθαλ|μῶν, 335 εἰ καὶ δύο οἱ ὀφθαλμοί, ἀλλ' ἕν τι τὸ γινόμενον· μία γὰρ αἴσθησις καὶ ἐνέργεια μία ἡ δι' ἀμφοτέρων τῶν ὀφθαλμῶν γινομένη· διὸ καὶ μιᾶς δυνάμεως. ἐπὶ δὲ τῶν τῆς ψυχῆς δυνάμεων, εἰ μὲν ἕν ἐστι τὸ διὰ πλειόνων δυνάμεων ἐνεργοῦν καὶ περὶ ἕν τι ἡ ἀμφοτέρων ἐνέργεια καὶ μία, ἐκεῖνο ἔσται τὸ αἰσθανόμενον τὸ ἐνεργοῦν δι' ἀμφοτέρων μίαν ἐνέργειαν (καὶ οὐδὲν ἄτοπον· ἑνὸς γὰρ γίνεται μία δύναμις αἰσθανομένη διὰ πλειόνων, ὡς καὶ ἐπὶ τῶν ὀφθαλμῶν)· εἰ δὲ μὴ τοῦτο λέγοιτο (ἦν γὰρ τὸ ζητούμενον, πῶς πλειόνων μία αἰσθάνεται), ἀλλὰ λέγοιτο ἑκάστη τῶν αἰσθήσεων αἰσθάνεσθαι ἰδίου τινός, τὸ παραβαλλόμενον οὐχ ὅμοιον ἔσται. τῶν μὲν γὰρ ὀφθαλμῶν πλειόνων ὄντων μία ἡ ἐνέργεια καὶ ἡ αἴσθησις, τῶν δὲ πλειόνων τῆς ψυχῆς δυνάμεων πλείους αἱ αἰσθήσεις· ἑκάστη γὰρ αὐτῶν ἰδίου τινὸς ἔσται. ἀσαφὴς δὲ ἡ λέξις γέγονε τῷ συνάψαι αὐτὸν τῷ ῥηθέντι ἂν ὑπ' ἐκείνων τὴν δεῖξιν τοῦ ὅτι μὴ ὁμοία ἡ παραβολή, ᾗ κέχρηνται πάντες. | 336

p. 448b29 Ἔτι αἰσθήσεις αἱ αὐταὶ πλείους ἑνὸς ἔσονται, ὥσπερ εἴ τις ἐπιστήμας διαφόρους φαίη.

Εἰπὼν διὰ μέσου καὶ δείξας ὅτι μὴ οἷόν τε οὕτω λέγειν πλειόνων ἅμα αἰσθάνεσθαι, ὡς διὰ πλειόνων δυνάμεων καὶ διὰ πλειόνων αἰσθητηρίων ἀντιλαμβανομένης ⟨τῆς ψυχῆς⟩, ὡς ἐπὶ τῶν ὀφθαλμῶν ἔχει, περὶ τῆς ἀπορίας πάλιν λέγει καὶ δείκνυσιν ἄτοπον ἑπόμενον, ὃ ἤδη προεῖπεν. εἰ γὰρ εἴη κατὰ πλείους δυνάμεις ἅμα ἡ ψυχὴ τῶν πλειόνων αἰσθανομένη τῷ γένει τῶν αὐτῶν αἰσθητῶν, πλείους αἰσθήσεις ἕξομεν καὶ δυνάμεις ἀντιληπτικάς, οἷον ὁρατῶν, ὥσπερ εἴ τις τοῦ αὐτοῦ ἔλεγε πλείους ἐπιστήμας ἔχειν ἡμᾶς. τοῦ γὰρ αὐτοῦ μία ἐπιστήμη, οὕτω καὶ αἴσθησις. καὶ διὰ τί πλείους

---

1 λέγων om. M   prius ἡ om. a   2 δι' TVA: om. Pa   3 μηδέπω T, fort. recte   ἐκεῖ δὲ εἰ] εἰ δὲ ᾖ (vel ἡ) Arist. codd. EMY   post μὲν add. γὰρ A   ἓν om. T   4 ἐκεῖνο] ἓν καὶ Arist. codd. EMY   ἔσται] εἶναι P   ὅμοιον ἕξεως A   7 γὰρ om. T   8 μία om. a (habet etiam M)   12 καὶ om. V (test. Mau)   13 τοῦτο μὴ Pa   14 τῶν αἰσθήσεων TV: τινῶν Pa: αὐτῶν A   15 ἰδίου τινός T: καὶ δι' οὗ τινὸς APa: καὶ οὕτω V   ἔσται MVA: ἐστι TPa   16 δὲ om. V   17 ἑκάστου A   ἰδία T   ἔσται om. T   18 δὲ om. V   τῷ] καὶ A   αὐτὴν Pa (corr. M)   τῷ—ἐκείνων] spat. VIII litt. T   ἂν om. Pa (habet etiam M)   19 ὅτι MTVA, post add. P: om. a   κέχρηται a   πάντα Pa: πάντως conicio   20 ἔτι V: *quod* T: ὅτι αἱ AP: ἔτι αἱ Arist. codd. EMY, ἔτι καὶ Arist. P   ἑνὸς om. P   22 ante διὰ add. δὲ Aa   24 ἀντιλαμβανομένης TA: ἀντιλαμβανομένων Pa: anceps V   τῆς ψυχῆς T: om. VAPa   28 ὥστε εἴπερ τις a (corr. M)   29 ⟨ὡς⟩ μία conicio   post μία add. ἐστὶν a   αἰσθήσεις Pa: ἡ αἴσθησις V

αἰσθήσεις ἕξομεν τῶν αὐτῶν ἐπήνεγκεν· οὔτε γὰρ ἡ ἐνέργεια ἄνευ τῆς κατ' αὐτὴν ἔσται δυνάμεως, οὔτε ἄνευ ταύτης αἴσθησις ἔσται. εἰ γὰρ ἅμα εἴημεν | πλείω ὁρῶντες, δῆλον ὅτι καὶ ἐνεργοίημεν ἂν πλείους 337 ἐνεργείας. ἀδύνατον γὰρ χωρὶς ἐνεργείας αἴσθησιν γίνεσθαι· ὃ εἶπε διὰ τοῦ οὔτε ἄνευ ταύτης αἴσθησις ἔσται. ἀλλὰ μὴν ἀδύνατον ἐνέργειαν γενέσθαι χωρὶς τῆς οἰκείας δυνάμεως. ὥστε, ὅτε πλείω ὁρῶμεν, πλείους ἐνεργείας ἅμα ἐνεργήσομεν· εἰ δὲ πλείους ἐνεργείας, καὶ πλείους δυνάμεις ἅμα ἕξομεν, ἀφ' ὧν αἱ διάφοροι καὶ διῃρημέναι ἐνέργειαι. πλείους ἄρα δυνάμεις ἕξομεν ὁρατικάς· ὁμοίως καὶ καθ' ἑκάστην αἴσθησιν· πλείους ἄρα τὰς τῶν αὐτῶν αἰσθήσεις ἕξομεν.

Οὐχ ὡς τὸ αὐτὸ λέγων διὰ τοῦ ἔτι αἰσθήσεις αἱ αὐταὶ πλείους ἑνὸς ἔσονται τῷ πρώτῳ εἰρημένῳ τῷ ὅτι πρῶτον μὲν τὸ κατὰ τὴν μίαν αἴσθησιν, οὕτως εἴρηκεν (εἰπὼν γὰρ ἢ πρῶτον μέν, ὡς προστιθεὶς ἐκείνῳ δεύτερον εἴρηκεν ἔτι αἰσθήσεις αἱ αὐταὶ πλείους ἑνὸς ἔσον-| 338 ται), ἀλλὰ μὴν διὰ τοῦ πρώτου ἔδειξεν ὅτι ἡ ψυχὴ πλείω μέρη καὶ πλείους δυνάμεις ἕξει εἴδει τὰς αὐτάς, διὰ δὲ τοῦ προστεθέντος δευτέρου, ὅτι ἐνέργειαι ἔνιαι πλείους ἔσονται. εἰ γὰρ ἅμα πλειόνων ὁρατῶν αἰσθησόμεθα, ἅμα τοῦ αὐτοῦ πλείους ἐνέργειαι ἔσονται. εἰ γὰρ πλείους δυνάμεις ἀντιληπτικαὶ τῶν ὁρατῶν καὶ διὰ τῆς οἰκείας ἐνεργείας ἀντιλαμβάνονται τοῦ αἰσθητοῦ (χωρὶς γὰρ ἐνεργείας οὐ γίνεται αἴσθησις), ἅμα ἂν τοῦ ἑνὸς πλείους ἐνέργειαι γίνοιντο, δι' ὧν ἡ ἀντίληψις τοῦ ὁρατοῦ. ἀλλ' αἱ πλείους ἀνῄρουν ἀλλήλας. πρῶτον μὲν οὖν ἔλαβε τῇ δόξῃ ἑπόμενον ἄτοπον τὸ πλείω μέρη ἕξειν τὴν ψυχὴν καὶ πλείους δυνάμεις καὶ αἰσθήσεις τῷ εἴδει τὰς αὐτάς, οἷον ὁρατικὰς πλείους καὶ πλείους ἀκουστικάς· νῦν δὲ προσέθηκε καὶ τὴν δεῖξιν πῶς πλείους καὶ ὅτι τῶν αὐτῶν πλείους ἔσονται ἡμῖν αἰσθή|σεις, καὶ ἅμα τῆς δόξης τὸ ἄτοπον τῇ παραθέσει τῶν ἐπιστημῶν 339 ἔδειξεν. ἀδύνατον γὰρ τοῦ αὐτοῦ πλείους ἐπιστήμας εἶναι κατὰ τὸ αὐτό,

---

1 οὔτε] οὕτως A 2 καθ' αὐτὴν P (Arist.): *ad hanc* T prius ἔσται om. A ἔσται αἴσθησις Arist. EMY ante alt. ἔσται add. τις Pa 3 *simul sicut quidem plures potentie videntes* T 4—6 ὃ—γενέσθαι om. a (habet etiam M) 6. 7 ὥστε—ἐνεργήσομεν ante ἀλλὰ v. 5 transpon. Thurot 6 ὅτε] εἴτε V 7 ἐνέργειαι V 8 ἅμα MTVAP: om. a αἱ MVA: ante ἐνέργειαι Pa διαφοραὶ V διειρημέναι V 11 post ἔτι add. αἱ VA, sed v. 14 et ad p. 159,20 αἱ TPa: εἰ V: εἰ αἱ A αὗται V 12 τῷ προειρημένῳ V alt. τῷ a: τὸ VAP: *quod* T post ὅτι add. τῷ a (om. etiam M) τὸ TVPa: om. MV: τὰ Arist. τὴν om. V 13 post αἴσθησιν add. ἔσονται a ἢ TVAP: ᾗ a: ὅτι M προστιθεὶς VA: *apponit* T: προσθεὶς Pa 15 post μὴν add. καὶ a μέρει prius P καὶ] ἢ T πλείους om. T 16 εἴδει V: διὰ TA: καὶ διὰ Pa προτεθέντος A 17 ἐνεργεῖς ἔννοιαι V 19 ὁρωμένων a, prius P (corr. M) καὶ διὰ V: διὰ T: om. APa ἀντιλαμβάνονται Ta: ἀντιλαμβάνεται VAP 21 γίνοιντο MTVA: ἔσονται Pa ἡ om. V 22 *interimunt* T: ⟨ἂν⟩ ἀνῄρουν conicio ante πρῶτον add. καί, quod rursus del. et ᾗ add. A οὖν om. V ἔλαθε A ante τῇ add. τὸ a 23 μέρει A καὶ αἰσθήσεις V: αἰσθήσεις P: *scilicet sensus* T: αἰσθήσεων Aa 24 οἷον TV: ὅμοιον A: ὁμοίως Pa alt. πλείους om. T 25 ὅτι] *quomodo* T 26 καὶ V: om. TAPa (Thurot, qui δείξας coni.) τῇ δόξῃ A 27 τοῦ αὐτοῦ om. a (habet etiam M) ἐπιστήμας] *sensus* T

ὡς ἅμα ἡμᾶς ἐνεργεῖν κατὰ τὸ αὐτὸ θεώρημα πλείους ἐνεργείας, * * * 339 ἀλλὰ ἄλλης μὲν τὸ τὸ ἰσοσκελὲς τρίγωνον δύο ὀρθαῖς ἴσας ἔχειν τὰς τρεῖς γωνίας, ἄλλης δὲ ὅτι τὸ σκαληνὸν καὶ τὸ ἰσόπλευρον.

Τὸ δὲ εἰ δὲ τοῦτο ἐν ἑνὶ καὶ ἀτόμῳ αἰσθάνεται τοιοῦτόν ἐστιν· εἰ γὰρ τῶν διαφερόντων αἰσθητῶν ἡ ψυχὴ ἐν ἑνὶ καὶ ἀτόμῳ χρόνῳ πλειόνων ἅμα αἰσθάνεται διαφόροις μέρεσι τῆς ψυχῆς καὶ δυνάμεσι, δῆλον ὅτι καὶ τῶν ὁμοειδῶν ἅμα πλειόνων αἰσθάνοιτ' ἄν. μᾶλλον γὰρ τῶν ὁμοειδῶν ἅμα πλειόνων αἰσθάνεσθαι αὐτὴν εὔλογον, ὡς ἐν τοῖς ἔμπροσθεν ἐρρήθη περὶ τῶν ἀνομογενῶν. τιθεμένου δὲ τούτου ἄτοπον εἵπετο τὸ πλείους τὰς αὐτὰς δυνάμεις ἔχειν. γράφεται καὶ οὕ|τως εἰ δὲ τούτων ἐν ἑνὶ καὶ ἀτόμῳ 340 αἰσθάνεται, καὶ ἔστι σαφέστερον αὕτη ἔχουσα ἡ γραφή· τούτων δ' ἂν λέγοι τῶν ἀνομογενῶν καὶ διαφόροις αἰσθήσεσιν αἰσθητῶν. πρότερον μὲν οὖν δεικνὺς ὅτι μὴ οἷόν τε τῶν ὁμογενῶν πλειόνων αἰσθάνεσθαι, ἀνῄρει καὶ τῶν ἀνομογενῶν ἀπὸ τοῦ μᾶλλον ἐπιχειρῶν, νῦν δὲ ἀπὸ τοῦ ἧττον πάλιν ἀντιστρέψας ἔδειξεν. εἰ γὰρ ὧν ἧττον ἅμα πλειόνων αἰσθάνεσθαι οἷόν τε, τούτων ἅμα αἰσθάνεται, ὃ ἦν τιθέμενον ὑπὸ τοῦ ἅμα δύνασθαι κατὰ πλείους αἰσθήσεις ἐνεργεῖν καὶ ἅμα πλειόνων δύνασθαι αἰσθάνεσθαι, καὶ ὧν μᾶλλον οἷόν τε, πλειόνων ἅμα αἰσθάνοιτ' ἄν· ᾧ ἔδειξεν ἑπόμενον τὸ πλείους ἡμᾶς αἰσθήσεις τε καὶ δυνάμεις ἕξειν τῶν αὐτῶν αἰσθητῶν, ὅ ἐστιν ἀδύνατον. ἀδύνατον ⟨οὖν⟩ ἂν εἴη καὶ τῶν ἀνομογενῶν πλειόνων ἅμα αἰσθάνεσθαι.

Ἦν δὲ ἂν σαφεστέρα ἡ λέξις, εἰ | οὕτως εἶχεν 'εἰ γὰρ ἐκείνων ἐν ἑνὶ 341 καὶ ἀτόμῳ αἰσθάνεται, δῆλον ὅτι καὶ τούτων' ἢ οὕτως 'εἰ δὲ * * * τῷ ἑνὶ καὶ ἀτόμῳ αἰσθάνεται', τουτέστιν 'εἰ γὰρ τοῦτο οὕτως ἔχει καὶ τὸ αἰσθητικὸν ἐν ἑνὶ καὶ ἀτόμῳ χρόνῳ τῶν τῷ γένει διαφερόντων αἰσθάνεται διαφόροις μέρεσι καὶ δυνάμεσιν' (εἰπὼν γὰρ διὰ μέσου περὶ τῶν ἀνομογενῶν αἰσθητῶν ἐπάνεισιν ἐπὶ τὸ προτεθέν), 'δῆλον δὴ ὅτι, εἰ ἐκείνων, καὶ τῶν ὁμοειδῶν

---

1 θεώρημα TVAP: πλείω θεωρήματα καὶ a (πλείω om. M) 2 post ἀλλὰ add. καὶ εἶναι Thurot ἄλλοις Va τὸ τὸ scripsi: τοῦτο MVPa: τοῦτο τὸ A: *hic quidem* T ἰσοσκελὲς MTVA: ἴσως καὶ Pa τρίγωνον TVA: τῶν τριγώνων MPa ὀρθὰς V ἔχον V 3 ἄλλοις Va 4 τὸ] τῷ A τὸ δὲ om. T εἰ δὲ] εἴδει VA τούτων Pa (Arist. codd. MLSU), v. v. 10 post ἑνὶ add. τούτῳ A 4. 5 αἰσθάνεται—ἀτόμῳ om. A 6 δυνάμεως V 8 αὐτὸν A ἄλογον T: οὐ λέγων V ἔμπροσθεν] p. 448a17 ἐρρέθη a περὶ] ἢ conicio cf. p. 162,2 9 τῶν om. V ἀνομοιογενῶν T τιθεμένου TV: τιθεμένῳ A: τιθέμενος P: τιθεμένοις a τούτου TV: τούτῳ A: τοῦτο Pa εἶπε τὸ T τὸ MVAP: om. a πλεῖον A 10 δύσεις V τούτων] v. ad v. 4 11 *planior* T αὕτη T: αὐτὴ VAPa ἔχει A: om. T 12 λέγει a (corr. M) λεγόντων AP ἀνομογενῶν V: ὁμογενῶν TAP: αἰσθητῶν a: ὁμ. αἰσθ. M διαφόρων prius P 13 πλεῖον VA 13. 14 καὶ τῶν ἀνομογενῶν om. Pa (habet etiam M) 13 καὶ ⟨τὸ⟩ bene coni. Thurot 14 ἧττων a 15 post ἧττον add. δύναται et ante οἷόν τε interpungit T 16 αἰσθάνεται Thurot: αἰσθάνεσθαι libri 17 δύνασθαι om. TV 18 ᾧ] ὧν P 19 αὐτῶν om. a (habet etiam M) 20 οὖν add. Thurot ὁμογενῶν Pa (corr. M) 21 ἂν V: om. TAPa ἀσαφεστέρα TA 22 αἰσθάνεσθαι P 22. 23 δῆλον—αἰσθάνεται om. A 22 τοῦτο καὶ e. gr. addam τῷ (T)VP: τῶν ἐν a: ἐν Thurot fort. recte 23 αἰσθητήριον V 24 τῶν om. V 25 αἰσθητῶν] *sensibus* T 26 δὴ MTA: δὲ VPa εἰ MV: om. TAPa καὶ om. T ὁμοειδῶν a: ἀνομοειδῶν TVAP

ἅμα αἰσθήσεται· ὡμολόγητο γὰρ ἂν μᾶλλον δύνασθαι τῶν ὁμοειδῶν ἅμα 341 πλειόνων αἰσθάνεσθαι ἢ τῶν τῷ γένει διαφερόντων’. ᾧ τὸ ἑπόμενον ἄτοπον οὐκ ἐπήνεγκεν· εἴη δ’ ἂν ὃ προεῖπεν, ὅτι πλείους αἰσθήσεις ἕξομεν εἴδει τὰς αὐτάς, πλείους ὄψεις, ὅταν ἅμα πλειόνων ὁρατῶν ἀντιλαμβανώμεθα, καὶ πλείους ἀκοὰς καὶ ἐφ’ ἑκάστης ὁμοίως. πάλιν γὰρ καὶ ἐπὶ τούτων συνδιαιρεθήσονται αἱ δυνάμεις ταῖς | ἐνεργείαις καὶ ἴσαι τὸν ἀριθμὸν ἔσονται 342 αὐταῖς. ἐδόκει δέ μοι ἐξετάζοντι ἡ γραφὴ ἡμαρτῆσθαι καὶ εἶναι τὸ ὀφεῖλον γεγράφθαι ‘εἰ γὰρ ἐκεῖνα ἐν ἑνὶ καὶ ἀτόμῳ αἰσθάνονται, δῆλον ὅτι καὶ τοῦτο’. δύναται δὲ τὸ ὀφεῖλον γεγράφθαι τοιοῦτον εἶναι ‘εἰ δέ τις τῶν ἐν ἑνὶ καὶ ἀτόμῳ μὴ αἰσθάνεται, δῆλον ὅτι καὶ τῶν ἄλλων’. καὶ ἦν ἂν σαφῆ τε τὰ λεγόμενα καὶ ἀκόλουθα τοῖς προειρημένοις.

p. 449a5 Εἰ δὲ δὴ ἄλλῳ μὲν γλυκέος, ἄλλῳ δὲ λευκοῦ αἰσθάνεται ἡ ψυχὴ μέρει, ἤτοι ἐκ τούτων ἕν τί ἐστιν ἢ οὐχ ἕν.

Θεὶς ὅτι διαφόροις δυνάμεσι τῶν διαφερόντων κατὰ γένος αἰσθάνεται ἡ ψυχὴ καὶ πρὸς τούτῳ * * * εἰ γὰρ ἄλλῳ μὲν μέρει * * * ἄλλως, ἐπὶ τὸ λῦσαι τὰ ἠπορημένα μετελήλυθε, καὶ δείκνυσιν ὅτι μία τέ ἐστιν ἡ αἰσθητικὴ δύναμις ἡ πάντων τῶν αἰσθητῶν ἀντιλαμβανομένη, καὶ πῶς οἷόν τε μίαν οὖσαν ἅμα πλειό|νων καὶ διαφερόντων αἰσθητῶν αἰσθάνεσθαι, 343 ὑπομιμνήσκων ἡμᾶς τῶν περὶ τούτων ἐν τοῖς Περὶ ψυχῆς εἰρημένων. ἐπεὶ οὖν ἄλλῳ μὲν μέρει τε καὶ ὀργάνῳ γλυκέος αἰσθάνεται ἡ ψυχή, ἄλλῳ δὲ λευκοῦ καὶ ⟨ἄλλῳ⟩ ἄλλου τῶν διαφερόντων αἰσθητῶν, καὶ δῆλον ὅτι καθ’ ἑκάστην τῶν διαφόρων δυνάμεων, ζητεῖ πότερον ἕν τί ἐστι τὸ ταύταις ταῖς δυνάμεσιν ὑποκείμενόν τε καὶ χρώμενον καὶ ὅλον τι ἦν ἐκ τῶν μερῶν τούτων, ἢ ἑκάστη δύναμις κατ’ ἰδίαν ἐστὶ καὶ οὐκ ἐπὶ ἕν τι τὴν ἀναφορὰν

---

1 post prius ἅμα add. αἰσθάνεται ἢ (ὃ a) Pa ὡμολόγητο sc. p. 448a17] ὡμολόγηται V: ὡμολογεῖτο M ἂν om. T 2 ὡς TP 3 προεῖπεν p. 448b24] προεῖπον a εἴδει V: εἰ διὰ APa: *scilicet propter* T 4 *eadem* T post αὐτάς fort. οἷον add., cf. p. 160,24 ὁρατῶν] *sensibilia* T 7—9 καὶ εἶναι—δύναται δὲ τὸ TVAP: om. a (sola καὶ εἶναι τὸ habet M) 9 δὲ V: om. TAP εἶναι om. M τι a 9. 10 τῶν ἐν] τούτων M: τούτων ἐν bene Thurot 10 ἐν om. a μὴ om. M 10. 11 ἦν ἀσαφῆ ex ἵνα σαφῆ corr. P 11 τὰ λεγόμενα post προειρημένοις Pa *dictis* T 12 δὴ om. T 13 ἡ ψυχὴ μέρει] *alia autem in parte* T ante μέρει add. ἐν TVA ἐκ] τὸ ἐκ Arist. ἢ] καὶ A ἢ οὐθέν Arist codd. EPSY 14 ante θεὶς add. ἃ A κατὰ MTA: καὶ κατὰ VPa 15 sensus restitui potest e v. 20 ss. μὲν] ἑνὶ A post ἄλλως spat. xxi litt. a ἄλλῳ conicio 16 μία τε Pa: τε μία VA: *non una* T ἡ] εἰ V 17 ἀντιλαμβάνουσα Pa (corr. M) 18 post μίαν add. τε AP 20 οὖν] om. a (habet etiam M): *similiter* T τε om. A 21 καὶ ἄλλῳ ἄλλου (aut καὶ ἄλλῳ ἑκάστου) scripsi: ἄλλου M: ἀλλ’ οὐ TAPa: καὶ ἄλλω V: ἄλλῳ δ’ ἄλλου coni. Thurot alt. καὶ om. T, fort. recte 22 ἑκάστην T: ἕκαστον VPa: ἕκαστα MA τῶν διαφόρων δυνάμεων a: τῶν διαφόρων δυνάμει P: διαφόρῳ δυνάμει VA: *differentem potentiam* T τί ἐστι ἓν V τὸ ταύταις] *ex hiis* T 23 τε MVA: om. Pa alt. καὶ V: om. TAPa ἦν VA: ᾗ Pa: *est* T τῶν a: om. VAP 24 ἢ TVA: ἡ Pa ἑκάστη] *qualibet alia* T ἐστὶ om. V τι TAP: τε a: om. V

ἔχουσι. τὸ γὰρ ἤτοι ἐκ τούτων ἕν τί ἐστιν ἢ οὐχ ἓν τοῦτο δηλοῖ· 343 ʽἢ ἕν τι τὸ ὑποκείμενόν ἐστι καὶ χρώμενον ταῖς διαφόροις κατὰ τὰς αἰσθήσεις δυνάμεσιν, ἢ οὐχ ἕν, ἀλλὰ πλείω'. οἷς ἐπιφέρει τὸ ἀλλὰ ἀνάγκη· ἓν γὰρ τὸ αἰσθητικὸν μέρος, λέγων ἀνάγκην εἶναι ἓν τὸ αἰσθανόμενον καὶ ταῖς πλείοσι χρώμενον δυνάμεσιν. οὗ τὴν | αἰτίαν ἐπήνεγκεν εἰπών· 344 ʽτὸ γὰρ αἰσθητικὸν ἕν τι μέρος ἐστὶ τῆς ψυχῆς', ἀλλ' οὐ πολλά. καὶ δέδεικται αὐτῷ ἐν τοῖς Περὶ ψυχῆς ὅτι, εἰ μὴ ἓν εἴη τὸ αἰσθητικόν, ᾧ πάντων τῶν αἰσθητῶν αἰσθανόμεθα, ἀλλ' ἦν ἄλλο ἄλλου τῶν αἰσθητῶν τὸ αἰσθανόμενον, οὐδ' ἂν τὰς διαφορὰς τῶν αἰσθητῶν τὰς πρὸς ἄλληλα διαγινώσκειν ἐδυνάμεθα, ἀλλ' οὕτως ἂν εἴχομεν περὶ τὰ αἰσθητά, ὡς ἂν εἰ ἄλλος μέν τις τοῦδε τοῦ αἰσθητοῦ ᾐσθάνετο, ἄλλος δέ τις τοῦδε. ὡς γὰρ οἱ διαφέροντες αἰσθανόμενοι οὐκ ἔχουσι τῶν ἀλλήλοις αἰσθητῶν συναίσθησιν, οὕτως οὐκ ἂν καὶ ἡμεῖς τῶν πλειόνων ᾐσθανόμεθα, εἰ διαφόροις τισὶν καὶ μὴ ἑνὶ αὐτῶν ᾐσθανόμεθα. οὗ γὰρ τὸ κρίνειν τὰς διαφορὰς τῶν αἰσθητῶν, τούτου καὶ τὸ αἰσθάνεσθαι αὐτῶν. ἑνὸς δὲ τὸ κρίνειν τὰς τῶν αἰσθητῶν διαφοράς, ἑνὸς ἄρα καὶ τὸ αἰσθάνεσθαι αὐτῶν. ἀνάγκη δὲ καὶ ἅμα αὐτῶν | γίνεσθαι 345 τὴν ἀντίληψιν τῇ αἰσθήσει, ὅτε αὐτῶν καὶ ὡς ἑτέρων αἰσθάνεται.

Λαβὼν δὲ ὅτι ἑνός ἐστι τὸ αἰσθητικὸν μόριον τῆς ψυχῆς ζητεῖ τίνος οὖν ἐκεῖνο ἑνός; οὐδὲν γὰρ ἐκ τούτων ἕν. εἰπὼν ἓν εἶναι τὸ αἰσθητικὸν ἠπόρησε, τίνος ἔσται ἑνὸς ἐκεῖνο αἰσθητικόν τε καὶ ἀντιληπτικόν. ἐκ γὰρ τούτων ὧν αἰσθανόμεθα τοῖς διαφόροις μέρεσι τῆς ψυχῆς, οἷα ἦν τὸ γλυκὺ καὶ τὸ εὐῶδες καὶ τῶν ἄλλων ἕκαστον τῶν ἀνομογενῶν αἰσθητῶν, οὐδὲν γίνεται ἕν· ἄμικτα γὰρ ταῦτα ἀλλήλοις. * * * ἔχειν τὸ ἓν τάς τε δυνάμεις τὰς αἰσθανομένας καὶ τὰ αἰσθητὰ ὧν αἰσθάνεται, εἰ αἱ δυνάμεις ἀπὸ μιᾶς πλείους, καὶ τὰ αἰσθητὰ εἶναι ἕν τι καὶ ὑπὸ μίαν φύσιν, ὡς ἦν

1 ἔχει MA ἤτοι TVAP: τὶ a: ἤτοι τὸ M 2 ἢ Thurot: εἰ libri χρῶμα A 3 ἢ MV: om. TAPa ἀνάγκη ἕν· ἓν γὰρ melius Arist. codd. EMYL 4 post γὰρ add. τι et ἐστι ante μέρος Arist. cf. v. 6 λέγων MV: ἄγον A: ἄγων P: *deducens* T: om. a ἀνάγκην εἶναι ἓν (εἶναι add. T) TVA: ἀνάγκη ἓν (ἂν a) εἶναι Pa: ἀνάγκην ἂν εἶναι ἓν M 6 γὰρ] *quidem enim* T τι om. T 7 αὐτὸ V Περὶ ψυχῆς] Γ 2 p. 426b17 ss. 7—9 cf. Quaest. p. 95,7—11 Br. 7 αἰσθητὸν V 7. 8 τῶν αἰσθητῶν om. V 8 ἀλλ'—αἰσθανόμενον om. a (habet etiam M) 9 οὐδ'] *non* T ἠδυνάμεθα A 10—14 cf. De an. p. 60,27—61,3 Br. 10 εἰς V ἄλλος TP, e corr. A: ἄλλο V: ἄλλως a, prius A μέν τις] *si quis* T (*aliquis* Thurot) 11 δέ om. T 12 ἀλλήλοις MAP(T): ἀλλήλων V: ἄλλοις a ἀλλήλοις τῶν conicio οὐκ ἂν Pa: ἂν VA: *si* T: οὐδ' ἂν conicio 13 εἰ MA: ἢ T: om. VPa post τισὶν add. εἰ a (om. etiam M) 14 ᾐσθανόμεθα· οὗ (οὐ T) γὰρ TMVAP (cf. Quaest. p. 94, 29. 30 Br.): spat. v litt. a 14. 15 τούτου—αὐτῶν MTVAP: om. a 14 τούτου] *hoc est* T 15 ἑνὸς—διαφορὰς TVP: om. Aa 16 ἓν V 16. 17 cf. Quaest. p. 95,14—19 De an. p. 61,10 ss. 16. 17 τὴν ἀντίληψιν γίνεσθαι V 17 τῇ αἰσθήσει] om. A: *sensus* T καὶ om. T 18 ἑνὸς Pa: ἐν οἷς TA: ἓν V ἐστι VPa: ἦν TA αἰσθητὸν V 19 ἑνός om. T οὐθὲν a ἓν om. Arist. EMYSU ante εἰπὼν add. καὶ T 19. 20 αἰσθητὸν V 20 ἐκείνου T αἰσθητικόν τε καὶ om. T 21 ταῖς P 22 alt. καὶ om. VP 23 ante οὐδὲν add. δὲ V ἀλλὰ μὴν ἀληθὲς τὸ add. Thurot: λέγει δέ, εἰ ἀνάγκη ἅμα ἀλλήλοις e gr. addam ἔχειν TV: ἔχει APa 24. 25 ὧν—αἰσθητὰ om. T 25 εἶναι] ἐστιν coni. Thurot, sed v. ad v. 23 ἦν MTA: εἶναι VPa

τὰ ὁρώμενα ὑπὸ μίαν τινὰ φύσιν, ὁμοίως καὶ τὰ ἀκουστὰ καὶ τὰ ἄλλα.
ὃ ἀπορήσας ἐπιφέρει ἀνάγκη ἄρα ἕν τι εἶναι τῆς ψυχῆς, ᾧ | πάντα 346
αἰσθάνεται, λέγων διὰ τούτου ὅτι ἀνάγκη ἕν τι εἶναι μέρος ᾧ πάντων
τῶν αἰσθητῶν αἰσθάνεται, ἄλλο δὲ γένος αἰσθητὸν δι' ἄλλου ὀργάνου.

Ἑξῆς δὲ λέγει πως ἄλλως, τίνος τὸ αἰσθητικὸν τοῦτο ἑνός ἐστιν ὑποκει-
μένου καὶ τίνος σώματος αἰσθητικὴ δύναμίς ἐστι. διαφέροντα γὰρ τὰ
αἰσθητήρια. δι' ὧν καὶ ἡ ἀντίληψις, καὶ οὐδὲν ἐξ αὐτῶν γίνεται. εἰπὼν
δὲ τοῦτο, τὸ μὲν ἑνὸς τίνος οὐ λέγει, λέγει δὲ περὶ τῆς δυνάμεως ὅτι
ἔστιν ἕν τι μόριον τῆς ψυχῆς ᾧ αἰσθανόμεθα πάντων, ἀδιαίρετον αὐτὸ ὄν,
καθάπερ, φησίν, εἴρηται πρότερον, ἤτοι ἀναπέμπων ἡμᾶς εἰς τὰ Περὶ
ψυχῆς (ἐν ἐκείνοις γὰρ ἔδειξεν ὅτι ἕν τί ἐστιν, ὃ πάντων τῶν αἰσθητῶν
ἀντιλαμβάνεται καὶ διὰ τοῦτο καὶ τὰς διαφορὰς αὐτῶν τὰς πρὸς ἄλληλα
κρίνει, ἔδειξε δὲ καὶ ὁποῖόν τί ἐστι καὶ ὅτι οὕτως τὸ ἓν ἔχει, ὡς ὁ ὅρος
καὶ τὸ σημεῖον | καὶ ὡς τὸ πέρας τῶν πλειόνων γραμμῶν· καὶ γὰρ τοῦτο 347
καὶ ἕν ἐστι καὶ οὐχ ἕν, τῷ μὲν ἀδιαίρετον εἶναι [ἐν] ᾧ αἰσθανόμεθα ἕν,
καθόσον δὲ πλείω, κατὰ τοσοῦτον τῶν διαφερόντων ἅμα· ἅμα γὰρ τῶν
πλειόνων ἐστὶ πέρας)· ἢ δὴ ἐπὶ ταῦτα ἡμᾶς ἀναπέμπει, ἢ ἐπὶ τὰ προειρη-
μένα, ὅτι δεῖ ἓν τὸ αἰσθανόμενον εἶναι ἐν ἡμῖν. εἰ γὰρ ἄλλῳ ἄλλου
αἴσθησις εἴη κειμένη γίνεσθαι, εἵπετό τινα ἄτοπα. ἓν μὲν οὖν δεῖν κατ'
ἀριθμὸν εἶναι τὸ αἰσθανόμενον διὰ ταῦτα λαμβάνει (δι' ἄλλου μέντοι μορίου
σώματος καὶ ὀργάνου ἄλλου τῶν διαφερόντων αἰσθάνεται), χρώμενος τοῖς
δεδειγμένοις αὐτῷ ἐν τοῖς Περὶ ψυχῆς, λέγων ἆρ' οὖν ᾗ μὲν ἀδιαί-

---

2 ὃ V: om. TAPa ὡς V 3 τούτου V: τοῦτο TAPa εἶναι V: om. TAPa μέρος] μέγεθος V 4 γένος] λέγει A αἰσθητοῦ V 5 ἄλλως TPa: ἄλλης A: ὅλως V: om. M (Thurot, qui πῶς τινος scribit) τὸ om. VA αἰσθητοῦ τούτου V 5. 6 ὑποκειμένου TA: ὑποκείμενον VPa 6 τίνος] ἑνὸς coni. Thurot αἰσθητικὴ TAP: αἰσθητοῦ V: αἰσθητικὸν a ἔσται V γὰρ TVA: γάρ ἐστι Pa 7 prius καὶ om. T ἓν post οὐδὲν add. Thurot (cf. p. 163,19), sed deest etiam in Arist. codd. praeter LP 8 τοῦτο om. T 9 ᾧ MTP: οὗ VAa πάντως T 10 ἤτοι om. T τὰ] τὸ V 11 ἔδειξεν] v. ad p. 163,7 12 alt. τὰς] τῶν P[1] 13 ἔδειξε] Γ 2 p. 427a 8 ss. ὅτι TVAP: om. a ὡς] καὶ V 14 primum καὶ Thurot: ὡς TVA: om. Pa ante alt. καὶ add. ὅταν ληφθῇ Thurot cf. p. 165,19 Quaest. p. 96,14. 30 Br. tert. καὶ V: ὡς APa: om. T τοῦ' (τ suprascr.) P 15 prius καὶ MTVA: om. Pa τῷ μὲν] *et* (corr. *eo?*) *quidem quod* T τῷ VAa (cf. T): τὸ P εἶναι ἐν ᾧ] spat. v litt. T ἐν ᾧ Pa (ἐν delevi): ἐν τῷ, tum spat. fere LX litt. A (ᾧ in mg.): spat. XXXII fere litt. V ἕν a: om. TVAP 16 δὲ τῶν διαφερόντων ἅμα, κατὰ τοσοῦτον πλείω coni. Thurot (cf. Alex. De an. p. 63,11 ss.) τοσούτων V alt. ἅμα om. V 17 ἢ δὴ V: ἤδη TP: εἰ δὴ A: ἤτοι δὴ a *adhuc* T, corr. *ad hec* ἀναφέρει V 17. 18 ἀναπέμπει—ἓν om. T 18 εἶναι τὸ αἰσθανόμενον A ἄλλῳ A: ἄλλο VPa: *alicuius* T 19 κείμενον V ⟨ἂν⟩ τινα coni. Thurot ἄτοπον V δεῖν scripsi: δεῖ MTVAP: om. a 20 λαμβάνει μέντοι ⟨ὅτι ἕν τί ἐστι μόριον τῆς ψυχῆς, ὃ⟩ coni. Thurot μέντοι (ὅτι M) ante λαμβάνει Pa 21 καὶ V: κατὰ APa: *per* T: ὡς M post ὀργάνου add. καὶ ἄλλου καὶ Pa τοῖς om. a 22 post ψυχῆς lacunam statuit Thurot 22. 165,1 ἡ μὲν διαίρεσις V 22 ᾗ] εἰ P: ἢ T

ρετόν ἐστι κατ' ἐνέργειαν, ἕν ἐστι τὸ αἰσθητικὸν γλυκέος καὶ λευκοῦ· διὰ γὰρ τούτου δείκνυσι πῶς ἓν ὂν πλειόνων τε καὶ διαφερόντων ἅμα αἰσθήσεται. καθόσον μὲν | γὰρ αὐτὸ καθ' αὑτὸ λαμβανόμενόν τε 345 καὶ νοούμενον ἀδιαίρετον πέρας τι ὂν πάντων τῶν αἰσθητηρίων, ἐνεργείᾳ τε καὶ τῇ αὑτοῦ φύσει ἀδιαίρετον ἕν τι ἔσται, καὶ τοῦτο πάντων αἰσθητῶν ἀντιληπτικόν τε καὶ αἰσθητικόν· ὅταν δὲ διαιρετὸν γένηται κατ' ἐνέργειαν, τουτέστιν ὅταν δὲ ὑπὸ τῶν κατὰ τὸ αἰσθητήριον ἐνεργειῶν διαιρεθῇ, πλείω ἔσται. οὕτω δὲ καθὸ μὲν ἕν τί ἐστι κατὰ τὸ ὑποκείμενον, ταὐτὸν ἔσται τὸ πάντων τῶν αἰσθητῶν αἰσθανόμενον καὶ κρῖνον αὐτά, καθὸ δὲ ὑπὸ τῶν κατὰ τὰ αἰσθητήρια ἐνεργειῶν διαιρεῖται, πολλά πως γινόμενον πλειόνων καὶ διαφερόντων ἅμα αἰσθήσεται. εἴρηκε δὲ περὶ τῆς δόξης ταύτης ἐν τοῖς Περὶ ψυχῆς. λαμβάνεται δὲ ὡς διαιρετὸν τῷ πέρας πλειόνων λαμβάνεσθαι. πάντων γὰρ τῶν αἰσθητηρίων ὁμοίως ἓν πέρας. ὅταν κατὰ πλείω γίνηται ἡ ἐνέργεια αἰσθητήρια, ὡς διῃρημένον καὶ ὡς πλείω λαμβάνεται· καθόσον δὲ ἅμα πλειόνων γίνεται πέρας τὸ αὐτὸ ἐν ταῖς κατὰ 349 πλείω αἰσθητήρια ἐνεργείαις, κατὰ τοσοῦτον ἂν καὶ ἓν τῶν πλειόνων τε καὶ ἀνομογενῶν ἅμα αἰσθάνοιτο. τὸ αὐτὸ γάρ ἐστιν ἕν τε καὶ πολλά, ὡς τὸ ἐν τῷ κύκλῳ κέντρον· καὶ τοῦτο δὲ ἓν ὂν κατὰ τὸ ὑποκείμενον πολλά πως γίνεται, ὅταν ὡς πέρας λαμβάνηται τῶν ἀπὸ τῆς περιφερείας ἐπὶ τὸ κέντρον ἀγομένων.

Χρησάμενος δὲ πρώτῃ λύσει τῆς ἀπορίας τῇ προειρημένῃ, ἣν οὕτως ἔχουσαν ἔδειξεν ἐν τοῖς Περὶ ψυχῆς, ἐφεξῆς χρῆται καὶ ἑτέρᾳ, ἣν καὶ αὐτὴν ἔθηκεν ἐν τοῖς Περὶ ψυχῆς. λέγει γάρ· ἢ ὡς περὶ τῶν πραγμάτων αὐτῶν ἐνδέχεται, οὕτω καὶ ἐπὶ τῆς ψυχῆς. ἔστι δὲ ὃ λέγει· ὡς ἐπὶ τῶν σωμάτων τε καὶ τῶν ὑποκειμένων ταῖς αἰσθήσεσιν ἐνδέχεται τὸ αὐτό τι ὂν κατ' ἀριθμὸν πλείω πάθη ἔχειν ἐν αὑτῷ (τὸ γὰρ μῆλον ἓν κατ' ἀριθμὸν ὂν ἅμα μὲν γλυκύ, ἅμα δὲ ξανθὸν ἢ λευκόν, ἅμα δὲ εὐῶδες

---

1 post ἐν add. τι Arist. codd. LSU(P), cf. 5.8   ante γλυκέος add. τοῦ V   2 τοῦτο V   3 ἅμα MTVAP: ἅμα καὶ a   αἰσθάνεται M   καθ' αὑτὸ MTVA: om. Pa   4. 5 πέρας—ἀδιαίρετον om. V   4 τι om. T   ὂν] ἐστι coni. Thurot   5 αὑτοῦ libri   ἀδιαίρετον fort. del.   6 τε καὶ αἰσθητικόν om. T   αἰσθητὸν V   διαιρετὸν om. T   7 δὲ om. TA   αἰσθητῶν V   8 πλείων V   8. 9 οὕτω—ἔσται om. V   8 κατὰ om. A   9 ἔσται] *est erit* T   τῶν om. a (habet etiam M)   καὶ TPa: om. VA   αὐτά A: αὐτό TVPa   δὲ om. a (habet etiam M)   10 τὰ αἰσθητήρια TPa: τὸ αἰσθητήριον A: τὰ αἰσθητὰ V   πολλαπλῶς (multipliciter) T   πῶς V: πῶς γὰρ APa(T): πολλὰ γάρ πως coni. Thurot   11 ἅμα om. T   12 Περὶ ψυχῆς] v. ad p. 163.7   13 αἰσθητῶν V   post ὅταν add. μὲν M   14 γίνεται a   διῃρημένα Pa   15 τὸ αὐτὸ om. V   15. 16 ἐν—ἐνεργείαις om. M   15 τοῖς a   post κατὰ add. τὰ A   16 αἰσθητήρια TAP: αἰσθητηρίοις a: αἰσθητοῖς V   ἐνεργεῖ a   post ἂν add. καὶ M: ἂν (ἓν) conicio. cf. ad 167.8   τε] τι V   17—20 cf. Quaest. p. 96.14—18. De an. p. 63.8—13   18 δὲ (aut γὰρ) scripsi: τε MA: τὸ VPa   ὂν] *est* T (*ens* Thurot)   19 πως om. A   ἀπὸ om. T   21 τῆς προειρημένης T   22 ἔχειν A   22. 23 ἐφεξῆς—ψυχῆς om. T   23 αὐτῆς V   Περὶ ψυχῆς] Γ 2 p. 426b10 ss.   λέγει γὰρ om. a (habet etiam M)   ἢ om. A   ἢ ὥσπερ ἐπὶ ex Arist. vid. restituendum esse   24 αὐτῶν om. T   26 αὐτῷ libri   μᾶλλον A   27 alt. δὲ] τε T

ἐστιν καί ἐστιν ἀλλήλων διαφέροντα τὰ πάθη καὶ διαφόροις | αἰσθήσεσιν 350 αἰσθητά), οὕτω δύναται καὶ ἐπὶ τῆς ψυχῆς ἔχειν, ὡς μίαν οὖσαν τὴν αἰσθητικὴν πλειόνων καὶ διαφόρων ἅμα ἀντιληπτικήν τε καὶ κριτικὴν εἶναι τῷ πλείους δυνάμεις ἔχειν.

Δεικνὺς δὲ ὅτι ἕν τι τὸ ὑποκείμενον διαφέροντα καὶ πλείω πάθη ἅμα ἔχον, φησί· τὸ γὰρ αὐτὸ καὶ ἓν ἀριθμῷ λευκὸν καὶ γλυκύ ἐστι καὶ ἄλλα πολλά· εἰ γὰρ μὴ χωριστὰ τὰ πάθη ἀλλήλων, ἀλλὰ τὸ εἶναι ἕτερον ἑκάστῳ, λέγων διὰ τούτων καὶ δεικνὺς ὅτι ταῦτα τὰ περὶ τὸ ἓν κατ' ἀριθμὸν πάθη οὐκ, εἰ μὴ τοιαῦτά ἐστιν, ὥστε ἕκαστον αὐτῶν κατ' ἰδίαν ἢ εἶναι ἢ δύνασθαι λαμβάνεσθαι, ἤδη διὰ τοῦτο ταὐτά ἐστιν ἀλλήλοις· καὶ γὰρ εἰ μὴ χωρίς, ἀλλὰ τὸ εἶναι ἑκάστου αὐτῶν καὶ ὁ λόγος διάφορος. ὧν δὲ τὸ εἶναι ἕτερον, ταῦτα ἕτερα ἀλλήλων· οὐ γὰρ μόνον τὰ ἕτερα τῷ κεχωρίσθαι κρίνεται, ἀλλὰ καὶ τῷ διάφορον τὸ τί ἦν εἶναι ἔχειν. οὕτω δὲ καὶ τὰ πάθη ἀλλήλων τε | καὶ ⟨τοῦ⟩ ὑποκειμένου ἕτερα. 351

* * * ὁμοίως δή φησι δεῖν λέγειν καὶ ἐπὶ τῆς ψυχῆς τῆς αἰσθητικῆς, τὸ μὲν αὐτὸ καὶ ἓν αὐτὴν οὖσαν τῷ ἀριθμῷ κατὰ τὸ ὑποκείμενον τῷ καὶ ἑνὸς εἶναι ἐντελέχειαν πάντων τῶν αἰσθητῶν ἀντιληπτικὴν εἶναι, κατὰ τὸν λόγον μέντοι καὶ τὴν δύναμιν καὶ τὸ τί ἦν εἶναι διαφέρειν, κατὰ τὴν τῶν αἰσθητῶν διαφορὰν διαφόρους δυνάμεις ἔχουσαν, καὶ τὰς μὲν τῷ γένει διαφόρους, τὰς δὲ τῷ εἴδει, ὡς ἔχει τὰ αἰσθητὰ πρὸς ἄλληλα· ἡ μὲν γὰρ χρωμάτων διαφορὰ τῷ εἴδει ἐστὶν ἑτέρα, ἡ δὲ χρωμάτων καὶ ψόφων τῷ γένει. οὕτως δ' ἂν εἴη ἡ ψυχὴ ἕν, ἡ μὲν κατὰ τὸ ὑποκείμενον πάντων αἰσθανομένη καὶ πολλάκις γε καὶ πλειόνων ἅμα τε δεχομένη, τουτ-

---

1 καί V: εἰ TAV: καὶ εἰ M διαφερόντων V αἴσθησιν V 2 *sensibilium sic* T ὡς] οὐ V τὴν MVAP: om. a 3 διαφερόντων V τε MVAP: om. a 5 τὸ Pa: om. VA post ὑποκείμενον add. τῷ Pa 6 ἔχον scripsi: *habeat* (ἔχει?) T: ἔχειν ceteri prius καὶ om. Arist. codd. EMY ἀριθμῷ] *nunc* T γλυκὺ καὶ λευκὸν P 6. 7 ἐστιν ἀλλὰ A 7 γὰρ om. Arist. codd. EMY τὸ εἶναι] *secundum se (esse?)* T 8 ἑκάστω Aa: ἑκάστων V: ἕκαστον TP 8 ταῦτα—ἕν] *tantum unum* T τὰ MA: τε V: om. Pa τὸ ἓν Thurot (cf. T): τῶν ἑνὶ MAP: τῶν, tum spat. xII litt. a: τῶν ἐν ἑνὶ V 9 οὐκ εἰ μὴ V: οὐκ . . μὴ A, item M inter οὐκ et μὴ lacunae signum habet, sed in mg. nil explevit: οὐκ ἔστι μὴ Pa: *non* T ἐστιν] εἶναι Pa (corr. M) 10 prius ἢ MTVAP: om. a ταῦτα VP 11 χωριστά coni. Thurot ἕκαστον P[1], ἑκάστω P[2]a (corr. M) 12 μόνα V ante τὰ add. καὶ AP 13 post τῷ add. τὸ APa διάφορον A: διαφόρω V: διαφέρον Pa: *differens* T 14 δὲ om. V prius καὶ om. T τε καὶ] καὶ τὰ coni. Thurot ⟨τοῦ⟩ ὑποκειμένου scripsi: ὑποκειμένου A (*subiecto* T): ὑποκείμενα VPa ἕτερα Pa: ἑτέρου VA (*altro* T) 15 videtur excidisse lemma Aristotelicum p. 449a16—19 δή MAP: δεῖ V: δέ a: om. T δεῖν om. V 15. 16 αἰσθητῆς V 16 prius τὸ] τῷ M 17 εἶναι ἐντελέχειαν VA: *existens endelechia* T: ἐντελεχεία P: ἐντελέχεια (—αν corr. M) εἶναι a αἰσθητικῶν P[2]a ἀντιληπτικὴ Pa (corr. M) 18 alt. εἶναι om. A 19 αἰσθητικων TA ἔχουσαν scripsi: ἔχον VPa: ἔχων A: *habens* T: ἔχειν coni. Thurot 20 διαφόρους TP: διαφορὰς Aa: διαφέρειν V αἰσθητήρια a (corr. M) 21 εἴδη a 23 *et saepe et plura simul suscipiens* T πλείω scripsit et τε om. cum T Thurot δὴ ἐχομένη A: δὴ δεχομένη Pa

ἐστι κρίνουσα, κατὰ δὲ τὸν λόγον καὶ τὸ τί ἦν | εἶναι οὐ τῷ αὐτῷ· 352 κατ' ἄλλον γὰρ λόγον καὶ κατ' ἄλλην δύναμιν χρώματος, καὶ κατ' ἄλλην ψόφου ἢ χυμοῦ ἀντιλήψεται· ἄλλο γὰρ κατὰ τὸν λόγον καὶ τὴν δύναμιν τῶν διαφερόντων ἀντιληπτικόν. οὐ τοῦτο δ' ἂν λέγοι ὅτι τὸ αὐτὸ κατὰ τὴν πρὸς τὰ διαφέροντα αἰσθητὰ σχέσιν νῦν μεν ἀκουστικόν, νῦν δὲ ὁρατικὸν γίνεται, ὡς οἱ ἀπὸ τῆς Στοᾶς λέγουσι πῶς ἔχον τὸ ἡγεμονικὸν ποτὲ μὲν τόδε ποτὲ δὲ τόδε γίνεσθαι· εἰ γὰρ οὕτως, οὐκέτ' ⟨ἂν⟩ ἅμα δύναιτο πλειόνων αἰσθάνεσθαι. ἀλλ' ἐστιν ὃ λέγει ὅτι ἓν ὂν κατὰ τὸ ὑποκείμενον πλείους δυνάμεις καὶ διαφόρους ἀλλήλων ἔχει, καθ' ἃς ἅμα οἷόν τέ ἐστιν ἐνεργεῖν.

Ἀλλὰ καὶ εἰ μάλιστα οἷόν τε τὸ αἰσθητικὸν ἓν ὂν τῷ ἀριθμῷ ἅμα πλείω εἶναι κατὰ τὸν λόγον καὶ τὰς δυνάμεις, ἀλλὰ πῶς γε ἅμα τῶν ἐναντίων ἀντιλήψεται; ὡς γὰρ τὰ ὑποκείμενα πλειόνων μὲν παθῶν ἅμα ἐστὶ δεκτικά, οὐ μὴν διὰ τοῦτο καὶ τῶν ἐναντίων (οὐ γὰρ τὸ μῆλον, ἐπεὶ γλυκύ τε ἅμα καὶ λευκὸν εἶναι δύναται, ἤδη καὶ λευκὸν ἅμα καὶ μέλαν ἢ γλυκὺ καὶ πικρόν), οὕτως ἕξει καὶ ἐπὶ τῆς | αἰσθήσεως. ὥστε οὐδ' ἐκεῖνο 353 ἀληθὲς τὸ μᾶλλον δύνασθαι τῶν ὁμογενῶν τὴν αἴσθησιν γίνεσθαι ἢ τῶν ἀνομογενῶν· ἧττον γὰρ τῶν ἐναντίων τι ἅμα δεκτικόν ἐστιν ἢ τῶν μηδὲν ἐχόντων κοινόν. ἀλλὰ εἰ μὴ ἅμα τῶν ἐναντίων αἰσθησόμεθα, οὐδ' ὅτι ἐναντία ἐστὶ κρινοῦμεν, εἴγε ὧν μὴ ἅμα τι αἰσθάνεται, τούτων οὐδὲ τῆς διαφορᾶς τῆς πρὸς ἄλληλα αἰσθάνεσθαι δύναται· μνήμης γὰρ ἐκεῖνο, οὐκ αἰσθήσεως, ἐλέγομεν ἐν τοῖς Περὶ ψυχῆς. ἢ ἡ αἴσθησις, εἰ καὶ δοκεῖ διὰ πάθους τινὸς γίνεσθαι, ἀλλ' αὐτή γε κρίσις ἐστίν (ἄλλο δὲ τὸ ἐν πάθει ἐναντίον καὶ ἄλλο τὸ ἐν κρίσει. ἐν πάθει μὲν γὰρ τὸ λευκὸν τῷ μέλανι, ἐν κρίσει δὲ οὐχ ἡ κρίσις ἡ περὶ τοῦ λευκοῦ ὅτι λευκὸν οὐδ' ἡ τοῦ μέλανος ὅτι μέλαν ἐναντίαι· αὗται μὲν γὰρ ἅμα ἀληθεῖς· ἀδύνατον δὲ τὰς ἐναντίας κρίσεις ἅμα ἀληθεῖς εἶναι. ἀλλ' ἔστι τῇ περὶ τοῦ | λευκοῦ κρίσει ὅτι 354 λευκὸν ἐναντίον ἡ περὶ τοῦ λευκοῦ ὅτι μέλαν. διὸ αὗται μὲν οὐδέποτε

1 δὲ Thurot (cf. Arist. p. 449a20): τε VAP[1]a: γε ut vid. P[2]: *quia* T (i. e. *que* aut *quidem*) τὸ αὐτὸ M   2 γὰρ] *et aliam* T, in *enim* corr. Thurot   χρώματος δύναμιν A   alt. καὶ om. TV   3 ψόφου] *non sonum* T   5 ἀκουστὸν a   7 γίνεται V   ἂν add. Thurot   δύναται a (corr. M)   post δύναιτο add. τὸ Aa, τῶν M   8 ὂν om. V   9 διαφορὰς T   ἔχειν prius P   ἃς] οὓς P   10 ss. cf. Quaest. p. 95,18 ss. De an. p. 61,20 ss.   εἰ καὶ V   αἰσθητὸν V   11 εἶναι—ἅμα om. T   14 primum καὶ] ἢ T   alt. καὶ om. A   16 τὸ] τε a   17 ἀνομοιογενῶν MTA: ὁμογενῶν a   19 ἐναντία MTAP[2]: ἐναντίον VP[1]a   εἴτε a: εἶτα M   αἰσθάνεσθαι a, tum περὶ add. a (corr. M)   20 ante μνήμης lacunam suspicor   ante οὐκ add. καὶ a   21 ante ἐλέγομεν add. ὡς P (Thurot, μνήμης—αἰσθήσεως in parenthesi ponens)   Περὶ ψυχῆς] cf. Alex. De an. p. 62,22 ss.   ἢ om. A   ἢ ἡ αἴσθησις] *sensus vero* T   21—168,4 cf. Quaest. p. 97,25—98,15 De an. p. 64,4—22   21 *videatur* T   22 τινὸς MTVAP: om. a   αὐτό a   γε om. T   ἄλλο δὲ τὸ ἐν (ἓν A[2]) VA[2]: ἄλλα δὲ τὰ ἐν P[2]a: ἀλλὰ δοτέον TA[1]P[1]   23 ἐναντία P[2]a   καὶ om. AP[1]   καὶ ἄλλο] *aut quod* T   ἄλλα τὰ P[2]a   24 ἡ κρίσις] *individua* T (*iudicia* Thurot)   24—27 οὐδ'—λευκὸν rep. A   25 ἐναντίαι om. Pa (habet etiam M, v. ad p. 168,28)   ἀληθῆ V   ἀδύνατον T: δυνατὸν MVAPa   δὲ] γὰρ MA   26 τῇ] τι M (cf. ad p. 168,26)   κρίσει om. M, A (priore loco)   27 ἐναντίον VPa: ἐναντία MA (T anceps)   αὗται] *huius* T

συνυπάρχουσιν ἐν τῇ κατὰ τὴν αἴσθησιν κρίσει, ἐκεῖναι δέ· οὐ γάρ εἰσιν 354 ἐναντίαι), πάσχοντος μέντοι τοῦ σώματος ἐν ᾧ ἥδε † ψυχή, ὃ ἔθος ἐστὶ λέγειν ἔσχατον αἰσθητήριον, οὐ κατὰ τὸ αὐτὸ μόριον ὑπ' ἀμφοῖν, ἀλλὰ κατὰ ἄλλο ὑπ' ἄλλου γίνεται, ὡς γὰρ ὁρῶμεν καὶ ἐπὶ τῶν ὀφθαλμῶν καὶ ἐπὶ τῶν κατόπτρων ἅμα ἐμφαινόμενα τὰ ἐναντία. διαφέροι δ' ἂν τῆς πρώτης λύσεως ἡ δευτέρα, ᾗ ἐπ' ἐκείνης μὲν ἐλαμβάνετο ἡ αἰσθητικὴ ψυχὴ μία οὐ τῷ ἀριθμῷ μόνον, ἀλλὰ καὶ τῇ δυνάμει, ἐν δὲ ταύτῃ τῷ μὲν ἀριθμῷ μία, οὐκέτι δὲ τῷ λόγῳ, ἀλλ' ὡς ἔχει τὰ ὑποκείμενα πράγματα, οὕτω καὶ αὐτή· ἣν δὲ ἐκεῖνα ἐν ἑνί τινι κατ' ἀριθμὸν ὑποκειμένῳ πλείω τινὰ τῷ λόγῳ καὶ διαφέροντα. | 355

Δείξας δὲ πῶς οἷόν τε ἅμα πλειόνων αἰσθητῶν αἰσθάνεσθαι, δείκνυσιν ἑξῆς ὅτι μηδὲν αἰσθητὸν ἀμερές ἐστιν, ἀλλὰ πᾶν αἰσθητὸν μέγεθός ἐστι καὶ διαιρετόν, ᾧ φθάσας ὡς ἀληθεῖ τε καὶ ὁμολογουμένῳ κέχρηται, ὅτε ἔλεγε περὶ τῆς τῶν αἰσθητῶν παθῶν διαιρέσεως καὶ περὶ τοῦ μεγέθους τοῦ ἡλίου. λέγει γάρ· *ὅτι τὸ αἰσθητόν ἐστι πᾶν μέγεθος καὶ οὐκ ἔστιν ἀδιαίρετον αἰσθητόν*, δῆλον. ἔστι δὲ ἡ δεῖξις ᾗ χρῆται τοιαύτη· λαμβάνει ἐναργὲς ὂν καὶ γνώριμον τὸ μηδὲν τῶν διά τινος μέσου αἰσθητῶν ἀπὸ παντὸς διαστήματος αἰσθητὸν εἶναι, ἀλλ' εἶναί τι διάστημα ἀφ' οὗ καὶ τὸ ὁρώμενον ὁρᾶται καὶ τὸ ἀκουόμενον ἀκούεται καὶ τὸ ὀσφραντὸν τὴν ὄσφρησιν κινεῖ. αὗται γὰρ αἱ αἰσθήσεις διά τινος μεταξὺ γίνονται· ἡ γὰρ ἁφὴ καὶ ἡ γεῦσις οὐ διὰ μεταξύ τινος ἔξω ὄντος οὐδὲ ἀπὸ διαστήματός τινος αἰσθάνονται τῶν οἰκείων αἰσθητῶν, ἀλλ' αὐτῶν ἁπτομέ|νων. 356 τὸ μὲν οὖν ὅθεν οὐκ ἂν αἰσθανοίμεθα τοῦ αἰσθητοῦ διάστημα πολύ τε καὶ σχεδὸν ἄπειρόν ἐστιν· ἀφ' οὗ γὰρ ἀρξόμεθα μὴ αἰσθάνεσθαι αὔξοντες τοῦτο τὸ διάστημα καὶ ἀεὶ ἀπωτέρω γινόμενοι τοῦ αἰσθητοῦ ἔτι μᾶλλον αὐτοῦ οὐκ αἰσθανόμεθα. *ἄπειρον* γὰρ εἶπε τὸ πολὺ καὶ μὴ ὡρισμένον· οὐ γὰρ ἔστι λαβεῖν τὸ μέγιστον διάστημα ἀφ' οὗ οὐκ αἰσθανόμεθα. τὸ δ' ἀφ' οὗ αἰσθάνεσθαι δυνάμεθα διάστημά ἐστιν ὡρισμένον. ἐπεὶ τοίνυν ἐναργὲς καὶ ὁμολογούμενόν ἐστι τὸ εἶναί τι διάστημα τὸ ἀφ' οὗ αἰσθανόμεθα καὶ τὸ ἀφ' οὗ οὐκ αἰσθανόμεθα, δῆλον ὡς εἴη ἄν τι καὶ ἔσχατον τοῦ ἀποστή-

2 πάσχοντα V ἥδε Aa: ἡ δὲ VP: om. T: ἡ δύναμις ἡ αἰσθητικὴ τῆς ψυχῆς, ὃ ἔθος coni. Thurot, cf. p. 164,6 De an. p. 60,6. 64,7 ss. Br. Quaest. p. 97,9 Br. 3 λέγει V αἰσθητὸν V ὑπ' P: ἀπ' Aa: *ab* T: ἐπ' V 4 ἄλλου ὑπ' ἄλλου a 4—6 cf. Quaest. p. 97,2—4 4 γὰρ ὡς coni. Thurot (vulgo ante γίνεται interpungebant) 5 ἐπὶ MTVA: om. Pa ἐμφαινομένων a 6 ἢ AP 7 μόνῳ a 8 δὲ VA: δὲ καὶ Pa: om. T 8. 9 πράγματα TVA: σώματα καὶ πράγματα Pa (cf. 165,23 ss.) 9 ὑποκειμένας MA 10 post πλείω add δ' T 12 μηδὲν] hic desinit V πᾶν MTAP: om. a 13 ᾧ] ὃ a (corr. M) 14 ἔλεγε] p. 448b 10—13 15 *magnitudo est omne sensibile* T 15 πᾶν ἐστι Arist. (sic infra p. 171,26) 16 αἰσθάνεσθαι Arist. codd. EMY 17 αἰσθητὸν A 19 ὀσφρητὸν P 20. 21 γίνονται— μεταξὺ om. A 23 διάστημα T: διαστήματος APa 24 τὸ MAP: om. a 25 ἀπωτέρω an ἀπωτέρου P, dubium: ἀποτέρου a γινομένου Pa 26 in mg. hic repetit M p. 167,26. 27 (ἀλλ') ἔστι—λευκόν, tum p. 167,24—26 οὐδ'—εἶναι 26—28 οὐ— ὡρισμένον MAP: om. a 27—29 τὸ δ'—αἰσθανόμεθα om. T 27 alt. ἀφ'] αὖ M 28 διάστημά scripsi: διαστήματός MP 29 αἰσθανόμεθα AP: αἰσθάνεσθαι δυνάμεθα a 30 δῆλον MT: καὶ δῆλον APa

ματος ἀφ' οὗ ὁρᾶται τὸ ὁρώμενον (ποιεῖται γὰρ τὸν λόγον ἐπὶ τῶν ὁρατῶν· 356 τὸ δὲ ἐπὶ τούτων δειχθὲν καὶ ἐπὶ τῶν ἄλλων αἰσθητῶν, ὧν διὰ μέσου τινὸς ἡ ἀντίληψις, ἁρμόζοι ἄν), ἀλλὰ μὴν καὶ πρῶτον ὅθεν λοιπὸν ἀρξάμενοι οὐχ ὁρῶμεν τὸ ὁρατόν· εἰ γὰρ μηδὲν εἴη πρῶτον ἀφ' οὗ οὐχ ὁρᾶται, διὰ | παντὸς ἂν εἴη τὸ ὁρώμενον. ἀλλὰ μὴν ἐναργὲς καὶ τὸ ὁρᾶσθαι ἀπό 357 τινος καὶ τὸ μὴ ὁρᾶσθαι τὸ ὁρώμενον καὶ † τοῦ πρώτου ἀφ' οὗ ὁρᾶται πάλιν ἀπ' ἄλλου. ἔστιν ἄρα τι τοῦ μὲν ἀφ' οὗ οὐχ ὁρᾶται διαστήματος τὸ ὁρώμενον πρῶτον, τοῦ δὲ ἀφ' οὗ ὁρᾶται ἔσχατον. τοῦτο δὴ τὸ μεταξὺ τοῦ ἐσχάτου ἀφ' οὗ ὁρᾶται τὸ ὁρώμενον καὶ τοῦ πρώτου ἀφ' οὗ οὐχ ὁρᾶται, ἀνάγκη ἀδιαίρετον εἶναι. ὃ αὐτὸς μὲν ἔλαβεν ὡς ἐναργές, ὅτι ἐπὶ τῶν οὕτως ἐχόντων τὸ αὐτὸ τοῦ μὲν πέρας γίνεται καὶ ἔσχατον, τοῦ δὲ ἀρχή τε καὶ πρῶτον· δεικνύοιτο δ' ἂν οὕτως. εἰ γὰρ εἴη διαιρετόν, οὐκ ἦν τὸ ληφθὲν ἔσχατόν τε καὶ πρῶτον ὑγιῶς εἰλημμένον. ἡ γὰρ τοῦ μεταξὺ τούτου διαίρεσίς τε καὶ προσθήκη τῶν μερῶν αὐτοῦ ἑκατέρῳ τῷ τε ὡς πρώτῳ καὶ τῷ ὡς ἐσχάτῳ ληφθέντι δείκνυσιν ὅτι μηδέτερον αὐτῶν ὑγιῶς ἐλήφθη ἢ πρῶτον ἢ ἔσχατον. | ἂν γὰρ διελόντες τὸ μεταξὺ καὶ 358 προσθέντες ἑκατέρῳ ἔχωμεν τὸ μὲν ὁμοίως ἔτι μένον τοιοῦτον, ὡς τὸ ἐξ αὐτοῦ ⟨ὁρώμενον ὁρατὸν εἶναι, τὸ δὲ τοιοῦτον, ὡς τὸ ἐξ αὐτοῦ⟩ μὴ ὁρώμενον ἀόρατον εἶναι, οὐκ ἦν οὔτε ἔσχατον τὸ ἀφ' οὗ ὁρῶμεν τὸ πρὸ τῆς προσθήκης εἰλημμένον οὔτε πρῶτον τὸ ἀφ' οὗ οὐχ ὁρῶμεν. ἔσχατον μὲν γάρ ἐστιν ὁρατὸν οὗ ἀπὸ μείζονος διαστήματος οὐχ οἷόν τε ὄψιν τε καὶ ἀντίληψιν γενέσθαι. πρῶτον δὲ ἀόρατον οὗ ἀπὸ ἐλάττονος διαστήματος οὐχ οἷόν τέ ἐστιν ἀόρατον εἶναι τὸ ὁρώμενον. τούτων δὲ οὕτως ἐχόντων, εἰ διαιρετὸν εἴη τὸ μεταξὺ τοῦ τε ἀφ' οὗ πρώτου τι οὐχ ὁρᾶται καὶ τοῦ γε ἐσχάτου ἀφ' οὗ ὁρᾶται, τῷ μὲν προστιθέμενον τὸ ἐκ τῆς διαιρέσεως ἐπέκεινα μέρος τῷ ὁρατῷ ἔτι ὁρατὸν αὐτὸ τηρήσει καὶ ἀναιρήσει τὸ εἶναι τὸ εἰρη|μένον διάστημα ἀφ' οὗ ἐσχάτου ὁρατὸν ἦν τὸ ὁρώμενον· καὶ γὰρ ἀπὸ 359 μείζονος διαστήματος ὁρώμενον ἔσται· τῷ δὲ πάλιν τῷ ἀοράτῳ προστιθέ-

---

1 τὰ ὁρώμενα A 2 αἰσθητῶν MTA: om. Pa ὧν] *quod* T (*quorum* Thurot) 3 λοιπὸν om. T 4 *nullus sit primus* T οὐχ ὁρατὰ A 5 prius τὸ Pa: μὴ TA 6 μὴ om. T καὶ ⟨οὐκ ἀπ' ἄλλου⟩ τοῦ πρώτου ἀφ' οὗ ὁρᾶται ⟨καὶ ἀφ' οὗ οὐχ ὁρᾶται⟩ πάλιν ἀπ' ἄλλου e. gr. conicio 7 τοῦ διαστήματος ἀφ' οὗ οὐχ ὁρ. M(T?) μὲν APa: om. MT 7—10 διαστήματος—ὁρᾶται om. a 8 τοῦ δὲ TP: τὸ δε A ἀφ' οὗ] *quod* T 8. 9 ἔσχατον—ἐσχάτου om. T 9 τὸ πρῶτον P 10 ὃ TAP: ὃ καὶ a 11 τῶν MTA: τῶν οὐχ Pa 12 ἂν] ἂν καὶ T 13 εἰλημμένα Pa (corr. M) 14 τε MAP: om. a ἑκατέρων A 15 alt. ὡς TPa: om. MA αὐτῶν TA: ἐκ τῶν a: τῶν M 16 post ἐλήφθη add. αὐτῶν M alt. ἢ MTAP: om. a διελθόντες Pa 17 ἔχομεν A 18 ὁρώμενον—αὐτοῦ ex T add. Thurot 19 ἀόρατον TPa: ὁρατὸν A οὔτε MTAP: ὅτε a 20 ⟨ὑγιῶς⟩ εἰλημμένον conicio οὐχ om. A 21 οὗ] *ut* T, item 22 22 ἀόρατον Thurot: ὁρατὸν TAPa 23 ἐστιν om. a ὁρατὸν a 24 τι TAP: om. a 24. 25 *et eius ultimum* T 25 τῷ TPa: τὸ MA μὲν] μὲν γὰρ a προτιθέμενον a (corr. M) τὸ A, P²: τῶ e corr. A, P¹: om. a 26 μέρει a (corr. M) τηρήσει καὶ M: ποιεῖ TA: spat. xix litt. a 27 ὁρώμενον om. T 28 prius τῶ Pa, e corr. A: τὸ prius A 28. 170,1 προστιθεμένῳ a (corr. M)

μενον τὸ ἐπὶ τάδε μόριον αὐτοῦ ἔτι αὐτὸ ἀόρατον τηρήσει καὶ πάλιν ἀναι- 359
ρήσει ⟨τὸ⟩ τὸ εἰρημένον διάστημα πρῶτον ἀόρατον εἶναι· καὶ γὰρ ἀπό τινος πρὸ αὐτοῦ ὄντος οὐκ ὄψεται. ὁμοίως κἂν τῷ ἑτέρῳ αὐτῶν προσγενόμενον ὅλον τηρῇ αὐτὸ ὅμοιον, οὐκ ἦν τὸ πρὸ τῆς προσθήκης ὑγιῶς εἰλημμένον ἢ ἔσχατον εἶναι τοῦ ἀφ' οὗ ὁρῶμεν ἢ πρῶτον τοῦ ἀφ' οὗ οὐχ ὁρῶμεν. τῷ μὲν γὰρ ὁρατῷ προστιθέμενον μεῖζον τὸ διάστημα ποιήσει τοῦ εἰλημμένου ἐσχάτου ὁρατοῦ, τῷ δὲ ἀοράτῳ πάλιν ἔλαττον ποιήσει τοῦ εἰλημμένου πρώτου ἀοράτου. ἀδιαίρετον ἄρα ἀνάγκη εἶναι τὸ μεταξὺ τοῦ τε ἐσχάτου ἀφ' οὗ ὁρῶμεν καὶ τοῦ πρώτου ἀφ' οὗ οὐχ ὁρῶμεν.

Μετὰ ταῦτα τῇ διὰ ἀδυνάτου | δείξει χρώμενος δείκνυσιν ὅτι μηδέν 360
ἐστιν ἀδιαίρετον αἰσθητόν, προσχρώμενος τῷ δεδειγμένῳ. εἰ γὰρ δυνατόν, ἔστω τι τοιοῦτον. τοῦτο δὴ ἂν τεθῇ ἐν τῷ ἀμερεῖ τῷ μεταξὺ τοῦ τε ἐσχάτου ὁρατοῦ καὶ τοῦ πρώτου ἀοράτου, δῆλον ὅτι ἐφαρμόσει αὐτῷ, ἐφαρμόζον δὲ αὐτῷ εἴη ἂν ἅμα ὁρατόν τε καὶ ἀόρατον, τῷ μὲν εἶναι ἐν τῷ πέρατι τοῦ ὁρατοῦ ὁρατόν, τῷ δὲ ἐν τῇ ἀρχῇ τοῦ ἀοράτου ἀόρατον. εἰ γάρ τις ἀπὸ τοῦ διαστήματος, ἀφ' οὗ τὸ ὁρώμενον ἦν πρῶτον ὁρατόν, ὁρῴη τοῦτο τὸ ἀμερὲς ὁρατόν, ἅμα ἂν ὁρῴη τε αὐτὸ καὶ οὐχ ὁρῴη· ⟨ὁρῴη⟩ μὲν ἄν, ὅτι ἐπὶ τάδε κεῖται τοῦ ἐσχάτου διαστήματος, ἀφ' οὗ οὐχ οἷόν τε ἦν τὸ ὁρατὸν ὁρᾶν, τὰ δὲ ἐπὶ τάδε τοῦ ἐσχάτου ἀοράτου καὶ τοῦ πρώτου ὁρατοῦ διαστήματος ὁρατά· οὐχ ὄψεται δὲ αὐτὸ πάλιν, ὅτι ἐπέκεινα κεῖται τῆς ἀρχῆς τοῦ διαστήματος, ἀφ' ἧς ἦν τὸ ὁρᾶν οὐχ † ὁρώμενον, τὰ δὲ ἐπέκεινα τῆς τοιαύτης ἀρχῆς κείμενα οὐκ ἦν ὁρατά. τὸ γὰρ |
ἀμερὲς ὁρατὸν τῷ μὲν ἐπέκεινα τῆς ἀρχῆς τοῦ ὁρατοῦ κεῖσθαι διαστήματος 361
οὐχ ὁραθήσεται (οὐδὲν γὰρ ἦν ἐπέκεινα αὐτῆς ὁρώμενον), τῷ δὲ ἐπὶ τάδε κεῖσθαι τοῦ πέρατός τε καὶ ἐσχάτου τοῦ ὁρατοῦ διαστήματος ὁραθήσεται. εἰ τοίνυν ἀδύνατον τὸ αὐτὸ ἅμα ὁρατὸν καὶ ἀόρατον εἶναι κατὰ τὸ αὐτό, ἀδύνατον καὶ ἀδιαίρετόν τι ὁρατὸν εἶναι. διαιρετὸν μὲν γὰρ ὂν καὶ τεθὲν † κατ' ἐκείνου τὸ μέν τι ὁρατὸν ἕξει (πάντη γὰρ τὸ ἐπὶ τάδε τοῦ ἐσχάτου

1 τὸ—αὐτοῦ om. M τάδε TA: τὰ Pa: ταδὶ Arist. codd. EMY μόριον Thurot: μόρια libri ἔτι] ὅτι ἔτι T τηρήσει καὶ M: τηρεῖν APa: τηρεῖ T πάλιν om. M 2 τὸ add. Thurot 3 ὄψεται MAP: ὄψεσθαι a: *videbitur* T, unde fort. recte ὀφθήσεται Thurot (cf. p. 169,28) 4 τηρῇ Thurot: τηρεῖ MT: τηρεῖν APa 4. 5 εἰρημένον A 5 prius ἢ] εἰ T prius τοῦ] *cuius* T 6 τῷ] τὸ M 7 τῷ] τὸ M 9 τε om. A 10 ante μετὰ add. καὶ a δήξει A 12 ἔστω om. T alt. τῷ Thurot: τοῦ libri 13 ὅτι] τί A 14 ἅμα ἂν εἴη Pa post μὲν add. γὰρ M 17 ἂν ὁρώη τε AP: τε ἂν ὁρῴη τὸ a (sed τὸ om. etiam T) 18 ὁρῴη addidi μὲν ἂν A: ἂν T: om. Pa post ὅτι add. μὲν M 18. 19 οὐχ οἷόν τε om. M 19 ὁρᾶν Thurot: ὅταν libri τὰ δὲ Thurot: τάδε libri ἐπὶ] ἢ ἐπὶ a 20 *videt* T 21 ἦν τὸ ὁραν οὐχ TAPa: οὐκ ἦν ὁρᾶν τὸ M: ἦν ὁρατὸν τὸ ὁρώμενον conicio 22—25 repetitio iam Thurotum offendit 23 ὁρατὸν Thurot: ἀόρατον libri 24 οὐδὲν TA: οὐδὲ Pa τῷ] τὸ A 25 τοῦ ἐσχάτου a *invisibilis* T 26—171,5 et prioribus et eis quae sequuntur p. 172,17—27 similia sunt, quod vidit Thurot 26. 27 κατὰ—εἶναι om. T 26 ταυτὸν Pa 28 κατ' ἐκεῖνο conicio κατ' APa: ἐπέκεινα (*ultra*) ut vid. T: τεθὲν ⟨ἐπ' ἐκείνῳ καὶ τὸ μὲν ἐπὶ τάδε ἔχον, τὸ δὲ⟩ ἐπέκεινα coni. Thurot πάντα A: πᾶν T ἐπίπεδον τοῦ a (corr. M)

ὁρατόν· οὐ γὰρ ἐφαρμόσει τῷ ἀμερεῖ ὂν μεριστόν), τὸ δὲ ἀόρατον· τὸ γὰρ 361 ἐπέκεινα τοῦ ὁρατοῦ ἀόρατον. τοῦτο γὰρ ἦν τὸ πρώτῳ ἀοράτῳ καὶ ἐσχάτῳ ὁρατῷ εἶναι τὸ τὸ μὲν τὰ ἐπὶ τάδε πάντα ὁρατὰ ἔχειν, τὰ δὲ ἐπέκεινα πάντα ἀόρατα. ἀμερὲς ⟨δὲ⟩ ὂν ⟨ἅμα⟩ ἂν τούτων ἀμφότερον γίνοιτο· ὅ ἐστιν | ἀδύνατον. 362

Αὐτὸς μέντοι ἔμπαλιν ἐχρήσατο τοῖς ἀποστήμασιν· ἔσχατον μὲν γὰρ εἶπεν τοῦ ἀποστήματος τὸ ὅθεν ἀρξάμενον τὸ ὁρατὸν οὐκέτι ὁρᾶται· καίτοι δοκεῖ τοῦ μὲν ἀφ' οὗ οὐχ ὁρᾶται μὴ δύνασθαι τὸ ἔσχατον ληφθῆναι (διὸ εἶπε καὶ αὐτὸς ἐπ' αὐτοῦ ἔστι γὰρ ὅθεν μὲν οὐκ ἂν ὀφθείη ἄπειρον τὸ ἀπόστημα), τοῦ δὲ ἀφ' οὗ ὁρᾶται πρῶτον μὲν εἶναι τὸ πλησίον τῆς ὄψεως, ἔσχατον δὲ μεθ' ὃ ἀπὸ τοῦ αὐτοῦ διαστήματος οὐκ ἂν ὁραθείη.

Δοκεῖ δὲ ἄλλοις ἡ δεῖξις λογικωτέρα εἶναι. οὐ γὰρ πᾶν τὸ ὁρατὸν ἀπὸ ἴσου διαστήματος ὁρατόν ἐστιν, ἀλλὰ τὸ μὲν ἐγγύθεν ὁρατόν ἐστι, πόρρωθεν δ' οὔ, τὸ δὲ καὶ πόρρωθεν, ὡς τὰ ἄστρα. οὕτως δὲ ἐχόντων πῶς ἄν τις ἢ τὸ ἔσχατον τοῦ διαστήματος, ἀφ' οὗ οὐχ ὁρᾶται τὰ ὁρατά, ὁρίσαιτο, ἢ τὸ πρῶτον ἀφ' οὗ ὁρᾶται; ἢ εἰ καὶ ὅτι μάλιστα τὰ μὲν ἀπὸ πλείονος διαστήματος ὁρᾶται τῶν ὁρατῶν, τὰ δ' ἀπ' ἐλάττονος, ἀλλ' ἔσται ἑκάστου αὐτῶν πέρας ἀδιαί|ρετον, μεθ' ὃ οὐκέτι ὁρᾶται τὸ ὁρατόν. 363

Ἐπιζητήσαι δ' ἄν τις πῶς ⟨ὅτι⟩ οὐκ ἔστι μέρος τι τοῦ συνεχοῦς ἀμερὲς δείκνυσι. τὸ γὰρ μεταξὺ τοῦ διαστήματος τοῦ τε ἐσχάτου ὁρατοῦ καὶ τοῦ πρώτου ἀοράτου ἐστί τι χωρίζον αὐτὰ * * * ἅμα ἄν τι εἴη ὅπως * * * ἀμερὲς λέγειν * * * οἷόν τε ἐξ ἀμερῶν συνεχές τι γίνεσθαι. ἢ δεῖ ὑπολαμβάνειν αὐτὸν οὐχ ἁπλῶς τι ἀμερὲς δεικνύναι, ἀλλὰ πρὸς αἴσθησιν ἀμερές. καὶ δείκνυσιν ὅτι μηδενὸς αἰσθητοῦ ὡς ἀμεροῦς ἡ αἴσθησις αἰσθάνεται. ὅτι γὰρ μηδὲν ἀμερὲς οἷόν τε μέγεθος εἶναι ἐν ἄλλοις ἔδειξε διὰ πλειόνων. δεῖ οὖν ἀκούειν τοῦ ὅτι δὲ τὸ αἰσθητὸν πᾶν ἐστι μέγεθος καὶ οὐκ ἔστιν ἀδιαίρετον αἰσθητὸν ὡς εἰρημένου ἀντὶ τοῦ 'ὅτι δὲ ἡ

---

1 οὐ TA: οὐδὲ Pa οὐ—μεριστόν p. 170,28 ante τὸ μὲν dubitanter transpon. Thurot 2 ἐπέκεινα τοῦ ὁρατοῦ om. T ὁρατοῦ a: ἀοράτου AP 3 εἶναι] εἰ οὖν TA τὸ τὸ μὲν τὰ a: τὸ τῷ μὲν τὰ A: τὸ τὸ μὲν τὸ P: *eo qiidem quod que* T τὸ δὲ P: τὸ δὲ τὰ coni. Thurot 4 δὲ T: om. APa ante ἂν lacunae signum in M, ἅμα addidi ἀμφοτέρων a 6 μὲν a (corr. M) 8 τοῦ TA: τὸ Pa οὐχ MA²: om. TA¹Pa *possit* T 10 τοῦ T: τὸ APa δὲ om. T εἶναι om. T 11 ὁραθείη T ut vid.: ὁραθῇ Pa: ὁραθῆναι A 12 δὲ om. A *alia* T 13 post ἀπὸ add. τοῦ a ἀπὸ—ὁρατόν om. T *esse sed* T 14 δὲ αὐτὸ δὲ TA post δὲ add. τούτων M 16 ὁρίσαιτο om. T 18 ἀδιαίρετον Thurot: διαιρετὸν libri ὁρᾶται MTA: om. Pa 19 ἐπιζητήσῃ A ὅτι addidi οὐκ ἔστι TA: οὐκέτι Pa: οὐκέτι ⟨ὅτι οὐκ ἔστι⟩ coni. Thurot 20 δείκνυσι Pa: δεικνὺς TA 21. 22 ἀοράτου — γίνεσθαι om. in spat. paulo plus quam unius versus P, in spatio XLVI litt. a (habet T) 21 post αὐτὰ spat. X litt. T, XV litt. A, signum lacunae M alt. τι om. T post alt. τι signum lacunae M 22 post ὅπως spat. VII litt. T, XIV litt. A post λέγειν spat. III litt. T, XII litt. A, signum lacunae M *continui* T 23 ἢ] εἰ T 24 ὡς ἀμερὲς A 25 ἐν ἄλλοις] Phys. Z 2 p. 233b15 ss. 26 ἀκούειν τοῦ ὅτι δὲ scripsi: ἀκουστοῦ ὅτι a: ἀκούειν ὅτι TAP: ἀκοῦσαι τὸ ὅτι δὲ M πᾶν MTA prius P: πάλιν a, e corr. P 27 εἰρημένου AP: εἰρημένον a

αἴσθησις οὐδενὸς ὡς ἀμεροῦς αἰσθάνεται.' δεικνύοιτο δ' ἂν τὸ μεταξὺ ἀμερὲς πρὸς αἴσθησιν, ὅτι, εἰ ὡς μεριστὸν * * * | εἴη τῇ αἰσθήσει καὶ 364 ὡς διάστημά τι, ἤτοι ὁρῴη ἂν τὰ ἐν αὐτῷ ἡ ὄψις ἢ οὐχ ὁρῴη. οὕτως δὲ ⟨ἂν⟩ ἀναιροῖτο εἶναι πρῶτον τοῦ διαστήματος ἀφ' οὗ τι ὁρᾶται τὸ ὡς πρῶτον εἰρημένον ἤτοι εἶναι ἔσχατον τοῦ ἀφ' οὗ οὐχ ὁρᾶται τὰ ὁρώμενα τὸ εἰλημμένον ὡς ἔσχατον. ἢ οὐκ ἀνάγκη τὸ μεταξὺ διάστημα εἶναι τοῦ τε ἀφ' οὗ ὁρᾶται τὸ ὁρατὸν καὶ τοῦ ἀφ' οὗ οὐχ ὁρᾶται. ἐπὶ γὰρ τῶν οὕτως ἐχόντων ἀνάγκη τὸ αὐτὸ τοῦ μὲν πέρας εἶναι, τοῦ δὲ ἀρχήν. εἰ γὰρ συνεχές ἐστι τὸ ⟨μεταξὺ⟩ διάστημα τοῦ ἐν ᾧ τό τε ἔσχατόν ἐστιν ἀπόστημα τοῦ ἐν ᾧ ὁρᾶται ἐσχάτου τὸ ὁρατὸν καὶ τοῦ ἐν ᾧ πρώτῳ ἀρξάμενον μὴ ὁρᾶσθαι οὐκέτι ὁρᾶται, δῆλον ὡς ἔχει κοινόν τινα ὅρον τὸν συνάπτοντα τό τε ἔσχατον αὐτοῦ ὁρατὸν καὶ τὸ πρῶτον ἀόρατον, μᾶλλον δὲ ταὐτόν ἐστιν ἀμφότερα, τοῦ μὲν πέρας, τοῦ δὲ ἀρχή, ὁ μέσος ὅρος ὢν ἀδιαίρετος· τοιοῦτος γὰρ ὁ ὅρος καθ' ὃν συνῆπται | τὰ συνεχῆ, ὁποῖόν 365 ἐστι καὶ τὸ διάστημα δι' οὗ ὁρᾶταί τε τὰ ὁρώμενα καὶ οὐχ ὁρᾶται. ἔσται ἄρα ἐν ἀμφοτέροις τοῖς μέρεσι τοῦ διαστήματος τοῦ ἐσχάτου ὁρατοῦ καὶ τοῦ πρώτου ἀοράτου, τοῦ μὲν πέρας ὄν, τοῦ δὲ ἀρχή· ἐν ᾧ ἂν ⟨οὖν⟩ τεθῇ τὸ ἀμερὲς αἰσθητόν, ἐφαρμόσει τ' αὐτῷ καὶ ἔσται καὶ αὐτὸ ἐν ἀμφοτέροις, καὶ τῷ ὁρατῷ καὶ τῷ ἀοράτῳ. ὂν δὲ ἐν ἀμφοτέροις, καθόσον μέν ἐστιν ἐν τῷ ὁρατῷ πέρας ὂν αὐτοῦ, ὁρῷτο ἄν, καθόσον δέ ἐστιν ἐν ἀοράτῳ ἀρχὴ ὂν αὐτοῦ, οὐκ ἂν ὁρῷτο. οὕτω δὲ ἅμα ⟨ἂν⟩ ὁρῷτό τε καὶ οὐχ ὁρῷτο· τῷ μὲν γὰρ μὴ εἶναι ἐπὶ τάδε τοῦ πέρατος τοῦ ὁρατοῦ οὐκ ἂν ὁρῷτο (ἦν γὰρ ὁρατὰ ταῦτα), τῷ δὲ μὴ εἶναι ἐπέκεινα τῆς ἀρχῆς, ἀφ' ἧς οὐχ ἑωρᾶτο τὰ ὁρατά, ὁρῷτο ἄν, ἅτε μηδέπω ὂν ἐν τῷ ἀοράτῳ διαστήματι. ὃ διαιρετὸν ὂν οὐκέτ' ἂν ἔπασχεν· ἦν γὰρ ἂν αὐτοῦ τὸ μὲν ὁρατόν, ὅσον ἦν αὐτοῦ ἐν τῷ ὁρατῷ, τὸ | δὲ ἀόρατον, τὸ ὂν ἐν τῷ μετὰ 366 τὸ ὁρατὸν διαστήματι.

Ἔοικε δὲ διὰ τούτων τὸν περὶ τῶν ἀμερῶν λόγον ἐρωτώμενον εἴτε ὑπὸ Διοδώρου εἴτε καὶ ὑπ' ἄλλου τινὸς αὐτὸς ἠρωτηκέναι τε πρῶτος καὶ κεχρῆσθαι αὐτῷ. ἀλλ' οὗτος μὲν εὑρὼν ἐχρήσατο αὐτῷ ὑγιῶς, οἱ δὲ μέγα ἐπ' αὐτῷ

---

1 οὐδενὸς MTAP: om. a 2 ὡς ⟨διάστημά τι⟩ coni. Thurot μεριστὸν ⟨ὁρατὸν⟩ conicio τῇ αἰσθήσει om. T 3 διάστημά τι M: διάστημα T: διαστήματι APa ἤτοι MA: ἢ Pa 4 ἂν add. Thurot ⟨ἤτοι⟩ εἶναι conicio πρῶτα a (corr. M): πρώτου T 5 εἰλημμένον coni. Thurot ἤτοι] ἢ conicio 6 ἐσχάτου Pa εἶναι MTAP: om. a 9 μεταξὺ add. Thurot τοῦ A: om. Pa 10 ἐσχάτου TA: ἐσχάτω Pa *et huius primum a quo incipiens* T alt. ἐν ᾧ om. A πρώτου A 11 τινὰ ὅρον κοινὸν Pa 12 post συνάπτοντα add. ὅρον T 14 *talis* post *indivisibilis* om. T 15 τὸ MAP: om. a τά τε a ante ἔσται spat. v litt. T 16 ἐσχάτου M: om. TAPa 17 οὖν addidi 18 ἐφαρμόσοι a 19 prius καὶ—ἀοράτῳ M: καὶ τῷ ὁρατῷ a: καὶ (om. T) τῷ ἀοράτω TAP ἐν MTAP: om. a 20 πέρας—ἀοράτῳ om. T 21 ἂν T: om. APa 22 τοῦδε A 23 τῷ δὲ μὴ MT: τῶ μηδ' ἂν APa 24 μηδέπω om. M ἀοράτῳ scripsi: ὁρατῷ libri 25 ἀδιαίρετον M 26 ἀόριστον P: ὁρατὸν T 28 τούτου T λόγων a 29 Διοδώρου] v. ad p. 122,23 prius καὶ om. a (habet M) πρῶτον a καὶ κεχρῆσθαι T: κεχρῆσθαι A: καὶ χρῆσθαι Pa 30 post εὑρὼν spat. VIII litt. A ὑγιῶς αὐτῶ Pa

φρονοῦντες ἔλαβον μὲν αὐτὸν παρὰ τούτου, ἐχρήσαντο δὲ αὐτῷ οὐ δεόντως. 366
ὁ μὲν γὰρ ἔδειξε δι' αὐτοῦ ⟨τὸ⟩ πρὸς αἴσθησιν γινόμενον ἀμερὲς οὐκ ὂν
ἀδύνατον, ἀλλ' ὂν ἐν τῇ φύσει καὶ ἐν τοῖς πράγμασιν, [ἀλλ'] ὡς μηδὲν
ὂν ἀμερὲς αἰσθητὸν τῷ μηδὲ τὸ μεταξὺ τοῦ τε ἐσχάτου αἰσθητοῦ καὶ τοῦ
πρώτου ἀναισθήτου δύνασθαί τι εἶναι διάστημα ἀμερὲς ὄν· οὗτος γὰρ ὁ τὰ
συνεχῆ συνέχων ὅρος. σώματος δὲ μέρος ἢ αἰσθητοῦ ἢ ἀναισθήτου ἀδύνατον
εἶναι ἀμερές, ἐφ' οὗ αὐτῷ ἐχρήσαντο οἱ παραλογιζόμενοι, εἴγε τὸ τοῦ
σώματος μέρος σῶμα. διὸ | οὐδὲ οἷόν τε ἐπ' ἐκείνων ἢ μέγιστον ἀνεπαί- 367
σθητον ἢ ἐλάχιστον αἰσθητὸν τῇ αὐτοῦ φύσει, τῷ δεῖν μὲν * * * ἀμερὲς
εἶναι, ἀλλὰ πᾶν ⟨μέγεθος ἐπ'⟩ ἄπειρον εἶναι διαιρετόν. δείξας δὲ ταῦτα,
ἀνακεφαλαιοῦται διὰ βραχέων περὶ τῶν εἰρημένων ἐν τῷ βιβλίῳ καὶ μνημονεύει ὅτι μετὰ τὸ βιβλίον τοῦτο τὸ Περὶ μνήμης καὶ ὕπνου τέτακται.

1 ἐχρήσατο P   οὐδὲ ὄντως T   2 διὰ τοῦ A: *per hoc* T   τὸ add. Thurot   3 ἀλλ' ὡς APa: *alius* T: ἀλλ' delevi   μηδὲ A   4 ἀμερὲς ὂν Pa   τὸ M: τὰ TAPa   5 ἀμερὲς Pa: ἀληθὲς TA   post ὄν spat. IX litt. AP, L litt. a   οὗτος γὰρ om. a (habet etiam M)   7 ἀφ' a   ἐχρήσατο P[1]   9 post μὲν spat. V litt. T, LXXX—LXXXX A, XV—XVII P, τοῦτο μέγεθος supplet Thurot   10 μέγεθος ἐπ' add. Thurot   ἄπειρον εἶναι MTA: om. Pa   12 δόξα σοι ὁ θεός in fine ter P, τέλος τοῦ εἰς τὸ περὶ αἰσθήσεως καὶ αἰσθητῶν ὑπομνήματος a

INDICES

I INDEX VERBORUM

Verba asterisco notata desiderantur in lexicis

II INDEX NOMINUM

III LOCI PLATONICI

ADDENDA

p. 16,10 not. del. „προτίθησιν conicio“
p. 25,18 ss. cf. etiam Alex. apud Simpl. De caelo p. 454,7 H.
p. 27,4. 5 not scrib. c. 11 pro 2
p. 32,22 τῇ κόρῃ cum TVANa scrib.
p. 45,13 colon pro commate pone
p. 53,6 post ἄν comma pone
p. 60,7 not. „σμικρὰ a“ scrib.
p. 69,10 εἰπὼν (Diels) recipere debebam, v. Add ad 132,18
p. 87,8 nunc γένεσις conicio, v. Indicem
p. 95,22 nunc μεταφορᾶς pro διαφορᾶς scribendum esse censeo
p. 101,5 v. Ind. s. κατάλληλος
p. 105,5 not. „p. 422“ leg. pro 442
p. 132,18 Diels εἰπὼν pro εἰς coniciebat, quod commemorare debebam
p. 133,4 post χρόνῳ nunc lacunam suspicor
p. 141,1 not. prave ἐπὶ conieci, v. Ind. s. ἀπό
p. 141,23 ἀλλήλοις πάλιν coniunge
p. 151,23 τι defendi potest, v. Ind. s. ὁ

Lightning Source UK Ltd.
Milton Keynes UK
UKHW011140281118
333023UK00014B/1799/P

9 780332 681276